한번에
끝장내기

9급

공무원

영어

영어를 가르치는 일이 천직(天職)이라 여기며 편저자는 지금까지 약 20여 년간 대학교, 외국어학원, 편입학원, 공무원·고시학원, 대학입시 등지에서 영어강의를 진행해 왔다. 그 기간에 강의를 통한 실전경험을 토대로 각 분야별 교재를 여러 차례 엮어 본 것은 물론이고 그것들의 핵심을 한데 묶어 EBS방송교재(2006~2008년)를 집필하기도 했다. 그런 가운데 2014년 벽두에 나올 이 교재는 그간의 모든 알맹이를 총결산한다는 새로운 각오로 엮어보고자 한 것이다. 그러나 양이 너무 방대하면 학습자는 부담을 많이 갖는 문제가 발생하여 학습의욕이 떨어지게 되고 양을 대폭 줄이자면 정말 필요한 중요한 요소가 배제될 수 있는 아쉬움을 감수해야 하는 고민이 남는다. 이런 점을 동시에 고려하여 이 책은 양은 방대하지 않되 필수적인 요소만큼은 빠트리지 않게 하기 위해 '선택과 집중'의 묘미를 최대한 살려보려고 최선을 다했다. 무엇보다 독자들에게 이 한권의 책으로 그들이 기대하던 바를 훌륭히 담는 학습서가 되도록 노력했으므로 영어학습의 욕구를 부족함이 없이 충족시켜드릴 수 있었으면 한다.

그렇게 평가받을 수 있을지는 물론 독자들의 판단에 맡겨야 할 부분도 있을 것이다. '문법(Grammar)'에서는 최신문제를 포함하여 최소한 몇 세대가 지난다 해도 불변의 진리에 가까운 것으로 여겨지는 내용들은 최대한 그대로 다시 살리고 독해력 향상에 직결되도록 논리적 이해를 이끌어 내도록 노력하였으며, '독해(Reading)'에서는 최근 몇 년간의 신경향 문제를 집중적으로 다루었다. '어휘(Vocabulary)'는 먼저 독해지문에 활용된 내용을 토대로 실전어휘로 연결하여 지문의 다각적 활용도를 극대화하려 했고 어원별 핵심 어휘는 부록에 실어 전체적으로 보아 출제빈도가 높은 필수적인 주요어휘는 놓치지 않으려 애썼다. 이와 동시에 실용영어(Practical English)도 최신경향 중심으로 반영했고 주요 숙어와 속담이나 명언 등을 부록에 반영하여 사전검색의 역할처럼 활용토록 했다. 이 수험서는 특히 공무원 시험에 응시하는 수험생들에게 실전에서의 활용도를 얼마나 높이느냐가 가장 중요한 제작의 취지에 해당하므로 실제문제로 등장하는 문제와 그러한 유형뿐만 아니라 예측가능한 문제를 다루어 보는 것에 비중을 높이 두되 최근의 출제경향을 동시에 반영하려 노력했다.

PREFACE

　각 단원에 문제 해설 등에서는 딱딱해 보이는 측면을 유연하게 이해하고 쉽게 받아들일 수 있도록 단편적인 암기식은 가능한 배제하고 논리정연한 이해식 설명을 중심으로 하였다. 그러기 위해서는 전체적인 틀을 이해하는 노력이 선행되어야 하는데 특히 문법의 경우는 그런 점을 염두에 두고 맨 앞장에 '영문의 구조'를 두어 전체적인 흐름을 파악하게 한 뒤 구체적인 분야로 접근하도록 하였다. 특히 이 점은 영어의 본질적인 측면을 다루어야 제대로 이해된다는 점을 실천하고자 한 것인데 이런 과정을 마땅히 거치려 한 것은 정말 흥미롭고 재미있는 영어 학습이 가능하게 될 필수전제가 된다는 믿음에 따른 것이며 편저자는 일생토록 영어학습은 그래야 한다는 소신을 일관되게 유지해 왔고 앞으로도 그럴 것이다. 편저자는 '타임즈리딩(Times Reading)'이라는 시사영어를 2014년 초 현재 2280여 회 10년 연속으로 강의(주 5회)[1992년부터 통산 2900여회]하고 있는 바, 살아 있는 영어를 늘 접하고 활용하면서 연구와 강의와 진행하였으므로 이 교재의 요소 요소에 그러한 특징들을 최대한 살려서 반영하려 했다는 점도 밝혀 두고 싶다. 그리고 또한 학습의 효율성을 최대한 살리고 활용의 편의성을 최대한 높이기 위해 동영상을 활용한 학습을 할 수 있게 하였으니 관심 있는 분들은 적극적인 이용을 바랍니다.

　이 책이 나오기까지 멋진 기회를 주신 임순재 한올 사장님을 비롯하여 세심한 부분의 편집을 이끌어 주신 최혜숙 실장님께 진심으로 감사한 마음을 전해 드립니다.

2014년 1월 편저자
심상대

I GRAMMAR & COMPOSITION

Chapter 20   **Grammar**   문법 종합최근 기출 & 예상문제

II   READING & VOCABULARY

PART III

PRACTICAL ENGLISH

| 생활영어 주요 표현 정리 |

부록

APPENDIX

GRAMMAR

&

COMPOSITION

영문의 구조 문장의 구성

01 주어부(Subject)와 술어부(Predicate)

(1) 모든 문장은 [주어 + 동사]의 필수요소로 구성되어 있다.

(2) 하나의 문장은 주체를 이루는 주어부와 동작+상태를 설명하는 술어부로 구성되어 있다. 주어부에서 중심이 되는 말을 주어(subject word)라 하고, 술어부에서 중심이 되는 말을 (술어)동사(verb)라 한다.

```
|→ 주어 ←|              |→ 술어 ←|
Ex  The evenings of this region  have turned very cold just recently.
|      →   주어부   ←  | |      →   술어부   ←      |
```

- **기능어**   evenings / have turned / cold   [문장구성의 필수요소]
- **수식어**   The / of this region / very / just recently   [선택요소]

02 8품사(品詞) (parts of speech)

(1) 영문을 구성하는 어휘를 일정한 기준에 따라 소수의 유형으로 분류하여 한 문장의 구조를 체계적으로 분석하고자 한 것으로 전통적으로 8가지로 나누는 것이 가장 일반적이다.

(2) 8품사의 종류 : 1. 명사   2. 대명사   3. 형용사   4. 부사
5. 동사   6. 전치사   7. 접속사   8. 감탄사

03 정(형)동사(=限定동사)와 준동사

|A| 정형동사

정형동사는 일반적으로 동사(「주어+동사」에서의 동사)라고 지칭하는 것으로 동사의 의미활용의 특성에 따라

❶ 문장의 형식(1~5형식)이 결정되며

❷ 주어의 수(단수 / 복수)

❸ 인칭(1, 2, 3인칭)

❹ 시제(현재〈완료〉, 미래〈완료〉, 과거〈완료〉 및 각 시제의 진행형)에 따라 그 동사의 활용이 변하는 동사를 말한다. 이것에는 준동사를 제외한 모든 동사를 말하며, be동사와 일반동사로 나뉜다. 정형동사의 형태를 통해서 또한

❺ 법(Mood)(직설법, 가정법, 명령법)

❻ 태(Voice)(능동태, 수동태)를 알 수 있는데 특히「시제, 법. 태」를 다양한 형태로 구분하여 나타내는 과정에서

❼ 조동사가 유용하게 활용된다. 즉, '정형동사'는 위의 7가지의 조건을 그 필요에 따라 약속(즉 限定)된 형태로 사용하여야 하기 때문에 '한정동사'라고 부르기도 한다. 그러나 준동사는 위의 7가지 조건을 모두 구비하지 않고도 일정한 형태로 사용된다. 그 형태를 구분하고 용법상의 차이를 나타내는 방식의 차이에 따라「부정사, 동명사, 분사」로 분류한다.

준동사가 내포하고 있는 본질적 의미로 알 수 있는 것은 위의 7가지 중에서「1. 형식 4. 시제 (정형동사의 시제를 기준으로 그와 동일시점이거나 앞서는 시제이면 '단순형'으로, 더 이전 시점을 나타내면 '완료형'으로 나타냄) 6. 태(Ex. 'to do~'의 형태이면 능동태, 'to be done'의 형태이면 수동태)이다.

|B| 준동사

❶ 부정(형동)사   [동사특성 + 명사 · 형용사 · 부사 기능]

❷ 동명사   [동사특성 + 명사 기능]

❸ 분사   [동사특성 + 형용사 · 부사 기능]

04 단어(Word) / 구(Phrase) / 절(Clause)

● 주요 품사의 기능과 의의 [구체적 내용은 각 해당 단원에서 다룸]

❶ 명사 [& 명사 상당어구] (「주어, 〈타동사 또는 전치사의〉 목적어, 보어」로 쓰임)

　　a. 명사 ············· 단어(word)

　　b. 대명사 ············ 단어(word)

　　　　(인칭 · 재귀 · 소유 · 지시 · 부정 · 관계 · 의문 대명사) [관계 · 의문 대명사는 접속기능이 추가됨]

　　c. 부정사 ············ 구(phrase)

　　d. 동명사 ············ 구(phrase)

　　　　(준동사는 복문을 단문으로 전환하여 보다 단순(간결)한 형태로 나타내려 한 것)

　　e. 명사절 ············ 절(clause)

　　　　(that절 / 의문사절 / 관계대명사절 중 선행사를 내포하고 있는 what절과 복합관계대명사절)

[명사] ··· His hard work	
[대명사] ··· It	
[부정사] ··· For him to work hard	is true. ☞ It is true for him to work hard. (아래 ※)
[동명사] ··· His working hard	V S · C
⇧	
[명사절] ··· That he works hard	☞ It is true that he works hard. (아래 ※)

※ 주어나 목적어 자리에 긴 어구(부정사, 동명사(일부), 명사절)가 쓰이면 문장이 복잡하고 산만해 보인다. 이러한
문제를 보다 효과적으로 나타내고자 한 것이 가주어, 가목적어의 it의 활용이다.

Ex.1 We expect that he will work hard. (that절 명사절로서 목적어 – 복문) [3형식]
　　☞ We expect him to work hard. (him이 목적어이면서 to부정사(목적보어)의 의미상 주어 – 단문) [5형식]

Ex.2 I don't know what I should do. ('what ~'은 명사절로서 목적어 – 복문) [3형식]
　　☞ I don't know what to do. (의문사를 동반한 부정사는 모두 명사적 기능 – 단문) [3형식]

❷ 형용사 [& 형용사 상당어구]

　● 서술적 기능 (2형식 · 5형식 문장의 보어)

　● 한정적 기능 (명사의 前後에서 명사를 수식(아래 a,b) / c,d,e는 후치수식만 可)

　　a. 형용사 ············· 단어(word)

　　b. 분사 ············· 구(phrase)　* 분사의 일부는 단어형태로 사용됨

　　c. 부정사 ············ 구(phrase)

d. 前+(동)명사········· 구(phrase)

e. 형용사절 ··········· 절(clause)

(선행사(명사)를 두고 그 뒤에 수식절을 구성하는 모든 관계대명사와, 관계부사)

[현재분사] ··· The boy studying hard will pass the exam.

[부정사] ··· The boy to study hard will pass the exam. (◀── 주로 구체적인 의지·목적)

⇑

[형용사절] ··· The boy who studies hard will pass the exam.

[前 + 名] ··· The man in the brown suit is Mr. Smith.

We discussed the matter of importance. (= ~the important matter. 「전 + 명」= 형용사구 → 형용사)

☞ The soldiers (who were) wounded in the battle were sent to the hospital. [who were = being → 생략]

❸ 부사 [& 부사 상당어구] (주로「동사, 형용사, 부사」를 그 前後에서 수식)

a. 부사 ················ 단어(word)

b. 부정사 ············· 구(phrase)

c. 분사구문 ·········· 구(phrase)

d. 前 + (동)명사 ······ 구(phrase)

e. 부사절 ············· 절(clause)

[부정사] ··· He studied hard (so as / in order) to pass the exam.

⇑

[부사절] ··· He studied hard so (/ in order) that he might pass the exam.

[부정사] ··· He works hard so as not to fail in the exam. (so as 생략 가능)

⇑

[부사절] ··· He works hard so that he may not fail in the exam.

[부정사] ··· He works hard in order not to fail in the exam.) (in order 생략 가능)

⇑

[부사절] ··· He works hard in order that he may not fail in the exam.

= He works hard lest he (should) fail in the exam.

[부정사] ··· He is <u>so rich as to go abroad.</u> (= He is rich enough to go abroad.)

⇑

[부사절] ··· He is <u>so rich that he can go abroad.</u>

[부정사] ··· He is <u>too poor to go abroad.</u>

⇑

[부사절] ··· He is <u>so poor that he can't go abroad.</u>

※ **Ex** As soon as he saw **me, he ran away.** (부사절을 동반한 복문)
= Seeing **me, he ran away.** (분사구문 활용)
= On seeing **me, he ran away.** (『전 + 동명사』(부사구) 활용)

05 문장의 종류 [구조상의 분류]

(1) 단문(Simple Sentence) : S + V

(2) 중문(Compound Sentence) : 2개 이상의 대등 독립절로 이루어진 문장

(3) **Ex** S + V~ and (S +) V~ . (and 앞뒤의 주어가 같은 경우 뒤의 주어는 생략)

(4) 복문(Complex Sentence) : 1개의 주절과 1개 이상의 종속절로 이루어진 문장

(5) 혼문(Mixed Sentence) : 중문과 복문이 혼합된 문장

▶ 접속사의 기본형태 [용법상의 분류]

S + V + ~ [등위·종속 접속사] S + V~ . ☞ 중문 또는 복문
　단 문　　　　　　　　　　　　　　　　　 단 문

❶ 등위접속사(Coordinate Conjunctions)

▶ 종류 : and, or, but 등

Ex He entered the office and sat down on the chair near his friend.

❷ 종속접속사(종속절을 이끄는 접속사)

◎ 종속절(Subordinate Clause) : (<u>Complex Sentence</u> = <u>Main Clause</u> + <u>Subordinate Clause</u>)
　　　　　　　　　　　　　　　　 복 문　　　　　　　 주 절　　　　　　 종 속 절

▷ 종 속 절 ─┬─ 명사절(Noun Clause)
(Subordination) ├─ 형용사절(Adjective Clause or Relative Clause)
└─ 부사절(Adverb Clause)

(자세한 내용은「CHAPTER 17. 접속사」참조)

Ex **명사절** : I believe that the boy is honest. (= I believe the boy to be honest.)
형용사절 : I believe the boy who is honest.
부사절 : I believe the boy because he is honest. (이유 표시 부사절)
If the boy is honest, I will believe him. (조건 표시 부사절)
Cf. I know the boy well and believe him because he is honest. (복문)

최근 기출 & 예상문제

※ 밑줄 친 부분에 들어갈 가장 알맞은 것을 고르시오. (01~17)

01 _____ map dates back to about 3,000 B.C.

① Known to be the oldest   ② It was the oldest known

③ Known as the oldest   ④ The oldest known

해 설 map이 주어기능의 명사가 되어야 정형동사 dates(이 경우 완전자동사)가 나올 수 있다. 따라서 map앞에는 이를 전치(前置)수식하는 기능어가 놓일 수 있다.「한정사(관사, 소유격, 지시·부정·수량형용사 등) + 형용사」특성들이 모두 이에 속한다. 이 경우 '한정사'는 주로 '필수요건'으로 사용해야 하는 것인 한편(이 경우 特定대상을 지칭하는 최상급으로서 정관사 'the'가 호응됨) '형용사'는 '선택요건'으로 사용된다.

번 역 가장 오래된 것으로 알려진 지도는 기원전 3000년경으로 거슬러 올라간다.

정 답 ④

02 _____ direct link exists between seat belt use and fewer traffic fatalities.

① There is a   ② The fact that a

③ A   ④ Since a

해 설 exists가 정형동사의 요건을 갖추고 있으므로 그 앞에는 단수주어만 두면 된다. 위의 문제와 같은 논리를 묻는 문제이다. 다만, '비한정(非限定)'의 논리를 전제로 '단수'개념을 나타낼 경우는 '부정(不定)관사'가 호응한다는 점만 감안하면 된다.

번 역 안전벨트의 사용과 보다 적은 교통사고 사상자수간에는 직접적인 관계가 있다.

정 답 ③

03 _____ complex organic catalysts originating in living cells.

① Enzymes   ② Enzymes are

③ Enzymes which are   ④ Enzymes while they

해 설 준동사의 하나인 현재분사 originating는 형용사절(which originate = 관계대명사[접속+명사(주어)]+동사(복문)을 단문으로 나타내기 위해 사용한 것이다. 따라서 정형동사가 있는지 여부를 먼저 확인하고「주어+동사」의 기본문장 요건을 갖춘 것을 찾아보면 ②임을 알 수 있다.

번 역 효소는 살아있는 세포내에서 생기는 복합적 유기촉매제이다.

정 답 ②

04

In 1978, Barbara Chung became the first Asian _____ elected mayor in the Uinted States.

① was   ② was to   ③ she was   ④ to be

해설 the first Asian은 주격보어로서 이미 완전한 문장의 형태를 완성하고 있으므로 이를 수식하는 형용사적 기능을 두면 된다. 형용사 기능이 가능한 것으로 1) the first Asian that(or who) was elected~ (이 경우 복문) 2) the first Asian elected~[1]에서 that was가 being이므로 이를 생략한 것 3) the first Asian to be elected~[이 경우 to be를 생략하면 결국 2)의 형태와 동일해짐]

번역 1978년에, B. Chung은 미국에서 시장으로 선출된 최초의 아시아 여성이 되었다.

정답 ④

05

"A man was killed." "Where is the body of the _____ man?"

① murder   ② murdered   ③ murdering   ④ having murder

해설 the man who was murdered에서 who was=being이며 being을 생략하면 the man murdered이다. 이 경우 murdered 다음에 이를 수식하거나 내용상 이어지는 부사(구)와 같은 것이 없으면 murdered를 명사의 앞으로 '전치(前置)수식'하는 위치에 옮기면 된다.

번역 "한 사람이 살해되었습니다." "살해당한 사람의 시체는 어디에 있습니까?"

정답 ②

06

The paramecium swims rapidly _____ hairlike cilia.

① by beating its   ② its beating   ③ of the beating   ④ the beaten

해설 swim은 완전자동사로서 뒤에는 부사를 둘 수 있다. 양태부사인 rapidly를 둔 다음 부사구가 될 수 있으려면 '전치사+(동)명사[이 경우 '(동)명사'를 전치사의 목적어라 함]를 갖추면 된다. 이와 동시에 이 경우라면 목적어 hairlike cilia를 두고 있으므로 준동사의 하나인 동명사(동사+명사)가 필수적으로 요구된다.

번역 짚신벌레는 머리털같은 섬모를 흔들어서 신속히 헤엄친다.

정답 ①

07

With the exception of mercury, _____ at standard temperature and pressure.

① metallic elements being solid   ② the metallic elements are solid

③ which is a solid metallic element   ④ since the metallic elements are solid

해설 (comma) 앞에는 '부사 상당어구'를 두면 되는데 논리구성상 ,(comma) 다음의 기본 문장(S+V)을 자연스럽게 유도하려다 보면 먼저 부사적 표현을 앞에 두는 것이 문장의 전개를 용이하게 하기 때문이다. 물론 그렇게 해야만 한다는 것이 아니라 십중팔구는 그렇다는 것이다. 그 형태는 다음과 같다.

    ① 부사절(접속사 S+V~)   [부사절이 활용된 복문]

    ② 분사구문   [분사구문(부사기능)을 이용한 단문]

    ③ 전치사 + (동)명사   [부사구를 활용한 단문]

    ④ 부정사(주로 '조건'이나 '목적' 및 '양보')   [부정사의 부사기능을 활용한 단문]

번역 수은을 제외하고는 금속원소들은 표준 온도와 압력에서 고체이다.

정답 ②

08   _____, Alexander Graham Bell was still a young man.

① He invented the telephone   ② The telephone was invented

③ His invention of the telephone   ④ When he invented the telephone

해설 (comma) 앞에는 '부사 상당어구' 중 부사절인 경우이다. '주어+동사'의 문장을 전개하는 이상 주절을 유도하려면 부사절을 이끄는 접속사를 반드시 두어야 한다.
번역 전화기를 발명했을 때, A. G. Bell은 아직 젊은이였다.
정답 ④

09   Chosen as the nation's capital at the end of the American Civil War, _____ a city of more than a million people.

① for it   ② it is now

③ to it   ④ now in it

해설 Being chosen as~ → Chosen as~ (분사구문에서 Being을 생략) [8번 문제의 설명 중 ②에 해당함] 대명사 it은 the nation's capital이다.
번역 남북전쟁 말기에 국가의 수도로 선정된, 그 곳은 이제 일 백만 이상의 인구가 있는 도시이다.
정답 ②

10   Music and dance, _____, belong to the same family.

① brother and sister alike   ② are like brother and sister

③ they are brother and sister   ④ like brother and sister

해설 주어 다음의 위치에서 comma가 나란히 놓여 있고 그 사이에 밑줄이 있으면 1) 주어와의 동격을 묻는 경우 아니면 2) '부사상당어구'를 삽입해 두고자 하거나 3) 관계사절(형용사절)이 경우 '관계대명사 주격 + be = being'을 생략하는 경우도 있음을 두고자 하는 경우이다. 이 문제는 2)의 경우이다.
번역 형제와 자매처럼 음악과 춤은 같은 부류에 속한다.
정답 ④

11   The tongue, _____, is an important aid in chewing and swallowing.

① is the chief organ of taste   ② tasting the organ chiefly

③ the chief organ of taste   ④ the organ chiefly tastes

해설 위 문제(11번)설명에서의 1)번의 경우로서 '동격'을 묻는 문제이다.
번역 주요미각기관인 혀는 씹고 삼키는데 있어 중요한 보조 기관이다.
정답 ③

12   Mary told me _____ she would be absent.

① that   ② until   ③ while   ④ as

해설 told는 4형식 동사이며 she would be absent의 문장을 이어줄 명사절을 이끄는 접속사가 필요하다.
번역 Mary는 결석할 것이라고 나에게 말했다.
정답 ①

13 _____ that people should learn to swim.

① Believing   ② To believe   ③ It is believed   ④ It

해설 ▶ that절이 종속절(명사절)이므로 '주어+동사'의 주절만 찾으면 된다. 종속절이 너무 길어 가주어를 취한 경우이다.

번역 ▶ 사람들은 수영을 배워야 한다고 믿는다.

정답 ▶ ③

14 It was John's driving _____ bothered everyone.

① when   ② that   ③ where   ④ because

해설 ▶ 이 경우는 '가주어, 진주어' 구문이 아닌 강조구문이다. It was, that은 강조구문을 나타내기 위한 요소일 뿐 이것이 없다해도 문장은 완전해야 한다. John's driving bothered everyone.의 문장에서 주어를 강조한 것이다.

번역 ▶ 모든 사람들에게 걱정을 끼친 것은 John의 운전이었다.

정답 ▶ ②

15 I was hungry _____ stopped by a fast-food restaurant.

① but   ② or   ③ however   ④ and

해설 ▶ 두 개의 문장을 등위관계로 이어 줄 수 있는 문맥에 맞는 접속사는 and이다.
Cf. I was hungry and (I) stoped by ~

번역 ▶ 나는 배가 고파 한 패스트푸드점가에 멈추었다.

정답 ▶ ④

16 In the United States, _____ is the most concentrated is New Orleans.

① French influence the city   ② the city where French influence

③ where the city influences French   ④ where the French influence the city

해설 ▶ 'where French ~ concentrated'는 the city를 수식하는 형용사절이다. 이 경우 where는 관계부사 [접속기능+(장소) 부사]로서 절을 이끌고 있다. 문장구성 요건은 결국 the city (~ ~) is New Orleans.이다

번역 ▶ 미국에서 프랑스의 영향력이 가장 집중되는 도시는 New Orleans이다.

정답 ▶ ②

17 As an atom absorbs energy, _____ increases, and the atom is said to be excited.

① its energy level   ② as its energy level

③ it is energy level   ④ the energy level of its

해설 ▶ As로 이끈 부사절이 있고(복문의 하나), and를 통해 등위관계를 나타내는 중문이 있으므로 이 경우는 혼(합)문의 경우이다.

번역 ▶ 원자가 에너지를 흡수함에 따라, 원자의 에너지 수준은 증가하게 되며 이 원자는 여기(자극)된다고 말한다.

정답 ▶ ①

※ 밑줄 친 부분 가운데 어법상 어색한 것을 고르시오. (18~19)

18

① One of the positive aspects of the 2002 World Cup ② is that it ③ <u>having brought</u> the Korean people together ④ <u>under the banner of</u> national pride and harmony.

해설 ③는 주격보어 명사절인 that절에서 정형동사가 되어야 하므로 문맥에 맞게 brought 또는 has brought로 해야 한다.
번역 2002년 월드컵의 긍정적 측면의 하나는 이 대회가 한국인들을 민족적 자부심과 화합이라는 깃발아래 단합시켰다는 점이다.
정답 ③ (having brought → brought / has brought)

19

Bacteria ① <u>entrance</u> a plant's roots from the soil and ② <u>establish</u> ③ <u>themselves</u> in the cells of the ④ <u>root</u> tissue.

해설 등위접속사 and앞에 정형동사가 요구된다. Bacteria(복수주어) enter ~ and (they) establish ~
번역 박테리아는 토양으로부터 식물의 뿌리에 들어가며 뿌리조직의 세포 속에 자리를 잡는다.
정답 ① (entrance → enter)

20

문법 상 틀린 문장은?

① Her atheism is highly relevant.

② Her being an atheist is highly relevant.

③ It is highly relevant her being an atheist.

④ That she is an atheist is highly relevant.

⑤ It is highly relevant that she is an atheist.

해설 ③를 '가주어 + (의미상의 주어) + 진주어' 구문으로 부정사로 나타내어야 한다. It is highly relevant for her to be an atheist.로 고쳐야 한다. 동명사로 진주어를 나타내는 것은 'It is no use v~ing'와 같은 특수한 경우로 한정되어 있는 것이 보통이다. ②는 동명사를 주어로 사용한 경우이며 의미상의 주어는 소유격(Her)이므로 적절하다. ④ 명사절로 주어를 사용한 경우이며 ⑤는 ④를 가주어, 진주어로 나타낸 경우이다.
정답 ③

문장의 구조와 형식
Kind of Verb

동사의 종류	문장의 형식		
	❶ 제1형식 (완전 자동사)	S + Vi	
	❷ 제2형식 (불완전 자동사)	S + Vi + S·C	
	❸ 제3형식 (완전 타동사)	S + Vt + O	
	❹ 제4형식 (완전 타동사)	S + Vt + I·O + D·O	
	❺ 제5형식 (불완전 타동사)	S + Vt + O + O·C	

(완전·불완전의 기준 : 보어의 유무 / 자동사·타동사의 기준 : 목적어의 유무)

01 제1형식문형(S+V)

▮A▮ 완전 자동사(Complete Intransitive Verb) [Vi]

- Many cars run on the street.
- Cf. God is(=exists). / I think; therefore I am. 나는 생각한다; 고로 나는 존재한다.

 There is a pen on the desk. 책상 위에는 펜이 하나 있다. (수 일치 주의)

  ⊙ be동사가 '존재'(=exist)의 의미일 경우 '완전자동사'이며 그 외의 경우는 2형식 동사('상태·성질')이다.
  ⊙ 유도부사(there, here)가 문두에 쓰이면 도치(V + S)된다. Here comes the bus.
   그러나, 대명사가 주어이면 정치(S + V)된다. Here it comes. 버스가 온다.

- This book was written by his brother. (3형식 능동구문 → 수동구문)

- She seems to be rich. 그녀는 부자인 것 같다. (2형식)

  ⇒ It seems that she is rich. (It seems는 1형식)

- It seems to me that the matter is out of question. [It(가주어), that~(진주어)]
  그 문제는 나에겐 의문의 여지가 없어 보인다.

- It doesn't matter whether he will go or not. [It(가주어), whether~(진주어)]
  그가 갈지 말지 여부는 문제되지 않는다(중요하지 않다).

▌B▐ 주의를 요하는 완전 자동사

- The machine will not work well. (작동 · 작용하다)

- So long as it is interesting, any book will do. (충분하다 = be enough)

- Education pays. (이익이 되다, 수지가 맞다) (=be profitable, be well-paying)

- His opinion doesn't matter. (중요하다=count, be important)

- An accident occurred last night. 어젯밤에 한건의 사고가 발생했다.

  (기타) stand(위치하다 = lie), grow(자라다), mount(오르다, 올라가다), resound(메아리치다, 반향(反響)하다)

▌C▐ 수동의 의미가 있으나 능동으로 쓰는 자동사

- This pen writes smoothly. (이 펜은 술술 잘 쓰인다.)

  This book sells like hot cakes. (이 책은 날개 돋친 듯이 팔린다.)

  This shirt washes well. (이 셔츠는 잘 세탁된다.)

  This surface cleans easily. (이 표면은 쉽게 닦인다.)

  The clothes iron well. (이 옷은 잘 다려진다.)

  ◎ [유례] photograph, read, drive 등
  ◎ 이와 같은 경우는 주로 양태부사(구), 즉 smoothly, like hot cakes, well 등이 동사를 수식함.
  ◎ 자동사는 수동의 의미를 가진 수동형 不可
    参 be disappeared (×) / disappear(사라지다)

▌D▐ 타동사로 착각하기 쉬운 자동사 : 전치사 수반

- account (for) [= explain]
- agree (to, on, with)
- apologize (to)
- arrive (at, in) [=reach]
- carry (on)
- complain (about, of)
- compete (with, for, against)
- consent (to)
- consist (of, in)
- do (without) [=dispense (with)]
- enter (into)

- experiment (with)
- hope (for)
- insist (on)
- leave (for)
- look (at, after …)
- operate (on)
- react (to)
- rely (on)
- sympathize (with)
- graduate (from)
- interfere (with, in)
- laugh (at)
- listen (to)
- object (to)
- participate (in)
- run (over)
- reply (to)
- wait (for, on)

○ "자동사 + 전치사"(account for, laugh at, listen to, run over, carry on 등)가 타동사구의 의미가 명백히 사용될 경우 결국 3형식 문장으로 취급하면 된다.

○ He did his best so that he might not fail. (fail in은 틀림)
그는 실패하지 않도록 최선을 다했다.

○ wait for(기다리다) = await / wait on(시중들다) = serve, attend on

○ complain, insist, object, agree는 단문에서는 자동사이지만 복문에서는 타동사이다.

> **Ex** ~ object that S + V ~ (o) / ~ object to that S + V ~ (×)
> She insists on my going there. 그녀는 내가 그곳에 가야 한다고 주장한다.
> ⇒ She insists that I should go there.

Sim's 특강 · 자동사에 대한 올바른 이해

1형식 완전자동사 다음에는 이론상 부사나 부사구(전치사 + 명사)는 얼마든지 둘 수 있다. 이 경우 부사구를 두는 경우를 생각한다면 자동사와 잘 호응하는 전치사를 사용해야 하는데 위의 예에서 볼 수 있는 것처럼 대개의 경우 자동사의 특성과 잘 어울리는 전치사는 정해진 경우가 많다. 따라서 자동사의 활용을 실용성 있게 활용하려면 전치사를 붙여서 이해하도록 노력하면 된다. 즉, account는 명사이기도 하지만 동사일 경우 자동사로서 '설명하다'의 의미인데 **The theory cannot account.**라면 '그 이론은 설명한다.'까지는 이론상 맞으나 무엇을 설명하는지는 알 수 없게 된다. 따라서 뒤에 명사를 두어 설명의 대상을 두려면 account와 부합하는 전치사를 먼저 선정하고 그 뒤에 전치사의 목적어(명사)를 두면 된다. 이 경우 호응하는 전치사가가 for이며 for의 목적어를 일단 **this phenomenon**이라 두어 문장을 모두 완성해 보면 **The theory cannot** account for **this phenomenon.**이 되는데 이 경우 account for를 3형식 타동사 explain으로 대신할 수 있기 때문에 의미상은 결국 위의 문장은 3형식 문장의 하나로 취급된다는 것이다. 따라서 수동태도 가능하다. 즉 **This phenomenon cannot** be accounted for **by the theory.** 이런 경우와 같은 경우의 대표적인 예는 바로 아래 항에 참고하면 된다. 그러나 이런 형식을 갖추었다고 모두 그렇게 되는 것은 아니라는 것도 명심해야 한다.

02 제2형식문형(S+V+C)

▌A▌ 불완전 자동사(Incomplete Intransitive Verb)

2형식 동사는 '='로 일단 놓아서 그것이 성립하면 보어가 명사이며 성립하지 않으면 형용사이다.

❶ The girl is a student. (The girl = a student) 그 소녀는 학생이다.

❷ The girl is beautiful. (The girl ≠ beautiful) 그 소녀는 아름답다.

　　떼 My father is so stubborn. 나의 아버지는 너무 완고하시다.

▌B▌ 불완전 자동사의 종류

"be" group　A : be, seem, appear, remain, keep, stand, stay (상태동사)

　　　　　　B : look, taste, feel, sound, smell (감각〈오감〉동사)

"become" group : become, come, go, grow, prove(= turn out), fall, run, turn, get

　　　　　　　　(모두 ~ "가(이) 되다"라는 뜻)

　　Cf. Our dream came true. 우리의 꿈은 실현되었다.

　　The air had suddenly grown cold. 공기가 갑자기 차가워졌다.

---

a. Your voice sounds funny today. 우스꽝스럽게 들린다. (특히 감각동사의 경우)

(우리말로는 부사처럼 쓰임) ──→ **확인** : funny voice (우스꽝스러운 목소리)

　떼1 The lady looks young for her age. * for : (대비 · 고려) …에 비하면, 치고는 (considering)

　떼2 The rose(/ flower) smells sweet.

　Cf. He smells bad. 그에게서는 악취가 난다. [badly (×)]

b. "be" group의 상태 · 감각 동사는 진행시제가 불가능하며

　　"become" group은 진행시제가 가능.

c. seem, appear, look, prove, turn out는 형용사 보어가 올 경우 to be를 생략할 때가 많다.

　　[to be를 두면 구(phrase)인 것을 의미구성상 차이가 없다는 점을 감안하여 이를 생략하여 단어(word)로

　　간결하게 나타낸 것!]

　　떼 He seems (to be) rich. 　*Cf.* It seems that he is rich.

---

03 제3형식문형(S+V+O)

▌A▌ 완전 타동사(Complete Transitive Verb) [Vt]

- The stone hit him in the eye. 그 돌이 그의 눈에 맞았다.

▌ B ▌ 완전 타동사구 [구전체가 하나의 의미의 단위로 쓰인다는 것을 주의할 것!]

- **자동사 + 전치사** : account for, carry on, laugh at, listen to, run over, abide by
- **자동사 + 부사 + 전치사** : do away with(= abolish), look down on(= despise), come up with, look up to(respect), speak ill of(= malign), speak well of, make up for
- **타동사 + 부사** : pick up, put off(= postpone), see off, take off, call off

  Cf. We called off **the game**. (O) 우리는 그 게임을 취소했다.

  We called **the game** off. (O)

  We called off **it**. (×) We called **it** off. (O)

- **타동사 + 명사 + 전치사** : find fault with(= criticize), make fun of(= ridicule), make much of, make use of(= use), pay attention to, take advantage of, take care of, take notice of

Sim's 특강

자동사+전치사(예, account for)

타동사+부사(put off)의 구별방법

특강 1에서 이미 밝힌 것처럼 account는 원래 자동일 경우 '설명하다'의 뜻이다. 다만 이와 호응하는 전치사를 결합하여 account for를 '~을 설명하다'의 의미로 새기는 것은 충분히 이해 할 수 있다. 즉, 자동사의 원래 고유한 뜻은 그대로 가지고 있되 이와 호응하는 전치사가 호응해주기만 하면 된다고 생각하면 된다. 그러나 후자의 경우를 보자. put은 '~을 놓다'의 타동사이다. 그런데 뒤에 부사 off을 두었다고 해서 '놓다'는 뜻이 유지되고 있는지 살펴볼 때 기대와는 달리 'put off'은 '~을 연기하다'는 뜻을 지닌 의미가 파생되었음을 알 수 있다. 항상 그러한 것은 아닐 수 있으나 대부분은 이런 논리를 적용하면 된다. 사실 '~을 연기하다'는 표현을 하는 것도 원래 off이 「분리, 이탈」의 뜻을 지니고 있어 '~을 분리시켜(off) 두다(put)'는 논리를 결합시켜 간단히 말한 방식이 된 것이다.

▌ C ▌ 동족목적어 : die, dream, live, sing, sleep…

- She lived(=led) a happy life. 그녀는 행복한 삶을 살았다.
- She dreamed(=had) a strange dream. 그녀는 이상한 꿈을 꾸었다.

▌ D ▌ 자동사로 생각하기 쉬운 타동사 [전치사와 결합할 수 없는 동사]

　🔍 3형식의 동사를 '…을(를) ~하다'의 뜻으로만 익숙하다 보니 아래의 단어들이 착각되는 것이다. '…와(, …에, …보다, …에 대해 등) ~하다'의 경우들을 주의할 것!

● marry(…와 결혼하다)

She married a rich man. 그녀는 부자 남자와 결혼했다.

Cf. She married. (O) → She married young. 그녀는 어려서 결혼했다.

She is married [to a rich man.]. 그녀는 부자 남자와 결혼한 상태이다.

A : When did she get married? 그녀는 언제 결혼했지?

B : She got married in 2003. 그녀는 2003년에 결혼했다.

● resemble(…와 닮다)   Tom resembles his father.

◎ = Tom is like his father. 톰은 그의 아버지를 닮았다.

= Tom and his father are alike. (형용사에서 참조) 톰과 그의 아버지는 서로 닮았다.

주의 ! ① Tom is resembling his father. (×)

② His father is resembled by Tom. (×)

● contact(…와(에게) 연락하다)   Please contact me. (나에게 연락하세요.)

● affect(…에 영향을 미치다(= influence, have an effect(influence, impact) on)

● attend(…에 참석하다 · 다니다)   Are you going to attend the meeting? 그 회의 참석하시렵니까?

● approach(…에 접근하다)

We approached the camp with care. 우리는 주의 깊게 그 캠프에 접근했다.

● reach(…에 도착하다(=get to, arrive at))

He reached the place a little before noon. 그는 낮 12시 조금 전에 그 곳에 도착했다.

● face(…에 직면하다(=confront))   He faces a predicament. 그는 곤경에 직면해 있다.

● survive(…보다 오래 살다, …에서 살아남다)

She survived him (by 10 years). 그녀는 그 보다 (10년만큼) 더 오래 살았다.

● excel(…보다 뛰어나다)   He excels me in courage. 그는 용기면에서 나보다 뛰어나다.

● discuss(…에 대해 논하다)   We discussed political problems. 우리는 정치문제에 관해 논의했다.

● mention(…에 관해 말 · 언급하다(=speak of))

He mentioned the accident. 그는 그 사고에 대해 언급했다.

● consider(…에 대해 고려하다)

We had better consider their proposal. 우리는 그들의 제안에 대해 고려하는 것이 낫다.

● become(…에 어울리다)(=suit)   Does this coat become me? 이 코트가 나에게 어울리나요?

● enter(…에 들어가다)   We entered the 63 Building. 우리는 63빌딩에 들어갔다.

◎ He entered into business with his brother.

《추상적으로》…에 들어가다 → …을 시작하다 = begin)

● inhabit(…에 살다(=live in))   She inhabits the island. 그녀는 섬에 산다.

● answer(…에 답하다(=reply to))

Cf. answer for : 책임을 지다, 보증하다

- greet(…에게 인사 · 맞이하다)

  The boy greeted me on the street. 그 소년은 거리에서 나에게 인사했다.

- consult(…의 의견을 묻다, 〈의사의〉진찰을 받다)

  She felt sick and consulted the doctor. 그녀는 몸이 좋지 않아 의사에게 진찰을 받았다.

- address : (…에게) 말을 걸다; (청중에게) 연설(강연)하다

  He addressed an audience. 그는 청중에게 연설을 했다.

- obey : (사람 · 명령 · 제한 등에) 복종하다, 따르다, 응하다, …을 지키다

  Children should obey their teachers. 학생들은 교사들의 말을 따라야 한다.

Sim's 특강 / 완전타동사(3형식)에 대한 올바른 이해

She married a rich man.가 맞는데도 She married with a rich man.이 맞을 것이라고 고집하고 싶은 이유는?

우리말로 이해할 경우는 marry가 '~와 결혼하다'라고 생각하면서도 전치사 **with**를 붙이고 싶어하는 것은 '~을, ~를'의 토씨가 붙은 것만 타동사인줄로 착각하는데서 오는 오류이다. 좀 더 깊이 생각해 보면 **marry with**라고 하게되면 '~와~와 결혼하다'는 말로 해석이 가능한데 이것은 상식적으로 말도 안된다는 것을 알 수 있다. 위의 3형식동사들은 출제빈도가 높은 것들만 한 곳에 모은 것으로서 '~을', '~를'의 토씨가 아닌 '…와, …에, …보다, …에 대해'와 같은 토씨가 붙어도 타동사를 나타낸다는 것을 간과해서는 안된다는 점을 보여주고자 하는 것이다.

┃E┃ 주의를 요하는 3형식 문형 동사 [4형식으로 착각하기 쉬운 3형식동사]

❶ explain, say, suggest, admit, introduce, announce ('~에게'라는 뜻이 없음)

S + Vt + O + (to 人) …… (O)   S + Vt + I · O + D · O …… (×)

Cf. [S + Vt + (to 人) + 명사절 (목적어로서 주로 that절)]

   Cf. He says (to me) that~

   Ex Please explain to me how to join a tennis club. [to me는 부사구]
   테니스 클럽에 어떻게 가입하는지 저에게 설명해 주세요.

❷ 「Vt + O + of something」유형

ⓐ 「통지 / 확신 / 고발」의 타동사 :

inform(=notify, apprise), remind / convince, assure / accuse, convict, warn

Ex1 He informed me of her death.

Ex2 Whenever I see you, I am reminded of your brother.
나는 너를 볼 때마다, 나는 너의 형이 생각난다.

I never see her without being reminded of my mother.
나는 그녀를 볼 때마다 나의 어머니가 생각난다.

Ex3 He is convinced(/ sure) of succeeding. 그는 성공하리라는 것을 확신한다.

= He is convinced(/ sure) that he will succeed.

ⓑ 「제거 · 박탈」의 타동사 : rob, deprive, rid, relieve, clear, cure, strip

Ex1 She was robbed of all the money. 그녀는 모든 돈을 다 강탈당했다.

❸ 「Vt + O(someone) + with something(/ for, to + someone)」유형 :「공급」의 타동사
provide, supply, furnish, present, endow

Cf. 기타 with와 호응하는 3형식 동사 : compare, replace, combine

He presented me with a watch. 그는 나에게 시계 하나를 증정했다.

= He presented a watch to me .

❹ 「Vt + O + for something」유형 :「칭찬 · 감사 · 상 / 비난 · (처)벌」의 타동사
praise, thank, reward / blame, criticize, scold, punish

Ex1 Thank you for inviting me.   초대해 주셔서 감사합니다.

Ex2 He blamed her for the mistake. 그는 그 실수 때문에 그녀를 비난했다.

❺ 「Vt + O + from v-ing」유형 :「방해 · 금지」의 타동사
deter, dissuade, hinder, keep, prevent, prohibit, stop

He stopped us from watching television.
그는 우리가 텔레비전을 보지 못하게 했다.

---

04 제4형식문형(S + V + I.O + D.O)

| A | 수여 동사(Dative Verb)

◎ 간접 목적어와 직접 목적어의 이중 목적어를 취하며, 보어 없이 문형을 이루는 동사로 여격
(與格)동사라고도 한다.

┃ B ┃ 수여 동사의 어순 전환(4형식 → 3형식) [전환할 경우 쓰이는 전치사에 따라]

S + Vt + I · O + D · O → S + Vt + O + to / for / of / on someone

❶ to가 수반되는 동사 : give, tell, sell, lend, bring, offer, show, send, write, mail, owe, hand, pass, teach, do(…에게 도움 · 이익 · 〈피〉해 등을 주다), render(=give) …

   Ex The medicine will do you good. → The medicine will do good to you.

      그 약은 당신에게 이득이 될 것이다(효과가 있을 것이다.)

❷ for가 수반되는 동사 : buy, make, do, get(…에게 …을 베풀다 → 아래 ask 참조) …

   Ex.1 Will you do me a favor? (4형식) → Will you do a favor for me? (3형식)

      제 부탁을 들어주시겠습니까? (저를 위해 청을 베풀어 주시겠습니까?)

   Ex.2 She made us coffee. → She made coffee for us.

      그녀는 우리에게(우리를 위해) 커피를 끓여 주었다.

❸ of이 수반되는 동사 : ask, beg, demand, require …

   Ex May I ask you a favor? (4형식) → May I ask a favor of you? (3형식)

      부탁 하나 해도 될까요? (부탁이 있어요.)

❹ on이 수반되는 동사 : play, confer, bestow

   Ex He played me a trick. (4형식) → He played a trick on me. (3형식)

      그는 나에게 책략을 걸었다(그는 나를 속였다).

❺ 간접목적어를 전치사와 결합하여 뒤에 둘 수 없는 동사 : cost, envy, excuse, forgive, save

   Ex I envy him his good fortune. (O) → I envy his good fortune to him. (×)

      나는 그의 행운을 부러워한다.

      단. I envy his good fortune. (3형식) (O) / I envy him. (3형식) (O)

❻ 4형식 동사가 원칙이나 간접목적어를 생략하면 3형식이 되는 동사 : win(=earn), tell

   Ex.1 The book won (him) fame and fortune. (him을 생략하면 3형식)

      그 책은 (그에게) 명성과 부를 얻게 해 주었다.

   Ex.2 He did not tell (us) the truth. (us를 생략하면 3형식)

      그 (우리에게) 진실을 말하지 않았다.

05 제5형식문형(S+V+O+O.C)

▎A▎ 불완전 타동사(Incomplete Transitive Verb)

◎ 목적어만으로는 뜻이 불완전하여, 그 목적어의 형상, 성질 등을 보충 · 설명하는 보어를 취하여 목적어를 의미상 주어로, 그 서술어 역할을 하는 타동사를 말한다.

▎B▎ 제5형식 문형에 쓰이는 주요 불완전 타동사

◎ 5형식동사 S + Vt + O (목적어) + O · C (목적보어)

목적어(O)와 목적보어(O · C)의 관계		
O · C	O · C의 의미	대표적 동사
O + **명사** …………	O = O · C인 관계	call, elect / # 1 regard A(O) as B(O · C) 등
형용사 ………	O의 상태를 설명	keep, leave, find, paint 등
현재분사 ……	O의 능동적 동작	keep, leave, find 등
과거분사 ……	O의 수동적 동작	keep, leave, find, get, have, make 등
부정사 ………	O의 능동적 동작	# 2

　　Ex1 We call him John. (him=John / He is John.)

　　Ex2 We elected him president. (him=president / He is president.)

 # 1 ⓐ regard A as B : A를 B로 간주 · 생각하다　　cf. B(명사, 형용사, 분사)가 목적보어

　유례(類例) : look on(upon) ～ as, think of ～ as, see(view) ～ as, consider ～ as

　　Ex We regard him as a hero. 우리는 그를 영웅으로 간주한다.

　　We regard his argument as (being) logical. [동명사 being은 주로 생략함]
　　우리는 그의 주장이 논리적인 것으로 간주한다.

ⓑ refer to A as B : A를 B라고 말하다, 일컫다　　유례 : describe～as, portray～as

ⓒ define A as B : A를 B라고 정의 · 한정하다

ⓓ ⓐ, ⓑ, ⓒ외에 A as B형식을 취하는 5형식 주요동사 : classify A as B(분류하다), speak of A as B(칭하다), take A as B(받아들이다), treat A as B(취급하다), acknowledge A as B(인정하다)

　　Ex He found his wife much changed. 그는 자신의 아내가 많이 변한 것을 알았다.

 # 2 to 부정사 / 원형부정사

① to부정사를 목적보어로 하는 타동사(타동사 + 목적어(의미상의 주어) + to부정사)

　● (희망 · 기대)　expect, intend, (would) like, mean, want, wish

　● (명령 · 권고)　advise, ask, urge, order, command, persuade, require, tell, warn

- **(사역)** cause, compel, force, oblige, enable, encourage, get, invite
- **(사고 · 사유)** believe, consider, think, imagine, suppose, assume
- **(허용 · 금지)** allow, permit / forbid
- **(기타)** know, need, induce, motivate

> **Ex** We expect him to pass the exam. (← We expect that he will pass the exam.)
>
> We expect to pass the exam. (← We expect that we will pass the exam.)
>
> ◎ (희망 · 기대) 동사의 경우 to 부정사를 바로 목적어(즉, 3형식 문형)도 많이 쓰인다. 단, 타동사 hope는 (희망 · 기대)동사의 의미에 속하지만 5형식문형은 안되고 3형식문형만 가능하여 want와 like는 that절을 목적어로 취할 수 없다.
>
> Cf. consider, imagine, allow가 바로 목적어를 취하는 3형식의 경우 그 목적어가 동명사이지 부정사 아님을 유념하자.

② 원형부정사를 목적보어로 하는 사역동사 : make(강요), have(요청), let(허용)

> **Ex1** My mother made me clean the room. 나의 어머니는 내가 방청소를 (강제로)하도록 시키셨다.
>
> (= My mother compelled〈or forced〉me to clean the room.)
>
> **Ex2** My mother had me clean the room. 나의 어머니는 내가 방청소를 하도록 (재촉하여) 시키셨다.
>
> (= My mother urged me to clean the room.)
>
> **Ex3** My mother let me clean the room. 나의 어머니는 내가 방청소를 하도록 허용하셨다.
>
> (= My mother allowed me to clean the room.)
>
> **Ex4** Can you make yourself understood in English?
>
> 자신을 영어로 이해되게 할 수 있나요? → 영어로 이해가 되나요?
>
> He has shoes repaired. Sam은 신발 수선을 했다.
>
> I had(got) my hair cut. 나는 이발했다.
>
> (I had a barber cut my hair. / I got a barber to cut my hair.)
>
> Cf. I won't have my students arriving late for class. 나는 학생들이 수업시간에 지각하도록 내버려두지 않겠다.

③ ①, ② 모두가 가능한 동사 : help, bid

> **Ex** He helped me (to) solve the problem.

④ 원형부정사나 현재분사(진행강조시)를 목적보어로 하는 지각동사 : hear, listen to, see, watch, notice, feel, smell…

> **Ex1** I saw the suspect leave the building. (능동관계)
>
> 나는 그 용의자가 그 빌딩을 떠나는 것을 보았다.
>
> **Ex2** I saw the man crossing the street. (능동관계 – 진행강조)
>
> 나는 그 사람이 거리를 가로질러 가고 있는 것을 보았다.
>
> **Ex3** I heard my name called behind me. (수동관계)
>
> 나는 (누군가가) 나의 뒤에서 내 이름을 부르는 것을 들었다.

⑤ 수동태로 쓰일 경우는 다음과 같은 형태가 된다. (아래는 대표적인 사례들임)

be expected (advised, required, compelled, believed, considered, thought, supposed, allowed 등) to v

> ✪ 사역동사나 지각동사의 경우 수동이 될 때 : be made to v / be seen to v
> Tom was seen to come out of the room by them.
> Tom은 그들에 의해 방밖으로 나오는 것이 보였다.(그들은 Tom이 방밖으로 나오는 것을 보았다.)

가목적어 it을 갖는 5형식 동사 : find, make, think, believe

cf. 진목적어는 주로 'to부정사'가 활용되지만 '동명사, 명사절'이 사용될 경우도 있다.

Ex.1 I think it **wrong** to tell a lie. 나는 거짓말을 하는 것은 나쁘다고 생각한다.

Ex.2 I think it **impossible** to hand in the paper by tomorrow.
내일까지 논문을 제출하는 것은 불가능하다고 생각한다.

Ex.3 I found it **stupid** to drive under the influence.
나는 음주 운전하는 것은 어리석은 짓이라는 것을 알았다.

---

06 기타 주의해야 할 문형 [같은 동사의 다른 용법]

▮A▮ 자동사와 타동사가 동시에 가능한 동사

> **Ex** attend to(…에 유의하다 = pay attention to) / attend(…에 참석하다)

▮B▮ 1~5형식 모두가 쓰이는 동사도 있다. (make, get)

- She made slowly for the exit. **(1형식 문형)** 그녀는 출구를 향해 천천히 갔다.
- She will make a great artist. **(2형식 문형)** 그녀는 위대한 예술가가 될 것이다.
- She made a doll for me. **(3형식 문형)** 그녀는 나에게 인형을 만들어 주었다.
- She made me a doll. **(4형식 문형)** 그녀는 나에게 인형을 만들어 주었다.
- She made me her husband. **(5형식 문형)** 그녀는 나를 자신의 남편으로 만들었다(삼았다).

---

07 혼동되는 동사들(Confusing Verb Pairs)

❶ say, tell, talk, speak

ⓐ say + O * O는 사물, that절, 의문사절

[say는 '무엇을' 말하느냐에 초점을 두는 3형식 동사]

My watch says five o'clock. [사람 주어가 아니어도 무방함]

나의 시계는 다섯 시를 말해준다(다섯 시를 가리킨다).

The rumor says he will be promoted sooner or later.

그가 조만간 승진할 것이란 소문이 있다.

ⓑ tell + I · O + D · O   * D · O는 사물, that절, 의문사절

  ◎ D · O가 the(/ a) story(/ tale/ joke/ truth/ lie)일 때는 I · O를 생략할 때가 많으므로 이 경우 결국 3형식이 된다.
    [이 경우만큼은 직접목적어 자리에 나오는 단어들의 특성상 '대화의 상대자'에 초점이 있지 아니한 경우라서 간접목적어를
    생략할 경우가 많다.]
    cf. I cannot tell the difference. (나는 차이점을 구분할 수 없다.) [tell=distinguish]

  ◎ 「tell + O + O · C(to v)」의 경우는 5형식 ['명령 · 권고' 동사의 하나]
    Mr. Kim told me to write it down. 김씨는 내가 그것을 적어(기록해) 두라고 말했다.

ⓒ talk는 주로 Vi로 쓰이며 이와 결합하는 전치사는 about(of), to, with, over

  (氏) Let's talk over a cup of coffee.

ⓓ speak는 Vt(타동사)일 때는 언어가 그 목적어이다.

  (氏) Can you speak English? 당신은 영어를 말할 수 있나요?

    speak가 Vi(자동사)일 때는 주로 전화 통화시

    May I speak to Mr. Kim? 김군과 통화할 수 있나요?

    This is he speaking. 네, 접니다.   / speak ill of(나쁘게 말하다 ↔ speak well of)

    cf. Speak when you are spoken to. (누군가) 말을 걸면 말하라.

❷ affect : Vt : …에 영향을 미치다(= influence, have an effect(influence, impact) on)

  effect : Vt : …을 초래 · 성취하다   * effect는 주로 명사로 쓰이며「영향, 효과, 결과」

❸ hang – hung –hung : 「매달다(Vt), 매달리다(Vi)」

  hang – hanged – hanged : 「Vt : 교수형에 처하다)」

  He was hanged for murder. 그는 살인죄로 교수형에 처해졌다.

❹ lie – lay – lain – lying : 「Vi : 눕다, 놓여있다(=stand)」

  lay – laid – laid – laying : 「Vt : …을 놓다(=set, put), (알)을 낳다」

  I lay down and slept for six hours. 나는 누웠다가 여섯 시간 동안 잠을 잤다.

❺ rise – rose – risen : 「Vi : 일어나다, (해가) 뜨다(↔ set), (물가가) 오르다」

  raise – raised – raised : 「Vt : 올리다, 사육하다, (반대 · 이의를) 제기하다」

  We saw the sun rise. 우리는 태양이 솟아 오르는 것을 보았다.

❻ sit − sat − sat : 「Vi : 앉다, 위치하다」   *cf.* sit = be seated

seat − seated − seated : 「Vt : 앉히다, 착석시키다」

◎ **Please** be seated. 앉으세요.
= **Please** seat yourself. = **Please** take a seat. = Sit **down, please.**

set − set − set : 「Vt : …을 놓다(= lay), 배치하다 Vi : (해가) 지다(↔ rise)」

❼ find − found − found : 「Vi : …을 발견하다」

found − founded − founded : 「Vt : …을 설립하다 = set up, establish」

❽ saw − sawed − sawed (**or sawn**) : 「Vt : 톱질하다」

sew − sewed − sewed (**or sewn**) : 「Vt : 바느질하다」

sow − sowed − sowed (**or sown**) : 「Vt : 씨를 뿌리다」

It's too soon to sow **the seeds yet.** 씨앗을 뿌리기(파종)에는 아직 너무 이르다.

❾ wind − wound − wound : 「Vt : 감다 Vi : 감기다; 굽이치다」

wound − wounded − wounded : 「Vt : 상처를 입히다」

최근 기출&예상문제

1형식

※ 밑줄 친 부분에 들어갈 가장 알맞은 것은? (01~09)

01 The clothes _____ .

① are ironing well at the moment
② iron well
③ iron well at the moment
④ are ironing well

해설 ▶ 수동의 의미처럼 쓰이는 자동사 : sell, write, photograph, read, wash, drive, iron
번역 ▶ 이 옷은 잘 다려진다.
정답 ▶ ②

02 I'm too tired to stand up. If you are tired, why not _____ for an hour?

① lay down
② lie down
③ to lay down
④ to lie down

해설 ▶ 「why don't you *lie down*~ → why [do you] not *lie down*~」
번역 ▶ 나는 너무 지쳐 서 있을 수가 없어. 만일 그렇다면, 열 시간 누워 있지 그래요?
정답 ▶ ②

03 An accident _____ last night.

① was occurred
② had been occurred
③ occurred
④ occurs

해설 ▶ 자동사는 수동태가 불가하며 last night가 있으므로 시제는 과거!
번역 ▶ 어젯밤에 사고 한건이 발생했다.
정답 ▶ ③

04 I was so worn out that I just _____ down and slept for ten hours.

① lied
② laid
③ lay
④ had lain

해설 ▶ lie–lay–lain / 과거시점을 충족하는 것은?
번역 ▶ 나는 너무나 지쳐서 잠시 누웠다가 열 시간 동안 잠을 잤다.
정답 ▶ ③

05

Where's the church?
The church _____ north of the town.

① stands   ② lays   ③ locates   ④ situates

해설 ▶ *stand* : …에 위치하다(= lie, be located, be situated)
Cf. north등 방위를 나타내는 단어앞에 정관사(the)가 없으면 부사이므로 그 앞에는 자동사가 요구된다.
China *lies to* the west of Korea. (to는 떨어진 방향일 경우)
Korea *is situated to* the west of Japan.
Quebec, Canada *is located on* the north of the United States. (on은 접촉일 경우 ☞ 전치사 참조)
He *lives in* the west of Seoul. (in은 영역·경계안일 경우)
번역 ▶ 그 교회는 어디에 있죠? 그 교회는 그 마을의 북쪽에 위치하고 있어요.
정답 ▶ ①

06

It's not what you have but what you are that _____.

① believes   ② counts   ③ hands in   ④ gives

해설 ▶ ② count : 중요하다(matter, be important) ③ 제출하다(send in, submit)
번역 ▶ 중요한 것은 당신의 재산이 아니라 당신의 인격이다. [강조구문]
정답 ▶ ②

07

She tried to hold together her shop, yet it just wouldn't _____.

① do   ② go   ③ work   ④ manage

해설 ▶ ③ work : 작동·작용하다, 잘 되다
번역 ▶ 그녀는 가게를 잘 꾸려나가려고 애썼으나 뜻대로 되지 않았다.
정답 ▶ ③

08

Many animals _____ on the ocean floor.

① live   ② were lived   ③ living   ④ they lived

해설 ▶ live는 자동사이므로 수동태가 불가하다. 한편 '일반적인 사실'을 나타내므로 현재시제이다.
번역 ▶ 많은 동물들이 해저(海底)층에 산다.
정답 ▶ ①

09

_____ kinds of decorative art : handicrafts and fine arts.

① Although two   ② There are two   ③ It two   ④ Two

해설 ▶ 정형동사가 필요하며 1형식 문형이다. 주어와의 수의 일치에 유의할 것!
번역 ▶ 두 가지 종류의 장식기술이 있다. 즉, 수공예와 미술.
정답 ▶ ②

10 ① Different materials react ② difference to the ③ same dyeing ④ solution.

해설 react to : …에 반응하다   * react + (부사=differently) + 부사구(to + 명사)
번역 다른 물질들은 똑같은 염색용액에 다르게 반응한다.
정답 ② (difference → differently)

11 Because he could not think ① clearer, his efforts ② in trying ③ to solve the problem ④ have failed.

해설 여기서의 think는 완전자동사이며 양태부사인 clearly가 think를 수식할 수 있다.
번역 그는 (보다) 분명히 생각할 수 없었기 때문에, 그 문제를 풀려는 그의 노력은 실패하고 말았다.
정답 ① (clearer → ⟨more⟩ clearly)

12 When he ① graduates college he ② will have to decide ③ whether to continue his studies or ④ seek employment.

해설 graduate from : …에서 졸업하다 [이 경우 graduate는 완전자동사]
번역 그가 대학에서 졸업하게 되면, 그는 학업을 계속해야 할 지 일자리를 구해야 할지 결정해야 할 것이다.
정답 ① (graduates college → graduates from college)

13 ① Economic uncertainty is ② precisely why ③ commodity-futures market ④ is exi sted.

해설 exist는 완전자동사이므로 수동태가 불가하다.
번역 경제적 불확실성이 정확히 선물시장이 존재하는 이유이다.
【정답】④ (is existed → exists)

14 ① Thanks to the ② newly invented vaccine, the liver ③ disease has now ④ been di sappeared.

해설 「자동사+(부사)+전치사」가 하나의 타동사구를 형성하는 경우를 제외하고는 자동사는 수동태를 나타낼 수 없다.
번역 새로이 발명된 백신 때문에, 간질환은 이제 사라져 버렸다.
정답 ④ (been disappeared → disappeared)

2형식

※ 밑줄 친 부분에 들어갈 가장 알맞은 것은? (15~18)

15 The food was unfamiliar, but it tasted _____.

① excellently　　② excellent　　③ well　　④ as well

해설 「look, taste, smell, sound, feel」은 감각동사로서 형용사를 주격보어(서술적 기능)로 한다.
해석상은 부사처럼 활용(동사를 수식하는 부사인 것으로 착각)되나 「주어의 상태나 성질」을 설명(묘사)해 주는 의미이기 때문에 형용사가 되어야 한다. 「한정적 기능(excellent food)」으로 확인해 보면 그 논리가 명확해진다.
번역 그 음식은 생소한 것이지만 맛은 뛰어났다.
정답 ②

16 After the game, the coach seemed _____.

① real anger　　② very angrily　　③ madly　　④ angry

해설 2형식동사의 하나인 seemed다음에 올 수 있는 형용사 보어!
번역 게임이 끝난 후 그 코치는 화난 것 같았다.
정답 ④

17 I like Mozart's music very much because his music sounds _____.

① sweet and soothing　　　　② sweetly and soothingly

③ sweetingly and soothingly　　④ sweetingly and soothing

해설 「한정적 기능(sweet and soothing music)」으로 확인해 보라!
번역 나는 모차르트 음악을 매우 좋아한다. 그의 음악은 감미롭고 마음을 진정시켜주듯 들리니까.
정답 ①

18 This work will come _____ for him after he has had more practice.

① easily　　② easy　　③ easiness　　④ for easiness

해설 「한정적 기능(easy work)」으로 확인해 보라!
번역 그가 보다 많은 연습을 하고 나면 이 일은 그에게 쉬워질 것이다.
정답 ②

※ Choose the one which is incorrect grammatically. (19~21)

19 ① Many of these ② soldiers have kept ③ silently ④ for 30 years.

해설 2형식 동사 keep에 대한 보어는 형용사!
번역 이러한 많은 군인들이 30년 동안 침묵해왔다.
정답 ③ (silently → silent)

20 P1ease do not feel ① <u>badly</u> about the outcome; we all know that circumstances ② <u>beyond your control</u> made it ③ <u>difficult</u> ④ <u>for you to do your best</u>.

> 해설 ▶ 감각동사의 하나인 feel의 형용사 보어는 bad이다.
> 번역 ▶ 결과에 대해 서운해(기분 나빠) 하지 말세요. 우리 모두 당신이 통제하기 어려운 사정들이 당신이 최선을 다하게 하기 어렵게 했다는 것을 알고 있으니까.
> 정답 ▶ ① (badly → bad)

21 Annie Oakley became ① <u>fame</u> ② <u>as</u> one of ③ <u>the world's</u> most ④ <u>accurate</u> shooters.

> 해설 ▶ became의 보어가 명사와 형용사 모두 가능하지만 명사보어가 될 수 있는 조건은 Annie Oakley=fame의 관계가 성립될 때만 가능하다. 따라서 이 경우는 형용사 famous가 보어가 되어야 한다.
> 번역 ▶ A. Oakley는 세계에서 가장 정확한 사격수의 한 사람으로 유명해졌다.
> 정답 ▶ ① (fame → famous)

3형식

※ 밑줄 친 부분에 들어갈 가장 알맞은 것은? (22~34)

22 "My watch _____ five o'clock.", "It's very late, I must go."

① says   ② tel1s   ③ talks   ④ speaks

> 해설 ▶ say는 3형식 동사이며 그 주어가 사람이 아닐 경우도 가능하다!
> 번역 ▶ 나의 시계는 다섯 시를 말해준다(다섯 시를 가리킨다).
> 정답 ▶ ①

23 He _____ Korean with a strong accent.

① ta1ks   ② says   ③ tells   ④ speaks

> 해설 ▶ 특정 국가의 언어로 말하다라는 표현을 할 때는 speak를 쓰는 것이 원칙이다
> 번역 ▶ 그는 강한 억양으로 한국어를 한다.
> 정답 ▶ ④

24 They have been _____ the question for several months.

① considering   ② considering about

③ discussing about   ④ mentioning about

> 해설 ▶ consider, discuss, mention는 모두 3형식 타동사이다. 따라서 전치사를 동반해서는 안 된다.
> 번역 ▶ 그들은 그 문제에 대해 수개월간 고려해 왔다.
> 정답 ▶ ①

25

I attended _____ in England.

① Oxford University   ② to Oxford University

③ at Oxford University   ④ in Oxford University

해설 ▶ attend가 '…에 참석하다 · 다니다'의 뜻일 경우는 3형식 타동사!
번역 ▶ 나는 영국에 있는 옥스퍼드 대학을 다녔다.
정답 ▶ ①

26

Mr. Park married _____ .

① with Miss Lee   ② to Miss Lee

③ Miss Lee   ④ by Miss Lee

해설 ▶ marry : '…와 결혼하다' 의 의미일 경우 3형식 타동사!
번역 ▶ 박씨는 이양과 결혼했다.
정답 ▶ ③

27

The doctor explained _____ that we should have a complete physical examination once a year.

① us ② for us ③ to us ④ at us

해설 ▶ explain은 4형식으로 착각하기 쉬운 3형식 동사!
번역 ▶ 그 의사는 우리에게 일년에 한 번씩은 완전한 신체검사를 받아야 한다고 설명했다.
정답 ▶ ③

28

She always tries her best to avoid _____ mistakes.

① to make ② from making ③ making ④ that she makes

해설 ▶ avoid는 동명사를 목적어로 취하는 3형식 동사이다.
번역 ▶ 그녀는 항상 실수하는 것을 피하려고 최선을 다한다.
정답 ▶ ③

29

"What did she talk about?", "She suggested _____ to the movies tonight."

① to go ② going ③ of going ④ to going

해설 ▶ suggest는 동명사를 목적어로 취하는 3형식 동사의 하나이다.
번역 ▶ "그녀는 무엇에 대해 말했지?" "그녀는 오늘저녁 영화 보러 갈 것을 제안했다."
정답 ▶ ②

30

"When are you going to leave?", "We expect _____ tomorrow."

① leaving ② leave ③ left ④ to leave

해설 ▶ expect는 부정사를 목적어로 취하는 3형식 동사!
번역 ▶ "언제 떠나려 그러세요?" "우리는 내일 떠나길 기대합니다."
정답 ▶ ④

31

Mr. and Mrs. Kim are planning _____ a trip to the west coast."

① take   ② to take   ③ taking   ④ to taking

해설 ▶ plan는 부정사를 목적어로 취하는 3형식 동사!
번역 ▶ 김씨 부부는 서해안으로 여행갈 계획을 세우고 있다.
정답 ▶ ②

32

She made coffee _____ all of us.

① to   ② for   ③ of   ④ at

해설 ▶ make, buy, do등의 4형식 동사를 3형식으로 전환할 경우 호응하는 전치사는 to가 아닌 for이다.
번역 ▶ 그녀는 우리에게(우리를 위해) 커피를 끓여 주었다.
정답 ▶ ②

33

Could you please _____ me the time.

Most of the time, I cannot _____ the difference.

What time does the clock _____ ?

You should _____ good jokes when you meet people.

① tell − say − tell − tell   ② say − tell − tell − say

③ tell − say − say − tell   ④ tell − tell − say − tell

⑤ say − say − tell − tell

해설 ▶ • tell ⇨ tell + I · O + D · O   * D · O는 사물, that절, 의문사절
     * D · O가 the(/ a) story(/ tale/ joke/ truth/ lie) 일 때는 I · O를 생략할 때가 많으므로 이 경우 결국 3형식이 된다.
       [이 경우만큼은 직접목적어 자리에 나오는 단어들의 특성상 '대화의 상대자'에 초점이 있지 아니한 경우라서
       간접목적어를 생략할 경우가 많다.]
     * '분간하다, 구별(식별)하다'의 뜻일 경우(3형식 타동사나 자동사 모두 사용 가능)는 from이나 between이 호응된다.
     * 「tell + O + O · C(to v)」의 경우는 5형식 ['명령 · 권고'동사의 하나]
   • say ⇨ say + O   * O는 사물, that절, 의문사절
     [say는 '무엇을' 말하느냐에 초점을 두는 3형식 동사이며 주어가 사람이 아닐 경우라도 무방하다는 점을 유념해야 한다.]
번역 ▶ Could you please tell me the time. : 저에게 시간을 말씀해 주실 수 있을까요?
     Most of the time, I cannot tell the difference. : 대부분의 시간동안, 나는 차이점을 구분할 수 없다.
     What time does the clock say? : 그 시계는 몇 시를 가리키고 있나요?
     You should tell good jokes when you meet people. : 당신은 사람들을 만날 때 멋진 재담을 해야 한다.
정답 ▶ ④

34

"What will we do if it rains on the day of the picnic?"

"I guess we'll _____ ."

① call it off   ② cancel it off   ③ call off it   ④ cancel off it

해설 ▶ expect는 부정사를 목적어로 취하는 3형식 동사!
번역 ▶ "소풍 가는 날에 비가 오면 어떻게 할까?" "나는 우리가 소풍을 취소할 것이라 짐작해."
정답 ▶ ①

※ Choose the one which is incorrect grammatically. (35~37)

35 ① Just as I finished ② eating my brother ③ explained me ④ a question.

> 해설 ③에서 문맥에 가장 잘 맞는 4형식 동사는 ask이다.
> 번역 "내가 식사를 막 끝내자 나의 형이 나에게 질문을 하나 했다."
> 정답 ③ (explained me → asked me)

36 Pollution ① effects more people ② living today ③ than it did ④ those in the past.

> 해설 affect(Vt) : …에 영향을 미치다(have an effect on)
> cf. effect(Vt) : …을 초래ㆍ성취하다   * effect는 주로 「영향, 효과, 결과」의 뜻의 명사
> 번역 오염은 과거에 사람에게 끼친 영향보다 오늘날 보다 많은 사람들에게 영향을 끼친다.
> 정답 ① (effects → affects)

37 The ① managers discussed ② about your need ③ for an extension ④ of credit.

> 해설 discuss는 3형식 완전타동사이므로 뒤에 있는 전치사 about을 빼야 한다.
> 번역 그 관리자들은 당신의 신용연장 필요성에 관해 의논했습니다.
> 정답 ② (about을 뺌)

38 다음 중 적절하게 쓰인 것이 아닌 것은?

① The new law will be put into effect next month.

② The incident effected a profound change in her.

③ Alcohol has a very bad effect on drivers.

④ Their opinion will not effect my decision.

> 어구 ① put~into effect(practice) : ~을 실행ㆍ시행ㆍ실시하다(carry out)
> 해설 ①은 수동표현으로 적절함 ② effect(Vt) : (변화 등을) 초래하다. (목적ㆍ계획 등을) 이루다. 달성하다 * effect가 명사로 사용될 경우는 주로「영향 / 효과. 결과 / 발효. 실시. 실행(①의 경우)」의 뜻 ③ have an effect on = affect, influence ④ effect → affect(…에 영향을 미치다)
> 번역 ① 그 새 법은 다음달에 시행(실시)될 것이다.
> ② 그 사고가 그녀에겐 심대한 변화를 초래했다.
> ③ 알코올은 운전자들에게 매우 나쁜 영향을 끼친다.
> ④ 그들의 의견은 나의 결정에 영향을 끼치지 않을 것이다.
> 정답 ④ (effect → affect)

39 관용적으로 잘못 쓰인 표현이 있는 문장은?

① He has been gaining weight ever since he got married.

② My brother wants to marry with a rich woman.

③ I've been married to you for almost eleven years and I still feel excited whenever I see you.

④ My elder brother has asked a female lawyer to marry him.

해설 be married (to someone) : (~와) 결혼해(결혼상태에) 있다 ['상태' 수동태] / get married (to someone) : (~와) (언제) 결혼하다 ['동작' 수동태] / marry는 능동으로 사용할 경우 결혼상대를 전제로 한 이상 타동사이다. 따라서 ②에서는 with를 빼야 한다.

번역 ① 그는 결혼한 이래 계속 몸무게가 늘어왔다.
② 나의 동생은 부유한 여인과 결혼하기를 원한다.
③ 나는 당신과 결혼한 지 거의 11년이 되었는데도 여전히 당신을 볼 때마다 흥분되는 느낌이다.
④ 나의 형은 한 여자 변호사가 그와 결혼해 줄 것을 요청(청혼)해왔다.

정답 ②

※ 어법상 옳은 것은? (40~46)

40

① All the boys seated at the front row.

② The woman mentioned about the accident.

③ She resembles to her father in her personality.

④ She explained the reporters the result of the conference.

⑤ She remembered to post the letter on her way home.

해설 ① seat(앉히다, 착석시키다)는 타동사이므로 seated를 were seated로 하든지 seated themselves로 해야 한다. ② mention도 타동사이므로 전치사 about를 빼야한다. ③ resemble도 타동사이므로 전치사 to가 빼야한다. ④ explain 은 4형식이 아닌 3형식 동사이므로 to the reporters로 해야 한다. ⑤ 미래지향적일 경우 remember의 목적어는 to 부정사가 온다.

번역 ① 모든 소년들이 앞줄에 앉았다. ② 그 여성은 그 사고에 관해 언급했다. ③ 그녀는 성격에 있어 그녀의 아버지와 닮았다. ④ 그녀는 기자들에게 그 회의의 결과를 설명했다. ⑤ 그녀는 집으로 가는 도중에 편지를 부칠 것을 기억 하고 있었다.

정답 ⑤

41

① His daughter married with a rich man.　　② We don't object his joining our choir.

③ How many of you attended at the concert?　　④ He excels me in chemistry.

해설 ① with를 뺌 ② object to his~로 ③ at를 뺌
번역 ① 그의 딸은 어떤 한 부자 남자와 결혼했다.
② 우리는 그가 우리의 성가대(합창단)에 가입하는 것을 반대하지 않는다.
③ 너희들 중 얼마나 많은 사람들이 그 연주회에 참석했니?
④ 그는 화학에 있어 나보다 우수하다.

정답 ④

42

① Please answer to my letter soon.　　② The boy greeted to me on the street.

③ Mary attended to the meeting.　　④ He entered into business with his brother.

해설 ①, ②, ③ 모두 3형식 타동사이므로 to를 뺌
번역 ① 나의 편지에 곧 답을 주세요.　　② 그 소년은 거리에서 나에게 인사했다.
③ 메리는 그 회의에 참석했다.　　④ 그는 그의 형과 함께 사업을 시작했다.

정답 ④

43

① He is resembling his father. ② This house is belonging to me.

③ She is going to marry the man ④ We discussed about political problems.

해설 ① is resembling → resembles ② is belonging → belongs ④ about을 뺌
Cf. '상태동사(be, exist, resemble)', '소유동사(have, belong to)'등은 진행시제 不可

번역 ① 그는 아버지를 닮았다. ② 이 집은 나의 소유이다.
③ 그녀는 그 남자와 결혼하려 한다. ④ 우리는 정치문제에 관해 논의했다.

정답 ③

44

① You must inform their arrival to him at once.

② All the money was robbed of the poor old woman.

③ He was ready to tell the story to whoever would listen.

④ Nature has endowed him of great ability.

해설 ① inform him of their arrival at once ② The poor old woman was robbed of all the money.
(*Cf.* All (of) her money was stolen) ④ of → with

번역 ① 당신은 즉시 그들의 도착 사실을 그에게 알려야 합니다.
② 그 가난한 노파는 모든 돈을 다 강탈당했다.
③ 그는 누구든지 경청하려는 사람들에게 그 이야기를 해줄 준지가 되어있다.
④ 자연은 그에게 위대한 능력을 부여해 주었다.

정답 ③

45

① We discussed about the matter all through the night.

② He reached at the place a little before noon.

③ One day Jack went fishing with one of his friends.

④ She felt sick and consulted with the doctor.

⑤ This is the inn where I put up at last year.

해설 ① about을 뺌. ② reach는 타동사 → 전치사 at을 뺌. ③ go ~ing : 「~하러 가다」 ④ consult는 타동사 → 전치사 with를 뺌. ⑤ put up at(투숙하다, 숙박시키다) → put up * where = at which이므로 at을 빼야함. 아니면 이대로 두고 where자리에 전치사 at의 목적격인 which로 대체함.

번역 ① 우리는 밤새동안 그 문제에 대해 토의했다. ② 그는 낮 12시 조금 전에 그 곳에 도착했다.
③ 어느 날 Jack은 자기 친구들 중 한 명과 낚시하러 갔다. ④ 그녀는 몸이 좋지 않아 의사에게 진찰을 받았다.
⑤ 이 곳이 내가 지난해 투숙했던 여관이다.

정답 ③

46

Choose one sentence which involves incorrect usage.

① He compared the heart to the pump. ② I have asked too much of you.

③ He is in the running for the presidency. ④ I explained him my difficulty.

해설 ① compare A to B ② ask A of B(人) / too much는 명사대격
③ He is in the running for ~ = He is running for ~ ④ (him을 to him으로 바꾸어 문미로)

번역 ① 그는 심장을 펌프에 비유했다. ② 나는 당신에게 너무 많이 물었다(또는 무리하게 요구했다).
③ 그는 대통령에 출마하고 있다. ④ 나는 나의 어려움을 그에게 설명했다.

정답 ④

47 밑줄 친 동사가 올바르게 쓰인 것은?

① Tom <u>said</u> her that he would meet us in the park.

② Jane did not want to <u>seat</u> through the night.

③ She was deeply <u>effected</u> by the news of his success.

④ My friends had <u>rendered</u> me a good service.

해설 ① said → told ② seat → be seated / seat herself / sit ③ effect → affect / effect는 주로 명사로 쓰이며 동사일 경우는 「…을 초래·성취하다」의 의미. 따라서 문맥에 맞는 적당한 단어는 affect이다. ④ render : (5형식동사) → …이 되게 하다(make); (4형식동사) → (봉사·원조 등을) 주다(give)

번역 ① Tom은 그녀에게 그가 공원에서 우리를 만날 것이라고 말했다.
② Jane은 밤새도록 (안자고) 앉아 있기를 원하지 않았다.
③ 그녀는 그의 성공으로 영향을 깊이 받았다.
④ 나의 친구들은 나에게 좋은 서비스를 제공해 주었다.

정답 ④

4형식

※ Choose the one which best complete below sentence. (48~55)

48 It is expected that this new device will _____ us a lot of trouble.

① stop　　　　　　② end　　　　　　③ help　　　　　　④ save

해설 동사 save는 '비용이나 고생 등을 덜어주다'라는 의미를 가지며 두 개의 목적어를 취한다.
다른 수여동사와 다른 점은「직접 목적어+전치사+간접 목적어」의 어순을 취할 수 없다는 것이다.
save와 같은 성격을 갖는 동사로는「envy, forgive, cost, excuse」등이 있다.

번역 이 새로운 장치를 사용하면 우리는 많은 문제들을 해결할 수 있을 것이다.

정답 ④

49 The medicine will _____ you good.

① make　　　　　　② do　　　　　　③ feel　　　　　　④ harm

해설 do you good(/ harm/ damage)(4 형식) → do good(/ harm) to you (3 형식)

번역 그 약은 당신에게 이득이 될 것이다(효과가 있을 것이다.)

정답 ②

50 The teacher _____ them the answer to the question.

① said　　　　　② described　　　　　③ told　　　　　④ mentioned

해설 이중 4형식동사가 가능한 것은 ③번밖에 없다. 나머지는 3형식 동사이다.

번역 선생님은 질문에 대한 답들 그들(학생들)에게 말씀해 주셨다.

정답 ③

51 The airline official _____ us that we would be given lunch vouchers.

① said   ② warned   ③ assured   ④ noticed

⑤ announced

해설 ①, ④, ⑤는 주로 3형식으로 사용되는 동사이며 명사절을 직접목적어로 취하는 4형식이 가능한 동사는 ②와 ③이며 문맥에 맞는 것을 고르면 된다(구체적인 것은 아래 참조).
* assure, convince, inform, remind + I · D + D · O(that절 / 의문사절일 경우) (4형식)
   warn, show, promise + (I · D) + D · O(that절 / 의문사절일 경우) (3 · 4형식 가능)

번역 그 항공사 직원은 우리가 중식 교환권을 받게 될 것이라고 우리에게 확신시켜 주었다.

정답 ③

52 "Yesterday was my birthday. My mother _____."

① made a cake to me   ② made a cake me

③ made for me a cake   ④ made me a cake

해설 made me a cake = made a cake for me

번역 "어제는 나의 생일이었다. 나의 어머니는 나에게 케익을 만들어 주셨다."

정답 ④

53 Mr. Dalton offered _____ because he liked her credentials."

① her to the position   ② the position for her

③ her the position   ④ to her the position

해설 ~ offered her the position (4형식) = ~ offered the position to her(3형식)

번역 Dalton씨는 그녀의 신임장이 마음에 들어 그녀에게 자리를 제공했다.

정답 ③

54 The farmer _____ us that he knows how to fix this tractor.

① said   ② asked   ③ told   ④ spoke

해설 ②와 ③가 4형식 동사이며 ②의 ask는 직접목적어가 절인 이상 의문사절인 경우이다. 한편 ask의 목적어가 의문사절인 경우 간접목적어를 사용하지 않을 경우 3형식으로 사용되기도 한다.

번역 그 농부는 자신이 그 트랙터를 고치는 방법을 알고 있다고 말했다.

정답 ③

55 The policeman asked _____ we were going.

① us that   ② us where

③ to us that   ④ for us where

해설 ①와 ② 모두 4형식 문형이지만 동사 ask의 호응되는 직접목적어는 의문사절이다.

번역 그 경찰관은 우리에게 어디로 가고 있는지 물어봤다.

정답 ②

※ 밑줄 친 부분 가운데 어법상 어색한 것을 고르시오. (56~58)

56
① Never having ② asked to him his address, we are ③ uncertain of where he ④ is living.

해설 - ask는 4형식 동사이므로 ②에서 to를 빼야 한다.
번역 - 그에게 주소를 물어본 적이 없으므로, 우리는 그가 어디에 사는지를 확신하지 못한다.
정답 - ② (asked to → asked)

57
The company ① consultants will show ② to us ③ what we should be ④ cautious about.

해설 - show, warn, promise + (I · D) + D · O(that절 / 의문사절일 경우) (3 · 4형식 가능)
번역 - 그 회사의 상담자들은 우리에게 무엇에 관해 우리가 주의를 해야 할지 보여줄 것이다..
정답 - ② (to를 뺌)

58
According to ① today's paper, Typhoon No. 10 ② gave ③ a lot of damage to ④ the rice crops in the northern part of the country.

해설 - do ⟨a lot of⟩ damage(/ harm) to~ : ~에 ⟨큰⟩ 피해(/ 손해)를 주다(↔ do good to~)
번역 - 오늘 신문에 따르면, 태풍 제 10호가 그 나라의 북부지역에 쌀농작물에 큰 피해를 끼쳤다.
정답 - ② (gave → did)

59
Choose the incorrect sentence in grammar.

① He presented me with a watch.

② He introduced his girl friend to me.

③ He informed me of her death.

④ The house cost a great deal of money to him.

해설 - ① ~ *present* someone *with* something. = ~ *present* something *to* someone.
④ him을 간접목적어의 자리인 cost다음에 두고 4형식의 문형을 만들거나 3형식으로 쓰는 것은 좋으나 to him을 빼야 한다.
번역 - ① 그는 나에게 시계 하나를 증정했다.　　② 그는 나에게 그의 여자 친구를 소개해 주었다.
③ 그는 나에게 그녀의 사망소식을 알려주었다.　　④ 그 집은 (그에게) 많은 비용이 들었다.
정답 - ④ (to him을 뺌)

5형식

※ Choose the one which best complete below sentence. (60~92)

60 His mother _____ him to pick up the waste paper.

① said   ② spoke   ③ talked   ④ told

> **해설** to 부정사를 목적보어로 하는 (명령 · 권고) 동사 : advise, ask, urge, order, persuade, require, tell, warn
> **번역** 그의 어머니는 그에게 휴지를 주우라고 말했다.
> **정답** ④

61 In the 1840's, when American pioneers were still moving westward, music was regarded _____ the province of women. A man had greater jobs to do.

① as   ② to   ③ on   ④ for

> **해설** regard A(목적어) as B(목적보어) – (수동태) → A be regarded as B
> **번역** 미국의 개척자들이 여전히 서부로 향해 나아가고 있었을 때인 1840년대에, 음악은 여성의 영역으로 간주되었다. 남성은 해야 할 보다 큰 일이 있었다.
> **정답** ①

62 People who work in offices are frequently referred _____ as white collar workers for the simple reason that they usually wear a collar and tie to go to work.

① at   ② to   ③ of   ④ in

> **해설** refer to A(목적어) as B(목적보어) – (수동태) → A be referred to as B
> **번역** 사무실에서 일하는 사람들은 단지 그들이 대개 (흰) 칼라와 타이를 매고 일하러 간다는 이유로 하여 종종 화이트 칼라 근로자(정신 노동 근로자)라고 일컬어진다.
>   cf. blue collar worker : 육체노동근로자
> **정답** ②

63 Since this room is air–conditioned, we must keep _____.

① the closed windows   ② close the windows

③ the windows closed   ④ the windows closing

> **해설** keep + O + O · C(형용사, 현재분사, 과거분사) → 이 경우라면 수동관계이므로 과거분사여야 한다.
> **번역** 이 방은 냉방이 되어있으므로, 우리는 창문을 닫아 두어야 합니다.
> **정답** ③

64 Can you make yourself _____ in English?

① understand   ② understanding   ③ understood   ④ to understand

> **해설** 사역동사 make의 재귀목적어인 yourself와 목적보어는 수동관계를 나타내므로 과거분사 understood가 되어야 한다.
> **번역** 자신을 영어로 이해되게 할 수 있나요? → 영어로 이해가 되나요?
> **정답** ③

65

I could not make him _____ the reason why I had done such a thing.

① understand   ② understood   ③ understanding   ④ to understand

해 설 - make는 사역동사 / 이유(the reason)를 이해하는 주체는 그(him)으로서 능동관계이다. .
번 역 - 나는 내가 그렇게 한 이유를 그에게 이해시킬 수 없었다.
정 답 - ①

66

Jane made the waitress _____ her some coffee.

① bringing   ② brought   ③ bring   ④ to bring

해 설 - make는 사역동사이므로 원형부정사가 요구된다.
번 역 - 제인은 웨이트리스에게 그녀에게 약간의 커피를 가져오게 했다.
정 답 - ③

67

If you ask nicely, mother will probably _____ a piece of cake.

① make you have   ③ let you to have

③ allow you have   ④ let you have

해 설 - ①도 문법적으로는 문제없으나 make는 강제성이 강한 사역동사로서 이 문장에서는 문맥이 맞지 않으며 ②,④에서 let은 허용이나 방임의 의미로서 원형부정사를 목적보어로 취하므로 ④번이 적당하다. ③에서는 to부정사가 목적보어가 되어야 한다.
번 역 - 만일 친절하게 요청한다면, 어머니께서는 케익 한 조각을 먹게 해 주실 거야.
정 답 - ④

68

If you don't get out, I'll have you _____.

① to arrest   ② to be arrested   ③ arrested   ④ be arrested

해 설 - 목적어(you)가 체포되는 입장(수동관계)이므로 P.P.가 되어야 한다.
번 역 - 나가지 않으면 당신을 (경찰에 의해) 체포케 하겠소.
정 답 - ③

69

Does your husband _____ you spend your household money as freely as you'd like?

① allow   ② leave   ③ let   ④ get

해 설 - ①과 ④의 경우라면 목적보어가 to 부정사이면 되므로 to spend일 경우이다. 원형부정사를 목적보어로 하는 사역동사는 let이다.
번 역 - 당신의 남편은 당신이 가계돈을 원하는 대로 자유로이 쓰게 해 주나요?
정 답 - ③

70

Joe wants us _____.

① to go along with him   ② go along with him

③ going along with him   ④ goes along with him

해 설 - 「(희망 · 기대)동사(want, wish, would like, expect, intend)등」는 목적보어로 to부정사를 쓴다. 이때 목적어(us)는 목적보어(to go~)의 의미상 주어이다.
번 역 - Joe는 우리가 자신과 함께 가기를 원한다.
정 답 - ①

71 His use of technical terms left his audience _____.

① confusing   ② confused   ③ with confusion   ④ to confusion

해 설 「leave + 목적어 + 목적보어(형용사 또는 분사)」 ☞ 항상 목적어와의 관계를 따져보면 된다. 여기서는 수동관계(청중은 어리둥절해 졌음)이므로 confused(p.p.)로 해야 한다.
번 역 그가 전문용어를 사용함으로써 청중은 어리둥절해 있었다.
정 답 ②

72 "I'll help you whenever you need me.", "Good. I'd like _____ me tomorrow."

① you helping   ② that you will help

③ you to help   ④ that you help

해 설 (희망 · 기대)동사의 하나인 would like(='d like)는 목적보어로 부정사를 취한다.
번 역 "당신이 나를 필요로 하면 언제든지 도와 드리겠습니다." "좋아요. 당신이 내일 나를 도와주면 좋겠어요."
정 답 ③

73 I asked my mother to _____ me to go to the end-of-year party.

① allow   ② see   ③ make   ④ let

해 설 to 부정사를 목적보어로 하는 (허용)동사 : allow, permit
번 역 나는 어머니께서 내가 송년파티에 갈 수 있도록 허락해 주실 것을 부탁드렸다.
정 답 ①

74 The father advised _____ the secondhand car.

① his son to not purchase   ② his son not to purchase

③ his son's no purchasing   ④ that his son doesn't purchase

해 설 advise는 to 부정사를 목적보어로 하는 (권고)동사의 하나이며 준동사(부정사, 동명사, 분사)의 부정은 준동사 앞에 두면 된다.
번 역 그 아버지는 아들이 중고차를 구입하지 말라고 충고했다.
정 답 ②

75 I believe _____ very largely due to mistaken views of the world.

① this unhappiness are   ② to be this unhappiness

③ this be unhappiness   ④ this unhappiness to be

해 설 to 부정사를 목적보어로 하는 (사고 · 사유) : believe, consider, think, imagine, suppose, assume
Cf. ①의 경우 are을 is로 하면 가능하다. I believe (that) this unhappiness is ~
번 역 나는 이러한 불행이 주로 잘못된 세계관에 기인되고 있다고 믿는다.
정 답 ④

76

My friend rented a new apartment, so I helped him _____.

① move it   ② move   ③ moving it   ④ moved

해설 ― ①과 ②는 5형식일 경우「help + 목적어 + (to)v」를 충족시키고 있다. ①은 타동사로 '아파트를 움직인다.'는 의미로는 논리가 성립되지 않으며 ②의 자동사는 '이사하다'의 뜻으로 문맥이 적절.

번역 ― 나의 친구가 새 아파트를 하나 임대했다. 그래서 나는 그가 이사하는 것을 도와주었다.

정답 ― ②

77

Mary gets her work _____ quickly.

① do   ② doing   ③ done   ④ to do

해설 ― get, have의 목적어에 사물이 올 경우 목적보어와는 수동관계이므로 과거분사가 온다.

번역 ― 메리는 그녀의 일을 신속히 처리한다.

정답 ― ③

78

Finally, the police _____ the thief go.

① wanted   ② permitted   ③ let   ④ allowed

해설 ― 목적보어에 원형부정사를 취하는 동사는 이 중 사역동사의 하나인 let밖에 없다. 그 나머지는 to 부정사가 목적보어로 온다.

번역 ― 마침내 경찰은 그 도둑을 가게 해주었다.

정답 ― ③

79

My grandmother made me _____ my relatives before I came to college.

① visiting   ② visit   ③ visited   ④ to visit

해설 ― 원형 부정사를 목적보어로 취하는 (사역)동사 : make, have, let

번역 ― 나의 할머니께서는 내가 대학에 다니기 전에 나의 친척을 방문하게 하셨다.

정답 ― ②

80

"I can't see the blackboard very well.", "Perhaps you need _____."

① to examine your eyes   ② to have your eyes examined

③ examine your eyes   ④ have your eyes examined

해설 ― 긍정문에서 need는 본동사이므로 그 뒤에 to부정사가 나오며 눈은 (안과 의사에 의해) 검진을 받는 대상이므로 수동관계를 나타내야 한다.

번역 ― "나는 칠판을 잘 볼 수가 없어." "아마도 너는 눈을 검진 받아봐야 할 것 같아."

정답 ― ②

81

Mr. Smith _____ his letter.

① got her mail   ② had her to mail

③ got her to mail   ④ had to her mail

해설 ― to부정사를 목적보어로 취하는 (사역)동사 : cause, compel, force, oblige, enable, encourage, get invite

번역 ― Smith씨는 그녀가 그의 편지를 부치게 했다.

정답 ― ③

82

In my mind I could see my classmates _____.

① to stand on the shore   ② standing on the shore

③ for stand on the shore   ④ being stood on the shore

[해 설] 지각동사 see, hear, watch, notice, listen to 등의 다음에 목적어와 목적보어가 능동관계를 나타낼 때 원형부정사나 현재분사형이다. 구체적인 진행동작을 강조할 경우 현재분사를 사용한다.

[번 역] 마음속에서 나는 나의 급우들이 해변가에 서있는 것을 볼 수 있었다.

[정 답] ②

83

Professor Tate _____ about him.

① heard the students to talk   ② heard the talk by the students

③ heard the students' talking   ④ heard the students talk

[해 설] 능동관계를 나타내므로 지각동사 heard의 목적보어는 원형부정사이거나 현재분사형이다.

[번 역] Tate교수는 학생들이 자신에 관한 이야기를 들었다.

[정 답] ④

84

You would become irritated if you watched the correspondence _____ on your desk day by day.

① to pile up   ② pile up   ③ to be piling up   ④ pile down

[해 설] 능동관계를 나타내므로 지각동사 watch의 목적보어는 원형부정사이거나 현재분사형이다.

[번 역] 당신은 우편물이 책상에 매일 쌓여 가는 것을 지켜보게 되면 초조해 질 것입니다.

[정 답] ②

85

"What's the matter, Jane?", "I smell something _____."

① burning   ② burns   ③ to be burned   ④ to burn

[해 설] 지각동사의 목적보어로 원형부정사나 현재분사형을 찾으면 된다. 현재분사형일 경우는 '진행'의 의미를 강조한다.

[번 역] "무슨 일이 있어, 제인?" "뭔가 타는 냄새가 나요."

[정 답] ①

86

I look upon gambling _____ a sin.

① to   ② for   ③ by   ④ as

[해 설] look on(upon) A as B : A를 B로 간주 · 생각하다(regard ~ as, think of ~ as, see(view) ~ as, consider ~ as)
     * 수동형이 될 경우 : be looked on(/ regarded/ thought/ seen/ viewed) as형이 된다.

[번 역] 나는 도박을 죄로 간주한다.

[정 답] ④

87

She is _____ as a good student.

① thought of   ② thinking of   ③ thought   ④ thoughtless

[해 설] think of A as B : A를 B로 간주하다(→ 수동태 A be thought of as B)

[번 역] 그녀는 훌륭한 학생으로 여겨진다.

[정 답] ①

88

We regard his argument _____.

① as enough reason   ② enough resonable

③ as quite logical   ④ quite logical

해 설 → regard A as B : A를 B로 간주하다 * as (being) quite logical

번 역 → 우리는 그의 주장이 아주 논리적이라 생각하다.

정 답 → ③

89

The new president was described as _____.

① a man of promise   ② someone who became known

③ a man with a lot of future   ④ a future of great

해 설 → describe A as B : A를 B라고 설명 · 묘사하다, 말하다(refer to ~ as, portray ~ as)

        * a man of promise : 전도유망한 사람(a promising man)

번 역 → 신임회장은 전도유망한 사람으로 묘사되었다.

정 답 → ①

90

The Boeing 747 is often _____ by passengers as a "jumbo" jet.

① stuck to   ② called in   ③ referred to   ④ taken to

해 설 → refer to A as B : A를 B라고 말하다, 일컫다(→ 수동태 A be referred to as B)

번 역 → 보잉 747기는 종종 승객들에 의해 "점보"제트라 일컬어지고 있다.

정 답 → ③

91

Are you going to keep me _____ all day long?

① to wait   ② wait   ③ waiting   ④ waited

해 설 → 「keep + 목적어 + 목적보어(형용사 또는 분사)」 * 목적어와의 관계상 능동관계인 이상 현재분사

        목적보어가 와야 하며 wait는 자동사이므로 수동을 나타내는 과거분사(waited) 자체가 불가능하다.

번 역 → 하루 온 종일 나를 기다리게 하시렵니까?

정 답 → ③

92

A : "Was the job difficult?"

B : "Yes, we found _____.

① the work hard for doing   ② the work hard to do

③ it hard doing the work   ④ hard to do the work

해 설 → 「find, eave, keep + 목적어 + 목적보어(형용사 또는 분사)」에서 조건을 충족하는 것은 ②이다.

번 역 → A: "그 일이 어려웠나요?" B: "네, 우리는 그 일을 하기가 어렵다는 것을 알게 됐죠."

정 답 → ②

※ Choose the wrong underlined part grammatically. (93~95)

93　① How glad I'd be if I ② could have the flowers ③ to be bloom in my garden ④ throughout the year.

> 해설 - 사역동사 have다음에 능동관계일 경우 목적보어가 동사원형이므로 ③를 bloom(이 경우는 자동사)으로!
> 번역 - 일년 내내 정원에 꽃이 피게 할 수 있다면 얼마나 좋을까.
> 정답 - ③ (to be bloom → bloom)

94　I ① made this cart ② strongly enough to ③ hold five ④ adults.

> 해설 - 여기서의 made는 5형식 동사로 쓰이고 있으므로 형용사 목적보어가 나와야 한다. 논리가 맞는지 확인하기 위해서는 목적어와 목적보어를 각각 주어와 주격보어로 바꾸어 보면 알 수 있다. 즉, This cart is strong. (enough은 후치수식하는 정도부사이므로 일단 생략해 둠) → 한정 기능으로 확인(*strong* cart)
> 번역 - 나는 이 짐마차를 5명의 어른을 태울 수 있을 만큼 아주 튼튼하게 만들었다.
> 정답 - ② (strongly enough → strong enough)

95　다음 중 문법상 가장 잘못된 것은?

① The general ordered his men fired the guns.

② The fact forced me to think he was right.

③ Sam has shoes repaired.

④ I got my hair cut at the barber's.

> 해설 - ① order는 to부정사를 목적보어로 하는 5형식 (명령 · 권고동사) (fired → to fire로) Cf. The general ordered (that) his men (should) fire the guns. ② force는 to부정사를 목적보어로 하는 5형식 (사역동사) ③ repaired와 목적어(shoes)와의 관계는 수동관계 ④ cut과 목적어(my hair)와의 관계는 수동관계
> 번역 - ① 그 장군은 부하들로 하여금 발포하라고 명령했다.
> ② 그 사실은 나에게 그가 옳았다는 생각을 하게 했다.
> ③ Sam은 신발 수선을 했다.
> ④ 나는 이발관에서 이발했다.
> 정답 - ① (fired → to fire)

96 다음 중 어법이 옳은 것은?

① He was laying asleep all morning.　② I envy him his good fortune.

③ Will you explain me what this means?　④ That movie star looks like unkind.

해 설 ① laying(타동사) → lying(자동사)　③ 이 경우처럼 절이 목적어로 올 때는 절앞에 to me도 可能 → to me를 explain다음이나 문미에 둠)　④ like는 형용사 보어이면서도 전치사 역할을 하기 때문에 like를 둔다면 unkind자리에 명사가 와야 한다. 이 경우라면 like를 빼는 것이 문맥으로도 적절하다.

번 역 ① 그는 아침 내내 자면서 누워 있었다.
② 나는 그의 행운을 부러워한다.
③ 이것이 무슨 의미인지 저에게 설명해 주시겠습니까?
④ 그 영화스타는 불친절 해 보인다.

정 답 ②

97 다음 중 어법이 틀린 것은?

① She looks young for her age.　② He shouted himself hoarse.

③ I envy your good fortune to you.　④ We arrived home very late on that day.

해 설 ① 2형식 동사 look의 주격보어 young　② shout oneself hoarse (고함쳐서 목이 쉬다 – 5형식)
③ to you를 뺌　④ home (장소부사) very late (짧은 시간부사) on that day (긴 시간부사)
(반드시 「장소+시간」 순(順))

번 역 ① 그녀는 나이치고는 젊어 보인다.
② 그는 소리를 고함을 쳐서 목이 쉬었다.
③ 나는 너의 행운이 부러워.
④ 우리는 그날 너무 늦게 집에 도착했다.

정 답 ③ (to you를 삭제하거나 you만 envy다음에 둠)

Chapter

03

Grammar

동사의 시제 Tense

---

01 동사의 변화

❶ 규칙변화 : like-liked-liked / occur-occurred-occurred / play-played-played

❷ 불규칙변화 : begin-began-begun / go-went-gone / lead-led-led / cast-cast-cast

---

02 시제의 종류

▎A▎ 동사의 형태

- 현재   She *studies* English hard.
- 과거   She *studied* English hard.
- 미래   She *will study* English hard.
- 현재완료   She *has studied* English hard.
- 과거완료   She *had studied* English hard.
- 미래완료   She *will have studied* English hard.

- **현재진행**　　She *is studying* English hard.
- **과거진행**　　She *was studying* English hard.
- **미래진행**　　She *will be studying* English hard.
- **현재완료진행**　She *has been studying* English hard.
- **과거완료진행**　She *had been studying* English hard.
- **미래완료진행**　She *will have been studying* English hard.

❚ B ❚ 시제종류별 도해

- ◎ 시제 표현이 가능한 모든 방법 : [① ~ ⑥] X 2(각각의 진행형) = 12 시제
- ◎ 진행형의 기본형태 : be + v-ing (be동사는 특수 조동사)

03　**현재 · 과거 · 미래 시제**

❚ A ❚ 현재 시제

❶ 대표시제 : 특정한 시제로 한정할 수 없는 '일반적 사실, (불변의) 진리, 속담, 습관적 동작' 등을 나타낸다.

The earth moves the round the sun.
지구는 태양의 주변을 돈다.

Time and tide waits for no man.
세월은 사람을 기다리지 않는다.

Columbus proved that the earth is round. [was round (×)]
콜럼버스는 지구가 둥글다는 것을 증명했다.

He usually gets up early in the morning.
그는 주로 아침에 일찍 일어난다.

☞ 동작이나 상황의 발생이 지속성이나 항시성을 띠고 있는 경우로서 대개 다음의 빈도·시간부사, 즉 always, all the time, often, usually, generally(= in general, as a rule), as usual, sometimes, every day, in the morning, in summer 등이 나올 때는 항시적인 습관을 나타내므로 현재로 나타낸다.

❷ 현재 및 가까운 미래 : 현재와 실제로는 가까운 미래의 동작이나 사실까지 포함

ⓐ 「시간·조건 부사절」에서는 현재시제가 미래를 대신한다.

（이와 경우 현재완료시제는 미래완료를 대신한다.）

Ex It will not be long before John gets well. [머지않아 John은 나을 것이다.]

주절의 「오랜 시간이 걸리지 않을 것이다」(추측과 불확실한 미래이므로 미래시제여야 한다.) 「그러기 전에 (접속사 before) 병이 낫는다 (gets well),는 실현가능한 현실적 내용으로 해석된다. 즉, 시간접속사가 이끄는 부사절에서는 이미 시간을 명시해 놓기 때문에 (조건문일 경우 이미 현실적 조건을 설정해 두기 때문에) 미래시제를 쓰지 않고 「현재시제가 미래를 대신」하는 것이다.

* 시간의 부사절을 이끄는 접속사 : before, after, when(ever), while, as soon as, until, till, by the time 등
* 조건의 부사절을 이끄는 접속사 : if, if only, on condition that, in case (that), suppose(/ supposing) (that), provided(/ providing) (that), as long as 등
* 명사절과 형용사절의 경우는 미래로 나타낸다.

I don't know when he will come. (명사절)　　　　　나는 그가 언제 올지 모른다.

I don't know the time when he will come. (형용사절)　　나는 그가 올 시간을 모른다.

ⓑ 왕래발찰 동사

왕래발착동사 (= arrive, come, go, leave, start, stop, come back, return)는 현재 또는 현재진행형으로 (가까운) 미래를 표시한다.

* 현재진행형은 현재형에 비하여 임박함이나 촉박함을 강조한다.

He leaves for Canada tomorrow. 그는 내일이면 캐나다로 떠난다.

He is leaving for Canada tomorrow. (임박함 강조)

He will leave for Canada. (막연한 미래) 그는 캐나다로 떠날 것이다.

ⓒ 가까운 미래를 나타내는 준조동사 [주로 will, shall의 대용으로도 사용됨]

be going to v(~하려 하다. ~일 것이다), be about to v(~막 하려하다)

be to v (~할 예정이다), be likely to v, be sure(/ certain/ bound) to v 등

I'm going to train **hard until the marathon and then I'll relax.**
(나는 마라톤까지 열심히 훈련하려 하며 그 다음 편히 쉬겠다.)

It is going to rain. 비가 올 것이다.

We were about to leave **when they arrived here.** 그들이 이곳에 도착했을 때 우리는 막 떠나려하고 있었다.

He is likely to come **back home.** 그는 집으로 돌아 올 것 같다.

We are to meet **here at five.** 우리는 다섯 시에 이곳에서 만날 예정이다.

▌B▌ 과거 시제

❶ 과거의 사실 · 동작 · 상태
I met **her yesterday.** 나는 어제 그녀를 만났다.

❷ 과거의 습관
I got up **early every morning.** 나는 매일 아침 일어났었다.

He would often take a walk **in the park.** 그는 종종 공원에서 산책을 하곤 했다.

He used go **to church every Sunday.** 그는 매주 일요일 예배를 보러 가곤 했다.

❸ 역사적 사실
The Korean War broke out **in 1950.** 한국전쟁은 1950년에 발생했다.

Senator Barack Obama was elected **the 44th president of the United States in 2008.**
버락 오바마 상원의원이 2008년에 미국의 제44대 대통령으로 선출되었다.

❹ 과거와 함께 쓰이는 부사(구)
ago, yesterday, the day before yesterday, then, in 2000, at that time, in those days, just now

I finished **the work** three hours ago. 나는 세 시간 전에 그 일을 끝냈다.

I finished **the work** just now. 나는 방금 전에 그 일을 끝냈다.

Cf. I have just finished **the work.** 나는 막 그 일을 끝냈다.

❺ 과거형이 과거완료를 대신하는 경우 (전후관계가 명확할 경우)
When she finished(=had finished) **studying English, she** went out.

그녀가 영어공부를 끝냈을 때(끝내고서), 그녀는 외출했다.

Everything changed after we left(=had left) **home.** [afterwards (×)]

우리가 집을 떠난 후 모든 일이 변했다.

▌C▌ 미래 시제

❶ 단순미래 / 의지미래

단순 미래	의지 미래	
	speaker의 의지	상대방의 의지
I will (#)~ Will (#) I~?	I will ~(하겠다)	Shall I~? (할까?)
You will~ Will (#) you~?	You shall~ (하게 하겠다)	Will you~? (할거니?)
He will~ Will he~?	He shall~ (하게 하겠다)	Shall he~? (하게 할까?)

> a. 단순미래의 #은 shall과 혼용 (단순미래는 일단 will로 통일되어 있는 것으로 보라!)
> b. 의지미래의 1인칭 평서문은 화자(speaker)자신 / 2인칭 의문문은 상대방(you)일 경우
>   will(주어의 「의지」를 나타내는 것이 1차적 기능)을 쓰며 그 외는 모두 shall이다!

I shall be **twenty-seven next year.** 나는 내년이면 27세가 될 것이다.

I will pass **the examination next year.** 나는 내년에 그 시험에 합격하겠다.

You shall have **this dictionary.** 네가 이 사전을 갖게 할 것이다.

= I will let you have **this dictionary.** 나는 네가 이 사전을 갖도록 해 주겠다.

= I will give you **this dictionary.** 나는 너에게 이 사전을 주겠다.

Shall I open **the window?** 창문을 열어 드릴까요?

---

04 ▸ 현재완료

▌A▌ 현재완료 용법

❶ 완료

He has already finished **his work.** 그는 이미 일을 끝냈다.

He has not finished his **work yet.** 그는 아직도 일을 끝내지 않았다.

My wife has just cleaned **the living room.** 나의 아내가 막 거실청소를 했다.

❷ 결과

The thief has disappeared. 도둑이 사라졌다. (그 결과 지금 안 보인다.)

I have lost **my cellular phone.** 나는 휴대폰을 잃어버렸다. (그래서 지금 없다.)

(= I lost my cellular phone and do not have it now.)

He has gone to America. (이 경우는 1, 2인칭의 주어가 불가능함)

그는 미국에 가버렸다. (그래서 지금 이곳에 없다.)

❸ 경험

Have you ever been to China? 중국에 다녀온 적이 있나요?

I have been to China several times. 중국에 몇 번 다녀온 적이 있어요.

I have never been to China. 중국에 결코 가 본적이 없어요.

❹ 계속

'계속'의 대표적 모델

S + have p.p. + ~ since(접속사) + S + V (반드시 <u>과거동사</u>)

       ″   since(전치사) + 명사(구) <u>(과거의미를 나타낼 수 있는 명사)</u>

EX1 Seven years have passed since he died. 그가 죽은 지 7년이 지났다.

    = It is seven years since he died. (구어에서는 is에 has been을 사용하기도 함)

    = He died seven years ago.

    = He has been dead for 7 years.

EX2 It is 10 years since we got married. 우리는 결혼한 지 10년 되었다.

▮B▮ 현재완료시제와 주로 함께 쓰이는 부사(구)

<u>since, so far(=up to now, until now), recently(=lately, of late), already(긍정문에서),
yet(부정문에서), just, (n)ever, once, for, over(/ in / for) the past(/ last)~, how long~?</u>
[주로 부사(구)와의 결합에 따라 완료 · 경험 · 결과 · 계속을 나타냄]

Sim's Point

a. since는 완료시제와의 결합만이 가능하지만 for는 완료시제 외에도 과거시제와 결합할 경우도 많다.

    EX1 She has lived in Seoul since 2004. [= ~since 10 years ago. (2014년을 기준으로)]
      그녀는 2004년 이래 서울에 살아왔다.

    EX2 She has lived in Seoul for 10 years. [현재를 기준으로 (지금까지의) 10년간]
      그녀는 10년 동안 서울에 살아왔다.

      She lived in Seoul for 10 years. [과거의 10년간]
      그녀는 10년 동안 서울에 살았다.

b. ago는 동사와 결합시 과거동사만이 가능하다. ∵ 현재를 기준으로 할 때만 과거라는 개념이 성립된다.
    또한 과거(현재완료 시점의 출발점)의 개념이 성립될 때만이 현재 완료가 가능하다.

c. before는 after의 상대어로서 ago가 현재를 기준으로 할 때만 그 의미가 성립될 수 있는 것과는 달리
    before는 그 기준이 <u>어느 시점(주로 현재 · 과거완료, 과거)이든 관계없다.</u>
    ∴ before는 근본적으로 어떤 시제와의 결합도 가능하다.

05 과거완료

❶ 완료

I had finished **my work** by 6 p.m. yesterday. 나는 어제 오후 6시까지 일을 끝마쳤다.

❷ 결과

The plane had left **when I** reached **the airport.** 내가 공항에 도착했을 때 그 비행기는 (이미) 떠났었다.

❸ 경험

I recognized **her, for I** had met **her before.** 나는 전에 그녀를 만나 본 적이 있기 때문에 그녀를 알아보았다.

❹ 계속

I had lived **in Busan** for 10 years **before I** moved **to Seoul.**

나는 서울로 이사 오기 전에 10년동안 부산에서 살았다.

❺ 과거완료를 활용한 관용적 표현

I had hardly **(or scarcely)** left **home** when (or before) **it** started **raining.**

내가 집을 나서자마자 비가 내리기 시작했다.

= Hardly (or scarcely) had I left **home** when (or before) **it** started **raining.**

= I had no sooner left **home** than **it** started **raining.**

= No sooner had I left **home** than **it** started **raining.**

= As soon as (or The moment) I left home, **it** started **raining.**

I had not walked **a mile** before(or when) **it** began **to rain.** [I have not (×)]

내가 1마일도 걷지 않고서 비가 오기 시작했다.

06 미래완료

By the end of next year, he will have lived **in Seoul for ten years.**

내년 말이 되면, 그는 서울에서 10년 동안 살아 온 셈이 될 것이다.

I will have read **this book four times if I** read it once again.

내가 이 책을 한 번 더 읽으면 네 번째 읽게 되는 셈이 될 것이다.

▌A▐ 종류

일정 시점(현재 · 과거 · 미래)에 계속 중인 동작을 나타낸다. ('02 동사의 형태' 참조)

[right now, at the moment 등의 시간 부사(구) 등과 잘 호응됨]

She is studying right now. 그녀는 바로 지금 공부하고 있다.

At the moment, she's working as an assistant in a bookstore.

현재로서는, 그녀는 한 서점에서 보조원으로 일하고 있다.

▌B▐ 진행형이 불가한 동사(∵ 아래동사는 '진행'과는 상반된 성질(의미)의 동사)

- 인식(감정)동사 : know, remember, appear, seem, think, believe / like, love, hate, prefer
- 지각동사 : see, hear, smell, feel
- 상태동사 : be, exist, resemble, differ, lie, sit, stand, include
- 소유동사 : have, belong to, own, possess

    Cf. think, hear, see, have 등이 위에 제시한 본래의 뜻으로 사용되지 않은 경우에는 진행형
    이 가능하다.

I don't know what I should do. (O)

I am not knowing what I should do. (×)

I hear a bird sing. (O) 나는 새가 노래하는 것을 듣는다.

I am hearing a bird sing. (×)

I am hearing his lecture. (O) [나는 그의 강의를 듣고 있다.]

He resembles his father. (O)

He is resembling his father. (×)

최근 기출 & 예상문제

※ 밑줄 친 부분에 들어갈 가장 알맞은 것을 고르시오. (01~41)

01 He will go to America next month if he _____ ready then.

① will have been   ② is   ③ shall be   ④ is going to be

해설 조건과 시간의 부사절의 시제는 현재로 나타내므로 ②번이 정답이다. 한편 이 부사절의 내용이 미래완료의 의미일 경우는 또한 현재완료로 대용함을 주의한다. 따라서 ①의 경우는 has been이라면 가능하다

번역 그는 그 때가서 준비가 되어 있으면 다음달에 미국으로 갈 것이다.

정답 ②

02 _____ when it started raining.

① No sooner had the game begun   ③ No sooner the game had begun

② Scarcely the game had begun   ④ Hardly had the game begun

⑤ As soon as the game had begun

해설 The game *had hardly (or scarcely) begun when (or before) it started raining.*
= *Hardly (or scarcely)* had the game *begun when (or before)*~
= The game *had no sooner begun than*~ = *No sooner had the game begun than*~
= *As soon as (or The moment)* the game *began,* it started raining.

번역 게임이 시작되자마자 비가 내리기 시작했다.

정답 ④

03 I had scarcely locked the door when the key _____.

① breaks   ② broke   ③ had broken   ④ was breaking

해설 위의 문제 참조 = *Scarcely had I locked* the door *when the key broke.*

번역 문을 잠그자마자 열쇠가 부러졌다.

정답 ②

04 As a general rule, dogs _____ unless offended.

① do not bite   ② will not bite   ③ are not biting   ④ have not bitten

해설 as a (general) rule(일반적으로, 대체로) = in general = generally등이 쓰이면 「일반적 사실」을 나타내기 때문에 대표시제인 현재를 사용해야 한다. / unless (they are) offended

번역 일반적으로, 강아지는 성을 돋우지 않으면 물지 않는다.

정답 ①

05 The university _____ eagerly searching for a competent replacement for Professor Davis for two years before finally giving up last year.

① was   ② have been   ③ were   ④ had been

해설 before다음의 시제는 last years가 있으므로 명백히 과거임을 알 수 있으며 for two years는 현재완료 또는 과거완료와 함께 쓰이는 것이 일반적이다. 따라서 과거보다 한 시점 앞서는 과거완료 시제가 되어야 한다.

어구 • eagerly : 열렬히, 열심히(avidly, ardently) • competent : 유능한, 능력 있는(capable, able to do something, efficient) • replacement : 복위, 복직; 대신할 사람(것); 교체 요원, 보충병 • give up : 포기하다(abandon, relinquish, forsake)

번역 그 대학은 2년 동안 데이비스 교수를 대신할 만한 능력 있는 사람을 열심히 찾아오다가 결국 지난 해에 포기했다.

정답 ④

06 If it _____ tomorrow, I will stay at home.

① rains   ② is rain   ③ will rain   ④ will be rain

해설 조건과 시간의 부사절의 시제는?
번역 내일 비가 온다면, 나는 집에 머무르겠다.
정답 ①

07 Mary and David are playing tennis. They began at 2:00. It's 3:00, and they're still playing. Mary and David _____ tennis for an hour.

① are playing   ② have been playing

③ have been played   ④ played

해설 「현재완료 진행형」은 과거 일정시점에서 시작하여 현재 이 순간까지도 계속(현재완료의 「계속」)됨을 강조 한다.
번역 메리와 데이빗은 테니스를 치고 있다. 그들은 2시에 시작하였다. 지금은 3시인데, 그들은 아직도 치고 있다. 메리와 데이빗은 한 시간 동안 테니스를 치고 있는 것이다.
정답 ②

08 Lead _____ as a material for sculpture since the time of early Greeks.

① has been used   ② being used   ③ has used   ④ used

해설 since 「…이래로」: 과거부터 현재까지의 사실을 나타내기 때문에 현재완료 시제와 결합해야 한다. 한편 주어와의 관계상 수동표현이 되어야 한다.
번역 납은 초기 그리스 시대 이래로 조각의 재료로 이용되어 왔다.
정답 ①

09 The Earth's population _____ since the Second World War.

① that has nearly doubled   ② nearly doubling

③ doubling nearly   ④ has nearly doubled

해설 since로 미루어 보아 현재완료시제이며 정도부사의 위치는 완료조동사 has다음 p.p.앞에 놓는다.
번역 지구의 인구는 2차 세계대전 이래로 거의 두 배가 되었다.
정답 ④

10 Captain Lewis, our pilot, has been _____ for 13 years.

① flew   ② flight   ③ to fly   ④ flying

해 설 ▶ fly 「비행하다, 조종하다」의 현재완료진행 구문 *cf.* for 13 years
번 역 ▶ 우리의 조종사인 Lewis기장은 13년 동안 비행해 왔다.
정 답 ▶ ④

11 I'll tell him so _____.

① if he will come back   ② when he would come back

③ after he will come here   ④ when he comes back tomorrow

해 설 ▶ 「시간의 부사절은 현재시제」를 쓴다.
번 역 ▶ 그가 내일 돌아오면 그렇게 말하겠다.
정 답 ▶ ④

12 A telephone _____ in your office next week.

① installed   ② will install   ③ will be installed   ④ installs

해 설 ▶ 미래 표시 부사구 next week가 있으므로 미래시제가 요구되며, 전화(기)는 설치되는 것이므로 수동태가 되어야 한다.
번 역 ▶ 다음주에 당신의 사무실에 전화가 설치될 것이다.
정 답 ▶ ③

13 I live by old saying that goes "time and tide _____ for no man."

① waiting   ② waits   ③ have wait   ④ was waiting

해 설 ▶ 「일반적인 사실, 진리, 속담」의 경우 대표시제인 현재를 쓴다.
번 역 ▶ 나는 "세월은 사람을 기다리지 않는다"는 속담으로 살아간다.
정 답 ▶ ②

14 He _____ more in one day than I do in a week.

① has been earned   ② has earned   ③ earns   ④ has earnings

해 설 ▶ than다음의 대동사 do를 볼 때 주절에도 현재임을 짐작할 수 있으며 현재의 사실을 나타내고 있다.
번 역 ▶ 그는 내가 일주일에 버는 것 보다 많은 돈을 하루에 번다.
정 답 ▶ ③

15 "What is the weather like in your country?", "Oh, it _____."

① is often raining a lot   ② rains a lot

③ is raining often   ④ is mostly rain

해 설 ▶ 일반적인 사실을 나타내고 있으므로 대표시제인 현재로 해야 한다.
번 역 ▶ "당신 나라의 기후는 어떤가요?", "오, 비가 많이 옵니다."
정 답 ▶ ②

16   We will go when the ground _____.

① is drying   ② had dried   ③ dried   ④ dries

해설 시간 부사절에서 미래를 현재로 대용(dries)한 경우이다. 문맥으로 볼 때 미래완료를 현재완료로 대용한 has dried 가 있다면 적절한 답 가운데 하나가 된다.

번역 우리는 땅이 마르면 갈 것입니다.

정답 ④

17   I wonder how long ago this school _____.

① has begun   ② begins   ③ began   ④ has started

해설 과거 표시의 부사 ago가 있으므로 시제는 과거이다.

번역 나는 이 학교가 얼마나 오래전에 문을 열었는지 궁금하다.

정답 ③

18   Last night _____ you several times.

① I had called   ② I kept calling   ③ I have called   ④ I called

해설 과거 표시의 부사 last night가 있으므로 시제는 과거이다.

번역 어젯밤에 나는 너에게 몇 번 전화했었어.

정답 ④

19   "When did you go to work?", "As soon as they came, we _____ to work."

① went   ② were going   ③ had gone   ④ go

해설 as soon as의 접속사가 이끄는 시점과 주절의 시점은 동일시점을 나타내므로 과거여야 한다.

번역 "언제 일하러 갔지?", "그들이 오자마자, 우리는 일하러 갔어."

정답 ①

20   A: Has Nick finished his work yet?

B: Yes, he _____ half an hour ago.

① has finished   ② was finishing   ③ finishes   ④ finished

해설 과거시점의 half an hour ago가 있으므로 과거시제와 결합되어야 한다.

번역 A: 벌써 Nick이 일을 끝냈나요? B: 네, 그는 반시간 전에 끝냈어요.

정답 ④

21   _____ open the window for you?

① Shall I   ② Shall you   ③ Will I   ④ Will he

해설 상대방의 의향을 묻는 의지미래의 shall I~? (제4장 조동사 '의지미래' 참조)

번역 창문을 열어 드릴까요?

정답 ①

22

I think that there _____ a full moon tomorrow night.

① will be   ② is being   ③ is to be   ④ will being

해설 ▶ 명사절이며 tomorrow night이 있으므로 문맥상 (단순)미래시제여야 한다.
번역 ▶ 나는 내일 밤 보름달이 있을 것이라 생각해요.
정답 ▶ ①

23

How long _____ it take before we can get the order?

① do   ② will   ③ is   ④ does

해설 ▶ before다음의 시간부사절이 현재이므로 주절은 미래여야 한다.
번역 ▶ 우리가 주문을 받을 받기 전까지 얼마나 오래 걸릴까요?
정답 ▶ ②

24

"Was he studying for an examination?", "Yes, he's _____ it next week."

① doing   ② to take   ③ making   ④ to give

해설 ▶ 'be to'용법의 하나로 문맥상 "예정"을 나타내고 있다.
번역 ▶ "그는 시험치를 준비를 하고 있었나요?" "네, 그는 다음 주에 시험을 치를 예정입니다."
정답 ▶ ②

25

"When will they leave?", "They _____ very soon."

① do leave   ② are leaving   ③ was about   ④ is coming

해설 ▶ leave는 '왕래발착' 동사의 하나로서 가까운 미래의 범위내에서 발생하는 동작을 나타내는 것이 보통이며 이 경우 시제의 형태로는 '현재형' 또는 '현재진행형'으로 나타낸다. 이 경우 '현재진행형'을 쓰면 '현재형' 보다 '임박한 가까운 미래(주로 〈very〉 soon으로 호응)'를 나타낸다.
번역 ▶ "그들은 언제 떠나죠?" "그들은 곧 떠날 예정입니다."
정답 ▶ ②

26

"There is a movie at the Student Hall tonight.", "_____?."

① Are you go   ② Did you go   ③ Are you going   ④ Have you gone

해설 ▶ go는 '왕래발착' 동사의 하나로서 가까운 미래를 나타내므로 현재(진행)형이다.
번역 ▶ "오늘 저녁 학생회관에서 영화가 있어." "너 갈거니?"
정답 ▶ ③

27

Up to now, nothing _____ from the lost pilot.

① had heard   ② heard   ③ has been heard   ④ has heard

해설 ▶ up to now, until now, so far, thus far등은 현재까지의 '계속'을 나타내며 이 경우 주어와의 관계에서 수동이므로 ③가 적절하다.
번역 ▶ 지금까지 행방불명이 된 그 조종사로부터 들어온 소식은 아무것도 없다.
정답 ▶ ③

28
_____ to New York, her father has not heard from her.

① Because she went   ② After she went

③ When she went   ④ Since she went

해설 과거 시점을 출발하여 현재까지의 상황을 나타내는 것이 since이며 '계속'의 의미이다.
번역 그녀가 뉴욕에 가고 난 이래, 그녀의 아버지는 그녀로부터 아무런 소식을 듣지 못했다.
정답 ④

29
"Is there anything wrong?", "No, so far I _____ no trouble."

① have   ② had   ③ have had   ④ has had

해설 so far, thus far등은 현재까지의 '계속'의 개념과 호응한다.
번역 "잘못된 문제가 있나요?", "아뇨, 지금까지는 어떤 어려움도 겪은 것은 없습니다."
정답 ③

30
Have you ever been to New York _____?

① before   ② prior   ③ ago   ④ previous

해설 현재완료(이 경우는 '경험')와 호응될 수 있는 시간 부사는?
번역 전에 뉴욕에 다녀온 적이 있습니까?
정답 ①

31
"Are any of the guests here?", "Yes. Two people _____."

① are already arrived   ② have already arrived

③ already arrive   ④ are arrived already

해설 already는 긍정문에서 현재완료시제와 호응되고 시제조동사 have다음이나 문미에 위치!
번역 "손님 중 어떤 분이라도 오셨나요?", "네, 두 사람이 이미 도착했어요."
정답 ②

32
"Who's taken away my dictionary?", "_____."

① She did   ② He took it   ③ I have   ④ Him

해설 현재완료의 "결과"를 나타내는 경우이다.
    Cf. "Who's(=Who has) taken away~?", "I have (taken away your dictionary)."
번역 "누가 나의 사전을 가져갔어요?" (여기에 없음) "내가요." (그 결과 나한테 사전이 있다는 뜻)
정답 ③

33
"Anne works very hard." "In fact, I think she _____ right now."

① studying   ② is studied   ③ is studying   ④ studies

해설 by then이 미래시점에서의 완료를 나타내므로 미래완료시제가 적절하다.
번역 "Anne은 너무 열심히 공부해." "사실, 나는 그녀가 지금 이 순간도 공부하고 있다고 생각해."
정답 ③

34 It is five years _____ her husband died.

① while   ② since   ③ when   ④ after

해설 since다음에는 과거시점(died)이 기준이 되어야 하며 주절에서는 비인칭주어 it일 경우 시제는 현재를 쓰는 것이 옳으니[it은 동사를 지배하는 성격을 갖지 못하고 다만 주어자리를 채워 주는 특성의 주어라 이해하면 된다.] 주어를 Five years라고 하면 마땅히 have passed가 되어야 한다. 구어체에서는 since가 포함된 이 문장에서도 *It has been* five years~을 쓰기도 한다.

번역 그녀의 남편이 죽은 이래로 5년이다.

정답 ②

35 The cost of living _____ by ten percent before the government took any action.

① had gone up   ② went up   ③ has gone up   ④ was going

해설 before이하의 부사절에서 시제가 과거이므로 주절의 시제는 한 시제 앞선 과거완료이다.

번역 정부가 어떤 조치도 취하기 전에는 생활비가 10%정도 올랐다.

정답 ①

36 By the time we got to the airport, our plane _____.

① has already left   ② had already left

③ left   ④ had already been left

해설 공항에 도착한 시점이 과거이므로 주절에서 그 이전의 시점을 나타내야 하므로 과거완료여야 한다. leave는 "떠나다"의 뜻으로 이 경우 자동사이므로 수동태가 아니다.

번역 우리가 공항에 도착했을 때, 우리가 타야할 비행기가 이미 떠나버렸다.

정답 ②

37 "Was the driving pleasant when you vacationed in Mexico last summer?"

"No, it _____ when we arrived, so the roads were very muddy."

① was raining   ② would be raining

③ had been raining   ④ have rained

해설 도착한 과거시점을 기준으로 볼 때 그 순간을 포함하여 비는 그 전부터 내려온 것이므로 과거완료진행형("계속"개념의 강조)이 타당하다.

번역 "당신이 지난여름에 멕시코에서 휴가를 보낼 때 운전이 즐거우셨나요?". "아뇨, 우리가 도착했을 때 비가 내리고 있었죠. 그래서 도로가 아주 진흙탕이었죠."

정답 ③

38 At this moment somebody in the world is dying and another _____

① is born   ② born   ③ is being born   ④ being born

해설 at this moment가 순간적인 동작을 나타내는 표현이며 등위접속사 and 앞뒤에서 같은 현재진행 시제가 서로 호응되고 있다.

번역 바로 이 순간 세상에 누군가는 죽어가고 있고 또 다른 사람이 태어나고 있다.

정답 ③

39

"When will Richard be home?"

"Richard _____ one fourth of his ROTC service by this time next year."

① will complete

② will have completed

③ is completing

④ completes

해설 ▶ by this time next year가 미래시점에서의 완료(종료)를 나타내므로 미래완료시제가 적절하다.

번역 ▶ "Richard는 언제 집에 돌아오죠?" "Richard는 내년 이맘때까지 ROTC복무의 1/4을 끝내게 될 겁니다."

정답 ▶ ②

40

"Are you going to the movies tonight?"

"Yes. By then I _____ my work."

① finished   ② will finish   ③ finish   ④ will have finished

해설 ▶ by then이 미래시점에서의 완료를 나타내므로 미래완료시제가 적절하다.

번역 ▶ "오늘 저녁 영화보러 갈거니?" "그래, 그때까지는 일을 다 끝낼 거야."

정답 ▶ ④

41

While he _____ the poster, a door somewhere behind him opened.

① is staring at

② did stare to

③ was staring at

④ looked carefully upon

해설 ▶ 부대상황을 나타내는 표현으로 주절의 과거시제와 호응하여 접속사 while의 특성과 잘 어울리는 과거진행형이 가장 적절하다.

번역 ▶ 그가 포스트를 응시하고 있는 동안, 그의 뒤에 어딘가에 문 하나가 열렸다.

정답 ▶ ③

※ 문법적으로 적합하지 않은 부분을 고르시오.(42~56)

42

When I ① <u>retire</u> in three years, I ② <u>have been working</u> for this company just over 45 years. I ③ <u>will fly</u> to Canada and have a rest then. ④ <u>I have been</u> _____ working so hard ⑤ <u>until now</u>.

해설 ▶ ① when절은 시간 부사절로서 현재가 미래를 대신하며 retire(퇴직하다)의 의미상 ②에서「미래의 완료 시점까지 일을 한다(미래완료진행)」는 것을 알 수 있다. 한편「over 45 years」가 있으므로 일정기간을 전제로 한 것은 완료개념이 호응됨을 뒷받침해주고 있다. ④의 현재완료(진행)는 ⑤의 until now와 잘 호응된다.

번역 ▶ 3년이 지나 내가 은퇴하게 될 때, 나는 45년 막 넘게 이 회사에 일을 하게 되는 셈이 될 것이다. 그다음 나는 캐나다로 날아가 잠시 쉬고자 한다. 나는 지금까지 너무나 열심히 일해 왔다.

정답 ▶ ② (have been working → will have been working)

43

By ① the time Fred ② will get ③ home, his father ④ will have left ⑤ for Paris.

〔해설〕 원래 By the time (when)에서 관계부사 when을 생략하여 By the time만으로 시간의 접속사 역할을 하게 된 경우로서 시간과 조건의 부사절에서 미래를 쓰지 않고 현재로 대용한다는 점을 묻고자 하는 문제이다. 한편 미래시점에서의 완료를 담고 있는 By의 특성상 주절에는 미래완료 시제가 호응되는 것이 자연스럽다.

〔번역〕 Fred가 집에 도착할 때까지는 그의 아버지는 파리를 향해 떠나셨을 것이다.

〔정답〕 ②

44

When the war began ① over twenty years ② before, we found ③ ourselves quite ④ unprepared for it.

〔해설〕 before → ago(일단 수사가 함께 쓰이고 특정시점 전이면 ago와 호응됨) / ①의 경우 「수사 + 복수 명사」앞에 over(~이상)(= more than ↔ less than(~이하))이며, 「약 ~정도」일 경우는 about을 사용한다.

〔번역〕 20년 더 전에 전쟁이 시작되었을 때, 우리는 전쟁에 대한 준비가 너무 되어 있지 않음을 알게 되었다.

〔정답〕 ② (before → ago)

45

I ① know you will ② never be ③ at peace until you ④ will have discovered where your brother ⑤ is.

〔어구〕 at peace : 평화로이; 마음 편히; 안심하여; 사이좋게

〔해설〕 until이하의 시간부사절에서 미래(미래완료)를 현재(현재완료)로 대용해야 한다.

〔번역〕 나는 당신이 당신의 형이 어디에 있는지를 알 때까지는 결코 마음이 편치 않을 것이라는 것을 압니다.

〔정답〕 ④ (will have → have)

46

① When he retires, Professor Jones ② will be teaching here for ③ over thirty years, but his classes ④ are never dull.

〔해설〕 when절은 시간 부사절로서 현재가 미래를 대신하는 표현인데 retires(퇴직하다)의 의미를 잘 살펴보면 「미래의 일정 완료된 시점에서 퇴직한다(미래완료)」는 것을 알 수 있다. 한편 「for over thirty years」가 있으므로 일정기간을 전제로 한 것은 완료시제와 호응된다. 따라서 ②를 will have taught라고 하든가 will have been teaching(퇴직시점까지의 진행)로 하면 된다.

〔번역〕 Jones교수가 퇴직할 때는 30년이상 강의를 해온 것이 될 것이다. 그러나 그의 강의는 결코 지루하지 않다.

〔정답〕 ② (will be teaching → will have taught / will have been teaching)

47

Mr. Lee was ① just ② getting out of the taxi when he ③ feels a sharp ④ pain in his chest.

〔해설〕 주절 ②에서는 앞에 was가 있으므로 진행시제형태가 되는 것은 자연스럽고 종속절인 when절도 특정 과거시점을 나타낼 것이므로 과거시제가 적절하다.

〔번역〕 이씨가 택시에서 막 내렸을 때 가슴에 심한 통증을 느꼈다.

〔정답〕 ③ (feels → felt)

48

In many ① parts of the United States, ② houses are considerably more energy efficient than they ③ are a decade ④ ago.

〔해설〕 문맥으로 볼 때 현재와 과거상황을 비교하는 내용이므로 than이하의 시제는 과거여야 한다.

〔번역〕 미국의 많은 지역에서, 가옥들은 10년 전 보다는 훨씬 더 에너지 효율적이다.

〔정답〕 ③ (are → were)

49

The Erie Canal, ① which connects Albany to Buffalo, ② has constructed ③ by New York State ④ in the mid 1800's.

> **해 설** 과거시점을 나타내는 in the mid 1800's이 있으므로 시제는 과거여야 하며 주어와의 관계를 볼 때 수동태가 되어야 한다.
> **번 역** Albany에서 Buffalo로까지 연결하는 이리운하는 1800년대 뉴욕주에 의해 건설되었다.
> **정 답** ② (has → was)

50

Some sports fans still ① remember ② watching a showing of the ③ movie Heidi, which ④ interrupt one of the most exciting football games of all time.

> **해 설** 문맥으로 볼 때 현재와 과거상황을 비교하는 내용이므로 than시제는 과거여야 한다.
> **번 역** 일부 스포츠팬들은 아직도 영화 *Heidi*의 상영을 보았던 사실을 기억하고 있다. 그 영화는 당시 전무후무하게 가장 흥미로웠던 풋볼경기 중 하나를 중단시킬 정도였다.
> **정 답** ④ (interrupt → interrupted)

51

In ① just the ② last few years, football ③ is become more popular than baseball in ④ that country.

> **해 설** in(/ for/ over) the last(/ past) few years(지난 몇 년간 = 몇 년 전부터 현재까지) 유형의 시간 표시 부사구가 있으면 현재완료시제와 호응한다.
> **번 역** 지난 몇 년간, 그 나라에서는 축구가 야구보다 더 인기를 얻게 되었다.
> **정 답** ③ (is become → has become)

52

Politics is ① as much a profession as ② any other and ③ is requiring ④ both skill and ability.

> **해 설** 일반적인 사실을 나타내므로 진행동작이 아닌 대표시제인 현재시제로 나타내야 한다.
> **번 역** 정치는 어떤 다른 직업 못지 않은 전문직종이며 기술과 동시에 능력을 필요로 한다.
> **정 답** ③ (is requiring → requires)

53

① In general, newspapers emphasize current news, ② whereas magazines ③ dealt more ④ with background materials.

> **해 설** in general(일반적으로=in general, as a rule)이 있으므로 일반적인 사실을 나타내고 내용이 확실하므로 대표시제인 현재시제로 나타내야 한다.
> **번 역** 일반적으로, 신문은 시사성이 있는 뉴스를 강조하는 한편 잡지는 배경자료(내용)들을 보다 많이 다룬다.
> **정 답** ③ (dealt → deal)

54

Organic ① gardeners find that leaves ② were one of ③ the best substances ④ to add to compost piles.

> **해 설** 일반적인 사실을 나타내는 경우이므로 대표시제인 현재시제로 나타내야 한다.
> **번 역** 유기농 정원사들은 잎이 퇴비더미에 추가할 수 있는 최상의 물질 중 하나라는 사실을 알고 있다.
> **정 답** ② (were → are)

55 I cannot tell you ① how proud I was when I ② have received ③ my first week's own ④ earnings.

> 해설 ▶ when이하는 간접의문사절(how proud I was)의 과거표시 시점과 동일 시점이어야 한다. 특히 'my first week's own earnings'에서 first를 통해 과저시제가 잘 호응됨을 알 수 있다.
> 번역 ▶ 내가 첫 주급을 받았을 때 내가 얼마나 자랑스러웠는지 너에게 말할 수가 없어.
> 정답 ▶ ② (have received → received)

56 The detective told ① us in his talk ② that every human being ③ had a distinctive ④ set of finger prints.

> 해설 ▶ 주절의 시제와는 무관하게 '불변의 진리나 일반적인 사실'을 나타내는 것은 모두 현재이다.
> 번역 ▶ 그 형사는 간담회에서 모든 인간은 (다른 사람과는) 구별되는 형태의 지문을 갖고 있다고 우리에게 말했다.
> 정답 ▶ ③ (had → has)

57 다음 문장 중 어법상 옳지 않은 것은?

① He is leaving for China next Friday.

② The weather has been nasty for half a month.

③ I have not walked a mile before it began to rain.

④ I will have read this book four times if I read it once again.

> 어구 ▶ • nasty : 더러운. 불쾌한; 심술궂은; (날씨 등이) 험악한. 거친
> 해설 ▶ ① 왕래발착동사 (= leave, arrive, come, go, start, stop, come back, return)는 현재 또는 현재 진행형으로 (가까운) 미래를 표시한다. Cf. 현재진행형은 현재형에 비하여 '임박함이나 촉박함'을 강조한다.
> ② for half a month와 현재완료가 잘 호응하고 있다.
> ③ I had not walked a mile before(or when) it began to rain. (아래는 유사 표현)
> = I had hardly (or scarcely) walked a mile before(or when) it began to rain.
> = Hardly (or scarcely) had I walked a mile before(or when) it began to rain.
> = I had no sooner walked a mile than it began to rain.
> = No sooner had I walked a mile than it began to rain.
> = As soon as (or The moment) I walked a mile, it began to rain.
> ④ 주절은 미래 완료 이며 조전부사절은 미래가 아닌 현재로서 적절하다.
> 번역 ▶ ① 그는 다음 주 금요일 중국으로 떠난다.   ② 날씨가 반달동안 험악했다.
> ③ 1마일도 채 걷기도 전에 비가 내리기 시작했다.   ④ 내가 이 책을 한 번 더 읽으면 네 번째 읽게 되는 셈이 될 것이다.
> 정답 ▶ ③ (have → had)

※ **Choose the one that does not fit the sentence as a whole.**

58 We _____ have finished the work by the second week in July.

① are likely to   ② are bound to   ③ will   ④ are sure to   ⑤ don't

> 해설 ▶ by the second week와의 호응관계로 볼 때 미래완료시제가 호응된다. ③외에 ①, ②, ④의 경우도 미래를 나타내는 준조동사구의 하나이다. 그러나 ⑤의 경우는 현재시제의 부정문에서 사용해야 한다.
> 번역 ▶ 우리는 7월 둘째 주까지는 그 일을 다 끝낼 것이다.
> 정답 ▶ ⑤

59 밑줄 친 곳의 용법의 다른 하나는?

① She is returning this evening.

② His brother is running through the woods.

③ His father is coming back tonight.

④ I am leaving for America tomorrow.

해 설 「왕래발착동사 (go, come, leave, start, arrive, return 등)」의 현재형이나 현재진행형은 가까운 미래를 나타낸다. 대개 미래부사(구) (cf. this evening, tonight, tomorrow…)가 함께 나오며 그중 현재진행형은 「임박성이나 촉박성(의 미상 곧~, 조만간~, 바로~)」을 담고 있다.

번 역 ① 그녀는 오늘 저녁 되돌아온다.
② 그의 형은 숲을 가로질러 달리고 있는 중이다. (일반적인 의미의 진행형)
③ 그의 아버지께서는 오늘저녁 되돌아오신다.
④ 나는 내일 미국으로 떠난다.

정 답 ②

60 우리말을 영어로 잘못 옮긴 것은?

① 비가 그치면 나는 외출할 것이다.

→ I will go out if the rain stops.

② 네가 집에 오면 나는 그것을 이미 끝냈을 것이다.

→ I will be finished it if you come home.

③ 내가 기다린 지 한 시간 만에 그가 나타났다.

→ I had waited for an hour before he appeared.

④ 그는 3년 후에 대학을 졸업할 것이다.

→ He will graduate from college in three years.

해 설 '조건'이나 '시간'부사절에서 미래로 나타내지 않고 현재시제를 활용한다는 점을 묻는 문제이다.
② 일단 능동태로 나타내야 목적어를 둘 수 있으므로 수동태 'I will be finished it'을 바꾸어야 한다. 한편 if절의 내용은 ①과 같이 '조건'의 부사절에서 시제는 현재로 나타내므로 적절하다. '이미 끝냈을 것이다'는 말로 나타내고 있으므로 단순한 미래보다는 미래완료 시제 'I will have finished it'로 나타내는 것이 더 정확하다고 볼 수 있다.
③ '그가 나타나기 전에 나는 한 시간 동안을 기다렸다. → 내가 기다린 지 한 시간 만에 그가 나타났다.'에서 주절의 과거완료시제와 시간부사절의 과거시제는 각각 적절하다.
④ 전치사 in이 '시간의 경과'를 나타낸 경우로서 '3년의 시간이 경과되면' ⇨ '3년이 지나면' ⇨ '3년 후에(는)'의 의미로 적절하다. 여기서 in에 after를 사용하면 틀린다는 사실을 특별히 유념하자. 한편 '대학을 졸업하다'의 표현도 주로 자동사로 사용되는 'graduate from'으로 적절하다.

정 답 ② (I will be finished it ⇨ I will finish it or I will have finished it)

Chapter

04

조동사 Auxiliary Verb

---

01 **can / could**

▌A▐ 능력 · 가능

(= be able to + v, be capable of v~ing : ~ 할 수 있다)

(⟺ be unable to v = be incapable of v~ing) *Cf.* "be (un)able to v"의 경우는 사람 주어만이 가능하다.

Can you speak English? 당신은 영어를 말 할 수 있니?

The baby will be able to **walk well next year.** 그 아기는 내년에는 잘 걸을 수 있을 것이다.

▌B▐ 추측

Can the rumor be true? 그 소문은 과연 사실일까?

→ **No, it** cannot be **true.** 아뇨. 그것은 사실일리 없어요. (부정적 단정추측)

→ **Yes, it** must be **true.** 네. 그것은 사실임에 틀림없어요. (긍정적 단정추측)

　　This handbag is fake. It can't be **expensive.** 이 가방은 가짜다. 비쌀 리가 없어.

　　He cannot be **an honest man.** 그가 정직한 사람일 리가 없다.

　　= It is impossible that **he is an honest man.**

　　= There is no possibility that **he is an honest man.**

◎ can't have p.p. : ~했을 리 없다 (과거에 대한 강한 부정적 추측)

> **Ex** He can't have done such a stupid thing. 그가 그렇게 어리석은 짓을 했을 리가 없다.

▮C▮ 허가

Can(= May) I go to the dance party? 댄스파티에 가도 되나요?

▮D▮ 정중한 의뢰 · 부탁

Could you speak English more slowly? 좀 더 천천히 영어를 말해줄 수 있나요?

▮E▮ 관용표현

❶ cannot but + 동사 원형 : ~하지 않을 수 없다

I cannot but accept her proposal. 나는 그녀의 제안을 받아들이지 않을 수 없다.

= I cannot help accepting her proposal.

= I cannot choose(or help) but accept her proposal.

= I have no choice but to accept her proposal.

❷ cannot~too much[enough] : 아무리 ~해도 지나치지 않다

I cannot thank you too much. 아무리 감사해도 지나치지 않습니다.

= I cannot thank you enough.

❸ cannot … without~ : …하면 반드시 ~하다

I cannot see him without thinking of his brother. 나는 그를 볼 때마다 그의 형이 생각난다.

= I cannot see him but I think of his brother.

= Whenever I see him, I think of his brother.

= Everytime I see him, I think of his brother.

= When I see him, I always think of his brother.

02 may / might

▮A▮ 추측

She may study English now. 그녀는 지금 영어를 공부할지 모른다.

◎ may have p.p. : ~했는지 모르다…(과거시점에 대한 불확실한 추측 – 실제 가능)

　　might have p.p. : ~했을는지도 모르는데…(과거에 이루지 못한 불확실한 추측)

He may have been rich. = He was probably rich. = It is possible that he was rich

He might have been rich. = He wasn't rich.

▌B▌ 허가

A　　May I go **there?**　　그곳에 가도 되나요?

B-1　　Yes, you may (go there). **[허가]** 네. (그곳에 가도) 되요.

B-2　　No, you may not (go there). **[불허가]** 아뇨. (그곳에 가면) 안 되요.

B-3　　No, you must not (go there). **[금지]** 아뇨. (그곳에 가서는) 안 됩니다.

may는 현재형이며 이의 과거형 · 미래형 · 완료형 등은 "be allowed(permitted) to v"로 나타낸다.

He was allowed to go swimming. **(과거형)** 그는 수영하러 가는 것이 허용되었다.

He will be permitted to go swimming. **(미래형)** 그는 수영하러 가는 것이 허용될 것이다.

Sim's Point

┌─ May I smoke in here? 이곳에서 담배를 피워도 되나요?
└─ Might I smoke in here? (may의 경우보다 더 '공손' 한 이유는?)

(괜찮으시다면) 이곳에서 담배를 피워도 될까요?

조동사의 과거형 (가정법 조동사)은 if절 (괜찮으시다면, 실례가 안 된다면)을 생략한 의미로 가정적인 의미를 담고 있기
때문이다. 같은 자리에 can보다 could가 더 공손한 것도 마찬가지 이유이다.

▌C▌ 기원(~하소서)

May you live long! 만수무강 하소서!

▌D▌ 목적

He works hard so(in order) that he may succeed. [works → worked / may → might]
그는 성공할 수 있도록 열심히 일한다.

= He works hard so as(in order) to succeed. (so as나 in order를 생략할 수 있음)

▌E▌ 관용 표현

❶ may(might) (just) as well…as ~ : ~하는 것보다 차라리 …하는 것이 낫다

One may as well **not know a thing at all** as **know it imperfectly.**

불완전하게 아느니 차라리 전혀 모르는 것이 낫다.

❷ may[might] as well : ~하는 것이 낫다

I may as well hurry up. 서두르는 것이 낫겠어.

❸ may well : ~하는 것도 당연하다

You may well say so. 네가 그렇게 말하는 것도 당연해.

= You have good reason to say so.

= It is natural that you should say so.

= It is no wonder that you should say so.

= It is a matter of course that you should say so.

03 will, shall

시제에서 "단순미래, 의지미래" 참조

04 Would

❶ will의 과거형

❷ 과거의 불규칙한 습관 : '~하곤 했다'는 뜻으로 sometimes, often 등의 부사가 자주 쓰인다.

I would sometimes feel afraid of the dark as a child. 나는 어린아이였을 때 이따금 어둠을 겁먹곤 했다.

　○ "used to + v" :

　a. ~하곤 했다 (과거의 규칙적 습관)

　b. (이전에는) ~이었다 (과거의 상태)

　　　Cf. be used(=accustomed) to + (동)명사 [∵ to는 전치사이므로] : ~에 익숙해 있다

❸ 공손한 표현 : '~하시겠습니까?'

Would you please wait a moment? 잠간 기다려 주시겠습니까?

❹ 과거의 고집 : '~하려고 했다'는 뜻으로 쓰인다.

He would not take exams in his school days. 그는 학창시절에 시험을 보지 않곤 했다.

❺ 강한 의지 · 바람 : '~하고자 하다'

Do to others as you would be done by. 남에게 대접받고자 하는 대로 남을 대접하라.

❻ 관용표현

ⓐ would like to + 동사원형 : ~하고 싶다

I would like to have **something delicious.** 나는 맛있는 뭔가를 먹고 싶다.

= I feel like having something delicious.

would like (+ 목적어) to v : 가정법 조동사 would
을 사용했으므로 겸손한 의사 표현의 경우 주로 쓰
이는데 "1) 「공손한 명령이나 지시」, 2) 「부탁이나
요구」, 3) 「초대.」를 나타내고자 할 경우가 많다.

ⓑ would rather A than B : B하느니보다는 A하는 것이 더 낫다(= would sooner = had rather = had better)

I would rather(had better) stay here than go out. 나는 외출하느니 차라리 이곳에 머무는 편이 낫다.

ⓒ would rather have p.p : 차라리[오히려] ~하고 싶었다(과거 내용)

I would rather have stayed **home than gone on a picnic.**
나는 소풍갔다 오기보다 차라리 집에 머물렀으면 싶었다.

ⓓ Would that : ~이면 좋겠다(=I wish)

Would that I could speak English well. 나는 영어를 잘 할 수 있으면 좋으련만.

ⓔ S1 +would rather + S2 + V(과거동사) : S1은 S2가 차라리(오히려) ~하기를 바라다

I'd rather you didn't go **there.** 나는 차라리 그곳에 가지 않았으면 한다.

05 should / ought to

┃A┃ should

❶ shall의 과거형

❷ 의무 : '~해야 한다'는 뜻으로 충고·권고를 나타낼 때 사용한다.

You should not gamble away your fortune. 당신은 노름으로 가산을 탕진해선 안 된다.

❸ should[ought to] + have + p.p : '~했어야 했는데'

I should have met **him yesterday.** 나는 어제 그를 만났어야 했는데.

= I wish I had met him yesterday. 나는 어제 그를 만났으면 좋으련만.

= I'm sorry[It's a pity] that I didn't meet him yesterday. 나는 어제 그를 만나지 않았던 것이 유감이다.

　　Ex I should not have gone to the party. 난 그 파티에 가지 말았어야 했다.

④ 의외의 일이나 놀라움 : 의문사와 함께 반어적으로 '도대체'의 뜻으로 쓰인다.

Why should he spend too much time chatting?

그는 도대체 왜 채팅하는데 너무 많은 시간을 보내는 거야?

⑤ 관용 표현

He ran fast lest he (should) miss his train. 그는 열차를 놓치지 않도록 빨리 달렸다.

= He ran fast for fear that he (should) miss his train.

---

should가 활용됨 : 가정법 참조

1. 주장 · 요구 · 제안 · 권고 · 명령 등의 동사

   My family doctor suggests that I (should) take a walk every day.

   나의 가정의(家庭醫)는 내가 매일 걸어야 한다고 제안한다.

2. 이성적 판단의 형용사

   It is + 이성적 판단의 형용사 + that + 주어 + 동사 원형~

   It is necessary that she (should) pass the examination. 그녀가 시험에 통과해야 하는 것은 필수적이다.

3. 감성적 판단의 형용사

   It is + 감성적 판단의 형용사 + that + 주어 + should + 동사 원형~

   It is strange that he should say so. 그가 그렇게 말하다니 이상해.

Sim's Point

| B | ought to(=should)

❶ 의무 : '~해야 한다'는 뜻으로 부정은 'ought not to'로 쓴다.

You ought to do **it at once.** 당신은 그것을 즉각 해야 한다.

I ought not to tell **a lie.** (= I should not tell a lie.) 당신은 거짓말을 하면 안 된다.

Ex **You** ought not to drive **if you're sick.** 아프면 운전을 하지 말아야 한다.

❷ ought to +have +p.p

He ought to have studied **harder.** 그는 더욱 열심히 공부했어야 했는데.

---

06 must; have to

| A | 필요 · 의무[=have to]

Every student must **keep quiet in the library.** 모든 학생은 도서관에서는 조용해야 한다.

○ **need not, don't have to** : ～할 필요가 없다

　　Must you go there? (=Do you have to go there?) 당신은 그곳에 가야 하나요?

　　→ Yes, I must. 네, 전 가야해요.

　　→ No, I don't have to.(=need not) 아뇨, 전 갈 필요가 없어요.

○ **mustn't = be not allowed**(or supposed) **to**

┃B┃ 강한 추측

'～임에 틀림없다'라는 뜻으로 부정의 형태는 'cannot～'이다.

He must be kind-hearted. 그는 마음씨가 고움에 틀림없다.

He cannot be kind-hearted. 그는 마음씨가 고울 리가 없다.

○ **must have p.p.** : ～했음에 틀림없다(과거의 단정적 추측)

07　need, dare ; used to

┃A┃ need와 dare

- **(긍정문)** He needs to go there. (일반〈정형〉동사) [need go는 불가함]
  　　그는 그곳에 갈 필요가 있다.

- **(부정문)** He does not need to go there. (need는 본동사)
  　　[이 경우 does는 부정문에 사용되는 특수 조동사]
  　　He need not go there. (need는 조동사) [이 경우 needs는 틀림]

- **(의문문)** Does he need to go there? (need는 본동사)
  　　Need he go there? (need는 조동사) [이 경우 needs는 틀림]

- **(긍정문)** He dares to insult me. (일반〈정형〉동사) [dare insult는 불가함]
  　　그는 감히 나를 모욕한다.

- **(부정문)** He does not dare (to) insult me. (dare는 본동사)
  　　[이 경우 does는 부정문에 사용되는 특수 조동사]
  　　He dare not insult me. (dare는 조동사) [이 경우 dares는 틀림]

- **(의문문)** Does he dare to insult me? (dare는 본동사)
  　　Dare he insult me? (dare는 조동사) [이 경우 dares는 틀림]
  　　Cf. I wonder how he dared (to) insult me.

　○ **needn't have p.p.** : ～할 필요가 없었는데(그런데 했다는 뜻)

　　　ex ┌ You needn't have returned the book. 돌려줄 필요가 없었는데.(그런데 돌려주었다.)
　　　　 └ You did not need to return the book. 돌려줄 필요가 없었다.(실제여부는 알 수 없다.)

◎ 본질적인 고유한 뜻을 가진 조동사로 사용될 경우의 need, dare, can 등은 주어의 '인칭과 수'에 관계없이 본래의 형태로만 사용된다. 하지만 아래의 특수 조동사는 그 자체의 독자적인 뜻을 가지고 있지는 않다는 점에서 다른 동사와 다르지만 아래와 같은 경우로 각각 사용될 경우 일정한 기준을 두고 있다.

1. do[does, do(현재) / did(과거)] (현재시제와 과거시제에서 부정문이나 의문문을 나타낼 경우)
2. be[am, are, is(현재) / was, were(과거)] (진행시제와 수동태를 나타낼 경우의 be동사)
3. have[has, have](현재완료) / had(과거완료)

는 일반동사일 때의 경우처럼 인칭과 수에 따라 맞추어 사용해야 한다.

▌B▐ used to 동사원형

He used to go to church every Sunday. 그는 매주 일요일 예배 보러 가곤 했다.

◎ be used to + (동)명사 : ~에 익숙해져 있다

Cf. get(become) used to : ~에 익숙해지다

She is used to living alone. 그녀는 혼자 사는 데 익숙하다.

He is used to getting up early. 그는 일찍 일어나는 데 익숙해 있다.

◎ be used to + 동사 원형 : ~하기 위해 사용되다

Water is used to put the fire out. 물은 불을 끄는 데 사용된다.

---

08 준조동사 (조동사구) [~ + 동사원형]

had better; would(had) rather; may(might) as well; be about to, be supposed to

❶ had better do : ~하는 편이 좋다

You had better not believe what they say. 당신은 그들이 하는 말을 믿지 않는 편이 좋다.

(= I advise you not to believe them.)

❷ would(or had) rather ~ (than) : 차라리 ~하는 편이 더 낫다

= might as well ~ (as)은 현실적으로 불가능한 경우! (might는 가정법 조동사)

Cf. 「may as well ~ (as)」은 현실적으로 가능한 경우! (may는 직설법 조동사)

❸ be about to : 막 ~하려하다 (= be going to)

❹ be supposed to = be expected to (기대·예상되다) / be required to (요구되다)

최근 기출 & 예상문제

※ 빈칸에 들어갈 가장 알맞은 것을 고르시오. (01~30)

01

"The streets are all wet."

"It _____ during the night."

① must be raining   ② had been rained

③ must have rained   ④ must have been rain

해설 - during the night를 볼 때 must have p.p.는 과거의 단정적 추측이므로 ③번이 정답이 된다.
번역 - "거리가 온통 젖어 있군요." "간밤에 비가 왔음에 틀림없군요."
정답 - ③

02

A : How can I get to the police station?

B : You'd better _____ a police officer.

① to ask   ② ask   ③ asking   ④ be asked

해설 - 조동사 다음에는 본동사가 이어져야 하므로 ②가 적절하다.
번역 - A: 어떻게 하면 경찰서로 갈 수 있죠? B: 경관에게 물어보는 것이 낫겠어요.
정답 - ②

03

"We didn't study French last night, but we _____."

① had studied   ② could   ③ could have   ④ should

⑤ might

해설 - ③의 경우는 가정법 과거완료로서 과거의 실제 사실은 공부하지 않았다는 것이다. 따라서 주어진 문장과 잘 부합된다. ②의 경우는 직설법 과거로 보아야 하며 이 경우라면 과거에 공부할 수 있었다는 뜻이 담겨 있으므로 공부하지 않았다는 말과는 정면으로 배치된다.
번역 - "우리는 어젯밤에 불어를 공부하지 않았다. 그러나 우리는 공부를 할 수도 있었는데."
정답 - ③

04 A : Did you study history last night? B : No, but I think I _____.

① could ② should have ③ ought have ④ had studied

해설 ② ~should have (studied ~) = ~ought to have (studied ~)
번역 A: "어젯밤에 역사 공부를 했나요? B: 아뇨, 그러나 나는 했었어야 했는데."
정답 ②

05 He was _____ when I walked into the room.

① ready for leaving ② about to leave
③ in the point of leaving ④ most ready to leave

해설 ② be about to v : 막 ~하려 하다 ①의 경우라면 문법적으로는 하자는 없으나 when절과 호응관계가 미약하다.
번역 내가 방에 들어섰을 때 그는 막 나서려고 했다.
정답 ②

06 This rule has become quite out of date : it _____ a long time ago.

① had been abolished ② shall be abolished
③ should be abolished ④ should have been abolished

해설 ago가 쓰였으므로 시점은 과거이다. 따라서 과거의 사실에 대한 이루어지지 못한 일을 유감으로 나타내는 가정법 과거완료는 「should have p.p.」이다. 한편 주어인 it(=this rule)과의 관계상 수동표현이 되어야 한다.
번역 「이 규칙은 아주 시대에 뒤진 것이 되어버렸다. 그 규칙은 오래 전에 폐지되었어야 했다. (그런데 유감스럽게도 폐지되지 않았다.)
정답 ④

07 "Did you criticize him for his mistakes?"

"Yes, but _____ it."

① I'd not rather ② I'd better not do
③ I'd rather not doing ④ I'd rather not have done

해설 과거시점을 전제로 물어보고 있고 이에 대한 답도 과거시제를 담고 있는 가정법 과거완료 표현이 호응이 되어야 한다.
번역 "당신은 그의 실수에 대해 그를 비판했나요?", "예, 나는 차라리 그렇게 하지 않았으면 좋았을 텐데."
정답 ④

08 They told me that I _____ the tap water in that country.

① must not have drank ② should not have drunk
③ could not drunk ④ could have drink

해설 should not have p.p.「…하지 말았어야 했다」③은 could not drink로 ④는 could have drunk로
어구 tap water : 수돗물
번역 그들은 나에게 내가 그 나라에서 수돗물을 마시지 말았어야 했다고 말했다.
정답 ②

09 "Will eighty dollars be enough?", "Another thirty dollars _____."

① will fine   ② will cover   ③ will fix   ④ will do

해 설 will do 「충분하다, 족하다」의 표현 ☞ do (vi) : 충분하다, 족하다(=be satisfactory, be enough)
번 역 "80달러면 되겠습니까?", "30달러가 더 있어야 족하겠군요."
정 답 ④

10 _____ send a present to Mary?

① Does he need   ② Need he   ③ Need he to   ④ Needs he

해 설 ①은 Does가 조동사이므로 need(본동사) 다음에 to가 와야 한다. ②에서는 need가 조동사로 쓰였으므로 본동사 send가 적절하다. 즉 의문문과 부정문에서는 need와 dare는 본동사와 조동사로 모두 사용 가능하다. ④의 경우는 조동사인 need이어야 하며 he가 3인칭 단수라고 하여 needs를 쓰면 안 된다.
    cf. 인칭과 수에 따라서 단수와 복수를 따로 구분하는 경우는 조동사로 쓰일 경우의 do(단수는 does, 복수는 do) / be(단수는 am이나 is, 복수는 are), have(단수는 has, 복수는 have)이다.
    cf. 부정문의 경우 : He *need not send* ~ (이 경우 need는 조동사)
             = He *does not need to send* ~ (이 경우 need는 본동사)
번 역 그가 Mary에게 선물을 할 필요가 있니?
정 답 ②

11 It's always a mistake to pretend to be able to afford something when you really _____.

① can   ② may   ③ can't   ④ should

해 설 be able to(=can) afford + 명사 :「…을 할 여유가 있다」/ pretend「…인 체하다」로 미루어 보아 when 이하는 부정적 의미가 요구됨.
번 역 실제로 어떤 것을 살만한 여유가 되지 않으면서 여유가 되는 척 하는 것은 항시 잘못이다.
정 답 ③

12 Wild animals _____ roam the U.S. in uncounted numbers.

① are willing to   ② are about to   ③ are killed to   ④ used to

해 설 「used to + 동사원형」은 「…하곤 했다」(과거의 규칙적 습관)이거나 「이전에는 … 이었다」(과거의 상태)를 나타낸다. 이 문장에서는 후자의 의미이다.
번 역 무수한 야생동물들이 한때 미국을 떠돌아다닌 적이 있었다.
정 답 ④

13 Our holidays were ruined by the weather ; _____ have stayed at home !

① it may be as well to   ② it was just as well we

③ we might just as well   ④ we might do as well as we

해 설 may (/ might) as well : ~하는 것이 낫다
번 역 날씨 때문에 휴가를 망쳐버렸다. 차라리 집에 있었으면 좋았었을 것을!
정 답 ③

14 The baby _____ walk well next year.

① will be able to

② can be able to

③ will is able to

④ able to

해설 ② can=be able to ③ 조동사 will 다음에 본동사 be가 일단 와야 하며 ④는 정형동사가 아닌 형용사이다.

번역 그 아기는 내년에는 잘 걸을 수 있을 것이다.

정답 ①

15 "I'll mail the letter for you.", "Thanks. If you _____, please mail this package, too."

① are able

② were able to do

③ are able to

④ can be able to

해설 조건의 부사절에서 현재시제를 일단 찾는다면 ①, ③, ④이다. ③의 경우는 are able to (mail the letter for me)가 적절하며 ④는 같은 의미가 중복된다.

번역 "제가 편지를 부쳐드리겠습니다." "고맙습니다. 가능하다면, 이 소포도 좀 부쳐주세요."

정답 ③

16 I _____ get up at 5:00 this morning, so I'm tired already.

① had to

② must

③ do

④ have to

해설 this morning의 과거표시 부사구가 있고 문맥에 맞는 것이 had to이다.

번역 나는 오늘 아침 5시에 일어나야 했어. 그래서 이미 지쳤어.

정답 ①

17 "I'm sorry you can't stay for dessert."

"I'm sorry too, but I really _____."

① must to go

② must be gone

③ am having to go

④ have to be going

해설 ③에서는 have to가 동작을 나타낼 수 없으므로 진행형을 불가하며 ④에서는 왕래발착동사를 be going은 타나낸 것은 '임박한 가까운 미래'를 나타내므로 적절한 표현이며 이 경우 have to에 must를 쓰는 경우는 같은 의미이다.

번역 "디저트를 드시지 못하고 가시니 서운하군요." "저 역시 서운합니다만 정말 꼭 가봐야 합니다."

정답 ④

18 In those days, Kelly _____ sometimes look very tired.

① will

② is

③ would

④ do

해설 in those days의 과거 표시부사구와 호응하고 과거의 "불규칙적인 습관ㆍ습성"을 나타낼 수 있는 조동사는 would이다.

번역 그 당시에, Kelly는 이따금씩 매우 지쳐 보이곤 했다.

정답 ③

19 _____ you prefer some iced tea?

① Will   ② Shall   ③ Would   ④ Can

해설 prefer, like등의 감정표시 동사는 의지를 나타내는 will, won't와 결합될 수 없다. 정중하게 권유하는 문맥과 잘 호응하는 조동사는 would~ 또는 wouldn't~이다.

번역 차가운 차를 좀 드시겠어요?

정답 ③

20 I will give him the higher salary.

= He _____ have the higher salary.

① will   ② shall   ③ could   ④ might

해설 평서문에서의 의지미래(어느 경우든 나의 의지가 담겨있음)는 I will~ / You shall~ / He shall~ 이다.

번역 그에게 더 높은 임금을 주도록 하겠습니다.

정답 ②

21 I want to go to the dentist, but he _____ with me.

① needs not to go   ② do not need go

③ need not go   ④ need go not

해설 부정문과 의문문에서 need와 dare는 자신이 조동사이거나 본동사도 될 수 있다. 이런 조건을 충족한 것은 조동사로 사용된 ③이다. 조동사 do를 통해 need를 본동사로 나타내려면 '~ he does not need to go'로 하면 된다. 이 경우 조동사로 사용한다 할지라도 do(조동사의 be, have와 더불어는 (본동사로 쓰일 경우도 마찬가지나) 주어와의 관계상 단·복수를 맞추어 주어야 한다.

번역 나는 치과에 가기를 원하지만 그는 나와 함께 갈 필요는 없다.

정답 ③

22 There is no possibility that she committed suicide.

= She _____ have committed suicide.

① cannot   ② needn't   ③ should   ④ might

해설 cannot have p.p. : 과거의 부정에 대한 단정적인 추측 * must have p.p. : 과거의 긍정에 대한 단정적인 추측 / may have p.p. : 과거에 대한 불확실한 추측

번역 그녀가 자살했을 가능성은 없다. (=그녀는 자살했을 리가 없다.)

정답 ①

23 A : "Must you go soon?"

B : "No, _____."

① I must   ② I don't have to   ③ I can   ④ I will

해설 Must you go soon? = Do you have to go soon? (영국식 : Have you to go soon?)

번역 A: "그렇게 일찍 가야 해요?" B: "아뇨, 나는 그럴 필요는 없어요."

정답 ②

24 Bill didn't come to his nine o'clock class yesterday. He _____ himself.

① must overslept   ② must be oversleeping

③ must have overslept   ④ must had overslept

해설 — must have p.p. : …했음에 틀림없다(과거의 단정적인 추측)

번역 — Bill이 어제 아홉시 수업에 오지 않았다. 그는 늦잠을 잤음에 틀림없다.

정답 — ③

25 "Did you call to make your airline reservation?", "Not yet, but I _____."

① should have   ② may   ③ must   ④ shall

해설 — ought to have p.p. : …했어야 했는데(과거에 이루지 못한 유감·후회)

번역 — "항공편 예약을 위해 전화했니?", "아직 못했어. 하지만 했어야 했는데."

정답 — ①

26 A competing firm _____ Tom a job before we made our offer.

① may already offer   ② already may offer

③ may already offered   ④ already may have offered

⑤ may have already offered

해설 — may have p.p : …했을지 모른다, …이었을 것 같다(과거의 불확실한 추측). 일단 종속절(시간 부사절)인 'before we made our offer'에서 제시한 시제가 과거(made)이므로 주절은 과거완료 시제가 가장 적절하다고 할 수 있다. 그런데 과거완료를 제시한 것은 없다. 이런 경우 '전후관계가 명확'할 경우 과거완료시제를 과거시제로 대용할 수 있다는 점을 감안해 두자. 이제 ④와 ⑤에서 'may have p.p.'는 '과거시점에서의 불확실한 추측'을 나타낸다는 점에서 요건이 충족되며 already의 위치는 일단 'have(or had) p.p.'사이에 두는 것이 보편적이다.

번역 — 한 경쟁회사가 우리가 제의를 하기 전에 톰에게 일자리를 이미 제안했을지 모른다.

정답 — ⑤

27 They _____ moved from their old house.

① may haven't   ② do not may have

③ not may have   ④ may not have

해설 — may have p.p : …했을지 모른다, …이었을 것 같다(과거의 불확실한 추측). Cf. not의 위치는 제1조동사 may다음에 두면 된다. 참고로 이런 유형의 경우 have를 제2조동사라 한다. ②에서 do not에서 do는 현재시제의 부정문에서의 조동사이다.

번역 — 그들은 (살던) 옛집에서 이사하지 않았을지 모른다.

정답 — ④

28 "I don't feel like staying here.", "_____ you like to leave the party and come to mine?"

① Won't   ② Will   ③ Wouldn't   ④ Are

해설 — prefer, like등의 감정표시 동사는 의지를 나타내는 will, won't와 결합될 수 없다. 정중하게 권유하는 문맥과 잘 호응하는 조동사는 would~ 또는 wouldn't~이다.

번역 — "나는 이곳에 있고 싶지 않아요." "그 일행을 떠나서 우리 쪽에 오고 싶지 않아요?"

정답 — ③

29

The first thing that a student should bear in mind is that a book _____ for mere amusement.

① ought not to be read ② ought to not be read

③ not ought to be read ④ ought to be not read

해설 ought to V를 부정할 때 ought not to(부정사 형태의 부정은 부정사 앞에 두어야 하므로) (=should not)여야 한다. 그리고 주어와의 관계상 수동이 되어야 한다.

번역 학생이 명심해야할 첫 번째 가는 것은 책은 오락만을 위해서 읽혀져서는 안 된다는 것이다.

정답 ①

30

"Would you mind telling me how much it was?"

"_____. It was 20 cents."

① Yes, I would ② Yes, I should ③ No, not at al ④ Yes, I do

해설 Would you mind~? (~하기를 꺼리십니까? → ~해 주시겠습니까?)
No, (I do) not (mind) at all. (~전혀 꺼리지 않습니다. / 천만에요. → 그럼요. / 물론이죠.)

번역 "얼마 들었는지 말씀해 주시겠습니까?" "그럼요, 20센트였습니다."

정답 ③

※ **문법적으로 옳지 않은 것을 고르시오.** (31~32)

31

The soldier said ① firmly that he would ② rather kill himself ③ than ④ surrendering to enemy.

해설 ~ rather kill ~ than (he would) surrender to enemy.

번역 그 병사는 적에게 항복하느니 차라리 자살을 할 것이라고 맹세코 말했다.

정답 ④ (surrendering → surrender)

32

① Will you ② prefer ③ to go there ④ instead of me?

해설 prefer. like등의 감정표시 동사는 의지를 나타내는 will, won't와 결합될 수 없다. would~ 또는 wouldn't~이다.

번역 저 대신에 그곳에 가고 싶으세요?

정답 ① (Will → Would)

33

다음 중 문법적으로 옳은 문장은?

① He needs not get up so early morning. ② He said that the news had to be true.

③ He is used to go to a concert. ④ He dares to insult me.

해설 ① 부정문이므로 조동사로 쓰인 이상 need이다. ② had to → must(이 문맥은 '단정적인 추측'을 나타내는 must가 되어야 하는데 이 경우처럼 간접화법에서는 과거시점을 기준으로 must를 사용할 수 있다.) ③ to go→to going ④ need와 dare는 긍정문에서 본동사 기능이므로 dares가 적절하다.

정답 ④

※ 다음의 문장과 뜻이 가장 가까운 것은?

34

We had plenty of bread, so I need not have bought a loaf.

① We had plenty of bread, so I didn't have to buy a loaf but I bought one.

② We had plenty of bread, so I didn't need to buy a loaf.

③ We had plenty of bread, so I had to buy a loaf.

④ We had plenty of bread, so I could

> **해 설** need not + have + p.p. : ~할 필요가 없었지만 했다.
> *cf.* didn't need to : ~할 필요가 없었다. (실제로 했는지 안 했는지의 여부는 알 수 없다)
> **번 역** 우리에게는 빵이 충분히 있었다. 그래서 나는 빵을 살 필요가 없었지만, 빵을 샀다.
> **정 답** ①

35

다음 대화에서 밑줄 친 부분에 들어갈 알맞은 표현은?

A : Doesn't Mary want to go to that movie?

B : Yes, but she says _____ tonight.

① she'd not rather go   ② she'll rather not go

③ she won't rather go   ④ she'd rather not go

> **해 설** 「would (or had) rather : 차라리 ~하는 편이 좋다 또는 ~하고 싶다」의 준조동사로서 그 다음에는 동사원형(본동사)이 나오며, 부정일 경우는 본동사를 부정해야 하므로 would(or had) rather *not* + v이 된다. *cf.* Yes, (she wants to) but~
> **번 역** A : Mary는 그 영화를 보러 가고 싶어 하지 않니?
> B : 아뇨, (보러 가고 싶어 해요.) 그러나 오늘밤엔 안 가는 것이 좋겠다고 말하네요.
> **정 답** ④

36

"He cannot have arrived so soon."의 뜻을 가장 잘 풀이한 것은?

① He was unable to arrive so soon.

② He could have arrived if he would.

③ It's impossible that he arrived so soon.

④ It's possible that he wouldn't arrive soon.

> **해 설** cannot have p.p. 「~했을 리가 없다」 (= It is impossible that… / There is no possibility that…)
> **번 역** 그가 그토록 빨리 도착했을 리가 없다.
> **정 답** ③

※ 다음 중 의미가 다른 하나를 고르시오.

37

① You shouldn't have said that to your teacher.

② You had to say that to your teacher, but you didn't.

③ You ought not to have said that to your teacher.

④ It wasn't appropriate for you to say that to your teacher.

⑤ I am sorry that you said that to your teacher.

해설 ②에서 had to say는 '말을 해야 했었다'는 것은 결국 말을 했다는 뜻이므로 but다음에 '말하지 않았다'는 말과는 정면으로 배치되는 말이므로 논리가 모순된다.

번역 ① 너는 그 말을 선생님에게 하지 말았어야 했는데.
② 너는 선생님에게 그 말을 해야 했었으나 넌 하지 않았다.
③ 너는 그 말을 선생님에게 하지 말았어야 했는데.
④ 네가 선생님에게 그 말을 한 것은 적절치 못했다.
⑤ 네가 선생님에게 그 말을 해버린 것이 유감이다.

정답 ②

38 다음 우리말을 영어로 잘못 옮긴 것은?

① 난 그 파티에 가지 말았어야 했다.

→ I should not have gone to the party.

② 그는 그 사실을 미리 알고 있었음에 틀림없다.

→ He must have known the truth in advance.

③ 그가 그렇게 어리석은 짓을 했을 리가 없다.

→ He could have done such a stupid thing.

④ 아프면 운전을 하지 말아야 한다.

→ You ought not to drive if you're sick.

해설 ① should have p.p. : ~했어야 했는데…(과거에 이루지 못한 강한 유감·후회) ② must have p.p. : ~했음에 틀림없다(과거의 단정적 추측) ③ could have p.p. : ~할 수 있었을 텐데 / can't have p.p. : ~했을 리 없다(과거에 대한 강한 부정) ④ ought to V를 부정할 때 ought not to(부정사 형태의 부정은 부정사 앞에 두어야 하므로)(=should not)여야 한다.

정답 ③ (could have done → can't have done)

다음 우리말을 영어로 잘못 옮긴 것은?

실험실에 불빛이 하나도 없는 것을 보니 그들은 분명히 일찍 떠났을 것이다.

① As there were no lights in the laboratory, they must be left early.

② Since there were no lights in the laboratory, they would be left early.

③ Since there were no lights on in the laboratory, they must have left early.

④ As there were no lights on in the laboratory, they should have left early.

해설 제시된 내용의 전반부는 "그들은 분명히 일찍 떠났을 것이다"(=그들은 일찍 떠났음이 분명하다 = 그들은 일찍 떠났음에 틀림없다)"는 것에 대한 과거시점에서의 '단정적인 추측(must have p.p.)'을 할 만한 이유(근거)를 제시하고 있다. ④의 경우라면 "일찍 떠났어야 했었는데"라는 말이므로 떠나지 않았던 것이 '유감'이거나 '후회'가 된다는 의미이므로 주어진 내용을 나타내지 못한 것이다.

정답 ③

Chapter

05

Grammar

법 Mood

---

01 직설법과 명령법

｜A｜ 직설법 : 어떤 사실을 있는 그대로 진술함 (가정법과 명령법을 제외한 모든 것)

> **Ex** If it is fine tomorrow, I will go fishing.
> 내일 날씨가 좋다면, 나는 낚시 가겠다.

｜B｜ 명령법

❶ 직접 명령

(You) Open the door. 문을 여시오.

❷ 간접 명령 : 1,3인칭에 대한 명령으로 let을 쓴다.

Let each boy decide for himself. 각 소년이 스스로 결정하도록 하라.

❸ 부정 명령

Open the door. → Don't open the door. 문을 열지 말라.

Let someone open the door. 누군가 문을 열게 하라.

= Don't let someone open the door. 누군가 문을 여는 것을 내버려 두지 말라.

= Let someone not open the door. 누군가 문을 열지 않도록 하라.

❹ 조건명령

ⓐ 명령문 + and : 「~하라, 그러면 ~일 것이다」

Work hard, and you will succeed. 열심히 일하라, 그러면 성공할 것이다.

= If you work hard, you will succeed.

ⓑ 명령문 + or : 「~하라, 그렇지 않으면 ~일 것이다」 (or를 otherwise로 대용 가능)

Work hard, or you will fail. 열심히 일하라, 그러지 않으면 실패할 것이다.

= If you do not work hard, you will fail.

= Unless you work hard, you will fail.

Please sign here, or it is not valid. 여기에 서명하세요. 그렇지 않으면 법적 효과가 없대요.

❺ 양보 명령

Try as you may, you can't succeed in it. 아무리 애를 쓴다 할지라도, 그것에 성공할 수는 없다.

● 동사 원형 + 주어 + ever so 형용사

Be it ever so humble, there is no place like home. 아무리 초라할지라도, 자기 집과 같은 곳은 없다.

---

02 가정법

직설법은 사실을 있는 대로 기술하는데 반하여 가정법은 이것을 가상 · 소망 · 의문의 입장에서 말한 것임

▌A▐ 가정법의 종류

❶ 가정법 현재 : 종속절의 내용이 사실적이 아닌 의무성 · 당위성을 나타낼 경우(현재나 가까운 미래에 불확실하거나 의심되는 일을 가정함)

S	주장 · 결정(insist, urge, decide) 명령(order, command) 제안 · 충고(suggest, propose, recommend, advise) 요구(demand, require, request, propose, move, ask, desire)	that + S + (should) + 동사원형 의무성, 당위성

The doctor suggested that the patient (should) stop smoking.
그 의사는 그 환자가 금연해야 한다고 제안했다.

I recommended that he (should) finish producing his report quickly.
나는 그가 보고서를 작성하는 일을 신속히 끝내야 한다고 권고했다.

He ordered that it (should) be done at once. 그는 그 일이 즉시 처리되어야 한다고 명령했다.

I demand that I (should) be allowed to call my lawyer.

나는 나의 변호사에게 전화하는 것이 허용되어야 한다고 요구한다.

It is	important, necessary, urgent essential, imperative, required advisable, desirable	that + S + (should) + 동사원형 의무성, 당위성

◎ should를 대개 생략하는 이유? 주절의 의미(의무성, 당위성을 나타내는)와 중복되기 때문

그러나 It is strange(/ odd/ natural/ a pity/ no wonder/ surprising) that S + should + v 「~하다니」의 경우는 should를 생략하지 않고 그대로 두는 것을 주로 원칙으로 한다.

◎ 접속사 that은 생략하지 않음을 원칙으로 한다. 단, natural이 '당위'의 의미로 사용될 경우는 위의 경우와 같이 생략되는 경우가 많다.

It is necessary that she (should) work out the solution. 그녀가 해결책을 마련해야 하는 것은 필수적이다.

It is strange that he should say so. 그가 그렇게 말하다니 이상하다.

▌ B ▌ 가정법 현재 → 직설법 조건절로 대체됨

If it rain tomorrow, I will not go fishing. **(가정법 현재)** [rain앞에 가정법동사 생략된 것임]

내일 비가 온다면, 나는 낚시 가지 않겠다.

If it rains tomorrow, I will not go fishing. **(직설법 조건문)**

내일 비가 온다면, 나는 낚시 가지 않겠다.

▌ C ▌ 가정법 미래

❶ 현재, 미래의 희박

If it should be fine tomorrow, I would go fishing. 내일 혹시라도 날씨가 좋다면, 나는 낚시 갈텐데.

Should the wound be inflamed, call me at once. (← If the wound should be inflamed)

상처에 염증이 나면 즉시 나에게 전화해.

❷ 순수 불가능한 일을 가정

If the sun were to rise in the west, I would not change my mind.

태양 서쪽에서 뜬다 해도, 나는 마음을 바꾸지 않을 것이다.

❸ 주어의 의지(wish to)

If you would pass the exam, you would have to study harder.

만일 그 시험에 통과하려면, 더욱 열심히 공부해야 할 것입니다.

▌D▐ 가정법 과거(실제 시점은 현재 – 현재 사실의 반대를 가정·희망하므로)

❶ 가정법 과거 형태

| If | + | S | + | were
과거동사
could/would 등 | + | ···, | S | + | would
could
should
might | + | V |

If I were rich, I could buy a large house. 내가 부자라면, 나는 큰 집을 살 수 있을 텐데.

▌E▐ 가정법 과거 완료(실제 시점은 과거 – 과거 사실의 반대를 가정·희망하므로)

| If | + | S | + | had | + | P.P. | + | ···, | S | + | would
could have
should
might | + | have | + | P.P. |

EX1 If he had participated in the meeting, he would have met her.
만일 그가 그 회의에 참석했더라면, 그는 그녀를 만났을 텐데.

EX2 We didn't study English last night, but we could have(/ should have).
우리는 어제 밤에 영어공부를 하지 않았지만 할 수도 있었는데(/ 해야 했었는데).

▌F▐ 혼합 가정법

If you had not helped me then, I would not be here now.

만일 당신이 그 때 나를 돕지 않았더라면, 나는 지금 이곳에 있지 않을 텐데.

(= As you helped me then, I am here now.)

If he had not died in the war, he would be forty now.

만일 그가 전쟁에서 죽지 않았더라면, 그는 지금은 40세일 텐데.

03 가정법에서의 주의할 용법

▌A▐ 조건절에서의 if 생략

If I were as rich as he, I could go abroad.

만일 내가 그만큼 부자라면, 나는 해외에 나갈 수 있을텐데.

= Were I as rich as he, I could go abroad.

▮ B ▮ 조건절에서의 if 대용어구

if절을 생략한 내용을 대용하거나 if절을 생략하고 주절만으로 가정법을 나타내는 경우이다. 주절에 있는 명사(구), 부정사, 부사(구), 부사(CHAPTER 9 분사 구문 참조), 접속(부)사, 전치사 등이 if절을 대신하는 경우를 말한다.

❶ 전치사 (but for, without : "…이 없다면, 아니라면"의 표현)

- **가정법 과거**

  But for = Without = If it were not for = Were it not for

- **가정법 과거완료**

  But for = Without = If it had not been for = Had it not been for

  But for/Without water, nothing could live. 물이 없다면, 아무것도 살 수 없을 텐데.

  = If it were not for **water, nothing** could live.

❷ 접속사(otherwise, or else)

  I am busy now, otherwise I would go there. 나는 지금 바쁘다. 그러지 않다면 그곳에 갈 텐데.

❸ 부사(구)

  I would not do such a thing in his place. (= in your shoes) 나는 그의 입장이라면 그렇게 하지 않을 텐데.

  ➪ I would not do such a thing if I were in his place.

❹ 명사구

  A true friend would act differently. 진정한 친구라면 다르게 행동할 텐데.

  ➪ If he were a true friend, he would act differently.

  Cf. It would be wiser to leave it unsaid. 그것을 말하지 않고 내버려 둔다면 더욱 현명할 텐데.

❺ 부정사

  To hear him talk, you would take him for a native speaker.

  그가 말하는 것을 들어보면, 당신은 그를 원어민으로 잘못 보게 될 것입니다.

  ➪ If you heard him talk, you would take him for a native speaker.

  I should be glad to go with you. 당신과 함께 간다면 기쁠 것이다.

  ➪ I should be glad if I could go with you.

❻ 분사구문

  Happening in wartime, the same thing would amount to disaster.

  전시(戰時)에 일어난다면, 똑 같은 일은 재앙에 해당할 것이다.

  ➪ If it happened in wartime, the same thing would amount to disaster.

⑦ 접속(부)사가 if절을 대신할 경우

S + 가정법 동사, <u>but</u> S + 직설법 동사 ~ .

S + 가정법 동사 <u>except(or save, but) that</u> S + 직설법 동사 ~ . (that 생략 가능)

[가정법 과거는 직설법 현재, 가정법 과거완료는 직설법 과거와 호응됨]

Cf. 이 외에도 or, or else, otherwise가 대표적인 경우이다.

|C| 기타 관용적 표현

① I wish(―ed) (that) + S + 과거 (가정법 과거)

〃   S + 과거완료 (가정법 과거완료)

I wish **it** were true. 나는 그것이 사실이라면 좋으련만.

I wish **we** had purchased the apartment last year.
우리가 작년에 그 아파트를 구입했었더라면 얼마나 좋을까.

② as if(/ as though)구문

S + 현재 또는 과거동사 + as if + S + 과거 (가정법 과거)

〃   〃   과거완료 (가정법 과거완료)

He talks as if he were rich. 그는 부자인 것처럼 말한다.

③ It is time + 가정법

- It is [about(/ high)] time that S + 가정법 과거동사 (…할 때이다) (that생략 가능)

- 〃   〃   〃 〃 S + should + v (…해야 할 때이다) (that생략 가능)

It is time (that) **you** went to bed. 지금쯤 잠자리에 들 시간이다.

It is time (that) **you** should go to bed. 지금쯤 잠자리에 들었어야 할 시간이다.

It is time for you to go to bed.

④ I'd rather + S + 과거동사 / had p.p.

I'd rather **you** went to bed. 잠자리에 들면 좋으련만.

⑤ 가정법 관용어구

He is, as it were, a walking dictionary. 그는. 말하자면. 걸어 다니는 사전이다.

Grammar

최근 기출 & 예상문제

※ 빈 칸에 들어갈 것으로 가장 알맞은 것을 넣으시오. (01~47)

01 She requested that he _____ longer for dinner.

① is staying ② stays ③ stayed ④ has stayed

⑤ stay

번역 그녀는 그가 저녁식사를 위해 더 오래 머물러 주어야 한다고 요구했다.

해설 '요구(demand, require, request, propose, move, ask, desire)/ 주장 · 결정(insist, urge, decide)/ 명령(order, command)/ 제안 · 충고(suggest, propose, move, advise, recommend)'등의 동사들이 나오면 '현재 및 가까운 미래에 불확실하거나 의심되는 일'을 나타내므로 종속절(that절)은 가정법 현재의 하나로서'(should) 동사원형'의 형태가 나온다. 한편 이와 같은 경우들에서 should를 대개 생략하는 이유는 주절에서 이미 "의무성, 당위성"을 나타내는 특성을 유도하는 표현을 사용하고 있으므로 의미가 중복되기 때문이다.

정답 ⑤

02 Our failure to provide full security to the American people has shaken the nation devastated by this terrible carnage and has stunned the whole world. It is high time that we _____ our foreign policy in the Middle East.

① have reviewed ② review ③ reviewed ④ are reviewed

해설 It is time + 가정법
 • It is [high(/ about)] time that S + 가정법 과거동사 (…할 때이다) (that은 생략 가능)
 •   "   "   "   " S + should + v (…해야 할 때이다) (that은 생략 가능)

어구 • devastate : 황폐시키다, 파괴하다(ravage, play havoc with); 유린하다(override) • terrible : 끔찍한(dreadful ↔ splendid) • carnage : 대량 살인(살육), 대학살(mass killing, massacre, genocide) • stun : 기절시키다; (놀람 · 기쁨으로) 어리둥절하게 하다, 아연하게 하다(amaze, astonish, astound, surprise, startle) • review : n. v. 다시 조사하다; 정밀하게 살피다; 복습하다(go over, brush up on)

번역 미국인들에게 완전한 안보를 우리가 제공하지 못한 것이 이 끔찍한 대학살로 유린된 나라를 뒤흔들었고 전 세계를 놀라게 했다. 우리가 중동에서의 우리의 외교정책을 재검토 할 때이다.

정답 ③

03 Liz readily forgave the prejudice which had led Tim to wrong conclusions because she understood it. The prejudice was an error into which she herself, _____ long years of her experience, might have fallen.

① thanks to ② but for ③ in behalf of ④ for fear of

어구 ① …의 덕택으로, …때문에(owing to, on account of, because of) ② …이 없다면[아니라면](except for, without, if it were not for); …이 없었더라면[아니었더라면](except for, without, if it had not been for): ③ = on behalf of : …을 대신[대표]해서(in place of, instead of; speaking for, acting for); …을 위해서 ④ ~을 두려워하여; ~하면 안 되니까, ~이 없도록

번역 리즈는 이해를 했기 때문에 팀으로 하여금 잘못된 결론을 가져오게 했던 그러한 편견을 선뜻 눈감아 주었다. 그런 편견은 그녀의 다년간의 경험이 없었더라면 빠져들었을지 모를(저지를 수 있었을) 오류(잘못)였던 것이다.

해설 가정법과거완료(과거사실의 반대)임을 나타내는 'might have fallen'과 호응할 수 있는 종속(부사)절인 'if it had not been for'를 부사구로 간결하게 나타낼 수 있는 대용표현으로는 'but, for, except for, without'이다.

정답 ②

04 "I did go there."

"What would you have done if you _____ to work yesterday?"

① didn't have ② hadn't had ③ didn't ④ didn't have had

해설 당위, 의무를 나타내는 should have p.p.를 사용해야 함.

번역 "나는 그곳에 갔습니다.", "만일 당신이 어제 그곳에 갈 필요가 없었더라면 당신은 무엇을 했을까요?"

정답 ②

05 I would have sent you some flowers, _____ your address.

① if I knew ② if I had been knowing

③ did I know ④ if I could know

⑤ had I known

해설 귀결절에 나온 would have p.p.를 볼 때 이와 호응되는 가정법 과거완료는 ②와 ⑤이다. 그런데 know와 같은 '인식' 개념의 동사는 진행형이 불가한 동사이므로 ⑤번이 답이 된다. if I had known에서 if를 생략할 경우 도치되어야 하므로 had I known이 답이 된다.

번역 너의 주소를 알았더라면 약간의 꽃을 보냈을 텐데.

정답 ⑤

06 A : I didn't pass the monthly exam.

B : _____ next time, and you will succeed.

① To work hard ② Working hard ③ Work hard ④ Hard-working

번역 A: 나는 월시험에 통과하지 못했어. B: 다음번엔 열심히 하렴. 그러면 통과할 수 있을 거야.

정답 ③

07

"Hurry up, _____ you will be late for school."

① or   ② but   ③ and   ④ because

[번역] 서둘러라. 그렇지 않으면 넌 학교에 지각할거야.
[정답] ①

08

Learn to save now, _____ you may want in old age.

① and   ② if   ③ therefore   ④ otherwise

[해설] 접속사 or 대신 접속부사 otherwise를 대용할 수 있다.
[번역] 지금 절약하는 것을 배우시오. 그렇지 않으면 노년에 궁색해질 수 있어요.
[정답] ④

09

I recommended that the student _____ her paper as soon as possible.

① finishes writing   ② should finish the writing

③ finish writing   ④ finished writing

[해설] 「제안·충고·명령·요구 등」의 동사(혹은 형용사, 명사) 다음의 that절에서는 「(should) + 동사원형」이 나온다. should를 주로 생략하는데 그 이유는 「충고…」 따위를 나타내는 단어가 이미 "당위성"을 나타내기 때문에 절속의 "당위성"을 나타내는 조동사 should가 의미상 중복되기 때문이다.
[번역] 나는 그 학생에게 논문을 가능한 한 빨리 끝내도록 권고했다.
[정답] ③

10

His doctor suggested that he _____ a short leave of absence.

① will take   ② would take   ③ take   ④ took

[해설] ~ he (should) take ~
[번역] 그의 의사는 그가 단기간 휴가를 가지도록 제언했다.
[정답] ③

11

It is important that the school office _____ your registration.

① will confirm   ② confirm   ③ confirms   ④ must confirm

[해설] *cf.* important = imperative (긴요한, 꼭 ~해야 하는)
[번역] 교무과는 당신의 기록(등록)을 꼭 확인해야 한다.
[정답] ②

12

I'd rather you _____ anything about it for the time being.

① do   ② don't do   ③ should do   ④ didn't do

[해설] 「I would rather (that) S + V~」의 경우 I would rather는 I wish와 같은 의미이다. 따라서 (that)절 속에는 가정법 동사가 나온다. 여기서는 현대사실의 반대를 소망해보는 의미이므로 가정법 과거가 되어야 한다. 부정문이며 anything을 목적어로 취하는 타동사 do가 필요하다. • for the time being : 당분간
[번역] 나는 당신이 그것에 관해 당분간은 아무것도 하지 않기를 바랍니다.
[정답] ④

13 Without oxygen, all animals _____ long ago.

① would have disappeared   ② would disappear

③ would be disappeared   ④ would have been disappeared

해설 ▸ Without = If it had not been for / long ago(과거시점을 나타내는 부사) / disappear은 자동사이므로 수동표현이
될 수 없다는 점을 명심해야 한다.

번역 ▸ 산소가 없었더라면, 모든 동물들이 오래 전에 사라져 버렸을 것이다.

정답 ▸ ①

14 I wish I _____ idle when young.

① was not   ② would not be   ③ had not been   ④ will not have been

해설 ▸ 「when (I was) young」(시점이 과거)이므로 가정법 과거완료가 호응되어야 한다.
= I am sorry (that) I was idle when young.

번역 ▸ 젊었을 때, 나는 게으르지 않았으면 하는 아쉬움이 있다. (이미 지나간 일로서 이룰 수 없는 일이 되어 유감스럽다
는 의미)」

정답 ▸ ③

15 I wish I had gone there yesterday.

= I am sorry I _____ there yesterday.

① had gone   ② went   ③ had not gone   ④ didn't go

해설 ▸ yesterday가 있으므로 '과거사실의 반대'를 나타내기 위해서 가정법과거완료여야 한다.

번역 ▸ 나는 어제 그곳에 갔다면 싶다. = 나는 어제 그곳에 가지 않았던 것이 유감이다.

정답 ▸ ④

16 _____ I met him before, I could have recognized him at once.

① Had   ② Unless   ③ If   ④ Because

해설 ▸ If I had met…

번역 ▸ 만약 내가 그를 전에 만난 적이 있었더라면 그를 즉시 알아 볼 수 있었을 텐데.

정답 ▸ ①

17 _____ you would have seen him.

① If you come earlier,   ② Had you come earlier,

③ Coming earlier,   ④ Earlier coming,

번역 ▸ 네가 더 빨리 왔더라면 그를 만났을 텐데.

정답 ▸ ② If you had come earlier …

18

If you had studied the problem carefully yesterday, _____ .

① you won't find any difficulty now

② you would not have found any difficulty now

③ you would not find any difficulty now

④ you have not find any difficulty now

해설 조건절은 가정법 과거완료 (과거사실의 반대가정)이나, 주절은 가정법 과거 (현재사실의 반대 → now가 Hint)인 「혼합 가정법」이다.

번역 네가 어제 주의깊게 그 문제를 공부했더라면, 지금 어떤 어려움도 찾지 못할 텐데.

정답 ③

19

I would wear my red dress save it _____ a stain in the front.

① had   ② have   ③ has   ④ has not

해설 save(=except, but) (that) it has~ ☞ (that)절에는 직설법 동사가 와야 하며 해석상 「…을 제외 하고」이다. 그런데 이 경우 「~dress, but(그러나) it has~」다음에도 직설법 동사가 오므로 결과는 같다. 따라서 save (that)의 경우에도 「그러나(=but)」로 번역하면 무난하다. 가정법 과거(would wear(=현재사실의 반대를 가정))는 직설법의 현재와 호응된다.

번역 나는 빨간 옷을 입을텐데, 그러나 앞쪽에 얼룩이 있다.

정답 ③

20

"Why didn't you help him?", "I would have _____ I didn't have the money."

① still   ② but   ③ otherwise   ④ or

해설 I would have (helped him) but (that) I didn't have the money. * but (that)~ = except (that)~ = save (that)~ : ~을 제외하고(if절을 직설법으로 전환한 경우이며 「, but~」으로 나타낸 경우와 결국 같은 것이다.) * ~but (that) I didn't have the money. ☞ ~if I had had the money.

번역 "당신은 왜 그를 돕지 않았나요?" "나는 도왔을 텐데, 그러나 돈을 갖고 있지 않았어요."

정답 ②

21

It is high time I _____ oing back.

① were   ② be   ③ have   ④ has

해설 현재 실제로는 이 곳에 있으므로 현재사실의 반대를 가정하는 의미를 지니기 때문에 가정법 과거로 취급 된다. / 이 문제라면 종속절의 쓰임을 「~were going back(왕래발착 동사의 특성상 임박함을 강조할 때 진행시제를 쓴 경우), ~went back, ~should go. (당위성을 강조할 경우)」로 하는 것은 모두 가능하다.

번역 내가 되돌아 갈 때이다.

정답 ①

22

If you _____ see Mr. Allen, give him my regards.

① should   ② would   ③ shal   ④ will

해설 가정법 미래로써 '희박한 가능성'을 나타낼 경우의 가정법 조동사가 should이다. ②의 경우는 주어의 '의지'를 강조할 경우에 쓰인다. 이 문장의 경우 comma다음에 '그에게 나의 안부를 전해 달라'고 한 것으로 볼 때 you의 의지가 강조되는 논리를 찾아볼 수 없다.

번역 혹 Allen씨를 보면 그에게 저의 안부를 전해주세요.

정답 ①

23 If I _____ you, I would stay in bed.

① am ② are ③ was ④ were

해설 가정법 과거 : 현재 사실의 반대를 가정하거나 실현 불가능한 일을 나타내고자 할 때 사용된다.
가정법 과거에 사용하는 be동사는 인칭에 무관하게 were을 사용한다.

번역 내가 너라면 나는 자리에 누워 있을 텐데.

정답 ④

24 If he didn't promise it yesterday, then he _____ it tomorrow.

① would not promise ② will not promise
③ should not promise ④ could not promise

해설 If절 속에서 과거시점을 나타내는 yesterday가 있는데도 가정법 과거완료가 아닌 것은 이 문장은 직설법 조건문이
라는 의미이다. 따라서 귀결절에서도 직설법이어야 하며 tomorrow가 있으므로 미래시제여야 한다.

번역 그가 어제 그것을 약속하지 않았다면, 내일도 약속하지 않을 것이다.

정답 ②

25 If he _____ enough time, he would have done it better.

① has had ② had ③ had had ④ has

해설 가정법 과거완료로써 과거사실의 반대를 가정한다.

번역 그가 충분한 시간이 있었더라면, 그는 그것을 보다 잘 할 수 있었을 텐데.

정답 ③

26 "My husband arrived yesterday.", "If you'd let me know, _____ to meet him."

① I'll be glad ② I'd be glad
③ I've been glad ④ I'd have been glad

해설 가정법 과거완료로써 과거사실의 반대를 가정한다. 'you'd let'은 'you had let'이지 'you would let'이 아니라는 점
을 유념하자.

번역 "나의 남편은 어제 도착했다." "만일 당신이 나한테 알려 주셨다면, 그를 만났을 때 반가웠을 텐데."

정답 ④

27 If you hadn't gone with Tom to the party last night, _____.

① you would meet John already ② you won't have missed John
③ you will have met John ④ you would have met John

해설 가정법 과거완료로써 과거사실의 반대를 가정한다.

번역 만일 당신이 어젯밤에 Tom과 함께 파티에 가지 않았더라면, John을 만났을 텐데.

정답 ④

28

If he had worked hard in his youth, he _____ rich now.

① would have been ② would be ③ is ④ was

해설 If절은 가정법과거완료로 제시되어 있으나 귀결절에서는 현재시점을 나타내는 now가 있으므로 가정법 과거여야 하므로 혼합가정법이다.

번역 만일 그가 젊었을 때 열심히 일했더라면, 그는 지금 부자일 텐데.

정답 ②

29

"We're in danger now", "If you _____ to me, we wouldn't be in danger."

① has listened ② had listened ③ listen ④ would listen

해설 현재 위험한 상태에 있다는 것은 과거시점에서 나의 말을 경청하지 않았다는 논리가 반증되므로 가정법 과거완료가 호응되는 혼합가정법이다.

번역 "우리는 지금 위험한 상태에 있다.", "만일 네가 나의 말에 귀를 기울였더라면, 우리는 위험한 상태에 있지 않을 텐데."

정답 ②

30

If the sun _____ rise in the west, my love would be unchanged for good.

① should ② were ③ were to ④ shall

해설 실현불가능한 것을 나타내고자 할 경우 were to를 사용하는데 이것은 가정법 미래의 하나이지만 형태를 기준으로 가정법 과거로 취급하기도 한다.

번역 태양이 서쪽에서 뜬다 할지라도, 나의 사랑은 영원히 변치 않을 것이다.

정답 ③

31

I would give my favorite book _____ at you.

① rather she had smiled ② had she had smiled

③ than she would smile ④ should she smile

해설 ~ should she smile ~ = ~ if she should smile ~

번역 만일 그녀가 네게 미소를 짓는 다면(그럴 가능성은 아주 희박하겠지만) 내가 좋아하는 책을 줄 텐데.

정답 ④

32

"What can he do?", "I _____ that he follow my advice."

① suggest ② hope ③ believe ④ wish

해설 「충고 · 명령 · 제안 · 요구 등」의 동사(/ 명사) 다음의 that절에서 「(should) + 동사원형」

번역 "그는 무엇을 할 수 있을까요?", "나는 그가 나의 충고를 따를 것을 제안합니다."

정답 ①

33

I should insist that he _____ accepted as a member, since he is very bad-tempered.

① be ② will not be ③ not be ④ must being

해설 위 문제와 동일 유형 * ~ he (should) not be accepted ~

번역 나는 그가 성질이 나쁘므로 회원으로 받아 들여져서는 안 된다고 주장해야 한다.

정답 ③

34

He ignored his doctor's advice that he _____ a vacation.

① takes   ② took   ③ would take   ④ take

해설 ▶ 위 문제와 동일 유형 * ~ he (should) take ~ * his doctor's advice와 that절은 동격관계이며 that이하와의 관계상「충고」의 뜻을 지니고 동사를 사용하는 경우와 논리는 마찬가지다.

번역 ▶ 그는 휴식을 취해야 한다는 그의 의사의 충고를 무시했다.

정답 ▶ ④

35

"What's your opinion?

"It is imperative that they _____ there on time."

① should   ② shall be   ③ be   ④ are

해설 ▶ 「It is + 형용사 + that절 [it은 가주어, that~는 진주어]」 구문에서 다음과 같은 형용사 즉, important, mperative, necessary, essential, urgent등이 오면 that절속에서는 주어 다음에 「(should) + 동사원형」이 나온다. 이 경우 형용사가 이미 「당위성」을 나타내는 의미로 쓰이기 때문에 의미의 중복을 피한다는 관점에서 절속의 should는 주로 생략한다. * ~ they (should) be~

번역 ▶ "당신의 의견은 무엇인가요?", "그들은 정시에 꼭 그곳에 와야 합니다."

정답 ▶ ③

36

"What is your opinion?"

It is natural that an employee _____ his work on time.

① finishes   ② finishs   ③ can finish   ④ finish

해설 ▶ natural이 사용될 경우 문맥에 따라 「…하다니 당연하다」의 문맥이 저 좋은 경우는 「should V」가 「…해야 하는 것이 당연하다」의 경우는 「(should) V」가 사용된다. 이 경우는 후자의 경우로 보는 것이 적절하다.

번역 ▶ "당신의 견해는?", "근로자는 정시에 일을 마치는 것은 당연하다."

정답 ▶ ④

37

"Did you enjoy the show last night?", "Yes, but I wish I _____ a cold."

① hadn't   ② didn't have   ③ hadn't had   ④ wouldn't have

해설 ▶ last night가 있으므로 과거사실에 반대되는 소망을 나타내므로 가정법과거완료가 적절하다.

번역 ▶ "어젯밤 쇼가 즐거우셨나요?", "네, 그러나 감기에 걸리지 않았더라면 좋았을 텐데."

정답 ▶ ③

38

"Could I borrow your Louis Armstrong record?"

"I'd get it for you _____ I could remember who last borrowed it."

① except that   ② if only

③ on condition that   ④ considering whether

해설 ▶ if only : '강한 소망이나 후회'를 나타낼 경우 사용한다. ①, ③, ④다음에는 직설법 동사가 호응되는 것이 원칙이다.

번역 ▶ "Louis Armstrong의 레코드 빌릴 수 있을까요?", "누가 그것을 마지막으로 빌려 갔는지 기억할 수만 있다면 당신에게 줄 수 있을 수 있을 텐데."

정답 ▶ ②

39

"Supposing you _____ write, what would you do?"

① couldn't   ② can't   ③ may not   ④ are unable

해 설 ▶ 귀결절에서 가정법 과거동사와 호응할 수 있는 적절한 가정법 표현은 ①이다.
번 역 ▶ "당신이 글을 쓸 수 없다면, 당신은 무엇을 하게 될까요?(어떻게 될까요?)"
정 답 ▶ ①

40

"I can do everything.", "Don't act as if you _____ the only pebble on the beach.

① are   ② were   ③ have been   ④ would be

해 설 ▶ 현재사실의 반대를 가정하는 가정법이므로 가정법 과거이다.
번 역 ▶ "나는 무엇이든지 다 할 수 있어", "당신이 해변의 유일한 조약돌인 것처럼 행동하지 말아요."
정 답 ▶ ②

41

The wind lulls as if _____.

① it feared to waken them   ② it must waken them

③ it fears waken them   ④ it is going to waken them

해 설 ▶ 현재사실의 반대를 가정하는 가정법이므로 가정법 과거이다.
번 역 ▶ "마치 그들을 깨우기가 겁이 나듯 바람이 가라앉는다."
정 답 ▶ ①

42

It is high time she _____ her toys away.

① put   ② puts   ③ has put   ④ is putting

해 설 ▶ It is high time (that)다음에는 현재사실의 반대를 나타내는 가정법 과거가 나온다.
번 역 ▶ 그녀는 이제 장난감을 치울 때이다.
정 답 ▶ ①

43

"Where have you been?", "I got caught in traffic; _____ I would have been here sooner."

① however   ② although   ③ anyway   ④ otherwise

해 설 ▶ otherwise는 「if ~ not」을 나타내는 접속부사이다. * otherwise = if I had not got caught in traffic
번 역 ▶ "그동안 어디 있었니?" "교통정체를 당했어. 그게 아니었더라면 이곳에 보다 빨리 왔을 텐데."
정 답 ▶ ④

44

She looked at me as if she _____ never seen me before.

① had   ② is   ③ has   ④ was

해 설 ▶ before가 있고 과거분사 seen과 호응할 수 있는 조건을 모두 갖춘 것은 가정법과거완료의 완료 조동사 had이다.
번 역 ▶ 그녀는 전에 나를 본 적이 없었던 것처럼 나를 쳐다봤다.
정 답 ▶ ①

45

"You finally made it, didn't you?", "Yes, _____ your help, I would have not succeeded."

① but that   ② but for   ③ but if   ④ thanks to

> 해설 *but for* your help = *without* your help = *If it had not been for* your help
> 번역 "넌 마침내 해냈구나, 그렇지 않니?", "그래, 너의 도움이 없었더라면, 나는 성공할 수 없었을 거야."
> 정답 ②

46

"He would go to see you.", "_____ he did not come?"

① What if   ② Where if   ③ What come   ④ Why whether

> 해설 what (*would happen or would be the result*) if he ~?
> 번역 "그는 너를 만나러 갈거야.", "그가 오지 않으면 어떻게 되지?"
> 정답 ①

※ 문법적으로 적합하지 않은 부분을 고르시오. (48~53)

47

Many studies ① <u>have shown</u> the life-saving value of safety belts. When accidents ② <u>occur</u>, most serious injuries and deaths are ③ <u>caused</u> by people being thrown from their seats. About 40 percent of those killed in bygone accidents ④ <u>would be saved</u> if wearing safety belts.

① have shown   ② occur   ③ caused   ④ would be saved

> 어구 bygone : 과거의, 지난
> 번역 많은 연구는 생명을 구하는 안전벨트의 가치를 보여주었다. 사고가 발생할 경우, 대부분의 심각한 부상과 사망은 사람들이 (앉아있던) 좌석으로부터 던져짐으로써 야기된다. 과거의 사고에서 사망한 사람들 중 약 40%가 안전벨트를 매었더라면 생명을 구했었을 텐데.
> 해설 ①의 복수주어에 대한 현재완료 지세 복수 타동사 'have shown'에 이상 없다.
> ② 완전자동사 'occur'의 활용에 문제가 없다.
> ③ 수동태 구조에서 과거분사 'caused'에 하자가 없다.
> ④ 과거시점을 나타내는 한정형용사인 'bygone'의 뜻을 새긴다면 '과거사실의 반대'를 나타내는 '가정법과거완료'가 요구됨을 알 수 있다. if wearing safety belts는 원래 절의 구조에서는 if they had worn safety belts이었다가 분사구문으로 전환하여 '~, wearing safety belts'로 나타낼 수 있고 의미구분을 보다 확실히 나타내기 위해 접속사 if를 남겨둔 경우이다. 귀결절(주절)에서 'would have been saved'가 사용된 이상 if절에는 'had + p.p.'구조가 동일한 (직설법으로 풀어보아) '과거'시점이 제시된 것이므로 단순형인 if wearing safety belts가 적절하다. 즉 if having worn safety belts가 아닐까 라고 생각한다면 엄밀하게는 오히려 틀린다는 점을 유념할 필요가 있다.
> 정답 ④ (would be saved → would have been saved)

48

If I ① <u>have learned</u> the phonic system of ② <u>reading</u>, I ③ <u>would be</u> a better ④ <u>reader</u> today.

> 해설 혼합 가정법으로서 if절은 가정법 과거완료이므로 ①을 had learned로 해야 한다.
> 번역 만일 내가 독서의 음성체계를 배웠더라면, 나는 오늘날 보다 나은 독자가 되어있을 텐데.
> 정답 ①

49

It is necessary that ① <u>a person</u> who smokes heavily ② <u>has</u> his lungs ③ <u>x-rayed</u> regularly ④ <u>at least once a year</u>.

해설 ▶ It is + 형용사 + that절 [it은 가주어, that ～는 진주어]구문에서 다음과 같은 형용사 즉, important, imperative, necessary, essential, urgent등이 오면 that절속에서는 주어 다음에 「(should) + 동사원형」이 나온다. 이 경우 형용사가 이미 「당위성」을 나타내는 의미로 쓰이기 때문에 의미의 중복을 피한다는 관점에서 절속의 should는 주로 생략한다.

번역 ▶ 담배를 많이 피우는 사람은 적어도 1년에 한번 정기적으로 폐를 X-ray촬영해 볼 필요가 있다.

정답 ▶ ②

50

① <u>It is</u> essential that ② <u>all applications</u> and transcriptions ③ <u>are filled</u> ④ <u>not later than</u> January 15.

해설 ▶ ～ (should) be filled ～ / not later than = at (the) latest (늦어도)

번역 ▶ 모든 신청서와 사본은 늦어도 1월 15일까지는 완성되어야 한다.

정답 ▶ ③ (are → 〈should〉 be)

51

① <u>Was</u> I a millionaire, I ② <u>should</u> be able ③ <u>to have</u> a large house ④ <u>of my own</u>.

해설 ▶ If I were a millionaire, = Were I a millionaire.

번역 ▶ 내가 백만장자라면, 나는 내 자신의 큰 집을 가질 수 있을 텐데.

정답 ▶ ① (was → were)

52

They are the ① <u>ones</u> who ② <u>assert</u> that a better bridge ③ <u>could</u> have been built ④ <u>have</u> we had their assistance.

해설 ▶ If we had had their assistance = Had we had their assistance

번역 ▶ 그들은 우리가 만일 그들의 도움을 받았더라면 보다 나은 다리가 건설될 수 있었을 것이라고 주장하는 사람들이다.

정답 ▶ ④ (have → had)

53

다음 표현과 가장 가까운 뜻을 나타내는 것은?

> He might have been rich.

① He wasn't rich.　　　　　　　② He was rich.

③ He was probably rich.　　　　④ He can not be rich.

해설 ▶ 과거의 실제 사실에 대한 반대를 가정하는 구문이므로 실제로는 부자가 아니었을 것이라는 뜻한다. 따라서 ①가 정답이며 might자리에 may라면 과거의 불확실한 추측이므로 직설법의 시제로 본다면 과거시제이며 추측을 나타내는 부사가 probably이므로 ③번(=It is possible that he was rich)이 적절하다.

번역 ▶ 그는 (부자기 이니지만 가정해볼 때 〈다른 경우였다면〉) 부자였을 텐데.

정답 ▶ ①

※ 밑줄 친 부분과 의미가 같은 것은?

54

But for water, no living thing could exist.

① If there was no water
② If there had not been water
③ If it were not for water
④ If it had not been water

해설 But for water,… = If it were not for water,… = Were it not for water,…
= Without water,…

번역 물이 없다면, 어떤 생명체도 살아남을 수 없을 것이다.

정답 ③

55

문법적으로 옳은 것은?

① I wish I am as intelligent as he is.

② If it will rain tomorrow, I won't go to school.

③ If I had enough money at that time, I would have lent it to you.

④ Even if the sun were to rise in the west, I would not accept his proposal.

번역 ① 나도 그 사람만큼 총명하면 좋으련만.
② 내일 비가 온다면, 나는 등교하지 않을 것이다.
③ 내가 그 당시에 충분한 돈을 가지고 있었더라면, 나는 돈을 너에게 빌려 주었을 텐데.
④ 태양이 서쪽에서 뜬다 할지라도, 나는 그의 제안을 받아들지 않을 것이다.

해설 ① I wish (that)다음에 나오는 모든 종속절은 실재사실의 반대를 나타내므로 가정법이어야 한다. 따라서 현재사실의 반대를 나타내는 가정법 과거의 경우이므로 am을 were로 바꾸어야 한다.
② '조건과 시간' 부사절에서는 미래가 아닌 현재시제(현재 이 순간과 가까운 미래까지)를 사용해야 하므로 will rain을 rains로 바꾸어야 한다.
③ at that time으로 보아 과거의 시점을 제시한 이상 가정법 과거완료가 적절하므로 'If I had enough money'를 'If I had had enough money'로 나타내야 한다.
④ 실현 가능성이 전혀 없을 경우 사용하는 가정법 미래(가정법 과거의 하나로 포함시키기도 함)에서 'were to v' 가 적절히 사용된 경우이다.

정답 ④

56

다음 밑줄 친 단어의 풀이로 가장 적합한 것을 고르시오.

> I intend to move that our committee appoint Peter as chairman, and I hope that
> you will second my motion.

① propose
② leave
③ immigrate
④ impress

어구 • move : (안건 등을) 제안(제출)하다(propose) • second : a. ad. n. v. 후원하다, 지지하다, 보충하다; 〈동의(動議)·결의(決議)에〉 재청하다, 찬성하다 • motion : 발의; 동의(動議) : 회의 중에 토의할 안건을 제기함. 또는 그 안건)
① propose : (계획·생각 등을) 제안(제의)하다 ③ immigrate : (다른 나라로) 이주해 오다 ④ impress : 깊은 인상을 주다, 감명(감동)을 주다

번역 저는 우리 위원회가 피터(베드로)씨를 의장으로 임명하실 것을 제안하는 바이며 여러분은 저의 동의(動議)에 재청해 주시기를 바랍니다.

해설 S(주어) + '제안·충고(suggest, propose=move, recommend, advise)'동사 that + S + (should) [의무성, 당위성] + 동사원형

정답 ①

57

빈 칸에 알맞은 말을 고르시오.

> 그는 마치 나의 친구나 되는 것처럼 말한다.
> He talks _____ an intimate friend of mine.

① as though he is   ② as if he was   ③ as if he were   ④ as though he was

해설 주어진 문장이 현재 사실의 반대를 가정하고 있으므로 가정법과거가 되어야 한다.

정답 ③

58

다음 문장을 가정법으로 바꿔 쓴 것 중 옳은 것은 ?

> 『As I did not have enough money, I couldn't help him.』

① If I had enough money, I could help him.

② If I have had enough money, I could help him.

③ If I have had enough money, I could have helped him.

④ If I had had enough money, I could have helped him.

해설 직설법 과거는 가정법 과거완료로 나타낼 수 있다. 그 이유는 가정법 과거완료가 원래 과거사실(직설)의 반대를 가정하는 것이므로 시제는 과거이기 때문이다.

번역 나는 충분한 돈을 갖고 있지 않으므로, 그를 도울 수 없었다.

정답 ④

59

다음 우리말을 영어로 옮긴 것으로 가장 옳은 것을 것은?

> 우리가 작년에 그 아파트를 구입했었더라면 얼마나 좋을까.

① I wish we purchased the apartment last year.

② I wished we purchased the apartment last year.

③ I wish we had purchased the apartment last year.

④ I wished we had purchased the apartment last year.

해설 'I wish ~(좋을까, 좋으련만)'다음에 가정법 과거완료('과거'사실의 반대)를 필요로 하므로 'had + p.p.' 구조가 요구된다. 따라서 정답은 ③번이며 ④번의 'I wished'의 경우라면 주어진 우리말이 '좋았을까'라면 적절하다.

정답 ③

60

"너는 머리를 깎을 때가 되었구나"를 바르게 영문으로 옮긴 것은?

① It is time you will have your hair cut.

② It is time you had a hair cut.

③ It is high time you are to cut your hair.

④ It is high time you had your hair cut.

해설 It is (high) time that ~ 구문에서는 「should + 동사원형」이나 가정법 과거동사(현재의 사실은 아직 머리를 깎지 않고 있으므로 현재사실의 반대를 가정하는 것이다.)

정답 ④

61 "A man of sense should not do so."의 밑줄 친 곳을 옳게 바꿔 쓴 것은?

① If he will a man of sense, he　　　② If he will be a man of sense, he

③ If he were not a man of sense, he　　④ If he were a man of sense, he

해 설 ▶ 명사구로 if절을 대신한 표현으로 should가 가정법 동사이므로 가정법 과거의 be동사는 인칭을 불문하고 were이다.

번 역 ▶ 지각이 있는 사람이라면 그렇게 행동해서는 안돼.

정 답 ▶ ④

62 "그가 열심히 공부했다면 시험에 합격할 수 있을 텐데."의 올바른 영작은?

① If he studied hard, he could pass the exam.

② If he were studying hard, he could pass the exam.

③ If he had studied hard, he could pass the exam.

④ If he had studied hard, he could have passed the exam.

해 설 ▶ 제시된 내용은 혼합가정법을 묻는 경우이다.

정 답 ▶ ③

수동태 Voice

01 능동태와 수동태의 의미

| A | 능동태와 수동태

❶ 능동태

She taught the English class. 그녀는 그 영어반을 가르쳤다.

❷ 수동태

The English class was taught by her. 그 영어반은 그녀에 의해 가르침을 받았다.

02 문형별 수동태의 기본형

| A | S + Vt + O (3형식) → (O→) S + be + p.p.(= Vt-ed) by + 명사 (1형식)

Ex I wrote the book. (능동태) ⇨ **The book** was written by me. (수동태)

B S + Vt + I · O + D · O (4형식) → (I · O →) S + be + p.p. + O(보류목적어) (3형식)

  S + Vt + I · O + D · O (4형식) → (D · O →) S + be + p.p. + (to) + O(人) (3 · 1형식)

❶ We gave him the book. (능동태) 우리는 그에게 책을 주었다.

  ⇨ He was given the book. (3형식이며 the book은 보류목적어)

    Cf. 수동태에서 보류 목적어를 취하는 대표적인 동사

      • be given=receive, get • be told=hear • be taught=learn

❷ We gave him the book. (능동태) [⇨ We gave the book to him.]

  ⇨ The book was given him. (3형식이며 him은 보류목적어)

  ⇨ The book was given to him. (1형식이며 위의 3형식 보다 일반적 용법)

❸ 직접 목적어를 주어로 쓰는 경우

  My mother made me a cake. 나의 어머니께서 나에게 케이크를 만들어 주셨다.

  [⇨ My mother made a cake for me.]

   → A cake was made for me by my mother. (o)

❹ 간접 목적어만 수동태 주어로 쓰는 경우

  We envied him his luck. 우리는 그의 행운을 부러워했다.

  → He was envied his luck. (o)

  → His luck was envied him by us. (×)

C S + Vt + O + O · C (5형식) → (O →) S + be + p.p. + S · C + by + 명사 (2형식)

❶ 5형식의 목적어는 수동태의 주어로 만들 수 있으나 보어는 만들 수 없다. 목적격 보어는 그대로 남겨 두면 된다. 이 목적격 보어가 수동태에서는 주격 보어가 된다.

  We call him John. (him=John) 우리는 그를 존이라 부른다.

   = He is called John. (He=John이며 2형식)

  He made his son a doctor. (his son = a doctor) 그는 그의 아들을 의사로 만들었다.

   = His son was made a doctor by him. (his son = a doctor) 그의 아들은 그에 의해 의사가 되었다.

❷ 지각 · 사역 동사는 목적 보어로 사용된 동사 원형을 to부정사로 바꾼다. 사역 동사 let을 수동문에 쓸 경우에는 be allowed to를 활용한다.

  • I saw him clean the room. 나는 그가 방을 청소하는 것을 보았다.

   → He was seen to clean the room.

- I made him clean the room. 나는 그가 방을 청소하도록 시켰다.

  → He was made to clean the room.
- I had him clean the room. (= I urged him to clean the room.) 나는 그가 방을 청소하도록 하게 했다.

  → He was urged to clean the room. [was had to (×)]

  ☞ I had my suit cleaned. (목적어가 사물일 경우) 나는 옷을 세탁하게 했다.
- I let him do it. (= I allowed him to do it.) 나는 그가 그것을 하도록 해 주었다.

  → He was allowed to do it by me.

  → I let it be done by him.

cf. 위의 정형동사 경우 외에도 준동사에서도 수동태는 있다. Ex. to be p.p. / being p.p.(이 경우 동명사나 분사 모두 대상이 되며 being이 생략될 때가 많다.)

I D I 수동 구문을 주로 사용하는 경우

❶ 능동태의 주어가 명확하지 않거나 구태여 명확하게 할 필요가 없을 때

He was killed in the Koran War. 그는 한국전에서 전사했다.

❷ 능동태의 주어가 막연히 일반적인 사람을 가리킬 때

US. beef is sold by the kilogram. 미국산 쇠고기는 킬로그램 단위로 팔린다.

❸ 행위자를 구태여 나타낼 필요가 없을 때

The suspect has been arrested. 그 용의자는 체포되었다.

❹ 능동태의 주어보다는 수동태의 주어에 더 관심이 있을 때

The boy was run over by a car. 그 소년은 차량에 치었다.

❺ 주어를 변경하지 않고, 그냥 글을 계속 시킬 때(동일 주어를 갖기 원할 때)

He spoke and was applauded by the audience. 그는 연설했으면 청중의 박수를 받았다.

❻ 기쁨·슬픔·놀람 등의 감정을 나타내는 동사는 주로 수동태로 쓰며 at·with를 동반한다.

We are delighted at his success. 우리는 그의 성공에 기쁘다.

❼ 수동의 뜻이 거의 없어지고 자동사로 느껴지는 경우

She was born in 1990. 그녀는 1990년에 태어났다.

❽ 신체의 변화 및 손상의 경우

He was drowned in the lake. 그는 그 호수에서 익사했다.

❾ 종사, 위치, 열중의 경우

He is engaged in foreign trade. 그는 해외무역에 종사한다.

The office is located in Paris. 그 사무실은 파리에 위치하고 있다.

03 문장 형식과 태의 전환

│A│ 수동태 전환의 주의할 점

'by + 능동태 주어'에서 행위자 표시가 생략되는 경우

행위자가 일반주어, 즉 people, they, we, you, one등일 경우이거나 주어가 명확하지
않을 경우 또는 행위자를 밝힐 필요가 없을 경우 수동문에서 「by + 명사」가 생략됨

Both French and English are spoken in Canada. 프랑스어와 영어 모두 캐나다에서 사용된다.

My father was killed in the Vietnam War. 나의 아버지는 베트남전에서 전사하셨다.

The vase was broken (by Mary). 그 꽃병은 (메리에 의해) 깨어졌다.

│B│ 수동태 전환의 제한 용법

❶ 수동태로 쓸 수 없는 동사(주로 진행형이 불가한 동사)

resemble, lack, become, have, possess, belong to, let, cost, hear, disappear, consist of

He resembles his father. (o) 그는 아버지와 닮았다.

→ His father is resembled by him. (×)

❷ 수동태의 주어로 쓸 수 없는 목적어 : each other, one another

Tom and Mary love each other. 톰과 메리는 서로를 사랑한다.

→ Each other is loved by Tom and Mary. (×)

04 문장구조와 태의 전환

│A│ 의문문의 수동태

❶ 의문사 없는 의문문

Did he make the model plane? 그가 모델비행기를 만들었나요?

= Was the model plane made by him? 모델비행기는 그에 의해 만들어 졌나요?

❷ 의문사 있는 의문문

What did he do? 그가 무엇을 했나요? [What은 타동사 do의 목적어]

= What was done **by him?** [의문사는 항상 문두에 두어야 하며 What은 주어]

▌B▐ 명령문의 수동태

Do it **at once.** 그것을 즉각 하세요. → Let it be done **at once.**

명령문의 수동태에 대한 원리

명령문의 형태를 유지하되(즉, 동사 원형을 문두에 두어야 함) 수동 관계를 나타내게 해 주는 동사가 let이다. let을 문두에 둠으로서 그것의 목적보어와의 관계를 수동으로 나타내는 것이 가능하게 된 것이다. 수동 관계의 형식을 의식하여 let이 사용될 경우만큼은 목적보어에 'be+p.p.'(다른 경우는 be를 쓰지 않고 p.p.만 나타냄)로 나타내는 형식을 취해야 할 필요성이 생긴 것이다.

▌C▐ 진행형의 수동태

He is writing a book. 그는 책을 쓰고 있다.

= A book is being written **by him.** 책이 그에 의해 쓰여지는 중이다.

▌D▐ 부정문의 수동태

Nobody visited me. 어떤 누구도 나를 방문하지 않았다.

→ I was not visited **by** anybody.

▌E▐ They say～ 구문(복문)의 수동태

They say that he is kind. 사람들은 그가 친절하다고들 한다.

→ That he is kind is said (by them).

→ It is said (by them) that he is kind.

→ He is said to be kind.

▎A▎ 수동태의 시제

She is applauded by the audience. 그녀는 청중의 박수를 받았다.

▎B▎ 완료형의 수동태

A lady has taught my son English lessons. 한 숙녀가 나의 아들에게 영어교습을 가르쳐 왔다.

= My son has been taught English lessons by a lady.

▎C▎ 조동사가 있는 문장의 수동태

You must keep the door closed. 문을 닫아 두셔야 합니다.

= The door must be kept closed by you.

- 합성동사가 하나의 타동사 기능을 할 때는 수동에서도 함께 붙는다.
  - 대표적인 사례 : laugh at, run over / speak well of / put off / take care of 등
    (3형식 타동사구에 관한 구체적인 내용은 2장의 '문장의 형식'에서 3형식을 참고)

▎A▎ 자동사 + (부사) + 전치사의 수동태

A car ran over the child. 한 승용차가 그 아이를 치었다.

= The child was run over by a car. 그 아이는 차량에 치었다.

▎B▎ 타동사 + 명사 + 전치사의 수동태

She took good care of the baby. 그녀는 그 아기를 잘 돌보았다.

[took good care of을 하나의 타동사구로 본 3형식의 경우와 took good care를 3형식으로 본 경우]

= The baby was taken good care of by her.

= Good care was taken of the baby by her.

▌C▌ by 이외의 전치사를 쓰는 수동태

- 「be p.p. by + 명사(행위의 주체)」가 아닌 경우의 수동태

  ┌ be alarmed(/ surprised) at : ~에 놀라다('감정'의 at)

  ├ be covered with : ~으로 덮여있다

  ├ be covered in : ~에서 다루다

  ├ be fed up with : ~에 넌더리나다 (= be bored with, be disgusted with)

  ├ be interested in : ~에 관심이 있다

  ├ be devoted to ~ing : ~에 헌신하다

  └ be worried(/ concerned) about : ~에 대해 염려하다

- 호응하는 전치사에 따라 뜻이 다른 수동태

  ┌ be known to : ~에게 알려지다

  ├ be known as : ~로서 알려지다('자격'의 as)

  ├ be known by : ~으로 알 수 있다('판단의 기준'의 by)

  └ be known for : ~때문에 알려지다('이유 · 원인'의 for)

▌D▌ 형태는 능동태이면서 수동의 의미를 갖는 동사들(1형식)

These books here sell well. 이 책들은 이곳에서 잘 팔린다.

(Chapter 2의 1형식 동사 참조)

▌E▌ 상태 수동태 「be + p.p.」

동작수동태 「get(/ become) + p.p.」 **(상태의 변화, 동작의 결과)**

Our house get painted **every year.** 우리 집은 매년 페인트칠이 된다.

Our house is painted **green.** 우리 집은 녹색으로 칠해져 있다.

최근 기출&예상문제

※ 밑줄 친 부분에 가장 알맞은 것은? (01~14)

01 The Great Fire of London in September, 1666, _____ most of the city but very few people were killed in the fire.

① that it destroyed   ② that destroyed

③ was destroyed   ④ destroyed

⑤ destroying

해설 등위접속사인 but다음에 과거시제가 나온 것으로 보아 앞의 문장에도 정형동사로서 과거시제, 능동태의 조건을 갖추어야 한다. 등위접속사(and, or, but 등)의 전후에 다행히 '태(Voice)'도 일치되면 더욱 좋다 할 수 있으나 일단 '내용'이 우선되며 '형식'은 그 다음 고려할 사항이다.

번역 1666년 9월에 있었던 런던의 대화재는 시(런던)의 대부분을 파괴했으나 그 화재에서 사망자는 매우 적었다.

정답 ④

02 The young wife often works at the beginning of her marriage so that they can get on the payment of their debts.

① started   ② start   ③ starting   ④ to start

해설 get + p.p. : ~하게 하다(되다)

번역 결혼초기에 가끔씩 젊은 부인들은 일을 해서 그들은 부채의 지불을 시작할 수 있게 된다.

정답 ①

03 She lets me do the work by myself.

= I _____ do the work by myself.

① am let   ② am let to   ③ am allowed to   ④ am letting

번역 그녀는 내가 그 일을 혼자서 하도록 허용한다. = 나는 혼자서 그 일을 하는 것이 허용되고 있다.

정답 ③

04 They are _____ to come back here.

① supposing ② supposed ③ to suppose ④ suppose

해설 사고동사인 suppose, think, consider, believe, assume등은 능동에서 to부정사를 목적보어로 취한다. 이것이 수동형으로 쓰일때 「be supposed(thought, considered, believed, assumed) to부정사」형태로 전환되는 것이다. be supposed to는 「기대 · 예상되다(=be expected to)와 요구되다(=be required to)」의 의미로 준조동사로 취급하기도 한다.

번역 그들은 이곳으로 되돌아올 것으로 기대(예상)된다.

정답 ②

05 It was agreed that during the period the prisoner _____ the right to see living people and to receive letters and newspapers.

① deprive of ② deprived of
③ will deprive of ④ would be deprived of

해설 deprive A of B : A에게서 B를 박탈하다, 빼앗다   수동태 → A be deprived of B

번역 감옥에 있는 동안, 죄수에게 일반인을 면회하고 편지와 신문을 받아 볼 권리를 박탈당하는 것에 의견이 일치하였다.

정답 ④

06 The two new students _____ during the coffee break.

① being acquainted ② acquainting themselves
③ got acquainted ④ made known to each other

해설 get acquainted : 「친해지다」(동작이나 상태의 변화를 강조하고자 할 경우 수동태 구문은 「get + P.P.」나 「become + P.P.」이다)

번역 그 두 신입생은 커피 휴식동안에 친해졌다.

정답 ③

07 Noam Chomsky, a professor at MIT, _____ as one of America's greatest linguists.

① has acknowledgement ② is acknowledged
③ acknowledges ④ acknowledged

해설 be acknowledged as : ~로서 인정받다

번역 MIT의 교수인 N. Chomsky는 미국의 가장 위대한 언어학자 중 한사람으로 인정받고 있다.

정답 ②

08 Are all telephone numbers _____ in the directory?

① list ② listed ③ listing ④ being listed

해설 주어가 all telephone numbers이므로 의미상 수동이 되어야 한다.

번역 모든 전화번호가 전화번호부에 기재되어 있나요?

정답 ②

09 "Don't touch the papers.", "Certainly, I'll not let the papers _____."

① touch   ② to touch   ③ be touched   ④ to be touched

해설 let의 목적어가 the papers이므로 목적보어와의 관계는 수동일 수밖에 없다. 그런데 let의 경우일 때만큼은 수동관계일 경우 be p.p.(be를 그대로 둔다는 점을 유의하여야 함)여야 한다.

번역 "서류에 손대지 마세요.", "그럼요, 나는 (어느 누구도) 서류에 손대지 못하게 하겠습니다."

정답 ③

10 She _____ very kind-hearted.

① believes to be   ② believes in to be

③ is believed to be   ④ is believed in being

해설 *We believe that* she *is* very kind-hearted.   [능동 – 복문] (3형식)
(=We believe her to be very kind-hearted.)   [능동 – 단문] (5형식)
= It is believed that she is very kind-hearted.   [수동 – 복문] (1형식) ← 3형식에서
= She is believed to be very kind-hearted.   [수동 – 단문] (2형식) ← 5형식에서

* 위의 [복문]에서 현재(is)를 한 시제 앞선 과거(was)나 현재완료(has been)로 하면 [단문]에서 단순 부정사인 to be가 완료부정사인 to have been이 된다. 특별히 주목할 점은 위의 believe와 같은 동사는 복문과 단문[형식은 다르나 내용은 같은 것임]에 모두 사용되므로 수동형태로 나타낼 수 있는 방법이 두 가지가 있다는 것은 당연하다. 그런데 say와 같은 동사는 3형식으로만 가능하고 5형식은 불가한 동사이지만 수동태를 나타내는 경우는 위에서 전개한 두 가지 형태가 모두 가능하다는 점을 알아야 한다. 아래의 문제를 참고하라.

번역 그녀는 마음씨가 곱다고들 믿고 있다.

정답 ③

11 "They say that the broker is a liar.", "Really! _____ to be a liar."

① It is said him   ② The broker says

③ It is said that he is   ④ The broker is said

해설 They say that the broker is a liar.   [능동 – 복문] (3형식)
(=They say the broker to be a liar.) (X)   [능동 – 단문] (5형식) (X) [←수동태를 전개하기 위해]
= It is said that the broker is a liar.   [수동 – 복문] (1형식) ← 3형식에서
= The broker is said to be a liar.   [수동 – 단문] (2형식) ← 5형식에서 (O)

번역 "그 브로커는 거짓말쟁이라고들 해요.", "정말이고 말고요! 그는 거짓말쟁이라더군요."

정답 ④

12 "Where is George going this afternoon?"

"He is being _____ to see the Statue of Liberty."

① take   ② to take   ③ taking   ④ taken

해설 현재진행수동태이다. "정해진 계획·예정"은 현재진행형으로 (가까운) 미래를 나타낸다.

번역 "George는 오늘 오후에 어디에 가지?", "그를 자유의 여신상을 보게끔 데려갈 예정이야."

정답 ④

13 This washing machine _____ by my brother right now.

① been repaired   ② repaired

③ is being repaired   ④ being repaired

해 설 정형동사는 ②와 ③인데 repair는 타동사인데다 주어와의 관계상 수동태여야 한다.

번 역 이 세탁기는 바로 지금 형이 고치고 있는 중이다.

정 답 ③

14 Males have a number of traditional gender role expectations in our society. A male _____ tough, fearless, logical, self-reliant, independent, and aggressive.

① expects being   ② is expected to be

③ is expecting to be   ④ has been expecting

해 설 「희망·기대」 동사의 하나인 expect가 능동일 때 to부정사를 목적보어로 취하는 동사인데 이것을 수동으로 하면 「be expected to V」형이 된다.

번 역 남성들은 우리사회에서 많은 전통적인 성(性)역할기대를 갖고 있다. 남성은 강인하고, 두려움이 없으며 논리적이고 자기 의존적이며 독립적이고 진취적이어야 하는 것으로 기대된다.

정 답 ②

15 밑줄 친 부분을 바르게 고친 것은?

That hijacking should continue is lamentable; that hostage should be taken and even killed is to condemn by all.

① condemned   ② being condemned

③ be condemned   ④ condemn

해 설 semicolon(;)은 주로 등위접속사(주로 and)를 대신한다. 따라서 is lamentable과 등위관계가 될 수 있는 내용이 나와야 하므로 to be condemned이 되어야 함을 알 수 있다. 물론 'that~kiiled'까지의 명사절이 주어라는 것과 by all을 보더라도 수동관계임을 알 수 있다.

번 역 공중납치가 계속되어야 한다는 것은 통탄할 만한 것이며 인질이 잡혀 심지어 살해당하기까지 하는 것은 모두에게 비난받아야 할 일이다.

정 답 ③

16 다음 밑줄 친 (A), (B), (C)에서 적절한 것을 골라 짝지은 것은?

The inter-Korean maritime border along the West Sea has long (A) disputed / been disputed between the two countries. Countless North Korean fishing boats have been operating in the West Sea. Due to a lack of on-board navigational equipment, North's fishing boats have (B) crossed / been crossed the border many times. In line with the conciliatory gestures towards the South and the U.S., the North Korean government announced it will control the activities of fishing boats near the Northern Limit of the maritime border. North Korean patrol boats have (C) <u>positioned / been positioned</u> to monitor and control the activities of fishing boats. Officials from the North announced that from now on no North Korean boats would cross the demarcation line.

	(A)	(B)	(C)
①	disputed	crossed	positioned
②	disputed	been crossed	positioned
③	been disputed	crossed	been positioned
④	been disputed	been crossed	been positioned

번역 ▶ 서해를 따라 놓인 남북한의 해상경계선은 남북한 간에 논란이 되어 왔다. 무수한 북한의 어선들이 서해에서 조업을 해 오고 있다. 배의 항법장치의 부족으로 인하여, 북한의 어선들은 여러 번 이 경계선(국경)을 넘어왔다. 남한과 미국에 융화적인 제스처에 따라, 북한정부는 해상경계선의 북방한계선 근처의 어선들에 대한 활동을 통제할 것이라고 발표했다. 북한의 경비정은 어선들의 활동을 감시하고 통제하기 위해서 배치되어 왔다. 북한 관리들은 지금부터는 어떤 북한의 선박들도 (군사)분계선 넘지 않을 것이라고 발표했다.

해설 ▶ 주어와의 관계상 능동인지 수동인지를 묻는 내용으로서 (A)의 경우라면 일단 사람이 주어가 아닌 이상 dispute가 능동으로 나올 가능성은 없다고 봐야 하므로 수동태일 수밖에 없다. (B)의 경우는 the border의 목적어를 이미 제시해 두었다는 것은 능동구조를 제시한 것이다. (C)도 (A)의 경우와 마찬가지이다. 참고로 (C)다음의 부정사는 부정사의 부사적 기능의 '목적'을 나타낸 경우이다.

정답 ▶ ③

※ Select the part which is <u>not</u> acceptable for standard written expression. (17~26)

17

① <u>As is the case</u> in many cultures, the degree ② <u>to which</u> a minority group was seen ③ <u>as different</u> from the characteristics of the dominant majority ④ <u>was determined</u> the extent of that group's acceptance.

어구 ▶ ① as is (often) the case in(/ with) : …에 (흔히) 있는 일이지만 ② to which ⇔ to the degree(/ extent) ['접근 · 도달'의 전치사 to는 적절] Cf. be seen(/ regarded) as ~ : ~으로 여겨지다 ③ as (being) different from ~ Cf. 전치사 as 다음에 동명사 being은 생략 가능.

번역 ▶ 많은 문화들에서 있는 일이지만, 소수집단이 지배적인 집단의 특징들과 다르게 여겨졌던 정도는 그 집단의 수용의 정도를 결정지었다.

해설 ▶ ④에서는 주어 the degree에 대한 정형동사 was determined는 수동태이므로 바로 목적어를 취할 수 없다. 따라서 능동으로 나타내어 was를 삭제해야 한다. 아니면 수동태로 보아 was determined by로 하면 된다.

정답 ▶ ④ (was determined → determined 또는 was determined by)

18

① <u>My cat</u> ② <u>went out</u> and ③ <u>run over</u> ④ <u>by a car</u> on street.

해설 ▶ My cat went out and (it) *was run over by* a car on street. and 앞의 문장에서 was가 있는 경우라면 등위접속사 and 다음에 was를 생략하면 되지만 이 문제의 경우 그런 조건이 주어지지 않았다.

번역 ▶ 나의 고양이가 밖에 나갔다가 거리에서 한 승용차에 치었다.

정답 ▶ ③ (run over → was run over)

19

① Enforcing criminal law is the function of the criminal justice system. ② At each step in the system, however, ③ the accused person is ④ presumed innocently until ⑤ proven guilty.

> **해설** ④에서 presume는 능동일 경우 5형식으로써「presume A (to be) B (A를 B 라 추정하다)」인 것을 수동태(be presumed 〈to be〉 innocent)로(2형식이 됨)로 나타낸 것이다. 따라서 주격보어는 부사가 아닌 형용사 innocent여야 한다. ⑤에서도 until (he or she is) proven (to be) guilty이다.
>
> **번역** 형법을 시행하는 것이 형사재판제도의 기능이다. 그러나 이 제도의 각 단계에서 피고인은 유죄가 입증될 때까지 무죄로 추정된다.
>
> **정답** ④ (presumed innocently → presumed innocent)

20

So far as I ① concern, the steps you ② suggest leave ③ nothing ④ to be desired.

> **해설** So far as + S + be concerned 「…에 관한 한」 ☞ concern은 타동사로만 쓰이는데 의미의 특성상 주로 수동형으로 쓰인다.
>
> **번역** 나에 관한 한, 당신이 제안하는 조치는 더 바랄게 없습니다.
>
> **정답** ① (concern → am concerned)

21

Snow ① was ② sweeping into ③ drafts ④ by the wind.

> **해설** by로 미루어 sweep 「…을 휩쓸다」의 수동형(was swept)이 요구된다.
>
> **번역** 눈은 바람에 의해 통풍구 속으로 휩쓸려 들어갔다.
>
> **정답** ② (sweeping → swept)

22

She was ① said by the women ② that they had husbands ③ to protect their rights and that ④ what she needed was a husband.

> **해설** 능동형으로 일단 바꿔보면 The women told her that ~ ☞ 이 경우 told는 4형식 동사이다. 이를 수동태로 하여 She was told by the women ~으로 하면 된다. 물론 능동일 때 told를 said to로 전 환 할 수 있는데 이 경우는 say가 3형식 동사로서 that절이 목적어이고 to her은 긴 절이 오다 보니 편의상 that절 앞에 삽입해 두는 데 지나지 않다. 즉 said to를 따로 떼어서 독자적인 타동사구로 볼 수 없는 것
>
> **번역** 그 여자들은 자신들을 보호하는 남편이 있으며, 그녀가 필요한 것은 남편이라고 그녀는 그 여자들로부터 들었다.
>
> **정답** ① (said → told)

23

The ① convict was ② let go home ③ after serving the ④ sentence.

> **해설** let은 수동태로 나타낼 수 없으며 같은 의미를 지닌 allow로 대용한다.
>
> **번역** 그 죄수는 형을 복역하고 난 후 집으로 가는 것이 허용되었다.
>
> **정답** ② (let go home → allowed to go home)

24

Last night I ① invited to ② dinner by a colleague ③ whom I ④ had known for a long time.

> **해설** last night가 있어 시제는 과거이며 by a colleague를 보아 수동태가 분명하다.
>
> **번역** 어젯밤에 내는 오랫동안 알고 지내왔던 한 동료의 저녁식사 초대를 받았다.
>
> **정답** ① (invited → was invited)

25 More than 250 other people ① who injured in the ② crash ③ were treated at the hospital or other clinics in Maputo and later ④ discharged.

해설 in the crash를 볼 때 추락사고에서 부상당했다는 의미가 명백하므로 수동태여야 한다.

번역 그 (항공기) 추락(사고)에서 부상당한 250명 이상의 사람들이 Maputo에 있는 병원이나 기타 진료소에서 치료를 받고 난 후 퇴원했다.

정답 ① (who injured → who were injured) [who were을 생략하여 injured만 남겨도 된다.]

26 There ① appears to be ② no limit to the enjoyment that can be ③ finding by listening ④ to the music of Mozart.

해설 주격관계대명사 that의 선행사가 the enjoyment이므로 ③는 수동관계를 나타내야 한다.

번역 모짜르트의 음악을 듣고서 발견 가능한(발견할 수 있는) 즐거움에는 한계가 전혀 없어 보인다.

정답 ③ (finding → found)

27 다음 문장을 수동태로 올바르게 바꾼 것은?

> 「Everybody knows the poet.」

① The poet is known by everybody.　② The poet is known at everybody.

③ The poet is known with everybody.　④ The poet is known to everybody.

해설 be known to : …에게 알려져 있다. / be known as : …로서 알려져 있다. (자격) / be known by : …으로 알 수 있다. (판단의 근거 · 기준) / be known for : … 때문에 알려져 있다. (이유)

번역 모든 사람은 그 시인을 알고 있다. 「그 시인은 모든 사람에게 알려져 있다.

정답 ④

28 다음 문장을 수동태로 바르게 고친 것은?

> Who has broken the window?

① Who was been broken by the window?

② Who has been broken by the window?

③ By whom has been the window broken?

④ By whom has the window been broken?

해설 의문사가 있을 경우 항시 문두에 의문사를 두고 의문문을 만든다. 물론 의문사가 전치사와 결합한 경우도 그 부사구 단위를 문두에 둬야 한다.

정답 ④

29   다음 문장을 수동태로 고친것 중 옳은 것은 ?

> 「A young lady has taught my son lessons in music.」

① My son has been taught lessons in music by a young lady.

② My son has taught lessons in music by a young lady.

③ My son has taught lessons in music by a young lady.

④ My son has been teach lessons in music by a young lady.

> **해 설** 현재완료 시제조동사 has를 그대로 두고 수동을 해야 하므로 has been taught이며 능동에서 4형식인데 수동에서 간접목적어(my son)를 주어로 삼았으므로 원래 직접목적어(lessons)는 수동에서 (보류)목적어가 되었다.
>
> **번 역** 한 젊은 숙녀가 내 아들에게 음악을 가르쳐 왔다.
> (① 나의 아들은 한 젊은 숙녀에게서 음악을 배워왔다.)
>
> **정 답** ①

30   우리말을 가장 잘 표현한 영문은?

> 「그는 기차 안 에서 서류가방을 도난당했다.」

① He had his briefcase stolen in the train.

② His briefcase was robbed of him in the train

③ He was stolen his briefcase in the train.

④ He made his briefcase stolen in the train.

> **해 설** ② → He was robbed of his briefcase in the train   ③ → His briefcase was stolen in the train.
>
> **정 답** ①

31   "친구를 보면 사람을 알 수 있다."의 옳은 영역은?

① A man shows his friends best.

② A man can be known for his friends.

③ A man may be known as his friends

④ A man may be known by his friends.

> **해 설** be known by 「…으로 판단된다(판단의 근거 · 기준)」
> = A man is known by the company he keeps.   Cf. company : (집합적) 친구, 동료
>
> **정 답** ④

부정사 Infinitive

정동사

정동사는 일반적으로 동사라고 지칭하는 것으로, 주어의 수, 인칭, 시제에 따라 그 동사의 활용이 변하는 동사를 말한다. 이것에는 조동사, 준동사를 제외한 모든 동사를 말하며, be 동사와 일반동사로 나뉜다.

준동사

준동사(Verbals)

┌ **부정사**(Infinitive)
├ **동명사**(Gerund)
└ **분사**(Verbal Adjective)
    – 현재분사 : Present Participle(~ing) ·············· Active(능동)
    – 과거분사 : Past Participle(~ed) ·················· Passive(수동)

◎ 부정사, 동명사, 분사를 준동사라 하는데 준동사는 정동사와는 달리 인칭과 수에 따라 어형은 변하지 않으나 동사의 성질은 그대로 유지한다. 한편 부정은 준동사 앞에 둔다.

                              ┌ 명사 · 형용사 · 부사 기능 ········ **부정사**(Infinitive)
    ∴ 준동사 = 동사(V)기능 + │ 명사기능 ························· **동명사**(Gerund)
                                └ 형용사 · 부사 기능 ·············· **분사**(Participle)
                          (형용사 기능 : 현재분사, 과거분사 / 부사기능 : 분사구문)

01 부정사의 용법

▮A▮ 명사적 용법 : S, O, C (to + v / 의문사 + to + v)

❶ 주어로서의 역할

To meet you **is always a pleasure.** 너를 만나는 것은 언제나 즐거운 일이다.

= It **is always a pleasure** to meet you.

❷ 보어로서의 역할

My wish is to meet him **at once.** 나의 소망은 그를 즉각 만나는 것이다.

Cf. All(that) I have to do is (to) write a letter. → 'All(that)'은 what으로 대체할 수 있으며, do의 목적격인 조건에서 주격보어는 원형부정사도 가능하다. All 자리에 'The only + 명사' 또는 최상급이 동반된 명사구(주어이자 선행사)가 사용되는 경우도 이와 같은 경우가 적용된다.

Money enables one to do a lot of things. 돈은 많은 일을 하게 해 준다.

❸ 목적어로서의 역할 (미래적인 내용)

We hope to see you **again.** 우리는 당신을 다시 만나보기를 바랍니다.

❹ 부정사를 목적어로 취하는 동사(미래지향적, 희망, 소망 동사)

- (희망 · 기대 · 의도 · 시도) : expect, intend, like, mean, want, wish, / hope, long, attempt, manage, plan, promise, seek (/의 앞부분은 to부정사를 목적보어로 5형식도 많이 쓰임)

- (기타) : agree, consent, afford, deserve, / choose, decide, / tend, / pretend, / refuse

  We want to succeed **in life.** 우리는 인생에서 성공하기를 원한다.

  I can't afford to buy a prestige car. 나는 고급차를 살만한 여유가 없다.

  He decided to stop smoking. 그는 금연하기기로 결심했다.

❺ 주의해야 할 명사적 용법

ⓐ 의문사 + to부정사

  I don't know what to do. (= what I should do) 나는 무엇을 해야 할지 모른다.

ⓑ 5형식 문장에서 목적 보어로 to부정사를 쓰는 대표적인 동사는 다음과 같다.

  (자세한 내용은 '2장 문장의 형식'에서 5형식 참조)

  expect, intend, want / ask, urge, order, persuade, require / cause, compel, force, enable, encourage / believe, consider, think / allow, permit / forbid

  We expect him to come here. (= We expect that he will come here.)

  우리는 그가 이곳에 오기를 기대한다.

┃ B ┃ 형용사적 용법

❶ 한정 용법

ⓐ 명사를 수식("ⓝ + to + ⓥ")하여 '~할, ~하기 위한, ~하고자 하는'등의 뜻으로 사용

There is nothing to see. 볼만한 것은 아무것도 없다.

He has nothing to write. 그는 써야 할 것(글)이 없다.

He has no pen to write with. 그는 가지고 쓸 펜이 없다.

He has something to write on. 그는 (위에) 대고 쓸 뭔가 있다.

I have no friend to advise me. 나는 나에게 충고해 줄만한 친구가 없다.

❷ 서술 용법 : be to부정사는 주격 보어가 되며, 대개의 경우 사람이 주어가 된다.

ⓐ be to 용법 (예정, 가능, 의무, 의도, 운명의 의미를 나타냄)

• 예정 : 대개 미래 표시 부사(구) 수반

We are to meet here at six. 우리는 6시에 이곳에서 만날 예정이다.

• 의무 (= must, should)

You are to obey your parents. 여러분은 부모님 말씀에 순종해야 한다.

• 가능(= can)

No man is to be seen on the street. 거리에는 아무도 볼 수 없다.

• 의도 (= intend to)

If you are to succeed, you have to study hard. 성공하려면, 여러분은 열심히 공부해야 한다.

• 운명

He was never to see his mother country again. 그는 다시는 모국을 볼 운명이 아니었다.

ⓑ 형용사적 용법의 to 부정사

He appears to be an honest man. 그는 정직한 사람인 것 같다.

She seems to have much money. 그녀는 많은 돈을 가지고 있었던 것 같다.

= It seems that she has much money.

┃ C ┃ 부사적 용법

동사, 형용사, 다른 부사를 수식("ⓥ, ⓐ, ad + to + ⓥ" 또는 "To + ⓥ ~ , S + V ~ ." (문장수식의 부사기능「목적, 조건, 양보」의 의미)하며 목적, 원인, 판단의 근거, 조건, 결과, 지정, 정도를 나타낸다.

❶ 목적 : ~하기 위해서

To pass the exam, he must study English harder.

시험에 합격하기 위해, 그는 더욱 열심히 영어를 공부해야 한다.

❷ 원인 : ～해서, ～하니

감정을 나타내는 형용사(glad, happy, sorry, surprised등) 뒤에 쓰여 그 형용사를 수식한다.

I am glad to meet you. 당신을 만나 기쁩니다.

I am sorry to hear that. 그런 말씀을 들으니 유감이군요.

❸ 판단의 근거 : ～하는 것을 보니

He must be foolish to say like that. 그는 그와 같이 말하다니 어리석음에 틀림없다.

❹ 결과 : ～해서 …하다 → 술부 동사를 먼저 해석한다.

He awoke to find himself famous. 그는 깨어보니 자신이 유명함을 알게 되었다.

❺ 정도 : ～할 만큼 → 형용사 · 부사를 수식한다.

The book is difficult to read. 그 책은 읽기에 어렵다.

⊙ 이 경우 to read는 difficult를 수식하는 부정사의 부사적 기능('지정' 또는 '한정'의 뜻). read는 타동사이며 의미상의 목적어는 주어인 the book이다.

이 경우 부정사의 명사적 기능으로 전환해보면 To read the book is difficult. (=It is difficult to read the book.)이 된다. 이러한 기능의 전환이 가능한 형용사는 난이(難易)의 형용사인 difficult, hard, easy가 대표적이며 impossible, good, dangerous, convenient 등이 포함된다.

⊙ The book is too difficult for him to read. (단문→복문) = The book is so difficult that he can't read it. (후자의 복문에서는 접속사를 통해 완전한 주절과 종속절을 구성한 경우이기 때문에 read의 목적어 it(=the book)이 있어야 한다는 것을 주의해야 한다.

❻ 조건 · 가정 : ～한다면

To hear him talk, one would take him for a foreigner.

그가 말하는 것을 들어보면, 그를 외국인으로 여길 것이다.

❼ 양보 : 비록～지만

To do his best, he could not succeed in it. 최선을 다했을 지라도, 그는 그것에 성공할 수 없었다.

---

02 원형 부정사

▎A▎ 지각 동사 + 목적어 + 원형 부정사

We saw the sun rise in the east. 우리는 태양이 동쪽에서 떠오르는 것을 보았다.

▎B▎ 사역 동사 + 목적어 + 원형 부정사

Let me introduce myself. 저 자신을 소개하겠습니다.

I C I 관용적 표현

You had better do it **in no time.** 즉시 그것을 하는 것이 낫겠습니다.

I A I 부정 부정사

I make it a rule not to eat **between meals.** 나는 간식을 먹지 않는 것을 규칙적으로 하고 있다.

I B I 단순 부정사

I expect you to succeed. = I expect **that you** will succeed. 나는 당신이 성공하기를 기대합니다.

I C I 완료 부정사

❶ 부정사의 동사가 본동사 시제보다 앞설 때 사용된다.

He seems to have been rich. 그는 부자였던 것 같다.

= It seems that he was(or has been) rich.

He seemed to have been rich. 그는 부자였던 것 같았다.

= It seemed that he had been rich.

I am sorry to have kept you waiting so long. 너무 오래 기다리게 해서 미안합니다.

= I am sorry that I have kept (or kept) you waiting so long.

(기다리게 한 것이 미안한 것보다 먼저)

❷ 소망 · 희망 동사

I hoped to have seen the movie. 나는 그 영화를 보기를 기대했었는데. (보지 못했다)

= I had hoped to see the movie.

= I hoped to see the movie, **but I** couldn't.

I D I 수동 부정사

I didn't expect to be criticized. 나는 비판받는 것을 기대하지 않았다.

▌E▐ 독립 부정사

Needless to say, **smoking does a lot of harm to our health.**

말할 필요도 없이, 흡연은 우리의 건강에 많은 해를 준다.

To make a long story short, **the novel is interesting.** 한마디로 말해서, 그 소설은 흥미진진하다.

▌F▐ 분리 부정사 [원칙적으로는 지양하는 것이 바람직함]

He advised me to carefully drive. 그는 내가 주의 깊게 운전라고 충고했다.

▌G▐ 대(代)부정사

You may go if you want to (go). 당신은 원한다면 가도 좋습니다.

04 부정사의 의미상 주어

▌A▐ 의미상 주어를 'for + 목적격'으로 나타내는 경우

It is natural for him to pass the exam. (의미상 주어 for him) 누가 합격? → him

그가 시험에 통과하는 것은 당연하다.

* 이런 형식을 주로 취하는 형용사 : natural, possible, necessary, difficult, hard, easy…

▌B▐ 의미상 주어를 'of + 목적격'으로 나타내는 경우

It is kind of you to show me the way. (의미상 주어 of you)

저에게 길을 알려주셔서 당신은 친절하시군요.

   이런 형식을 주로 취하는 형용사 : nice, considerate, foolish, silly, stupid, cruel …
     – 이 경우 전치사 of으로 하는 이유는? of은 「성질, 성격, 속성」등을 나타낸다. 이 경우 확인하는 과정은 You are kind.를 해보면 그 내용이 성립됨을 알 수 있다. 그러나 b의 경우는 He is natural.이 문장이 안 됨을 알 수 있다.

It is foolish of you to do such a thing. [for you (×)]

네가 그런 짓을 한다는 것은 어리석은 일이다.

▌C▐ 의미상 주어가 생략되는 경우

❶ 부정사의 의미상 주어가 주절의 주어와 일치하는 경우

He hopes to pass the monthly exam. 나는 월 시험에 통과하기를 바란다.

He hopes that he will pass the monthly exam.

<u>To get well</u>, he needs an operation. (부정사의 의미상의 주어는 he)

건강하기 위해서, 그는 수술이 필요하다.

❷ 문장의 목적어가 부정사의 의미상 주어의 경우

I expect him to pass the test. 나는 그가 시험에 통과하기를 기대한다.

I expect for him to pass the test. (×)

❸ 의미상 주어가 일반인을 나타낼 때

It is wrong to talk without thinking. 생각도 하지 않고 말하는 것은 잘못이다.

---

05 부정사의 관용적 표현

▌A▐ too + 형용사 + to부정사

She is too young to study English. 그녀는 너무 어려서 영어를 공부할 수 없다.

▌B▐ 형용사 + enough + to부정사

He is old enough to do the work. 그는 그 일을 할 만큼 충분히 나이가 들었다.

(= 그는 충분히 나이가 들어 그 일을 할 수 있다.)

▌C▐ in order + to부정사

He has to work hard in order to succeed in the project.

그는 그 프로젝트에서 성공하기 위해 열심히 일해야 한다.

▌D▐ never fail to V = 반드시 ∼하다

He never fails to write to his sweetheart every month. 그는 매월 자신의 애인에게 글을 꼭 쓴다.

▌ E ▌ have but to V = have only to V = 오로지 ~하기만 하면 되다

You have but to concentrate **on your schoolwork.** 여러분은 학업에 집중하기만 하면 된다.

▌ F ▌ can("t) afford to V = ~할 여유가 있다(없다)

I cannot afford to buy a new apartment. 나는 새 아파트를 살만한 여유가 없다.

▌ G ▌ manage to V = 그럭저럭 ~하다, 계속하다, 간신히 ~하다

He managed to succeed **in it despite various hardships.**

그는 여러 가지의 어려운 일들에도 불구하고 그것에 용케도 성공을 했다.

▌ H ▌ 기타 부정사를 사용하는 주요 표현

- be able to v(= be capable of ~ing) ↔ be unable to v(= be incapable of ~ing)
- be afraid(/ fearful) to v = be afraid(/ fearful) of ~ing
- be likely to v
- be ready to v
- be reluctant(/ unwilling/ disinclined/ indisposed) to v
- be worthwhile to v
- be sure(/ certain/ bound) to v

    Cf. **He** is sure to succeed. 그는 틀림없이 성공할 것이다.

    (← **We** are〈I am〉sure **that he will succeed.**)

    He is sure of succeeding. 그는 성공하리라고 확신한다.

    (← **He** is sure **that he will succeed.**)

최근 기출&예상문제

※ 빈칸에 들어갈 가장 알맞은 것을 고르시오. (01~28)

01 There still remain many issues _____ even after her lifelong devotion to the poor and helpless in this obscure village. (2011 지방직)

① having resolved　② resolve　③ to be resolved　④ resolving

번역 이 외딴 마을에서 가난하고 그녀의 일생동안의 여전히 해결되어야 할 많은 문제들이 남아 있다.

해설 'many issues which should be resolved'에서 관계사절(형용사절)의 내용을 부정사로 전환한 내용이 to be resolved다. 이 문제의 경우는 부정사나 분사나의 내용을 고민할 필요도 없이 many issues를 수동의 논리로 수식하는 것만 답을 고르면 된다.

정답 ③

02 I couldn't find any vegetables in the refrigerator, which means my wife must have forgotten _____ some on her way home (2008 서울시)

① buy　② buying　③ to buy　④ to have bought

⑤ to be bought

해설 "회고·회상·기억 의미의 타동사(forget, recall, remember, regret)"가 to 부정사를 목적어로 취할 경우 미래지향적인 의미이며 동명사를 취할 경우 과거지향적인 의미이며(실제로 이미 이루어진 일)이다. 따라서 주어진 내용에서는 "살 것을 깜빡한 것이지(to buy), 샀다는 사실을 망각했다(buying)"는 뜻이 아니므로 부정사가 되어야 한다.

번역 나는 냉장고 안에서 야채를 전혀 찾을 수 없었는데, 그것은 나의 아내가 집으로 오는 도중에 좀 사올 것을 깜빡 잊어버렸음에 틀림없다는 것을 뜻한다.

정답 ③

03 A : "Did you have trouble with your car this morning?"

B : "Yes, but I finally managed _____."

① to get it started　② it to get started

③ getting started it　④ to get starting it

해설 • have trouble(/ difficulty) with + 명사 / have trouble(/ difficulty) (in) + 동명사
• manage to v / get + O + O·C(O와 수동관계일 경우 과거분사)

번역 A : "오늘 아침 차로 인해 애를 먹었나요?"
B : "그래요, 그러나 나는 마침내 그럭저럭 차를 움직이게 할 수 있었어요."

정답 ①

04 I remember _____ him tomorrow.

① seeing   ② to seeing   ③ to see   ④ see

해설 - '미래지향적'일 경우 부정사! (동명사에서 비교 정리함)
번역 - 나는 내일 그를 만날 것을 기억하고 있다.
정답 - ③

05 Policeman : So you're lost, little boy. Why didn't you hang on to your mother's skirt?
Little boy : _____ but I couldn't reach it.

① I hanged to.   ② I didn't hang to.
③ I tried to.   ④ I did to.

해설 - • hang-hanged-hanged(교수형에 처하다) / hang-hung-hung(매달다, 매달리다) • ①, ②, ④의 경우는 모두 대부정사로서 to다음에 hang on to my mother's skirt가 생략되어 있다. 모두 의미중복의 측면만으로도 불가하다. 또한 ①는 hanged 자체 문맥으로 통하지 않으며 ③의 경우 did는 hung on to my mother's skirt를 뜻하는 대동사이다.
번역 - 경관 : 그래서 길을 잃었단 말이지, 꼬마야. 왜 너 어머니 치마 자락에 매달리지 않았니?
      꼬마 : 그렇게 하려고 했습니다만 손이 닿지 않았어요.
정답 - ③

06 "Will you go to school?", "Yes, if you want me _____"

① about   ② in   ③ of   ④ to

해설 - '~ you want me to (go to school).'에서 반복을 피하기 위해 대(代)부정사를 사용한 경우이다.
번역 - "등교할 건가요?". "네, 제가 등교하길 원하신다면."
정답 - ④

07 We believe that she was honest.
= She is believed to _____ honest.

① be   ② have been   ③ has been   ④ had been

해설 - 주어진 능동문장(3형식)과 동일한 내용을 담고 있는 5형식 문장은 「We believe her to have been honest.」이다(5형식 문장의 경우 완료부정사를 목적보어로 사용한 것은 수동태 문장의 전개과정의 이해를 돕기 위함). 따라서 수동태가 두 가지 형태로 나나나게 되는데, 그 한가지는 It is believed that she was honest.이며 다른 한 가지는 5형식 문장에서 나온 「She is believed to have been honest.」이다. 후자의 경우가 완료부정사의 논리를 보여주고자 하는 것이다. cf. 「They say that she was honest.」의 경우와 같이 3형식은 가능하나 5형식이 불가한 동사의 경우라 할지라도 수동태를 나타내는 방식은 두 가지가 가능하다. 즉, 「It is said that she was honest.」와 「She is said to have been honest.」 모두 가능하다.
번역 - 사람들은 그녀가 정직했다고들 믿고 있다.
정답 - ②

08 It is becoming more and more important for us to know _____ a computer.

① using   ② how to use   ③ having used   ④ to use

해설 ► know는 목적어로 동명사나 to부정사를 바로 취할 수 없다. 의문절이나 「의문사 + to 부정」를 목적어로 취한다.
번역 ► 우리가 컴퓨터 사용법을 아는 것이 점점 더 중요해지고 있다.
정답 ► ②

09 She is my good friend and she never _____ to send me a birthday card each year.

① fails   ② stops   ③ ignores   ④ misses

해설 ► *never fail to do* : 「틀림없이(반드시) … 하다」②와 ④는 동명사를 목적어 함
    cf. fail to do : …하지 않다, …하지 못하다 / fail (in) 명사 : …에 실패하다
번역 ► 그녀는 나의 좋은 친구이며 매년 잊지 않고 나에게 생일축하 카드를 보내준다.
정답 ► ①

10 The old lady told the little boys _____ so noisy.

① not to be   ② don't to be   ③ don't be   ④ not be

해설 ► 부정사(준동사인 동명사, 분사도 마찬가지)를 부정할 경우는 그 앞에다 부정어를 위치시킨다.
번역 ► 그 노부인은 꼬마들에게 너무 떠들지 말라고 말했다.
정답 ► ①

11 It seems to me that I was only like a boy playing it.
= I seem _____ .

① that I was only a boy playing it.

② to be only like a boy playing it.

③ that I have been only like a boy playing it.

④ to have been only like a boy playing it.

해설 ► 주어진 문장에서 was가 주절의 동사 seems보다 한 시제 더 앞서기 때문에 완료형부정사 to have been이 되어야 한다.
번역 ► 나는 그런 것이나 가지고 노는 한낮 어린아이에 불과했던 것처럼 보인다.
정답 ► ④

12 I am at a loss which way to go as I am a stranger here.
= I have no _____ which way to go as I am a stranger here.

① time   ② idea   ③ chance   ④ talk

해설 ► have no idea (as to / of)= don't know ☞ have no idea 다음에는 전치사 as to나 of이 생략되어 있고
    이 전치사의 목적어가 「의문사 + to부정사」로서 부정사의 명사적 기능에 속한다. 또한 타동사 (don't) know 의 목
    적어로 보더라도 의미는 같다. *cf.* be at a loss (as to) : 어쩔 할 바를 모르고 있다
번역 ► 나는 이곳은 처음이라 어느 길로 가야 할지 어쩔 줄 모르고 있다.
정답 ► ②

13 She has no alternative but _____ him.

① to see   ② seeing   ③ going to see   ④ see

해설 = She *has no choice but to see* him.
= She *cannot (choose) but see* him.
= She *cannot help seeing* him.
* 부정사가 전치사의 목적어로 쓰이는 것은 이 문제유형의 경우와 "be about to 부정사"의 경우이다.
번역 그녀는 그를 만나지 않을 수 없다.
정답 ①

14 I never know _____ when I go on a trip.

① what clothes should be take   ② what clothes to take
③ what clothes will I take   ④ I take what clothes

해설 = what clothes I should take : 이 경우 타동사 know의 목적어로서 명사절의 하나인 의문사절(what은 의문형용사)을 단문으로 전환한 것이 ②이다.
번역 나는 여행을 갈 경우엔 정말 어떤 옷을 가져가야 할지 모르겠다.
정답 ②

15 M. Byrne became the first woman _____ elected mayor of Chicago.

① who she   ② she was   ③ was to   ④ to be

해설 ~ the first woman that(who 가능) was ~ ☞ ~ the first woman to be ~ ☞ to be생략 가능 / 수식대상에 서수나 최상급이 있을 경우 주로 부정사의 형용사적 기능으로 나타내는 것이 일반적인 원칙이다.
번역 M. Byrne은 시카고 시장으로 선출된 최초의 여성이 되었다.
정답 ④

16 He was never _____ his wife and children again.

① to see   ② see   ③ seen   ④ have seen

해설 'be never to V' : 'be to' 용법 중 '운명'
번역 그는 그의 아내와 아이들을 다시 못 볼 운명이었다.
정답 ①

17 I am glad _____ that everything is fine with you.

① for knowing   ② know   ③ knowing   ④ to know

해설 to부정사의 부사적 용법 중 부정사가 형용사 glad를 수식하는 '원인'의 경우이다.
번역 나는 모든 일이 너한테 문제없다는 것을 알게 되니 기쁘다.
정답 ④

18   Mr. Barret has been in Chicago _____ a new machine.

   ① to buy   ② for buying

   ③ for having bought   ④ in order for buying

> **해설** to부정사의 부사적 용법 중 '목적'의 경우이다. for buying의 경우도 '목적'의 의미가 가능하지만 to 부정사의 '목적' 만큼 '구체적인 행위'를 나타내지는 못한다. 대개 이런 유형의 문제는 부정사가 그 중심이 되는 것으로 생각하면 되고 for다음은 동명사가 아닌 일반명사일 경우에 주로 사용하는 것으로 알면 된다.
>
> **번역** Barret씨는 새 기계를 구입하기 위해서 시카고에 다녀왔다.
>
> **정답** ①

19   A good man is difficult _____.

   ① at finding   ② to be found   ③ with finding   ④ to find

> **해설** A good man is difficult to find. 이 경우 find는 타동사이다. A good man은 주어이지만 동시에 의미상은 타동사 find의 목적어이기도 하다. 현재는 to find가 difficult를 수식하는 부정사의 부사적 기능의 하나('한정')인데 명사적 기능으로 바꾸어 To find a good man is difficult.라 할 수 있다. 이것을 또 가주어, 진주어 구문을 이용한다면 It is difficult to find a good man.라고 해도 좋다.
>
> **번역** 좋은 사람을 찾기가 어렵다.
>
> **정답** ④

20   "I'm hungry, and I want to eat this bread."

     "What! It is not good _____."

   ① for eating   ② to be eaten   ③ to eat   ④ eating

> **해설** 부정사(to eat)가 형용사 good을 수식하는 부정사의 부사적 기능의 하나이다. It (=The bread) is not good to eat. → 명사적 기능 → To eat the bread is not good. (=It is not good to eat the bread.)
>
> **번역** "나는 배가 고파. 그래서 이 빵을 먹고 싶은데.", "뭐라고! 그건 먹을 만한 것이 아니야."
>
> **정답** ③

21   This old desk isn't _____ to sell, but maybe we could give it to someone.

   ① goodly enough   ② good enough

   ③ good as enough   ④ enough good

> **해설** → To sell this old desk isn't good enough.(= It isn't good enough to sell this old desk.)
>
> **번역** 이 오래된 책상은 팔 수 있을 만큼 좋지 않지만 아마 누구에겐가 줄 수는 있을 것이다.
>
> **정답** ②

22   It was careless _____ her to leave her handbag in the bus.

   ① to   ② of   ③ for   ④ by

> **해설** 「성질 또는 인성」을 나타내는 형용사가 사용될 경우는 이와 호응하는 전치사 of이 의미상의 주어를 나타낼 경우 사용된다.
>
> **번역** 그녀는 부주의하여 버스에 핸드백을 남겨두었다.
>
> **정답** ②

23

For the clothes _____ properly, they must be hung out in the sun.

① to dry   ② dried   ③ dry   ④ drying

해설 ▶ For the clothes는 부정사 to dry의 의미상의 주어이다. 이 경우 부정사는 「조건」의 의미를 지닌다. For the clothes to dry properly, ～ = If the clothes dry properly, ～

번역 ▶ 옷이 제대로 마르려면, 햇빛을 받도록 내 걸어야 한다.

정답 ▶ ①

24

"What did you hear last night?", "I seemed _____ someone knock at the door."

① hear   ② to have heard   ③ to hear   ④ having heard

해설 ▶ 어젯밤의 상황에 대한 과거의 일을 물어 보므로 답하는 입장에서도 같은 과거시점을 전제로 답을 할 것이므로 정동사가 seemed인 이상 단순부정사인 to hear가 사용되어야 한다. ②의 완료부정사는 과거완료 시점을 나타내는 경우이다.

번역 ▶ "어젯밤에 뭘 들었니?", "나는 어떤 누군가 문에 노크하는 것을 들었던 갓 같아요."

정답 ▶ ③

25

"What do you have to do?", "I have a pair of slacks to _____ the cleaner's."

① be send to   ② send to   ③ be sent to   ④ sending to

해설 ▶ have a pair of slacks *which I should send* to the cleaner's. [which는 타동사 send에 대한 관계대명사 목적격이다.] 관계사절(형용사절)을 단문으로 나타내기 위해 부정사로 나타낸 것이다.

번역 ▶ "너는 무엇을 해야 한지?", "저는 세탁소에 보낼 바지 한 벌이 있어요."

정답 ▶ ②

26

I scarcely have any opportunity _____.

① for learning how to play the baseball   ② how to learn baseball

③ of learning play baseball   ④ to learn how to play baseball

해설 ▶ ～ any opportunity *that I can learn* ～. [that이하는 opportunity와는 동격절이다.]

번역 ▶ 나는 야구하는 법을 배울 수 있는 어떤 기회도 좀처럼 없다.

정답 ▶ ④

27

He didn't pass the test but he still _____.

① hopes so   ② hopes it   ③ hopes to   ④ hopes that

해설 ▶ ～hopes to (pass the test) [to다음의 내용이 앞 문장에서 반복되므로 생략한 것이다. 이 경우 to 이하를 대부정사 라 한다.]

번역 ▶ 그는 시험에 합격하지 못했으나 여전히 합격하길 기대하고 있다.

정답 ▶ ③

28

Of course I like to conduct the music of the great masters; every one likes

_____ .

① so   ② to   ③ to doing   ④ do

해설 ~ likes to (conduct the music of the great masters) * to는 대부정사
번역 물론 나는 거장의 음악을 지휘하기를 좋아한다. 모든 사람이 그러기를 원합니다.
정답 ②

※ 밑줄 친 부분 중 어법상 옳지 않은 것은? (29~38)

29

The week before I was scheduled to fly home from St. Louis, there ① <u>were</u> periods of bad weather—severe storms and tornadoes. I thought there was a good chance my flight to New York would be canceled. But that morning the weather was flyable and we took off as scheduled. The plane was full, every seat ② <u>to take</u>. We had not been aloft for long—the seat belt sign was still on—when the plane began to shudder. I travel often and have never been afraid of ③ <u>flying</u>. I assumed we were going through ④ <u>what</u> is normally called turbulence, though I had never felt such lurching.

(2011 사회복지)

번역 내가 St. Louis에서 집으로 비행기를 타고 가려고(날아가려고) 예정되어 있는 전(前) 주에 심한 폭풍우와 토네이도의 악천후의 기간이 있었다. 나는 뉴욕행의 나의 비행편이 취소될 가능성이 높을 것이라고 생각했다. 하지만 그날 아침 날씨는 비행하기에 알맞았고 우리는 예정대로 이륙했다. 모든 자리가 찬 상태에서 비행기는 만석이었다. 안전벨트가 아직도 매어진 상태에서 우리는 하늘 높이 오랫동안 있지도 않은 때 비행기가 진동하기 시작했다. 나는 빈번히 여행을 하고 결코 비행하는 것을 두려워 한 적이 없었다. 나는 결코 그런 흔들거림을 느껴본 적이 없을지라도 대개 난기류라고 불려지는 상황을 우리가 겪고 있는 것이라 가정했다.

해설 ①에서는 복수주어인 periods가 있으므로 복수동사 'were'은 적당하다. ②에서는 'every seat (that was) taken'으로 나타내야 한다. 결국 to be taken에서 to be가 생략된 것으로 보아도 좋다. ③은 전치사의 목적어로 (동)명사 'flying'이 적절하다. ④는 전치사 through의 목적어(명사절)를 이끄는 관계대명사 주격 'what'이 타당하다.

정답 ② (to take → to be taken 또는 taken)

30

I ① <u>was sitting</u> in a restaurant quietly ② <u>having</u> a meal when suddenly a man ③ <u>nearby</u> started ④ <u>to choking</u> on a piece of food he'd swallowed.

해설 ④를 to choke나 choking으로 * start, begin, commence, continue는 to 부정사나 동명사를 모두 목적어로 취하며 뜻에도 차이가 없다. ②는 주어와의 능동관계를 나타내는 현재분사로서 주격보어이다.

번역 나는 식사를 하면서 조용히 식당에 앉아 있었는데, 별안간 부근의 한 사람이 자신이 삼킨 음식 한 조각에 목이 메기 시작했다.

정답 ④ (to choking → to choke / choking)

31

① <u>Understand</u> the situation ② <u>requires</u> more thought ③ <u>than</u> he has given ④ <u>thus far</u>.

해설 ①을 준동사로 전환해야 requires의 정형동사가 호응될 수 있다. 구체적인 내용을 나타낼 경우 부정사를 사용한다. the situation에서 정관사를 사용한 것으로 보아 '구체적'이므로 부정사로 나타낸다.

번역 그 상황을 이해하기 위해서는 지금까지 그가 해왔던 것보다 많은 생각을 해야 한다.

정답 ① (Understand → To understand)

32

Paris ① is one of the many cities in the world that ② are currently developing programs ③ of restoring ④ their historical buildings.

> **해설** program, attempt, effort, decision, resolution, way 등과 같이 수식을 받는 명사와의 관계상 '구체적인 목적이나 의지'가 작용하는 경우는 부정사로 수식한다. 한편 동명사가 of다음에 호응되는 경우는 idea of, possibility of과 같은 '단순한 동작이나 행위'를 전제로 동격을 나타낼 경우이다.
> **번역** 파리는 역사적인 건물들을 복원하기 위한 프로그램을 현재 개발하고 있는 세계의 여러 도시 중 한 도시이다.
> **정답** ③ (of restoring → to restore)

33

① For ancient people, myths were often attempts ② explanation catastrophic events ③ such as volcanic ④ eruptions.

> **해설** '구체적인 목적이나 의지'를 가지고 attempts를 수식하면서 catastrophic events를 목적어로 둘 수 있는 부정사가 필요하므로 ②를 to explain으로 해야 한다.
> **번역** 고대인들에게 있어, 신화는 종종 화산분출과 같은 대재앙들을 설명하려는 시도였다.
> **정답** ② (explanation → to explain)

34

Prehistoric peoples had ① to find caves ② to live ③ in them and ④ a regular supply of water.

> **해설** ~ caves *(which) they could live in* ~[복문] ☞ ~ caves *to live in* ~ [단문] (형용사적 기능)
> **번역** 선사시대 민족들은 그들이 살 수 있는 동굴과 규칙적인 물의 공급원을 찾아야 했었다.
> **정답** ③ (in them → in)

35

His failure ① is not to ② being ascribed ③ to lack of ④ diligence.

> **해설** 'be to'용법(서술적 기능)의 하나로 '의무'의 경우이다. * be not to = should not
> **번역** 그의 실패는 근면함이 부족한 탓으로 돌려서는 안 된다.
> **정답** ② (being → be)

36

I had hoped ① to have learned French before my trip ② to Paris, but I ③ did not have any ④ extra money for a course.

> **해설** hoped, wanted, wished, expected, intended, meant, promised 등 "소망 · 기대 · 의도"를 나타내는 과거동사 뒤의 완료부정사는 "과거에 이루지 못한 동작"을 나타낸다.(즉, 의미상은 마치 「가정법 과거완료」). 위에 주어진 문장은 「I *had hoped to learn* ~ = I *hoped to have learned*」~
> **번역** 나는 파리로 여행하기 전에 불어를 배우기를 기대했었다. 그러나 불어강좌를 들을만한 여유 돈을 갖고 있지 않았다.
> **정답** ① (to have learned → to learn)

37

If you're ① planning ② to be near the post office today, ③ could you stop ④ buying some stamps?

> **해설** 문맥상 볼 때 stop다음에 '목적'을 나타내는 부정사의 부사적 기능이 되어야 한다.
> **번역** 만일 오늘 우체국 근처에 갈 계획이 있다면, 우표 몇 장 사도록 들를 수 있겠니?
> **정답** ④ (buying → to buy)

38 I'd like to ① recommendation a ② company we do business ③ with ④ there.

> 해설 like의 목적어이자 a company를 목적어로 취할 수 있는 부정사가 요구된다.
> 번역 저는 그곳에서 저희들이 함께 사업하는 한 회사를 추천하고 싶습니다.
> 정답 ① (recommendation → to recommend)

※ 주어진 문장과 의미가 상통하는 것을 고르시오.

39 He hoped to have gone abroad.

① He hoped to go abroad, but could not.

② He hoped that he would go abroad.

③ He hoped that he could go abroad.

④ He hoped that he might go abroad.

> 해설 "과거에 이루지 못한 동작"을 나타낸다. 위에 주어진 문장은 「He *had hoped* to go abroad.」와 같다. → He hoped to go abroad, but could not.
> 번역 외국에 가길 기대했었는데. (= 외국에 가고 싶었지만 가지 못했다.)
> 정답 ①

40 밑줄 친 부분이 잘못된 것은?

① He had no **friend to talk about the matter with**.

② There are many interesting books **to read with**.

③ Then he looked for the knife **to open the tin with**.

④ She needs a wooden bowl **to drink with**.

> 해설 관계사절(형용사절)을 부정사로 전환하여 단문이 된 경우들이다. ① He had no friend whom he could talk (about the matter) with. [whom은 전치사 with의 목적격] ② ~books which one can read. [which는 read의 목적격] ③ ~to open the tin *with the knife*~ ④ ~to drink *with a wooden bowl*~
> 번역 그가 하는 말을 들어본다면, 넌 그가 중요인사일 것으로 생각할 것이다.
> 정답 ② (with를 삭제함)

41 밑줄 친 부분을 가장 알맞게 나타낸 것은?

「To hear him talk, you would think that he was a man of importance.」

① If you hear him talk   ② If you had heard him talk

③ Had you heard him talk   ④ If you heard him talk

> 해설 귀결절에서 동사가 would가 나와 있으니 가정법 과거임을 알 수 있다.
> 번역 그가 하는 말을 들어본다면, 넌 그가 중요인사일 것으로 생각할 것이다.
> 정답 ④

42 다음 문장의 가장 적절한 영역은?

> 「그의 작품은 나무랄 데가 없다.」

① Some people liked his masterpieces.

② His work leaves nothing to be desired.

③ His masterpiece has much to be desired.

④ His accomplishments annoyed us.

해설 부정사는 nothing을 수식하는 형용사적 기능이다. 반대의미는 nothing자리에 much를 넣으면 「미흡한 〈아쉬운〉 데가 많다」라는 의미가 된다.

정답 ②

43 "오랫동안 기다리게 해서 죄송합니다."의 바른 표현은?

① I am sorry that you have been waiting so long.

② I am sorry to your having waited so long.

③ I am sorry to have kept you waiting so long.

④ I am sorry that I make you waiting so long.

해설 to 부정사는 형용사 sorry를 수식하는 부사적 기능이자 완료형부정사로서 주절시제(am)보다 한 시제 앞섬을 나타낸다. 즉 복문으로 나타내면 「I am sorry that I have kept (or kept) you~.」가 된다. 또한 eep you waiting에서 목적보어 waiting은 목적어와 능동관계. 즉 기다리는 주체가 you라는 의미이다.

정답 ③

44 「일찍 자고 일찍 일어나는 것은 사람을 건강하게 해준다.」

① Early to bed and early to rise make a man health.

② To sleep and to rise early make a man healthy.

③ Early sleeping and rising makes a man healthful.

④ To keep early hours makes a man healthy.

해설 keep early(/ good) hours 「이른 시간을 유지하다」 → 「일찍 자고 일찍 일어나다」
(= Early to bed and early to rise) ①의 경우는 … makes a man healthy면 가능하다. ③에서 healthful은 사람이 '건강한(healthy)'한 뜻이 아니라 음식물 등이 '건강에 좋은' (즉, 목적어 자리에 food 등이 올 경우)의 뜻이다.

정답 ④

Grammar

동명사 Gerund

---

01 동명사의 용법

ⅠAⅠ 주어로서의 역할

Seeing is believing. 보는 것이 믿는 것이다.

ⅠBⅠ 보어로서의 역할

My hobby is collecting rare stamps. 나의 취미는 희귀우표를 수집하는 것이다.

ⅠCⅠ 목적어로서의 역할

❶ **타동사의 목적어**

Does he enjoy reading books? 그는 책을 읽는 것을 즐기는가?

❷ **전치사의 목적어**

I objected to being treated like a child. 나는 아이처럼 대우 받는 것에 반대했다.

❸ 전치사적 성격 + (동)명사

She is just like her mother. 그녀는 그녀의 어머니를 꼭 닮았다.

I feel like going out for a walk. 산책이나 하고 싶다.

This book is worth reading carefully. 이 책은 주의 깊게 읽을 만한 가치가 있다.

"동명사 + 명사"와 "현재분사 + 명사"의 구분

→ a sleeping room(= a room used for sleeping) (침실)
　 [동명사 - key word는 sleeping]
→ a sleeping baby(= a baby who is sleeping) (잠자고 있는 아기)
　 [현재분사 - key word는 baby]
　 Cf. a dancing girl : (직업적) 무희(舞姬) / a dancing girl : 춤추고 있는 소녀

02　동명사의 특징

|A| 동명사의 의미상 주어

❶ 동명사의 의미상 주어를 소유격으로 나타내는 경우(원칙)

I am sure of his succeeding. (의미상의 주어 his)

나는 그녀가 성공하리라는 것을 확신한다.

= I am sure that he will succeed.

Excuse my being late. (의미상 주어 my)

I am aware of John's going abroad. (의미상 주어 John's – 이 경우는 John도 가능)

❷ 의미상의 주어를 사용하지 않는 경우
　ⓐ 주절의 주어와 일치할 경우

　　He is proud of being honest. (Cf. He is honest.) 그는 정직하다는 것을 자부한다.
　ⓑ 의미상의 주어가 '일반인(총칭 인칭)'에 해당될 경우

　　Behaving like that is foolish. (Cf. We behave like that. ← Our behaving like that)

　　(우리가, 사람들이) 그와 같이 처신하는 것은 어리석다.

|B| 동명사의 시제

❶ 단순 동명사 : '동사 원형 + ~ing'

She is proud of being rich. 그녀는 부자라는 것을 자랑스럽게 여긴다.

❷ 완료 동명사 : 'having + p.p.'

I am **ashamed that** I was(or has been) **poor.** 나는 가난했다는 것이 부끄럽다.

= I am **ashamed of** having been poor.

I C I 동명사의 태

❶ 능동형의 동명사

I **enjoyed** watching the football game. 나는 축구경기를 시청하는 것을 즐겼다.

❷ 수동형의 동명사(being +p.p. / having been p.p.)

I feel **ashamed of** being criticized **for the failure.** [단순 동명사]
나는 실패한데 대해 비판을 받는 것이 부끄럽다.

I feel **ashamed of** having been criticized **for the failure.** [완료 동명사]
나는 실패한데 대해 비판을 받았던 것이 부끄럽다.

I D I 동명사의 부정

Almost all women **worry about** not looking young.

거의 모든 여성은 젊어 보이지 않는 것에 대해 염려한다.

---

03 타동사의 목적어로서의 준동사

I A I 동명사만을 목적어로 취하는 동사(과거 지향적, 후회 · 유감 동사가 주류)

> 동명사를 목적어로 받는 타동사 : Vt + v -ing
> finish, quit, stop / give up, abandon / avoid, evade, escape / postpone, put off, delay /
> mind / miss / advocate, enjoy, suggest, appreciate, admit, practice, anticipate / consider,
> allow, imagine / recall / deny, risk, resist

Sim's Point

Father suggested going **on a picnic.** 아버지는 소풍을 가자고 제안하셨다.

I finished doing my homework. 나는 숙제하는 것을 끝냈다.

▌B▐ 동명사, 부정사를 혼용하여 쓰는 경우

❶ 부정사, 동명사를 모두 쓰지만 뜻에 차이가 없는 타동사

begin, start, commence(이 세 단어는 모두 「시작하다」의 동의어), continue(계속하다)

She began to learn French. 그녀는 프랑스어를 배우기 시작했다.

= She began learning French.

❷ 능동형 동명사를 사용하되 수동의 의미를 나타내는 특수 타동사

[동명사일 경우 반드시 능동형을, 부정사일 경우는 반드시 수동형으로 나타내야 한다.]

need, want, require(~을 필요로 하다), deserve(~할 만하다, ~할(받을) 가치가 있다)

My shoes need(or want) mending. (being mended는 不可) 나의 구두는 수선할 필요가 있다.

= My shoes need(or want) to be mended. (to mend는 不可)

[신발은 수선되어야(수동) 하며 / 신발이 무엇을 수선하는(능동) 것이 아니다]

❸ 의미가 다른 경우

ⓐ remember, forget, regret(회고 · 회상 · 기억 의미의 타동사)

동명사를 목적어로(과거지향적) : I remember mailing the letter. (부친 것이 기억난다)

부정사를 목적어로(미래지향적) : I remember to mail the letter. (부칠 것을 기억한다)

I don't remember his telling me such a direct lie. [for him to tell (×)]
내 기억에는 그가 나에게 그런 뻔뻔스러운 거짓말을 한 적이 없다.

Bob regrets wasting his money on useless things.
밥은 쓸데없는 일에 돈을 낭비한 것을 후회한다.

ⓑ She stopped smoking. (동명사는 목적어 : stopped는 타동사) 그녀는 금연했다.

She stopped to smoke. (부정사는 부사적 용법 "목적" : stopped는 자동사)

그녀는 담배를 피기 위해서 멈추었다.

04 ▌동명사의 관용적 표현

❶ be busy (in) ~ing : 「~하는데 바쁘다(분주하다)」

Ex She was so busy (in) doing her homework. 그녀는 숙제를 하는데 너무나 바빴다.

Cf. be busy with + 명사

❷ have difficulty(/ trouble/ a hard time) (in) ~ing : 「~하는데 애를 먹다」

○ have difficulty(/ trouble) with + 명사 : 「~에 애를 먹다」

❸ spend time(/ money/ energy …) (in) ~ing : 「~하는데 시간(/ 돈/ 에너지…)(을)를 보내다(쓰다, 사용하다)」 ☞ spend + O + on + 명사

> **Ex** **They each** spent one million dollars on the election.
> 그들은 각자 교육에 100백만 달러를 썼다.

❹ be on the point(/ verge/ brink) of ~ing : 「~막 …하려고 하다, ~하려는 찰나다」

(=be about to v)

> **Ex** **They** were on the verge of leaving the summer resort.
> 그들은 막 피서지를 떠나려던 참이었다.

❺ be worth ~ing(= be worthy of ~ing) : 「~할 만한 가치가 있다」

❻ can not help ~ing : 「~하지 않을 수 없다」 = have no choice(/ alternative) but to v = cannot but v

❼ cannot – without ~ing (but S + V)

= not[never] – without ~ing(but S + V) : ~하면 반드시 ~하다

❽ of one's own + ~ing : 자기가 직접 ~하는

❾ be far from ~ing : 「결코 ~하지 않다」

❿ feel like ~ing : 「~하고 싶다(싶은 생각이 나다)」(= feel inclined + to do)

⓫ go ~ing : 「~하러 가다」

⓬ keep (on) ~ing : 「계속해서 ~하다」

> **Ex** **My parents** kept on encouraging me to study.
> 나의 부모님은 계속하여 내가 공부하라고 격려하셨다.

⓭ make a point of ~ing : 「~반드시 ~하도록 하다」 = make it a rule to v,

be in the habit of ~ing

⓮ insist on ~ing : 「~하기를 주장하다」

⓯ It goes without saying that S + V : 「~은 말할 나위도 없다」 = It is needless to say that S + V

It goes without saying that diligence wins in the end.

It is needless to say that diligence wins in the end.

근면이 결국은 승리한다는 것은 말할 필요도 없다.

⓰ It is no use(/ good) ~ing : 「~해도 소용없다」

= There is no use in ~ing = It is of no use to v

It is no use[good] crying over spilt milk.

엎질러진 우유를 두고 울어봐야 소용없다. (엎지른 물은 도로 담을 수 없다.)

⓱ There is no + ~ing : ~을 할 수 없다 = It is impossible to v

There is no knowing what may happen. 무슨 일이 일어날지는 알 수 없다.

= It is impossible to know what may happen.

⓳ narrowly(/ nearly) escape ~ing : 「~하마터면(거의) …할 뻔하다」 = come(go) near ~ing

⓳ On ~ing : 「~하자마자」(=As soon as[the moment] + 주어 + 동사)

⓴ in + ~ing : 할 때, 하는 데 있어서(=when + 주어 + 동사)

㉑ There is no ~ing : 「~할 수 없다」= It is impossible to v

㉒ S + deter / dissuade / hinder / keep / prevent / prohibit / stop / ban A from ~ing :
「S는 A가 ~하는 것을 (못하도록) 막다, S 때문에 A는 …할 수 없다」

Ex1 Urgent business kept me from coming.

= I could not come because of urgent business.

급한 용무가 나를 오지 못하게 했다. = 나는 급한 일로 올 수 없었다.

Ex2 The heavy rain kept them from going on a picnic.

폭우가 그들로 하여금 소풍을 가지 못하게 했다. (=폭우 때문에 그들은 소풍을 갈 수 없었다.)

㉓ above ~ing : ~할 리가 없는

㉔ for the ~ing : ~하기만 하면

| 05 | 전치사 to~ing형(또는 명사) |

[전치사 to는 기본적으로 방향 · 접근 · 도달(해석상 대개「…에, …로」해석된다) 등의 뜻을 자지고 있다. 그러나 부정사의 to는 그 자체는 전혀 뜻이 없고 뒤에 나올 동사(원형)의 뜻만이 해석된다.]

❶ be accustomed(/ used) to : 「~에 익숙해 있다」

(be자리에 get이나 become을 쓰게 되면「~에 익숙해지다(익숙해지다)」

❷ be devoted to : 「～에 헌신·전념하다, ～에 몰두하다」

= devote(dedicate, apply, commit) oneself to ～ing

○ devotion to : 「～에 대한 헌신」

❸ contribute to = go a long way to : ～에 기여·공헌하다

❹ be subject to : 「～을 받기·당하기·하기 쉽다」

❺ look forward to : 「～을 (학수)고대하다(=anticipate ～ing)」

Mr. Kim looks forward to meeting his sweetheart. [to meet (×)]

김씨는 자신의 애인을 만나길 고대하고 있다.

❻ object to : 「～에 반대하다」(=be opposed to ～ing)

❼ when it comes to : 「～이라는 계제가 되면, ～의 점에서는, ～에 관해서라면(with respect to)」

Ex You can't be too careful when it comes to safety.

안전에 관해서라면 아무리 주의해도 지나치지 않다.

❽ with a view to : 「～할 목적으로(=for the purpose of)」

❾ What do you say to ～? : 「～하는 것이 어떻겠습니까?」

= How about ～? = What do you think about ～?

❿ attend to = heed to =pay attention to : ～에 주의를 기울이다

⓫ take to : ～에 빠지다, 정이 들다

⓬ fall to : ～을 시작하다

⓭ be equal to : ～에 필적하다, ～을 감당할 능력이 있다

⓮ see to : 꼭 ～하다, 주의를 기울이다

⓯ be due to : ～에 기인되다, ～ 때문이다

최근 기출 & 예상문제

※ **빈칸에 들어갈 가장 알맞은 것을 고르시오.** (01~36)

01

We have so many tasks which need _____ in all phases of medicine, public health, agriculture, industry and basic research, that we cannot possibly hope to carry them out without help from people of many levels of ability. (2011 국회사무처)

① doing   ② to do   ③ being done

④ to doing   ⑤ to be being done

> **번역** 우리는 의학, 공중보건, 농업, 산업 및 기초연구의 모든 국면에서 할 필요가 있는 과제들이 많이 가지고 있어서 우리는 수많은 수준의 능력 있는 사람들로부터의 도움이 없다면 그런 일들을 수행하기를 아마 기대할 수 없을 것이다.
>
> **해설** 'many tasks which *need doing*'에서 which는 주격관계대명사이므로 이를 풀어서 독립된 문장으로 나타내 보아 'Many tasks need doing.(= Many tasks *need to be done*.)'을 분석해 보자. 여기서 'need, want(~을 필요로 하다), deserve(~할 만하다, ~할(받을) 가치가 있다)'는 능동형 동사를 사용하되 수동의 의미를 나타내는 특수 타동사로서 동명사일 경우 반드시 능동형을, 부정사일 경우는 반드시 수동형으로 나타내야 한다.
>
> **정답** ①

02

The position you applied for has been filled but we appreciate your interest _____ by our company. (2012 서울시)

① of employment   ② of being employed   ③ in being employed

④ in having been employed   ⑤ in position

> **번역** 귀하가 응시하신 직책은 (이미) 채워졌지만 저희(당사)는 귀하가 저희 회사의 채용에 관심을 가져주신 것에 감사드립니다.
>
> **해설** 관심을 갖는데 대해 감사하다는 것은 동일한 시점을 전제로 한 것으로 동명사를 완료형으로 나타낼 이유가 없으므로 ④의 in having been employed는 아니라는 점을 유념할 것! appreciate가 현재인데 완료형동명사인 in having been employed을 사용하게 되면 고용된 시점은 '과거이거나 현재완료(현재보다 한 시점 앞선 시점)'가 되어 전후논리가 맞지 않게 된다. 즉, 이미 고용된 것이 지나간 사실이라면 (채용되지 못하게 되었음 전제로) 관심에 감사한다는 내용자체가 나올 이유가 없을 것이기 때문이다. 그리고 ⑤의 in position은 "알맞은 장소에 있는, 적소에 있는, 적임의" 뜻의 숙어이다. "in the position"의 경우로 보더라도 제시된 내용에 by our company를 보더라도 수동관계를 나타내는 동명사 표현인 "being employed"로 나타내는 것이 타당하다.
>
> **정답** ③

03

"During the exam, we are not permitted to talk freely, walk, or smoke.", "That's right. The school authorities won't allow _____."

① to smoke   ② smoke   ③ to smoking   ④ smoking

해설 allow는 동사 뒤에 목적어가 오면 목적보어로 to부정사(허용동사). 그렇지 않으면 동명사를 목적어로 한다. ①의 경우는 us to smoke면

번역 시험을 보는 동안, 우리는 자유롭게 말하거나 걸어 다니거나 담배를 피우는 것이 허용되지 않아요. 옳아요(그 말이 맞아요). 학교당국은 흡연을 허용하지 않을 것입니다.

정답 ④

04

"Did you find out who had stolen my watch?"

"That child didn't admit _____."

① to have done that   ② having done that

③ doing that   ④ had done that

해설 admit는 동명사를 목적어로 취하는 타동사이며 didn't admit의 과거 시점보다 앞선 시점의 내용을 나타내므로 완료 동명사가 되어야 한다.

번역 "누가 나의 시계를 훔쳤는지 알아내셨나요?" "그 아이는 자신이 그런 짓을 했다는 사실을 받아 들이지 않았다."

정답 ②

05

I regret that I did not work harder.

= I regret _____ harder.

① not to work   ② not to have worked

③ having not worked   ④ not having worked

해설 regret의 목적어는 동명사, 부정사 모두 가능하다. 동명사면 과거지향적, 부정사면 미래지향적인 경우이므로 이미 지나간 일이면 완료동명사[주로 과거시점을 나타내는 시간부사(구, 절)가 있을 때 사용]가 적절하다. 그러나 regret, remember, forget, recall의 경우 완료형을 사용하지 않아도 단순 동명사를 취하더라도 무관하다. 여기서 준동사의 부정은 준동사 앞에 둔다는 점을 동시에 묻는 경우이다. ④가 아니면 not working으로도 무방하다.

번역 나는 더욱 열심히 일하지 않았던 것을 후회한다.

정답 ④

06

I want to stop them _____ watching television

① on   ② away   ③ from   ④ off

해설 stop(or dissuade, keep, prevent, hinder, deter) A from B「A로 하여금 B를 하지 못하게 하다」

번역 나는 그들이 텔레비전을 보지 못하게 하고 싶다.

정답 ③

07

I could not help _____ around with a good deal of curiosity.

① looking   ② to look   ③ looked   ④ having looked

해설 can not help looking around ~ = have no choice but to look around ~

번역 나는 많은 호기심을 가지고 빙 둘러보지 않을 수 없었다.

정답 ①

08

I could not come because of urgent business.

= Urgent business _____ me from coming.

① brought   ② enabled   ③ helped   ④ kept

해설 keep A from V-ing : A로 하여금 B를 하지 못하게 하다

번역 나는 급한 일로 올 수 없었다. (=급한 용무가 나를 오지 못하게 했다.)

정답 ④

09

_____ the news true, she began to cry.

① At finding   ② On finding   ③ To finding   ④ On having founded

해설 On finding the news true, ~ = As soon as she found the news true, ~

번역 그 소식이 사실임을 알자마자 그녀는 울기 시작했다.

정답 ②

10

You should find the one choice which best completes the sentence.

「Although he doesn't like most sports, he _____.」

① enjoys swimming and golfing   ② is a swimmer and golfs

③ likes swimming and he golfs   ④ likes to swim and a golfer

해설 enjoy는 동명사를 목적어로 취하며 and 앞뒤에는 언제나 병치관계가 이루어져야 한다.

번역 비록 그는 대부분의 스포츠를 좋아하지 않으나 수영과 골프는 좋아한다.

정답 ①

11

I wish I had not signed that contract without _____.

① first not having consulted lawyer   ② first not having consulted a lawyer

③ first having consulted lawyer   ④ first having consulted a lawyer

해설 without이 부정 의미의 전치사이기 때문에 이중부정이 되어서는 안되며 lawyer는 보통명사이므로 관사가 있어야 한다. 한편 서명을 한 과거의 사실보다 변호사와의 상담여부는 한 시제 앞서야 하므로 완료형 동명사가 적절하다.

번역 나는 먼저 변호사와 상의하지 않고 그 계약서에 서명을 하지 않았으면 싶다(「이미 서명을 해버려 유감이다」는 의미).

정답 ④

12

When I walked along the street, I saw a poor old lady and _____.

① couldn't help sympathizing her   ② couldn't but sympathize her

③ couldn't hardly sympathize her   ④ couldn't help sympathizing with her

해설 cannot help ~ing : ~하지 않을 수 없다(=cannot but v~ = have no choice but to v ~) 여기서 help는 avoid와 같은 뜻으로 동명사를 목적어로 취한다.

     * sympathize with + someone : …를 동정 · 동감하다

번역 내가 길을 따라 걷고 있을 때, 초라한 한 노파를 보고 동정하지 않을 수 없었다.

정답 ④

13 I know that I cannot _____ you from pursuing this course of action : I can only pray that you will soon see the errors of your way.

① provoke   ② convince   ③ delay   ④ dissuade

해설 ▶ dissuade(or keep, prevent, hinder, deter, stop) A from B 「A로 하여금 B를 하지 못하게 하다」

번역 ▶ 나는 너로 하여금 이 행로를 따르지 못하게는 할 수 없음을 알고 있다. 너의 방향이 잘못 됐음을 네가 곧 알게 되기를 빌 뿐이다.

정답 ▶ ④

14 He has forgotten _____ me before.

① to see   ② saw   ③ is seeing   ④ seeing

해설 ▶ 동명사가 remember, recall, forget, regret의 목적어일 경우 「실제로 일어난 일」을 나타낸다.

번역 ▶ 그는 전에 나를 만났던 사실을 잊어버렸다.

정답 ▶ ④

15 "Is Mrs. Brown happy now?"

"Jack's _____ the book pleased her very much."

① to return   ② returning   ③ returned   ④ return

해설 ▶ 동명사의 의미상의 주어는 소유격이다. returning이 the book을 목적어로 취하고 있으면서[동사 성격] 주어역할[명사]인데 명사 앞에는 한정사를 두어야 하므로 소유격의 형태[원칙상 생물일 경우]를 사용하는 것이다.

번역 ▶ "브라운씨 부인은 지금 기분이 좋은가요?", "잭이 책을 돌려 준 것이 그녀를 매우 기쁘게 했습니다."

정답 ▶ ②

16 "Why was your cousin put in jail?", "_____ arrest is a crime, you know."

① Resisting   ② The resisting   ③ Resisting to   ④ Resisting of

해설 ▶ arrest를 목적어로 취하면서 주어역할이 되기 위해서는 동명사가 필요하다. ④의 경우라면 전치사 of의 한정을 받으므로 The resisting of~으로 해야 한다.

번역 ▶ "당신 사촌은 왜 투옥되었나요?", "체포를 거부하는 것도 범죄잖아요."

정답 ▶ ①

17 Would you mind _____ here?

① my smoking   ② me to smoke   ③ me smoking   ④ smoke

해설 ▶ mind는 동명사를 목적어로 취하며 그 의미상의 주어는 소유격이다.

번역 ▶ 제가 이곳에서 담배를 피워도 될까요?

정답 ▶ ①

18 I'd appreciate _____ from you as soon as possible.

① to answer　　② hearing　　③ reception　　④ to receive

해 설 appreciate는 동명사를 목적어로 취하는 타동사이다.
번 역 저는 가능한 한 빨리 당신한테서 소식을 들을 수 있으면 감사하겠습니다.
정 답 ②

19 "What's made Ruth so upset?"

"_____ three tickets to the folk music concert."

① Lost　　　　　　　　　② Losing

③ Because of losing　　④ Since she lost

해 설 의미대명사 주격 What으로 물어본 의도가 명사적 답을 요구하고 있다. * What's made~ = What has made~ / Losing three ~ music concert (has made Ruth so upset). 이 문제의 경우 의문대명사 What이 주어진 물주구문이기 때문에 '이유'를 나타내는 내용처럼 해석되는 과정에서 정답을 ③이나 ④로 착각할 수 있다는 점에 유념하자. 'Why ~?'나 'What ~for?'로 묻는 내용이라면 ③이나 ④의 답이 적절하다는 점을 감안해야 한다.
번 역 "무엇이 루스로 하여금 그렇게 기분상하게 했나요(무엇 때문에 루스가 그렇게 기분이 상했나요)?"
"민속음악연주회에 갈 세 개의 티켓을 분실하여 그렇습니다."
정 답 ②

20 Raymond is very fond _____.

① of swimming　　② swimming　　③ to swim　　④ swim

해 설 be fond of v-ing : ~하기를 좋아하다
번 역 Raymond는 수영하기를 매우 좋아한다.
정 답 ①

21 "Why didn't you inform me of the meeting to be held?"

"I'm sorry to have forgotten about _____ you."

① phoning　　② phone　　③ phoning at　　④ phone to

해 설 전치사 about에 대한 목적어이자 뒤에 you를 목적어로 취할 수 있는 것은 ①이다. ③의 경우 자동사일 경우는 phoning to로 하면 된다.
번 역 "왜 그 회의가 열린다는 것을 나에게 알려주지 않았나요?", "당신에게 전화를 드린다는 것을 깜빡한 점 죄송합니다."
정 답 ①

22 "The Tompsons' party next Friday should be fun."

"I'm looking forward _____ it."

① to attend　　② to attending　　③ attend　　④ to be attending

해 설 look forward to V-ing : ~하기를 (학수) 고대하다(=anticipate ~ing)
번 역 "다음 금요일 Tompson씨 댁에서 하는 파티는 재미있을 거야." "나는 그 파티에 참석하기를 고대하고 있어."
정 답 ②

23

When overcome by excitement, people may have trouble _____.

① clearly think   ② thinking clearly   ③ clear thinking   ④ to think clearly

해설 ► have trouble(/ difficulty/ a hard time) (in) V-ing : ~하는데 애를 먹다
번역 ► 흥분으로 압도된 사람들은 명료하게 생각하기 어려울 수 있다.
정답 ► ②

24

A: Why didn't he come to the party?

B: He was too busy _____ his wife.

① to help   ② for helping   ③ helping   ④ helped

해설 ► be busy (in) ~ing : ~하는데 바쁘다
       cf. He was too busy helping his wife (to come to the party).
번역 ► A : 그는 왜 파티에 오지 않았나요? B : 그는 그의 아내를 돕는데 너무나 바빠서요.
정답 ► ③

25

"How have the boys spent their vacation?"

"Most of them have spent their time _____ playing baseball."

① by   ② on   ③ in   ④ at

해설 ► spend time(/ money/ energy …) (in) ~ing : 「~하는데 시간(/ 돈/ 에너지…)(을)를 보내다 (사용하다)」
번역 ► "그 소년들은 방학을 어떻게 보냈나요?", "그들 대부분은 야구를 하면서 그들의 시간을 보냈어요."
정답 ► ③

26

You should insist upon _____ being accepted as a member.

① someone's   ② someone   ③ of someone   ④ to someone

해설 ► 부정대명사가 동명사의 의미상의 주어일 경우는 원칙상 소유격을 쓰지 않고 통격을 사용한다.
번역 ► 당신은 누군가 회원으로 가입되어야 한다고 주장해야 합니다.
정답 ► ②

27

You were opposed _____ to go with us to the library, weren't you?

① to our inviting her   ② to us inviting her

③ that we invite her   ④ for inviting her

해설 ► be opposed to ~ing : 「~에 반대하다」(=object to ~ing)
번역 ► 우리가 그녀를 우리와 함께 도서관에 가자고 하는데 당신은 반대를 했었지요?
정답 ► ①

28

A: Thank you for inviting me to your birthday party.

B: _____.

① Thank you very much   ② Thank you coming

③ Thank you for coming   ④ Thank you for your coming

해설 ④의 경우는 Thank의 목적어가 you인 이상 전치사 for의 목적어인 동명사 coming의 의미상의 주어를 따로 나타낼 필요가 없다.

번역 A: 저를 당신 생일 파티에 초대해 주셔서 감사합니다.   B: 와 주셔서 감사합니다.

정답 ③

29

The culprit deserves punishing.

= The culprit deserves to _____.

① punish   ② punishing   ③ being punished   ④ be punished

해설 deserve : ～할 만하다, ～할(받을) 가치가 있다 [동명사일 경우 반드시 능동형을, 부정사일 경우는 반드시 수동형으로 나타내야 한다.] (=deserves punishing)

번역 그 죄인은 처벌받아 마땅하다.

정답 ④

30

"What do you expect me to do?"

"The house needs _____."

① to be paint   ② to painting   ③ painting   ④ painted

해설 need, want, lack(～을 필요로 하다) [동명사일 경우 반드시 능동형을, 부정사일 경우는 반드시 수동형으로 나타내야 한다.] (=needs to be painted)

번역 "제가 무엇을 하길 기대하십니까?", "그 집에 페인트칠을 해야 합니다."

정답 ③

31

"What happened to your shoes?", "They want _____."

① to mend   ② mending   ③ mended   ④ mend

해설 위 문제 참조 (=want to be mended)

번역 "당신 신발에 무슨 문제 있나요?", "신발을 수선할 필요가 있습니다."

정답 ②

32

What do you say to going round the lake by boat?

= _____ about going round the lake by boat?

① How   ② Which   ③ Whether   ④ Where

해설 What do you say to ～ing ～? : 「～하는 것이 어떻겠습니까?」
= How about ～ing ～? = What do you think about ～ing ～?

번역 배로 호수를 빙 둘러보는 것이 어떻겠습니까?

정답 ①

33 He awoke feeling as if he had eaten heavily overnight instead of _____ nothing.

① having eaten   ② having been eaten

③ eating   ④ had eaten

해설 as if가정법에서 가정법 과거완료가 나왔다는 것은 과거사실의 반대를 가정하는 것이다. 「아무것도 먹지 않은 대신」이라는 부사구도 같은 과거시점을 염두에 둔 의미이므로 단순동명사여야 한다.

번역 그는 아무것도 먹지 않은 대신 밤새 가득 먹은 것과 같은 느낌으로 깨어났다.

정답 ③

34 Upon returning from class, _____.

① he found a letter in the mailbox   ② a letter was in the mailbox

③ a letter was found in the mailbox   ④ the mailbox had a letter in it

해설 Upon returning from class, = As soon as he returned from class, [전치사 upon의 목적어인 동명사 returning 의 의미상 주어는 주어인 he가 전제되어 있다. comma다음에 사람인 he가 아닌 다른 사물주어가 있다면 동명사 returning의 의미상의 주어 소유격 his를 밝혀주어야 한다.]

번역 수업에 갔다가 돌아오자마자, 그는 우편함에 편지를 하나 찾아냈다.

정답 ①

35 I _____ brushing my teeth twice a day.

① am in the habit of   ② make it a rule of

③ make a custom to   ④ used to be

해설 be in the habit of v~ing : …하는 것이 습관이다(보통이다)(make it a rule to v, make a point of ~ing)

번역 나는 하루에 두 번 양치질하는 것이 보통이다.

정답 ①

36 A : I don't have a good working relationship with my coworkers.

B : When _____ a solid relationship, honesty is the best policy.

① it comes to establishing   ② there comes to establish

③ there has come to establish   ④ it come to establish

⑤ it has come to establish

어구 when it comes to v~ing : ~이라는 계제가 되면, ~에 관해서라면, ~의 점에서는 [여기서의 to는 전치사이므로 그 뒤에는 (동)명사나 와야 한다.]

번역 A : 나는 직장동료들과 관계가 좋지 못해.
B : 굳건한 관계에 관해서라면, 정직이 최선의 방책이야.

정답 ①

37 다음 문장 중 어법상 옳지 않은 것은?

① I never see her without being reminded of my mother.

② I just hate the thought of doing just one thing throughout the day.

③ It is needless to say that diligence wins in the end.

④ They were on the verge to leave the summer resort.

해설 ① never … without v~ing : ~하지 않고서는 결코 …않다 (…할 때마다 ~하다) ② hate the thought of v~ing : …(해야)한다는 생각을 싫어하다 ③ It is needless to v : …은 말할 필요도 없다(=It goes without saying that S + V) ④ be on the verge(/ point/ brink) of ~ing : 「~막 …하려고 하다」(=be about to v)

번역 ① 나는 그녀를 볼 때마다 나의 어머니가 생각난다.
② 나는 하루 종일 그저 한 가지 일만 (해야)한다는 생각조차 하기 싫다.
③ 근면이 결국은 승리한다는 것은 말할 필요도 없다.
④ 그들은 막 피서지로 떠나려던 참이었다.

정답 ④

※ **문법적으로 적합하지 않은 부분을 고르시오.** (38~46)

38 It was ① heartening to learn that ② rolling back a nation's nuclear ambitions ③ were not merely some peacenik ④ pipedream.

해설 that절에서 주어는 동명사인 rolling back이므로 동사는 단수로 받아야 한다.

어구 • heartening : 고무적인, 격려가 되는 • roll back : 격퇴하다; (이전의 수준으로) 되돌리다
• ambition : 야심, 야망 • peacenik : 평화주의자, 반전(反戰)주의자(운동가)(pacifist)

번역 한 나라의 핵(개발 또는 보유) 야망을 되돌리려는 것은 단순히 어떤 반전운동가의 공상이 아니라는 사실을 알게 된 것은 고무적이었다.

정답 ③ (were not → was not)

39 ① Tom calling Marie made ② her angry, ③ so she ④ hung up on him.

해설 동명사의 의미상의 주어는 소유격이 원칙이다! 따라서 Tom's로 나타내는 것이 원칙이지만 구어에서는 Tom(통격)으로 나타내기도 한다는 점을 참고하자. * hang up on someone : ~와의 전화(통화)를 끊다

번역 톰이 메리에게 전화를 한 것이 그녀를 화나게 했으며, 그래서 그녀는 그와의 전화를 끊어버렸다.

정답 ① (Tom calling → Tom's calling)

40 The ① emphasizing in oratory is on the ② skillful ③ utilization of the ④ voice.

해설 emphasis (…) on ~ : ~에 대한 강조(점)

번역 웅변술에 있어서의 강조점은 목소리의 능숙한 활용에 둔다.

정답 ① (emphasizing → emphasis)

41 The dictionary ① functions ② primarily ③ as a tool ④ for the definings the meaning of words.

해설 목적어인 the meaning of words을 취함과 아울러 전치사 for의 목적어가 될 수 있는 타동사역할의 동명사가 필요하다.
번역 사전은 주로 단어들의 의미를 정의하기 위한 도구로서 기능을 한다.
정답 ④ (for the definings → for defining)

42 Mr. Brown often ① wore a ② heavy coat because he was not used ③ to live in ④ such a cold climate.

해설 be used(/ accustomed) to ~ing : 「~에 익숙해 있다」
번역 브라운씨는 종종 그런 추운 기후에 사는 데에 익숙하지 않기 때문에 두꺼운 코트를 입었다.
정답 ③ (to live → to living)

43 I was satisfied ① with his devotion to ② get his job ③ done well ④ against all odds.

해설 devotion to ~ing : 「~에 대한 헌신」 * be devoted to ~ing : 「~에 헌신하다」
번역 모든 승산이 불리한 상황에도 자신의 일을 잘 해낸 그의 헌신에 나는 만족한다.
정답 ② (get → getting)

44 Her mother ① did not approve of ② her to go to the party without ③ dressing ④ formally.

해설 devotion to ~ing : 「~에 대한 헌신」 * be devoted to ~ing : 「~에 헌신하다」
번역 어머니께서는 그녀가 정장을 하지 않고 파티에 가는 것을 승인하지 않으셨다.
정답 ② (her to go → her going)

45 I do not understand ① why mother ② should object to ③ me playing the piano ④ at the party.

해설 동명사의 의미상의 주어는 소유격!
번역 나는 어머니께서 왜 내가 그 파티에서 피아노를 연주하는데 반대하시는지 이해할 수 없다.
정답 ③ (me playing → my playing)

46 ① The portable computer ② allows people ③ who are away from their offices to ④ continue to working.

해설 부정사, 동명사를 모두 쓰지만 뜻에 차이가 없는 타동사 : continue(계속하다), begin, start, commence(시작하다)
번역 휴대용 컴퓨터는 사무실에서 멀리 떨어져 있는 사람들이 계속하여 일을 할 수 있게 해 준다.
정답 ④ (continue to working → continue to work / continue working)

47 다음 우리말을 영어로 가장 잘 옮긴 것은? (2012 지방직)

> 그 회사의 마케팅 전략은 대금을 신용카드로 지불하는 것에 익숙한 소비자들을 겨냥하고 있다.

① The company's marketing strategy appeals to the consumers who are accustomed to pay bills by credit cards.

② Company's marketing strategy points toward the consumers who accustom to paying bills by credit cards.

③ The company's marketing strategy appeals to the consumers who are accustomed to paying bills by credit cards.

④ Company's marketing strategy point toward the consumers who accustom to pay bills by credit cards.

 • appeal to : ~에 호소하다, ~의 흥미를 끌다, ~의 마음에 들다, ~을 겨냥하다(be aimed at)
 • point toward(/ to/ at) : (손가락 등으로) (위치나 방향을) 가리키다, (…을) 손가락질하다
 • be accustomed(/ used) to ~ing : ~에 익숙해 있다, ~에 익숙하다
  (be자리에 get이나 become을 쓰게 되면 ~에 익숙해지다(익숙하게 되다)

정답 ③

---

48 다음 문장을 가장 자연스럽게 옮긴 것은? (2011 국회사무처)

> 나는 날씨가 나빠서 낚시를 가지 못했다.

① The bad weather prevented me from going fishing.

② I could not help going fishing because of the bad weather.

③ Regardless of the bad weather, I gave up going fishing.

④ If the weather were bad, I could go fishing.

⑤ Even though it was bad, I had no choice but go fishing.

번역 ① 나쁜 날씨가 나로 하여금 낚시 가는 것을 막았다. ⇨ 나는 날씨가 나빠서 낚시를 가지 못했다.(= 날씨가 나빠서 나는 낚시를 갈 수 없었다. = I could not go fishing because of bad weather.)
 ② 나는 날씨가 나빠서 낚시를 갈 수 밖에 없었다.
 ③ 날씨에 상관없이, 나는 낚시 가는 것을 포기했다.
 ④ 날씨가 나쁘다면, 나는 낚시 갈 수 있을 텐데.
 ⑤ 비록 날씨는 나빴지만, 나는 낚시하러 갈 수밖에 없었다.

해설 ①과 같은 물주구문(사람이 주어가 아닌 것인데도 사람주어처럼 사용되는 문장)일 경우 의역을 하면 '~때문에'처럼 해석이 된다는 점을 유념하자.

정답 ①

49 다음 문장이 암시하는 바와 가장 가까운 것은? (2011 서울시)

> Susan learned how to do a very good imitation of a genuine comedian for fun.

① Susan has a comedian friend.　　② Susan wants to be a comedian.

③ Susan practiced acting like a comedian.　　④ Susan is a professional comedian.

⑤ Susan learned how to laugh at people.

번역 ▶ Susan은 (사람들을) 즐겁게 하기 위한 진정한 코미디언의 매우 훌륭한 흉내를 내는 방법을 배웠다.
　① Susan은 한 코미디언의 친구가 있다.
　② Susan은 코미디언이 되길 원한다.
　③ Susan코미디언처럼 연기하는 것을 연습했다.
　④ Susan은 전문직업적인 코미디언이다.
　⑤ Susan은 사람들을 웃기는 방법을 배웠다.

해설 ▶ 'do a very good imitation of a genuine comedian'에서 특히 imitation이 Key word이며 이를 가장 잘 나타내어 주는 표현이 'acting like a comedian'에 반영되어 있다.

정답 ▶ ③

---

50 다음 문장 중 문법에 맞지 않는 것은 ?

① We enjoyed collecting stamps.　　② He denied seeing her yesterday.

③ I stopped smoking then.　　④ I remember posting the letter tomorrow.

해설 ▶ ④에서는 posting → to post로　* remember, regret, forget 다음의 동명사는 과거지향적인 의미이며(실제로 이미 이루어진 일) to 부정사는 미래지향적인 의미이다. 따라서 ④번은 문맥상 「내일(tomorrow) 편지 부칠 것을 기억해야한다.」는 의미이므로 to 부정사로 해야 한다.

정답 ▶ ④

※ 밑줄 친 부분의 단어의 자리에 같은 의미로 넣을 수 있는 가장 적절한 것은?

51 The heavy rain did not <u>deter</u> people from coming to the school play.

① hinder　　　② encourage　　　③ intervene　　　④ dispel

번역 ▶ 폭우가 사람들이 학예회에 오는 것을 막지는 못했다. → 폭우 때문에 사람들이 학예회에 오지 않은 것은 아니었다. (즉, 폭우에도 불구하고 왔다.)

정답 ▶ ①

---

52 The awareness of health risks and the prospect of parental punishment rarely seem to middle and high school students from experimenting with cigarettes.

① deter　　　　　② deepen　　　　　③ deplore

④ degrade　　　　⑤ decorate

번역 ▶ 건강에 위험이 된다는 인식과 부모님의 처벌을 받게 될 지도 모른다는 전망도 중·고등학생들로 하여금 담배를 피우는 일을 거의 단념시키지 못하는 것 같다

정답 ▶ ①

Grammar

분사 Participle

---

01 **분사의 종류와 용법**

▎A▎ 분사의 종료

- **현재분사** : 능동, 동작, 진행 (～하고 있는)
- **과거분사** : 자동사의 과거분사 : 완료 상태(～이 된, ～한)
  타동사의 과거분사 : 수동의 의미(～되어진, ～당한)

▎B▎ 분사의 용법

❶ 한정적 용법

ⓐ 단독으로 명사 앞에서 수식(전치 수식)

a sleeping child = a child who is sleeping

Who is the crying boy? (능동, 진행 – 울고 있는 소년)

ⓑ 명사 뒤에서 수식(후치 수식) (분사가 목적어, 부사, 보어 등을 동반)

The boy crying in the room is my brother. 방에서 울고 있는 그 소년은 나의 남동생이다.

The soldiers wounded in the battle were sent to the hospital.(수동 – 부상당한 군인)

그 전투에서 부상당한 군인들이 병원으로 후송되었다.

Cf. a wounded soldier (부상병) ⇐ a soldier who was wounded

[who was=being이 생략되고 wounded만 남았으므로 명사 앞으로 이동하게 된 경우]

My badly damaged car cost me a lot of money. [damaging (×)]

심하게 망가진 차 때문에 돈이 많이 들었다.

❷ 서술적 용법

ⓐ 주격 보어 역할

He stood leaning against the wall. 그는 벽에 기대어 서 있었다.

The game was exciting. (현재분사 – 주어와의 관계는 능동) [2형식 문장]

그 게임은 흥미진진했다.　[→ It was an(/ the) exciting game. (한정적 기능)]

Cf. The game excited us. [이 3형식의 이 문장을 분사를 이용하여 2형식으로 전환]

We were excited by the victory. (과거분사 – 주어와의 관계는 수동)

우리는 그 승리로 흥분되었다.

　⊙ 감정의 의미를 지닌 과거분사는 사람과의 관계는 수동이며(특수한 경우에는 능동일 경우도 있음) 사물
　과의 관계를 나타낼 경우는 능동이므로 현재분사이다.

　　유례　┌ 사람과의 관계 : astonished, bored, confused, embarrassed, exhausted, interested
　　　　　└ 사물과의 관계 : astonishing, boring, confusing, embarrassing, exhausting, interesting

　　　Ex.1 The play **was very** boring. 그 연극은 매우 따분했다.

　　　　Ex.2 I **was really** amazed **when I was offered the job.**

　　　　　　나는 그 일자리를 제공받았을 때 정말 깜짝 놀랐다.

　　　　　Ex.3 Mr. Lee **is a very** boring **man** because he is always talking about himself.

　　　　　　이군은 늘 자신에 관한 말만 하기 때문에 지겨운(남에게 지겨움을 주는) 녀석이다.

ⓑ 목적격 보어 역할

We found them playing football. 우리는 그들이 축구를 하고 있는 것을 알게 되었다.

Returning to my apartment, I found my watch missing.

아파트로 돌아왔을 때, 나는 시계가 없어진 것을 알게 되었다.

❸ 유사(의사)분사

ⓐ 명사 + ed → 분사화 → 형용사 역할(명사 수식)

a red-haired boy (형용사 · 부사–명사–ed)

[← a boy who has red hair] : 빨간 머리카락을 가진(머리의) 소년

　Ex. a brown-haired girl, a good-natured man, a deep-rooted plant, an absent-minded man

ⓑ a happy-looking man : 행복해 보이는 사람

　○ a man who looks happy

ⓒ the student-led protests : 학생주도의 시위 (명사를 주어로 놓아보면 수동관계이다.)

[← the protests (which are) led by students]

◎ Students lead protests. ─(수동태)→ The protests are led by students.

ⓓ the oil-producing countries : 산유국들 (수식대상의 명사와 능동관계)

[← the countries (which are) producing oil]

◎ The countries produce oil.

---

02 분사 구문

┃A┃ 분사 구문의 의미

❶ 시간 · 때 → when, as soon as, while, before, after

Seeing me, he ran away.

When〈=As soon as〉 he saw me, he ran away.

On seeing me, he ran away. [전치사를 활용했으므로 seeing me를 동명사로 본 것]

Speaking English, don't be afraid of making mistakes.
영어를 말할 경우에는, 실수하는 것을 두려워하지 말라.

When you speak English, don't be afraid of making mistakes.

Cf. In speaking English, don't be afraid of making mistakes. [전치사를 동반한 동명사 활용]

❷ 양보→ though, although, even though, even if

Admitting what you say, I still can't believe you.
네가 하는 말을 받아들인다 할지라도, 나는 아직도 너를 믿을 수 없어.

= Though I admit what you say, I still can't believe you.

❸ 이유 · 원인 → because, as, since

Overcome with surprise, I was unable to speak. (Being 생략)
놀라서 압도당한, 나는 말을 할 수 없었다.

= As I was overcome with surprise, I was unable to speak.

Not wanting to meet him, I didn't go to the party. [Not의 위치는 분사구문 앞]
그를 만나기를 원하지 않았으므로, 나는 파티에 가지 않았다.

⇒ As I did not want to meet him, I didn't go to the party.

④ 부대 상황 → as, while, and

Smiling brightly, she accepted my offer. 밝게 웃으면서, 그녀는 나의 제안을 받아 들였다.

= While she was smiling brightly, she accepted my offer.

Walking slowly, I approached the church. 천천히 걸어 가다가, 나는 교회에 접근했다.

= I walked slowly and approached the church.

= I walked slowly, approaching the church.

Walking along the street, I met a friend of mine. (Being 생략)

거리를 따라 거어 가다가, 나는 한 친구를 만났다.

= While I was walking along the street, I met a friend of mine.

= While walking along the street, I met a friend of mine. (접속사 남겨 두어 표시)

⑤ 조건→ if, on condition that, in case, once

The poison, used in a small amount, will be a medicine. (being 생략)

작은 양으로 사용된다면, 독은 약이 되는 법이다.

= The poison, if it is used in a small amount, will be a medicine.

▌B▌ 분사 구문의 시제

❶ 단순 분사 구문 : '~ing'형으로 주절의 시제와 일치하는 시제를 나타낸다.

It being fine, we went on a picnic. 날씨가 좋았으므로, 우리는 산책하러 나갔다.

[이것은 독립분사구문이기도 한데 It이 빠지면 틀린다는 점을 주의!]

= As it was fine, we went on a picnic.

❷ 완료 분사 구문 : 'Having + p.p.'형으로 주절의 시제보다 하나 앞선 시제를 나타낸다.

Having finished his work, he took a walk with her.

일을 끝냈으므로, 그는 그녀와 함께 산책했다.

= After he had finished his work, he took a walk with her.

❸ 분사 구문의 수동 · 부정

(Being) given the book, he started to read it. 그 책을 받았을 때(받자마자), 그는 그것을 읽기 시작했다.

= When(or As soon as) he was given the book, he started to read it.

❹ 분사 구문에서의 접속사

While I was waiting, I began to feel strangely nervous.

기다리고 있는 동안, 나는 이상하게도 초조감을 느끼기 시작했다.

→ Being waiting, I began to feel strangely nervous.

→ Waiting, I began to feel strangely nervous.

→ While waiting, I began to feel strangely nervous.

| C | 독립분사구문

Other things being equal, I will employ him. 다른 조건들이 같다면, 나는 그를 고용하겠다.

= If other things are equal, I will employ him.

| D | 완료형 독립분사구문

As the sun had set, we started for home. 해가 졌으므로, 우리는 집을 향해 떠났다.

= The sun having set, we started for home. [(완료형)독립분사구문]

[주절 시제(과거-started)보다 종속절 시제(과거완료-had set)가 한시제 앞선다]

| E | 무인칭 독립 분사 구문

Generally speaking, the Germans are a diligent people.

일반적으로 말하자면, 독일인들은 근면한 국민이다.

= If we speak generally, the Germans are a diligent people.

Strictly speaking, he is not worthy of his reputation.

엄격히 말한다면, 그는 그만한 명성을 누릴만한 가치가 없다.

- If we speak strictly => We strictly speaking => Strictly speaking

  [일반주어 we를 생략(무인칭 독립분사구문) => 주로 관용표현일 경우)

- 주절과 종속절의 주어는 일치하는 것이 원칙(일관성 유지), 서로 다른 경우에는 원칙상 주어를 생략할 수 없다(독립분사구문). 그러나 종속절의 주어가 일반주어일 경우 생략할 수 있다.

  [무(비)인칭 독립분사구문]

| F | 부대상황(~하면서, ~한 채로) (접속사 활용의 경우는 while, when, as)

with + O + 분사/형용사/부사/전치사+명사

He sat under the tree with his eyes closed. 그는 눈을 감은 채로 나무아래 누워 있었다.

| G | 분사구문의 강조 (사실 ~이기 때문에)

- Standing(=As it stands) as it does on the hill, my office commands a fine view.

  사실 언덕위에 서 있으므로, 나의 사무실은 전망이 좋다.

[= As it really stands on the hill, my office commands a fine view.]

- as it (=my office) does (=stands on the hill)
- ☞ as it does에서 does는 일반동사의 경우 대동사를 사용한 경우이며 be동사가 있을 경우는 be동사를 사용하면 되고 시제는 주절의 시제가 현재면 as it is로 과거이면 as it was로 쓰면 된다.

▌H▐ 분사구문의 전개 원리

◎ 종속 부사절의 위치(해석상 종속절이 앞서는 경우가 허다함)

종속접속사 + S + V + ~, S + V + ~. (부사절의 전환 : 아래 참조)
　　종속절 [부사절]　　　　　　 [주 절]

a. 종속접속사 + S + V ~, S + V ~.
　　　　　부사절 ⇓

Ⓐ 분사구문으로 전환가능
Ⓑ 부사구 전환가능 (아래 b의 ①~⑤ 참조)
Ⓒ 부정사(부사적 기능)로 전환가능(조건, 목적, 양보) (아래 b의 ⑥ 참조)

b. 주요종속접속사

종속접속사	종속절의 형태	부사구의 형태
① 시간-1(when, as soon as, before, after 등)	As soon as S + V ~ Before S + V ~	On + (동)명사 Before + 동명사
② 시간-2(while)	While S + V ~	During + 명사
③ 양보(al(though))	(Al)Though S + V ~	In spite of(or Despite)+(동)명사
④ 이유 · 원인(because, as, since)	As S + V ~	Because of + (동)명사
⑤ 부대상황(while)	While S + V ~	With + 명사 + 형용사, 분사 등
⑥ 조건(if, unless)	If S + V ~	To + v

> ### Grammar
> # 최근 기출 & 예상문제

※ 빈칸에 들어갈 가장 알맞은 것을 고르시오. (01~39)

01 As there will be an agent at the airport to meet you as soon as you arrive in London, you needn't worry about changing dollars to pounds or _____ a hotel.

(2009 서울시)

① reserve   ② reserving   ③ being reserved

④ reserved   ⑤ to reserve

번역 당신이 런던에 도착하자마자 당신을 만나기 위해서 공항에 대행인(여행사 직원 등)이 나와 있을 것이므로, 귀하는 달러를 파운드로 환전하거나 호텔에 예약하시는 일에 대해 염려하실 필요가 없습니다.

해설 선택을 나타내는 등위 접속사 or 다음에 공통관계를 감안하여 생략된 내용이 무엇인지를 묻는 문제이다. 는 *cf.* or (you needn't worry about) *reserving* a hotel.

정답 ②

02 Flight 1029 _____ for Seoul will begin boarding immediately at gate 2.

① departed   ② departures   ③ arriving

④ departing   ⑤ arrived

번역 서울로 출발하는 1029편은 2번 탑승구에서 즉시 탑승을 시작하겠습니다.

해설 Flight 1029 *which is departing* for Seoul → Flight 1029 *being departing* for Seoul → (being은 주로 생략함) Flight 1029 *departing* for Seoul [형용사절(복문)을 형용사구인 현재분사(단문)으로 전환하는 과정이며 '행선지'(…을 향하여)를 뜻하는 for와 호응하는 자동사는 depart이다. arrive다음에는 전치사 at이나 in이 호응된다.]

정답 ④

03 _____, seemingly irrational tendencies can lead even the brightest minds to make   costly mistakes.

① Leaving unchecked   ② Leaving unchecking

③ Left unchecked   ④ Left unchecking

해설 If they are left unchecked → Being left unchecked → Left unchecked

어구 • unchecked : 억제·저지되지 않는 • seemingly : 겉으로 보기에(apparently) • irrational : 불합리한 • tendency : 경향, 성향(trend, propensity) • costly : 값비싼(expensive), 희생의 대가가 따르는 • make a mistake(/ mistakes) : 실수하다

번역 억제되지 않고 내버려두면, 겉보기에는 불합리해 보이는 성향이 심지어 가장 영리한 사람들조차도 값비싼 대가가 따르는 실수를 하도록 하게 할 수 있다.

정답 ③

04

The deal, _____, would allow the joint venture to emerge from bankruptcy after three years.

① approving   ② if approved   ③ approved it

④ if approving   ⑤ if they approving

해설 ▶ if it were approved [it=the deal이며 주절의 would를 가정법 동사로 보아 were로 호응시켜 준 것이다.] → Being approved → Approved or If approved(부사절을 이끄는 접속사를 남겨둠으로써 분사구문의 의미를 보다 명료하게 남겨두고자 한 것인데 결국 접속사 다음에 '대명사+동사'를 생략한 것으로 보면 된다.)

번역 ▶ 만일 승인이 된다면, 그 거래는 그 합작벤처기업이 3년 후 파산에서 벗어날 수 있도록 해줄 것이다.

정답 ▶ ②

05

When _____, most customers stated that quality was their first consideration and price their second.

① surveying   ② it surveying   ③ having surveyed

④ be surveyed   ⑤ surveyed

해설 ▶ When they were surveyed, → Being surveyed, → Surveyed, → When surveyed,

번역 ▶ 조사를 받을 때, 대부분의 고객들은 품질이 그들의 1차적인 고려사항이며 가격이 그 다음이라고 진술했다.

정답 ▶ ⑤

06

On the contrary, she seems to be kind of _____ in him.

① disappoint   ② disappointed   ③ disappointment   ④ disappointing

해설 ▶ kind of(sort of) : 「(부사구로서) 얼마간, 다소, 조금」의 뜻(정도부사 somewhat과 같은 의미)

     ＊. She seems (to be) (kind of) disappointed (주어와의 관계가 수동의 뜻이다.)

번역 ▶ 이와는 반대로, 그녀는 그에게 다소 실망한 것 같다.

정답 ▶ ②

07

I was _____ to hear him _____ of actors and actresses.

① impress, talking   ② impressed, talked

③ impressing, talk   ④ impressed, talk

해설 ▶ 감정·심리 상태를 나타낼 경우 주로 수동형을 취한다. 이 경우 주어가 사람이면 과거분사가 쓰이며 주어가 사물이면 현재분사가 쓰인다.

번역 ▶ 나는 그가 남녀 배우들에 관한 이야기를 하는 것을 듣고 감명을 받았다.

정답 ▶ ④

08

Standing _____ on the hill, my office commands a fine view.

① as it does   ② as it is   ③ as it was   ④ as it were

해설 ▶ Standing(=As it stands) as it does on the hill, my office commands~ [=As it really stands on the hill, my office commands~] ＊ as it(=my office) does(=stands on the hill) ☞ as it does는「분사구문의 강조」(사실 ~이기 때문에)하기 위해「as + 주어 + 대동사」(be동사가 있을 경우는 be동사를 사용하면 되고 시제는 주절의 현재(as it is)나 과거(as it was)를 맞추어 쓰면 된다.)

번역 ▶ 사실 언덕위에 서 있으므로, 나의 사무실은 전망이 좋다.

정답 ▶ ①

09

His work _____, Robert went out with Emily.

① has been done ② was done ③ is done ④ done

해설 ► As his work had been done, Robert went out with Emily. → His work having been done, Robert went~ → His work done, Robert went~ [having been을 생략한 경우]

* As he had done his work, Robert went out with Emily. → Having done his work, Robert went~

[이 경우는 주절의 주어인 Robert와 주어를 동일하게 둠으로써 일관성이 유지된다는 점에서 일면 더 좋은 방식으로 보일 수 있으나 수동의 경우는 having been을 생략하여 더욱 간결한 형태만 남겨둔 이점을 적극 활용할 것이다.]

번역 ► 일이 다 끝났으므로 Robert는 Emily와 함께 떠났다.

정답 ► ④

10

The man stood against the wall, folding his arms.

= The man stood against the wall, _____.

① with his arms folded ② with folded arms

③ with his folding arms ④ with his arms folding

해설 ► The man stood against the wall while he folded(or was folding) his arms. [이 경우 주절의 주어 the man과 종족절의 주어를 동일하게 둔 경우로 with를 사용하여 부대상황을 나타낸다면 with him folding his arms일 것이다. 그러나 실제로 이런 유형의 문제의 경우 이렇게 두는 경우는 없고 부사절을 수동태로 일단 만들어 보면「, while his arms were folded (by him)」이다. 이것을 with his arms folded로 나타냄으로써 전자의 경우보다 간결한 형태만 남게 된 점을 주목해야 한다. 최종과정에서는 간결한 형태가 언제나 우선된다는 점을 명심하자.

번역 ► 그 사람은 팔짱을 낀 채로 벽에 기대어 서 있었다.

정답 ► ①

11

"What happened ?", "The situation is _____, I guess."

① embarrassed ② embarrass ③ embarrassing ④ embarrassment

해설 ► 주어와의 관계가 능동관계일 경우 현재분사이며 수동관계일 경우는 과거분사형이 나온다. 이 문맥상 상황은 당혹감을 주는 능동관계이다.

번역 ► "어찌된 일이야?", "상황이 당혹스러워."

정답 ► ③

12

Returning to my apartment, _____.

① my watch was missed ② I found my watch missing

③ I found my watch disappeared ④ my watch was missing

해설 ► 아파트로 돌아온 것은 사람(분사구문의 의미상주어)이므로 일단 ②와 ③이 대상이 된다.

「find + my watch(목적어) + (to be) 분사 또는 형용사」☞ 이 경우 to be는 생략하는 것을 원칙으로 한다. ② 목적어인 my watch와 목적보어인 missing은 능동관계「시계가 행방불명됨을 알았다」

③ my watch는 목적보어 disappeared와는 수동관계 ☞ 자동사는 원래 능동일 경우 목적어를 취하지 않는 동사이므로 수동표현이 불가하여 수동의 의미가 성립되지 않는다.

번역 ► 아파트로 돌아왔을 때, 나는 시계가 없어진 것을 알게 되었다.

정답 ► ②

13 Almost all the gas _____ in the United States is natural gas.

① is burned　　② has burned　　③ that burning　　④ burned

해설 the gas (which is) burned
번역 미국에서 태워지는 거의 모든 가스는 천연가스이다.
정답 ④

14 We had the thrill of seeing three national records _____ by our own athletes.

① break　　② to break　　③ be broken　　④ broken

해설 전치사 of의 목적어이자 지각동사인 seeing은 동명사이며 seeing은 목적어로 three national records를 두고 있는
데다 by our own athletes를 볼 때 수동관계가 확실하므로 목적보어는 과거분사여야 한다.
번역 우리는 세 개의 국내신기록이 우리 자신의 선수들에 의해서 깨어지는 것을 보는 스릴을 맛보았다.
정답 ④

15 _____ a fine day, I went out for a walk.

① Being　　② It being　　③ Having been　　④ It was

해설 As it was a fine day, I ~ = ‖ being a fine day, I ~ = ‖ a fine day, I ~ (주절의 주어 I와 종속절의(비인칭) 주어 it
이 다르므로 분사구문 앞에 주어를 밝혀주어야 한다(독립분사구문). 한편 being은 생략 가능하다.
번역 날씨가 좋았으므로, 나는 산책하러 나갔다.
정답 ②

16 _____ under a microscope, a fresh snowflake has a delicate six-pointed
shape.

① Seen　　② Sees　　③ Seeing　　④ To see

해설 If it(=a fresh snowflake) is seen ~ =〉 Being seen ~ =〉 Seen ~
번역 선명한 눈송이는 현미경으로 보면 섬세한 육각형이다.
정답 ①

17 _____, he is not worthy of his reputation.

① Strictly to speak　　　　　② Speaking strictly
③ Strictly speaking　　　　　④ We speaking strictly

해설 If we speak strictly =〉 We strictly speaking =〉 Strictly speaking
* 일반주어 we를 생략한다 (무인칭 독립분사구문) =〉 주로 관용표현일 경우
번역 엄격히 말한다면, 그는 그만한 명성을 누릴만한 가치가 없다.
정답 ③

18

Having been selected to represent the Association of Korean Dancers at the Annual Convention, _____.

① the members applauded her　　　② she gave a short acceptance speech

③ a speech had to be given by her　　④ the members congratulated her

⑤ given a short acceptance speech

　　(번역) 연례회의에서 한국무용가협회를 대표로록 선출된 그녀는 짧막한 수락연설을 했다.
　　(해설) 선출된 것은 사람이어야 하므로 분사구문의 의미상의 주어는 she가 적절하다. 'Having been selected ~'은 'After she had been selected ~'에서 나온 것이며 Having been을 생략할 수도 있다.
　　(정답) ②

19

The sun _____, we had to stay there for the night.

① have set　　　② being set　　　③ having set　　　④ had set

　　(해설) As the sun had set, we had to stay~ = The sun having set, we had to stay ~ (주절의 주어 we와 종속절의 주어 the sun이 다르므로 분사 구문 앞에 주어를 밝혀 주어야한다 : 독립분사구문)
　　(번역) 태양이 졌으므로 우리는 그날 밤은 그곳에서 머물러야 했다.
　　(정답) ③

20

My dog came _____ when I called her.

① runner　　　② run　　　③ ran　　　④ running

　　(해설) 주어인 My dog과는 능동관계를 갖고 있으므로 현재분사인 running이 와야 한다.
　　(번역) 내가 불렀을 때 나의 개는 달려 왔다.
　　(정답) ④

21

_____ bridges are common in New England.

① Covered　　　② Covering　　　③ Cover　　　④ Coverer

　　(해설) bridges (which are) covered → covered bridges [단어형태로만 남게 된 분사는 일단 명사 앞의 위치로 수식의 위치를 두면 된다.]
　　(번역) 지붕이 있는 다리(유개교)가 뉴잉글랜드에서는 흔하다.
　　(정답) ①

22

"Who were those people with the banners?"

"A group _____ itself the League for Peace."

① calling　　　② calls　　　③ called　　　④ is called

　　(해설) (They were) A group who called itself the League for Peace. → A group who called itself~ [who called = 관계대명사(접속기능+주격)+동사 = calling]
　　(번역) "깃발을 가지고 있는 저 사람들은 누군가요?", "스스로를 평화연맹이라 부르는 단체입니다."
　　(정답) ①

23 Chain reactions _____ thermal or fast neutrons can be controlled in a reactor.

① involve ② involved ③ involving ④ are involved

해설 ▶ Chain reactions *which involve* thermal or fast neutrons~ → Chain reactions *involving* thermal or fast neutrons~

번역 ▶ 열 중성자 또는 고속 중성자와 관련하는 연쇄반응은 원자로에서 통제가능하다.

정답 ▶ ③

24 The first commercial film _____ in California was completed in 1907.

① made ② was made ③ to make ④ making

해설 ▶ The first commercial film *that was* made in California~ → ~ that was는 to be나 being이며 이 경우 to be는 생략할 수 있고 being은 생략하는 것이 일반적이다.

번역 ▶ 캘리포니아에서 제작된 최초의 상업용 영화는 1907년도에 완성되었다.

정답 ▶ ①

25 Commercial banks make most of their income from interest _____ on loans and investments in stocks and bonds.

① earn ② earned ③ to earn
④ earning ⑤ is earned

해설 ▶ ~ from interest *which is* earned (by them) on loans and~ → which is는 being이며 이것을 생략한 것이다.

번역 ▶ 상업은행들은 주식과 채권에 대한 대출 및 투자에 벌어들이는 이자로부터 그들의 대부분의 수입을 얻는다.

정답 ▶ ②

26 "Did you like that restaurant?"

"Not really; the food was _____."

① disappointment ② disappointed
③ disappointing ④ disappoint

해설 ▶ 사물주어인 the food는 우리를 실망시키는 것(즉 능동의 의미)이므로 현재분사가 와야 한다.

번역 ▶ "그 식당이 좋았나요?" "아뇨, 음식이 실망스러웠어요."

정답 ▶ ③

27 "I hear that the trip exhausted Helen."

"She was pretty exhausted, but most people didn't think it was _____ at all."

① exhausted ② exhausting ③ exhaust ④ exhaustion

해설 ▶ 대명사 it(=the trip)와의 관계상 능동관계이므로 exhausting이어야 한다.

번역 ▶ "나는 그 여행이 Helen을 지치게 했다고 들었어." "그녀는 꽤 지쳤어요, 그러나 대부분의 사람들은 그 여행이 전혀 지치게 할만한 것이었다고 생각지 않았습니다."

정답 ▶ ②

28

After two hours, I began to _____ with my professor's lecture.

① bored   ② was bored   ③ boring   ④ grow bored

해설 - 2형식동사의 하나인 grow다음에 주격보어는 주어인 I와의 관계상 수동관계여야 한다.

번역 - 2시간 뒤에, 나는 교수님의 강의가 지루해지기 시작했다.

정답 - ④

29

Some boys and girls _____ in doing their homework.

① are interesting   ② interest   ③ are interested   ④ are interest

해설 - [사람주어] + be interested in : ∼에 관심 · 흥미가 있다

번역 - 일부소년들과 소녀들은 그들의 숙제를 하는데 관심이 있다.

정답 - ③

30

When in the army, he felt _____.

① things were dissatisfying discouraged

② they were discouraged

③ he was dissatisfying discouraged

④ discouraged and dissatisfied

해설 - [사람주어] + feel discouraged and dissatisfied

번역 - 군대에 있을 때, 그는 기가 꺾이고 불만족스러움을 느꼈다.

정답 - ④

31

When I came near the entrance, I shook hands my acquaintances.

= _____ near the entrance, I shook hands my acquaintances.

① Come   ② Being come   ③ Coming   ④ To come

해설 - 부사절과 주절에 같은 주어이며 시점도 같으므로 When I came∼ = Coming∼ [자동사의 경우는 수동의 개념이 성립되지 않으므로 무조건 V-ing형의 분사구문만 가능하다. ②의 경우는 근본적으로 불가능한 경우이다.]

번역 - 나는 입구근처에 다가가 지인(知人)들과 악수를 했다.

정답 - ③

32

A: "What are those two people doing?"

B: "The day's work _____, they are playing cards."

① is done   ② done   ③ doing   ④ did

해설 - *As the day's work has been done*, they are playing cards. → *The day's work having been done*, they are playing cards. → *The day's work done*, they are playing cards.

번역 - "그 두 사람들은 뭘 하고 있지?", "그 날의 일과가 끝났으므로 그들은 카드놀이를 하고 있다."

정답 - ②

33 Upon hatching, _____ .

① young ducks know how to swim

② swimming is known by young ducks

③ the knowledge of swimming is in young ducks

④ how to swim is known in young ducks

> 해설 *As soon as they hatch*, young ducks know how to swim. → *Hatching*, young ducks know how to swim. →
> Upon hatching, young ducks know how to swim.
>
> 번역 부화되자마자 새끼오리들은 헤엄치는 법을 안다.
>
> 정답 ①

34 _____ in all parts of the state, pines are the most common trees in Georgia.

① Found   ② Finding them   ③ To find them   ④ They are found

> 해설 *As(/ Since) they are found* in all parts of the state, pines are the most ~. → *Being found* in all parts of the state,
> pines are the most ~. → *Found* in all parts of the state, pines are the most ~.
>
> 번역 (Georgia)주(州) 전역에서 발견되는, 소나무는 이 주에서 가장 흔한 나무이다.
>
> 정답 ①

35 _____ , she ran out of the room.

① Having tears in her eyes and suddenly turning

② Turning suddenly with tears in her eyes

③ With a sudden turn, tearful eyes

④ With tears in her eyes and a sudden turn

> 해설 *As she turned* suddenly with tears in her eyes, she ran out of the room. [이 경우 as는 부대 상황을 나타내는 기
> 능으로 사용된 것] 아니면 다음의 문장을 분사구문화 한 것으로도 볼 수 있다. She turned suddenly with tears in
> her eyes, *and* she ran out of the room.
>
> 번역 눈에 눈물을 머금은 채로 갑자기 돌아서서 그녀는 방 밖으로 달려 나갔다.
>
> 정답 ②

36 _____ , we were ready to begin our task.

① For all the plans being laid out   ② When all the plans laid out

③ On all the plans laying out   ④ With all the plans laid out

> 해설 *As(/ When) all the plans were laid out*, we were ready to begin our task. → *All the plans (being) laid out*, we
> were ~. → *With all the plans laid out*, we were ~.
>
> 번역 모든 계획이 다 마련됨과 아울러, 우리는 일을 시작할 준비가 되어 있었다.
>
> 정답 ④

37 Francis Preston Blair, Jr., _____ born in Kentucky, lived and practiced law in Missouri.

① was   ② he was   ③ although   ④ who he was

해설 *although he was born* in Kentucky → *being born* in Kentucky → *born* in Kentucky → *although born* in Kentucky

번역 비록 Kentucky주에서 태어나긴 했지만 Francis Preston Blair 2세는 Missouri주에서 살았고 변호업을 했다.

정답 ③

38 _____ , the whole scene came before his eyes as if he had been there.

① Listening   ② As he listened   ③ While listening   ④ Listened

해설 ①와 ③의 경우는 주절에서의 주어인 the whole scene의 의미상의 주어가 될 수 없는 논리이며 ④는 (Being) listened → As it(=the whole scene) was listened로 볼 때 장면이 들린다는 논리는 통하지 않음을 알 수 있다.

번역 그가 이야기를 듣자, 전체적인 장면이 마치 그곳에 있었던 것처럼 그의 눈앞에 펼쳐졌다.

정답 ②

39 Sports medicine is a medical specialty that deals with the identification and treatment of injuries to persons _____ .

① that sports involve in   ② who involved in sports

③ sports are involving in   ④ that are involving in sports

⑤ involved in sports

해설 who are involved in sports → who are은 being이며 이 경우 being은 생략하는 것이 원칙

어구 • specialty : 전문분야 • identification : 확인, 규명 • involved in : …에 연루된, …에 관계하는(종사하는)

번역 스포츠의학은 스포츠에 관계(종사)하는 사람들이 부상할 경우 그것을 규명하고 치료하는 문제를 다루는 의학의 한 전문분야이다.

정답 ⑤

※ 어법상 옳지 않은 부분을 고르시오. (40~52)

40 The Aztecs believed that chocolate ① made people intelligent. Today, we do not believe this. But chocolate has a special chemical ② calling phenlethylamine. This is the same chemical ③ the body makes when a person is in love. Which do you prefer – ④ eating chocolate or being in love?   (2011 국가직)

해설 ① make는 5형식 동사로서 목적보어에 형용사를 취하고 있다. ② a special chemical (which is) called phenlethylamine에서 'which is=being'에서 being을 생략하여 과거분사 called가 남게 된 구조여야 한다.
③ 'This is the same chemical (that) the body makes'에서 타동사 makes에 걸리는 목적격 관계대명사가 make가 생략되어 있다. ④ 타동사 prefer의 목적어로 동명사로서 등위접속사 or다음에도 being이 제시되었으므로 ④에서 동명사를 사용한 것이 적절하다.

번역 아스텍족들은 초콜릿이 사람들을 총명하게 해 준다고 믿었다. 오늘날, 우리는 이를 믿지 않는다. 하지만 초콜릿은 'phenlethylamine'이라 불리는 특수한 화학물질을 함유하고 있다. 이것은 사람이 사랑하고 있을 때 신체가 만드는 똑같은 화학물질이다. 초콜릿을 먹거나 사랑하는 쪽 어느 쪽을 더 좋아하나요?

정답 ② (calling ~ → called ~)

41

I ① <u>looked forward to</u> this visit more than one ② <u>would think</u>, ③ <u>considered</u> I was flying seven hundred miles to sit alongside a ④ <u>dying</u> man. But I seemed to slip into a time warp when I visited Morrie, and I liked myself better when I was there. (2010 국가직)

> **어구** • time warp : 시간 왜곡, 시간적 착각, 시대착오
> **번역** 나는 죽어가는 사람 곁에 앉아서 700마일을 비행하고 있었던 것을 고려해 본다면(고려해 볼 때) 혹자가 생각하는 이상으로 나는 이번 방문을 고대했다. 하지만 나는 모리를 방문했을 때 시간적 착각에 빠져드는 것 같았으며 내가 그곳에 있었을 때 나 자신이 더욱 나아진 것이 좋았다.
> **해설** ① "look forward to + (동)명사 : ~을 (학수)고대하다(anticipate)"의 활용에 문제가 없다.
> ② "would think"에서는 would는 will의 시제일치를 맞춘 것으로 역시 적절하다.
> ③ if I considered (that) I was flying ~ ⇨ considering (that) I was flying ~
> ④ a dying man은 a man who was dying에서 who was=being를 생략하고 난 다음 dying을 전치수식의 자리로 옮긴 것으로 적절하다
> **정답** ③ (considered → considering)

42

The ① <u>animals in</u> ② <u>the circus</u> ③ <u>performed</u> ④ <u>some</u> ⑤ <u>amused</u> tricks.

> **해설** some tricks *which are amusing* → (which are=being 생략) → some amusing tricks
> **번역** 그 서커스의 그 동물들은 몇 가지의 재미있는 묘기들을 공연했다.
> **정답** ⑤ (amused → amusing)

43

While ① <u>walk down</u> the street toward ② <u>my dentist's office</u>, I muttered ③ <u>encouraging words</u> ④ <u>to myself</u> to ⑤ <u>keep up</u> my courage.

> **해설** While I was walking을 분사구문으로 나타내면 Walking만 남게 된다. 분사구문만으로도 좋으나 보다 구체적인 원래의 뜻을 남겨두려면 접속사를 남겨도 좋다. 따라서 While walking으로 나타내도 좋은 것이다.
> **번역** 나의 치과의사 진료실 쪽으로 길을 따라 걸어가면서 나는 용기를 유지하려고 나 자신에게 격려의 말을 중얼거렸다.
> **정답** ① (walk down → walking down)

44

① <u>Drawing to Poland by high</u> ② <u>growth and interest rates</u>, investors are ③ <u>fleeing</u> now because growth is ④ <u>faltering</u> and debts are ⑤ <u>rising</u>.

> **해설** ①은 주어인 investors와 수동관계를 나타내므로 Drawn이 되어야 한다.
> **번역** 고성장과 고금리에 의해 폴란드에 끌렸던 투자자들은 이제 성장이 멈칫하고 부채가 증가하고 있기 때문에 폴란드를 발을 빼고 있다.
> **정답** ① (drawing → drawn)

45

Observe ① <u>closely</u> your surroundings, the ② <u>positions</u> of the cars ③ <u>involving</u>, license numbers and ④ <u>any other</u> pertinent details.

> **해설** involve는 타동사로서 involving이 되면 뒤에 목적어가 없으므로 과거분사인 involved가 적절하다. 즉, "~the cars (which are) *involved*" cf. 하나의 단어형태로도 명사 뒤에 두는 과거분사 : involved, concerned, *combined* Ex. the parties (which are) concerned
> **어구** • pertinent : 관계있는, 적절한, 타당한(relevant, germane, related, pertaining, to the point, suitable)
> **번역** 당신의 주변, 관련된 차량의 위치, 면허번호 및 기타 관련 있는 세부사항들을 면밀히 관찰하라.
> **정답** ③

46

① The average age ② of the Mediterranean olive trees ③ grow today is ④ two hundred years.

해설 ▶ 전체문장의 정형동사는 is가 분명하므로 ③에서 grow는 분사가 되어야 한다. ~ olive trees *which grow* today ~ → ~ olive trees *growing* today ~ (오늘날 자라나는 올리브 나무) / ~ olive trees *which are grown* today ~ → ~ olive trees *grown* today ~ [which are=being은 생략] (오늘날 재배되는 올리브 나무)

번역 ▶ 오늘날 자라나는(또는 재배되는) 지중해 올리브나무의 평균수명은 2백년이다.

정답 ▶ ③ (grow → growing / grown)

47

Strangers ① come into her city ② now notice what a ③ clean place ④ it is.

해설 ▶ Strangers *who come* into her city ~ → Strangers *coming* into her city ~

번역 ▶ 그녀의 도시에 처음 오는 사람들은 그 도시가 얼마나 깨끗한 곳인지를 보게 된다.

정답 ▶ ① (come → coming)

48

① Within weeks, ② the Asian economic crisis and the ③ student–leading protests against President ④ Suharto's rule had ⑤ brought the country to a standstill.

해설 ▶ the *student–led* protests(← the protests which are led by students) : 학생주도의 시위 (명사를 주어로 놓아보면 수동관계이다.)
* Students lead protests. -(수동태)→ The protests are *led by students*.

번역 ▶ 몇 주내에 아시아 경제 위기와 Suharto대통령의 통치에 반대하는 학생 주도의 시위가 그 나라(인도네시아)를 마비시키고 말았다.

어구 ▶ • student–led : 학생에 의해 주도되는, 학생 주도의 • bring ~ to a standstill : 정지(마비)시키다

정답 ▶ ③ (student–leading → student–led)

49

① According to the recent survey ② released by the government, there is a serious ③ shortage of ④ skilled employees in many ⑤ IT–relating industries.

해설 ▶ industries *which are related* (to IT) → *IT–related* industries (which are 생략)
수동적 관계를 나타낸다는 논리만 정확히 알면 이해할 수 있는 문제이다.

번역 ▶ 정부가 내놓은 최근의 설문 조사에 따르면, 많은 IT관련 산업(기업)들에 있어 숙련된 근로자들이 심각할 정도로 부족하다고 한다.

정답 ▶ ⑤ (IT–*relating* industries → IT–*related* industries)

50

① The first short story ② publish by Washington Irving ③ was "Rip Van Winkle", ④ which appeared in 1819.

해설 ▶ The first short story *(that was) published* by~ [that was=to be → to be 생략가능]
* publish(~을 출판하다)는 명사 The first short story를 수동관계로 수식하여야 한다.

번역 ▶ Washington Irving이 출판한 최초의 단편소설은 1819년에 나온 "Rip Van Winkle"이었다.

정답 ▶ ② (publish by → published by)

51

① A well–planned résumé is ② the first step toward ③ finding a ④ satisfy job.

해설 ▶ job을 수식하는 것은 능동관계이므로 현재분사인 satisfying이다. * [서술적으로 사용될 경우] The job is *satisfying*.

번역 ▶ 짜임새가 좋은 이력서는 만족스러운 직업을 얻는데 있어서의 맨 첫 단계이다.

정답 ▶ ④ (satisfy → satisfying)

52

A ① red-hair boy ② is needed to play ③ the part of Alfred in ④ this new comedy.

해설 a *red-haired* boy ☜ a boy *who has red hair* * *red-haired* : 빨간 머리카락을 가진 → 빨간머리(카락)의

번역 이 새로운 희극에서 알프레드 역할을 하려면 빨간 머리의 소년이 필요하다.

정답 ① (red-hair → red-haired)

53 다음 글의 (A), (B), (C)의 각 [ ]에서 어법상 옳은 것은? (2010 경북교행)

> Astronauts from the U.S. space shuttle Discovery have completed their second spacewalk outside of the International Space Station orbiting the Earth.
>
> Sunday's seven-and-a-half hour spacewalk was partially successful, as Clayton Anderson and Rick Mastracchio installed a new ammonia tank (A) [using / used] to cool the space station.
>
> However, a troublesome bolt led to the astronauts falling behind schedule, leaving them unable to complete other assigned tasks, such as installing fluid connections to the ammonia tank and (B) [retrieving / to retrieve] two debris shields.
>
> This was the second of three spacewalks (C) [to complete / to be completed] during their two weeks in space.
>
> The Discovery crew's other tasks while at the space station are to retrieve a Japanese experiment from the station's exterior and replace a gyroscope.

(A)　　　(B)　　　(C)

① using - retrieving - to complete

② using - to retrieve - to complete

③ used - retrieving - to be completed

④ used - to retrieve - to be completed

⑤ using - to retrieve - to be completed

번역 미국의 우주왕복선 디스커버리호의 우주비행사들은 지구궤도를 선회하는 국제우주정거장의 외부에서 두 번째 우주유영을 완료했다. 일요일의 7시간 반의 우주유영은 클레이톤 앤더슨과 릭 마스트라치오가 우주정거장을 냉각하기 위해 사용된 새로운 암모니아 탱크를 설치했으므로 부분적으로 성공적이었다. 하지만, 하나의 골칫거리인 볼트가 우주비행사들에겐 예정된 기일에 맞추지 못한 결과를 가져와 이 암모니아 탱크에 유체 연결장치를 설치하고 두 개의 잔해 방패들을 회수하는 것과 같은 여타의 할당된 과업을 완료할 수 없게 했다. 이것은 우주에서 2주 동안 완료되게 될 3번의 우주유영들 중에서 두 번째였다. 우주정거장에 있는 동안 디스커버리호 승무원의 기타 과업들은 우주정거장 외부로부터 한 일본의 실험장비를 회수하는 것과 한 자이로스코프를 교체하는 것이다.

해설 먼저 'a new ammonia tank (A) [which was] used to cool the space station'에서 선행사인 tank는 설치의 대상이므로 수동관계여야 하고 to cool이하의 부정사는 '목적'을 나타내는 부사적 역할이다. 그 다음은 'such as installing fluid connections ~ and (B) retrieving two debris shields'에서는 such as다음에 전치사 as다음에 나온 동명사 두 개(installing / retrieving)가 등위관계로 나열되는 구조이다. 마지막으로 'This was the second of three spacewalks (C) to be completed ~'에서는 부정사의 수식대상인 three spacewalks은 수동관계이므로 수동형 부정사라야 한다.

정답 ③

54 다음 밑줄 친 부분을 분사구문으로 옳게 고친 것은?

<u>As I did not receive any answer</u>, I wrote to him again.

① Doing not receive any answer ② Receiving not any answer

③ Not doing receive any answer ④ Not receiving any answer

해 설 ▶ 준동사(부정사, 동명사, 분사)의 부정은 언제나 준동사 앞에 !
번 역 ▶ 어떠한 답장도 받지 못했으므로 그에게 다시 편지를 썼다.
정 답 ▶ ④

55 밑줄 친 부분의 쓰임이 잘못된 것은?

① He can make himself <u>understood</u> in English.

② It was an <u>exciting</u> game.

③ He stood <u>leaned</u> against the wall.

④ Things <u>done</u> by halves are never done right.

해 설 ▶ ③에서는 주어인 He와의 관계상 주격보어에는 현재분사형이어야 한다. 자신이 벽에 기댄 것이지 누군가에 의해 기대어진 것이 아닌 것이다. ④ Things (which are) done
번 역 ▶ ① 그는 영어로 의사소통이 가능하다.   ② 그것은 손에 땀을 쥐게 하는 게임이었다.
        ③ 그는 벽에 기대어 서 있었다.   ④ 어중간하게 된 일은 결코 제대로 되지 않는다.
정 답 ▶ ③ (leaned → leaning)

※ 다음 중 어법상 틀린 것은?

56 ① Not having seen it, I don't know it well.
② She was sleeping with her eyes closed and her mouth open.

③ The hurricane, coming as it did, took the Florida coastal community by surprise.

④ Comparing with most American parents, Korean parents seem to be very indulgent toward their children.

해 설 ▶ ① 완료형 분사구문이며 부정할 경우 Not의 위치도 적절하다.
        ② 전치사 'with+명사+형용사, 분사'를 통한 부대상황이며 적절하게 표현되고 있다.
        ③ 분사구문인 coming만 있어도 무방하지만 '분사구문을 강조'하기 위해서 as it did(as는 이유의 접속사, it=the hurricane, did는 came의 대동사)를 넣은 것이다.
        ④ *If they are compared* with ~ ⇨ *Being compared* with ~ ⇨ *Compared* with ~
번 역 ▶ ① 그것을 본적이 없으므로, 나는 그것을 잘 알지 못한다.
        ② 그녀는 눈은 감고 입는 연 채로 잠자고 있었다.
        ③ 실제로 닥쳐 온 것이어서, 그 허리케인은 플로리다 해안지약을 급습했다.
        ④ 대부분의 미국 부모님들과 비교해 보면, 한국의 부모님들은 그들의 자녀들에 대해 매우 관대한 것 같다.
정 답 ▶ ④ (comparing → compared)

57

① Writing in haste, the letter was not easy to understand.

② Compared to American students, Korean students spend more time at school.

③ Generally speaking, women are more likely to be concerned about their appearances than men.

④ Granting that it is true, we cannot agree with you.

⑤ The excited mobs began to throw cans and bottles into the stadium.

> **해설** ① *As it(=the letter) was written~*, the letter was~ → *Being written~*, the letter~ → *Written~*, the letter~
> ② *If they(=Korean students) are compared* to~, → *Being compared~*, → *Compared ~*.
> ③ *If we are speak generally*, ~ → *We generally speaking*, ~ → *Generally speaking*, ~ (무인칭 독립분사구문)
> ④ *Though we grant* that it is true, we~ → *Granting* that it is true, we~ ④ The mobs *who were excited~* (who were=being : 이 경우 being은 생략하는 것이 원칙) → The *excited* mobs~ (excited다음에 이를 수식하는 단어나 구 등이 없이 한 단어 형태로만 남게 될 경우 명사의 앞에 놓아 전치수식하는 것이 원칙이다.)

> **어구** • be concerned about: ~에 대해 염려·걱정하다 • appearance: 용모, 외모, 외양 • mob: 군중, 폭도

> **번역** ① 서둘러 쓰여 졌기 때문에, 그 편지는 이해하기가 쉽지 않았다.
> ② 미국 학생들과 비교하면, 한국 학생들은 학교에서 더 많은 시간을 보낸다.
> ③ 일반적으로 말할 때, 여성들이 남성들보다 외모에 대해 염려할 가능성이 많다.
> ④ 그것이 사실이라 인정한다 할지라도, 우리는 너와 동의할 수 없다.
> ⑤ 흥분한 군중들이 경기장 안으로 깡통과 병을 던지기 시작했다.

> **정답** ① (Writing → Written)

58 다음 중 문법적으로 옳은 문장은?

① Running along the street, my nose felt frozen.

② When running along the street, my nose felt frozen.

③ To get well, an operation is necessary.

④ To get well, he needs an operation

> **해설** 분사 구문의 주어 문제로서 분사구문의 생략된 주어와 주절의 주어가 동일해야 한다. 만약 다른 경우에는 생략할 수 없다. Ex. Running along the street, I met a friend of mine.
> 따라서, ①,②은 While I was running along the street, I was frozen.
> 즉, Running along the street, I was frozen.으로 해야 한다.
> ③은 ④와 같이 To get well, you need an operation으로 해야 한다.

> **정답** ④

59 다음 문장 중에서 문법적으로 틀린 것을 고르시오.

① Weather being fine, the meeting was held in the open air.

② He became used to seeing the flowers every day.

③ As it stopped to rain, I went out for a walk.

④ It's not very long since I began to learn French.

 해 설 ① = *As the weather was* fine, the meeting was held~.
　　weather일 경우 분사구문에서는 관용적으로 정관사(the)를 쓰지 않는다. 주절의 주어(the meeting)와 종속절의
　　주어(the weather)가 서로 다르므로 분사구문으로 나타낼 때 의미상의 주어(weather)를 그대로 두어야 한다. (독
　　립분사구문)「날씨가 좋았으므로, 그 회의는 야외에서 개최되었다.」
　　② become(or get) used to (동)명사 : ~에 익숙해지다「그는 매일 그 꽃들을 보는 데 익숙해졌다.」
　　③ "stop(Vt) + 동명사"는「~하는 것을 그만두다」"stop(Vi) + 부정사"는「~하기 위해 멈추다」의 의미이므로 to
　　rain을 raining으로 바꿔야 한다. 「비가 그쳤으므로, 나는 산책하러 나갔다.」
　　④ since다음에는 과거동사(began)를 쓰야 하며 주절에서 비인칭주어 it일 경우 시제는 현재를 쓰는 것
　　이 옳으나 구어체에서는 since가 포함된 이 문장에서도 *It has not been* very long~을 쓰기도 한다.
　　「나는 불어를 배우기 시작한지 얼마 안 되었다.」

정 답 ③

Grammar

형용사 Adjective

01 형용사의 용법

ⅠAⅠ 한정적 용법

명사의 앞뒤에서 명사를 직접 수식해 주는 역할 (A : 형용사 N : 명사)

형용사/분사	형용사와 형용사 기능의 것들(뒤에서 앞의 N을 수식 : 후치수식)
⇓	⇓ (2개 이상의 단어로 구성된 구나 절이 올 경우)
A ⤾ ⤿	「A + 부사(구)」
v-ing ⓝ	「both A1 and A2」 등과 같이 두 개 이상의 형용사가 N을 수식할 경우
v-ed	「v-ing + 부사(구) / 목적어」 ·············〉 N를 능동적으로 수식
	「v-ed + by + 명 / 기타 부사(구)」 ········〉 N를 수동적으로 수식
	「전치사 + (동)명사」
	「to 부정사」 (형용사적 기능 – 부정사 참조)
	「관계사절」 (관계사 참조)
〈전치수식〉	〈후치수식〉　　　　　　　　cf. ⤾, ⤿는 수식의 방향을 나타낸 것임

❶ 전치 수식(형용사가 명사 앞에서 수식을 하는 경우)

I found an empty house in a remote village. 나는 한 외딴 마을에 한 빈집을 발견했다.

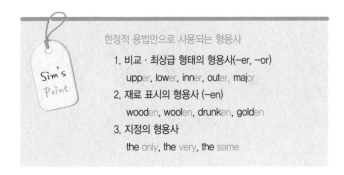

한정적 용법만으로 사용되는 형용사

1. 비교 · 최상급 형태의 형용사(-er, -or)
   upper, lower, inner, outer, major
2. 재료 표시의 형용사 (-en)
   wooden, woolen, drunken, golden
3. 지정의 형용사
   the only, the very, the same

❷ 후치 수식(형용사가 명사 뒤에서 수식을 하는 경우)

ⓐ 측정 표시구가 올 때

a river (which is) three hundred miles long   3백마일 길이의 강

ⓑ 두 개 이상의 형용사가 명사를 수식할 때

a writer (who is) both wise and imaginative   현명하면서도 상상력이 풍부한 작가

ⓒ 형용사에 타 수식어구가 결합된 경우

Alfred was a king (who was) anxious for his people's welfare.
알프레드는 그의 백성의 복지를 몹시 원했던 왕이었다.

ⓓ -thing, -body, -one, -where의 부정대명사를 수식할 경우

I will give you something special.   나는 너에게 뭔가 특별한 것을 주겠다.

ⓔ '[all, every, 최상급] + 명사'를 '~ible(able)' 형용사가 보충할 경우

She tried every means possible.   그녀는 가능한 모든 수단을 다해 보았다.

ⓕ 명사 + 서술 형용사

He is the greatest writer (who is) alive.   그는 살아 있는 가장 위대한 작가이다.

ⓖ 라틴어의 어순을 따르는 경우

Ex secretary general(사무총장), attorney general(법무장관), time immemorial(태고) 등

ⓗ 주의해야 할 사항 : 전치수식하는 현재 · 과거분사는「일반형용사화」되어 독자적인 한 단어로 수식한다. 그러나 involved, combined, concerned, left 등의 동사 성격이 강한 분사는 주로 한 단어로도 뒤에 둔다.

Ex the parties [which(/ who) are] concerned : 관계당사자

┃B┃ 서술적 용법(주격보어와 목적보어 자리에 오는 경우)

She was awake all the night. 그녀는 밤새도록 깨어 있었다.

The noise kept me awake. 소음이 계속 나를 깨어 있게 하였다.

┃ 서술적 용법만으로 사용되는 형용사 ┃

1. 'a-'로 시작되는 형용사

   afloat, afraid, alike, alive, alone, ashamed, asleep, awake, aware 등

   The captured prisoner of war is still alive. (alive는 live에서 파생된 서술 형용사)
   그 전쟁 포로는 아직도 살아있다.

   She is afraid of going out at night. (그녀는 밤에 외출하는 것을 겁낸다.)

   cf. The concert is on channel 6 live from Carnegie Hall. [on channel 6은 삽입 부사구]

   그 콘서트는 카네기홀에서 채널 6에서 생방송 되고 있다.
   • on channel 6 : 채널 6에서 • live : ad. a. 생방송의, 실황의, 녹화가(녹음이) 아닌(서술적, 한정적 기능 모두 가능)
   [*cf.* the live concert]; 살아 있는(living)(한정형용사)

   cf. 아래의 alert와 aloof는 파생된 형용사가 아니므로 위의 부류와 상관없는 형용사이다. 따라서 서술적 용법
   과 한정적 용법이 동시에 사용된다.

   Ex He is an alert driver. 그는 경계를 늦추지 않는 운전자이다.
   Her aloof attitude gained her few friends. 그녀의 쌀쌀한 태도는 친구들을 별로 얻지 못하게 했다.

2. 형용사를 활용한 주요 표현

   ┌ • be sure(/ aware/ proud/ afraid/ ignorant/ fond/ conscious/ convinced/ suspicious/ capable) of
   │   (동)명사
   │   * be sure(/ aware/ afraid/ ignorant/ convinced) that S + V
   │   *cf.* of + (동)명사 / that S + V는 각각 자신 앞의 형용사를 보완하는 보어 기능)
   │ • be indifferent(/ equal/ similar/ 〈un〉familiar/ subject/ vulnerable) to + 명사
   └ • be (un)familiar(/ concerned) with + 명사

I am fond of skiing. (=I like skiing.) 나는 스키를 타는 것을 좋아한다.

He am afraid of snakes. (=He fear snakes.) 나는 뱀을 두려워한다.

┃C┃ 한정적/서술적 의미가 달라지는 경우

	한정 용법	서술 용법
certain	어떤	확실한
present	현재의	참석한
late	고인이 된	늦은

Dr. Brown was late for the important meeting. 브라운 박사는 중요한 회의에 지각했다.

The late Dr. Brown was a renowned professor. 고 브라운 박사는 유명한 교수였다.

02 형용사의 종류

▮A▮ 수량 형용사

❶ 수(數) : many, few(부정의미), a few(긍정의미), several, various등은 복수명사와 결합한다.

- 량(量) : much, little, a little등은 불가산명사와 결합한다.

- 수 · 량 모두 가능한 것 : a lot of, lots of, plenty of (lot, plenty : '많음〈다수 · 다량〉'의 뜻이므로 수 · 양 모두 가능)

❷ many를 대용할 수 있는 표현(a number of, a host of등) * a variety of=various

　　🔄 a great(, large, good) number of : 대단히 많은(many를 보다 강조)

　　　quite a few(= a fairly large number of, not a few) : 꽤 많은 수의

　　　　↔ only(/ just) a few, very few : 극소수의

- many a + 단수명사 : 개별성에 초점을 둠으로 단수취급

- many + 복수명사 : 총괄적으로 봄으로 복수취급

　　(Ex.1) Many of the students in our class are very smart.

　　　우리 학급의 많은 학생들은 매우 영리하다.

　　(Ex.2) A great number of books on that shelf are written in English.

　　　그 선반 위에 있는 수많은 책들은 영어로 쓰여 진 것이다. [A great deal of (×)]

❸ much를 대용할 수 있는 표현

　　🔄 a great(, good) deal of, a great(, large) quantity(/ amount) of : 대단히 많은(much강조) /

　　　quite a little= a fairly quantity of, a considerable amount of : 꽤 많은 양의

　　　↔ only a little

Sim's Point

a. a number of cars / the number of cars :

전자는 「많은 차량들(=many cars)」의 의미로서 핵심어는 cars이다. 따라서 복수이다.

그러나 후자는 「차량의 대수」라는 의미로서 핵심어는 number이므로 단수이다. 그 이유는 전치사 「of + 명사」가 앞의 명사를 한정해주기 때문에 정관사가 필요하게 되었고 따라서 앞의 명사 number에 초점이 두어질 수밖에 없기 때문이다.

b. a kind of flower :

이 경우 부정관사 a는 가산명사 단수 kind때문에 쓰인 것이지만 "일종의 꽃"이라는 의미의 구성상 kind of은 한단어의 형용사와 같은 기능을 하고 있어 flower를 수식하며 맨 앞에 있는 부정관사가 단수보통 명사 flower에 연결되는 의미를 지니고 있다.

따라서 flower 바로 앞에는 부정관사를 쓰지 않는 것을 원칙이다.

a kind (/ type/ sort) of + 단수명사

a	kind of	flower	*Cf.* a <u>kind of a</u> flower (×) ☞ 이유는? 아래참조
this	kind of	flower	
these	kinds of	flowers	
many	kinds of	flowers	

❹ 관용 표현

ⓐ as many : 같은 수의 ～

Our family raise four cats and as many dogs.
우리 가족은 네 마리의 고양이와 같은 수의(네 마리의) 개도 기른다.

ⓑ like so many : 같은 수의 ～처럼

Three hours went by like so many minutes.
세 시간이 같은 수의 분(3분)처럼 지나갔다.

ⓒ as much : 같은 양의 ～

I bought two pounds of sugar and as much tea.
나는 2파운드의 설탕과 같은 양의(2파운드의) 차를 샀다.

ⓓ like so much : 같은 양의 ～처럼

ⓔ as much as : ～ 만큼이나 (= no less than)

ⓕ as much as to say : 마치 ～라고 말하듯이

ⓖ not so much as : ～조차도 못한 (= not even)

He cannot so much as read a book. 그는 책조차 읽지 못한다.

ⓗ not so much A as B : A라기보다는 B이다

He is not so much a scholar as a writer. 그는 학자라기보다는 작가이다.

He is not so much unintelligent as uneducated. 그는 머리가 둔하기보다는 교육을 받지 못했다.

ⓘ without so much as : ～조차도 없이 (= without even)

She left without so much as saying good-bye to us.
그녀는 우리에게 작별인사도 하지 않고 떠나버렸다.

❺ (a) few와 (a) little

A few people were **present.** 몇몇 사람들이 참석했다.

Few people were **present.** 참석한 사람들은 몇 안 되었다.

A little knowledge is **dangerous.** 약간 있는 지식은 위험스럽다. (무당이 사람 잡는다.)

Little knowledge is **dangerous.** 지식이 별로 없으면 위험스럽다.

❻ 수사(기수 · 서수)

ⓐ two hundred **students** (2백 명의 학생들) / hundreds of **students**(수백 명의 학생들)

- three hundred **dollars** : **three hundred**는 형용사 기능이므로 복수형이 있을 수 없다
- hundreds of **dollars** : 수 백 달러(막연한 개념일 때) * dozens of, tens of, thousands of

ⓑ 서수사에는 **the**를 붙인다.

Napoleon Ⅲ : Napoleon the third 나폴레옹 3세

ⓒ 기수와 서수의 사용법

- 순서의 개념이 있는 경우

제10과 : the tenth lesson(제10과)≒lesson ten(10과) Cf. ten lessons(10개의 과들)

- 순서의 개념이 없는 경우

Bus 32 (32번 버스)

track (number) two(2번 트랙) (o) / the second track (×) ('제2트랙'라는 논리는 성립 불가)

* 유례 : room (number) 100, car (number) 45… [순서의 논리가 아니기 때문에 서수 안 됨]

ⓓ 기수 + 측정 단위 명사

a seventeen–year–old **boy** 17세의 소년

ⓔ 연대 · 숫자

2021 : two thousand **(and)** twenty–one / twenty twenty–one

ⓕ 분수

one[a] half 1/2

three–fifths 3/5

ⓖ 기타 수의 표현과 읽기

the sixth of August 또는 August (the) sixth   8월 6일

six–fifteen p.m.   오후 6시 15분(시간)

five point[decimal] two five 5.25(소수)

▌B▐ 성질 · 고유 형용사

❶ 성질[성상] 형용사

❷ 고유 형용사

the + 고유 형용사(s) = 국민 전체 + 복수 동사

the English, the Koreans

▎A▎ 형용사의 어순

❶ 일반적인 경우 : 한정사 + 수사 + 형용사 + 명사

▎ 전 치 수 식 어 ▎

한정사 + ① 서수사 + (부사) + 일반형용사　① 주관적 · 상대적 A + 명 사

② 기수사　　　　　　　　　　　② 객관적 · 절대적 A　　주어(S)

관사　　　　　　　　　　　　　　　　　　　　　　　　목적어(O)

소유격　　　　　　　　　　　　　　　　　　　　　　　보어③

부정형용사

지시형용사

수량형용사

Ex　the　first　two　big　red　apples

관사 + 서수사 + 기수사 + 주 · 상적형 + 객 · 절적형 + 명사

---

① 전치수식어는 최종자리에 '명사'가 있음으로 존재하는 것들이며 일반적으로 관사를 대표로 하는 '한정사'는 필수적으로 존재하는 경우가 많으나 나머지 '전치수식어'는 선택적인 것들이다.

② 핵심어는 명사이며 이 명사를 기준으로 명사와의 관계가 가장 밀접한 것일수록 명사로부터 거리가 가깝다. 즉, 〈의미가 밀접할수록 거리 또는 위치도 가까이 !〉

③ 전치한정사는 왜 가장 앞서 나오게 되는가? ☞ 다음의 논리를 서로 비교해 보라.

　ⓐ some of the people　　some ⊂ the people (of 생략안됨)　* some people : 부정형용사

　　most of the people　　most ⊂ the people (of 생략안됨)　* most people : 부정형용사

　　* most = almost all(대명사 참조)

　　all (of) the people　　all ⊆ the girls　(of 생략가능)　* all people : 부정형용사

　ⓑ both (of) the students　both ⊆ the students (of 생략가능)　* both people : 부정형용사

　　half (of) the time　　half 도 이에 준하는 것으로 봄

　　All the students in my school are studying English. 우리학교 모든 학생들은 영어를 공부하고 있다.

　ⓒ double the price　　double ⊃ the price(of 사용할 수 없음)

　　* all, both, half의 경우 of이 생략 가능하므로 한정사(정관사와 소유격)보다 앞서 나오게 된 것이다. 단, of 다음에 대명사가 올 경우(이 경우는 위의 1항도 해당됨)는 of을 생략하지 못한다.

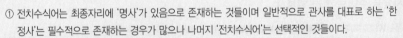

　　Ex　some of them, all of it (o) / some them, all it (×)

　　* (of)다음에 정관사와 소유격 또는 지시형용사를 쓰는 이유는? some, all, both은 부정(不定)대명사로서 (of)다음에 나오는 전체집합이 구체적 · 한정적 의미가 되어 있어야 그 의미가 성립될 수 있으므로

Sim's Point

* 위의 1,2에서 전치사 of앞의 부정대명사의 수는 of 다음에 나온 명사의 수에 일치시켜 맞춘다. 마찬가지 논리로 전치사 of 앞에 부분을 나타내는 명사 기능의 것들, 즉 a part of, a half of(…의 1/2), half of(…의 절반), two-thirds of, ~ percent of등도 of 다음의 수에 따라 동사의 수에 일치 시킨다.

  Ex Roughly half of the employees commute to work by subway.
  대략 그 근로자들 중 절반은 지하철로 통근한다.

* double the price에서「가격(the price)(예. 100원)의 두 배(double)(200원)」에서 double이 부분집합의 논리가 될 수 없다. 따라서 전치사 of을 사용할 수 없는 것이다. 명사가 전제가 될 때는 두 배를 double로 사용하는데 형용사나 부사가 전제가 될 때는 twice를 쓴 다는 점을 주의!

  Ex twice as 형용사/부사 as : as~as가 동등비교(즉, 1배)를 뜻하므로 여기에다 X2를 했다고 생각하면 된다. 세 배 이상일 경우는 어느 경우이든 수사(3이상) + times로 나타내면 된다.

  Ex three times the price / three times as ~ as

❷ old, long, high, deep, wide, tall, wide, thick 등이 수사와 함께 쓰일 때

He is twenty seven years old. 그는 27세의 나이를 먹었다.

The walls are three inches thick. 보어 thick앞에 독자적인 삽입기능의 단위로 보면 됨. 그 담은 두께가 3인치이다.

Cf. the three-inch(-thick) walls (이 경우 -thick은 선택요건이다.) 3인치 두께의 담

▎B▎ 형용사의 주의할 구문

❶ 사람을 주어로 쓰는 형용사

He was afraid of failing in the exam. 그는 시험에 낙방할 것을 두려워했다.

He was afraid (of) that he would fail in the exam. (복문의 경우 전치사 사용불가)

❷ 사람을 주어로 쓰지 않는 형용사 구문

ⓐ 감정을 나타내는 형용사화 된

His story is interesting to listen to. 그의 이야기는 듣기에 흥미진진하다.

ⓑ 난이 형용사 → It be difficult + to R

It is difficult (for us) to solve the problem. (우리가) 그 문제를 풀기는 어렵다.

It is impossible (for us) to persuade him. (우리가) 그들 설득하기엔 불가능하다.

→ He is impossible (for us) to persuade.

ⓒ 그 밖의 사람을 주어로 쓰지 않는 주의 형용사

You can call me when it is convenient to (=for) you.

넌 편리할 때면 나에게 전화할 수 있어.

❸ It ~ that 구문을 사용하는 형용사

→ It ~ for + 사람 + to do (×)

It is likely that **he will come here.** 그가 이곳으로 올 것 같다.

❹ It ~of +사람 +to do 구문을 사용하는 형용사 [자세한 내용은 '부정사'에서]

It **was very** considerate of you to say **so.** 당신이 그렇게 말씀하시다니 매우 사려 깊군요.

❺ 이성적/감성적 판단의 형용사 [자세한 내용은 '법'에서]

ⓐ 이성적 판단의 형용사 → It be necessary that…(should) R

It is necessary that we (should) meet **again next month.**

우리는 다음 달에 꼭 다시 만나야 합니다.

= It is necessary for us to meet **again next month.**

ⓑ 감성적 판단의 형용사 → It be strange that S…should R

It is ridiculous that he should do **it again.** 그가 그것을 다시 해야 하다니 우스꽝스럽다.

❻ 전치사적 형용사

Tom is like his father. = Tom and his father are alike. 톰은 아버지를 닮았다.

＊ 이 경우 is like를 resembles로 바꿀 수 있다.

Like + 명사, S + V. [명사와 S는 동일종류의 사람(사물)이지 동일인(물)은 아니다.]

(…와 마찬가지로 : 유사관계) [여기에서의 like는 완전한 전치사 기능]

Unlike + 명사, S + V. [명사와 S는 동일종류의 사람(사물)이지 동일인(물)은 아니다.]

(…와는 달리 : 대조관계)

🔾 Like와 As의 비교 : As(~로서 : 자격)의 경우는 동일인(물)은 말한다.

- As a writer, he **is known to everyone.** (a writer=he)

작가로서, 그는 모든 사람에게 알려져 있다.

- Like writers, painters **are imaginative.** (writers≠painters)

작가들과 마찬가지로, 화가들은 상상력이 풍부하다.

- Unlike writers, brick layers **are not imaginative.** (writers≠brick layers)

작가들과는 달리, 벽돌공들은 상상력이 풍부하지 않다.

---

❼ 수량의 정도표시에 주의해야 하는 단어

ⓐ high나 low를 수식어나 보어를 취하는 단어

Demand **for these cars is** high, despite their high price. Cf. high demand : 고수요

고가에도 불구하고 이 승용차에 대한 수요는 높다.

His salary is lower **than hers.** 그의 임금은 그녀의 임금보다 낮다. cf. low salary : 저임금

The price of the books is high[low]. 그 책의 가격은 높다(낮다). cf. high price : 고가

ⓑ 집합적 의미의 명사 / 막연한 수량의 단위에는 many · much 대신 large/small를 사용한다.

The number of cars in New York is large[small]. 뉴욕의 자동차 수는 많다(적다).

cf. a large number of cars : 많은 수의 차량들

❽ 형용사를 활용한 명사 기능

Ex the poor = poor people / the homeless(무주택자들, 노숙자들) / the elderly(노인들) = elderly people / the unemployed(실직자들) / the handicapped(장애인들), the accused(피고인) // the beautiful : 美(beauty)

※ 빈칸에 들어갈 가장 알맞은 것을 고르시오. (1~28)

01 Richard Wagner had the emotional stability of a _____ child. (2009 국가직)

① ten–year–old's   ② ten–year–olds

③ ten–years–old   ④ ten–year–old

> 번역 - 리처드 바그너는 10세 아이의 정서적 착실함을 가지고 있었다.
> 해설 - 「수사 + 명사」가 다른 명사를 전치수식하는 경우 수사 다음의 명사는 형용사적 기능(이를 나타내기 위해 대개 hyphen〈–〉을 씀)이므로 반드시 단수형이어야 한다. Cf. He was ten years old.
> 정답 - ④

02 A : How much money do you have?

B : I have a _____ bill.

① tens dollars   ② ten–dollar   ③ tens–dollar   ④ ten dollars

> 해설 - a ten–dollar bill : 10달러 짜리 지폐 한 장 * 형용사 특성의 자리에 복수형태는 불가하다.
> 번역 - A : 얼마의 돈을 갖고 있나요? B : 나는 10달러 지폐 한 장 갖고 있어요.
> 정답 - ②

03 She is a(n) _____ lady.

① young rich beautiful American   ② beautiful rich young American

③ rich beautiful young American   ④ young beautiful rich American

> 해설 - 한정사(관사, 소유격…) + 수사(① 서수사 ② 기수사) + 일반형용사(① 주관적 · 상대적[rich beautiful] (rich는 '주관적' 특성이 매우 강하지만 beautiful은 '객관적' 특성의 일부도 포함하고 있다.) ② 객관적 · 절대적[young American]) + 명사
> 번역 - 그녀는 돈 많고 아름다운 젊은 미국 숙녀이다.
> 정답 - ③

04 She doesn't think that your coat is _____.

① worthy to buy   ② worthwhile the price

③ worth the price   ④ worthy the price

해설▶ worth는 be동사(2형식 동사)의 보어이자 뒤에는 바로 (동)명사를 취할 수 있는 전치사적 형용사이다.

번역▶ 그녀는 당신의 코트가 그 가격만큼의 가치가 있다고는 생각하지 않는다.

정답▶ ③

05 "Which shoes belong to his father?", "The _____."

① blue large five ones   ② five blue large ones

③ five large blue ones   ④ large five blue ones

해설▶ 「한정사(관사 등)[The] + 수사(five) + 주관적·상대적 형용사(large) + 객관적·절대적 형용사(blue) + 명사 (ones=shoes)」의 순서

번역▶ "어느 신발이 그의 아버지 것인가요?" "다섯 개의 크고 푸른 신발이지요."

정답▶ ③

06 A : "Which lesson is dull?

B : " _____ seems very dull."

① Lesson the tenth   ② Tenth lesson

③ Lesson tenth   ④ The tenth lesson

해설▶ the tenth lesson : 제10과(lesson ten : 10과) Cf. ten lessons : 10개의 과들

번역▶ A : "어느 과가 지루하죠?" B : "제10과가 따분한 것 같아요."

정답▶ ④

07 There are _____ visitors for me to greet them all.

① very many   ② too many   ③ such many   ④ so many

해설▶ too ~ to = so ~ that he can not ~

번역▶ 방문객이 너무 많아서 나는 그들 모두를 맞이하지 못한다.

정답▶ ②

08 The price of the book was _____.

① high   ② dear   ③ cheap   ④ expensive

해설▶ high나 low로 서술기능이나 한정기능으로 쓰는 명사 : demand, level, price, rate, salary, standard
* high price(高價 ↔ low price〈低價〉) Cf. The *book* is *expensive(=dear)*. (↔ *cheap*)

번역▶ 그 책의 가격은 고가이다.

정답▶ ①

09 "Why did you work so quickly?", "It seemed _____ a very easy exercise."

① like   ② as   ③ similar   ④ that

해설 2형식 동사에 대한 형용사 기능의 주격보어이자 바로 목적어(명사나 동명사)를 취할 수 있는 전치사 기능(전치사적 형용사)이어야 하므로 like여야 한다.

번역 "왜 그토록 빨리 해치웠지?", "아주 쉬운 연습문제 같았거든요."

정답 ①

10 This work cannot be done in _____.

① so a short time   ② a so short time

③ so short time   ④ so short a time

해설 so, as, too, how + 형용사 + a(n) + 단수명사 : 부사는 형용사를 수식하므로 부정관사가 밀려남!

번역 이 일은 그토록 짧은 시간 동안에는 이루어질 수 없다.

정답 ④

11 I _____ unhappy businessmen would increase their happiness more by walking six miles everyday.

① convince   ② am convincing   ③ am convinced   ④ have convinced

해설 「be convinced (that) S + V…」 혹은 「be convinced of + (동)명사」는 「~을(~라고) 확신하다」

번역 잘 풀리지 않는 사업가들은 매일 6마일을 걸음으로써 자신의 행복을 더욱 증가시킬 것이라고 나는 확신한다.

정답 ③

12 Everyone asked for _____.

① his salary double   ② double his salary

③ his double salary   ④ double of his salary

해설 「배수사 + the(또는 소유격) + 명사」에서 배수사(double, twice, five times,…) 다음에는 전치사 of을 절대 쓸 수 없다. of(~중에서)은 부분집합의 의미인데 배수사는 그 반대의 논리가 되기 때문이다.

번역 모두는 자기 봉급의 두 배를 요구했다.

정답 ②

13 "How about the walls?", "The walls are _____ thick."

① third inches   ② three inches   ③ third inch   ④ three inch

해설 be동사에 대한 주격보어 thick은 문미에 와야 하며 그 앞에 「수사 + 〈복수〉명사」가 삽입된 것이다. 즉, 서술적으로 쓰일땐 수사 다음에는 당연히 복수명사가 오는 것이다. 그러나 한정적으로 쓰일 때는 최종명사를 수식하는 기능(수식형용사 기능)이므로 반드시 단수형이 되어야 한다. 대개 hyphen(-)을 붙여서 쓴다. *Ex.* the *three-inch(-thick)* walls (한정적 기능)

번역 "그 담은 얼마나 되죠?", "두께가 3인치입니다."

정답 ②

14 Have you read anything interesting and _____?

① use   ② profit   ③ advantage   ④ beneficial

해설 anything *interesting and beneficial* : —thing, —body, —one등의 부정대명사를 형용사가 수식할 경우는 항상 뒤에 두어야(후치수식) 한다. 이 경우의 문제는 등위관계에서 and앞의 interesting과 호응하는 형용사를 찾는 문제이기도 하다.

번역 흥미롭고 이익이 될만한 어떤 것이라도 읽었나요?

정답 ④

15 "Did the boys threaten to harm the lady?"

"No, but as they talked she grew _____."

① to fearing   ② fearfully   ③ to fear   ④ fearful

해설 become의 의미를 나타내는 2형식 동사 grow의 형용사 보어가 요구된다.

번역 "그 소년들은 그 숙녀를 해치려고 위협했나요?", "아뇨, 그들이 말을 했을 때 그녀는 겁을 먹었어요."

정답 ④

16 All the kids in the picture _____.

① look like   ② look each other   ③ look alike   ④ resemble

해설 alike는 서술기능의 형용사이다. look like의 경우는 like[전치사적 형용사]다음에 명사를 두어야 한다. look each other의 경우는 일단 look를 타동사로 볼 수는 있지만 주어가 All the kids[3명 이상일 경우]이므로 둘을 전체로 하는 each other는 목적어로 부적합하다. ④의 경우는 resemble one another이면 가능하다.

번역 그 사진에 나와 있는 모든 아이들은 모두 똑같아 보인다.

정답 ③

17 The American dream does not come to those who fall _____.

① sleeping   ② sleep   ③ asleep   ④ slept

해설 become의 의미를 지닌 2형식 동사의 하나인 fall에 대한 (서술기능의) 형용사 보어를 찾는 문제이다.

번역 아메리칸 드림은 잠드는 사람에게는 오지 않는다.

정답 ③

18 A : "How about him?"

B : "He came home _____."

① safely   ② with safety   ③ with safeness   ④ safe

해설 추가(유사) 보어로서 「주어(나 목적어)의 상태나 결과」를 나타낸다.
추가(유사) 보어를 사용하는 대표적 동사 : come (back), return, lie, die, marry, be created, capture 등
Cf. He was *safe* when he *came home*. (추가보어란 '복문 ⇨ 단문'의 전환에서 나옴)

번역 A : "그는 어떤가요?", B : "그는 안전하게 집에 왔어요."

정답 ④

19 Until then, these problems had been _____ for centuries.

① laying dormant

② laying dormantly

③ lying dormant

④ lain dormantly

해설 ▶ lie는 1형식 자동사이지만 추가(유사)보어 dormant를 취해 2형식이 된 경우이다. 과거완료 진행시제이다.

번역 ▶ 그 때까지 이 문제는 수세기 동안 드러나지 않은 채로 있었다.

정답 ▶ ③

20 At last we found the exhausted animal lying there _____.

① sick

② to be sick

③ in sick

④ to be sickening

해설 ▶ We found the exhausted animal lying there.만으로 5형식의 완전한 문장이 된다. 이 경우 목적어를 주어로 목적보어를 주격보어로 다시 놓아보면 The exhausted animal lay there.이다. 즉, 1형식의 문장이 되는데 이 문장에서 추가보어(유사보어, 준보어) sick를 넣어서 2형식이 된 경우이다. The exhausted animal lay there sick.

번역 ▶ 마침내 우리는 그 지친동물이 그곳에서 아파서 누워있는 것을 발견했다.

정답 ▶ ①

21 The guerrillas' intention is to capture her _____.

① living

② alive

③ to live

④ to be alive

해설 ▶ capture는 3형식 완전타동사이지만 추가(유사)보어 alive를 취해 5형식이 된 경우이다.

번역 ▶ 그 게릴라들의 의도는 그녀를 생포하는 것이다.

정답 ▶ ②

22 It is generally believed that men are created _____.

① to be equal

② equally

③ as equal

④ equal

해설 ▶ 유사보어 문제이다. Cf. Men are equal when they are created.

번역 ▶ 사람은 평등하게 창조되었다고 일반적으로 믿는다.

정답 ▶ ④

23 _____ apples are delicious and juicy.

① Those dark red

② Dark those red

③ Those red dark

④ Red dark those

해설 ▶ Those(지시형용사-한정사) dark(상대적 형용사) red(절대적 형용사) apples(명사)

번역 ▶ 그러한 검붉은 사과는 맛있고 즙이 많다.

정답 ▶ ①

24 My appointment with the doctor is on Friday, _____.

① the five of March

② fifth March

③ five March

④ the fifth of March

해설 ▶ 3월 5일 : the fifth of March, March the fifth, March 5th, March 5(five)

번역 ▶ 내가 의사의 진찰을 받기로 한 약속 날짜는 3월 5일 금요일이다.

정답 ▶ ④

25

"Did you visit many places while you were in America?"

"Yes, _____."

① quite a few   ② a few   ③ on1y few   ④ on1y a few

해설 ▶ Yes, (I visited) quite a few (places).
번역 ▶ "미국에 있는 동안 많은 곳을 방문했나요?" "네, 꽤 많은 곳을요."
정답 ▶ ①

26

A tropical tree that grows in _____, the mangrove is utilized in coastal land building.

① salty ocean water   ② ocean salty water

③ ocean water is salty   ④ water of the ocean is salty

해설 ▶ ocean water(바닷물)은 합성명사로 하나의 개념이며 이를 수식하는 성질을 나타내는 형용사 salty가 그 앞에 온다.
번역 ▶ 염분이 있는 바닷물에 자라는 열대나무인 맨그로브는 해안지역의 건축에 이용된다.
정답 ▶ ①

27

"Do you like the Chinese food served in American restaurants?"

"It's not bad but I prefer _____."

① Chinese food authentically   ② Chinese authentic food

③ food Chinese authentically   ④ authentic Chinese food

해설 ▶ Chinese food은 논리상 한 개념의 덩어리[Chinese는 food와는 절대적 관계의 형용사]이므로 묶어 두고 그 앞에 authentic을 둔다.
번역 ▶ "미국식당에서 제공되는 중국음식을 좋아하십니까?", "나쁠 것은 없죠. 그러나 저는 진짜 중국음식을 좋아합니다."
정답 ▶ ④

28

"Where should they be planted?"

"_____ should be planted in the shade."

① This kind of flower   ② These kind of flower

③ These kinds of flowers   ④ This kind flower

해설 ▶ These는 kinds를 수식하는 지시형용사이며 ~ kinds of다음에는 복수명사와 호응하는 것이 원칙이다.
번역 ▶ "그것들은 어디에 심겨야 하나요?", "이런 종류의 꽃들은 그늘에 심겨져야 해요."
정답 ▶ ③

29

Playing dice has been ① a popular game for Western people, and 6 ② is considered to be the strongest number since it is the biggest number from a dice. Meanwhile, 7 is regarded ③ as the lucky number probably because it is ④ most likely to have 7 in a dice game when you roll two dice at ⑤ a same time. (2011 국회사무처)

> **번역** 주사위 놀이를 하는 것은 서양인들에게는 인기있는 게임이었으며 6은 주사위에서 가장 큰 수이므로 가장 강력한 수로 여겨진다. 한편, 7은 두 개의 주사위를 동시에 구를 때 주사위 게임에서 7을 가질 가능성이 아마 가장 높기 때문에 행운의 숫자로 여겨진다.

> **해설** ①은 동명사 주어에 대한 단수 주격보어로서 적절하다.
> ②는 능동일 경우 'consider + 목적어 + to부정사'의 5형식 문형의 경우를 수동태로 나타낸 경우로서 적절하다.
> ③는 'regard A(목적어) as B(목적보어) [A를 B로 간주하다]'가 수동이 된 구조로서 적절하다.
> ④ most는 형용사 likely를 수식하는 부사이다.
> ⑤ 'the same~, the only~, the very~, the rest, 최상급(the greatest poet), 서수(the second chapter)'의 경우는 등은 "구체적·한정적·특정적" 개념을 나타내므로 정관사(the)가 항상 호응되어야만 하는 표현들이다.

> **정답** ⑤ (a same time → the same time)

30

① In the mid 1990s, ② it was estimated that 9 million Americans ③ were planning a summer vacation alone. Since then, the number of solo travelers ④ have increased.
(2009 국가직)

> **해설** *the number of*+복수명사+단수동사 / *A number of*+복수명사+복수동사
> ⇨ • 전자의 Key Word는 *The number*이므로 동사는 단수이다.
> • 후자의 Key Word는 of 다음의 복수명사이므로 동사는 복수이다.

> **번역** 1990년대 중반, 9백 만 명의 미국인들이 혼자서 여름휴가를 계획하고 있는 것으로 추산되었다. 그 이래, 나 홀로 여행객들의 수는 증가했다.

> **정답** ④ (have increased → has increased)

31

The film studio is ① like a large factory, and the indoor stages are ② very big indeed. ③ Scenery of all kinds is made in the studio: churches, houses, castles, and the forests are ④ all built of wood and cardboard. ⑤ Several hundreds people work together to make one film. (2010 경북교행)

> **번역** 그 영화촬영소는 커다란 공장을 닮고 실내의 무대는 실로 너무 크다. 모든 종류의 배경이 촬영소에 만들어져 있다: 교회, 집, 성 그리고 숲들이 목재와 판자로 모두 지어져 있다. 수백 명의 사람들이 하나의 영화를 만들기 위해 함께 일한다.

> **해설** ①의 like는 '전치사적 형용사'로서 is의 형용사 보어(형용사)이면서 like다음에는 명사를 취한 '전치사'이기도 하다. ②의 정도부사 very는 형용사 원급인 big을 수식하는 역할로 적절하다. ③에서는 주어인 Scenery에 대한 동사 is가 적절하며 ④ all은 주어인 the forests와 동격 또는 부사로 본다. are built of wood and cardboard에서의 전치사 of는 '속성, 성질'을 나타낸다. ⑤에서는 Several hundred가 복수인 people을 수식하는 형용사이다. 따라서 hundreds에서 's'를 삭제해야 한다.

> **정답** ⑤

32

John took ① carefully notes ② of all presentations throughout the conference, ③ to be able to refer to ④ them later. (2008 지방직)

어구 • take(make) notes of : ~을 노트(기록, 메모)하다
번역 John은 나중에 참조할 수 있도록 그 회의의 전반에 걸쳐 모든 발표내용을 주의 깊게 기록했다.
해설 notes는 명사여서 이를 수식하는 것은 형용사여야 하므로 부사인 carefully를 형용사 careful로 대체!
정답 ① (carefully → careful)

33

I ① had never read ② this kind of ③ a book before, and I found ④ myself highly ent ertained.

해설 [한정사 – 「a / this / what」 + kind, type, sort + of + 무관사 단수명사] → 이 경우 무관사인 이유는 맨 앞에 있는 한정사가 정관사(the)가 아닐 경우 전치사 of이하의 내용이 앞의 단어를 수식하는 것이 아니라 오히려 전치수식의 의미로 쓰이기 때문에 마치 of다음의 명사를 대상으로 맨 앞의 한정사가 쓰이는 논리이다.
번역 나는 전에는 결코 이런 종류의 책을 읽어 본 적이 없다. 그래서 나는 매우 재미있게 읽었다.
정답 ③

34

It ① cost the company $10,000 to equip ② their 3,000–square–feet home with ③ all the wiring, 15 ④ or so phone jacks, alarm systems and ⑤ a central–distribution panel fed by high–speed cable.

해설 ①의 cost는 과거시제로 제시된 것이며 ②에서 명사인 home을 수식하는 한정적 형용사 역할의 경우는 복수형이 불가하다.
번역 그 회사가 3천 평방피트의 본부에 그 모든 배선과 15개 정도나 되는 전화 잭, 경보 시스템 및 고압 케이블로 공급되는 중앙 배전판을 장치하는 데는 1만 달러의 비용이 들었다
정답 ② (their 3,000–square–feet–home → their 3,000–square–foot–home)

35

Cohen points to studies ① showing that, ② unlike their younger family members, the elderly who ③ suffer from stress ④ is more likely ⑤ to become ill.

해설 who suffer from stress는 관계사절(형용사절)이며 that절의 주어는 복수인 the elderly이므로 정(형)동사는 복수이어 야 한다.
어구 • point to : 가리키다, 지시 · 지적하다 • the elderly : 노인들(elderly people)
번역 Cohen은 보다 젊은 가족의 구성원들과는 달리 스트레스로부터 고통을 겪는 노인들이 병에 생길 가능성이 더 높다는 것을 보여주는 연구에 대해 지적(주목)하고 있다.
정답 ④ (is → are)

36

① Though Lincoln knew his defects, he was ② broad–minded enough ③ to appoint the man to the important office because he ④ was convincing of his ability.

해설 convinced : 확신하고 있는(과거분사형은 주어와 관계가 수동)
cf. be convinced of + (동)명사~ = be convinced that S + V : ~을 확신하다
어구 • convincing : 설득력이 있는(현재분사형은 주어와의 관계가 능동)
cf. His argument is convincing. (서술적 기능) / his convincing argument (한정적 기능)
번역 링컨은 그의 결점을 알고 있었지만, 그의 능력을 확신하고 있었기 때문에 그 사람을 주요직책(요직)에 임명할 만큼 매우 마음이 넓었다.
정답 ④

37   Because ① he was ② greatly troubled ③ by his conscience, Hamlet was incapable ④ to kill the king.

해설 ▶ be capable of ~은 「~을 할 수 있다」(=be able to부정사)이므로 of killing으로
번역 ▶ Hamlet은 양심의 가책을 크게 받아 왕을 죽일 수 없었다.
정답 ▶ ④ (to kill → of killing)

38   ① To balance a budget is ② to show that the sum of a ③ man's earnings is ④ equal the sum of his expenditures.

해설 ▶ be equal to 「…와 대등하다, 똑같다(equal)」
번역 ▶ 예산의 균형을 꾀하는 것은 소득액이 지출액과 같음을 보이는 것이다.
정답 ▶ ④ (equal → equal to)

39   ① Just as the college graduate, a ② high–school graduate entering the ③ labor market will find ④ his earnings proportionate to his abilities.

해설 ▶ the college graduate ≠ a high–graduate이므로 ①의 as를 like로 :「…처럼」로 cf. as 「…로서」
　　　　 Ex. As a singer, he sang. (he=singer)
번역 ▶ 노동시장에 들어가는 고등학교 졸업생은 대학 졸업생처럼 자신의 소득이 자신의 능력과 비례함을 알게 될 것이다.
정답 ▶ ①

40   The bones of mammals, ① not alike ② those of ③ other vertebrates, ④ show a high degree of differentiation.

해설 ▶ unlike는 like의 상대개념의 전치사로서 「…와는 달리」
번역 ▶ 포유동물의 뼈는 다른 척추동물의 뼈와는 달리 고도의 분화를 보여준다.
정답 ▶ ①

41   ① Approximately ② one–fourth of a worker's income ③ are paid ④ in taxes and social security to the government.

해설 ▶ 전치사 of앞에 부분의 의미를 나타내는 단어를 쓸 경우 of다음에 단수(또는 단수형)이면 단수로 받고, of 다음에 복수이면 복수로 받으면 된다.
　　　　 cf. 부분을 나타내는 표현 : 「a half, two–thirds, most, the majority, the rest, 10% 등」
번역 ▶ 한 근로자 수입의 약 4분의 1은 세금과 사회보장비로 정부에 지불된다.
정답 ▶ ③ (are paid → is paid)

42   There is ① plenty of ② evidences ③ that ④ late children often have problems that other kids do not face.

해설 ▶ There is + S (단수〈형〉주어) / There are + S(복수주어) plenty of + [가산명사(복수) / 불가산명사] 모두 가능하다. 따라서 ②를 evidence (불가산명사)로 고쳐야 한다.
번역 ▶ 뒤늦은 아동들은 다른 아이들이 직면하지 않는 문제들을 종종 겪게 된다는 많은 증거가 있다.
정답 ▶ ②

43
Flight ① is a very difficult ② activity ③ for most ④ alive things.

해설 alive는 서술적으로만 가능한 형용사이므로 한정 기능이 가능한 living나 live를 사용해야 한다.
번역 비행은 대부분의 살아있는 것들(생명체들)에게는 매우 어려운 활동이다.
정답 ④ (alive → living)

44
Rodman and Jordan are not ① like in ② other ways. Jordan ③ is polite ; Rodman is often ④ impolite.

해설 서술적 기능의 형용사는 alike여야 한다.
번역 Rodman과 Jordan는 다른 면에 있어서는 서로 같지 않다. Jordan는 공손한데 Rodman는 종종 무례하다.
정답 ① (like → alike)

45
Shells have served ① as currency ② in many lands and ③ among many ④ differently peoples.

해설 명사 peoples를 수식할 수 있는 것은 형용사 different이다.
번역 조개껍질은 많은 나라들과 여러 다른 민족들간에 화폐로서의 역할을 해 왔다.
정답 ④ (differently → different)

46
① Alike oxygen, which is ② chemically transformed by our bodies into carbon dioxide, nitrogen is ③ merely exhaled back ④ into the air.

해설 alike는 서술적 형용사로서만 가능하고 부사구를 이끌 수 있는 전치사 역할이 가능한 것은 like와 unlike인데 이 문맥에 맞는 것은 unlike이다.
번역 우리 몸에 의해 화학적으로 변형되어 이산화탄소가 되는 산소와는 달리, 질소는 단지 공기 중으로 도로 발산될 뿐이다.
정답 ① (Alike → Unlike)

47
The World Cup team ① have arrived ② home. Tens of ③ thousand fans were at ④ the airport.

해설 *tends of thousands* of fans : 수만 명의 팬 * *Ten thousand* fans : 일만 명의 팬
번역 그 월드컵 팀은 고국에 도착했다. 수만 명의 팬들이 공항에 나왔다.
정답 ③ (thousand → thousands of)

48
① During the 1936 Olympics, Jesse Owens ② set a ③ world new record in track and won ④ four gold medals.

해설 world record는 합성명사이며 하나의 개념 단위이다. 따라서 형용사인 new는 그 앞에 두어야 한다.
번역 1936년 올림픽 동안, Jesse Owens은 트랙경기에서 새로운 세계기록을 수립했으며 네 개의 금메달을 획득했다.
정답 ③ (world new → new world)

49　① I'm ② certainly that you are ③ a good student ④ in my class.

해설 be동사에 대한 형용사 보어여야 하므로 ②는 certain(=sure)이어야 한다. 이 경우 that절 이하 전체는 형용사 certain을 보완하는 보어이다.

번역 나는 네가 우리 학급에서 훌륭한 학생이라고 확신한다.

정답 ② (certainly → certain)

50　① Is it ② necessary ③ his returning the book ④ immediately?

해설 necessary가 보어일 경우 부정사가 호응된다. it은 가주어 to return이하는 진주어이다. 부정사의 의미상의 주어는 for him이다.

번역 그가 그 책을 즉시 돌려줄 필요가 있습니까?

정답 ③ (his returning → for him to return)

51　The doctor's records must ① be kept ② thorough and ③ neatly, ④ so as to insure good bookkeeping.

해설 능동이라며 ~ must keep the doctor's records thorough and neat.여야 한다. keep, leave, find는 목적보어로 형용사, 분사를 두는 대표적 5형식 동사인데 이것이 수동이 되면 2형식이 된다. 따라서 ③의 단어를 형용사로 나타내야 한다. Cf. thorough and neat records(철저하고 깔끔한 기록)

번역 훌륭한 부기(장부기록)를 분명히 하려면 의사의 기록은 철저하고 깔끔해야 한다.

정답 ③ (neatly → neat)

52　① Leading scientists are often the ② kinds of person who ③ have enjoyed intellectual challenges ④ all their lives.

해설 kinds of + 복수명사 * 이 문장에서 kinds앞에 정관사가 붙은 것은 who이하의 관계사절이 앞의 선행사(the kinds of persons)를 한정해 주기 때문이다.

번역 일류 과학자들은 종종 그들의 일생을 지적인 도전을 향유해 온 종류의 사람들이다.

정답 ② (kinds of person → kinds of persons)

※ Choose the one that does not fit the sentence as a whole.

53　It is such a(n) _____ book that you won't be able to put it down.

① amusing　　　　② entertaining　　　　③ interesting

④ bestseller　　　　⑤ gripping

해설 ①, ②, ③, ⑤의 경우는 모두 형용사 기능의 하나인 현재분사로서 수식대상의 명사인 book을 능동적으로 수식하고 있다. 그러나 ④의 경우는 a bestselling book(=a bestseller)이어야 한다. 복합명사가 허용되는 경우는 예를 들어 a book store(서점)과 같이 두 개의 단어라도 중복되지 아니하면서 의미상 한 개념의 단위가 되어야 한다. 그러나 a bestseller의 경우는 그 자체가 "가장 잘 팔리는 책"이므로 뒤의 book과 의미가 중복된다.

번역 그것은 너무나 재미있는 책이어서 (읽다가) 책을 내려놓을 수 없을 것입니다.

정답 ④

54 다음 대화의 공란에 가장 적합한 대화는?

> Man A : "Do you have many books at home?"
>
> Man B : No, "＿＿＿＿＿＿．"

① Just a little ② Only a little ③ Only few ④ Just a few

해설 ① = ② : 아주 적은('양' 개념) ③ 원칙상 쓰지 않는 표현 ④ = Only a few
Cf. (I have) Just a few (books at home).

번역 A : "집에 많은 책을 가지고 있나요?" B : 아뇨, "조금밖에 없어요."

정답 ④

55 다음 밑줄 친 부분과 같은 뜻을 가진 단어는?

> We have quite a little food to share with the homeless.

① little ② a considerable number

③ some ④ a considerable amount of

해설 quite a little : 꽤 많은 양의(= a fairly quantity of, a considerable amount of)

번역 우리는 무주택자들과 함께 나눠 먹을 수 있는 꽤 많은 양의 음식을 가지고 있다.

정답 ④

56 다음 중 밑줄 친 부분이 문법적으로 알맞은 것은?

> We came home ① sullen and irritable after fighting traffic for ② an hour and half. I was dead tired, ③ but I laid down to rest. My mother called me to come over to her house for dinner, but I didn't really feel like ④ I should go out in that weather ⑤ not with the cold I have.

해설 ①은 추가(유사)보어로서 「주어의 상태나 결과」를 나타내는 2형식문장이다. 이 문장에서 집에 왔을 때의 우리의 상태는 "시무룩하고 짜증이 나있었다"는 것이다.

② → an(or one) hour and a half이나 one and a half hours로 고쳐야 한다.

③ 문맥상 and I lay down으로 고쳐야 한다.

④ feel like ~ing로 바꿔야 한다. like는 2형식 감각동사 feel의 형용사 주격보어이자 동명사를 취하는 전치사(전치사적 형용사) 기능을 함께 한다. 따라서 going out으로 바꾸면 된다.

번역 우리는 한시간 반(1과 1/2시간)동안 교통과 씨름을 하다가 화도 나고 짜증나서 집에 왔다. 나는 완전히 지쳐서 쉬려고 누워있었다. 어머니께서 저녁식사 하러 오라고 전화를 하셨으나 정말이지(이미) 감기든 몸이라 그런 날씨에 나는 나가고 싶지 않았다.

정답 ①

57

Children are not the only ones who wear costumes on Halloween. There are also <u>quite a few</u> adults who wear them.

① quite   ② not many   ③ a lot of   ④ very few

해설 ― *quite a few* = a good few = not a few = no few = many = *a lot of* (꽤 많은 수의)
      quite a little = a good little = not a little = no little = much (양)
      a lot of = lots of = plenty of + 가산명수 복수 / 불가산 명사 (모두 가능)
         Cf. not many = few / Not many people came (= Few people came)

번역 아이들만이 Halloween축제 때 의상을 차려 입는 것은 아니다. 그런 복장을 하는 꽤 많은 수의 성인들도 있다.

정답 ③

58

다음 세 문장의 밑줄 친 부분에 들어갈 말이 순서대로 짝지어진 것은?   (2011 국회사무처)

- Many a student _____ to pass the exam.
- A number of people _____ late for work because there was a traffic accident.
- I could not read every _____ of the library.

① tries–were–book   ② try–was–books   ③ tries–was–book

④ try–were–books   ⑤ tries–was–books

번역 • 많은 학생이 시험에 합격하려고 애를 쓴다.
      • 수많은 사람들이 교통사고가 있었기 때문에 지각했다.
      • 나는 그 도서관의 모든 책을 다 읽을 수는 없었다.

해설 • 「many a + 단수명사」형태는 개별성에 초점을 두는데 반하여 「many + 복수명사」는 총괄적으로 본다는데 차이가 있다. 따라서 최종적으로 a student가 단수이므로 단수동사가 나와야 한다.
      • A number of+복수명사+복수동사(Key Word는 of 다음의 복수명사이므로 동사는 복수이다.) the number of+복수명사+단수동사(Key Word는 *The number*이므로 동사는 단수이다.)
      • every는 집합체의 "개체(sg)"를 강조(총합(종합)을 전제로 하여)하므로 늘 단수와 결합한다. 하지만 수사가 함께 사용되는 경우만 예외적인 것으로 보면 된다. *Cf.* every + 기수 + 복수명사(/ 서수 + 단수명사) *Ex.* every four years=every fourth year

정답 ①

59

우리말을 영어로 잘못 옮긴 것은?   (2013 지방직)

① 그들은 지구상에서 진화한 가장 큰 동물인데, 공룡보다 훨씬 크다.

     → They are the largest animals ever to evolve on Earth, larger by far than the dinosaurs.

② 그녀는 나의 엄마가 그랬던 것만큼이나 아메리카 원주민이라는 용어를 좋아하지 않았다.

     → She didn't like the term Native American any more than my mother did.

③ 우리는 자연에 대해 정보로 받아들이는 것의 4분의 3은 눈을 통해 우리 뇌로 들어온다.

     → Three–quarters of what we absorb in the way of information about nature comes into our brains via our eyes.

④ 많은 의사들이 의학에서의 모든 최신의 발전에 뒤떨어지지 않기 위해서 열심히 공부한다.

→ The number of doctors study hard in order that they can keep abreast of all the latest developments in medicine.

어구 ③ • via : ~을 경유하여(by way of), ~을 거쳐(통해)(through); ~에 의하여(by means of) ④ keep abreast of : ~의 수준에 달해 있다, ~에 뒤(떨어)지지 않다, ~와 어깨를 나란히 하다(keep up with, keep pace with)

해설 ① 부사 ever는 최상급과 잘 호응되며 'to evolve on　Earth'는 부정사의 형용사 기능으로 최상급을 수식하는 기능으로 적절하다. 비교급을 수식하는 부사(전치수식, 후치수식 모두 가능)는 'by far'의 사용도 적절하며 'far, much'와 같은 역할이다.

② '엄마가 그랬던 것만큼이나'를 '엄마가 좋아하지 않았듯이'로 나타내도 좋다. A not B any more than C (B)[=A no more B than C (B)] : C가 B가 아니듯이 A도 B가 아니다

③ 우리는 자연에 대해 정보로 받아들이는 것의 4분의 3은 눈을 통해 우리 뇌로 들어온다.

→ 'what we absorb'을 단수취급하여 이에 대한 'Three-quarters'도 단수취급하여 'comes ~'가 온 것이 적절하다.

④ the number of+복수명사+단수동사 / A number of+복수명사+복수동사

⇨ • 전자의 Key Word는 *The number*이므로 동사는 단수이다.

• 후자의 Key Word는 of 다음의 복수명사이므로 동사는 복수이다.

정답 ④ (The number of → A number of)

60 다음 우리말을 영어로 가장 잘 옮긴 것은?　　　　　　　　　　　　　　　　　(2008 국가직)

> 사람의 키는 자신의 가운데 손가락 길이의 약 20배 정도 된다고 한다.

① A human body is said to have twenty times as length to his or her middle finger.

② A human body is said to be twenty times high than his or her middle finger.

③ The height of a human body is said to be about twenty times as long as the length of his or her middle finger.

④ The height of a human body is said to be as longer about twenty times as the length of his or her middle finger.

해설 • 사람의 키 : the height of a human body
• 자신의 가운데 손가락 길이 : the length of his or her middle finger
• 손가락 길이의 약 20배 정도 되다 : be about twenty times as long as
• ~고(들) 하다 : be said to부정사(또는 It is said that절이나 They say that절)

정답 ③

부사Adverb

Grammar

---

01 부사의 기능

주요부사의 기본수식의 대상은 "V(동사), A(형용사), AD(부사)"이다.

V / A / AD   AD   V / A / AD   [A의 자리에 현재분사, 과거분사도 포함됨]

하지만 경우에 따라 구, 절, 문장 전체, 명사, 대명사 등을 수식하기도 한다.

❙ A ❙ 빈도 · 정도부사 [전치수식을 원칙으로 하는 부사]

❶ 빈도부사 : <u>always</u>, <u>usually</u>, <u>often(=frequently)</u>, <u>sometimes</u>, <u>seldom(=rarely)</u>, <u>almost never</u>, <u>never</u>
               100%   90%   80%   50%   10%   1~3%   0%

    ◎ 위의 %는 대략적인 수치이며 usually나 sometimes는 문장수식부사로 문두에 오기도 함.

❷ 정도부사 : very, much, too, greatly, quite, entirely, highly, rather, almost(=nearly), somewhat, a little, hardly(=scarcely) 등

❸ 빈도 · 정도 부사의 일반적인 어순

    ⓐ <u>AD</u> + <u>V</u>   ⓑ be동사 + <u>AD</u> + 형 / v-ing / v-ed

             조동사(or have⟨/ had⟩) + <u>AD</u> + 본동사(or p.p.)

He always comes late. 그는 항상 늦게 온다.

He is sometimes late for work. 그는 이따금 직장에 늦다(지각한다).

I have never been to America. 나는 미국에 결코 가 본적이 없다.

She is very beautiful. 그녀는 매우 아름답다.

She came very late. 그녀는 매우 늦게 왔다.

I can hardly believe it. 나는 그것을 거의 믿을 수 없다.

cf. 빈도의 횟수를 측정할 수 있는 부사 (문미)

I have been to China once.

❹ **빈도·정도부사 어순에서 주의할 점**

ⓐ 정도부사이지만 enough만큼은 후치수식해야 함!

Is it large enough? 그것이면 충분히 크나요?

ⓑ seldom(=rarely), never, hardly(=scarcely)이 문두에 가면 문장을 도치시켜야 함!

Rarely does he drink. 그는 좀처럼 술을 마시지 않는다.

Never did I dream that I could see her again. 그녀를 다시 만날 수 있으리라고는 꿈도 꾸지 못했다.

cf. 문두에 둘 때 도치하여야 하는 부정부사 : not only, not until, only, 기타 부정어를 동반한 부사(구)

Only if you can solve this problem will you be admitted. 이 문제를 풀 수 있을 경우에만 너는 가입이 될 것이다.

On no account must strangers be let in. 어떠한 경우에도 낯선 사람들을 들어오게 해서는 안 된다.

ⓒ 부정 부사는 not, never, no와 겹쳐 쓰지 않는다.

I can't hardly remember the poem by heart. (✕) 나는 그 시를 (좀처럼) 암기할 수 없다.

❺ **주요 정도부사의 용법 비교**

ⓐ 「very와 much」의 수식대상은 다음과 같다.

┌ very + 「형용사·부사의 원급, (최상급), v-ing, v-ed(형용사화된 과거분사일 경우)」
│ very old / very slowly / very exciting / the very lowest price (주로 부정적) / very tired
└ much + 「형용사·부사의 비교급·최상급, -ed, 동사, 서술 형용사·형용사구 수식, a-형용사 수식 (afraid, alike, aware)」

She is much better today. 그녀는 오늘 훨씬 더 낫다.

He has got much the highest point in his class. 그는 학급에서 단연(그야말로) 최고의 점수를 얻었다.

I am much misunderstood. 나는 많이 오해를 받고 있다.

I was much at a loss. 나는 정말 어찌할 줄 몰랐다.

I am much aware of it. 나는 그것을 잘 알고 있다.

- much가 동사를 수식할 경우 후치

  Ex Thank you very much. (much는 Thank를 수식함) 정말 감사합니다.

  ◎ much(or far)는 최상급 외에도 최상의 의미에 가까운 것을 수식할 때도 많다.

  Ex It's hot. ─(정도 강화)→ It's too hot. ─(정도 최상 강화)→ It's much too hot.

  덥다. → 너무 덥다. → 정말 너무 덥다.

ⓑ 「too와 enough」의 차이점

  too, enough는 단문에만 사용해야 하며 복문인 so ~ that구문으로 표현이 가능

  Ex He is too young to read a book. = He is so young that he can't read a book.

  그는 너무 어려서 책을 읽을 수 없다. (too ~to구문이 긍정적인 내용일 경우도 드물게 있다는 점을 주의!)

  Ex He is old enough to read a book. = He is so old that he can read a book.

  그는 충분히 나이가 들어서 책을 읽을 수 있다.

  ◎ too와 enough는 한 문장 속에서 같이 쓰이지 않는다.

  Ex The class is much too long enough. (×) → much too자리에 quite등으로 바꿈.

  Cf. He is not too old to learn. 그가 배움을 갖기에 너무 늙은 것은 아니다.

❻ 양태(방법) 부사의 일반적인 어순

후치수식을 원칙으로 하는 부사 (주로「형용사 ─ly형태」의 부사)

- 양태(manner)부사 : slowly, quickly(≒ rapidly, fast), carefully, beautifully, skillfully등

  ◎ fast의 경우는 부사이자 형용사이나 fastly가 없다는 점을 주의!

  ◎ ─ly형의 부사가 아니다 하더라도 hard나 well등도 양태부사의 하나이다.

ⓐ Vi + AD

ⓑ Vt + O + AD / Vt + AD + O (목적어가 길 경우─주로 that절이나 how절)

He tried to study hard. 그는 열심히 공부하려고 애썼다.

Cf. He hardly tried to study. (hardly는 정도부사) 그는 거의 공부하려 하지 않았다.

Mary can speak English well. 메리는 영어를 잘 말할 수 있다.

He proved concretely that the gangs had murdered the federal agent.

그는 갱들이 그 연방요원을 살해했다는 것을 구체적으로 증명했다.

❼ 구, 절 수식

Much to my surprise, she became a world famous pianist.

내가 매우 놀랍게도, 그녀는 세계적으로 유명한 피아니스트가 되었다.

❽ 문장 전체 수식

Perhaps that's true. 아마도 그것은 사실일 것이다.

❾ 명사 또는 대명사 수식

    ◐ 초점(제한)부사(초점을 둔 어〈구〉[명사, 대명사 등도 포함됨]앞이나 뒤에 두어 수식하는 부사)

       ⓐ only, even, just, also(also는 주어에 초점을 둘 때는 뒤)는 주로 앞에 둠

         Only she knows the secret. 그녀만이 그 비밀을 알고 있다.

         Even a child knows the secret. 아이조차도 그 비밀을 알고 있다.

         Tom also loves Mary. / Tom loves also Mary. 톰 또한 메리를 사랑한다. / 톰은 메리 또한 사랑한다.

       ⓑ alone, too(=as well), else는 뒤에 둠

         His son alone(=Only his son) knows how to drive a car.

         그의 아들만이 운전법을 알고 있다.

         I had some food, and some wine too(/ as well).

         나는 약간의 음식을 먹었고 약간의 와인도 마셨다.

02   부사의 형태

▌A▌ '-ly'형 부사

-ly형 부사들(-ly형의 부사들이 양태부사가 아닌 경우도 있음을 주의!)

   형용사-ly ⇒ ┌ 정도부사 : badly(매우), deeply(매우), dearly(몹시), highly(매우, 고도로), nearly(거의)

             └ (인접)시간부사 : lately, recently(최근에 – 주로 현재완료 시제와 호응됨)

   명사-ly ⇒ 형용사 : Ex. costly, friendly, lovely, orderly 등 / hourly, hourly, monthly 등

▌B▌ 형용사와 부사가 같은 형태 : '~ly'형의 부사는 존재하지 않는다.

fast / early / much / well / long / straight / very / ill

He ran fast not to miss his train. 그는 열차를 놓치지 않으려고 빨리 달렸다.

▌C▌ 형용사와 동형인 '~ly 부사'의 의미가 달라지는 경우

late (늦게), lately (최근에) / hard (열심히), hardly (거의~않게) / high (높이), highly (대단히, 고도로) / pretty (꽤, 상당히), prettily (예쁘게)

The number of students who come late has lately increased. 늦게 온 학생들의 수가 최근에 증가했다.

He tried to study hard. (hard는 양태부사) 그는 열심히 공부하려고 애썼다.

He hardly tried to study. (hardly는 정도부사) 그는 거의 공부하려 하지 않았다.

▌A▌ 부사가 문장에 위치할 경우

❶ not, never, just, always, only는 to 부정사 앞에 온다.

I decided not to tell a lie. 그는 거짓말을 하지 않기로 결심했다.

❷ 동사 + 부사의 경우(이어 동사)

He put on the coat. 그는 코트를 입었다.

He put the coat on. (o) / He put it on. (o) / He put on it. (×)

▌B▌ already, yet, still의 용법

아래 ○표시는 △보다 일반적으로 쓰임을 나타냄

❶ already : 주로 긍정문의 현재완료시제('완료' 기능)와 결합

I have already seen the movie. (○) = I have seen the movie already. (△)

나는 이미 그 영화를 보았다.

❷ yet : 주로 부정문의 현재완료시제와 결합

I have not yet seen the movie. (△) = I have not seen the movie yet. (○)

나는 아직 그 영화를 보지 않았다.

> ○ yet이 긍정문에 쓰일 때는 still의 의미 *Ex.* I have yet to do my homework.
> 의문문에서는 already와 yet 모두 사용하지만 그 용법에 주의할 것!
> **Have you already seen the movie?** (벌써 그 영화를 보셨나요?) [놀람 · 의외]
> **Have you seen the movie yet?** (벌써(이미) 그 영화를 보셨나요?)

❸ still : 주로 현재(완료)시제와 결합

He is still busy. **(be동사가 있으면 그 뒤의 위치)** 그는 아직도 바쁘다.

He still likes her. **(일반동사의 앞에 위치)** 그는 아직도 그녀를 좋아한다.

He still doesn't like her. 그는 아직도 그녀를 좋아하지 않는다.

He still hasn't spoken to her.**(부정문→조동사의 앞에 위치)**

그는 아직도 그녀에게 말을 걸어 본 적이 없다.

❙ C ❙ 장소 · 방법 · 시간 표시 부사가 함께 쓰일 때의 어순

❶ ⓐ 장소부사(구) + 시간부사(구)의 순서(順序)

(시간 부사〈구〉는 아예 문두에 둘 경우도 많으나 문장이 도치될 필요는 없다.)

○ 장소부사의 경우 전치사를 쓸 수 없는 단어에 유의!

Ex. arrive home (집에 도착하다), go downtown (시내로 가다), go downstairs (아래층으로 가다) 등

유례 : abroad, ahead, back, overseas, upstairs

ⓑ 장소 · 시간부사(구)가 여러 개 나열될 때는 小 → 大 / 짧은 → 긴 순서(順序)

He was born on April 4th in 1980.

❷ last, next, this, that, some, every, each 등이 시간의 명사와 결합되면 전치사는 생략된다.

Ex. last Sunday, next Sunday(=on Sunday next), this morning, every day

❸ 일반적 순서 : 방법 + 장소 + 시간

The students are studying hard in the library now.

그 학생들은 지금 도서관에서 열심히 공부하고 있다.

❹ 왕래 · 발착 동사 : 장소 + 방법 + 시간

He arrived there safely yesterday.   그는 어제 그곳에 안전하게 도착했다.

---

04 부사의 주의할 용법

❙ A ❙ ago, before, since : "Chapter 3 시제" 참조

❙ B ❙ 부분 부정

each, every, all, both, always, completely, necessarily

All that glitters is not gold. 반짝인다고 해서 다 금은 아니다.

최근 기출&예상문제

※ **빈칸에 들어갈 가장 알맞은 것을 고르시오.** (01~29)

01　She speaks as _____ as you.

　① clear　　　　② clearly　　　　③ very clear　　　　④ clearness

　해설 여기서의 speak는 완전자동사이므로 이를 수식하는 양태부사를 후치수식하는 자리에 두어야 하는데 동시에 비교급이 호응되고 있는 경우이다.

　번역 그녀도 너만큼은 분명히 말한다.

　정답 ②

02　The number of students who come _____ has _____ increased.

　① late, lately　　② lately, late　　③ latter, lately　　④ latter, late

　해설 late은 형용사는 '늦은', 부사일 경우 '늦게'의 의미이다. lately는 '최근에'의 뜻으로 recently와 같은 의미이고 주로 현재완료 시제와 호응된다. * The number of + 복수명사 : ~의 수(The number 〈단수〉가 주어)

　번역 늦게 온 학생들의 수가 최근에 증가했다.

　정답 ①

03　His pride would not allow him to accept any reward.

　= He was _____ any reward.

　① too proud to accept　　　　　② proud enough to accept

　③ not proud to accept　　　　　④ too proud not to accept

　해설 too ~ to : 너무나 하여 할 수 없다.

　번역 그의 자존심이 그로 하여금 어떠한 보상도 받아들이는 것을 허락하지 않으려 했다.
　　　(= 그는 너무나 자존심이 강하여 어떠한 보상도 받을 수 없었다.)

　정답 ①

04　Dinner is ready. Let's go _____.

　① downstair　　② to downstair　　③ downstairs　　④ to downstairs

　해설 장소부사로 바로 사용 가능한 downstairs, upstairs, downtown, home등의 경우는 ④와 같은 구(phrase)의 형태로 나타내지 않는 것이 원칙이다.

　번역 저녁이 준비되어 있어. 아래층으로 내려가자.

　정답 ③

05 She looks _____ than she is.

① more young ② very young ③ much younger ④ very younger

해설 ▶ 이 문제의 경우 동일인의 성질을 비교하는 것이 아니라 그녀의 실제와 겉보기로의 모습을 비교하는 비교구문이다. 또한 비교급을 수식하는 대표적 정도부사는 much, far, by far임을 명심하자.

번역 ▶ 그녀는 실제 보다는 훨씬 더 어려 보인다.

정답 ▶ ③

06 The changes in this city have occurred _____.

① with swiftness ② rapidly ③ fastly ④ in rapid ways

해설 ▶ ①은 swiftly로(의미상의 한계도 있지만 간결성의 원칙 [단어<구<절]을 항상 고려해야 한다) ③은 fast로 ④는 rapidly 로 cf. • swiftly : (동작…) 신속하게, 민첩하게 • fast : (연속적인 상황에서 사람, 물건…) 빨리 • rapidly : (다소 놀라움을 암시하여) fast하다는 의미

번역 ▶ 이 도시의 변화들은 급속히 일어났다.

정답 ▶ ②

07 "That's beautiful table cloth."

"Yes, but it's not _____ for this table."

① nearly enough long ② nearly so long
③ nearly long enough ④ so nearly long

해설 ▶ 주격보어는 형용사 long이며 enough는 부사 기능일 경우 반드시 후치 수식해야 하고 정도부사 nearly는 long를 전치수식 한다.

번역 ▶ "그건 아름다운 테이블보이군요.", "그렇긴 하지만 이 탁자에는 족할 만큼 길지 못해요."

정답 ▶ ③

08 "Is Dave about ready?", "Yes, he's _____."

① finished dressing nearly ② finishing nearly dressing
③ nearly finished dressing ④ nearly finishing dressing

해설 ▶ 일반적으로 정도부사(nearly, almost, quite, greatly, somewhat, rather, etc.)는 수식하는 동사 앞에 나온다. Cf. 위의 문장에서 형용사를 수식하는 about ready에서의 about은 정도부사 nearly의 의미이다.

번역 ▶ "Dave는 준비되었니?", "그래, 옷을 거의 다 입었어."

정답 ▶ ③

09 Never at any other time, not even after terrible loss on the exchange _____ such contempt for himself as now.

① had felt he ② felt he had ③ had he been felt ④ had he felt

해설 ▶ = He had never felt,~ 강조의 기능으로 빈도부사를 문두에 두면 문장은 도치되어야 한다. 즉, 동사가 부사 다음에 따라 나와야 수식할 수 있으므로

번역 ▶ 그는 과거 어느 때도, 환거래로 엄청난 손실을 입고 난 다음조차도, 지금처럼 그렇게 자신에 대한 모멸감을 느껴본 적은 없었다.

정답 ▶ ④

10　The gentleman was apparently content _____ .

① to patiently wait outside the door　　② to wait outside patiently the door

③ to wait patiently outside the door　　④ to wait outside the door patiently

해 설 ▶ 동사를 직접 수식하는 양태부사(방법부사)가 동사 바로 다음이며 이 문맥상 장소부사는 양태부사에 비해서 밀접성이 적으므로 그 뒤에 위치한다.

번 역 ▶ 그 신사는 기꺼이 문 밖에서 인내심을 가지고 기다리는 것 같았다.

정 답 ▶ ③

11　A : "When will he come back?"　　　　　　　　　　　　　　　　　('99 경찰간부)

B : "He'll be back _____ .

① on next Sunday　　　　　　　② in next Sunday

③ about next Sunday　　　　　　④ next Sunday

해 설 ▶ 「next Sunday = on Sunday next」

번 역 ▶ A : "그가 언제 돌아올까요?" B : "그는 다음주 일요일에 돌아올 겁니다."

정 답 ▶ ④

12　John is _____ to do the job.

① not a man old enough　　　　② too young man

③ too a young man　　　　　　　④ not old enough a man

해 설 ▶ ②, ③은 too young a man으로. enough는 부사로 쓰일 경우 항상 후치수식. 따라서 old enough는 적절

번 역 ▶ John은 그 일을 할 만한 나이가 아니다.

정 답 ▶ ①

13　Soybeans are an important human food because they are _____ rich in proteins.

① usually　　　　② unusual　　　　③ as usual as　　　　④ an unusually

해 설 ▶ be동사에 대한 형용사 보어 rich 앞에 둘 수 있는 것은 부사뿐이다.

번 역 ▶ 콩은 주로 단백질이 풍부하기 때문에 사람에게 중요한 음식물이다.

정 답 ▶ ①

14　It was uncomfortably cold in the office because someone had set the air conditioner _____ low.

① such　　　　② far　　　　③ too　　　　④ much

해 설 ▶ 정도가 지나침을 나타내는 정도부사 too가 가장 적절함을 알 수 있다.

번 역 ▶ 누군가 에어컨을 너무 낮게 맞추어 두어 사무실이 불편할 정도로 추웠다.

정 답 ▶ ③

15

A: "How was your examination?"

B: "It wasn't very difficult, but it was _____ long."

① too much   ② much too   ③ so much   ④ very much

해설 too long에서 too가 정도부사로서 이미 long을 수식하고 있는데 의미상은 최상에 가까운 의미가 되어있다. much, far는 최상급의 형태뿐만 아니라 최상의 의미를 내포한 것까지 수식하는 기능이다.

번역 A: "시험이 어떠했나요?" B: "아주 어렵진 않았으나 정말 너무 길었어요."

정답 ②

16

"Are you going to the football game?"

"No. The ticket is _____ expensive for me."

① very much   ② so much   ③ far too   ④ a lot of

해설 far(/ much) too expensive : too expensive는 최상에 가까운 의미가 이미 되어 있는데 이를 수식하여 더욱 정도를 높이는 정도부사가 far, much이다.

번역 "축구경기에 갈 겁니까?", "아뇨, 입장권이 저에겐 너무 지나치게 비싸요."

정답 ③

17

By far _____ exciting of the dog's qualities is his inherent working ability.

① the best   ② very   ③ the most   ④ much

해설 최상급, 비교급을 동시에 수식할 수 있는 정도부사 : by far, far, much [far의 경우는 주로 비교급 수식]

번역 개의 특징 중 단연 가장 흥미진진한 것은 타고난 노동 능력이다.

정답 ③

18

"I think David will _____ to see her"

① enough early arrive   ② early enough arrive

③ arrive enough early   ④ arrive early enough

해설 enough은 정도부사로 사용할 경우인 이상은 언제나 뒤에서 앞으로 수식하며 early는 arrive의 동사와 밀접한 관계로 호응되는 경우이다.

번역 "나는 David가 그녀를 만나기 위해 아주 일찍 도착할 것이라 생각한다."

정답 ④

19

"Why doesn't Jessica stay with relatives in New York?"

"She _____ in Boston."

① has only relatives   ② only has relatives

③ has relatives only   ④ relatives has only

해설 only는 초점(제한)부사로서 초점을 두는 대상이 어떤 품사이거나 단어, 구, 절에 무관하게 그 앞에 놓이면 된다. 이 경우는 in Boston의 장소부사구에 초점을 두고 있다.

번역 "Jessica는 왜 뉴욕에서 친척과 함께 머물지 않나요?", "그녀는 Boston에만 친척이 있으니까요."

정답 ③

20 "I have told you this many times.", "But _____."

① I still can not remember it ② I can not still remember it

③ I cannot remember it still ④ I can not remember still it

해설 still은 '아직도 ~하지 않다'의 의미를 나타내는 특징상 부정문에서 조동사, 본동사 모든 동사의 앞에 위치한다.

번역 "나는 너한테 이것을 여러 번 말했어.", "그러나 나는 아직도 그것을 기억할 수 없어요."

정답 ①

21 A: "Has everyone gone?"

B: "Some students _____."

① are still here ② are already here ③ are still gone ④ are still yet

해설 be동사가 있을 경우 still은 그 다음의 위치에 두면 된다.

번역 A: "모든 사람이 다 갔나요?" B: "일부 학생들은 아직 여기에 있어요."

정답 ①

22 A: "_____."

B : "So did I."

① I saw them last Saturday at the game

② I saw them at the game last Saturday

③ At the game I saw them last Saturday

④ At the game last Saturday I saw them

해설 기본문형이 끝난 후 장소부사(구)+시간부사(구)의 순서가 적절하다.

번역 A : "나는 지난 토요일 그 게임에서 그들을 보았어요." B: "저두요."

정답 ②

23 "Have you ever been to the Metropolitan Museum of Art?"

"Yes, I was taken _____."

① there when a child regularly ② as a child regularly there

③ there regularly as a child ④ when a child regularly there

해설 there(장소부사) / regularly(양태부사) / as a child(시간부사구) [was taken과 가장 밀접한 관계의 부사일수록 가까이로 두어야 한다는 점과 단어)구)절의 순서를 고려하면 된다.] * as a child = when I was a child

번역 "현대미술박물관에 다녀온 적이 있습니까?", "네, 저는 아이였을 때 그곳에 정기적으로 데려가졌습니다."

정답 ③

24

The famous painting has been hanging _____.

① on that room for a long time
② on that wall many years ago
③ on that wall for many years
④ on that wall in 1998

해 설 - on that wall(장소부사구) / for many years(시간부사구)
번 역 - 그 유명한 그림은 여러 해 동안 그 벽에 걸려져 있었다.
정 답 - ③

25

These articles here are _____ made in Korea.

① mostly
② most
③ utmost
④ made

해 설 - be made사이에 끼어 들 수 있는 것은 부사밖에 없다. ①와 ②중에서 문맥에 맞는 부사는 ① mostly(주로, 대개) 이다. ② most에 대해서는 CHAPTER 14. 대명사에서 참조. ③는 형용사(최대의, 극도의)이거나 명사이다.
번 역 - 이런 상품들은 주로 한국에서 만들어진다.
정 답 - ①

26

Are you leaving for London _____?

① soon
② lately
③ late
④ sooner

해 설 - Are you leaving에서 왕래발착동사의 현재진행시제는 임박한 가까운 미래를 나타내는데 이것과 가장 잘 어울리는 부사는 (very) soon이다.
번 역 - 런던으로 곧 떠나실 건가요?
정 답 - ①

27

This machine works _____ better in this position.

① many
② more
③ much
④ very

해 설 - much는 형용사, 부사의 비교급이나 최상급을 수식하는 정도부사이다. very는 원급을 수식한다. 여기서 better은 양태부사 well의 비교급이다.
번 역 - 이 기계는 이 위치에서 훨씬 잘 돌아간다.
정 답 - ③

28

Forget those things which are _____, and reach for what lies ahead.

① ago
② behind
③ for
④ to

해 설 - 부사(behind ↔ ahead)라도 be동사 다음의 위치에 놓일 경우 대개 형용사화 된 보어의 역할로 취급한다.
번 역 - 지나간 것들은 잊어버리고 앞에 놓여있는 것을 잡도록 힘써라.
정 답 - ②

29

A: "Can John go out with us?

B: "He is _____ tired to go with us."

① so   ② very   ③ too   ④ such

해설 tired를 수식하는 부사로서 지나침을 나타내는 정도부사 too가 문맥에 가장 잘 부합하며 「too~ to V」구문의 단문을 「so ~ that S + V」의 복문으로 나타낼 수 있다. → He is so tired that he cannot go with us.

번역 A: "John은 우리와 함께 외출할 수 있나요?" B: "그는 너무 지쳐서 우리와 함께 갈 수 없어요."

정답 ③

30

다음 빈칸에 들어갈 말로 가장 적절한 것을 고르시오. (2010 경찰직)

The number of employees who come ㉠ _____ has ㉡ _____ increased.

① ㉠ late − ㉡ lately   ② ㉠ latter − ㉡ late

③ ㉠ lately − ㉡ latter   ④ ㉠ late − ㉡ latter

해설 late가 형용사일 경우는 '늦은', 부사일 경우는 '늦게'의 의미이다. lately는 '최근에'의 뜻으로 recently와 같은 의미이고 주로 현재완료 시제와 호응된다. 한편 'The number of + 복수명사'(~의 수)는 단수동사나 나온다는 점이 중요하다.

번역 늦게 온(지각한) 직원들의 수가 최근에 증가했다.

정답 ①

※ **Choose the one which is incorrect grammatically.** (31~42)

31

I was 16 when ① one day my father told me I could drive him into a remote village, on the condition that I take the car in ② to be serviced at a nearby garage. Having just learned to drive and ③ hard ever having the opportunity to use car, I readily accepted. I drove Dad into the village and promised to ④ pick him up at 4 p.m., then drove to a garage and dropped off the car.

(2011 사회복지)

번역 내가 16살이었을 때인 어느 날 아버지께서는 내가 서비스를 받도록 인근에 있는 차고에 차를 주차시키로 한 조건에서 나에게 아버지를 외딴 마을에 차로 태워줄 수 있는지 말씀하셨다. 운전하는 것을 막 배웠고 좀처럼 차를 이용해 볼 기회가 없었을 지라도, 나는 기꺼이 받아들였다. 나는 아버지를 태워 이 마을로 모셔 드리고 오후 4시에 아버지를 태워드리기고 약속을 하고 난 다음 차고로 운전을 하고서 하차를 했다.

해설 ① one day는 시간부사(구이다) ② 부정사의 부사적 기능이며 '목적'을 나타내는 경우이다. 앞쪽의 in은 전치사로가 아닌 부사로 사용된 경우이다. ③ hard ever라는 표현은 없으며 hard의 양태(방법)부사는 동사 다음의 위치에 놓이지(후치수식) 동사앞에 두지 않는다. hardly ever(거의 ~하지 않게)로 바꾸어야 하는데 hardly(정도부사)를 보다 강조한 표현이다. ④ '타동사+대명사+부사'로서 문법적으로 옳은 내용이다.

정답 ③ (hard → hardly)

32

① It is not ② enough warm ③ for us ④ to go to the beach ⑤ this morning.

해설 (정도)부사로 사용될 경우의 enough는 언제나 후치수식해야 한다.

번역 오늘 아침은 우리가 해변에 가기에는 충분히 따뜻하지 않다.

정답 ② (enough warm → warm enough)

33 ① Bats are ② surprising long—lived creatures, ③ some having a life—expectancy ④ of around ⑤ twenty years. (2010 서울시 9급)

> **어구** • long—lived : 수명이(목숨이) 긴, 장수의 • life—expectancy : 기대수명, 평균 여명(餘命), 평균수명
> **번역** 박쥐들은 놀라울 만큼 수명이 긴 동물이며 그 중 일부는 약 20년의 평균수명을 가지고 있다.
> **해설** ① 복수의 주어에 복수의 동사가 적절하다. ② *surprisingly* long—lived여야 한다. 문맥상 creatures를 수식하는 long—lived는 문제없지만 '놀라울 만큼 수명이 긴 동물'이 자연스러우므로 long—lived를 수식하는 surprisingly가 요구된다. ③ some having a life—expectancy는 and some (of them) have a life—expectancy를 독립분사구문으로 나타낸 것이다. ④에서는 아무 하자가 없으며 수사를 동반한 around(대충, 약…)는 about(약…)의 뜻이다.
> **정답** ② (surprising long—lived → surprisingly long—lived)

34 ① Having spent her childhood ② in Germany, Mary ③ is able to speak German ④ rather good.

> **해설** speak German rather good으로 두게 되면 5형식이 되어야 하는데 speak는 언어가 그 대상의 목적어일 경우 3형식의 동사이다. 따라서 이 경우는 형용사 good을 양태부사인 well로 바꾸어야 한다.
> **번역** 어린시절을 독일에서 보냈기 때문에, 메리는 독일어를 꽤 잘 할 수 있다.
> **정답** ④ (rather good → rather well)

35 I am ① so exhausted I ② can't scarcely ③ keep my ④ eyes open.

> **해설** 빈도부사 scarcely 「거의 …아닌」은 부정의 뜻이므로 2중부정이 되어서는 안된다.
> **번역** 나는 너무 지쳐서 눈을 뜨고 있을 수 없을 정도다.
> **정답** ② (can't → can)

36 She ① was shocked when Alfred ② raised his voice; no one had ③ never ④ spoken to him in that tone of voice.

> **해설** ③에서 빈도부사 never를 쓰게되면 2중부정이 된다. 따라서 never을 ever로 고쳐야 한다
> **번역** 그녀는 Alfred가 목소리를 높였을 때 충격을 받았다; 어느 누구도 그에게 그 정도의 어조로 말을 붙여본 적이 없었으니까.
> **정답** ③ (never → ever)

37 His face ① marked and his head ② bald, he looked ③ some older than I ④ had expected.

> **해설** ③에서 older를 수식하는 정도부사 somewhat이 되어야 한다.
> **번역** 그의 얼굴에는 흉터가 있고 그의 머리는 대머리여서 그는 내가 기대했던 것보다는 다소 나이가 더 들어 보였다.
> **정답** ③ (some → somewhat)

38 Poor soils containing an ① excessive proportion of clay are ② frequent mixed with chalk to ③ improve the ④ texture.

> **해설** 수동 구문 사이에 둘 수 있는 것은 부사밖에는 없다. frequently는 often의 의미와 거의 같은 빈도 부사의 하나로 be동사 다음의 위치가 적절하다.
> **번역** 과도할 정도의 점토 비율을 함유하는 척박한 토양은 토질을 개량할 수 있도록 종종 백묵과 혼합된다.
> **정답** ② (frequent → frequently)

39 The mandolin, a musical ① instrument ② that has strings, was probably copied ③ from the lute, a ④ many older instrument.

> 해설 ▶ many는 언제나 복수와 호응되며 ④에서는 비교급을 수식하는 부사 much가 적절하다.
> 번역 ▶ 현을 가진 악기(현악기)인 mandolin은 아마 훨씬 오래된 악기였던 lute를 모방하여 만들어진 것이었다.
> 정답 ▶ ④ (many → much)

40 Medicine ① tends ② not to work very ③ good when it is not used exactly ④ as prescribed.

> 해설 ▶ work는 여기서 완전자동사이며 따라서 수식하는 양태부사는 well이다.
> 번역 ▶ 약은 처방한 대로 정확히 사용되지 않으면 약효가 잘 나지 않는 경향이 있다.
> 정답 ▶ ③ (good → well)

41 ① As soon as I saw the smoke, I ② called the fire department, but ③ they haven't arrived ④ already.

> 해설 ▶ 현재완료 부정문에서 호응하는 부사는 yet이다. 따라서 ④를 yet으로 바꾸어야 하며 주로 문미에 둔다.
> 번역 ▶ 내가 연기를 보자마자 나는 소방서에 전화를 걸었으나 그들은 아직도 도착하지 않았다.
> 정답 ▶ ④ (already → yet)

42 No inventer has ① already built a ② musical instrument to ③ match the ingenious flexibility of the human vocal tract, with ④ its rubbery, marvelously mobile walls.

> 해설 ▶ ①의 already는 주로 현재완료시제의 긍정문에서 호응된다. 현재완료시제와 호응하며 부정문에 사용되는 부사는 yet이다.
> 번역 ▶ 어떤 발명가도 아직까지는 탄력성이 있고 놀라울 정도로 움직일 수 있는 내벽을 갖춘 인간의 성대의 정교한 유연성에 걸맞을만한 악기를 개발한 적이 없다.
> 정답 ▶ ① (already → yet)

43 다음 두 문장을 한 문장으로 만들 때 가장 정확한 것은?

> How often do these fevers occur? I cannot tell you that precisely.

① I cannot tell you that precisely how often these fevers occur.

② I cannot tell you precisely how often these fevers occur.

③ I cannot tell you how often these fevers occur precisely.

④ How often these fevers occur precisely I cannot tell you that.

> 해설 ▶ tell은 4형식 동사로서 간접목적어 다음에 직접목적어가 바로 나오는 것이 원칙이나 직접목적어가 명사절(주로 that~절과 how~절 등의 의문사절)일 때는 부사를 tell을 직접 수식 할 수 있도록 명사절보다 앞에 둔다.
> 번역 ▶ 나는 이 일이 얼마나 자주 발생하는지 정확히 알 수 없다.
> 정답 ▶ ②

Chapter

12

Grammar

비교 Comparison

01 비교 변화

I A I 규칙 변화

❶ 단음절 형용사(원급에 −er, −est를 붙임)

young−younger−youngest / early−earlier−earliest

❷ 형용사−ly형태의 경우 음절에 무관하게 more, most

slowly−more slowly−most slowly

cf. early−earlier−earliest (이 경우 early〈a, ad〉는「형용사−ly」형이 아님)

❸ −y, −er, −le, −ow, −some의 2음절 형용사

(어차피 모음이 동반된 "−er, −est"를 붙이므로 모음으로 끝나는 단어는 끝모음을 별도의 독립된 음절로 볼 필요가 없어짐)

easy − easier − easiest

❹ 대부분의 2음절 이상의 단어(−able, −ish, −ive, −ful, −less, −ing, −ed)

useful−more useful−most useful

❺ 서술용법에만 쓰이는 형용사(afraid, alive…, right, wrong, like, fond)

　　afraid-more afraid-most afraid

❻ 동일인(사물)의 성질비교는 음절에 상관없이 more~than을 쓴다.

　　He is <u>more</u> clever <u>than</u> wise. (이 경우 more=rather)

　　그는 현명하다기 보다는 오히려 영리하다.

▌B▌ 불규칙 변화

원 급	비교급	최상급	구 분
good, well	better(보다 좋은)	best(가장 좋은)	
many, much	more(보다 많은)	most(가장 많은)	
late	later(보다 늦은)	latest(가장 늦은)	시간
	latter(보다 후의)	last(최후의)	순서

기타. bad(a.)/ ill(a., ad.)-worse-worst / far-farther(주로 거리·공간·시간)/further(주로 정도)-farthest/ furthest

The latter half of the movie was exciting. 그 영화의 후반부는 흥미진진했다.

02　비교의 용법

▌A▌ 원급

❶ as~as(동등 비교)

❷ not so[as] ~as(열등 비교)

　　He is not so diligent as you (are). 그는 너 만큼이나 부지런하지 않다.

❸ 배수사 + as ~ as…(…보다 몇 배나 ~한)/ 배수사 + 비교급

　　They live in a house twice as large as ours. 그들은 우리의 집보다 두 배 큰 집에 산다.

❹ as many as는 복수 가산 명사에, as much as는 무게·시간·거리·금액 등 양에 쓰인다.

　　He has as many as five books. 그는 다섯 권만큼의 책을 가지고 있다.

❺ 원급 비교의 비교 대상과 격

　　I love you as much as he (loves you) [I와 he의 비교]

　　나는 그(가 너를 사랑하는) 만큼이나 너를 많이 사랑한다.

I love you as **much as** (I love) him [you와 him의 비교]

나는 그(를 사랑하는) 만큼이나 너를 많이 사랑한다.

❻ 원급의 관용 표현

ⓐ as ～ as one can / as ～ as (…) can be [원급으로 최상의 의미를 나타냄]

> **Ex.1** He ran as **fast** as he could. (= He ran as **fast** as possible.)

> **Ex.2** He is as **happy** as (happy) can be. (그는 더할 나위 없이 행복하다.)

> **Ex.3** He is as **poor** as can be. (그는 극도로 가난하다.)

> = He is as **poor** as poor can be.

> = He is as **poor** as poor a person can be.

ⓑ the same ～as… : …와 같은 종류의～

My coat is the same **color** as yours. 나의 코트는 당신의 코트와 같은 종류의 색깔이다.

ⓒ as good as : ～와 다름없는

He is as good as **dead**. 그는 죽은 것이나 다름없다.

ⓓ so(as) far as : ～하는 한

So far as **I am concerned**, your theory is tenable. 나에 관한 한, 당신의 이론은 조리가 있다.

▌B▌ 비교급

❶ 비교급 + than : '～보다 더 …한'의 뜻

❷ 동일인[물]의 성질 · 성격 비교

Tom is more clever than wise. 그는 현명하다기 보다는 오히려 영리하다.

= Tom is rather clever than wise.

❸ 라틴어 비교급 : ～or to / prefer A to B

⇒ ～or는 영어의 −er이나 more를 대신하며 to는 than을 대신한다. 이 경우 to는 전치사이며 than은 접속사라는 점을 주의하고 그 앞에는 more 나 very를 앞에 쓰지 못한다.

> **Ex** She is senior to me. = She is older than I. ('정도, 차이'의 by를 이용하여 사용할 경우)

> 그녀는 나보다 손위이다.

> ⟳ She is senior to me by two years. (senior to me=my senior) 그녀는 나보다 두 살 손위이다.

> = She is older than I by two years.

> = She is three years senior to me. = She is three years older than I.

I prefer **coffee** to **tea**. 나는 커피를 차보다 더 좋아한다.

I prefer staying to going. = I prefer to stay rather than (to) go.

나는 머무는 것을 가는 것 보다 더 좋아한다.

⓮ 절대 비교급(비교 대상 없음)

higher education 고등교육

❺ 비교급의 강조

much(/ still) more(/ less)   …은 말할 것도 없이, 하물며, …은 고사하고

[∼much(/ still) more(긍정문) ∼, much(/ still) less(부정문)]

　　🔖 긍정문/부정문에 관계없이 모두 가능한 것 : let alone, not to speak of, to say nothing of, not to mention

He loves his enemies, much more his friends. (=still more)

그는 친구들은 말할 것도 없고 그의 적들도 사랑한다.

He cannot speak English, much less French.   그는 불어는 말할 것도 없고 영어도 할 수 없다.

❻ 비교급 · 최상급 수식부사 : much, far, by far + 비교급 (이 경우 「훨씬 더∼」의 뜻)

　　　　　　　　　　　　　much, far, by far + 최상급 (이 경우 「단연∼」의 뜻)

비교급 수식부사 : even, yet, still, a lot, a great deal + 비교급 (이 경우

「한층 더∼」, 「더욱더∼」의 뜻) 🔖 비교급 수식이 가능한 부사 : no, any, rather, somewhat

❼ 비교급 + and + 비교급 (점점 더∼한)(강조)

It's getting warmer and warmer.   점점 더 따뜻해지고 있다.

❽ less + 원급 + than (열등 비교(∼보다 덜 …한))

She is less beautiful than her sister.   그녀는 언니보다 덜 아름답다.

❾ 'the + 비교급' 구문

　ⓐ of the two, of A and B가 있는 경우 (비교란 둘을 대상으로 함을 의미한다.)

　　　☞ 이 경우 of이하의 한정을 받기 때문에 비교급 앞에 정관사가 붙는다.

　　　He is the taller of the two boys. (= Of the two boys, he is the taller.)

　　그는 두 명의 소년들 중 더 키가 크다.

　ⓑ 이유 표시 부사구[절]가 있는 경우

　　　all the more : 그 만큼 더욱 더, 한결 더 * the는 지시부사

　　　I love her all the better for her faults.

　　　나는 그녀의 결점 때문에 그 만큼 더욱 더 그녀를 사랑한다.

　　　I love her none the less for her faults. (=in spite of)

　　　나는 그녀의 결점에도 불구하고 그녀를 사랑한다.

　　　cf. 이 경우 주로 그 뒤에 "이유 · 원인"(because S + V / because of + 명사 / for + 명사)의 뜻이 호응하
　　　　는 요소로 동반되거나 생략되기도 한다.

　ⓒ The + 비교급 S + V, the + 비교급 S + V (or V +S) : ∼하면 할수록 더욱 더 ∼하다

　　　Ex.1 The more we have, the more we want.   우리는 가지면 가질수록, 그만큼 더 원한다.

Ex.2 The higher **the tree is,** the stronger **is the wind.** 나무가 높을수록, 그만큼 바람은 더욱 세차다.

Ex.3 The higher **the standard of living (is),** the greater **(is) the amount of paper used.**

[*Cf.* ~ paper (which is) used.]

생활수준이 높으면 높을수록 그리고 국부(國富)가 크면 클수록, 사용되는 종이의 양도 그만큼 더 많다.

Ex.4 The fewer **seeds (we sow),** the fewer **plants (we will have).**

씨를 적게 뿌릴수록 거두어들이게 될 식물도 그만큼 적다.

Ex.5 The more, the better. 많을수록 좋다.(多多益善)

Sim's Point

앞의 정관사 The는 관계부사(부사절을 이끄는 접속기능 + 부사기능)이며 뒤의 the는 지시 부사 기능[뒷 문장은 주절]이다. 뒤의 the다음에는 특히 2형식의 be동사일 경우 도치될 경우도 있다. 만일 부사절과 주절에 나란히 be동사가 들어있는 경우 부사절의 be를 생략하면 주절의 be도 생략하는 것이 원칙이다. 정비례 관계를 나타내는 문장이 므로 동일한 요소들을 함께 생략하는 것으로 이해하면 된다.

❿ 비교급을 동반한 관용 표현(부정적 의미가 둘 결합되면 → 긍정적 의미)

ⓐ no less than = as much(many) as   no more than = only

   not less than = at (the) least   not more than = at (the) most(=at best)

[no는 not보다 부정의 강조적 의미가 더욱 강하고 부정이 두 개 충돌하면 긍정의 의미가 됨]

He has no less than 100,000 dollars. 그는 10만 달러만큼이나 되는 돈을 가지고 있다.

ⓑ no less ~ than : ~못지않게(=as~as)

He is no less rich than she. (=He is as rich as she.)

그도 그녀 못지않게 부자다.

ⓒ A is no more B than C is (B) : C가 B가 아니듯이 A도 B가 아니다

A whale is no more a fish than a horse is.

(=A whale is not a fish any more than a horse is.)

말이 물고기가 아니듯이 고래는 물고기가 아니다.

ⓓ more or less : 다소, 대체로

He is more or less dishonest. 그는 다소 부정직하다.

ⓔ no longer : 더 이상 ~하지 않은 (=not ~ any longer)

I could wait for him no longer. (=I could not wait for him any longer.)

나는 그를 더 이상 기다릴 수 없었다.

ⓕ know better than to + 동사 원형 : ~할 만큼 어리석지 않다

He knows better than to do such a thing. 그는 그런 짓을 할 만큼 어리석지 않다.

(= He is wise enough not to do such a thing.)

ⓖ not so much A as B : A라기보다는 (차라리) B다

(=not A so much as B, B rather than A, more B than A)

He is not so much a scholar as a writer. 그는 학자라기보다 작가이다.

= He is not a scholar so much as a writer.

= He is a writer rather than a scholar.

= He is more a writer than a scholar.

ⓗ not so much as + V : 심지어 ~조차 하지 못하다

He cannot so much as write his own name.

그는 심지어 자신의 이름조차 쓰지 못한다.

= He cannot even write his own name.

ⓘ without so much as + ~ing : ~조차 없이(하지 않고)

She went away without so much as saying goodbye.

그녀는 작별인사도 하지 않고 가버렸다.

▎C▎ 최상급(셋 이상의 비교)

❶ the + 최상급

He is the tallest of all the boys in his class. 그는 학급의 모든 소년들 중 가장 키가 크다.

(= Of all the boys, he is the tallest in his class.)

◎ 위의 예문처럼 「of all (the) + 복수명사」나 「in + 장소명사」가 나오면 최상급의 문장과 호응된다. Cf. all은 가산명사를 대상으로 하는 이상 셋 이상을 전제로 하는 것이며 이것이 자연스럽게 최상급으로 호응되게 되는 논리인 것이다.

❷ 정관사 없는 최상급

She was happiest when she was working. 그녀는 일을 할 때가 가장 행복했다.

(happiest다음에 명사가 생략된 경우가 아니며 셋 이상을 전제로 하여 특정 대상을 정하는 특성과는 무관하다.)

❸ one of the + 최상급 + 명사의 복수형 (가장 ~한 것 중의 하나)

She is one of the greatest writers in Korea. 그녀는 한국에서 가장 위대한 작가들 중 한명이다.

❹ the second + 최상급 (두 번째로 가장 ~한(= 최상급 + but one))

Busan is the second largest city in Korea. 부산은 한국에서 두 번째로 가장 큰 도시이다.

❺ 양보의 최상급(~조차도(=even))

The wisest man may sometimes make a mistake.

아무리 현명한 사람조차도 때때로 실수를 할 수 있다.

❻ 부정의 의미를 갖는 the last (결코 ~하지 않는)

He is the last man to tell a lie. 그는 결코 거짓말을 할 사람이 아니다.

= He is above telling a lie.

= He is far from telling a lie.

❼ 최상급의 강조

He is much the tallest in his class. (much=by far) 그는 학급에서 단연 가장 키가 크다.

---

03 ▶ 비교의 문장 전환

▎A▎ 원급의 최상급 표현

❶ 부정 어구 + so + 원급 + as

No other boy is so tall as John in his class. 어떤 다른 소년도 그의 학급에서 존만큼 크지가 않다.

(부정문에서는 as~as보다 so~as를 주로 쓴다. 한편 so tall as에 taller than을 쓰도 결국 같은 의미이다.)

Nothing in business is so important as credit. 사업에서 신용만큼 중요한 것은 없다.

❷ as + 원급 + as any + 단수 명사(비교급 + than + any other + 단수 명사)

John is as tall as any other boy in his class.

존은 그의 학급에서 어떤 다른 소년만큼 키가 크다.

John is taller than any other boy in his class.

존은 그의 학급에서 어떤 다른 소년보다 키가 더 크다.

❸ as + 원급 + as + ever 과거동사

He is as great a writer as ever lived. (=lived는 has lived의 대용)

그는 일찍이 없었던 위대한 과학자이다.

= He is the greatest writer that ever lived.

▎B▎ 비교급의 최상급 표현

❶ 비교급 + than + any other + 단수 명사

John is taller than any other boy in his class. (any other boy ⇨ anyone else 可)

~ any other + 단수명사 ────▶ 여기서 단수명사여야 하는 이유는 John을 전체 다른 소년들과 1대 다(多) 대응(비교)하는 것이 아니라 개별적으로 1대 1 대응(비교)을 하기 때문이다. 한편 other가 필요한 이유는 이미 John을 비교의 주체로 선정한 이상 John을 제외한 다른 소년이 비교대상이 되어야 하기 때문이다. 어떤 다른 소년보다 더 크므로 결국 John이 가장 크다는 최상의 의미가 되는 것이다.

Sim's Point

❷ 비교급 + than + (all) the other + 복수 명사

John is taller than all the other boys in his class.

존은 그의 학급에서 다른 모든 소년들보다 키가 더 크다.

---

04   원급·비교급 구문에서 비교 대상의 병치

To answer accurately is as important as to answer quickly.
정확하게 답을 하는 것이 신속히 답을 하는 것만큼 중요하다.

The climate of Korea is different from Russia. (×) (→ that of Russia (o))
한국의 기후는 러시아의 기후와 다르다.

최근 기출&예상문제

※ **Choose the suitable expression.** (01~31)

01 The third-person approach is _____ in academic writing.   (2008 서울시)

① the most point common view of by far

② the most by far common point of view

③ by far the most common view of point

④ by far the most point of common view

⑤ by far the most common point of view

해 설 ▶ 최상급을 수식하여 그 앞에 두는 대표적인 부사는 by far와 much이다.

번 역 ▶ 3인칭 접근법은 학술적 글에 있어서는 단연 가장 공통적인 관점이다.

정 답 ▶ ⑤

02 The _____ part of the story was so exciting as the former.

해 설 ▶ the latter : 후자(의) ↔ the former : 전자(의)

　　┌ late – later(나중의) – latest(최신의) [시간]

　　└ late – later(후반부의) – last(마지막의) [순서]

번 역 ▶ 이야기의 후반부는 전반부처럼 무척 흥미진진했다.

정 답 ▶ ②

03 This building is _____ that one.

① more high than　　　　　　　　② twice higher than

③ twice as high as　　　　　　　　④ half high as

해 설 ▶ 배수 + as ~ as의 용법 → twice [두 배] x as (형용사 · 부사의 원급) as [대등비교]

번 역 ▶ 이 빌딩은 그 빌딩의 두 배 높다.

정 답 ▶ ③

04 She can speak English, _____ French.

① still less　　　② much less　　　③ much more　　　④ none the less

해 설 ▶ 긍정문에서는 more(/ still) more, 부정문에서는 more(/ still) less!

번 역 ▶ 그녀는 불어는 말할 것도 없고 영어도 할 수 있다.

정 답 ▶ ③

05

One would not wish to stay in such a desolate place even for a few days, _____ would one be willing to stay all one's life.

① still more   ② even though   ③ much more   ④ still less

해설 긍정문에서는 more(/ still) more, 부정문에서는 more(/ still) less!

번역 일생토록 기꺼이 살려는 것은 말할 것도 없이 몇 일조차 그렇게도 황량한 곳에 머물기를 원하는 사람은 없을 것이다.

정답 ④

06

He is taller than _____ in his class.

① anyone   ② anyone else   ③ any boy   ④ all the boys

해설 ~ *taller than anyone else* in his class. = ~ *taller than any other boy(/ student)* in his class. = ~ *the tallest boy(/ student)* in his class.

번역 그는 그의 학급에서 어떤 다른 사람보다 키가 크다.

정답 ②

07

Your overcoat is _____ in quality _____ mine.

① superior, to   ② more superior, to

③ superior, than   ④ inferior, than

해설 ~ *is superior to mine.* = ~ *is better than* mine (is good). * mine=my overcoat / to는 전치사이나 than은 접속사임을 유념할 것! / ②, ③, ④의 경우와 같이 라틴어 비교급(~or to)과 more, than을 혼용하면 안됨!

번역 당신의 오버코트는 저의 것보다 질적인 면에서 더 우수합니다.

정답 ①

08

He was found guilty of using abusive language, but instead of being rejected by his supporters he was all _____ highly regarded.

① as   ② the most   ③ the more   ④ more

해설 all the more : (그만큼) 더욱더, 오히려

Cf. ~ *all the more* highly regarded (because he was found ~ language).

번역 그는 욕설을 사용하여 유죄임이 드러났다. 그러나 지지자들에 의해 거절당하기는 커녕 오히려 대단한 존경을 받았다.

정답 ③

09

No one wants to be injured in a traffic accident, _____ killed.

① still more   ② and that   ③ much less   ④ and less

해설 much (or still) less 부정문이거나 부정적인 문장에서 〈—〉 much (or still) more

번역 어느 누구도 교통사고로, 죽는다는 것은 말할 것도 없이, 다치는 것을 원치 않는다.

정답 ③

10 Solar heat penetrates more deeply into water than _____.

① it is penetrating into the soil

② it does into soil

③ does it into soil

④ that it does into soil

해 설 ▶ than *it does*(=solar heat penetrates) into soil

번 역 ▶ 태양열은 흙의 속보다는 물속으로 더 깊이 침투한다.

정 답 ▶ ②

11 Kowalski is just _____ Richer to lead.

① as qualified as

② as equally qualified as

③ the same qualified as

④ most qualified than

해 설 ▶ as ~ as 동등비교이다. ②의 경우는 equally를 쓴다면 as ~ as의 동등비교가 나타내고자 하는 의미가 중복된다.

번 역 ▶ Kowalski씨는 Richer씨만큼 지휘(도)할 수 있는 자격이 있다.

정 답 ▶ ①

12 Learning to play tennis well is not _____ it seems when you're a spectator.

① as easy to   ② so easy as   ③ as easily as   ④ more easy as

해 설 ▶ 2형식 동사의 주격보어는 부사가 아닌 형용사라는 점과 부정문에서는 주로 as ~ as보다는 so ~ as를 보다 많이 사용한다는 점을 고려하여야 한다. as는 접속사이므로 it(=learning to play tennis well) seems (easy)~이다.

번 역 ▶ 테니스를 잘 치는 것을 배우는 것은 구경꾼일 경우 쉬워 보이는 만큼 그다지 쉽지가 않다.

정 답 ▶ ②

13 Staying in a hotel costs _____ renting a room in a dormitory.

① twice as much as   ② twice as many as   ③ as much twice as

④ as many twice as   ⑤ twice much

해 설 ▶ 배수 + as~as의 용법 → twice [두 배] x as (형용사 · 부사의 원급) as [동등비교를 이용하여 배수를 나타내는 방법]

번 역 ▶ 호텔에 머무는 것이 일주일 동안 기숙사에 방을 빌리는 것보다 두 배의 비용이 들어간다.

정 답 ▶ ①

14 "Michael is home after a year in Jordan."

"Yes, and he looks just _____ before."

① same like   ② as same as   ③ the same   ④ the same as

해 설 ▶ same은 정관사를 동반하는 것이 원칙이며 the same과 호응하는 as가 요구된다.

번 역 ▶ "Michael은 요르단에 일년간 있다가 집에 와있어요." "맞아요. 그리고 그는 정말이지 전과 똑같아요."

정 답 ▶ ④

15

"That trumpet player was certainly loud."

"I wasn't bothered by his loudness _____ by his lack of talent."

① so much as   ② rather than   ③ as   ④ than

해설 ▶ not A so much as B : A라기보다는 차라리 B다(not so much A as B, B rather than A)
= I was bothered by his lack of talent rather than by his loudness.

번역 ▶ "그 트럼펫 연주자는 분명 소리가 요란했어요.", "나는 연주 소리가 큰 것보다는 오히려 그의 재능의 부족(잘하지 못하는 연주)에 성가셨답니다."

정답 ▶ ①

16

With a small needle, he was making a line of stitches _____ tiny and even could be done on any machine.

① very - that   ② as - so   ③ as - as   ④ very - only

해설 ▶ as~as can : 가능한 한 ~하다

번역 ▶ 조그마한 바늘로 그는 어떤 기계로 할 수 있는 것만큼 가능한 한 작고 고르게 바느질을 하고 있었다.

정답 ▶ ③

17

The photographs taken by satellite are _____ than those taken from the Earth.

① clearest   ② the clearest   ③ much clearer   ④ more clearer

해설 ▶ than과 호응될 수 있는 비교급이 필요하고 비교급을 수식하는 부사는 much, far, by far 등이다.

번역 ▶ 위성이 찍은 사진은 지구에서 찍은 사진보다 훨씬 더 선명하다.

정답 ▶ ③

18

This dress is _____ of the two.

① better   ② the better   ③ more   ④ much

해설 ▶ the better (dress) of the two (dresses) : 둘의 대상 중 한 쪽이 확정되는 논리이기 때문에 정관사(the)를 붙여야 한다.

번역 ▶ 이 옷은 둘 중 더 좋은 옷이다.

정답 ▶ ②

19

He is _____ the fastest runner in his country.

① enough   ② farther   ③ more   ④ much

해설 ▶ 최상급을 수식하는 대표적인 부사는 much, by far!

번역 ▶ 그는 전국에서 단연 가장 빨리 달리는 사람이다.

정답 ▶ ④

20

She is _____ than any other girl in her class.

① most beautiful   ② more beautiful   ③ beautiful   ④ much beautiful

> **해설** 「비교급 + any other + 단수명사(=anyone else / anything else)」은 의미상 최상급이다.
> = She is the most beautiful girl in her class.
> **번역** 그녀는 그녀의 학급에서 어느 다른 소년보다 더 아름답다.
> **정답** ②

21

It is higher than _____.

① any mountains we have ever known

② any other mountain man has ever known

③ any mountains known to man

④ any other mountains known to man

> **해설** 비교급을 이용한 최상표현으로서 any other mountain (that) man has ever known.에서 that은 타동사 know에 대한 목적격 관계대명사이다. (that) man has ever known자리에는 in the world와 같은 표현으로 대신할 수 있다. = It is *the highest* mountain (that) man has ever known.
> **번역** 그 산은 여태까지 알려진 어떤 다른 산보다 더 높다.
> **정답** ②

22

The total weight of all the ants in the world is much greater than _____.

① to all human beings   ② all human beings is that

③ is all of human beings   ④ that of all human beings

> **해설** 비교대상이 일치하여야 하므로 that(= the total weight)이 있어야 한다.
> **번역** 세상에 있는 모든 개미들의 총 무게는 모든 인간들의 무게보다 훨씬 더 나간다.
> **정답** ④

23

"Anne acts quite unfriendly.", "I think she's _____ than unfriendly"

① shyer   ② shy   ③ more shy rather   ④ more shy

> **해설** 동일인의 성질을 비교할 경우는 일반적인 비교표현과는 달리 성질의 상대성을 나타내기 때문에 비교대상의 단어의 음절에 관계없이 more(이 경우 rather의 의미)를 사용한다.
> **번역** "Anne은 아주 비우호적으로 행동한다.", "나는 그녀가 비우호적이라기보다는 수줍음을 탄다고 생각한다."
> **정답** ④

24

On enough logical reasons, the fewer seeds, _____.

① the less plants grow   ② the fewer plants

③ the less plants   ④ the plants the fewer

> **해설** = The fewer seeds (we sow), the fewer plants (we will have).
> **번역** 충분한 논리적 근거에 입각해 볼 때, 씨를 적게 뿌릴수록 거두어들이게 될 식물도 그만큼 적다.
> **정답** ②

25 _____, the more he looks like his grandfather.

① The older Mark gets ② The more old Mark gets

③ More Mark gets old ④ Older gets Mark

해설 The + 비교급(형용사 또는 부사)… , he + 비교급(형용사 또는 부사)… . / old는 단음절어의 형용사이므로 'The older S + V'여야 한다.

번역 Mark는 나이가 더 들어갈수록 그만큼 더 그의 할아버지와 닮아 보인다.

정답 ①

26 This girl is _____ of all the girls I have ever met.

① less charming ② the most charming

③ less charmed ④ most charmed

해설 of all the girls [(that or whom) I have ever met]에서 all은 셋 이상의 대상을 전제로 사용하며 최상급을 유도하는 표현이다.

번역 이 소녀는 내가 여태껏 만난 모든 소녀들 중에서 가장 매력적인 소녀이다.

정답 ②

27 I was born in September, and love it _____ of all the months.

① well ② best ③ hard ④ good

해설 동사(이 경우 love)를 수식하는 부사의 최상급일 경우는 정관사 the는 주로 생략한다.

번역 나는 9월에 태어났다. 그래서 1년 중 9월을 가장 좋아한다.

정답 ②

28 Helium is _____ all gases to liquefy and is impossible to solidify at normal air pressure.

① more than difficult ② the most difficult of

③ more difficult of ④ most difficult

해설 (of) all gases로 보아 최상급이 적절히 호응됨을 알 수 있다.

번역 헬륨은 모든 기체 중에서 액화시키기에 가장 어려우며 정상적인 기압에서 고체화하기가 불가능하다.

정답 ②

29 It was the worst hurricane _____ recorded.

① which ② that ③ ever ④ as

해설 the worst hurricane (that was) *ever* recorded

번역 그것은 (여태껏) 기록된 태풍 중 최악이었다.

정답 ③

30

Peace of mind is _____ necessary for our health than fresh air, sunlight and regular exercise.

① as much   ② no more   ③ as little   ④ no less

해 설 ▶ no less A than B : B에 못지 않게 A도 ~한
번 역 ▶ 마음의 평화는 신선한 공기, 햇볕과 규칙적인 운동만큼이나 우리의 건강을 위해 필요하다.
정 답 ▶ ④

31

We can no more explain a passion to a person who has never experienced it than we _____ explain light to the blind.

① can   ② cannot   ③ don't   ④ must

해 설 ▶ no more~than… : …이 아닌 것처럼 ~이 아니다(not~any more than)
번 역 ▶ 우리가 열정을 결코 경험하지 못한 사람에게 그것을 설명할 수 없는 것처럼 장님에게 빛을 설명할 수 없다.
정 답 ▶ ①

※ 문법적으로 적합하지 않은 부분을 고르시오. (32~49)

32

Younger students ① who participated in the survey ② sponsored by a weekly magazine turned out ③ to be less concerned about the serious problems of homeless people ④ as the older students were.   (2008 국가직)

① who   ② sponsored   ③ to be   ④ as

번 역 ▶ 한 주간 잡지사의 후원을 받은 그 조사에 참여한 더 어린 학생들은 더 나이든 학생보다 집 없는 사람들(노숙자들)에 대한 심각한 문제에 대해 덜 염려하는 것으로 드러났다.
해 설 ▶ ① 사람 선행사에 대한 관계대명사 주격의 쓰임이 적절하다. ② the survey를 수식하는 과거분사로서 적절하다. ③ turn out(=prove) to부정사는 적절하여 to be일 경우는 생략할 수 있다. ④ less와 호응할 수 있는 than이 요구되는 자리이다.
정 답 ▶ ④ (as → than)

33

Agriculture ① is one of the world's ② mostly important occupations because ③ everyone depends upon plants ④ for food.

해 설 ▶ ②의 mostly는 '주로, 대개'의 뜻이므로 문맥에 맞지 않고 최상급을 나타내는 부사 most를 사용해야 한다. *the world's* most important occupations은 *the most* important occupations *in the world*를 보다 간결하게 나타낸 것이다.
번 역 ▶ 모든 사람이 먹을 것을 식물에 의존하기 때문에 농업은 세계에서 가장 중요한 직업중의 하나이다.
정 답 ▶ ②

34

Even ① at the elementary school level, especially ② in rural areas, ③ the number of boy students ④ greatly exceeds ⑤ girl students.

해 설 ▶ 형용사나 부사의 비교급의 형태가 아니더라도 비교의 대상을 나타내는 동사의 하나인 exceed(…보다 능가 · 초과하다)도 비교대상의 형태가 같아야 한다. 즉 the number of boy students의 대상은 that(=the number) of girl students이어야 한다.
번 역 ▶ 초등학교단위에서조차 특히 농촌지역에서는 남학생 수가 여학생 수를 크게 초과하고 있다.
정 답 ▶ ⑤ (girl students → that of girl students)

35 The more ① unsettled things are and ② fast they change, the more valuable it ③is to keep multiple options ④ alive.

해설 'The + 비교급 (and the + 비교급), the + 비교급'구문이다. 따라서 '~ and the *faster* ~'이다.
번역 상황이 불안정하면 할수록 그리고 변화가 빠르면 빠를수록 다수의 선택대상들을 살려두는 것이 그만큼 더욱더 가치가 있다.
정답 ② (fast → the faster)

36 ① He who reads a book twice with speed is ② not necessarily a better reader ③ than him who reads ④ but once with care.

해설 ~ better reader than에서 than은 접속사이므로 절이 와야 하며 따라서 주격이 필요하여 him을 he로 해야 한다. 비교대상이 되는 앞의 He와 than다음의 he는 각각 독서법이 서로 다른 사람이다. 그리고 문장 끝에 ~ with care 다음에는 is a good reader가 생략되어 있다.
번역 빠른 속도로 책을 두 번 읽는 사람이 주의깊게 단 한 번 읽는 사람보다 반드시 더 나은 독자인 것은 아니다.
정답 ③

37 Some people ① are able to ② make more money ③ in five years ④ as most people can in a lifetime.

해설 more와 호응될 수 있도록 ④의 as를 than으로 해야한다.
번역 대부분의 사람들이 일생동안 벌 수 있는 것 보다 일부 사람들은 5년 안에 돈을 더 많이 벌 수 있다.
정답 ④ (as → than)

38 Microwave oven thermometers ① are more ② costlier than ③ other ④ kinds of thermometers.

해설 비교급 more가 있으므로 ②를 costly로 해야 한다.
번역 전자레인지용 온도계는 다른 종류의 온도계보다는 더 비싸다.
정답 ② (costlier → costly)

39 ① A rabbit moves about ② by running on its hind legs, ③ which are much longer and ④ more strong than its front legs.

해설 strong은 단음절어이므로 stronger로 비교급을 나타내야 한다.
번역 토끼는 앞다리보다는 훨씬 더 길고 강한 뒷다리로 뛰어서 이리저리 다닌다.
정답 ④ (more strong → stronger)

40 The power of money is much ① more great in ② those societies ③ that permit a ④ considerable inequality ⑤ of wealth.

해설 great는 단음절이므로 비교급의 형태가 more great가 아닌 greater이어야 한다.
번역 돈의 힘은 상당할 정도의 부의 불평등을 허용하는 그런 사회에서 훨씬 더 크다.
정답 ①

41 The songs of Bob Dylan are very popular ① underline{among young people}, ② underline{who regard} him ③ underline{as more superior} ④ underline{to other musicians}.

> 해설 ▶ 라틴어 비교급 superior가 to와 호응되고 있으므로 more를 없애야 한다.
> 번역 ▶ Bob Dylan의 노래는 그를 다른 음악가들보다 뛰어난 사람으로 여기는 젊은이들 가운데 매우 인기가 있다.
> 정답 ▶ ③ (as more superior → as superior)

42 Of the two cars that the Smiths ① underline{have}, the Plymouth is, ② underline{without any question}, ③ underline{the cheapest} ④ underline{to run}.

> 해설 ▶ Of the two cars로 볼 때 둘 대상의 비교이며 둘 중 한 대로 한정되기 때문에 정관사(the)를 붙인 비교급이어야 한다.
> 번역 ▶ Smith씨 집안이 가지고 있는 두 대의 승용차 중에서 의문의 여지없이 Plymouth가 운행하기에 비용이 더 적게 든다.
> 정답 ▶ ③ (the cheapest → the cheaper)

43 ① underline{The price} of gold on the ② underline{world} market ③ underline{has been rising} ④ underline{highest} each year.

> 해설 ▶ each year(매년)이란 한 해 전 대비 그 다음해를 비교하는 논리이다. 따라서 ④를 비교급 higher로 나타내야 한다. 최상급이려면 예를 들어 each year자리에 지난 일정기간에 특정 한해가 가장 상승폭이 높았다는 식의 논리를 전개해야 한다.
> 번역 ▶ 세계시장에서의 금의 가격은 매년 더 상승해왔다.
> 정답 ▶ ④ (highest → higher)

44 In Korea, the ① underline{individual} income tax is the ② underline{governmental} largest ③ underline{source} of ④ underline{revenue}.

> 해설 ▶ ②를 소유격으로 나타내야 한다. 원래 The individual income tax is the largest source of revenue in the government.였던 것을 지문에서는 축약해서 나타내고자 한 것이다.
> 번역 ▶ 한국에서는, 개인소득세가 정부의 가장 큰 수입원이다.
> 정답 ▶ ② (governmental → government's)

45 ① underline{All} English words of two or more ② underline{syllables} ③ underline{have} ④ underline{at less} one accented syllable.

> 해설 ▶ ④의 표현은 없고 문맥에 맞는 'at (the) least(적어도)'로 해야 한다. * at (the) most : 기껏해야 / at best : 잘해야, 기껏해야(at the maximum)
> 번역 ▶ 둘 또는 그 이상의 음절의 모든 영어의 단어들은 적어도 하나의 악센트가 있는 음절을 가지고 있다.
> 정답 ▶ ④ (at less → at least)

46 ① underline{Current} research ② underline{indicates} that vitamin C has, ③ underline{at better}, very limited effects on the ④ underline{duration} of the common cold.

> 해설 ▶ at best : 잘해야, 기껏해야(at most, at the maximum))
> 번역 ▶ 최근의 연구결과 비타민 C는 기껏해야 감기가 지속되는 기간에 매우 제한된 영향을 미친다는 것을 보여주고 있다.
> 정답 ▶ ③ (at better → at best)

47 Because Robert ① ate faster than ② me, he ③ was able to leave the cafeteria ④ so oner.

해설 ~ faster than I (ate) [than은 접속사임을 항상 염두에 둘 것!]
번역 Robert는 나보다 더 빨리 식사했기 때문에, 그는 식당에서 좀 더 빨리 떠날 수 있었다.
정답 ② (me → I)

48 There is no ① logical reason why this house ② costs twice ③ more than it ④ did last year.

해설 배수 + as~as의 용법 → twice [두 배] x as (형용사 · 부사의 원급) as [대등비교]
번역 왜 이 집이 작년에 비해 두 배의 비용이 더 소요되는지 논리적일 만한 이유가 없다.
정답 ③ (more than → as much as)

49 Korean parents expect to have more control over them ① rather than ② most American parents ③ expect to have ④ over their children.

해설 *more* control over *them* than에서 than과 호응하는 more가 있으므로 ①의 rather는 빼야 한다.
번역 한국의 부모들은 대부분의 미국인 부모들이 그들의 자녀들에 대해 가지기를 기대하는 것보다 더 많은 통제권을 가지기를 기대한다.
정답 ① (rather을 삭제)

50 밑줄 친 부분 대신에 쓸 수 없는 것은?

> These days, people who do manual work often receive far more money than clerks who work in offices.

① still   ② much   ③ very   ④ even

해설 비교급을 수식하는 부사 : much, (by) far, even, yet, still / very는 형용사나 부사의 원급과 현재 분사형을 수식한다.
번역 오늘날, 손으로 일하는(육체 노동을 하는) 사람들이 종종 사무직 종사자들보다 훨씬 더 많은 돈을 받는다.
정답 ③

51 다음 중 의미가 다른 하나를 고르시오.

① Nothing in life is so important as health.

② Health is the most important thing in life.

③ Nothing is more important than health in life.

④ Health is as important as some other things in life.

⑤ Health is more important than any other thing in life.

해설 ①과 ③의 공통점은 부정어구를 문두에 두고 동등비교(as~as 또는 so~as)나 우월비교를 사용하면 언제나 접속사(as, that) 다음에 나오는 대상이 최상의 주체가 된다. ⑤의 경우도 비교급을 통한 최상급 표현으로 중요하다.
번역 ① 인생에서 어떤 것도 건강만큼 중요하지 않다.   ② 건강은 인생에서 가장 중요한 것이다.
③ 어떤 것도 인생에서 건강보다 더 중요하지 않다.   ④ 건강은 인생에서 일부 다른 것들만큼 중요하다.
⑤ 건강의 인생에서 다른 어떤 것들보다 더 중요하다.
정답 ④

관사^{Article} & 명사^{Noun}

관 사
ARTICLE

> **01** 관사의 종류 [부정관사〈a, an〉/ 정관사〈the〉]

- **不定관사(a〈n〉)** : 비한정적(非限定的) / 모호한 "하나"의 뜻
- **定관사(the)** : "구체적 · 한정적 · 특정적" 개념 (가산 · 불가산명사에 관계없이 쓰임)
- **관사의 생략(無관사)** : "추상적 · 일반적"/ "상대적 의미"를 강조할 때

(1) A dog is a faithful animal. 개는 충실한 동물이다.

(2) The dog is a faithful animal.

(3) Dogs are faithful animals.

위의 세 가지는 모두 「종족의 대표성」을 나타낸다는 의미에서는 유사하나 관사의 사용여부에 따라 뉘앙스가 모두 다르다. 즉, (1)에서 부정관사 A는 Any(어느 개나)의 뜻으로 종족 가운데 "하나"(즉, 좋은 품종이든 나쁜 품종이든 관계없이)를 대표하는 의미이다.
(2)에서는 "한정되어 있고 특정적"인 종족을 나타내며 (3)은 "일반적"으로 "개들은 ~"의 의미로 보거나 다른 동물과는 달리(예를 들어, 늑대는 사납고 여우는 교활하며…) "개들은 ~"이라는 뜻으로 "상대적 의미"를 강조하는 의미를 지니고 있다.

• • • by car와 in a car

We went there by car.(우리는 승용차로 그곳에 갔다.)에서 by car는 그곳에 갈 수 있는 다른 교통수단도 있겠으나 '다른 것(버스, 전철, 항공기, 배 ···)으로 아닌 승용차로(즉, 상대적 수단)'을 나타내므로 관사를 사용해서는 안 된다(즉 car앞에 a나 the를 요구하지 않는다는 뜻). 이런 논리로 상대적 수단이 존재하는 이상은 다른 경우도 좋다. 예로서는 by e-mail(다른 통신수단 있을 것이라는 전제), by hand(가령 물건을 만들 수 있는 것으로 다른 수단도 있을 것이라는 전제) 등도 같은 논리이다.

그런데 We went there in a car.에서는 in이 '탑승'을 나타내는 전치사이므로 '어떤 승용차 한 대 타고'의 뜻이다. 따라서 '특정대상의 승용차를 타고'라면 in the car(or in my car)로 나타내면 된다.

---

02 부정 관사

● 不定관사(a<n>) : 비한정적(非限定的) / 모호한 "하나"의 뜻

┃A┃ a와 an의 쓰임 : 발음에 주의하여야 할 단어

- an hour[auər], an heir, an honest~, an uncle, an umbrella, un ugly~
- a unique[juːníːk]~, a useful~, a universal~, a university, a European~, a used~

┃B┃ 부정 관사의 용법

❶ one(하나의)의 뜻

A bird in the hand is worth two in the bush.

손안에 든 한 마리 새가 숲속의 두 마리의 가치가 있다.

❷ 대표 단수(=any)

A pig is a useful animal. 돼지는 유용한 동물이다.

❸ a certain(어떤)의 뜻

In a sense, life is only a dream. 어떤 의미에서는, 인생은 한갓 꿈에 지나지 않는다.

❹ per(=each : 각, ~마다)의 뜻

The bullet train can run 350 kilometers an hour. 그 탄환열차(고속철)는 시속 350킬로미터로 달린다.

❺ some(약간, 얼마간)의 뜻

Wait here for a while. 잠시 이곳에 기다려요.

❻ the same(동일한, 같은)의 뜻

Birds of a feather **flock together.** (속담) 유유상종(類類相從)

❼ a kind of(종류의)의 뜻

This is a good wine. 이것은 훌륭한 종류의 와인이다.

❽ 고유 명사 앞에서 '~이라고 하는'의 뜻 (고유 명사가 보통 명사로 전용된 경우)

A Newton **can't become** a Shakespeare **at will.**

뉴턴 같은 사람이 마음대로 셰익스피어 같은 사람이 될 수 없다.

▌C▌ 부정 관사의 관용 표현

all of a sudden 갑자기

at a loss 당황하다

to a man 만장일치로

make it a rule **to** ~을 규칙으로 하다

I am at a loss **what to do.** 나는 뭘 해야 할지를 모른다.

as a rule 대체로

come to an end 끝나다

keep an eye **on** ~을 감사하다

deliver(=make) a speech 연설하다

---

03 정관사

- 定관사(the) : **"구체적 · 한정적 · 특정적" 개념** (가산 · 불가산명사에 관계없이 쓰임)

▌A▌ 정관사의 용법

❶ 앞에 나온 명사를 받을 때(특정한 것, 알고 있는 것, 분명한 것)

I bought a book **at the bookstore.** The book **is very interesting.**

나는 그 서점에서 한권의 책을 구입했다. 그 책은 매우 흥미진진하다.

❷ 한정된 수식 어구가 있을 때(형용사구[절])

He is called the Edison of Korea. 그는 한국의 에디슨이라 불린다.

❸ 유일물

The earth **moves round** the sun. 지구는 태양의 둘레를 돈다.

❹ 최상급, 서수사(the second ~), the last, the only ~, the same ~, the rest

The lake is the deepest in Korea. / The lake is deepest at this point.

ⓐ The lake is the deepest in Korea.(그 호수는 한국에서 가장 깊다.)이 경우는 한국에 있는 모든 호수들[The lake is the deepest 〈lake〉 (of all the lakes) in Korea.]이 기본 전제가 된 경우이며 그 중(3이상의 동일한 종류들을 나열할 수 있다는 전제에서) The lake가 가장 깊은 호수라는 특정대상의 호수가 존재하는 경우이므로 정관사(the)가 있어야만 한다.

ⓑ 그러나 The lake is deepest at this point.(그 호수는 이 지점에서 가장 깊다.)의 경우는 동일종류대상의 호수가 셋 이상 나열되는 경우가 아니라 하나의 호수만이 대상이 되고 그 중 한 지점이 가장 깊다는 논리는 특정대상의 호수를 정하여 지칭하는 것이 아니므로 정관사를 사용할 수 없다. 보다 쉽게 달리 분석한다면 deepest를 형용사로 이미 종료된 것으로 이해하여 그 다음에 더 이상의 명사가 포함되지 아니하는 논리이므로 정관사가 동반될 만한 이유가 없는 경우라고 보면 된다. 즉, 최상급을 나타내는 표현에서 일반적으로 명사를 전제로 하지 아니한 이상 정관사를 동반하지 아니하는 것이 원칙이다.

❺ 기계, 발명품, 악기명

She is playing the piano. 그녀는 피아노를 연주하고 있다.

❻ 대표 단수(the[a] + 단수 보통 명사)

The camel is a useful animal. 낙타는 유용한 동물이다.

❼ 추상 명사(the + 단수 보통 명사)

I felt the patriot rise in my heart. 나는 가슴 속에서 애국심이 솟아오르는 것을 느꼈다.

❽ the + 형용사 · 분사의 용법

ⓐ 복수 보통 명사를 의미하는 경우→복수

There were the dead and the dying in the disaster area.
그 재난지역에는 죽은 자들과 주어가는 자들이 있었다.

They are planning an employment center for the unemployed.
그들은 실직자들을 위한 고용센터를 기획하고 있다.

ⓑ 단수 보통 명사를 의미하는 경우→단수

The accused shed tears in his mortification. 그 피고인은 억울하여 눈물을 흘렸다.

ⓒ 추상 명사를 의미하는 경우→단수

You are trying to do the impossible. 당신은 불가능한 일을 하려고 노력하고 있습니다.

❾ the + 비교급

The larger of the two offices served as a meeting room.
두 개의 사무실들 중 더 큰 쪽이 회의실로 사용되었다.

⑩ 방위 표시

Turn to the right. 우회전 하세요.

⑪ 시간, 수량의 단위 표현

Apples are sold by the pound. 사과는 파운드 단위로 팔린다.

⑫ the + 고유 명사

고유명사는 말 그대로 고유한 대상의 이름을 말한다. 따라서 특정 대상을 지칭하는 이상 정관사(the)를 붙인다. 하지만 "인명 / 지명 / 국명 / 언어 / 종교명 / 천체명 / 달 / 요일" 등 유일한 대상에만 사용하지 않거나 일반적인 이름을 나타내거나 주기적으로 반복되는 것 만큼은 정관사를 사용하지 않는 것이 원칙이다.

⑬ 신체의 일부분 표시

① catch(잡다)형의 동사

He took(caught) me by the hand. 그는 나의 손을 잡았다.

He caught me by the arm. [by my arm (×)] 그는 나의 팔을 잡았다.

He seized me by the sleeve. 그는 나의 소매를 잡았다.

② strike(치다)형의 동사

He struck me on the head. 그는 나의 머리를 때렸다.

③ look(보다)형의 동사

I looked him in the face. 나는 그의 얼굴을 쳐다 보았다.

---

04 관사의 생략과 위치

- **관사의 생략(無관사)** : "추상적 · 일반적"/ "상대적 의미"를 강조할 때

ⅠAⅠ 관사의 생략

❶ 호칭, 호격어, 가족 지칭

Waiter, bring me a cup of water, please. 웨이터, 나에게 물 한 컵 가져와요.

❷ 식사 · 질병 · 운동(경기명, 스포츠명) · 계절 · 학과명

He invited me to dinner. 그는 나에게 식사 초대를 했다.

He played football yesterday. ('일반적, 추상적' 이름을 지칭) 그는 어제 축구를 했다.

Cf. play a(/ the) football game에서는 최종명사가 가산명사인 game이라는 점을 유념하자.

❸ 관직, 혈통, 신분 표시어가 동격이나 보어로 쓰일 때

We elected him president. (수동태 → He was elected president.)

우리는 그를 대통령으로 선출했다.

주어나 목적어를 보완하는 보어 자리는 '일반적 직책'을 나타내는 논리를 전개해야 하므로 정관사가 사용되지 않는 것이 당연하다. 보어자리가 아닐지라도 직업과 사람이름이 함께 나올 때는 그 사람의 '일반적' 직책을 나타내는 "직업" 앞에 주로 생략한다.

Bush was elected President of the United States. [the President (×)]

부시는 미국의 대통령으로 선출되었다.

President Lee visited America. 이 대통령이 미국을 방문했다.

The president visited America. 그 대통령이 미국을 방문했다.

❹ a kind[sort] of + 명사

This is a kind of plant. [a plant (×)] 이것은 일종의 식물이다.

The pine tree is a common kind of tree in Korea. [a tree (×)]

소나무는 한국에서 흔한 종류의 나무이다.

❺ 본래의 목적에 쓰여 추상적인 개념이 되는 경우

in school 재학 중 / go to sea 선원이 되다 / go to church 예배 보러 가다 / go to hospital 입원하다 / go to prison 감옥에 가다. 징역살이 하다 / at school 수업 중 / go to bed 잠자리에 들다 / at table 식사 중

The criminal went to prison. 그 범죄자는 감옥에 갔다.

She went to the prison to see her husband. 그녀는 남편을 면회하러 감옥(교도소)으로 갔다.

❻ 교통 · 통신 등 상대적 수단

I went there by bus and returned by subway. 나는 버스로 그곳에 갔다가 지하철로 되돌아 왔다.

❼ 명사가 전치사나 접속사와 연결되어 짝을 이룰 때

He went begging from door to door. 그는 가가호호 구걸하러 갔다.

❽ 양보 구문에서 보어(명사)가 문두로 도치될 때

Hero as he was, he shuddered at the sight. (=Even though he was a hero, ~.)

영웅이었을지라도, 그는 그 광경에 오싹했다.

❾ 한 사람을 가리키거나 불가분의 관계가 있을 때의 and 다음에서

A poet and novelist is present. [한 사람의 시인이자 소설가=1인]

Cf. A poet and a novelist are present. [한 시인과 한 소설가=2인]

⑩ 관용 표현

at hand (가까이에) / at home (편하게, 집에서) / by accident (우연히)/
take place (일어나다)/ lose sight of (…을 시야에서 놓치다, 보이지 않게 되다)

⑪ 기타 : 구체적인 내용을 나타내거나(the) 막연한 하나(a, an)를 나타내는 경우가 모두 아닌 경우

In case of rain, the athletic meeting will be postponed. [In the case of rain (×)]

비가 올 경우에는, 그 경기대회(운동회)는 연기될 것이다.

▌B▐ 관사의 위치

❶ 수식어 중 가장 앞에 위치

an interesting English poem (흥미로운 영시)

❷ so, as, too, how(ever) + 형용사 + 부정 관사 + 명사

He has so short a time that he can't meet a deadline.

그는 너무나 짧은 시간을 가지고 있어 마감시간을 지킬 수 없다.

= He has too short a time to meet a deadline.

❸ such[half, many, what(ever)] + 부정 관사 + (형용사) + 명사

He has such a short time that he can't meet a deadline.

그는 너무나 짧은 시간을 가지고 있어 마감시간을 지킬 수 없다.

Cf. rather, quite + 부정 관사 + 형용사 + 명사

His father is quite a strict one. 그의 아버지는 아주 엄격하신 분이다.

◎ 이 경우 고어에서는 'a quite(/ rather) + 형 + 명'도 있었으나 quite 또는 rather가 형용사를 직접 수식하는 성질이 미약하여 a 앞으로 나오게 된 것이다.

❹ all[both, half, double] + 정관사 + 명사

This is all the money he has. 이것이 그가 가지고 있는 돈 전부이다.

Both the students passed the examination. 그 학생들 둘 다 시험에 통과했다.

He paid double the price for the book. 그는 그 책에 가격의 두 배를 지불했다.

They knew both of the brothers. They knew both brothers.

그들은 그 형제 둘 모두 알고 있었다. [the both brothers (×)]

명사
NOUN

- 가산 명사 : 보통, 집합명사

  There is a school. (보통명사) 학교가 하나있다.

  Our cattle are grazing in the fields. (집합명사) 우리의 소는 들판에서 풀을 뜯고 있다.

- 불가산 명사 : 물질, 추상, 고유명사

  Bread is made from wheat. (물질명사) 빵은 밀로써 만들어진다.

  There is a little truth in his speech. (추상명사) 그의 말에는 진정성이 별로 없다.

  Seoul is the largest city in Korea. (고유명사) 서울은 한국에서 가장 큰 도시이다.

명사의 관사와의 관계			
구 분	부정관사	복수형	정관사
가산명사	O	O	O
불가산명사	X	X	O

··· (보통 · 집합명사)

··· (물질 · 추상 · 고유명사)

아래와 같이 불가산명사도 정관사와의 결합은 매우 자유롭다

(1) The water in this glass is cold. (한정된 물 – 물질명사)

　　이 유리잔에 들어 있는 물은 차다.

(2) Astronomy is the science of stars. (특정한 학문 – 추상명사)

　　천문학은 별에 관한 학문이다.

(3) He is the Edison of Korea. (특정한 에디슨 – 고유명사)

　　그는 한국의 에디슨(발명왕)이다.

Sim's Point

┃A┃ 가산명사

❶ 보통 명사

ⓐ 대표 단수

A dog is a faithful animal. 개는 충실한 동물이다.

= The dog is a faithful animal.

(= Dogs are faithful animals.) [대표 복수]

ⓑ 보통 명사의 추상 명사화

She felt the mother rise in her heart. 그녀는 가슴속에 모성이 솟아오르는 것을 느꼈다.

❷ 집합 명사

쓰이는 조건에 따라 단수 · 복수가 가능 : 다음과 같은 3가지 '3P'유형이 있다.

ⓐ a people(한 민족 · 국민) → the people(특정대상의 그 민족 · 국민)

– 단일성을 나타내어 집합의 한 단위로 본다면 <u>단수</u>이며(협의의 집합명사), 집단을 구성하는 개별성을 나타내고자 할 때는 <u>복수</u>로 취급한다(군집명사 – 주로 all과 호응).

물론, two peoples등은 집합이나 군집의 관점을 떠나서 복수로 취급하면 된다.

> **氏** His(/ The) family is a large one. 그의(/ 그) 가족은 대가족이다.
>
> The family are all well. 그 가족(구성원들)은 모두 건강하다.
>
> 유례. family, committee, audience, staff, team [a(n), the, 소유격의 결합이 모두 가능]

ⓑ people(사람들) : 불특정의 대상을 지칭하며 <u>복수</u>로 취급한다. 이 경우라도 특정대상의 사람들을 지칭하면 the people로 하면 된다.

People hate being interrupted while speaking.

사람들은 말하는 동안 방해를 받는 것을 싫어한다.

Some of the people attended the meeting. 그 사람들 중 일부가 회의에 참석했다.

유례. cattle, poultry

ⓒ the police(**경찰**) : 다수의 경찰이 포함된 특정 임무 수행의 집합체로서 복수이다.

유례. the clergy, the nobility, the personnel

The police are on the murder's track. 경찰은 그 살인자를 추적중이다.

B 불가산 명사

❶ 물질 명사

water, gold처럼 물질로 되어 있고 셀 수 없는 명사이다. 따라서 물질의 대상 자체를 염두에 둔 이상 부정관사와 결합되지 못하며 복수도 안 된다. 그러나 「특정 대상의 물」을 지칭한다면 당연히 정관사가 붙는다.

> **氏** Practically all of the water comes from the Pacific Ocean.
>
> 사실상 모든 물은 태평양으로부터 나오고 있다.

ⓐ 물질 명사의 수량 표시 (조수사)

We have much snow in this winter. 금년 겨울에는 많은 눈이 내린다.

We have much furniture. 우리는 많은 가구를 가지고 있다.

We have two pieces of furniture. 우리는 두 점의 가구를 가지고 있다.

(집합적) 물질명사 : baggage, clothing, equipment, furniture, machinery 등은 말 그대로 물질명사이므로 부정관사와 결합하지 않을 뿐 아니라 복수형도 안 된다. 예를 들어, furniture(가구)란 일정 공간내에 있는 동산(動産) 일체를 집합적 또는 총칭적으로 가리킨다. 이 경우 양(量) 표시를 나타내기 위하여 a piece of furniture 등으로 나타낸다.

아래 Sim's Point 참고. [정관사는 가산명사 및 불가산명사, 단수 및 복수 어떤 명사든 간에 定해진 대상을 지칭하는 이상 정관사와 결합이 가능하다는 사실을 명심할 것!]

ⓑ 물질 명사의 보통 명사화

He has a glass in his hand. 그는 손에 유리잔 하나를 가지고 있다.

There was a fire last night. 어젯밤에 화재가 한 건 있었다.

❷ 고유 명사

특징 : 성격상 정관사를 쓰는 것이 원칙 (구체 · 특정 · 한정적 대상을 지칭하므로)

"인명, 지명(도시명, 주명, 국명, 대륙명), 언어, 달 · 요일, 종교명(Buddhism 등), 천체 (Jupiter, Venus, Saturn 등)"의 경우는 정관사를 쓰지 않는 것이 원칙이다.

① 인명, 지명을 나타낼 경우는 同名異人(Smith, John)이나 同名異地(London–영, 캐 / Birmingham–영, 미 / 경기도 광주, 전남의 광주, 중국의 광동성의 광주 등)도 얼마든지 있을 수 있으므로 정관사를 쓸 수 없다. 한편 인명이나 지명의 경우 무관사로 쓴다는 특징을 이용하여 인명이나 지명을 대표할만한 역, 공항, 항구, 공원, 대학이름 등을 나타낼 경우도 정관사를 사용하지 않는다.

　Ex. Seoul Station, Inchon Airport, Busan Harbor, Hyde Park, Harvard University …

하지만 국가명이라도 그 나라의 국체를 밝히는 두 개 이상의 단어로 구성된 국가명은 the를 붙여야 한다. the United States of America, the Netherlands, the Philippines, the United Kingdom (of Great Britain and Northern Ireland), the Republic of Korea, the United Arab Emirates 등 [→ 주어로 사용될 경우 단수취급 한다.]

주의! 특정 가족을 지칭할 때는 정관사를 쓰고 복수취급하며 불특정의 한명을 나타내고자 할 경우는 부정관사를 사용하면 된다(명사의 전용).

　The Johns live in this house. (=The John family)　존이라는 이름의 가족들이 이 집에서 산다.

　A John lives in this house.　존이라는 이름의 한 사람이 이 집에서 산다.

② 언어명일 경우 정관사를 쓰지 못한다.

예를 들어 English(영어)의 경우 영국, 미국, 호주 등 세계의 어느 나라든 영어를 사용하는 곳에서는 '일반적' 언어의 이름을 말하므로 관사가 개입될 이유가 없다. 하지만 언어를 일컫는 단어인 language의 경우는 셀 수 있는 보통명사이므로 관사사용과 복수취급은 자유다. 즉, a(the) language, (the) languages, the English language(=English) 등으로 나타내면 된다. 그러나 보통명사일지라도 가령 '일반적' 의사소통의 수단인 '언어'라는 논리를 말한다면 관사가 붙지 않는다.

　Ex. Language is an aspect of human culture. 언어란 인간 문화의 한 측면이다.

③ 주기적으로 반복되는 「월, 요일」일 경우 Ex. March, July / Monday, Friday

④ 신화에 등장하는 신의 이름을 딴 천체명 : Mercury(수성), Venus(금성), Jupiter(목성) 등

❸ 추상 명사

ⓐ 대표적 추상명사 : advice, behavior, bliss(더없는 기쁨, 행복 : extreme happiness), business, confidence, difficulty, evidence, exercise, knowledge, happiness, ignorance, influenza, information, interest, news, patience, research, significance, violence, wealth, health, advertising,

I gave him a piece of advice. [an advice (×)] 나는 그에게 충고 한 마디를 했다.

Ignorance is bliss. 식자우환(識字憂患)

ⓑ 양표시를 나타낼 때 다음의 예와 같이 한다

Ex a piece of advice, a piece of(/ an item of) news(/ information)

ⓒ of + 추상명사 = 형용사(구)

He is a doctor of wealth. (=wealthy) 그는 부유한 의사이다.

ⓓ of 이외의 전치사(with, in, by, on)등 + 추상 명사 → 부사(구)

Ex with kindness=kindly, by accident=accidentally, with fluency=fluently

He can speak English with fluency. 그는 유창하게 영어를 말할 수 있다.

ⓔ 추상 명사의 강조 용법

추상명사 + itself = all + 추상명사 = very + 형용사

Ex ① He is kindness itself. 그는 친절 그 자체이다.

= ② He is all kindness. 그는 온통 친절하다.

= ③ He is very kind. 그는 매우 친절하다.

(각각 친절함을 강조하는 것이지만 그 정도를 따진다면 ①>②>③임을 유의)

ⓕ 관용적 용법 : have + the + 추상 명사 + to R (~하게도 ~하다)

She had the kindness to show me the way to the bank. (~하게도 ~하다)
그녀는 친절하게도 나에게 은행으로 가는 길을 알려 주었다.

= She kindly showed me the way to the bank.

= He was so kind as to show me the way to the bank.

= He was kind enough to show me the way to the bank.

Sim's Point.

명사의 전용
(원래의 명사가 가산이냐 불가산이냐는 것보다 문맥과 상황에 따라 어떤 의미로 쓰이느냐에 따라 쓰임은 달라질 수 있다.)

(1) 보통명사의 불가산 명사화 (추상적 의미로 쓰일 경우)

① The pen is mightier than the sword. (文은 武보다 강하다.)

② at table (church, work, school) : 식사중 (예배중, 작업중, 수업중), go to school : 학교에 다니다

(2) 불가산명사의 보통명사화

① 물질 → 보통명사화 : Waiter, bring me two coffees. 커피 둘(두 잔)

② 추상 → 보통명사화 : He's a success as a novelist. (성공한 한 사람)

③ 고유 → 보통명사화 : A Mr. Kim came to see you. (어떤 김씨라는 한 사람)

| A | 규칙 변화

❶ s, ss, sh, ch, x로 끝날 경우 –es붙임

　Ex　buses, glasses, dishes, churches

❷ 자음 + y로 끝날 때 y를 i로 고치고 –es를 붙임

　Ex　armies, stories

❸ 모음 + y로 끝날 때 어미에 –s를 붙임

　Ex　boys, monkeys

❹ 자음 + o로 끝날 때 어미에 –es를 붙임

　Ex　potatoes, heroes

❺ –f(e)로 끝날 때 f(e)를 v로 고치고 –es를 붙임

　Ex　halves, wives

| B | 불규칙 변화

❶ a tooth → teeth, a foot → feet

❷ a child → children, an ox → oxen

❸ a sheep → sheep, a salmon → salmon, a species(종) → species

❹ a brother → brothers(형제) / brethren(동포)

　a cloth → cloths(천 조각) / clothes(의류)

❺ a step–mother (계모) → step–mothers

　a looker–on (방관자) → lookers–on

　a commander–in–chief (참모총장) → a commanders–in–chief

❻ a datum → data

　a stimulus → stimuli

　an analysis → analyses

　a supernova → supernovas(supernovae)

| C | 복수형의 용법

❶ 단수 취급

ⓐ 학문명(mathematics, physics, statistics 등)이나 병명(measles 등)은 관사 없이 쓰이며 단수 취급 한다. statistics가 통계학(즉, 학문명일 경우)일 때는 단수취급을 하나 '통계, 통계표, 통계 자료'일 경우는 가산명사 복수이다.

Statistics is a required course for majors in economics.
통계학은 경제학의 전공자들에게는 필수과목이다.

Statistics show that population of our country is 49 million.
통계치는 우리나라의 인구가 4천 9백만이라는 것을 보여준다.

ⓑ 단수 취급하는 복수명사 : 시간(기간), 가격, 거리, 무게 등

Ten years is a long time. 10년이면 긴 시간이다.

Three thousand dollars is a lot of money. 2천 달러는 많은 돈이다.

예외. Ten years have passed since she died. 그녀가 죽은 이래 10년이 지났다.

❷ 복수 취급

짝으로 이루어진 것 : compasses, socks, gloves, trousers

❸ 분화 복수

air 공기 – airs 거드름   arm 팔 – arms 무기

damage 손해 – damages 손해액   saving 절약 – savings 저축액, 저금

good 선·이득 – goods 상품   pain 고통 – pains 수고, 노고, 고생

content 만족 – contents 목차

She put on airs in front of us. 그녀는 우리 앞에서 젠체했다.

The victim of the accident sued the bus company for damages.
그 사고의 피해자가 그 버스 회사를 상대로 손해배상 소송을 제기했다.

❹ 상호 복수 : 상대방의 도움으로 이루어지는 행위의 복수형

change cars(/ trains) 차/ 열차를 갈아타다

exchange seats with ~와 자리를 바꾸다

shake hands with ~와 악수하다

make friends with ~와 친구가 되다

be on good(bad) terms with ~와 사이가 좋다[나쁘다]

Will you exchange seats with me? 저와 자리를 바꾸어 주시겠습니까?

We shook hands and parted. 우리는 악수를 하고 헤어졌다.

You must change trains for Seoul Express Bus Terminal at the station.
당신은 이번 역에서 서울 고속버스 터미널 행 기차로 갈아타야 한다.

⑤ 단수와 복수를 주의하여 사용해야 할 경우

He is a seven-year-old child. (seven-year-old는 child를 수식하는 한정형용사)

그는 7살의 아이이다.

The child is seven years old. (seven years는 주격보어인 old앞에 삽입된 것)

그 아이는 7살이다.

a(one) boy, two boys, a(one) hundred boys, two hundred boys, hundreds of boys

⑥ 상시 복수 명사

a sports car 스포츠 카

a savings account 저축 예금

a sales strategy 판매 전략

⑦ 복합명사 : 위 (6)의 경우와 같은 특수한 경우를 제외하고 일반적인 경우는 앞의 명사는 기능상 형용사 역할이므로 소유격이나 복수형태가 될 수 없다.

Ex a(the) drug store / (the) drug stores * drug's store (×) / drugs stores(×)

---

03 명사의 성과 격

| A | 명사의 성

❶ 국가명 : 정치적 · 경제적 측면 등은 주로 여성으로, 지리적 측면은 it으로 받는다.

England is very proud of her great poets.

영국은 위대한 시인들을 매우 자랑스럽게 생각한다.

Korea is famous for its scenery. 한국은 그 경치로 유명하다.

❷ 동물 : 보통 it으로 받는다.

Every dog has its(his) day. 견공들도 한때가 있다. / 쥐구멍에도 볕들 날이 있다.

❸ baby, child : 보통 it으로 받는다.

The baby was so cute that I couldn't help kissing it.

그 아이는 너무나 귀여워서 나는 그 아이에게 키스하지 않을 수 없었다.

┃ B ┃ 명사의 소유격 활용법

❶ ⓐ 사람 · 동물의 경우 : the lady's coat(숙녀의 코트), a cat's tail(고양이의 꼬리)

ⓑ 무생물 소유격 : the legs of this chair(이 의자의 다리들)

❷ 무생물의 소유격의 예외

ⓐ 가격 · 거리 · 시간 · 무게(중량) 등의 측정표시 명사 :

a dollar's worth of candy 1다임 어치의 캔디

an hour's drive, two hours' drive (two hour's drive가 아님을 주의할 것!)

ⓑ 의인화된 무생물 명사 : fortune's smile, nature's law

ⓒ 관용적 표현 : at one's finger's ends, to one's heart's content

❸ 복합 명사, 하나의 어군을 이루는 말 : 마지막 단어에 's를 붙인다.

my father-in-law's coat

❹ 독립 소유격

I have to go to the dentist's (office). * house, shop, store, palace등 생략 가능

나는 그 치과에 가야한다.

❺ 이중 소유격

a friend of mine = one of my friends → 이 경우 mine은 소유대명사로서「소유격+명사」의 결합형이다. 한편 전치사 of도 소유기능의 하나이므로

2중 소유격이 되는 것이다. 이 경우 a friend에서 부정관사 a는 한정사(a, an, the / 소유격 / 부정형용사 / 지시 형용사 / 수량형용사 / 의문형용사 등)의 하나인데 이중소유격을 사용하는 경우는 한정사 중 소유격과 이와 같은 성격의 정관사(the)를 제외하면 된다.

I met a friend of mine on the street. 나는 거리에서 친구 한명을 만났다.

Many friends of my father's came to the meeting. [Many father's friends (×)]

많은 아버지의 친구들이 그 모임에 왔다.

❻ 각자 소유 / 공동 소유 : 각자 소유의 명사는 반드시 복수형을 취한다.

Tom and Mary's book is **not easy.** (공동 소유 + 단수 동사)

Tom and Mary's books are **easy.** (공동 소유 + 복수 동사 : 가능할 수 있는 경우)

Tom's and Mary's books are **easy.** (각자 소유 + 복수 동사)

최근 기출 & 예상문제

관사

※ **빈칸에 들어갈 가장 알맞은 것을 고르시오.** (01~14)

01 I wish Liz would drive us to the airport but she has _____ to take us all.

① too small car   ② very small a car   ③ such small a car   ④ too small a car

해설 ▶ 원래 a small car였고 여기서 단문에서 뒤에 부정사와 호응되는 too를 사용하되 too는 small을 수식해야 하기 때문에 부정관사가 뒤로 밀려나는 것이다. *so* small a car *that*~이나 *such* a small car *that*~의 경우는 복문일 경우 사용한다.

번역 ▶ 나는 liz가 우리는 공항까지 태워주면 원하지만 그녀는 너무 작은 차를 가지고 있어 우리 모두를 태울 수 없다.

정답 ▶ ④

02 I think he likes playing _____.

① football   ② a football   ③ the football   ④ football game

해설 ▶ 경기명이나 스포츠명은 추상적인 뜻(추상명사)이다. 따라서 무관사여야 한다.

번역 ▶ 나는 그가 축구하는 것을 좋아하리라고 생각한다.

정답 ▶ ①

03 A : How did you pay the workers?

B : As a rule, they were paid _____.

① by an hour   ② by a hour   ③ by the hour   ④ by hours

해설 ▶ '구체적인 단위'가 정해진 것이므로 정관사(the)를 붙여야 한다.

번역 ▶ A : 당신은 근로자들에게 어떻게 지불하셨나요? B : 대체로, 근로자들은 시급으로 받았죠.

정답 ▶ ③

04 She held me _____ the sleeve.

① by   ② at   ③ on   ④ in

해설 ▶ the('특정' 신체부위 나타냄) 자리는 의미상 소유격 my를 의미하지만 이미 목적어 me가 나와 있어 인칭이 중복되므로 소유격은 쓰지 않는 것이 원칙이다.
Cf. by the arm, on the head, on the cheek, on the shoulder, on the back …

번역 ▶ 그녀는 나의 소매를 잡았다.

정답 ▶ ①

05 It is _____ that I'd like to go on a picnic.

① so lovely day   ② too lovely a day

③ such a lovely day   ④ such lovely a day

해 설 *such, what* + [a(n) + ⓐ + ⓝ] ☞ such와 what은 형용사이며 뒤따르는 명사(구) 수식한다.
so, as, too, how + [ⓐ + a(n) + ⓝ] ☞ so~는 부사로서 형용사를 수식해야 한다. 따라서 부정관사가 뒤로 밀려난다. quite, rather(모두 부사)는 위의 양자 모두 가능하나 구어체에서는 주로 전자형태를 더 많이 쓰인다. 그 이유는 이 두 부사는 형용사를 수식하는 성질보다 자신의 앞에 나와 있는 동사에 이끌리는 성질이 더 강하기 때문이다. 부사는 기본적으로 전치 또는 후치해서 「동사 · 형용사 · 부사」를 수식한다. 또한 such, rather는 형용사가 포함되지 않은 경우도 사용된다.
번 역 너무 날씨가 좋아 소풍 가고 싶다.
정 답 ③

06 It was _____ long conference that the staff had no time for lunch.

① so   ② too   ③ very   ④ such a

해 설 *such* a long conference *that* ~ ⇨ 이 경우 지시형용사로서의 such는 그 뒤에 나올 명사구 전체를 수식하는 독특한 성질의 지니고 있다. 뒤에 주어진 명사의 특성에 따라 보통명사이면 부정관사와 형용사를 동반하는 것은 자유이다. 형용사가 동반되느냐의 여부는 선택사항이다. 물론 불가산 명사이면 부정관사는 결합될 수 없다. ① *so* long a conference *that* ~이면 正 ② too ~ to 부사
[단문에서만 사용 가능] ③ a *very* long conference [그러나 that절과의 함께 호응되지 않는다]
번 역 회의가 너무나 길어 직원들은 점심식사를 할 시간이 없었다.
정 답 ④

07 I need _____ about today's speaker.

① an information   ② some information

③ many informations   ④ a lot informations

해 설 information은 추상명사이므로 부정관사를 붙이거나 복수형으로 할 수 없다.
번 역 나는 오늘의 연사에 대해 약간의 정보가 필요하다.
정 답 ②

08 I felt foolish after making _____.

① a such mistake   ② such mistake   ③ such a mistake   ④ such a mistakes

해 설 such a (형용사) mistake에서 mistake는 보통명사이다. ④의 경우는 such mistakes면 된다.
번 역 나는 그런 실수를 하고 난 후 어리석다고 느꼈다.
정 답 ③

09 It was so beautiful _____ that I did not want to go to bed.

① night   ② a night   ③ day   ④ the night

해 설 so beautiful a night that~
번 역 너무나 아름다운 밤이라서 나는 잠자리에 들고 싶지 않았다.
정 답 ②

10 What did you do when _____ ?

① he's making a noise　　　② he makes noise

③ he made noise　　　　　　④ he made a noise

해설 주절의 과거시제와 호응할 수 있는 과거시제가 필요하고 '떠들다, 시끄럽게 말하다'의 의미는 'make a noise'이다.
　　* make noises : (감정 등을) 표명하다
　　cf. 다음과 같은 경우의 불가산명사가 사용되는 경우를 제외하고는 make동반된 '…하다'의 표현은 보통명사로 보면 된다. * make progress(진보 · 전진하다), make peace(화해 · 강화하다), make sense(이치가 닿다), make sense of(이해하다)

번역 그가 떠들어댔을 때 당신은 무엇을 했나요?

정답 ④

11 I am paid 200 dollars _____ week.

① the　　　　② a　　　　③ that　　　　④ an

해설 a week = per week

번역 나는 일주일에 200달러를 받는다.

정답 ②

12 "What do you want?"

"I want _____ that is on the table."

① the loaf of bread　　　② a loaf of bread

③ a bread　　　　　　　　④ some bread

해설 a loaf of bread : 한 덩어리의 빵 / 이 경우는 that다음의 관계사절(형용사절)이 선행사를 한정해 주고 있으므로 정관사가 요구된다.

번역 "뭘 원하세요?", "나는 탁자 위에 있는 그 빵을 원해요."

정답 ①

13 Tina always looks her best in _____ of that color.

① dress　　　② a dress　　　③ that dress　　　④ the dress

해설 그 빛깔(that color)의 옷이기만 하면 '어떤 (하나의) 옷일지라도(a dress=any dress)[그 빛깔의 계열인 이상 어떤 것 중에도 '하나'를 선택해도 좋다는 뜻]'의 논리이다.

번역 Tina는 언제나 그 빛깔의 어떤 옷을 입어도 최고로 어울려 보인다.

정답 ②

14 Who will be elected _____ of London?

① the Lord Mayor　　② a Lord Mayor　　③ Lord Mayor　　④ an Lord Mayor

해설 elect는 명사를 목적보어로 취하는 대표적 5형식 동사의 하나인데 여기서는 수동이 되면서 주격보어로 쓰인 경우이다. 보어자리에는 (시민의 대표자로서의) '일반적 직책'을 뜻하므로 관사가 요구되지 않는다.

번역 누가 런던 시장으로 선출될 것 같은가요?

정답 ③

※ Choose the one which is incorrect grammatically. (15~25)

15
Many famous people did not enjoy immediate success in their early ① lives. Abraham Lincoln, who was one of the truly great ② president of the United ③ States, ran for public ④ office 26 times and lost 23 of ⑤ the elections. (2011 국회사무처)

> 번역 많은 유명인들은 그들의 초년의 삶에서 즉각적인 성공을 누리지 못했다. 미국의 진정으로 위대한 대통령들 중 한 사람이었던 아브라함 링컨은 26번 공직에 출마했으며 선거들 중 23번은 졌다.

> 해설 '(~들 중) 하나(한명)'이라는 논리가 가능하기 위해 'one of'다음에는 반드시 복수가 나와야만 한다.

> 정답 ② (president → presidents)

16
On the morning of December 7, 1941, Japanese submarines and carrier planes ① launched an attack of the U.S. Pacific Fleet at Pearl Harbor. Two hundred American ② aircrafts were destroyed, eight ③ battleships were sunk, and approximately eight thousand naval and military personnel were killed or wounded. This savage attack and ④ its horrifying consequences propelled the United States into World War II.

(2010 법원직)

① launched   ② aircrafts   ③ battleships   ④ its

> 번역 1941년 12월 7일 아침에, 일본의 잠수함들과 항모의 항공기들은 진주만 미국 태평양 함대에 대한 공격을 개시했다. 2백대의 미국 항공기들이 파괴되었으며, 8대의 전함들이 가라앉았고 약 8천명의 해군 및 군 인력이 사망하거나 부상을 당했다. 이러한 야만적인 공격과 이 공격의 무시무시한 결과는 미국으로 하여금 2차 세계대전 참전으로 몰아가게 했다.

> 해설 aircraft는 '비행기 · 비행선 · 기구 · 헬리콥터 등의 총칭'의 '항공기'로 일반적으로 aircraft를 주어로 사용한다면 복수동사를 사용해야 한다는 점을 주의해야 한다. 즉, 따로 aircrafts라는 형태의 단어는 사용되지 않는 것이 원칙이다. 하지만 특별히 '한 대의 항공기'만을 뜻하는 것으로 An aircraft가 주어라면 당연히 단수동사를 사용해야 한다는 점도 참고하자.

> 정답 ②

17
Some scientists ① argue that the new born infant ② is remarkably capable organism ③ from the moment it begins ④ to breathe.

> 해설 organism은 「유기체, 생물체」라는 뜻의 보통명사이다. 따라서 ②의 is다음에 부정관사 a가 있어야 한다. 물론 이 단어를 제외하고 「~주의」(예. communism : 공산주의)의 뜻의 단어들은 모두 추상 명사이다.

> 번역 일부 과학자들은 신생아가 숨을 쉬기 시작하는 순간부터 놀랄 만큼 능력 있는 하나의 유기체(생명체) 라고 주장한다.

> 정답 ② (is remarkably → is a remarkably)

18
① Laser beams can ② carry long distance signals ③ in way somewhat ④ similar to radio waves.

> 해설 way는 보통명사이므로 부정관사를 넣어서 in a way로 해야 한다.

> 번역 레이저 광선은 어느 정도 전자파와 유사한 하나의 방법으로 장거리신호를 보낼 수 있다.

> 정답 ③ (in way → in a way)

19

All sewing was done ① with hand ② until the invention ③ of the sewing machine ④ in the nineteenth century.

해 설 「일반적, 추상적, 상대적 의미를 강조할 경우」 무관사(無冠詞)이다. 이 문제는 상대적인 수단, 즉 「기계나 기타 등등의 수단이 아닌 손으로」라는 상대적인 수단을 강조하고 있다. 따라서 ①을 by hand로 해야 한다. with는 「(도구…) 휴대」의 의미.

번 역 19세기 재봉틀의 발명까지 모든 바느질은 손으로 이루어 졌다.

정 답 ①

20

According to ① witness, a train ② hit concrete block ③ which somebody ④ had put on the line.

해 설 witness는 보통명사이며 그 앞에 부정관사 a가 필요하다.

번 역 한 목격에 따르면 한 열차는 어떤 사람이 선로 위에 올려놓은 콘크리트 블록을 쳤다고 한다.

정 답 ① (witness → a witness)

21

① Although the strawberries ② are a spring and summer fruit, they ③ can be purchased from southern farmers ④ in the winter

해 설 특정대상의 딸기를 설정해 둔 상황이 아니라 '일반대상'의 딸기를 말하는 의도이므로 ①에서 정관사(the)가 불필요하다.

번 역 비록 딸기는 봄과 여름철의 과일이지만 겨울철에도 남쪽의 농부들한테서 구입이 가능하다.

정 답 ① (Although the → Although)

22

For ① half century, Samuel Dulles ② played a prominent role ③ in local, ④ regional, and national political events.

해 설 반세기(50년) : half a century(=a half century)

번 역 반세기 동안, S. Dulles는 지방과 지역 및 전국적 정치적 행사에 현저한 역할을 했다.

정 답 ① (half century → half a century)

23

During ① the last presidential elections, the candidate ② in the question ended up ③ losing more votes than winning ④ them.

해 설 in question : 문제가(쟁점이) 되는 / '특정대상의 문제(the question)'를 나타내고자 하는 의도가 아니라 '일반적대상의 문제(question)'를 뜻하는 경우이므로 정관사가 없다.

번 역 지난 대선동안, 문제의 그 후보는 득표보다는 결국 실표하는 쪽으로 끝나고 말았다.

정 답 ② (in the question → in question)

24

Though the dust ① lay heavy upon the floor, it was evident that ② an old house, its windows carelessly boarded ③ up, must ④ once have been a magnificent mansion.

해 설 특정대상물에 있는 the dust와 the floor로 미루어 볼 때 ②에서 the old house가 되어야 한다.

번 역 비록 먼지가 마루바닥에 가득 쌓여 있었지만 창문은 대충 널빤지로 막아둔 그 오래된 집은 과거 한때는 웅장한 저택이었음에 틀림없었다.

정 답 ② (an → the)

25 After ① <u>the church</u> ② <u>the men</u> stood together ③ <u>in the churchyard</u> ④ <u>saying</u> he must be crazy.

> 해설 ①는 문맥상 after church(예배후)가 되어야 한다. after the church가 될 수 없는 이유는 이미 장소부사구 in the churchyard이 있는데다가 '교회 뒤'라는 의미가 되려면 behind the church가 되어야 한다는 것도 고려해야 한다.
>
> 번역 예배를 본 후 그 사람들은 그는 미쳤음에 틀림없다는 말을 하면서 교회마당에 함께 서 있었다.
>
> 정답 ① (the church → church)

26 "그는 그 여자의 얼굴을 똑바로 쳐다보았다."의 가장 적절한 영역은?

① He looked her in the face. ② He looked her at the face.

③ He looked her at face. ④ He looked her on face.

> 해설 in the face에서 the(특정 신체부위 나타내기 때문에 씀) 자리는 의미상 소유격 her을 의미하나 이미 목적어 her이 나와 있어 인칭이 중복되므로 소유격은 쓰지 않는 것이 원칙이다.
>
> ① = He looked at her face.
>
> 정답 ①

🏷️ **명사**

※ 빈칸에 들어갈 가장 알맞은 것을 고르시오. (01~12)

01 A : How much sugar did you put in my coffee?

B : _____ .

① Two spoonful ② Two spoonfuls ③ Two spoons ④ Two

> 해설 *a spoonful of* sugar * (I put) *Two spoonfuls* (of sugar in your coffee).
>
> 번역 A : 제 커피에 얼마나 많은 설탕을 넣으셨죠? B : 두 숟가락 분량의 설탕을 넣었습니다.
>
> 정답 ②

02 A : "What can I do for you, sir?"

B : "I want _____ ."

① a dime's worth of candy ② a dime worth of candy

③ a dime—worth candy ④ candy a dime's worth

> 해설 「거리, 시간, 가격, 무게 등의 측정표시」를 나타낼 경우 's형의 무생물 소유격
>
> 번역 "A : 무엇을 도와드릴까요, 선생님?", "B : 저는 1다임 어치의 캔디를 원합니다."
>
> 정답 ①

03 Her house is within _____ from the school.

① a stone's throw ② a throw of a stone

③ stone's throw ④ the stone's throw

해설 ▶ 무생물의 소유격의 가능한 's 소유격은「거리, 시간, 가격, 무게 등의 측정표시」를 나타낼 때이다.

번역 ▶ 그녀의 집은 학교로부터 돌 하나 던져서 닿는 거리(아주 가까운 거리)에 있다.

정답 ▶ ①

04 The committee _____ not able to agree on all the points.

① was ② were ③ do ④ has

해설 ▶ 위원회를 한 단체의 관점에서 보면 단수로 위원회를 구성하는 개별적인 위원으로 보면 복수이다. 이 문제는 후자의 경우이다. 대개 이와 같은 유형의 문제인 경우 복수로 보는 것이 타당할 경우 all을 적당한 곳에 반영할 때가 많다.

번역 ▶ 그 위원들은 모든 논점들에 대해 의견이 일치할 수 없었다.

정답 ▶ ②

05 The word which is the same in the singular and the plural is _____.

① sheep ② ox ③ mouse ④ foot

해설 ▶ 단·복수가 동일한 명사 : 주로 동물·물고기 이름 *Ex.* sheep, deer, buffalo… / salmon(연어), trout(송어)… ② an ox – oxen ③ a mouse – mice ④ a foot – feet

정답 ▶ ①

06 You must change _____ for New York at the second station.

① a train ② trains ③ train ④ to train

해설 ▶ 상호복수는 언제나 복수형으로 !

번역 ▶ 당신은 두 번째 역에서 뉴욕행의 열차를 갈아타야 합니다.

정답 ▶ ②

07 Deer _____ the only animals with antlers.

① also ② are ③ is ④ being

해설 ▶ 가축명이나 고기명은 단·복수가 동형인 경우가 많다. 이 경우 주격보어가 복수이므로 주어도 복수가 타당하다.

번역 ▶ 사슴은 뿔(antler)을 가진 유일한 동물들이다.

정답 ▶ ②

08 He spent all his _____ on the car.

① saving ② safes ③ safe ④ savings

해설 ▶ savings : 저축금, 저축(한 돈)

번역 ▶ 그는 차를 사는데 자신이 저축한 모든 돈을 다 썼다.

정답 ▶ ④

09 "Who are these visitors?", "They're all _____ I think."

① mathematics student
② mathematic students
③ mathematics students
④ student of the mathematics

해설 these visitors로 물어 봤으므로 복수의 답을 해야 하며 학문의 이름인 mathematics는 복수가 아니라 '(일반적) 학문의 이름(추상명사)'을 나타내므로 관사 없이 사용된다. mathematic이라는 단어는 형용사이며 명사가 아니라는 점을 유념해야 한다.

번역 "이 방문객들은 누군가요?", "제 생각에는 그들은 모두 수학전공 학생들입니다."

정답 ③

10 Reversals may be caused by _____.

① brain's injury
② the injury of brains
③ brain injury
④ brains injuries

해설 brain injury : 뇌손상[복합명사를 쓸 경우 앞의 명사는 기능상 형용사 역할이므로 소유격과 복수 형태가 될 수 없다.]
＊ brain death : 뇌사(腦死)

번역 전도현상은 뇌손상에 의해 야기될 수 있다.

정답 ③

11 They shook _____ with each other and made up.

① hand
② hands
③ the hand
④ a hand

해설 상호복수는 언제나 복수형으로!

번역 그들은 서로 악수를 했으며 화해했다.

정답 ②

12 "How is the progress?"

"Two-thirds of the work _____ finished."

① are
② is
③ to be
④ will

해설 전치사 of다음에 나온 단어의 수에 따라 그 앞의 부분을 나타내는 단어들은 수를 정하면 된다. 부분을 나타내는 표현에는 「a half, two-thirds, most, the majority, the rest 등」이 있다.

번역 "어느 정도 진척되었나요?", "그 작업의 2/3는 끝났습니다."

정답 ②

※ **Choose the one which is incorrect grammatically.** (13∼27)

13 The ① average salt ② content of seawater is ③ more than three ④ percents.

번역 바닷물(해수)의 평균 염분 함유량은 3%이상이다.

해설 ③의 경우처럼 '수사+복수명사'앞에 사용하는 more that(=over), less than(=under), about 등은 정확한 수치를 나타내기 어려울 때 사용하는 허수일 뿐 복수명사의 문법적 특성에 전혀 영향을 끼치지 않는다. ④는 '3개의 퍼센트(%)들'이 있다는 것이 아니라 100분(비)를 전제로 3%를 말하는 것이므로 percents라 나타내면 안 된다.

정답 ④ (percents → percent)

14   ① The good news ② is that researchers ③ are beginning the enormous task of ④ making sense of the flood ⑤ of new genetic informations.

> 해설 information(정보)은 불가산명사이므로 복수형이 불가능하다.
> 번역 좋은 소식은 연구가들이 쇄도하는 새로운 유전 정보를 이해하는 엄청난 과업을 시작하고 있다는 것이다.
> 정답 ⑤ (~informations → ~information)

15   ① Both animals who ② hunt and who ③ are hunted need ④ colors patterns to conceal ⑤ themselves.

> 해설 복합명사에서는 앞의 명사는 기능상은 형용사이므로 복수면 안 된다. color patterns로 해야 한다.
> 번역 사냥을 하는 동물이나 사냥을 당하는 동물들 모두 자신들을 숨길 수 있는 색깔(색채) 무늬를 필요로 한다.
> 정답 ④ (colors patterns → color pattern)

16   In the 1960s ① consumers in developed nations enjoyed real gains ② in income and spent their money on ③ a variety of newly invented ④ good.

> 해설 good → goods : 제품, 물품, 물건
> 번역 1960년대 선진국들의 소비자들은 수입에 있어 실질적 이득을 누렸고 새로이 발명된 다양한 제품을 구입을 하는 데 돈을 지출했다.
> 정답 ④ (good → goods)

17   ① The news of the president's treaty negotiations with the foreign government ② were ③ received with mixed emotions by the citizens ④ of both governments.

> 해설 news는 단수취급
> 번역 대통령이 외국정부와 조약을 맺었다는 소식을 양국의 국민들은 혼합된 감정으로 (착잡한 심정으로) 받아들였다.
> 정답 ② (were → was)

18   His ① staff ② is ③ facing various ④ problem.

> 해설 수량형용사의 하나인 various(=a variety of)다음에는 당연히 복수명사가 와야 한다.
> 번역 그의 직원은 여러 가지 문제에 직면하고 있다.
> 정답 ④ (problem → problems)

19   Ann can ① speak English, French and ② German. She is very good ③ at ④ foreign language.

> 해설 언어자체 즉, English, Korean등은 셀 수 없으므로 불가산명사이나 language는 보통명사이다. 따라서 ④를 languages로 고쳐야 한다.
> 번역 Ann은 영어, 불어, 독어를 할 수 있다. 그녀는 외국어를 잘 한다.
> 정답 ④ (foreign language → foreign languages)

20   Before the ① invention of ② railroads, the only ③ mean of land transportation was
④ the horse.

> 해 설 ▸ means(주로 단수로 쓰이지만 복수로 취급할 경우도 있다.) : 수단, 방법
> 번 역 ▸ 철도의 발명 이전에는 유일한 육상수송의 유일한 수단은 말이었다.
> 정 답 ▸ ③ (mean → means)

21   ① Classification is a useful approach to the ② organization of ③ knowledges in ④
any field.

> 해 설 ▸ knowledge는 추상명사이므로 복수로 나타낼 수 없다.
> 번 역 ▸ 분류는 어떤 분야에서건 지식의 조직화에 대한 유용한 접근법이다.
> 정 답 ▸ ③ (knowledges → knowledges)

22   ① At birth, an infant ② exhibits a ③ remarkable number of motor ④ response.

> 해 설 ▸ a (remarkable) *number of* motor *responses* : 수표시어가 있으므로 ④는 복수여야 한다.
> 번 역 ▸ 태어날 때, 유아는 놀랄 만큼 많은 운동반응을 보인다.
> 정 답 ▸ ④ (response → responses)

23   ① Many of Gauguin's work ② was lost ③ on the South Sea Island where he lived ④
until his death.

> 해 설 ▸ of다음의 단어가 work이므로 ①의 Many를 Much로 바꾸어야 한다.
> 번 역 ▸ 고갱의 작품 중 많은 것은 그가 죽을 때까지 살았던 남양제도에서 소실되었다.
> 정 답 ▸ ① (Many → Much)

24   Advertising ① falls into two ② main ③ category : consumer advertising and trade ④
advertising.

> 해 설 ▸ 기수사가 포함된 명사는 *two main categories*로 나타내야 하므로 ③를 복수로 나타내야 한다.
> 번 역 ▸ 광고는 두 가지의 주된 범주로 나뉜다. 소비자 광고 및 소매업광고.
> 정 답 ▸ ③ (category → categories)

25   I ① believe that spanking, hitting, or ② any corporal punishment is a form of ③ child
abused and is ④ very harmful to children.

> 해 설 ▸ ③는 전치사 of의 목적어로서 명사여야 한다. 따라서 child abuse(아동학대)로 나타내야 한다.
> 번 역 ▸ 나는 손바닥으로 때리거나 구타 또는 어떤 체벌도 일종의 아동학대이며 아이들에게는 매우 해롭다고 믿는다.
> 정 답 ▸ ③ (child abused → child abuse)

26 Encyclopedias may be used to ① answer question, ② to solve problems, or to ③ obtain ④ information on a particular topic.

> 해설 question은 '질문, 문제'의 뜻일 경우 보통명사다. 따라서 단수나 복수로 나타내야 하는데 이 경우의 문맥이라면 복수가 적당하다. 이 명사가 '의심, 의문'의 뜻일 경우는 추상적 개념(ex. out of question(의문의 여지가 없는))으로 사용된다.
>
> 번역 백과사전은 질문에 대한 답을 해주고, 문제를 풀어주며, 특정한 주제에 관한 정보를 얻기 위해 사용된다.
>
> 정답 ① (question → questions)

27 Katherine ① has much ② experiences working on ③ contracts and ④ legal matters.

> 해설 experience는 불가산명사와 가산명사('체험'의 의미일 경우) 모두 사용된다. 다만 문맥에 따라 적합한 것을 선택하면 되는데 이 경우라면 이미 much의 수식을 받고 있으므로 불가산명사로 취급해야 한다.
>
> 번역 Katherine은 계약에 관한 사항이나 법률문제에 대해 연구한(일을 한) 많은 경험을 갖고 있다.
>
> 정답 ② (experiences → experience)

※ 문법적으로 올바른 문장을 고르시오.

28
① Bread and butter was all we had.

② Because of I had no money, I had to walk home.

③ I don't understand who she could treat him so bad.

④ A small country like ours must alert to such dangers.

⑤ Either the landlord or his wife were not telling the truth.

> 어구 • treat someone badly : 누구를 나쁘게 대하다(홀대하다) • landlord : 지주, 집주인
>
> 해설 ① bread and butter(버터를 바른 빵)는 단일개념으로 단수가 맞다 ② Because of(전치사구) → Because(접속사) / home은 장소부사 ③ who(의문대명사[접속기능+명사기능]) → how(의문부사 [접속기능+부사기능]) "그를 어떻게 그리 심하게 다룰(홀대할) 수 있는지") / bad → badly(treat은 3형식 동사) ④ must alert to → must be alert(형용사 보어) to Cf. alert가 타동사이면 '경계시키다'의 의미이므로 목적어를 두어야 한다. ⑤ were → was(either A or B → B에 수를 일치)
>
> 정답 ①

29 어법 상 옳은 문장은?

① The students as well as the teacher are earnest.

② Two-thirds of my books is novels.

③ All the crew was saved.

④ Bread and butter are my favorite breakfast.

> 해설 ① A as well as B : B뿐만 아니라 A도(not only B but also A) : A의 수를 맞추면 된다. 따라서 are은 적절하다. 「선생님뿐만 아니라 학생들도 성실하다.」 ② of다음에 my books가 복수이므로 그것의 일부분(2/3)도 복수이다. is를 are로 바꾸어야 한다. 「나의 책의 2/3는 소설이다.」 ③ crew는 집합명사의 하나인데 all(가산명사와의 관계인 이상 '셋' 이상을 나타냄)이 있으므로 동사는 were이어야 한다. 「모든 선원들이 구조되었다.」 ④ bread and butter는 의미의 한 단위이므로 동사는 단수 is여야 한다. 「버터를 바른 빵이 내가 좋아하는 아침식사이다.」
>
> 정답 ①

30   다음에서 틀린 곳이 없는 문장은 ?

① Right now the police is tracking down the murderer.

② Jane was put in charge of a hundred sheeps the first day she came.

③ In Korea as in other countries we are eating three meals a day.

④ How I envy you your achievement !

 ① the police, the press, the public등의 집합명사는 「특정 직업이나 계층에 속한 사람들〈pl〉의 집합」을 나타내므로 the〈특정적 의미〉를 붙이고 복수취급함이 원칙이다. 따라서 is를 are로 고쳐야 한다. 한 명의 경관일 경우 a policeman 복수일 경우 policemen이다. track down : ~의 뒤를 쫓다. 추적하다. 뒤쫓아 잡아내다 「바로 지금 경찰은 그 살인범을 추적하고 있다.」

② sheep, deer, swine(돼지), trout(송어), salmon(연어)등의 가축명·물고기명은 주로 「단복동형」으로 쓴다. 따라서 sheeps를 sheep로 「Jane이 돌아온 첫날 100마리의 양이 맡겨졌다.」

③ 대표시제의 현재 : 「일반적·항시적 습관·사실·동작 / 보편적 진리」을 나타내는 것은 모두 현재형으로 ! 따라서 are eating을 eat으로 「다른 나라와 마찬가지로 한국에서도 하루에 세 끼를 먹는다.」

④ envy는 4형식이나 3형식으로 쓰인다. 주어진 문장은 4형식이다. 다른 수여동사(4형식동사)처럼 3형식 전환을 하더라도 ~envy your achievement to you처럼 쓰이지 않는다. 바로 「~envy you. 아니면 ~envy your achievement.」(둘 다 3형식 문장)로 해야 한다.

정답 ④

31   다음 문장과 같은 의미를 가진 것을 고르시오.

> 「He is at table.」

① He is on the table.   ② He is in front of the table.

③ He is eating now.   ④ He is studying at the table.

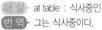 at table : 식사중인
번역 그는 식사중이다.
정답 ③

32   다음 숫자를 영문으로 읽는 법이 틀린 것은?

① 2 + 3 = 5 → Two and three makes five

② 3.27 → Three point twenty seven

③ 2/3 → Two-thirds

④ $ 25.50 → Twenty five dollars and fifty cents

해설 ①와 같은 수식(數式)의 경우 단수로 취급하는 것이 원칙이다. ② three point two seven으로 나타내야 한다. / 3.5(3과 1/2) : three and a half ④의 경우는 Twenty five dollars and a half로 나타내도 좋다.

정답 ② (three point two seven)

33 밑줄 친 복수명사가 잘못된 것은?

① No <u>pains</u>, no gains.　　② Don't put on too proud <u>airs</u>.

③ This book cost me six <u>pennies</u>.　　④ You should change <u>cars</u> at Daejon.

 ① pains : 수고, 노고「수고하는 것이 없으면 얻는 것도 없다.」
② airs : 잘난 체 하기「너무 잘난 체 하지 마라.」
③ a penny의 경우 복수가 두 개 있다. 동전〈의 수〉일 경우는 'pennies'가 금액일 경우는 'pence'가 복수이다.「이 책은 나에게 6팬스(금액)가 들었다.」
④「대전에서 차를 갈아타야 합니다.」

정답 ③

34 다음 중 단수-복수의 짝이 잘못된 것은?

① pea-peas　　② shelf-shelves

③ foot-feet　　④ measle-measles

해설 ④에서는 단복수형이 따로 없고 언제나 복수형(measles-홍역)으로 쓰며 단수취급

정답 ④

35 다음 중 명사의 단수형과 복수형이 모두 맞는 것은?

① erratum-erratums　　② index-indices

③ news-newses　　④ radio-radioes

해설 ① erratum(오자, 오식) → errata로 ③ news는 복수형으로 그대로 단수취급
④ radio → radios로 (「모음 + O」일 경우는 어미에 -s)

정답 ②

Chapter

14

Grammar

대명사Pronoun
(인칭 · 소유 · 재귀 · 지시 · 부정대명사)

---

01 인칭 대명사

▮ A ▮ 인칭 대명사의 변화

인칭	수 격		주격 (은,는,이,가)	소유격 (의)	목적격 (~을,를,에게)	소유 대명사 (~의 것)	재귀 대명사 (~자신)
1	단수		I	my	me	mine	myself
	복수		we	our	us	ours	ourselves
2	단수		you	your	you	yours	yourself
	복수		you	your	you	yours	yourselves
3	단수	남성	he	his	him	his	himself
		여성	she	her	her	hers	herself
		중성	it	its	it	—	itself
	복수		they	their	them	theirs	themselves

▮ B ▮ 소유 대명사

❶ '대명사의 소유격 + 명사'를 대신한다.

- 1인칭의 경우 특수형인 mine이며 3인칭 남성의 경우는 his(hiss에서 발음이 중복된 s를 하나 탈락시킴)인 것을 제외하고 "소유격+s"형을 사용하면 된다.

His parents are present; yours(your parents) are not.
그의 부모님은 참석하셨다; 너의 부모님은 참석하지 않으셨다.

❷ 이중 소유격

That book of hers belonged to the club.
그녀의 그 책은 그 클럽의 것이었다.

█ C █ 재귀 대명사

❶ 재귀적 용법(타동사, 전치사이 목적어 자리에 사용된다.)

He killed himself.   그는 자살했다.

cf. 'He killed him.'이라면 He와 him이 다른 사람일 경우이다

He did it for himself. 그는 스스로를 위하여(또는 남의 도움 없이) 그것을 했다.

❷ 강조 용법

He did it himself. or He himself did it. (이 경우는 없어도 무방함)

그 자신이 직접 그것을 했다.

❸ 관용 표현(전치사 + 재귀 대명사)

for oneself 혼자 힘으로, 스스로 / by oneself 홀로, 외로이 / to oneself 독점적으로

of itself(=spontaneously) 저절로

in spite of oneself(=unconsciously) 자기도 모르게, 무의식적으로

He likes to do everything for himself. 그는 스스로 모든 것을 하기를 좋아한다.

02   지시 대명사

█ A █ this / that (복수 : these / those)

❶ this는 가까운 것·현재, that은 비교적 먼 것·과거 표시

this와 that은 지시대명사 역할 외에도 지시형용사(반드시 단수명사 앞)와 지부부사로 쓰이기도
하며 that과 those는 특히 관계대명사의 선행사로 쓰이는 경우도 많다.

❷ 명사의 반복을 피하기 위한 비교에서의 that(단수), those(복수)

The climate of Canada is colder than that (= the climate) of korea.

캐나다의 기후는 한국의 기후보다 더 춥다.

❸ 바로 앞에 나온 어구나 뒤에 나올 어구를 받는 this, that

He refused my offer, and this[= that, it] hurt my feelings.

그는 나의 제안을 거부하였으며 이것이(그것이) 나의 감정을 상하게 했다.

❹ those who

Heaven helps those who help themselves. (those = the people or the persons)

하늘은 스스로 돕는 자를 돕는다.

　　◎ those who + 복수동사 : …하는 사람들 / one(/ he) who + 단수동사 : …하는 사람

❺ this(these)는 후자(= the latter), that(those)은 전자(= the former) 표시

❻ 관용어를 이루는 this, that

ⓐ and that, (and) ～ at that : 그것도, 더구나, 게다가, 더군다나

He can speak French, and that fluently.

그는 불어를 말할 수 있다. 그리고 그것도 유창하게(할 수 있다).

ⓑ that is, that is to say : 즉, 다시 말하면

▌B▐ it

▷ it 〈인칭대명사 3인칭 중성 or 지시대명사〉

❶ it = 어린아이나 동물을 받을 때 / 어른의 경우는 신원미상일 때　*Ex.* Who is it?

❷ it = the + sg名 (이 경우는 지시대명사)　*Cf.* one = a〈n〉 + sg名

I bought an expensive book and I lost it. (it=the book)

나는 값비싼 책을 한권 샀는데 그 책을 잃어버렸다.

❸ 앞의 명사구 · 명사절, 전체 문장을 받는 경우도 있다.

❹ it = 가주어, 가목적어

　　☞ 주어나 5형식의 목적어 자리에 「부정사, 동명사, that절」, 즉 긴 어구가 쓰이면 문장이 복잡하고 산만해 보
　　　인다. 이러한 혼란을 줄이고 자연스럽게 보이기 위해서 it이 쓰이는 것이다.

It is wrong to tell a lie. 거짓말을 하는 것은 잘못이다.

It is by no means easy to learn English. 영어를 배우는 것은 결코 쉽지 않다.

영어를 배우는 것은 결코 쉬운 일은 아니다.

Today, radar makes it possible to predict violent weather.

오늘날, 레이더는 격렬한 날씨를 예측하는 것을 가능하게 한다.

❺ it = 비인칭 주어나 (목적어 등)으로 「날씨, 시간, 계절 등의 자연현상, 거리 · 기후 · 무게 등을 나타내고자 하거나 막연한 상황」에 쓰인다.

It is fine today. 오늘 날씨가 좋다.

What time is it now? 지금 몇 시 인가요?

Keep it to yourself. 혼자만 알고 계세요.

Depend upon it. 틀림없이(=Certainly)

> **Ex** Depend upon it, he'll come. [틀림없이, 그는 올 것이다.]
>
> It is all over with him.

❻ 「It is(or was) ~ that」강조구문에서(~자리에 강조하고자 하는 내용을 둠)

I met him there yesterday. 나는 어제 그곳에서 그를 만났다.

It was I that(who) met him there yesterday. (주어 'I' 강조)
어제 그곳에서 그를 만난 것은 바로 나였다.

It was him that(whom) I met there yesterday. (목적어 'him' 강조)
어제 내가 그곳에서 만난 사람은 바로 그였다.

It was there that(where) I met him yesterday. (부사구 'there' 강조)
어제 내가 그를 만난 것은 바로 그곳이었다.

It was yesterday that(when) I met him there. (부사 'yesterday' 강조)
내가 그곳에서 그를 만난 것은 바로 어제였다.

▌C▐ such

❶ 대명사 역할

People kill one another; such is life. (지시대명사)[주격보어인 such를 문두에 두어 강조]

사람들은 서로서로 죽인다; 그것이 바로 인생이다. ['인생이란 그런 것이다'는 것보다 강조한 것]

He is just a child and must be treated as such. (such = a child)

그는 아이에 지나지 않으며 그런 아이로서 취급받아야 한다.

[그런 자격으로 : as는 자격]

❷ such A as B = A such as B = A like B : B 같은 A

Scientists such as Newton are rare. (지시대명사) [=for example(의미상)]

뉴턴 같은 과학자들은 드물다.

Such scientists as Newton are rare. (지시형용사) 뉴턴 같은 그런 과학자들은 드물다.

Autumn gives us fruits, such as pears and grapes.

가을은 우리에게 배와 포도와 같은 과일들을 준다.

❸ such as it is : 이런 정도지만, 변변치 않지만 의 뜻

You may use my pen, such as it is. 당신은 변변치 않지만 나의 펜을 사용할 수 있다.

ⅠDⅠ so [대어(大語)] :

so가 받아줄 수 있는 품사는 거의 무제한 가능하며 기본적으로 '의견동조'특성을 지니고 있다. so 를 사용해야 할 자리에 that이 아님을 주의한다.

❶ 타동사(think, believe, hope, expect, say, tell, suppose, be afraid)의 목적어

He is returning home today. – I hope so(= he is returning home today.)

그는 오늘 집으로 되돌아온다. – 나는 그러길 바랍니다.

❷ 보어 : 앞의 형용사를 받기도 한다.

He is honest and will remain so. 그는 정직하며 여전히 그럴(정직할) 것이다.

❸ – so + 주어 + 동사 : 사실, 정말 (= indeed: 주어가 동일인일 때)

– so + 동사 + 주어 : ~도 역시 (= also, too: 주어가 다를 때)

He seems to be honest. So he is. (=Yes, he is.)

그는 정직한 것 같다. 정말 그는 정직해요.

John can speak French, and so can his brother.

존은 불어를 말할 수 있으며 그의 형도 역시 그럴 수 있다.

ⅠEⅠ the same

❶ the same

I'll have the same. 나도 같은 것으로 하겠습니다.

❷ all the same

He has defects, but I like him all the same. (=nevertheless : 그래도 똑같이〈역시〉)

그는 결점을 가지고 있지만 나는 그래도 똑같이(역시) 그를 좋아한다.

❸ the same A as B (B와 같은 A → 같은 종류)

the same A that B (B와 같은 A → 동일한 것)

【 sg : 단수(형) / pl : 복수 / ⓝ : 명사 / ⓐ : 형용사 】

부정형용사	+ 명사	부정대명사	+ α (부정대명사)	
any	sg/pl	any (sg/pl)	anything,	anyone, anybody
some	sg/pl	some(sg/pl)	something,	someone, somebody
no	sg/pl	none(sg/pl)	nothing,	no one, nobody
every	sg	–	everything,	everyone, everybody
each	sg	each (sg)	each other (둘 사이)	
all	sg/pl	all (sg/pl)		
(n)either	sg	(n)either(sg)		
another	sg	another(sg)	one another (셋 이상)	
both	pl	both(pl)		
most	sg/pl	most(sg/pl)		

박스내의 12개 모두 3인칭 단수취급

박스 내의 오른쪽 8개 인칭대명사로 받을 때
he or she(주격) /
his or her(소유격)
him or her(목적격)

┃ A ┃ 혼동하기 쉬운 부정대명사(또는 부정형용사)의 비교

❶ any : 언제나 강조의 뜻으로 "무엇이든지, 어떤 ~(이)라도, 조금이나마"
   some : 강조의 의미는 전혀 없이 "약간의, 어느 정도의, 조금 있는, 좀"

❷ some (+pl명사) ~ others(=other+pl명) ☞ 불특정 일부들을 열거할 때
   some (+pl명사) ~ the others(the rest) ☞ 특정적〈the〉 일부들을 열거할 때

❸ no : 「no + sg名詞」 → 강조형은 「not any + sg名」나 「not a + sg名」이다.
   none : no + 명사(사람, 사물 / 단수, 복수)
   ▣ None of 복수명사 + 단·복수동사 모두 가능 / None of 불가산명사 + 단수동사
   Ex There is no evidence to support this theory. 이러한 이론을 뒷받침할 증거는 전혀 없다.

❹ each : "개개(sg)〈각기, 각자〉"를 강조(종합을 염두에 두지 않고) * each of 복수명사
   every : 집합체의 "개체(sg)"를 강조(종합〈종합을 전제로 하여〉) * every one of 복수명사
   Cf. every + 기수 + 복수명사(/ 서수 + 단수명사) Ex. every four years=every fourth year
   all : 개체의 "총합(pl)"을 강조
   Ex1 Every person at the meeting is fond of the idea.
      그 회의에 참석한 모든 사람은 그 아이디어(구상)를 좋아했다.

Ex.2 **The students in your class evaluate** each other. 당신 학급의 학생들은 서로를 평가한다.

[each other는 원칙상은 둘 사이의 '서로, 상호간(에)'를 의미한다. 따라서 이 문맥에서는 셋 이상을 뜻하는 one another가 낫지만 each other로 하더라도 다수의 학급생들이 둘씩 짝을 지어 나타낼 수는 있다는 것을 전제로 볼 수는 있다. 한편 each other와 one another은 타동사나 전치사의 목적어로만 사용되고 주어나 보어자리에 사용되는 경우는 없다는 점을 주의!]

Ex.3 **In Korea, a presidential election is held** every five years.
한국에서는 대통령 선거가 5년에 한 번씩 치러진다.

❺ most = almost all ☞ 대다수의(ⓐ) = 거의 모든 / 대다수(ⓝ) = 거의 모두

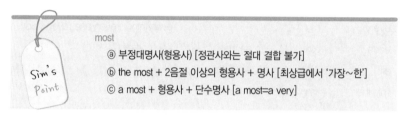

Sim's Point

most
ⓐ 부정대명사(형용사) [정관사와는 절대 결합 불가]
ⓑ the most + 2음절 이상의 형용사 + 명사 [최상급에서 '가장~한']
ⓒ a most + 형용사 + 단수명사 [a most=a very]

❻ either(양자택일), neither(양자동시부정)의 결국 단일 개념으로 보므로 단수취급 한다.

❼ both는 항상 둘을 둘로 나누어 보는 관점이므로 복수취급 한다.

Both of the singers have a rich voice with great range. [Either of (×)]

두 명의 가수 모두 넓은 음역의 풍부한 목소리를 가지고 있다.

❽ one ～ the other : 둘 중 "하나"와 "그 나머지"

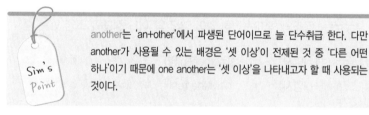

Sim's Point

another는 'an+other'에서 파생된 단어이므로 늘 단수취급 한다. 다만 another가 사용될 수 있는 배경은 '셋 이상'이 전제된 것 중 '다른 어떤 하나'이기 때문에 one another는 '셋 이상'을 나타내고자 할 때 사용되는 것이다.

❾ one ～ another ～ the third(셋 이상에서) : 「하나는～ 또 다른 하나는～ 나머지 하나는」

❿ the former ～ the latter 「전자(the one, that) ～ 후자(the other, this)」

⓫ the other + 단수 · 복수명사 / other + 복수명사 = others / any other + 단수명사

⓬ one after the other(둘) : 차례대로 / one after another(셋 이상) : 차례대로

❙ B ❙ one

❶ 일반인 : one, one's, oneself (미국 영어에서는 he, his, himself)

Ex. **One should obey** one's **parents.** 자신의 부모님의 말씀에 순종해야 한다.

❷ a(n) + 단수명사 : *Ex.* If you have a pen, please lend me one.

수식어를 수반할 경우 [단수: a + 형용사 + one], [복수: 형용사 + ones]

a pen → a red one / pens → red ones

❸ one을 쓰지 않는 경우 :

ⓐ 불가산명사를 대신하지 못함

white wine → red wine (×) / red (o)

ⓑ 기수 · 서수 다음

a pen → two ones (×) / two (o)

a pen → the second one (×) / the second (o)

ⓒ 「소유격 + own」 다음

a house → my own one (×) / my own (o)

Grammar

최근 기출 & 예상문제

※ 빈칸에 들어갈 가장 알맞은 것을 고르시오. (01~31)

01 There is _____ artist in him.

① somewhat　　② something of an　　③ a certain　　④ rather an

해설 something of a(n) A : 상당한 A (어떤 능력 · 성질을 지닌 사람)
Ex-1. He's *something of an artist*. (그는 대단한 예술가이다.)
Ex-2. He's *something of a liar*. (그는 상당히 거짓말을 잘 한다.)

번역 그는 상당히 이름이 난 예술가다.

정답 ②

02 The current economic crisis caught _____ by surprise.

① almost everyone　　　　　　② the most everyone

③ most anyone　　　　　　　　④ most everyone

해설 caught의 목적어인데 부정대명사 앞에는 부사 almost를 붙일 수 있다. ②는「the most + 2음절 이상의 형용사 + (명사)」의 최상급에 사용되며 ③, ④의 경우는 부정대명사를 부정형용사가 수식할 수 없다.

번역 현재의 경제위기는 불시에 거의 모든 사람에게 닥쳤다.

정답 ①

03 _____ communicate in a foreign language, but _____ will result in slow, incorrect speech.

① all of them　　　　　　　　② both of them

③ neither of them　　　　　　④ either one of them alone

해설 '兩者擇一'을 나타내는 ④의 either (one) of them alone이 적절한 논리로 호응된다. 이 경우 them이란 study와 practice를 뜻하며 둘의 대상이 전제가 될 때 (n)either, both를 사용한다는 점을 명심한다. ②의 경우라면 양자를 모두 긍정으로 보는 것이기 때문에 'result in *rapid, correct* speech'라면 적합하다. ③의 경우는 문법적으로 좋지만 문맥에 맞지 않다. 이 경우라면 result in다음에 완전히 부정적인 내용만 전개해야 한다. ①의 경우는 all이 가산명사 와의 관계를 전제로 한 이상 셋 이상을 나타내기 때문에 여기서는 근본적으로 논의대상이 아니다.

번역 학습은 필요하고 연습 역시 필요하다. 이 둘을 결합하면 외국어로 의사소통을 할 수 있는 능력이 부여되나 둘 중 어느 한쪽만 한다면 느리고 부정확한 언어실력의 결과를 가져오게 된다.

정답 ④

04 _____ present at the party were surprised at the President's appearance.

① This   ② That   ③ These   ④ Those

해설 'Those (who were) present at the party'에서 Those는 Persons의 뜻으로 원래는 관계대명사의 선행사였다. 'who were=being'을 생략한 것이다.

번역 그 파티에 참석한 사람들은 대통령이 모습을 나타낸 데 대해 놀랐다.

정답 ④

05 The team is good, but not as good as _____.

① ours   ② we   ③ us   ④ ourselves

해설 , but [the team(=their team = theirs) is] not as good as ours(=our team).

번역 그 팀은 훌륭하다. 그러나 우리의 팀만큼 훌륭하지는 않다.

정답 ①

06 It is necessary to put the plan into practice, _____ promptly.

① and that   ② and so   ③ and it   ④ but that

해설 , and that promptly(=immediately, at once) / that은 to put the plan into practice을 받는 '강조'기능의 지시대명사이다.

번역 그 계획을 실행하는 것, 그리고 그것도 즉시 (실행하는 것이) 필요하다.

정답 ①

07 "Yes, I certainly will."

"_____ to you, Mrs. Young."

① It's been nice talking   ② It've been nice to talk

③ It's been nice talk   ④ It'd been nice talking

해설 ① It's been nice talking (to you). 가주어 it, 진주어는 동명사 talking이 적절하다. ②번은 It이 단수이므로 It's(It has)로 하면 되고 ④는 시제가 틀림

번역 "그럼요, 그렇게 하겠습니다." (당신과 함께 나눈) 말씀 좋았습니다. Young 부인.

정답 ①

08 In the United States Senate, _____, regardless of population, is equally re presented.

① each state   ② where each state

③ each state that is   ④ for each state

해설 동사 is에 대한 단수주어가 필요한 자리이므로 each state(항상 단수와 결합)가 주어가 될 수 밖에 없다.

번역 미상원에서는 인구에 관계없이 각주는 동등하게 대표된다.

정답 ①

09 Unlike the budgets of some countries, _____ focuses chiefly on expenditures.

① which the United States   ② that of the United States

③ and the United States   ④ the United States, which

해 설 ▶ 특정한 국가의 예산은 the budget이므로 지시대명사 that이 적절하다. 예산과 예산의 호응관계를 잘 파악할 것.
Cf. the United States, the United Nations – 단수

번 역 ▶ 일부국가들의 예산들과는 달리, 미국의 예산은 주요 지출에 초점을 두고 있다.

정 답 ▶ ②

10 The houses of the rich are generally larger than _____ of the poor.

① that   ② ones   ③ those   ④ that ones

해 설 ▶ 비교대상이 호응될 수 있어야 하므로 the houses를 다시받는 지시대명사 복수 <u>those</u>가 되어야 한다. the rich(poor)
= rich(poor) people

번 역 ▶ 부자들의 집은 일반적으로 가난한 사람들의 집보다 일반적으로 더 크다.

정 답 ▶ ③

11 Is the climate of Italy _____ ?

① similar like Florida   ② somewhat similar to Florida

③ so much like Florida   ④ somewhat like that of Florida

해 설 ▶ ④ that(=the climate)이므로 비교대상이 일치하고 있으며 somewhat은 정도부사. like는 전치사적 형용사 ①은
similar to that of Florida로 ②는 …to that of Florida로

번 역 ▶ Italy의 기후는 Florida의 기후와 다소 비슷한가요?

정 답 ▶ ④

12 "It's very cold in here today.", "Yes. It was _____ yesterday."

① the less cold   ② less cold as this

③ not this cold   ④ not more cold

해 설 ▶ this는 지시부사이며 ①,②,④는 일단 주어가 today가 아닌 이상 yesterday와 비교 관계를 나타낼 수 없다.

번 역 ▶ "이 곳은 대단히 춥군요.", "그래요. 어제는 이렇게까지 춥지는 않았는데요."

정 답 ▶ ③

13 Neither Mary nor Lisa _____ so pretty as Ruth.

① are   ② have   ③ has   ④ is

해 설 ▶ (n)either A (n)or B형태에서는 원래 선택적인 의미에서 쓰이는 것이기 때문에 근자일치 시켜준다
(즉 동사에 가까운 것만을 주어로 삼는다).

번 역 ▶ Mary도 Lisa도 Ruth만큼 예쁘지 않다.

정 답 ▶ ④

14 Someone complained to _____ about our products.

① we   ② me   ③ his   ④ I

해설 전치사 to의 목적어는 인칭대명사일 경우 마땅히 목적격이어야 한다.
번역 어떤 이가 우리의 제품에 대해 나에게 불평을 했다.
정답 ②

15 He has six children, so _____ is a large family.

① he   ② his   ③ him   ④ himself

해설 , (and) so : 따라서, 그래서 / his(소유대명사)=his family / 같은 뜻으로 「, so his family is large.」나 「, so his family is a large one.」로 나타낼 수도 있다.
번역 그는 여섯 명의 자녀가 있으며 따라서 그의 가족은 대가족이다.
정답 ②

16 It was _____ that George was married.

① Mary   ② him   ③ to Mary   ④ he

해설 George was married to Mary.에서 to Mary를 강조하기 위해 강조구문 「It was ~ that」구문을 활용했다.
번역 George가 결혼한 사람은 바로 Mary였다.
정답 ③

17 Tom is very responsible. He blames _____ whenever something goes wrong.

① him   ② someone else   ③ himself   ④ herself

해설 책임감이 강한 사람은 문제를 남의 탓으로 돌리지 않을 것이라고 충분히 유추할 수 있다.
번역 Tom은 매우 책임감이 있다. 그는 어떤 일이 잘못될 경우엔 언제나 자기 자신을 탓한다.
정답 ③

18 "You ought to be ashamed of _____!" I blurted out just as I began to realize how distorted their comments were.

① yourself   ② being yourself

③ yourselves   ④ to be yourselves

해설 단서는 their comments이다. You의 주어만으로는 재귀대명사가 yourself인지 yourselves인지를 알 수 없으므로 다음 문장에 나오는 내용을 잘 살펴봐야 한다. 인용부호(quotation mark)안에 들어있는 내용은 직접화법임을 유념할 것!
번역 "여러분을 자신을 부끄러워해야 돼!"라고 불쑥 내뱉었다. 마치 내가 그들의 한 말(논평)이 얼마나 왜곡되어 있는지 막 깨닫기 시작한 것처럼.
정답 ③

19

To summarize an article is to separate _____ which is essential from the supporting material that surrounds it.

① from   ② with   ③ that   ④ but

해설 'that which is essential'(본질적인(중요한) 것) : 이 경우 지시대명사 that은 주격 관계대명사 which의 선행사이다. that which를 what으로 대신할 수 있다.

번역 기사를 요약하는 것은 본질적인 것을 그 기사를 둘러싼 뒷받침하는 자료로부터 분리하는 것이다.

정답 ③

20

"It takes me just twenty minutes to reach the city."

"Do you really drive _____?"

① as fast   ② that fast

③ with such fastness   ④ fast like that

해설 이 문장에서 drive는 완전자동사이고 호응되는 fast는 양태부사이며 that은 fast를 수식하는 지시 부사이다.

번역 "그 도시에 도달하는데 나한테는 20분밖에 안 걸려.", "정말 그렇게 빨리 운전하세요?"

정답 ②

21

"We walked twenty miles today."

"I never guessed you could have walked _____ far."

① as   ② this   ③ that   ④ such

해설 walked는 완전자동사이며 이와 호응하는 that far(그렇게 멀리)가 적절하다. that은 far를 수식하는 지시부사이다. you자리에 we가 주어라면 this far(이렇게 멀리)가 적절하다.

번역 "우리는 오늘 20마일을 걸었어요.", "나는 너희들이 그렇게 멀리 걸을 수 있을 것이라고 짐작조차 못했어."

정답 ③

22

I lost my wallet, so I have to buy _____.

① another   ② it   ③ the other   ④ one

해설 단수명사를 받는 대명사에서 one[=a(n) + 단수명사]과 it[=the + 단수명사]은 앞에 나온 단어의 형태를 보고 취하는 것이 아니라 의미상의 기준을 적용해야 한다. 따라서 이 경우는 일단 잃어 버린 것은 다시 사는 물건의 대상이 아닌 것이 확실하므로 a wallet를 받는 one이 되어야 한다.

번역 나는 지갑을 잃어 버렸어. 그래서 하나 사야겠어.

정답 ④

23

I can't give you any because there's _____ left.

① some   ② no   ③ none   ④ any

해설 부사절 속에서 1형식 문장의 주어역할이 가능하고 문맥이 통하는 것은 부정대명사 none(=no + 명사[문맥에 따라 단·복수 모두 가능])이다. ~ there's none (that is) left.

번역 남아 있는 것이 하나도 없으므로 당신에게 어떤 것도 드릴 수가 없군요.

정답 ③

24 We have a variety of sizes. If this does not fit you, I'll show you _____.

① the other ② other ③ another ④ other one

해설 another(원래 'an + other'에서 파생된 것)은 항상 셋 이상의 대상이 존재한다는 것을 전제를 하여 그 중 '또 다른 하나'를 선택해 보는 논리이므로 자신은 항상 단수논리로만 사용해야 한다.

번역 우리는 다양한 사이즈를 구비하고 있습니다. 만일 이것이 당신에게 안 맞으면 다른 것을 하나 보여드리겠습니다.

정답 ③

25 _____ of the three boys got a prize.

① Both ② Each ③ A few ④ Every

해설 ② each는 부정형용사 및 부정대명사가 모두 사용되고 이 경우의 문맥에도 타당하다. ① Both of the two boys이면 가능 ④ every는 부정형용사이지 부정대명사가 아니다.

번역 그 세 명의 소년들 각자가 상을 받았다.

정답 ②

26 You want one of the oranges on display, so you ask how much they are _____.

① each ② the one ③ the piece

④ one ⑤ none

해설 개별단위를 전제로 '(제)각기, (제)각각, (제)각자, (각 한)개당'등의 논리를 말하면 모두 each이다.

어구 on display 진열 중인

번역 당신이 진열 중인 오렌지 중 한 개를 원한다. 따라서 당신은 그 오렌지들이 개당 얼마인지를 묻는다.

정답 ①

27 "I guess Jones didn't win the election." "He certainly didn't, _____ the people in the city voted for his opponent."

① Almost all of ② Most all of

③ Most of all ④ Almost the whole of

해설 ① Almost all of the people에서 Almost all=Most로 바꿔 볼 수도 있다. ② Most all에서는 부정형용사가 부정대명사를 수식할 수 없고 ③의 경우는 Most의 부정대명사가 쓰인 이상 of 다음에는 부정형용사나 부정대명사를 쓸 수 없다. ④ 의 경우는 부사인 almost는 부정대명사를 수식할 수 있는 특수 경우를 제외하고는 다른 (대)명사를 수식할 수 없다.

번역 "나는 Jones씨가 선거에서 승리하지 못했을 것이라 짐작해", "그는 분명 그러지 못했을 거야. 그 도시 사람들의 거의 모두가[대부분이] 그의 상대자 쪽으로 찬성투표를 했거든."

정답 ①

28 _____ social nesting birds that build their nests in trees and on cliffs.

① The most storks ② Most are storks ③ Most storks are ④ Storks most

해설 that다음에 build가 온 것은 that이 ~birds를 선행사로 둔 관계대명사 주격임을 알 수 있는 단서가 되어 that ~이하는 종속절의 하나인 형용사절에 지나지 않음을 알 수 있다. 따라서 birds앞에 있는 내용만으로 문장이 성립되기 위해서는 정형동사가 갖추어져 있고 그 순서가 맞는 ③번이 되어야 한다.

cf. that[관계대명사(접속+명사(주어)]+build[동사] ('복문') → building ('단문')

번역 대부분의 황새는 나무와 절벽에 둥지를 짓는 군거성의 둥우리 새이다.

정답 ③

29

Do you have _____ idea?

① any   ② any of   ③ some of   ④ some

> **해설** any는 언제나 강조기능으로 「어떤~라도, 무엇이든지, 누구든지, 조금이나마」등의 의미로 쓰인다. 이에 반하여 some은 강조의 의미는 전혀없이 「약간의, 조금의, 조금 있는 ,좀」등의 의미이다. 따라서 some은 Would you like some more coffee?(커피 좀 더 마시지 그래?)(또는 May I have some more coffee?)등의 가벼우며 공손한 권유나 의뢰의 의미로 사용된다.
>
> **번역** 어떤 생각이라도(묘안이라도) 있습니까?
>
> **정답** ①

30

When we are not too anxious about happiness and unhappiness, but devote ourselves to the strict and unsparing performance of duty, then happiness comes _____

① of itself   ② reluctantly   ③ for itself   ④ painfully

> **해설** 재귀대명사가 전치사와 결합할 경우의 관용적 표현의 한가지로서 'of itself(=happiness)(저절로)'의 뜻이 문맥상 잘 부합됨을 알 수 있다. 이 경우 전치사 of은 '이유·원인(~때문에)'의 의미이다.
>
> **번역** 우리가 행복과 불행에 대해 지나치게 염려하지 않고 엄격하며 아낌없는 의무의 수행에 헌신한다면 행복은 저절로 오는 법이다.
>
> **정답** ①

31

_____ but fools would believe such nonsense.

① All   ② Any   ③ None   ④ Everybody

> **해설** = Only fools~ 이때 전치사 but은 except의 의미이며 문맥으로 파악하는 문제이다.
> Cf. nothing but=only / anything but=never.
>
> **번역** 바보를 제외하고는 어떤 누구도 그런 터무니없는 말을 믿지 않을 것이다.
> [= 오로지 바보만이 그런 터무니없는 말을 믿을 것이다.]
>
> **정답** ③

※ 문법적으로 적합하지 않은 부분을 고르시오. (32~56)

32

Marriage ① is certainly not the only source of ② interpersonal intimacy, but ③ it is ④ still the first choice ⑤ most of Americans.

        (2011 국회사무처)

> **해설** 결혼은 분명 대인관계에 관련한 성행위의 유일한 원천이 아니지만 그것은 여전히 미국인 대다수의 첫 번째 선택이다.
>
> **번역** the first choice라는 명사가 있으므로 ⑤와 같이 (부정)대명사가 바로 이어 올 수 없다. 따라서 뒤에 명사를 두기 위해서는 전치사를 앞에 두는 것이 타당하다. 결국 'of most Americans'에서 most는 Americans를 수식하는 부정형용사이다.
>
> **정답** ⑤ (most of → of most)

33 Neither the research assistant's consortium ① <u>nor</u> the biotech laboratory ② <u>are</u> poised ③ <u>to strike</u> a decisive blow in the debate over salaries that ④ <u>has been</u> raging ⑤ <u>for over</u> a year. (2010 서울시 9급)

> 해설 그 연구조교(보조원)의 컨소시엄도 그 생명공학 실험실도 1년 이상동안 맹렬했던 임금을 둘러싼 논란에서 결정적인 타격을 가할 준비가 되어 있지 않다.
> 번역 neither A nor B : A와 B 둘 다 아닌(양자 부정) : 동사는 B에 일치
> 정답 ② (are → is)

34 Between ① <u>she</u> and her husband there have been nothing but arguments; ② <u>this is</u> a situation ③ <u>which</u> is strikingly ④ <u>typical</u> of most modern marriage. (2010 경찰직)

> 해설 Between은 전치사이므로 그 뒤에는 전치사의 목적어, 즉 명사(인칭대명사이면 목적격)가 요구된다.
> 번역 그녀와 그녀의 남편 사이에서는 논쟁만이 있었다. 이것이 대부분의 현대의 혼에서 두드러질 정도로 상징적인 상황이다.
> 정답 ① (she → her)

35 ① <u>As</u> decision making reached higher levels, half the harvests of the world ② <u>was</u> bought and sold in political and financial ③ <u>deals</u> which ignored the fact ④ <u>that</u> food ⑤ <u>was</u> grown to be eaten. (2008 서울시)

> 해설 half (of) the harvests에서 half의 수는 전체에 대한 부분을 나타내는 표현이므로 복수인 harvests의 수에 따라 동사는 복수로 나타내야 한다.
> 번역 의사결정이 보다 높은 수준에 도달함에 따라, 전 세계 수확량의 절반은 식량은 먹기 위해 재배되었다는 사실을 무시한 정치적이며 재정적인 거래로 매매되었다.
> 정답 ② (was → were)

36 Most of the idle rich ① <u>suffers</u> non-speakable boredom ② <u>as the price of</u> their freedom ③ <u>from</u> hard work. At times they may ④ <u>find relief</u> by hunting big game in Africa, or flying around the world.

> 해설 부정대명사(most, some, all 등)나 부분을 나타내는 어구들이 전치사 of다음에 전체대상을 두고 of앞에 사용되면 of 다음에 나온 내용의 수에 따라 of앞의 수도 결정된다. 따라서 이 경우 the idle rich는 idle rich people의 의미인 복수를 나타내므로 Most도 복수이다. 따라서 동사를 복수로 나타내어 suffer로 해야 한다.
> 번역 게으른 부자들(유한계급) 중 대부분은 그들이 열심히 노동하지 않아도 되는 자유의 대가로서 말로 나타낼 수 없는 권태감을 겪는다. 때때로 그들은 아프리카에서 큰 짐승을 사냥하거나 전 세계를 비행함으로써 위안을 찾을지 모른다.
> 정답 ① (suffers → suffer)

37 ① <u>Despite</u> ② <u>its</u> length, the giraffe's neck has ③ <u>the same</u> number of vertebrae ④ <u>as</u> ⑤ <u>a human being</u>.

> 해설 ⑤에서 비교대상이 the number (of vertebrae) of a human being이어야 하므로 that of a human being으로 나타내야 한다.
> 번역 그 길이에도 불구하고 기린의 목은 인간의 경우와 똑같은 수의 척추를 가지고 있다.
> 정답 ⑤ (a human being → that of a human being)

38   The river in West Pakistans ① <u>supplies</u> water to the nearby tillers ② <u>living</u> in the river basin, but ③ <u>they</u> ④ <u>can not irrigate</u> the famine ⑤ <u>areas 200 miles away.</u>

> 해설 ③의 경우 앞에 있는 The river를 받는 대명사여야 하므로 it으로 바꾸어야 한다.
> 번역 West Pakistans에 있는 그 강은 그 강 유역에 사는 인근에 있는 경작자들(농부들)에게는 물을 공급하지만 그 강은 200마일 떨어진 기근 지역에는 관개할 수 없다.
> 정답 ③ (they → it)

39   ① <u>Either</u> the carpenters or the electrician can store ② <u>their</u> tools ③ <u>in the shed</u>, but there ④ <u>is no room</u> for both sets.

> 해설 (n)either A (n)or B, not only A but also B에서는 항상 B의 수와 인칭에 일치시켜야 한다.
> 번역 목수들 아니면 전기기사가 그의 연장을 헛간에 저장해 둘 수 있으나 양쪽 모두의 연장을 저장할 공간은 없다.
> 정답 ② (their → his)

40   ① <u>Us</u> girls insist on ② <u>your</u> giving them what is ③ <u>theirs</u> and us what is ④ <u>ours.</u>

> 해설 인칭대명사 주격은 We로 해야 한다. (We와 girls는 동격)
> 번역 우리 소녀들은 당신이 그들의 것은 그들에 주고 우리들 것은 우리들에게 주실 것을 주장합니다.
> 정답 ① (Us → We)

41   ① <u>Various</u> animals have shells that keep ② <u>themselves</u> from growing ③ <u>beyond</u> ④ <u>a certain</u> size.

> 해설 that은 주격관계대명사로서 themselves를 그대로 쓴다면 shells를 다시 받는 꼴이 된다. 문맥상 성장을 막는 주체는 shells이되 그 대상(목적어는)은 animals가 되어야 한다.
> 번역 여러 동물들은 자신을 일정이상으로 크지 못하는 하는 껍질을 갖고 있다.
> 정답 ② (themselves → them)

42   ① <u>Some of</u> my friends ② <u>are</u> from Latin America, ③ <u>others</u> are from Europe, and ④ <u>rest</u> are from the Middle East.

> 해설 나머지는「확정적으로 남은 대상」을 가리키므로 언제나 the rest로 나타내야 한다. 이 경우는 복수의 대상자들 중 그 나머지이므로 the others와 같은 의미이다.
> 번역 나의 가까운 친구들 중 일부는 남미 출신이며, 일부는 유럽 출신이며, 그리고 나머지는 중동 출신이다.
> 정답 ④ (rest → the rest)

43   He was ① <u>too</u> ② <u>angry</u> to ③ <u>say</u> ④ <u>something</u> at all.

> 해설 「too ~ to」가 부정의 뜻이어서 이미 강조구문이 되어 있고 at all이 더욱 강조해주는 기능이므로 ④를 anything(언제나 강조의 의미로 쓰임)으로 바꿔야 한다.
> 번역 그는 너무나 화가 나서 아무 말도 할 수 없었다.
> 정답 ④ (something → anything)

44 Although Julia Adams was ① <u>almost totally</u> deaf in one ear and had ② <u>weak</u> hearing in ③ <u>another</u>, she ④ <u>overcame</u> the handicap and became an internationally renowned pianist.

> 해설 ▶ 둘만의 대상이 될 때 둘 중 무작위로 하나를 먼저 뽑을 때는 one 그 다음 확정된 나머지를 선정할 때는 the other 이다. another은 셋 이상의 대상 중 「또 다른 하나 an+other」의 뜻이다.
> 번역 ▶ 비록 Julia Adams가 한쪽 귀는 거의 완전히 먹었고 다른쪽 귀는 미약한 청력을 갖고 있었다 할지라도, 그녀는 이러한 신체장애를 극복했고 국제적으로 유명한 피아니스트가 되었다.
> 정답 ▶ ③ (another → the other)

45 In the ① <u>early</u> morning the first thing that ② <u>both</u> my brother and ③ <u>me</u> did was to go out ④ <u>to see</u> the pony.

> 해설 ▶ the first thing이 주어이자 관계사절의 선행사이고 that은 타동사 did의 목적격 관계대명사이다. 따라서 관계사절 속의 주어는 주격이 되어야 하므로 ③의 me를 I로 정정해야 한다.
> 번역 ▶ 아침 일찍 나의 형과 내가 한 첫 번째 일은 조랑말을 보러 밖에 나가는 것이었다.
> 정답 ▶ ③ (me → I)

46 ① <u>It</u> was ② <u>her</u> ③ <u>who</u> represented her country in the United Nations and ④ <u>later</u> became ambassador to the United States.

> 해설 ▶ ③는 강조구문의 that을 강조대상이 사람주어일 경우 대신 둘 수 있는 기능이다. 그런데 represented의 주어가 강조되고 있는 의미가 적절하므로 who는 문제가 없고 ②의 her을 주격 she로 바꾸어야 한다.
> 번역 ▶ U.N.에서 자신의 국가를 대표했고 후에 주미대사가 된 사람은 바로 그녀였다.
> 정답 ▶ ② (her → she)

47 If the student ① <u>does not</u> understand the directions, he should ask the teacher to ② <u>explain</u> ③ <u>it</u> to ④ <u>him</u>.

> 해설 ▶ ③에서는 the directions를 받는 대명사가 되어야 하므로 them으로 해야 한다.
> 번역 ▶ 만일 학생이 그 지시사항들을 이해하지 못하면 선생님께서 그에게 그것들(지시사항들)을 설명해 주시도록 요청해야 한다.
> 정답 ▶ ③ (it → them)

48 The ideals ① <u>upon which</u> American society ② <u>is based</u> ③ <u>are</u> primarily ④ <u>that</u> of Europe.

> 해설 ▶ ①의 관계사절에서 원래 ~is based upon the ideas에서 전치사를 앞당겨 관계사와 결합했으므로 적절하며 ④는 the ideas를 받으므로 지시대명사는 those가 되어야 한다.
> 번역 ▶ 미국사회가 그 기반을 두고 있는 이상은 주로 유럽의 이상이다.
> 정답 ▶ ④ (that → those)

49

For ① <u>them</u> interested in nature, the club ② <u>offers</u> hikes and overnight ③ <u>camping</u> each week ④ <u>during</u> the summer.

> **해 설** 전치사 For의 목적어가 되면서 뒤에 과거분사의 수식을 받을 수 있으려면 them이 아닌 those가 되어야 한다. For *those* (who are) interested in nature,~
> **번 역** 자연에 관심이 있는 사람들을 위하여, 그 클럽은 여름철에는 도보여행과 1박의 캠핑을 제공한다.
> **정 답** ① (them → those)

50

① <u>Those</u> of ② <u>us</u> who wear glasses should have ③ <u>their</u> eyes examined at regular ④ <u>intervals</u>.

> **해 설** Those of us에서 Those의 대상이 우리이므로 ③자리의 소유격도 our로 나타내야 한다.
> **번 역** 안경을 쓴 우리들은 정기적으로 이따금씩 눈을 검진 받아봐야 한다.
> **정 답** ③ (their → our)

51

① <u>Whoever</u> inspected ② <u>this</u> radio ③ <u>should</u> have put ④ <u>their</u> identification number on the box.

> **해 설** ④의 자리에는 this radio를 받는 소유격을 나타내야 하므로 their을 its로 바꾸어야 한다.
> **번 역** 이 라디오를 검사한 사람이면 누구든지 상자위에 라디오의 식별번호를 두었어야 했는데.
> **정 답** ④ (their → its)

52

As we ① <u>have finished</u> ② <u>the first</u> lesson, now we ③ <u>will read</u> ④ <u>the second one</u>.

> **해 설** one은 쓰지 못하는 경우 : 1. 불가산명사를 대신하지 못함 2. 기수 · 서수 다음 3.「소유격 + own」다음이다. 따라서 ④는 one을 빼고 the second만 남기는 것이 원칙이다.
> **번 역** 우리가 제1과를 마쳤으므로 이제 제2과를 읽을 것이다.
> **정 답** ④ (the second one → the second)

53

① <u>Every</u> knows that hospitals are institutions where the sick are treated, ② <u>but how many</u> realize that they ③ <u>were once</u> homes for the indigent and ④ <u>friendless</u>?

> **해 설** every는 부정형용사이지 부정대명사가 아니다. 부정대명사는 everyone, everybody(everyone보다는 더 구어체적임), everything이다. 이 문맥에는 ①을 Everyone으로 하면 무난하다.
> **번 역** 모든 사람은 병원이 아픈 사람들이 치료받는 기관이라는 것을 안다. 그러나 얼마나 많은 사람들이 병원이 과거 한 때는 가난한 사람들과 의지할 곳이 없는 사람들을 위한 거처였다는 사실을 인식하고 있을까?
> **정 답** ① (Every → Everyone)

54

① <u>Anything</u> in recent years ② <u>has</u> so ③ <u>changed</u> the economy of the country ④ <u>as</u> the development of the supermarket.

> **해 설** 문맥상 ①을 부정대명사 Nothing으로 해야 'so ~ as'(부정문에서는 'as ~ as'보다 일반적임)의 비교급과 호응됨과 더불어 의미상은 최상이다. 최상의 대상은 the development of the supermarket이다.
> **번 역** 최근의 어떤 것도 슈퍼마켓의 발전만큼 이 나라의 경제를 변화시킨 것은 없었다.
> **정 답** ① (Anything → Nothing)

55　① Advertising ranks as the most ② important source of income ③ by far for ④ almost magazines.

> 해설 almost는 부사로서 부정대명사를 제외하고는 일반적으로 명사를 수식하지 못한다. 따라서 almost를 부정형용사인 most로 바꾸면 된다. 아니면 most를 almost all로 나타내면 같은 의미가 된다.
> 번역 광고는 대부분의 잡지에 있어 단연 가장 중요한 수입원으로서의 지위를 차지하고 있다.
> 정답 ④ (almost magazines → most magazines)

56　I am sure that your system ① seems as ② odd to ③ us as ours ④ do to you.

> 해설 ours자체가 복수가 아니라 our system을 뜻하는 소유대명사이다. 따라서 ④를 does(=seems odd)로 해야 한다.
> 번역 나는 우리의 시스템이 당신에게 이상해 보이는 것만큼 당신의 시스템이 우리에게 이상해 보인다고 확신한다.
> 정답 ④ (do → does)

57　다음 문장의 밑줄 친 부분에 "it"이 들어갈 수 없는 것은?

① I took ＿＿＿＿＿＿＿＿ for granted that you would go there.

② He was a great poet, and was respected as ＿＿＿＿＿＿＿＿.

③ The baby was so lovely that I could not help kissing ＿＿＿＿＿＿＿＿.

④ I think ＿＿＿＿＿＿＿＿ wrong to value money more than time.

> 해설 ①와 ④는 that절과 to부정사를 각각 진주어로 취하고 있는 가목적어의 it ② 지시대명사 such가 되어야 한다. ③ 아이나 동물은 원칙상 it으로 받는다.
> 번역 ① 나는 네가 그곳에 갈 것이라는 것을 당연하게 여겼다.
> 　　② 그는 위대한 시인이다. 그리고 그런 시인으로 존경받았다.
> 　　③ 그 아이는 너무나 사랑스러워서 그 아이에게 키스를 하지 않을 수 없었다.
> 　　④ 나는 시간보다 돈에 더 큰 가치를 두는 것은 잘못이라 생각한다.
> 정답 ②

58　밑줄 친 부분과 뜻이 가장 가까운 것은?

> On hearing from her son, she was shedding tears in spite of herself.

① unconsciously　　② quietly　　③ shyly　　④ happily

> 해설 in spite of oneself : 자기자신에도 불구하고 → 자신도 모르게, 무심코 ☜ 주어가 she일 때 같은 문장 속에서 목적어(타동사의 목적어나 전치사의 목적어)에서 주어를 다시 받고자 하는 것이 재귀대명사이다.
> 번역 아들로부터 소식을 듣자마자, 그녀는 자신도 모르게 눈물을 흘리고 있었다.
> 정답 ①

59　"All of them were not present."와 가장 유사한 뜻을 가진 것은?

① Any of them were not present.　　② Some of them were present.

③ None of them were present.　　④ Both of them were present.

> 해설 all이 부정과 결합되면 부분부정이다.
> 번역 그들 모두가 참석한 것은 아니었다.(부분부정) → 그들 중 일부는 참석했다.
> 정답 ②

60 다음 중 맞는 문장을 고르시오.

① He either has to go to a school, or go to a church.

② He has to either go to a school, or to a church.

③ He has to go either to a church, or to a school.

④ He has either to go a school, or go to a church.

해설 either A or B 「A,B 둘 중 하나」 A와 B에는 형태의 균형이 이루어져야 한다.
번역 그는 교회에 가거나 아니면 학교에 가야한다.
정답 ③

61 ① You will find me at my desk at any hour of the day.

② Any student didn't solve it.

③ There are few, if any, such men.

④ Anything is better than nothing.

⑤ I hardly have any leisure nowadays.

해설 ① any는 언제나 강조 기능이므로 at any hour of the day : 「하루 중 어떤 시간이라도」
② 부정문에서는 any를 주어로 쓰지 않으므로 No student solved it.으로
③ 「if any」「있다 하더라도, 거의 없다」 any는 부정형용사이므로 뒤에는 명사가 나옴
   Cf. ~, (even) if (there are) any (men), ~
④ 「어떤 것이라도(Anything) 전혀 없는 것 보다는 낫다.」
정답 ②

Grammar

관계(대명)사 Relatives

Grammar

---

01 관계대명사

▮A▮ 기본모형

─────▶ 불완전한 절(관계대명사가 명사기능의 한 성분이므로)

선행사 (有)	+	관계대명사 who which that	+	동사 주어 + be동사 + ⟨無⟩	─── (주격) ─── (be동사의 보격)

선행사 (有)	+	관계대명사 whom which that	+	주어 + 타동사 + ⟨無⟩ 주어 + 동사 …전치사 + ⟨無⟩	─── (타동사의 목적격) ─── (전치사의 목적격)

선행사 (有)	+	whose+명사 the 명사 of which (of whom) of which the 명사 (of whom)	+	동사 주어 + 타동사 + ⟨無⟩ 주어 + 동사 …전치사 + ⟨無⟩	─ 관·대 소유격 = ▶ 절 속의 기능 = 주어 ─ 관·대 소유격 = ▶ 절 속의 기능 = 목적어 ─ 관·대 소유격 = ▶ 절 속의 기능 = 전치사의 목적어

✔ [the + 명사] 자리에 부정대명사 all, some, (n)either, both, each등이나 many, two등이 올 경우는 관사가 불필요한 경우이므로 [of which + 부정대명사] 등의 구조는 사용하지 않는다.

선행사
(有)
+
관계대명사
(what who⟨m⟩
ever 등)
+
동사
주어 + be동사 + ⟨無⟩ ——————— (주격)
——————— (be동사의 보격)
주어 + 타동사 + ⟨無⟩ ——————— (타동사의 목적격)
주어 + 동사 … 전치사 + ⟨無⟩ ——————— (전치사의 목적격)

Sim's
Point

a. ⟨　⟩안은 빠져있어야 할 부분 ∵ 관계대명사는 격의(명사로서의) 기능을 해야 하므로

b. 관계사가 나올 경우 선행사는 해석이 되나 이를 다시 대신 받는 (관계)대명사는 동일한 말이 중복되므로 굳이 해석은 하지 않는 것이 원칙이다.

c. 관계대명사 that은 원래 「특정적인 대상(최상급·서수급의 경우와 the only~, the very~, the same ~등 과 같이 정관사(the)를 포함하거나 강한 한정의 의미를 나타낼 수 있는 한정사 all, every, no, any, little등이 명사를 수식하는 경우)의 선행사(명사)를 받고자 할 경우에 쓰는 관계대명사이다. 그러나 that은 comma(,) 다음(계속적 용법)에 놓일 수 없으며 전치사와 결합하지 못한다.

d. 관계부사(when, where, why, how)는 선행사를 갖는다는 점에서 관계대명사와 같은 기능이나 [관계(접속)기능 + 부사기능]을 하므로 관계부사 다음에는 언제나 완전한 절이 와야 한다. 이에 반해, 관계대명사는 [관계기능 + 명사기능]을 하므로 반드시 관계사절 속에서 격의 기능을 한다. 따라서 관계대명사 다음에는 불완전 절이 오게 되는 것이다.

  * 관계부사는 「전치사 + which」(관계기능 + 부사기능)로 나타낼 수 있다.

e. 관계부사는 선행사나 자신 중 하나를 생략할 경우가 많으나 관계대명사의 선행사는 생략할 수 없다. 그러나 목적격 관계대명사 그 자체는 생략되는 경우가 많다.

▋B▋ 대표적인 예문

❶ There is a boy who is my brother. (주격) 나의 동생인 한 소년이 있다.

  — He employed a man who he thought was diligent. [who는 생략 불가능]

    그는 자신이 생각하기에 부지런한 한 사람을 고용했다.

    [He employed a man. + He thought (that) he was diligent.]

  — He employed a man (whom) he thought to be diligent. [whom은 생략 가능]

    그는 자신이 부지런하다고 생각했던 한 사람을 고용했다.

    [He employed a man. + He thought him to be diligent.]

❷ There is a boy (whom) I met yesterday. (타동사의 목적격) [whom은 생략 가능]

  내가 어제 만났던 한 소년이 있다.

❸ He was a man (whom) she was acquainted with. (전치사의 목적격) [whom 생략가능]

  그는 그녀가 알고 지낸 남성이었다.

  = He was a man with whom she was acquainted. (이 경우는 whom생략 불가)

④ A girl whose name was Pat visited us. (소유격)

이름이 Pat인 한 소녀가 우리를 방문했다.

⑤ The mountain whose top is covered with snow is Mt. Everest.

정상이 눈으로 덮인 그 산은 에베레스트 산이다.

= The mountain the top of which is covered with snow is Mt. Everest.

= The mountain of which the top is covered with snow is Mt. Everest.

* 부정대명사가 올 경우는 아래와 같다.

= The mountain, most of which is covered with snow, is Mt. Everest.

대부분이 눈으로 덮인 그 산은 에베레스트 산이다.

= The mountain, of which most is covered with snow, is Mt. Everest. (×)

⑥ The boy whom I believed to be honest deceived me.

내가 정직할 것으로 믿었던 그 소년이 나를 속였다.

[The boy deceived me. + I believed him to be honest.]

　ⓐ The boy who I believed was honest deceived me. (I believed는 삽입절)

내가 믿기에 정직했던 그 소년이 나를 속였다.

[The boy deceived me. + I believed that he was honest.]

⑦ What is beautiful is not always good. (what=all that은 주격이며 명사절 유도)

아름다운 것이 반드시 좋은 것만은 아니다.

The important thing is not what you have but what you are.

중요한 것은 사람됨이지 재산이 아니다.

⑧ 관계 대명사의 용법

– 한정적 용법

He had four sons who became doctors. (의사가 된 4아들 – 아들이 더 있을 수 있다.)

그는 의사가 된 네 아들이 있었다.

– 계속적 용법

He had four sons, who became doctors. (4아들 모두 의사 – 아들이 더 없다.)

그는 네 아들이 있었는데, 그 아들이 의사가 되었다.

– 선행사가 의문대명사이면 wh–형의 관계대명사를 사용하지 않고 that으로 대용해야 한다.

Who that is rich could do such a stingy thing? [Who who (×) : 유사형태의 반복 피해야]

부자인 사람이라면 누가 그런 인색한 일을 할 수 있겠는가?

02 관계부사

| A | 기본모형

① I don't know the time (when) he will leave for America.
나는 그가 미국으로 떠날 시간을 모른다.

② Is that the reason (why) you didn't come? 그것이 네가 오지 않았던 이유인가?

③ This is the house where I once lived. 이것은 내가 한때 살았던 집이다.

④ This is the way (that) he can do it. (that자리에 in which는 좋으나 how는 不可)
이것은 그가 그것을 할 수 있는 방법이다.

☞ 관계부사 자리에 나올 것이 자명하므로 관계부사를 좀 더 세분화된 내용으로 나타내고자 할 경우 "전치사 +which"로 대체할 경우도 있으며 아니면 관계부사 역할이 가능한 that으로 대체할 수도 있다는 점을 기억해야 한다.

03 의사관계대명사 : as than, but

| A |

as, than은 그 호응관계를 보면 금방 알 수 있다. 즉, as(/ so)~as, such~as, the same~as, ~er(or more)~than의 형식을 취하되 ~자리에 명사(선행사)가 쓰이고 뒤의 as와 than이 격의 역할(주어가 따로 없으면 주격, 목적어가 따로 없으면 목적격 등)을 하면 일단 의사관계대명사로 본다. but의 경우 는 아래의 예와 같이 부정의 선행사가 있거나(또는 부정문) 의문문에서 사용되는 경우이다.

| B |

① He is as great a poet as ever lived. (주격 관계대명사)
그는 일찍이 없었던 위대한 시인이다.

② He was a greater fool than I took him for.(전치사 for에 대한 목적격 관계대명사)
그는 내가 그를 보았던 것보다 더 큰 바보였다.

③ There is no rule but has exceptions. (주격 관계대명사)
예외를 가지고 있지 않은 규칙은 없다.
(= There is no rule that does not have exceptions)

Who is there but loves his own home? 자신의 가정을 사랑하지 않는 사람이 누가 있겠는가?

관계 대명사의 생략, 전치사와의 관계

| A |

❶ 생략이 가능한 경우

ⓐ 타동사 · 전치사의 목적어 [1-2의 (2), (3)번 참조]

ⓑ 관계절이 'there + be 동사'로 시작될 때

There is a man (who) wants to see you. 당신을 만나기를 원하는 한 사람이 있다.

ⓒ It ~ (that) 강조 구문에서

It was I (that) met him yesterday. 어제 그를 만난 것은 바로 나였다.

ⓓ 주격 관계 대명사 + be동사는 동시 생략 가능

Look at the boy (who is) reading an interesting book.

흥미진진한 책을 읽고 있는 그 소년을 보라.

❷ 생략이 불가능한 경우

ⓐ 계속적 용법일 때

I bowed to the gentleman, whom I know well. 나는 그 인사를 했는데, 나는 그를 잘 안다.

ⓑ '전치사 + 관계 대명사'일 때

I remember the day on which he went to the front. (which만 생략할 수 없음)

나는 그가 프런트에 갔던 그날을 기억한다.

(on which를 when으로 나타낸다면 when은 생략 가능하다)

---

05 **복합 관계 대명사(관계 대명사 + ever)**

❶ 자체 내에 선행사를 포함하고, 선행사와 관계 대명사의 역할을 동시에 수행한다.

Return it to whosever address is on it. (whoever=anyone who)

누구의 주소이든 그 위에 적혀진 쪽으로 그것을 돌려주어라.

I will give it to whomever I like.

(whomever = anyone whom은 타동사 like의 목적격이며 명사절 유도)

나는 내가 좋아하는 사람이면 누구에게든 그것을 주겠다.

You may get whichever you choose. 당신은 어느 쪽을 선택하든 가질 수 있다.

(whichever는 '선택'의 특성을 늘 지니고 있으나 whatever는 선택과는 관계없다.)

❷ 명사절을 이끄는 경우 (= any + 관계 대명사)

I'll give the ticket to whoever wants it. (= anyone who)

❸ 양보 부사절을 이끄는 경우(= no matter + 관계 대명사)

Whoever advises him, he will never change his mind. (= no matter who)

누가 그에게 충고를 하든지 간에, 그는 결코 마음을 바꾸지 않을 것이다.

---

06 복합 관계 부사(관계 부사 + ever) : whenever, wherever, however

❶ 복합 관계 부사 whenever

Whenever she is in trouble, she asks me for help.

어려움에 처해 있을 때마다, 그녀는 나에게 도움을 요청한다.

= At any time when she is in trouble, she calls me for help.

❷ 복합 관계 부사 wherever

You may sit wherever you like. 당신은 좋아하는 곳이면 어디든 앉을 수 있다.

= You may sit at any place where you like.

❸ 복합 관계 부사 however / however + 형(부사) + 주어 + 동사

However hard you may try, the result will be the same.

아무리 열심히 애쓸지라도, 그 결과는 같을 것이다.

= No matter how hard you may try, the result will be the same.

최근 기출 & 예상문제

※ **빈칸에 들어갈 가장 알맞은 것을 고르시오.** (1~51)

01 The other night the orchestra played four symphonies, _____ was Mozart's.

(2008 경남)

① one of them
② one which
③ which one
④ one of which

> **번역** 일전에 그 오케스트라(관현악단)는 4개의 교향곡을 연주했는데, 그 중 하나는 모차르트의 교향곡이다.
> **해설** 새로운 문장을 이어주는 과정에서는 반드시 접속기능이 개입한다. 따라서 four symphonies의 선행사를 두고 있어서 관계대명사(접속기능+대명사 기능)를 사용해야 하므로 one of which가 적절하다. Cf. "The orchestra played *four symphonies,* + *One of them* was Mozart's."
> **정답** ④

02 He is one of the few boys who _____ passed the entrance examination.

(2010 기상직)

① has
② is
③ was
④ have

> **번역** 그는 입학시험에 합격한 몇 명의 소년들 중 한 명이다.
> **해설** who의 선행사가 one이 아니라 the few boys이므로 복수동사가 요구되므로 ④의 'have'가 적절하다. ②의 'is' ③의 'was'는 단수형이므로 일단 불가능하기도 하지만 타동사의 passed의 목적어가 이미 제시되었으므로 수동태가 될 수 없는 내용이다.
> **정답** ④

03 Let's compare two slogans, _____ try to get us to think of chocolate products as healthy foods rather than as indulgences.

① both of which
② of which both
③ either of which
④ of which either

> **해설** both와 either는 둘을 전제로 한다는 점은 같으나 both는 반드시 복수로, either는 단수로 취급해야 한다. 이 문제의 경우 동사가 복수인 try이므로 ①가 답이 되어야 한다. ②나 ④도 고려대상이 될 수는 있으나 both나 either와 같은 부정대명사일 경우는 위의 ②나 ④같이 쓰지 않는 것이 원칙이다. 원래 그 자리에 일반적인 명사가 사용될 경우 수식어와 같은 것이 결합되는 과정에서 너무 길어지게 될 때 「the + 명사 of which」로 나타내다 보면 접속기능이 들어있는 of which가 너무 뒤로 밀려나게 되는 문제가 생긴다는 점 때문에 「of which + the + (수식) + 명사」유형이 쓰이는 것이다.
> **번역** 두 개의 슬로건을 비교해보자. 두 건 모두 다 우리로 하여금 초콜릿 제품을 탐닉하는 것(기호식품)이라기보다는 건강식인 것으로 여기도록 하려하고 있다.
> **정답** ①

Chapter 15 **Grammar** 관계(대명)사(Relatives) ● **293**

04

There is _____ at the news.

① not no man who would be surprised   ② not any man would be surprised

③ no man but would be surprised   ④ no man but who would be surprised

[해설] 유사 관계대명사 but은 선행사를 부정어가 수식할 경우에 사용한다. 이 때 but은 주격관계대명사로 부정의 의미를 내포하고 있다(but = that/ who/ which + not). ①는 not을 would다음으로 두어야 하며 ②는 부정문에서 주어의 자리에 any를 사용하지 못하며 ④는 but 뒤에 또 다른 관계대명사(즉, 2개 이상의 관계사를 나란히 나열할 수 없다.)를 사용해서는 안 된다.

[번역] 그 소식을 듣고 놀라지 않을 사람은 아무도 없을 것이다.

[정답] ③

05

The city is now very different from _____ it was ten years ago.

① that   ② as   ③ what   ④ which

[해설] 전치사 from의 목적어인 명사절「what it was」에서 what은 명사절을 이끌며 자신은 주격보어(보격)이다.

[번역] 그 도시는 십 년 전의 그 도시와는 현재 판이하게 다르다.

[정답] ③

06

I met a man _____ I thought was a minister.

① which   ② whose   ③ who   ④ whom

[해설] I met *a man*. + I thought (that) *he* was a minister.
두 개의 문장에서 공통된 명사가 a man → he(인칭대명사 주격-접속기능 없음)이다. 따라서 접속 기능을 겸비한 대명사, 즉 관계대명사가 필요하며 주격이므로 who이다. 관계대명사의 위치는 선행사(이 경우 who)의 바로 다음에 두는 것이 원칙이다. 따라서 삽입절인 I thought는 그 관계대명사 다음 위치에 두는 것이 마땅하다.

[번역] 내가 목사일 것이라 생각한 한 사람을 만났다.

[정답] ③

07

_____ may happen, you must go your own way.

① Whoever   ② However   ③ Wherever   ④ Whatever

[해설] 복합관계(또는 의문)대명사를 사용해야 주격의 역할을 할 수 있으므로 일단 ①과 ④이다. 동사와의 관계상 사람이 주어일 수는 없다.

[번역] 무슨 일이 일어난다 할지라도, 당신은 당신 자신의 길을 가야한다.

[정답] ④

08

Look at the beautiful mountain _____ top is covered with snow all the year round.

① whose   ② that   ③ which   ④ of which

[해설] whose top = the top of which = of which the top (소유격 관계대명사)

[번역] 일년 내내 그 정상이 눈으로 덮인 저 아름다운 산을 보라.

[정답] ①

09 He rapidly learned to speak English, _____ .

① of which they were all astonished

② which made them astonish

③ at which they were all astonished

④ the rapidity of which astonished them all

해설 ─ 이 경우 선행사는 문맥상 앞 문장 전체이다. Cf. be astonished(/ surprised) at

번역 ─ 그는 영어로 말하는 것을 신속히 배웠다. 그들은 이런 사실에 모두들 깜짝 놀랐다.

정답 ─ ③

10 Tell Jack _____ you want him to do.

① who   ② how   ③ what   ④ why

해설 ─ 관계사절 속에서 타동사 do의 목적격이면서 직접목적어인 명사절을 이끄는 것은 what이다.
②와 ④의 경우는 명사절을 이끌되(접속기능) 부사이므로 그 뒤에는 완전한 문장이 나와야 한다.

번역 ─ 잭이 하길 네가 원하는 것을 그에게 말하라.

정답 ─ ③

11 "Please give me your frank opinion."

"Do you really want to know _____ about it?"

① what I think   ② how I think   ③ what do I think   ④ how do I think

해설 ─ know 목적어(명사절)을 이끌면서 타동사 think의 목적격(견해 또는 생각을 물어봄)인 의문대명사 what이 적절한 답이다. how(방법, 정도)는 의문부사로서 명사절을 이끌지만 격이 없으므로 그 뒤에는 완전한 문장이 나와야 한다.

번역 ─ "저에게 당시의 솔직한 의견을 말씀해 주세요." "당신은 진정으로 그것에 대해 제가 어떻게 생각하는지 알고 싶으십니까?"

정답 ─ ①

12 The time will come _____ you'll have to think of your future more seriously.

① what   ② when   ③ how   ④ where

해설 ─ 선행사 the time 다음에 놓일 관계부사 when이 짧은 동사부분을 편의상 먼저 두다 보니 뒤로 밀려나게 된 것이다.

번역 ─ 여러분들의 미래를 보다 진지하게 생각해야 할 때가 올 것입니다.

정답 ─ ②

13 What do you think about the boy?

The boy _____ I believed to be honest deceived me.

① who   ② whom   ③ whose   ④ which

번역 ─ 그 소년에 대하여 어떻게 생각하시죠? 내가 정직할 것이라 믿었던 그 소년이 나를 속였어요.

해설 ─ *The boy* deceived me. + I believed *him* to be honest.
Cf. The boy who I believed was honest deceived me. (=The boy deceived me. + I believed that he was honest.)

정답 ─ ②

14 The frog escaped from its basket, and _____ caused all the girls to scream.

① these   ② those   ③ what   ④ this

해설 접속사 and가 있으므로 관계대명사는 올 수 없으며 and this(접속사+명사(S)) = which

번역 개구리가 바구니에서 빠져 나왔고, 이것이 모든 소녀들로 하여금 비명을 지르게 했다.

정답 ④

15 John was the only one _____ I had invited.

① which   ② when   ③ who   ④ that

해설 관계대명사 that은 원래 「특정적인 대상(최상급·서수급의 경우와 the only~, the very~, the same~ 등과 같이 정관사(the)를 포함하거나 강한 한정의 의미를 나타낼 수 있는 한정사 all, every, no, any, little등이 명사를 수식하는 경우」의 선행사(명사)를 받고자 할 경우에 쓰인다. 또한 선행사에 '사람+동물'이나 '사람+사물'일 경우와 사람이나 사물을 가리지 않고 다른 관계대명사의 대용으로도 쓰인다. 그러나 that은 comma(,) 다음(계속적용법)에 놓일 수 없으며 전치사와 결합하지 못한다.

번역 John은 내가 초대한 유일한 사람이었다.

정답 ④

16 Is that his daughter _____ talent he is very proud?

① of whose   ② of which   ③ whose   ④ which

해설 proud of his daughter's talent ―〉 proud of whose talent(of whose talent를 선행사 바로 다음으로 이동)

번역 저 아이가, 그 사람이 재주가 있다고 자랑하고 있는 바로 그의 딸입니까?

정답 ①

17 The surgeon _____ whose skill her life depended came to this country from Korea.

① on   ② by   ③ in   ④ for

해설 소유격 관계대명사(이미 절이 올 수 있는 조건을 갖춘 것임)를 취함과 아울러 관계사절 내의 자동사 depended와 적절히 어울릴 수 있는 on his skill의 의미를 받아야 하므로 on whose skill~이 되어야 한다.

번역 그녀의 생명이 자신의 기술에 달려있던 그 외과의사가 한국에서 이 나라로 왔다.

정답 ①

18 He went to the seashore _____ he found many fish.

① on which   ② on that   ③ by where   ④ in that

해설 ① = where ②, ④에서 관계대명사 that은 전치사와는 결합하지 못한다. ③에서는 관계부사인 where가 전치사 by의 뒤(즉, 전치사의 목적어 자리)에 올 수 없다.

번역 그는 해변가에 갔는데 거기서 많은 고기를 보았다.

정답 ①

19 Later he went to New Zealand, _____ I understand he did all sorts of jobs.

① how   ② why   ③ that   ④ what   ⑤ where

해 설 '관계부사'의 계속적 용법 , where[접속기능+부사기능](=and there)
번 역 나중에 그는 뉴질랜드로 갔는데 그곳에서 온갖 부류의 직업을 다 해 본 것으로 난 알고 있다.
정 답 ⑤

20 In most high schools, boys and girls attend the same classes, except in health education, _____ they are segregated.

① which   ② where   ③ when   ④ what

해 설 밑줄 친 다음에 완전한 문장이 있으므로 역시 관계부사를 필요로 한다. ②와 ③문맥에서 문맥에 맞는 것을 고른다.
번 역 대부분의 고등학교에서, 남녀학생들은 나눠지는 보건교육을 제외하고는 같은 수업에 참여한다.
정 답 ②

21 Even in the face of national and international adversity, he does not see himself as totally powerless. He does what he _____ the world a better place.

① makes   ② can make   ③ can to make   ④ would make to

해 설 in the face of~ 「~에 직면하여」 adversity 「역경. 불운」 see(=regard) A as B「A를 B로 간주하다」 He does what he can (do) to make : does는 타동사로서 「what~」를 목적어(명사절)로 취하고 있다. 또한 what he can다음에는 문맥상 타동사 do가 생략되어 있고 관계대명사 what은 생략된 타동사 do의 목적격 관계대명사이며 to부정사는 「목적」을 나타내는 부정사의 부사적 기능이다.
번 역 국내 · 외적으로 역경에 직면한 상황에서 조차. 그는 자신이 완전히 권력기반을 상실한 것으로 보지 않고 있다. 그는 세계를 보다 (살기)좋은 곳으로 만들기 위해 할 수 있는 일을 하고 있다.
정 답 ③

22 Reading is to the mind _____ exercise is to the body.

① such   ② that   ③ so   ④ what

해 설 A is to B what C is to D 「A와 B의 관계는 C와 D의 관계와 같다」
번 역 독서와 마음의 관계는 운동과 신체의 관계와 같다.
정 답 ④

23 He tells the same story to _____ will listen.

① whoever   ② whom   ③ whichever   ④ who

해 설 전치사 to의 목적어(이 경우는 명사절)이자 will listen의 주어역할을 동시에 충족할 수 있는 것은 복합관계사절을 이끄는 whoever이다.
번 역 그는 누구든지 들으려 하는 사람에게는 동일한 이야기를 해준다.
정 답 ①

24

_____ comes first is supposed to win the race.

① Those who   ② Anyone   ③ Somebody   ④ Whoever

해설 ①의 경우는 comes → come으로, is → are로 고쳐야 한다. 그러나 경주에서 우승하는 것이 다수인이므로 문맥이 맞지 않다. ②에서는 Anyone who라야 한다. 주격관계대명사는 It be구문이나 There be구문과 함께 사용되는 경우를 제외하고는 생략될 수 없다.

번역 누구든지 맨 처음 돌아오는 사람이 경주에서 이기는 것으로 되어있다.

정답 ④

25

He is seeking _____ he thinks is real and beautiful.

① what   ② which   ③ that   ④ where

해설 he thinks는 삽입절의 기능이며 seek의 목적어(명사절)이면서 관계사절내의 동사 is의 주격은 what(=the thing which)이다.

번역 그는 진실되고 아름답다고 생각하는 것을 찾고 있다.

정답 ①

26

Of course I am quite unable to judge the attitude of her mind, but I think, _____ I know of her, that there has been a misunderstanding between you.

① from which   ② what   ③ from what   ④ from that

해설 ①은 일단 선행사가 있어야 하고, ④는 절대 전치사와의 결합이 허용되지 않으며 ②번은 일단 명사절을 형성하는 한은 명사의 기능이 전혀 올 수 없는 자리이고 따라서 부사구를 형성하는 ③의 경우만이 가능한데 이 경우 what 이하 전체는 전치사 from의 목적임과 아울러 관계사절내의 what 자신은 타동사 know의 목적어 기능(목적격)을 하므로 완전한 답이 된다.

번역 물론 나는 그녀의 마음자세를 판단할 순 없어. 하지만 내 생각엔, 그녀에 대해 내가 알고 있는 것으로부터(알고 있는 바로는), 너희들 간에 뭔가 오해가 있었던 거야.

정답 ③

27

She is the woman _____ our house.

① who cleans   ② which clean   ③ who clean   ④ which cleans

해설 선행사가 단수의 사람이고 주격관계대명사의 조건을 모두 갖춘 것은 ①이다.

번역 그녀는 우리의 집을 청소해 주는 여성이다.

정답 ①

28

The most brilliant Greek inventor was Archimedes, _____ about 2,250 years ago.

① one of whom lived   ② who has lived

③ who lived   ④ that lived

해설 계속적 용법이며 Archimedes를 선행사로 하며 주격이 요구되는 경우이다. 관계대명사 who는 [접속기능+주어]이므로 and he로도 나타낼 수 있다.

번역 가장 뛰어났던 그리스의 발명가는 아르키메데스이다. 그는 약 2,250년 전에 살았다.

정답 ③

29 All _____ glitters is not gold.

① which   ② who   ③ that   ④ what

해설 관계대명사 that은 선행사가 최상급 · 서수급의 경우와 the only~, the very~, the same~등과 같이 정관사(the)를 포함하거나 강조적 성격의 한정사 all, every, no, any, little등이 선행사에 있거나 명사를 수식하는 경우에 사용된다. 그러나 다른 경우라면 사물, 사물을 대용하는 기능으로 많이 쓰인다는 것도 간과해서는 안 된다.

번역 반짝인다고 해서 다 금은 아니다.

정답 ③

30 _____ is more important is the fact that he is all alone.

① Which   ② That   ③ What   ④ As

해설 important까지 명사절을 이끌 수 있는 것은 자신이 이미 선행사를 담고 있는 관계대명사 what(여기서는 주격)이다. 이 경우라면 what을 The thing which나 that which로 나타낼 수 있다.

번역 보다 중요한 것은 그가 완전히 혼자라는 사실이다.

정답 ③

31 People usually can get a sufficient amount of the calcium their bodies _____ from the food they consume.

① need   ② needs   ③ to need   ④ needing

해설 ~ the calcium (that) their bodies need ~ (타동사 need에 대한 '목적격' 관계대명사가 생략된 경우이다. 관계사 절의 주어는 their bodies이므로 복수동사 need와 호응되어야 한다.) / the food 다음에도 타동사 consume에 대한 목적격 관계대명사가 생략된 것이다.

번역 사람들은 대개 그들이 섭취하는 음식물로부터 그들의 몸이 필요로 하는 충분한 양의 칼슘을 얻을 수 있다.

정답 ①

32 Roquefort Cheese is named for the region of France _____ it was first accidentally produced.

① in which   ② as   ③ on where   ④ where as

해설 원래는 ~France.까지의 문장이 끝나고 그 다음 문장에서 It(=Roquefort Cheese) was first accidently produced *in the region of France.* 이었다. the region of France가 선행사이며 전치사와 결합한 in which가 답이다. in which는 물론 where로 대체할 수 있다.

번역 Roquefort 치즈는 그것이 최초로 우연히 생산된 프랑스의 그 지방의 이름으로 지어진 것이다.

정답 ①

33 William Walker's mural, "Wall of Respect," _____ an outdoor wall in Chicago, deals with social issues.

① covers   covers it   ③ which covers   ④ which it covers

해설 W. Walker's mural과 동격이자 선행사가 "Wall of Respect"이며 작품명은 모두 단수로 취급해야 한다. 관계대명사 which는 주격이다. 전체문장의 주어 W. Walker's mural에 대한 동사는 deals with~이다.

번역 Chicago에서 어떤 한 외벽을 덮고있는 W. Walker의 벽화 "Wall of Respect"는 사회적인 문제를 다루고 있다.

정답 ③

34 The behavior of gases is explained by _____ the kinetic theory.

① what scientists call   ② what do scientists call

③ scientists they call   ④ scientists call it

해 설 ▶ what scientists call에서 관계대명사 what은 타동사 call의 목적격이다. what scientists call은 삽입기능이다.
번 역 ▶ 기체의 움직임은 이른바 과학자들이 일컫는 분자운동론(역학이론)으로 설명이 된다.
정 답 ▶ ①

35 He is _____ a walking dictionary.

① what you call   ② what do you call

③ you call   ④ you call it

해 설 ▶ what you(we, they) call : 소위, 이른바(what is called, so-called)
번 역 ▶ 그는 이른바 걸어 다니는 사전이다.
정 답 ▶ ①

36 This is a woman _____ I went to a concert.

① with that   ② to that   ③ whom   ④ with whom

해 설 ▶ This is *a woman.* + I went to a concert with *her.* = This is a woman *with whom* I went to a concert. / This is a woman *(whom)* I went to a concert *with.*
번 역 ▶ 이 사람이 내가 함께 연주회에 갔었던 여성이다.
정 답 ▶ ④

37 Silver nitrate stains _____ it touches.

① somehow   ② where else   ③ them   ④ everything

해 설 ▶ everything (that) = whatever이다. 이 경우 that은 타동사 touches의 목적격인데 목적격은 생략 가능하다.
번 역 ▶ 질산은은 그것이 닿는 것이면 뭐든지 얼룩지게 한다.
정 답 ▶ ④

38 _____ happens, don't panic.

① Whatever   ② Whenever   ③ Wherever   ④ Whoever

해 설 ▶ whatever = no matter what (happens에 대해 주격이면서 '양보' 부사절을 이끄는 경우의 복합관계대명사)
번 역 ▶ 어떤 일이 발생할지라도, 공포에 사로잡히지 말라.
정 답 ▶ ①

39 I have no idea about movies; _____ you select is all right with me.

① one   ② whichever   ③ why   ④ whoever

해 설 ▶ 스스로 선행사를 갖추고 있는 whichever(=anything that)는 주로 명사절로 사용된다. select, choose등의 타동사의 목적격일 경우가 많다. which(ever)는 기본적으로 '선택'의 논리를 가지기 때문이다.
번 역 ▶ 영화에 대해서는 모릅니다. 당신이 선택하는 것이면 무엇이든 저에겐 좋습니다.
정 답 ▶ ②

40

Soldiers are obligated to obey their superior _____ he happens to be.

① whomever   ② whatever   ③ whom   ④ whoever

[해설] whoever = no matter who (be동사에 대한 보격〈보어〉이면서 '양보' 부사절을 이끄는 경우의 복합관계대명사)
[번역] 군인들은 그들의 상관이 누구이든 복종할 의무가 있다.
[정답] ④

41

"What of Michael?"

"After tonight, he would never be the same man _____ he was before."

① what   ② who   ③ as   ④ but

[해설] the same ~ as가 호응관계를 이루고 있다. the same man은 선행사의 역할을 하고 as는 he was 다음에 빠진 주격보어에 대한 '보격'의 의사관계대명사이다.
[번역] "마이클은 어떤가요?", "오늘밤 이후에는, 그는 전과는 똑같은 사람이 결코 아닐 것입니다."
[정답] ③

42

We are given just so much food _____ will keep the breath in our bodies.

① as   ② that   ③ what   ④ but

[해설] so ~ as (as는 선행사 〈so〉 much food를 두고 있는 유사관계대명사 주격이다)
[번역] 우리는 체내에서 숨을 유지할 수 있을 만큼의 음식만 감당하게 된다.
[정답] ①

43

When the fit is past, there is nothing great _____ a mob will forget in an hour.

① so   ② but   ③ whose   ④ who

[해설] 선행사가 nothing이고 문맥에 맞는 (유사)관계대명사는 but(that ~ not)이다.
[번역] 감정의 폭발이 지나면 군중이 한 시간 내에 잊어버리지 못할 만큼 큰일은 없다.
[정답] ②

44

"How embarrassed we are nowadays!"

"The next war will be more cruel _____ can be imagined."

① that   ② as   ③ which   ④ than

[해설] '~ *more* cruel (war) *than* can be ~'에서 than은 의사관계대명사 주격이다.
[번역] "오늘날 우리는 얼마나 당혹스러운가?", "다음 전쟁은 상상보다 잔인할 것이다."
[정답] ④

45

These materials should be stored in a dry place _____ temperature extremes are ____ minimal.

① which   ② how   ③ what   ④ where

해설 ▶ 장소의 선행사 a dry place다음에 올 수 있는 관계부사는 where이다.
번역 ▶ 이러한 물질은 온도의 극단(극도로 높거나 낮은 온도)이 미미한 건조한 장소에서 저장되어야 한다.
정답 ▶ ④

46

In 1860, _____ Sacramento became its western terminus.

① the Pony Express was inaugurated

② when was the Pony Express inaugurated

③ the Pony Express inaugurated then

④ when the Pony Express was inaugurated

해설 ▶ , when(=and then)는 1860을 선행사로 두고 있는 관계부사(접속기능+ 부사기능)이다.
번역 ▶ 조랑말 속달우편이 개시되었던 1860년도에 Sacramento는 서부의 종단점이 되었다.
정답 ▶ ④

47

The part of the story I enjoyed most was _____ the heroine decided to leave her ____ husband.

① what   ② in which   ③ which   ④ where

해설 ▶ 관계부사 where의 선행사가 생략되어 where~는 주격보어인 명사절로 남게 되었다.
번역 ▶ 내가 가장 즐겨 읽었던 그 소설의 부분은 여주인공이 남편을 떠나기로 결심한 부분이다.
정답 ▶ ④

48

Oceanographers try to find out _____ marine organisms live in relation to one another and to their environment.

① it   ② do   ③ how   ④ the

해설 ▶ find out의 목적어로서 명사절이 되어야 하는데 접속기능을 동반한 의문부사인 how가 적절하다.
번역 ▶ 해양학자들은 해양생물들이 어떻게 그들 서로간과 그들 환경에 연관되어 사는지를 알아내려고 애쓰고 있다.
정답 ▶ ③

49

He refused to tell me the reason _____.

① to cancel the meeting   ② for canceled the meeting

③ the meeting was canceled   ④ about canceling the meeting

해설 ▶ the reason (why) the meeting was canceled에서 관계부사 why가 생략된 것이다.
번역 ▶ 그는 그 회의가 취소된 이유를 나에게 말하기를 거부했다.
정답 ▶ ③

50 No matter how _____, it is not necessarily worthless.

① dry a desert may be   ② a desert may be dry

③ may a desert be dry   ④ a desert dry may be

해설 No matter how=However(복합관계부사)는 접속기능과 동시에 부사이므로 자신이 이끄는 부사절내에 있는 형용사나 부사를 수식함과 아울러 그 다음은 정치어순('주어+동사'의 순서)을 취하면 된다.

번역 사막이 아무리 건조하다 할지라도, 반드시 무가치한 것만은 아니다.

정답 ①

51 The conditions _____ these fine works were created were usually of a most difficult kind.

① of which   ② which   ③ under which   ④ which of

해설 ~ were created *under the conditions* ~ : 선행사와 적절히 호응될 수 있는 전치사를 찾으면 된다.

번역 이렇게 훌륭한 작품이 창작된 조건은 대개 대단히 어려운 유형의 경우이다.

정답 ③

※ 밑줄 친 부분 중 문법적으로 옳지 않은 것은? (52~76)

52 Yesterday at the swimming pool everything seemed ① to go wrong. Soon after I arrived, I sat on my sunglasses and broke them. But my worst moment came when I decided to clime up to the high diving tower to see ② how the view was like. ③ Once I was up there, I realized that my friends were looking at me because they thought I was going to dive. I decided I was too afraid to dive from that height. So I climbed down the ladder, feeling very ④ embarrassed.

(2011 지방직)

어구 • go wrong : 길을 잘못 들다; 옳은 길을 벗어나다; (시계 등이) 고장나다(with); 타락하다; 기분이 나빠지다; (음식물이) 썩다; (계획 등이) 실패하다

번역 어제 수영장에서 모든 것은 잘못 되는 것 같았다. 내가 도착한 후 바로, 나는 나의 선글라스위에 앉아 그것을 부러뜨렸다. 하지만 내가 광경이 어떤지를 알아보려고 높은 다이빙타워까지 올라가기로 결심했을 때 나의 최악의 순간이 다가왔다. 일단 내가 그곳에 올라가자, 나는 다이빙을 하려고 생각했기 때문에 나의 친구들이 나를 보고 있다는 것을 깨달았다. 나는 너무나 두려워서 그 높이에서부터 다이빙을 하지 않으리라 마음먹었다. 그래서 사다리 아래로 내려오면서 상당히 당혹감을 느꼈다.

해설 ②에서는 일단 타동사 see의 목적어가 의문사절인 'how the view was like'로 제시했으나 의문부사(접속기능+부사)인 how를 의문대명사인 what으로 전환해야 한다. 핵심은 like인데 이것은 형용사 보어이자 전치사 특성(전치사적 형용사)으로 like다음에 명사요소가 반영될 요소를 갖추어야 하기 때문에 의문대명사(접속기능+대명사)인 what이 답이 되는 것이다. ④의 경우 'embarrassed'는 과거분사형에서 파생된 형용사이므로 정도부사 very로 수식받는 것에 문제가 없다는 점도 알아 두자.

정답 ② (how ⇨ what)

53

Chile is a Latin American country ① <u>where</u> throughout most of the twentieth century ② <u>was</u> marked by a relatively advanced liberal democracy on the one hand and only moderate economic growth, ③ <u>which forced it</u> to become a food importer, ④ <u>on the other</u>.

(2011 지방직)

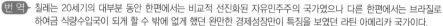 칠레는 20세기의 대부분 동안 한편에서는 비교적 선진화된 자유민주주의 국가였으나 다른 한편에서는 브라질로 하여금 식량수입국이 되게 할 수 밖에 없게 했던 완만한 경제성장만이 특징을 보였던 라틴 아메리카 국가이다.

해설 ①의 관계부사 where(접속기능+부사) 다음에는 절의 구조가 완전하게 나와야 하는데 이미 주어가 없다는 점을 알 수 있으므로 '장소' 특성의 선행사가 있다 할지라도 관계부사는 불가하다. 따라서 관계대명사 which로 나타내면 'throughout most of the twentieth century'의 시간부사구를 묶어 두어 주격관계대명사 which에 대한 단수동사(단수의 선행사에 주목) was가 나온 것이 적절하다. ③의 which는 선행사를 'moderate economic growth'으로 두고 있으며 force는 목적보어에 to부정사를 사용하는 대표적 동사로 적절하다.

정답 ① (where ⇨ which)

54

Communication is ① <u>very often</u> a way to exchange information or ② <u>share</u> thoughts and feelings ③ <u>what</u> bring you closer to others. In addition, one of the most basic reasons ④ <u>for communicating</u> is ⑤ <u>to get</u> things that you need.

(2011 국회사무처)

번역 통신은 아주 흔히 정보를 교환하거나 여러분을 다른 사람들에게 더욱 가까이 다가서게 하는 생각과 감정을 공유하는 방법이다. 이에 더하여, 통신하는 가장 기초적인 이유들 가운데 하나는 여러분이 필요로 하는 것을 얻는 것이다.

해설 ①의 very는 원급을 수식하는 정도부사이며 often은 빈도부사로서 be동사 다음의 위치가 적절하다.
②는 to exchange이 이어지며 a way를 수식하는 두 번째의 부정사로서 'to share'에서 to가 생략되어 있다.
③ what은 스스로 선행사를 가지고 있어서 '선행사 + that or which'로 나타낼 수 있다. 따라서 이미 선행사인 'thoughts and feelings'이 있으므로 what을 사용할 수 없다.
④ reasons와 for는 잘 호응되고 있으며 for의 목적어인 communicating은 동명사에서 명사화된 경우이다.
⑤ to get이하는 주어인 one에 대한 주격보어(명사적 기능)이다.

정답 ③ (what → that or which)

55

The supervisor ① <u>was advised</u> to give the assignment to ② <u>whomever</u> ③ <u>he believed</u> had a strong ④ <u>sense of</u> responsibility and the courage ⑤ <u>of</u> his conviction.

(2009 서울시 9급)

번역 그 감독관은 그가 믿기에 강한 책임감이 있고 확신에 한 용기를 가진 사람에게 과제를 주라고 권고 받았다.

해설 ③의 he believed는 삽입절이며 전치사 to다음의 절은 명사절인 복합관계사절인데 had에 대한 주어 역할도 해야 하므로 주격이라야 한다.

정답 ② (whomever → whoever)

56

The day before yesterday I visited ① <u>the</u> Museum of Modern Art, ② <u>that</u> I'd never been ③ <u>to</u> ④ <u>before</u>, and I really ⑤ <u>enjoyed</u> it.

해설 ① 특정대상을 지칭하는 고유명사 앞에 쓰인 정관사(the) ② that은 comma(,) 다음에(즉, 계속적 용법) 사용되지 못한다. ③ ②의 which는 전치사 to에 걸리는 목적격 관계대명사 ④ 시간부사 ⑤ 타동사로서 (대)명사와 동명사를 목적어로 취한다.

번역 그저께 나는 한번도 가 본적이 없었던 현대미술박물관을 방문했으며 나는 정말 즐거웠다.

정답 ② (that → which)

57 ① It took ② eight years ③ to complete the Erie Canal, ④ the 365-mile waterway ⑤ which it connects Albany and Buffalo in New York State.

해설 ⑤에서 which는 (주격)관계대명사(접속기능+대명사(주어))이므로 it을 없애야 한다.
번역 뉴욕주의 올버니와 버펄로를 연결하는 365마일의 수로인 이리운하를 완공하는 데는 8년이 걸렸다.
정답 ⑤ (which it connects → which connects)

58 The psychological effect of ① continually ② pretending to ③ agree with that ④ of which one does not agree is ⑤ disastrous.

해설 that *with which* one does not agree으로 해야 한다. 관계사절 앞에 놓인 that과 those는 선행사 역할이라는 점도 주의해야 한다.
어구 • pretend to : ~하는 척하다 • disastrous : 재난의, 파멸적인, 비참한
번역 자신이 동의하지 않는 것에 계속해서 동의하는 척 해야 할 경우의 심리적 영향은 비참한 것이다.
정답 ④ (of which → with which)

59 I look forward ① to ② an America ③ where will reward achievement in the arts ④ as we reward achievement in business or ⑤ statecraft.

해설 선행사인 an America 다음의 ③의 자리에는 관계대명사(접속기능+명사(여기서는 주격))가 아야 하므로 관계부사인 where(접속기능+부사기능)로는 불가하다. where다음에는 주어, 목적어, 보어 등의 명사요소가 완전히 갖춰진 절의 형태가 올 경우 사용하는 것이다.
어구 • look forward to : ~을 고대하다(anticipate) • statecraft : 치국책, 정치; 정치적 수완
번역 나는 사업이나 정치에 있어서의 성취에 대해 우리가 보상을 해 주는 것처럼 예술에서의 성취에 대해서도 보상을 해 줄 그런 미국이 되기를 고대한다.
정답 ③ (where → which or that)

60 Sheila is an English teacher ① whose voice is very husky, but she is one of the very few teachers ② whom I know can control their classes without raising her voice ③ that is an ability ④ which children appreciate highly.

해설 I know는 삽입절이며 동사 can control ~이하를 취할 수 있는 주격관계대명사 who가 요구된다.
어구 • husky : 목소리가 쉰 • control one's classes : 수업을 통제하다 • appreciate highly : 높이 평가하다
번역 Sheila는 목소리가 쉰 영어 선생님이시다. 그러나 그녀는 아이들이 매우 높이 평가하는 능력인, 언성을 높이지 않고 수업을 통제할 수 있는 내가 아는 몇 안 되는 선생님 중 한 분이시다.
정답 ②

61 Group therapy ① refers to the ② simultaneous treatment of several clients ③ under the guidance of a therapist who ④ try to ⑤ facilitate helpful interactions among group members.

해설 ④앞의 관계대명사 주격인 who의 선행사는 단수인 a therapist이다. 따라서 try to를 tries to로 나타내야 한다.
번역 집단 치료법이란 집단 구성원들 간의 유익한 상호작용을 용이하게 하고자 하는 치료전문가의 안내하(下)에서 여러 명의 환자를 동시에 치료하는 것을 말한다.
어구 • therapy : 치료법 • simultaneous: 동시적인, 동시의(concurrent, synchronous) • treatment: 치료 • therapist : 치료전문가, 요법가 • facilitate : 용이하게(가볍게) 하다(make easy); 돕다(aid); 촉진 · 조장하다 (promote, expedite)
정답 ④ (try to → tries to)

62

Abstract expressionism was an art movement of the 1940's, ① that it emphasized ② form and color ③ within a nonrepresentational ④ framework.

해설 선행사가 the 1940's이므로 that it은 when it으로 해야 옳다. * 관계대명사 that은 계속적 용법불가

번역 추상적 표현주의는 1940년대의 예술운동이었는데, 당시 이것은 비구상적 체제내에서 형태와 색깔을 강조했다.

정답 ① (that it → when it)

63

They ① revolve around the alleged ② original purpose of the building and the bad feelings the building ③ supposedly ④ evoking.

해설 revolve 「회전하다, 돌다, (마음속을) 맴돌다, 오가다(around)」 alleged 「(증거없이, 함부로)주장된, 단정된, ~라고들 말하는」 bad feelings 「불화, 악감정, 미움, 적의(bad blood)」 evoke 「(기억, 감정) 등을 불러일으키다, (영혼)을 불러 내다, (웃음)을 자아내다」 bad feeling 다음에는 타동사 evokes에 대한 목적격 관계대명사(which or that)가 생략되어 있다. (목적격은 언제나 생략가능)

번역 그들은 주장된 당초 그 빌딩의 목적과 그 빌딩이 아마도 불러일으킬지 모를 불길한 느낌을 둘러싸고 (마음이) 오락가락했다.

정답 ④ (evoking → evokes)

64

Last year the country ① had fewer imports ② as it did ③ the year before last ④ due to the energy crisis.

해설 fewer와 호응할 수 있도록 as를 than으로 바꿔야 한다. 이 경우의 as는 선행사(fewer imports)를 취하고 있으며 자신은 타동사 did(=had)의 목적격 역할을 하므로 (의사)관계대명사이다.

번역 지난해 그 나라는 에너지 위기로 인하여 재작년에 했던 것보다 수입을 더 적게 했다.

정답 ② (as → than)

65

The United States is ① composed of fifty states, two ② of those are ③ separated from ④ the others by land or water.

해설 fifty states를 선행사로 하여 접속기능을 나타낼 수 있는 것은 관계대명사이다. 따라서 ②를 of which로 나타내야 한다.

번역 미국은 50개주로 구성되어 있으며 그 중 두 개 주는 육지와 물에 의해서 나머지 주들과 분리되어 있다.

정답 ② (of those → of which)

66

① If you want a ② particular book, the person ③ to see is the librarian ④ she is wearing glasses.

해설 the librarian이 선행사이며 그 뒤에 절(clause)을 이끌 수 있는 것은 관계대명사 [접속기능+명사기능]이다. 그러나 인칭대명사 she는 주격으로 쓰일 뿐이지 접속기능이 없다. ④를 who is wearing glasses으로 정정해야 한다.

번역 만일 특정한 책을 원한다면 만나 봐야할 사람은 안경을 쓰고 있는 그 도서관원이다.

정답 ④ (she is~ → who is ~)

67

His bank card will not ① work in ② those banks ③ whose are not ④ in the NYCE network.

해설 whose는 소유격 관계대명사이므로 뒤에 명사가 함께 결합되어 있어야 한다. 따라서 이 경우는 those banks를 선행사로 하는 주격관계대명사 which로 하면 된다.

번역 그의 은행카드는 NYCE망내에 들지 않는 은행에서는 작동하지 않는다(즉, 사용할 수 없다).

정답 ③ (whose → which)

68

Edgar Allan Poe is the classic example of ① a man of genius ② which never managed ③ to adjust ④ to the world.

> 해 설 ②에서 선행사가 a man of genius이므로 관계대명사는 who여야 한다.
> 번 역 Edgar Allan Poe는 결코 세상에 적응하지 못한 천재성을 지닌 사람의 전형이었다.
> 정 답 ② (which never → who never)

69

The students were all ① obedient ② and did ③ that the teacher had ④ told them to do.

> 해 설 ③에서 관계사절의 타동사 do에 대한 목적격이 되면서 did의 목적어(명사절)을 이끌 수 있는 것은 선행사를 스스로 갖고 있는 what이다.
> 번 역 그 학생들은 모두들 순종적이며 선생님께서 그들에게 하라고 이른 일들을 했다.
> 정 답 ③ (that → what)

70

① Suddenly a man ② whom she knew was wanted ③ by the police appeared ④ at the back door.

> 해 설 she knew는 삽입절이며 관계사절 속에 동사 was wanted에 대한 주격관계대명사는 who이다.
> 번 역 갑자기 그녀가 알기로 경찰의 수배를 받던 한 사람이 뒷문에서 나타났다.
> 정 답 ② (whom → who)

71

There ① are many organizations ② which sole purpose ③ is ④ to help mentally retarded children.

> 해 설 sole purpose와의 관계상 ②자리에는 소유격관계대명사 whose가 되어야 한다.
> 번 역 그 유일한 목적이 정신적 지체아들을 도와주는 일을 하는 많은 단체들이 있다.
> 정 답 ② (which → whose)

72

So Louisa's brother, to ① who the dog ② had belonged, ③ had built a little house for him and ④ tied a chain to him.

> 해 설 belong과 호응하는 전치사 to에 목적격 관계대명사는 whom이다.
> 번 역 그래서 그 개의 주인인 루이자의 오빠가 개를 위해 작은 집을 지어주고 그에게 사슬(개고리)도 매어주었다.
> 정 답 ① (who → whom)

73

The period during ① when people ② learned to smelt iron is ③ called ④ the Iron Age.

> 해 설 ①에서 전치사 during의 목적격이며 선행사를 The period로 둘 수 있는 것은 관계대명사 which이다. during which 는 한 단어로 관계부사 when으로 나타낼 수 있다.
> 번 역 사람들이 철을 제련하는 것을 배운 시기는 철기시대라고 불린다.
> 정 답 ① (when → which)

74

The columnist ① feels sure that ② who wins ③ the election will have the support of ④ both parties.

해설 that절 속에서 will have the support~의 주어가 되면서 명사절을 동시에 이끌 수 있는 것은 ② 자리에 who가 아닌 whoever(=anyone who)이다.

번역 그 칼럼니스트는 누구든지 그 선거에서 승리하는 자가 양당의 지지를 받게 될 것이라고 확신을 느끼고 있다.

정답 ② (who → whoever)

75

① There is no ② work whatever ③ what he ④ can criticize.

해설 우선 부정의 명사를 강조하기 위해서 그 뒤에 놓일 수 있는 것이 what(so)ever이다. ③의 경우는 선행사를 이미 no work로 두고 있기 때문에 쓸 수 없고 문맥에 맞는 것은 의사관계대명사 but이다. * ~*but* he can criticize. = ~ *that* he cannot criticize.

번역 그가 비판할 수 없는 일은 전혀 없다.

정답 ③ (what → but)

76

Earthworms ① occur ② where adequate moisture ③ and food and the necessary soil   conditions ④ are found.

해설 문맥상 anyplace where의 뜻을 지닌 복합관계부사 wherever가 필요하다.
Cf. Where there is a will, there is a way.(뜻이 있는 곳에 길이 있다.)

번역 지렁이는 적당한 습기와 양분 및 필요한 토양조건이 발견되는 어디든지 생긴다.

정답 ② (where → wherever)

77

밑줄 친 문장을 영어로 가장 적절히 옮긴 것은?   (2013 지방직)

China's government has talked about introducing a fully fledged tax on home ownership since 2003. What has stopped it? The logistical barriers should not be underestimated. 정부는 누가 무엇을 소유하고 있는지, 또한 자산의 가치가 얼마인지 규명해야 한다. Fair valuations need expertise and independent judgment–both in short supply in China.

① The government must estimate who has which and how much properties.

② The government must clarify who owns what and what a property is worth.

③ The government should decide whose property and what amount to tax.

④ The government had to find out the ownership and valuation of properties.

번역 중국정부는 2003년 이래 주택소유에 관해 필요한 자격을 다 갖춘 세금(전면적인 세제)을 도입하는 것에 관한 논의를 해 왔다. 무엇이 그것을 멈추게 했는가(어째서 그것을 그만두었는가)? 물류장벽이 과소평가되어선 안 된다. 정부는 누가 무엇을 소유하고 있는지, 또한 자산의 가치가 얼마인지 규명해야 한다. 공정한 가치평가는 전문적 지식과 독자적인 판단을 필요로 하는데, 중국에는 이 둘 모두의 공급이 부족하다.
① 정부는 누가 어느 쪽을 소유하고 있는지, 또한 얼마나 많은 자산을 소유하고 있는지 추정해야 한다.

② The government must clarify who owns what and what a property is worth.

③ 정부는 누구의 자산인지, 또한 무엇이 세금에 해당하는지 결정해야 한다.

④ 정부는 자산의 소유권과 가치를 찾아내야 했다.

해설 ①에서는 'estimate(추산·추정하다)'라는 동사의 선택이 거리가 멀고 '선택'의 의미를 갖는 which를 사용한 것도 맞지 않고 how이하의 내용도 어색하다.

②는 제시된 내용을 충실히 반영하고 있으며 특히 worth는 전치사적 형용사라는 점을 알아야 한다. 즉, what a property is worth에서 what은 worth의 목적격으로서 사용된 의문대명사이다.

③은 동사의 선택부터 주어진 내용과 부합하지 않은 내용이며 'what amount to tax'이라는 표현이 제시되지 않은 데다 what을 주격의 의문대명사로 본다면 동사는 amounts라야 한다.

④의 경우는 처음부터 제시된 내용과 거리가 멀다.

정답 ②

접속사 Conjunction

---

01 등위 접속사

등위접속사는 대등한 관계의 문장을 나열하는 과정에서 동일한 내용이 중복되는 것은 생략하는 것이 원칙이다. 따라서 외형상으로 보면 「절(clause)과 절」외에도 「구(phrase)와 구」, 「단어(word)와 단어」를 접속하는 경우도 많다.

▮ A ▮ and

❶ 부가 · 순접(전후관계) · 동시성

He has two brothers and (he) three sisters. 그는 두 명의 형제들과 세 명의 누이들이 있다.

He said so and (he) went out. 그는 그렇게 말하고는 나가 버렸다.

They walked and (they) talked. 그들은 걸으면서 얘기했다.

❷ to 부정사의 대용 : "come, go + and" 구조가 주로 활용됨

Come and see me tomorrow. 내일 와서 나를 봐요.

= Come to see me tomorrow. 내일 나를 만나러 와요.

Go and see what he is doing. 가서 그가 뭘 하고 있는지를 봐.

= Go to see what he is doing. 그가 뭘 하고 있는지 가봐.

❸ 부사의 대용

I grew sick and tired of my work. (=very tired) 나는 일에 지겨워 지게 되었다.

❹ 명령문 + and + 긍정적 내용

Hurry up, and you will be in time. 서둘러라. 그러면 시간 내에 도달할 것이다.

Cf. Hurry up, or we'll be late. 서둘러라. 그렇지 않으면 우리는 늦을 것이다.

❺ 반복 강조 : 같은 단어를 and로 연결하여 강조한다.

again and again (몇 번이고, 되풀이하여)

I saw your picture again and again. 나는 네 사진을 몇 번이고 보았다.

❻ 수일치

bread and butter (버터 바른 빵, 생계, 호구지책)

Bread and butter was all I had this morning. 버터 바른 빵은 오늘 아침에 내가 먹었던 전부였다.

┃ B ┃ but

❶ 반대 · 역접

He is poor but optimistic about everything. 그는 가난하지만 매가에 낙천적이다.

❷ 양보(과연 ~하긴 하지만)

Indeed, he is young, but he is wise. 과연, 그는 젊기는 하지만 현명하다.

❸ 관용 표현

Excuse me, but will you show me the way to the station?

실례하겠습니다만 저에게 정거장으로 가는 길을 알려주시겠습니까?

❹ 전치사 · 부사로서의 but

All but Tom were present at my birthday party. (= except, ~외에는 ; 전치사)

톰을 제외하곤 모두가 나의 생일 파티에 참석했다.

He is but a novice. (= only) 그는 초심자에 지나지 않는다.

┃ C ┃ or(또는, 혹은)와 nor(~도 또한 …않다)

❶ 선택

You or I will be elected. 당신이나 내가 선출될 것이다.

(Whether it is) Right or not, it is a fact. 옳건 옳지 않건 그것은 사실이다.

❷ 환 언(즉, 다시 말하자면(= that is to say))

I majored in psychology, or the science of the mind.

나는 심리학 다시 말하자면 마음의 관한 학문을 전공했다.

❸ 명령문 + or + 부정적 내용 : ～하라, 그렇지 않으면 …할 것이다

Do you best, or you will fail in the test.

최선을 다하라 그렇지 않으면 그 시험에서 실패하게 될 것이다.

❹ nor(=and～not) + 조동사(be 동사) + 주어

I am not rich, and I do not wish to be (rich). 나는 부자가 아니며 부자가 되고 싶지도 않다.

= I am not rich, nor do I wish to be.

Cf. I am not rich, and neither is he. 나는 부자가 아니며 또한 그도 부자가 아니다.

▌D▐ for(부가적인 원인)

It is morning, for the birds are singing. 아침이다. 새가 울고 있을 보니까.

For the birds are singing, it is morning. (×)

▌E▐ so

결과 : 그러므로

She is sick, (and) so she cannot come to the party.

그녀는 아프다. 그러므로 그녀는 파티에 갈 수 없다.

▌F▐ 기타 접속부사

❶ yet, still, nevertheless : 하지만, 그래도

He has his faults. Still, I love him. 그는 결점이 있지만 그래도 나는 그를 좋아한다.

❷ therefore : 그러므로

We have a growing population, therefore we need more food.

우리는 인구가 늘어나고 있다. 그러므로 우리는 보다 많은 음식을 필요로 한다.

❸ besides, moreover : 게다가

I'm tired, besides, I am sleepy. 나는 피로하다 게다가 졸린다.

◎ 종속절(Subordinate Clause) : (Complex Sentence = Main Clause + Subordinate Clause)
　　　　　　　　　　　　　　　　　복 문　　　　　　　　주 절　　　　　　　종 속 절

　　　　　　　　　　　　┌─ 명사절(Noun Clause)
　▷ 종 속 절　　　　　형용사절(Adjective Clause or Relative Clause)
　　(Subordination) └─ 부사절(Adverb Clause)

▌A▐ 명사절(S, O, C)을 이끄는 접속사

what, who(m)ever, whatever, whichever + [명사요소가 하나 빠진 불완전한 절이 온다]

　　☞ 자신이 이미 선행사를 내포하고 있어서 관계사절 속에서 주어, 목적어, 보어로서의 기능(격의 기능)을 한다.
　　　단, 복합관계사절일 경우는 양보의 부사절(no matter~)을 이끌기도 한다.

❶ that : 주어, 목적어, 보어 자리에 오는 경우와 명사와 동격을 이끌 때 쓰임

That father did not scold me surprised me. 아버지께서 나를 꾸짖지 않으셨다는 것이 나를 놀라게 했다.

The trouble is that we are short of money. 문제는 우리가 돈이 부족하다는 것이다.

I don't believe (that) she did that. 나는 그녀가 그것을 했다고 믿지 않는다.

❷ It(가주어) ~ that(진주어) 구문

It's certain (that) she's rich. 그녀가 부자인 것은 틀림없다.

❸ 동격의 that절

Even more important is the fact that television brings the family together.

더욱 더 중요한 것은 텔레비전이 가족을 함께 불러 모아 준다는 사실이다.

❹ 간접의문사절

┌─ **의문대명사** : what, who(m), which (뒤에는 불완전한 절이 나옴)
│
│　 **의문부사** : when, where, why, how (뒤에는 완전한 절이 나옴 / 부사절을 이끌기도 함)
│
└─ **의문접속사** : whether(/ if) S + V~ (or not) [양보의 부사절을 이끌 때도 있음]

　　◎ 의문사절(위의 b, c)을 취하는 대표적인 동사들 : ask, dont' know, doubt, be doubtful, be not sure(/
　　　certain), wonder, determine, decide, see, say, don't care등

Do you know who is the best doctor? (누가 최고의 의사인지 아세요?) [Yes, I do. / No, I don't.]

Who do you think is the best doctor? (누가 최고의 의사라고 생각하세요?)

[위 문장에서는 Who가 do you think보다 더 중요하여 문두에 두었으며 이 경우의 답은 'I think (that) John is.'처럼 해야 하는데 중요
한 단어는 John이다.]

❺ 의문대명사

I don't know who did such a thing. 나는 누가 그런 짓을 했는지 모른다.

Tell me what he has done. 그가 무슨 일을 했는지 일러다오.

I don't know which you like better, tea or coffee.

나는 당신이 차 아니면 커피 중에서 어느 쪽을 좋아하는지를 모른다.

❻ 의문부사가 이끄는 간접의문문 → 「S + V」의 평서문 어순

Why he is refusing to go there **is inestimable.** (주어절)

그가 그곳에 가기를 거부하고 있는 이유는 헤아릴 수 없다.

Nobody knows when he will come here. **(목적절)**

누구도 그가 언제 이곳에 올 것인지는 모른다.

Do you realize how far it is to Hawaii? [how far is it (×)]

하와이까지 얼마나 먼지 알고 있나요?

❼ 의문접속사 whether와 if → …인지 아닌지

ⓐ **whether 선택절 → 모든 명사절을 유도 / or not과 결합 가능**

Whether(if는 불가) he will succeed (or not) **is unknowable.** (주어절)

(= Whether or not **he will succeed**도 가능)

We cannot know whether(=if) **he will succeed.** (동사의 목적절)

The problem is whether(if는 불가) **he will succeed.** (보어절)

Whether he comes or not, **the result will be the same.**

(명사절이 아닌 부사절로 사용된 경우 or not을 생략할 수 없다.)

(= Whether or not **he comes**도 가능)

ⓑ **if 선택절 → 타동사의 목적절만을 유도 / 원칙상 or not과 결합하지 못함**

We cannot know if he will succeed.

❽ what, who(m)ever, whatever, whichever + [명사요소가 하나 빠진 불완전한 절이 온다]

☞ 자신이 이미 선행사를 내포하고 있어서 명사절(주어, 목적어, 보어)로서의 기능(격의 기능)을 한다. 단, 복합
관계(의문)사절(-ever가 붙은 것)일 경우는 양보의 부사절(no matter ~)을 이끌기도 한다.

what 관계 대명사절 → 선행사인 명사를 포함한 명사절

What he wants **is your success.** (주어절)

Whoever comes **is welcome.** 누구든지 오는 분은 환영한다.

Ask whomever you meet. 누구든지 만나는 사람에게 물으시오

▌B▐ 형용사절을 이끄는 접속사

선행사를 두고 뒤에 문장을 이어주는 모든 관계대명사와 관계부사 (Chapter 15 참조)

▌C▐ 부사절을 이끄는 접속사

접속사가 이끄는 절이 시간 · 이유 · 조건 · 양보 · 정도 · 양태 · 방법 · 비교를 나타낸다.

> 종속 부사절의 위치(논리전개의 순서와 해석상 부사절이 주절보다 앞서는 경우가 많음)
>
> <u>종속접속사 + S + V + ∼</u> , S + V + ∼ . (부사절의 전환 : 아래 참조)
>   종속절 [부사절]   [주 절]
>   ⇓
> ⒶⒶ 분사구문으로 전환기능 : 시간 · 때, 이유 · 원인, 양보, 조건 ('분사' 참조)
> Ⓑ 부사구 전환가능 ('분사' 참조)
> Ⓒ 부정사(부사적 기능)로 전환가능(조건, 목적) ('분사' 참조)

❶ 시간

when / while / after / before / as / till / until / since / by the time / as long as / as soon as / no sooner ∼ than / hardly[scarcely] ∼ before[when]

ⓐ 미래의 시간 부사절에서 미래는 현재 시제로 대신한다.

    It will not be long before he returns.

ⓑ since 절은 과거시제(기점), 주절은 현재 완료 시제로 나타낸다. (Chapter 3 참조)

❷ 이유 · 원인

since / because / as / seeing that / now that / in that / on the ground that

   ✿ as(부대적인 이유), since(추론의 근거)(=now that, seeing that), because(직접적인 이유)

As I was tired, I soon fell asleep. 피곤했기 때문에 곧 잠들었다

❸ 양보 : 비록 ∼일지라도

ⓐ 양보 표시 접속사

though / although / (even) if / even / though / as

Even if you do not like it, you must do it. 싫더라도 그것을 해야 한다.

Poor as she is, she is honest and diligent. (← Even though she is, ∼)

(비록 가난하지만 그녀는 정직하고 부지런하다.)

ⓑ 양보 부사절의 표현 방법

Wherever you (may) go, I will follow you. (복합관계부사)

No matter what you (may) do, you must do your best. (no matter + 의문사)

ⓒ 양보 부사절의 전환 (재진술형)

However humble it may be, there is no place like home.
아무리 초라할지라도, 자기 집과 같은 곳은 없다.

ⓓ as 양보 부사절 : 형용사[부사 · 명사 · 과거 분사] + as[though] + 주어 + 동사

Poor as he is, he is above telling a lie.

= Though he is poor, he is above telling a lie.

Hero as he was, he turned pale. (= Even though he was a hero, ~.)

- ⊃ 접속사 as를 통해 '양보'의 의미를 강조하고자 할 경우 as앞에 형용사, 부사, 원형동사, 명사를 둔다. 이 경우 단수 명사를 두면 반드시 무관사여야 한다.
- ⊃ 양보명령문 : Be it ever so humble, there is no place like home.

❹ 목적

ⓐ 목적 표시 접속사

```
┌ S + V so (that) S + may(can) (이 경우 that은 생략 가능)    ⇒ so as to v → to v
│ S + V in order that S + may(can)                     ⇒ in oder to v → to v
└ S + V lest S + (should) V
    = S + V so that S + may(/ might) not V             ⇒ so as not to v → not to v
```

He worked hard that(/ so that / in order that) his family might(could) live in comfort.

= He worked hard to(/ so as to/ in order to) live in comfort.

He studied hard so that he might not fail in the exam.

[=He studied hard not to(so as not to, in order not to) fail in the exam.]

= He studied hard lest he (should) fail in the exam.

= He studied hard for fear he (should) fail in the exam.

ⓑ 목적을 나타내는 부사절의 대용

❺ (원인과) 결과

ⓐ ┌ so 형용사 + a(n) + 명사 that S + V / so 형용사 or 부사 that S + V
   └ such a(n) + (형용사) + 명사 that S + V / such [(형용사) + 명사] that S + V

ⓑ ┌ S + V , so (that) S + V (이 경우 that은 생략 가능)
   └ S + V , (and) so S + V (이 경우 and는 생략 가능)

She gave so witty an answer that everyone burst out laughing.

He was so exhausted (that) he could not speak.

He ate so fast that he nearly choked.

I was excited, so (that) I couldn't get to sleep.

⑥ 조건

if / unless / provided (that) / providing (that) / on the condition (that) / in case (that) / so long as / so far as / supposing (that) / suppose (that) / if only(~하기만 한다면) / once

You'll miss the bus unless you walk more quickly.

I will come provided (that) I am well enough. 건강이 괜찮으면 오겠습니다.

⑦ 정도 · 비례

as / as ∽, so / according as / in proportion as

As we go up, the air grows colder. 높이 올라갈수록 공기가 차가워진다.

As it became darker, so the wind blew harder.
주위가 어두워짐에 따라서 점점 바람이 세차게 불어왔다

As a man sows, so he shall reap. 자업자득(自業自得)

03 상관 접속사

▮A▮ 등위 상관 접속사(병렬 구조)

❶ both[alike, at once] A and B : A와 B 둘 다 (양자 긍정)

Both brother and sister are dead. 오누이가 다 죽었다.

(주어로 쓰인 경우에는 복수 취급)

This book is at once interesting and instructive. 그 책은 흥미도 있으며 동시에 교훈적이다.

❷ not A but B : A가 아니고 B인

He works not slowly but accurately.

❸ not only[merely] A but (also) B : A뿐만 아니라 B도 또한 (= B as well as A)

It is not only economical but (also) good for the health. 그것은 경제적일 뿐 아니라 건강에도 (또한) 좋다.

Not only the children but also the mother is ill.

You as well as he are responsible for the failure.

(그 남자뿐만 아니라 너도 그 실패에 책임이 있다.)

❹ either A or B : A와 B 둘 중의 하나(양자 택일) : 동사는 B에 일치

neither A nor B : A와 B 둘 다 아닌(양자 부정) : 동사는 B에 일치

Neither you nor I am to blame for it.

▎B▎ 종속 상관 접속사

❶ so + 형용사[부사] + that : 너무나 ~해서 …한

He got up early so that he could see the sunrise

그는 일출을 보기위해 일찍 일어났다.

❷ such + 명사 + that : 매우 ~해서 …한

He got up so early that he could see the sunrise.

그는 일찍 일어나 일출을 볼 수 있었다.

❸ whether A or B : A이든 B이든 간에

Whether you like it or not, you must do the work.

❹ not ~ until(/ till)… : …이 되어서야 비로소 ~하다

I did not realize the importance of it until yesterday.

= It was not until yesterday that I realized the importance of it.

= Not until yesterday did I realize the importance of it.

최근 기출 & 예상문제

※ 밑줄 친 부분에 들어갈 가장 적절한 것을 고르시오. (01~61)

01
The dancing bear at the circus was very entertaining. It was able to balance a ball on its nose _____ it was standing on one foot. (2010 지방직)

① where   ② whereas   ③ while   ④ now that

어구 • bear : 곰 • entertaining : 재미있는, 유쾌한, 즐거운 • balance : n. v. …의 평형(균형) 을 잡다(맞추다); 균형 이 잡히게 하다 ④ now that : ~이므로, ~이기 때문에(=since)

번역 그 서커스(곡예)에서 춤추는 그 곰은 매우 재미있었다. 그 곰은 한발로 서 있는 동안 코에 올려둔 공을 (떨어지지 않게) 균형을 맞출 수 있었다.

해설 밑줄 친 곳에는 그 앞의 주절과 호응할 수 있는 부사절을 이끄는 접속사가 필요하며 문맥상 부대상황(주로 진행형 으로 사용됨)을 나타내는 대표적인 접속사 while이 요구된다.

정답 ③

02
Staff members are being asked to postpone any vacations _____ the entire project has been completed. (2010 경찰직)

① during   ② until   ③ because   ④ since

해설 주어진 빈칸 뒤에는 문장을 제시했으므로 일단 ①의 전치사 During은 탈락되며 특히 주절 속의 postpone과 잘 호 응될 수 있는 접속사는 ②의 until이다.

번역 직원들은 전반적인 프로젝트가 완료되기까지 어떤 휴가도 연기하도록 요구받고 있는 중이다.

정답 ②

03
A: Do you think I could do well on the quiz tomorrow?

B: Definitely, _____ you read chapter one. (2010 경찰직)

① despite   ② provided   ③ although   ④ unless

어구 if의 의미를 내포하는 접속사 provided가 가장 적합하다. Cf. provided : … 을 조건으로 하여(that…), 만일 … 이라 면(if)

번역 A: 넌 내가 내일 퀴즈에서 잘 할 수 있을 것이라고 생각해?
B: 그렇고말고, 네가 1장을 읽는다면.

해설 ① 주어진 밑줄 뒤에는 문장이 있으므로 전치사 despite는 탈락 ③ 양보의 접속사인 although(비록 … 일지라도, … 이기는 하지만)와 ④ 부정조건의 unless(… 이 아닌 한, 만약 …이 아니면)는 주어진 문장과 호응하지 않는다.

정답 ②

04 He walked warily _____ he should fall.

① lest   ② unless   ③ in order to   ④ before

해 설 - *lest* he *should* fall = *so that* he *might not* fall
번 역 - 그는 넘어지지 않도록 조심하여 걸어갔다.
정 답 - ①

05 _____ it ever so humble, there is no place like home.

① Being   ② Be   ③ Do   ④ Doing

해 설 - = However humble it may be.
번 역 - 아무리 초라할지라도, 자기 집과 같은 곳은 없다.
정 답 - ②

06 As the state has shrunk in favor of the private sector, _____, too, have guaranteed jobs, apartments and support networks.

① so   ② as   ③ never   ④ just   ⑤ like

해 설 - 'As S + V~, so'에서 so다음에는 도치구문이 가능하다.
어 구 - • state : 주, 국가 • shrink : 움츠리다, 위축되다, 수축되다 Cf. shrink–shrank–shrunk • in favor of …에 찬성하여, …에 편들어(선호하여) • private sector : 사적 부문(↔ public sector)
번 역 - 그 주가 사적 부문을 선호하여 위축된 것처럼 보증된 일자리와 아파트와 지원망 역시 위축되었다.
정 답 - ①

07 _____ appears considerably larger at the horizon than it does overhead is merely an optical illusion.

① The moon   ② That the moon   ③ The moon which

④ What the moon   ⑤ When the moon

해 설 - ②는 'That the moon ~ overhead'까지가 주어인 명사절이다. ③은 'which ~ overhead'까지 관계사절(형용사절)로서 주어인 The moon을 수식하는데 이 경우 주격보어와의 논리(S=S · C)가 통하지 않는다. ④는 what은 자신이 선행사를 포함하는 관계대명사이므로 격이 있어야 하는데 이 경우 '주격, 목적격, 보격'의 어느 경우도 해당사항이 없다. ⑤는 간접의문문으로서 주절을 유도할 수 있지만 주격보어와의 문맥이 통하지 않는다.
번 역 - 달이 머리 위에서보다 지평선에서 상당히 더 커 보이는 것은 착시에 지나지 않는다.
어 구 - • optical illusion : 착시(현상)
정 답 - ②

08 Shall I put this equipment away _____ you've finished the lab work?

① unless   ② now that   ③ what   ④ lest   ⑤ no matter

해 설 - *now that* : ~이므로, ~이기 때문에(=since)
번 역 - 실험실 작업을 끝냈으니 제가 이 장비를 치울까요?
정 답 - ②

09 I am not rich, _____ do I wish to be.

① as   ② for   ③ nor   ④ who

해설 nor는 부정(否定)의 뜻을 지닌 등위접속사이면서 부사적 특성을 지닌다는 것이 특징이다. 따라서 부정문 다음에 나오되 도치된 문장을 이끈다. *Cf.*, *nor do I* wish to be. = *and I do not* wish to be.

번역 나는 부자가 아니다. 또한 나는 부자가 되고 싶지도 않다.

정답 ③

---

10 _____ large in volume, a comet is small in mass.

① It is generally   ② Although generally

③ Generally it is   ④ When is it generally

해설 Although it(=the comet) is generally~. → Being generally~, → Generally~, → Although generally~. [원래 분사구문을 만드는 과정에서 접속사는 사라지게 되는데 경우에 따라서는 의미를 분명히 밝혀두기 위해 접속사를 그대로 남겨 두기도 한다.]

번역 일반적으로 혜성은 부피는 크다 할지라도 질량은 적다.

정답 ②

---

11 There was not enough ice over the lake for her to walk _____ it, was it shallow enough for her to wade through.

① upon, nor   ② by, neither   ③ under, nor   ④ beneath, neither

해설 부정문이 먼저 나오고 또 다른 부정문을 추가하되 반드시 도치구문을 취해야 하는 접속사는 nor이다.

번역 호수 위에는 그녀가 그 위로 걸어갈 만큼 충분한 얼음이 없었고 (물로) 걸어서 건너가기에 물론 얕지도 않았다.

정답 ①

---

12 He worked hard : _____ he should have failed in the examination.

① but for   ② unless   ③ otherwise   ④ providing

해설 otherwise[접속부사] = if he had not worked hard

번역 그는 열심히 공부했다. 그러지 않았더라면 그는 시험에 실패했을 것이다.

정답 ③

---

13 Usually your heart beats between sixty-five _____ seventy-five times a minute.

① to   ② and   ③ from   ④ for

해설 between ~ and ~

번역 대개 사람의 심장은 1분에 65번에서 75번 사이에서 박동한다.

정답 ②

14

The plans for that building were drawn up in 1975, but _____ .

① were not implemented and started until 1980

② were not implemented until 1980

③ the plans for that building were not implemented until 1980

④ they did not implement until 1980

> **[해설]** 등위접속사 and, or, but 앞뒤에는 동일한 문법적 구조의 단어·구·절이 와야 하며 공통구문은 생략하는 것이 원칙이다. ① 1980년까지 실행되지 않았다는 자체가 그 때 이후 비로소 시작되었다는 의미이므로 별도의 started를 나타낼 필요가 없어 간결성의 원칙에 위배된다. ② 동일한 주어를 대상으로 하되 이번에는 부정이므로 be동사 were까지 다시 쓰는 것은 적절하다. ③ 동일한 주어를 반복하는 것은 간결성의 원칙에 어긋난다. ④ they를 받을 이유가 없다. • draw up (문서·계획…)를 작성하다·세우다 • implement + 목적어 = put + 목적어 + into action (여기서는 모두 수동태)
>
> **[번역]** 그 빌딩에 대한 계획은 1975년에 작성되었으나, 1980년에야 비소로 실행되었다.
>
> **[정답]** ②

15

He delayed his departure until morning, _____ .

① being tired and afraid driving at night

② being for fear to driving at night and being tired

③ being fearful to driving at night and tired

④ for he was tired and afraid to drive at night

> **[해설]** ④ for는 「부가(附加)적인 이유」를 나타내므로 「(준)등위 접속사」이다.
> ① … and afraid *of* driving로 ②,③ being *fearful of driving* … and *tired*로
>
> **[번역]** 그는 출발을 아침으로 미루었다. 피곤하고 야간에 운전하는 것이 겁이 나서였다.
>
> **[정답]** ④

16

The court presumed Smith innocent _____ .

① in order that he was proven guilty　　② so that he was proven guilty

③ when he was proven guilty　　④ until he was proven guilty

> **[해설]** 주절의 문맥과 호응될 수 있는 부사절을 이끄는 접속사를 찾는 문제이다.
>
> **[번역]** 법정은 Smith씨가 유죄로 판명될 때까지는 무죄로 추정했다.
>
> **[정답]** ④

17

Important _____ sugar is, we can't live upon it.

① even if　　② while　　③ as　　④ although

> **[해설]** as로 이끌리는 양보절은 형용사나 부사 및 명사를 강조하기 위해서 이를 문두에 둔다.
> = Even though sugar is important, we ~
>
> **[번역]** 설탕은 비록 중요하다 할지라도, 그것으로 주식(主食)(또는 常食)으로 살아갈 수는 없다.
>
> **[정답]** ③

18

Our bodies need food and oxygen, and these must be supplied constantly. Food can be stored in the body, _____ a person need not eat all the time in order to satisfy this need.

① so that　　② but that　　③ as if　　④ even if

해설 ① 「결과: ~따라서, 그 결과」 ③ 「마치 ~인 것처럼」 ☞ 절 속에는 가정법동사가 나와야 한다
④ = even though

번역 우리의 몸은 음식과 산소를 필요로 하며 이런 것들은 끊임없이 공급되어야 한다. 따라서 이런 요구를 충족시키려고 사람은 줄곧 음식을 먹을 필요는 없는 것이다.

정답 ①

19

It won't be profitable to exploit the sea, no matter _____ great reaches it has.

① what　　② whether　　③ when　　④ how

해설 형용사나 부사를 수식하면서 양보절을 유도하는 접속사(원래 의문부사)는 no matter how(= however)이다.
it은 the sea이며 has는 타동사로서 그 목적어는 great reaches이다.

번역 바다가 아무리 광대한 영역에 펼쳐져 있다 하더라도 바다를 개척한다는 것은 이득이 되지 못할 것이다.

정답 ④

20

This plant is _____ big that it should really be moved outside.

① so　　② too　　③ such　　④ very

해설 「so + 형용사/부사 + that S + V~」, 「너무~해서 (그 결과) … 하다」

번역 이 식물은 너무 커서 정말이지 밖으로 옮겨져야 한다.

정답 ①

21

The reason I didn't go to France was _____ a new job.

① because I got　　　　② because of getting

③ due to　　　　④ that I got

해설 주어가 The reason이기 때문에 보어가 「이유, 원인」이 되면 의미가 중복된다. 따라서 ①, ②, ③는 원칙상 불가하다. 한편 ①는 부사절, ②는 부사구라는 것도 보어기능이 되지 못하는 이유이다. that절은 명사절(여기서는 주격보어)이다.

번역 내가 프랑스에 가지 않은 이유는 새 일자리를 얻어서였다.

정답 ④

22

_____ do you think is the best doctor?

① Who　　② What　　③ Which　　④ Whom

해설 do you think는 삽입절이므로 동사 is에 대한 의문대명사 주격 who가 나와야 한다.

번역 누가 최고의 의사라고 생각하세요?

정답 ①

23 _____ the passengers reached safely, they could not forget the accident.

① However   ② Nevertheless   ③ Though   ④ But

해 설 ▶ 종속절을 이끄는 접속사가 요구된다. ①은 양보절은 이끌되 문장내의 형용사나 부사를 일차적으로 수식하면서 절이 나온다 ② 독자적인 절을 문두에서 이끌 수 없고 앞 문장 다음에 semicolon(;)이 나올 경우 접속기능이 가능한 접속부사이다 ④는 등위접속사이므로 대등한 절을 접속해야 한다.

번 역 ▶ 비록 승객들이 안전하게 도착하긴 했지만 그 사고를 잊을 수는 없었다.

정 답 ▶ ③

24 Mrs. Gordon sometimes doubted _____ on the plane.

① them getting   ② of them get

③ if they get   ④ whether they would get

해 설 ▶ doubt다음에 올 수 있는 접속사는 「whether, if, that」이다. ③은 시제가 일치되지 않았고 ②의 경우는 「of(or about) their getting」으로 하면 가능하다.

번 역 ▶ Gordon부인은 그들이 비행기를 탈 것인지 때때로 의심스러웠다(=비행기를 타지 않을 것으로 생각했다).

정 답 ▶ ④

25 Chemistry is the science of substances _____ the science of energy.

① is physics   ② or physics   ③ how physics   ④ and physics is

해 설 ▶ the science of ∼ the science of ∼의 공통관계를 볼 때 등위관계로 이어진 내용임을 알 수 있다.

번 역 ▶ 화학은 물질에 관한 과학이며 물리학은 에너지에 관한 과학이다.

정 답 ▶ ④

26 In cities most of the ground is covered with concrete _____ asphalt.

① or it is   ② is with   ③ its   ④ or

해 설 ▶ ∼ concrete or (most of the ground is covered with) asphalt / 등위접속사일 경우는 공통관계를 최대한 생략하여 가장 간결한 형태만을 만기는 것이 원칙이다.

해 설 ▶ 도시에서는 땅의 대부분은 콘크리트나 아스팔트로 덮여있다.

정 답 ▶ ④

27 More than twelve hours of my school week are spent in one of the dingiest _____

most versatile rooms of the Arts Building.

① yet   ② likely   ③ otherwise   ④ one

해 설 ▶ the dingiest (rooms) yet [more than twelve ∼ are spent in one of] (the) most versatile rooms

번 역 ▶ 수업이 있는 주중에 12시간 이상을 가장 우중충하지만 다용도성의 교양관 강의실 한 곳에서 시간을 보낸다.

정 답 ▶ ①

28 The earth attracts bodies toward its center, _____ all bodies fall in a direct line   toward that point.

① that   ② so   ③ however   ④ nevertheless

해 설 ▸ comma(,) 다음의 so는 원래 부사로서 (and) so(그래서, 따라서)나 so (that)(그 결과)의 의미로 쓰이는데 접속사였던
and나 that을 생략하게 되면 남아있는 so가 접속기능을 그대로 수행하는 것으로 보면 된다.
번 역 ▸ 지구는 물체를 중심으로 끌어당긴다. 따라서 모든 물체는 그 지점(지구중심)을 향하여 일직선으로 떨어진다.
정 답 ▸ ②

29 The book is at once interesting _____ instructive.

① or   ② but   ③ both   ④ and

해 설 ▸ at once A and B = both A and B = alike A and B : A와 B 모두, A도 B도
번 역 ▸ 그 책은 흥미도 있으며 동시에 교훈적이다.
정 답 ▸ ④

30 When they were written, many nursery rhymes were intended not for children
_____ for adults.

① nevertheless   ② but   ③ instead of   ④ on the other hand

해 설 ▸ *not* for children *but* for adults : 아동들을 위한 것이 아니라 어른들을 위한
번 역 ▸ 자장가가 쓰여 졌을 때, 그것은 아동들을 위한 것이 아니라 어른들을 위한 것이었다.
정 답 ▸ ②

31 _____ was the Erie Canal an engineering triumph, but it quickly proved a
financial   success as well.

① Not only   ② Only   ③ It   ④ Neither

해 설 ▸ Not only가 문두에 나와서 도치구문이 되어있고 또한 but (also)(=but ~ 〈as well〉)가 호응되고 있다.
번 역 ▸ Erie운하는 공학적 승리였을 뿐만 아니라 또한 신속히 재정적으로 성공한 운하였음이 드러났다.
정 답 ▸ ①

32 Gorillas are quiet animals _____ they are able to make about twenty different
sounds.

① how   ② in spite of   ③ because of   ④ even though

해 설 ▸ 문맥상 양보의 부사절을 이끌 수 있는 접속사가 필요하다. ②, ③의 경우는 전치사이므로 뒤에 절이 나올 수 없다.
번 역 ▸ 고릴라는 비록 20가지의 다른 소리를 낼 수 있다 할지라도 조용한 동물이다.
정 답 ▸ ④

33 Organisms regulate their movements _____ positions in response to environmental   stimuli.

① have   ② where   ③ as   ④ and

해설 타동사 regulate의 목적어가 movements와 positions임을 알 수 있으므로 등위접속사가 필요함을 알 수 있다.

번역 유기체들은 환경자극에 반응하여 그들의 움직임과 위치를 조절한다.

정답 ④

34 Did you know _____ Ken would be promoted?

① as long as   ② though   ③ that   ④ until

해설 타동사 know에 대한 명사절의 목적어가 필요하다.

번역 Ken이 승진될 것이라는 것을 알고 있었나요?

정답 ③

35 _____ story of Pocahontas' rescue of John Smith is authentic is now doubted by _____ some historians.

① The   ② In the   ③ That the   ④ Although the

해설 ~ is authentic까지가 명사절이 되어야 하므로 명사절을 이끌 수 있는 접속사가 필요하다.

번역 Pocahontas가 John Smith를 구출했다는 이야기가 진실이었는지는 오늘날 일부 역사가들에게 의혹을 받고 있다.

정답 ③

36 _____ as much as one-forth of all timber harvested is not used.

① It is estimated that   ② The estimate

③ They are estimated   ④ The estimate that

해설 주어진 내용이 문장을 구성하고 있으므로 그 앞에 접속사가 필요하며 따라서 두 개의 문장으로 구성되어 있음을 알 수 있다. It은 가주어 that이하는 진주어(명사절)이다. ③의 경우는 They estimate that~이면 ①에 대한 능동구문이다.

번역 수확되는 모든 목재의 1/4이나 많이 사용되지 않은 것으로 추정되고 있다.

정답 ①

37 The CEO has not decided _____ of the two strategies he should adopt.

① what   ② which   ③ that   ④ who

해설 '선택'의 의미를 지니고 있는 which는 의문대명사로서 명사절을 이끌어 타동사 decide의 목적어임과 아울러 의문사절 속의 타동사 adopt에 대한 목적격이다.

번역 그 최고경영자는 두 개의 전략 중 어느 쪽을 채택해야 할지를 결정하지 못했다.

정답 ②

38 This information will help you understand _____ changes they are going through and how you can smooth the way.

① when   ② how   ③ what   ④ that

해설 타동사 understand의 목적어인 명사절 속에서 먼저 의문형용사 what이 changes를 수식하면서 이것은 전치사 through의 목적어이다. and 다음의 how절은 understand의 두 번째 목적어이다.

번역 이러한 정보는 그들이 어떠한 변화를 겪게 될 것인지와 어떻게 곤란을 제거해 나갈 수 있는지를 이해하는데 도움이 될 것이다.

정답 ③

39 He practices speaking English every day. That's _____ his English is so good.

① why   ② when   ③ how   ④ where

해설 That's (the reason) why ~ / why이하는 주격보어로서 명사절이다.

번역 그는 매일 영어 말하기 연습을 한다. 그것이 그의 영어가 훌륭한 이유이다.

정답 ①

40 Only the very brave or the very ignorant can say exactly _____ advertising does in the market place.

① it is what that   ② what it is that   ③ that it is what   ④ that what it is

해설 타동사 say가 그 목적어로 의문사절을 취하는 경우이며 간접의문문의 어순은 의문사를 먼저 두며 (접속기능이므로) 반드시 '주어+동사'의 정치어순을 취해야 한다. 이 문제의 경우 what은 의문대명사로서 타동사 does의 목적격이며 아울러 강조구문에서 강조되는 대상이기도 하다.

번역 매우 용감하거나 매우 무지한 사람들만이 시장에서 광고가 하는 일(역할)이 무엇인지 정확히 말할 수 있다.

정답 ②

41 "Will I have time to change my clothes before we go out?"

"That depends on how soon _____."

① we finish eating   ② do we finish eating
③ do we eat   ④ we finish to eat

해설 전치사 on에 대한 목적어로서 의문사절이 전개되고 있다. how는 의문부사로서 명사절을 이끌며 자신은 부사이기 soon을 수식하면서 그 뒤에 '주어+동사'의 정치어순(간접의문사절)의 문장을 이끈다. 한편 finish는 동명사를 목적어로 취한다.

번역 "외출하기 전에 제가 옷 갈아입을 시간이 있을까요?", "그것은 우리가 얼마나 빨리 식사를 끝내느냐에 달려 있습니다."

정답 ①

42

_____ will make the best class president?

① Whom do you think   ② Do you think who

③ Do you think who   ④ Who do you think

해설 do you think의 목적어인 간접의문사절[반드시 정치어순(주어+동사)을 취해야 함]이 who will make the best class president이다. do you think를 의문사의 다음에 삽입하는 이유는 '생각(think)'을 묻는 것은 부차적이고 '누구(who)'인지의 의문의 대상이 보다 중요하기 때문이다.

번역 누가 최고의 학급반장이 될 것이라고 생각해?

정답 ④

43

Do you remember where _____ my watch?

① had I put   ② had put I   ③ I put   ④ put I

해설 타동사 remember의 목적어로서 간접의문(명)사절이 요구되며 정치어순이어야 한다.

번역 내 시계를 어디에 두었는지 기억하세요?

정답 ③

44

_____ some mammals came to live in the sea is not known.

① Which   ② Since   ③ Although   ④ How

해설 명사절을 이끄는 의문사절이 필요하다.

번역 일부 포유동물들이 어떻게 바다에 살게 되었는지는 알려져 있지 않다.

정답 ④

45

We asked the secretary _____ the director would be back before five o'clock.

① that   ② when   ③ whether   ④ where

해설 ask는 4형식(3형식도 가능)으로 사용될 경우 의문사절이 호응된다. 돌아올지 여부를 물어보는 것이므로 whether가 적합하다. 'before five o'clock.'가 제시되지 않았다면 ②의 의문부사 when이 적합한 답이 될 수 있다.

번역 우리는 국장이 5시까지 돌아올지 여부를 비서에게 물어봤다.

정답 ③

46

I'm buying it _____ .

① regardless of whether we can afford it   ② regardless of what the price is

③ regardless of whether we can afford it or not

④ whether we can afford it   ⑤ whether we can afford it or not

해설 ①, ③의 경우는 전치사 of의 목적어 자리이기 때문에 명사절로서의 의문접속사 whether절의 용법상 or not이 생략되더라도 문제가 없다. ②는 의문대명사인 what이 (주격)보격으로 역시 명사절의 하나로 아무런 문제가 없다. ④번의 whether절은 부사절('양보' 개념)로 볼 수밖에 없는데 이 경우에는 or not을 생략할 수 없다. 따라서 ⑤번의 Whether절은 부사절로 아무런 문제가 없다.

어구 • regardless of : ~에 관계 · 상관없이(irrespective of, without regard to) • afford : (can이나 cannot과 주로 호응하여) ~할 여유가 있다(없다)

번역 우리가 여유가 있든 없든 상관없이 난 그 물건을 사려고 그래.

정답 ④

47

"Whenever I have to write a paper, I don't know where to begin."

"I have the same problem, but _____ the paper seems to write itself."

① starting   ② having started once

③ once I start   ④ after to start

해 설 ①와 ②의 경우는 분사구문인데 start의 주체가 the paper라면 문맥이 통하지 않는다. ④의 경우는 전치사이거나 접속사이므로 부정사가 올 수 없다. ③에서 once는「일단 ～하기만 하면」의 뜻을 지닌 '조건'의 접속사이다.

번 역 "나는 논문을 쓸 때마다 어디서 시작해야 할지 모르겠어.", "나도 같은 문제를 갖고 있어, 그러나 일단 시작하기만 하며 논문이 저절로 써지는 것 같아."

정 답 ③

48

Mary listened to the radio _____.

① by studying   ② during studying

③ while she studied   ④ when she studies

해 설 문맥에 맞는 것은 부대상황을 나타내는 접속사 while이다. ④는 시제가 맞지 않고 ①는 '공부함으로써'의 뜻으로 '수단이나 방법'을 나타낼 경우 ②의 during 다음에는 주로 정관사를 동반한 특정 기간을 나타낼 경우 사용되므로 동명사와 호응되지 않는다.

번 역 Mary는 공부를 하면서 라디오를 들었다.

정 답 ③

49

_____ there was an accident on the highway, the driver decided to take a detour.

① Whether   ② Since   ③ Although   ④ Even if

번 역 그 (간선)도로상에 사고가 한 건 있었으므로, 그 운전자는 우회하기로 결심했다.

해 설 주절과의 호응관계상 '이유'가 되어야 문맥에 맞다.

정 답 ②

50

_____ it rained so heavily, we stayed at home all day long.

① A1though   ② Because   ③ Therefore   ④ However

해 설 comma(,) 다음은 완전한 주절이 형성되어 있으므로 그 앞에 문맥에 맞는 부사절을 찾으면 된다. ④의 경우는 부사절내에 있는 형용사나 부사를 일단 수식하면서 절을 이끌어야 한다.

번 역 비가 너무 많이 내려 우리는 하루 종일 집에 있었다.

정 답 ②

51

Lemons differ from all other fruits _____ more edible after they are picked.

① become   ② they become

③ that they become   ④ in that they become

해 설 differ from과 잘 호응될 수 있는 접속사는 in that(～라는 점에서)이다.

번 역 레몬은 일단 따고 나면 보다 먹음직스러워 진다는 점에서 모든 다른 과일과는 다르다.

정 답 ④

52

He works hard _____ he may succeed.

① lest   ② that   ③ though   ④ unless

해설 (so) that [목적] : ~하기 위하여, ~할 수 있도록 / [단문일 경우] = He works hard (so as) to succeed.
번역 그는 성공하기 위해 열심히 일한다.
정답 ②

53

He died _____ that his friends had to pay for his funeral.

① too poorly   ② so poorly   ③ too poor   ④ so poor

해설 원인과 결과를 나타내는「so ~ that」구문이며 He died poor.만 별도로 보면 poor가 추가보어임을 알 수 있다. 즉 He was poor when he died.의 복문을 단문으로 축약한 형태가 He died poor.이다.
번역 그는 너무나 가난하게 죽어(죽었을 때 가난한 상태여서) 그의 친구들이 그의 장례비를 지불해야 했었다.
정답 ④

54

It matters little who finds the truth _____ the truth is found.

① because   ② so long as   ③ so that   ④ even if

해설 so long as [접속사] : ~하는 한
번역 진리가 발견되는 한 누가 진리를 발견하느냐는 것은 중요하지 않다.
정답 ②

55

_____ Patricia likes John, she doesn't trust him much.

① But   ② Still   ③ While   ④ Nevertheless

해설 while : ~하는 한편, ~하긴 하지만 / But의 경우는 대조의 등위접속사이므로 문두에 나오지 못하고 등위절의 다른 문장 뒤에 나란히 이어 놓는다.
번역 Patricia는 John을 좋아하기는 하지만, 그녀는 그를 많이 신뢰하지는 않는다.
정답 ③

56

I did not think I could sleep, but in _____ I did I set the alarm for five.

① fact   ② time   ③ case   ④ that

해설 in case (that) : ~에 대비하여, ~만약 하면
번역 나는 잠을 잘 수 있다고 생각하지 않았다. 그러나 잠을 잘 것에 대비하여 나는 다섯시로 자명종을 맞추어 두었다.
정답 ③

57

He buys presents for his parents _____.

① if he can't afford it or not   ② when he can afford it or not

③ whether he can afford it or not   ④ for he can afford it or not

해설 원칙상 ~or not형태를 사용할 수 있는 것은 whether뿐이다. 간접의문사절로 명사절로 주로 사용되거나 부사절로 쓰인다. 이 경우는 후자이다.
번역 그는 그럴만한 여유가 있거나 없거나 간에 그의 부모님을 위해 선물을 산다.
정답 ③

58

the result of his previous investigation was satisfactory, Prof. Smith _____ decided to search for the new element.

① Although   ② Despite   ③ Unless   ④ Regardless of

해설 – 일단 ①와 ③가 부사절을 이끌 수 있는 접속사이며 문맥에 맞는 것은 ①이다.
번역 – 그의 이전 조사의 결과가 만족스러웠지만, Smith교수는 새로운 원소를 찾아내기로 결심했다.
정답 – ①

59

There are those to whom a meal is merely a bore.

_____, they feel that it is uninteresting.

① How excellent the food is

② However excellent the food may be

③ What an excellent food it is

④ As far as the food is excellent

해설 – ①와 ③는 감탄문의 형식이다. 문맥상 어울리는 것은 양보의 부사절이다.
번역 – 음식이 단지 지겨운 것인 사람들이 있다. 음식이 아무리 우수한 것이라도 그들은 그것이 따분한 것이라고 생각한다.
정답 – ②

60

The Korean team vowed to fight to the end, _____.

① matter is not how long it takes

② no matter how long it takes

③ how long it takes is no matter

④ it takes how long is of no matter

해설 – 'no matter how=however(복합의문부사)'는 형용사나 부사[이 경우는 부사 long]를 수식하면서 '주어+동사'의 정치 어순의 절을 이끈다.
번역 – 한국팀은 아무리 시간이 걸릴지라도 끝까지 싸우겠다고 맹세했다.
정답 – ②

61

Peter is looking for a job in _____ advertising or public relations.

① nor   ② neither   ③ both   ④ either   ⑤ not only

해설 – either A or B : 등위상관접속사
어구 – • public relations : 섭외, 선전 활동, 홍보(P.R)
번역 – 피터는 광고나 홍보 분야의 일자리를 찾고 있다.
정답 – ④

※ 문법적으로 적합하지 않은 부분을 고르시오. (62~74)

62 If women are dissatisfied ① <u>with always being</u> in the listening position, the dissatisfaction may be mutual. ② <u>What</u> a woman feels she has been assigned the role of silently listening audience ③ <u>does not mean</u> that a man feels he has consigned her ④ <u>to that role</u> — or that he necessarily likes the rigid alignment either.

(2008 선관위)

> **번 역** ▶ 여성들이 늘 듣고 있기만 하는 위치에 있는 것에 불만이 있다 하지만, 불만은 상호적인 것일지 모른다. 여성이 자신이 가만히 듣기만 하는 경청자의 역할을 할당받아 왔다고 생각한다는 것은 남성이 여성을 그런 역할에 맡겨둔 다거나 아니면 남성이 필수적으로 엄격한 정렬(남성과 여성의 역할을 정해 둔 것)을 좋아한다고 생각한다는 것을 의미하지는 않는다.

> **해 설** ▶ ① 전치사의 목적어인 동명사 being은 '동사이자 명사'특성이므로 부사가 결합된 것은 자연스러운 것이다. ②에서 관계대명사(또는 의문대명사) what을 두려면 이것이 이끄는 명사절에서 명사요소가 하나 빠져야 하는데 빠진 부분이 없다. feels다음에는 접속사 that이 생략된 절의 구조가 나왔으므로 완전한 형태가 갖추어 진 것이다. 따라서 ③앞에까지 전체를 명사절로 이끌 수 있는 접속사는 That이 무난하다. ③에서는 That으로 이끄는 명사절을 단수로 취급하는 것은 당연한 것이므로 단수동사로 나온 것이 적절하다. ④에서는 consign이나 assign이 목적어 다음에 호응하는 전치사로 to(방향 · 접근 · 도달)를 사용하는 것 또한 자연스럽다.

> **정 답** ▶ ② (What → That)

63 Geologists ① <u>classify</u> rocks ② <u>by</u> patiently and ③ <u>painstaking</u> noting their ④ <u>physical</u> features and chemical ⑤ <u>composition</u>.

> **번 역** ▶ 지질학자들은 암석들의 물리적 특징들과 화학적 구성을 인내 있게 그리고 정성을 들여서 주목함으로써 분류한다.

> **해 설** ▶ ①에서는 복수동사로 문제가 없으며 ④는 features를 수식하는 형용사로 적절하고 ⑤는 chemical의 수식을 받는 명사로 적절하다. 문제는 ②에서 전치사 by다음에 부사 patiently가 나와 있으므로 등위관계상 ③번도 painstakingly가 되어야 한다. 바로 뒤에 있는 noting이 전치사 by에 대한 목적어인 동명사이다.

> **정 답** ▶ ③ (painstaking → painstakingly)

64 University Parking and Transportation ① <u>Services</u> played a significant role ② <u>in the event</u> ③ <u>by purchasing</u> several hundred discounted bus passes and ④ <u>sell them</u> on the campus.

> **해 설** ▶ 문맥상 등위관계가 by 다음의 동명사로 이어지기 때문에 「~ by purchasing ~ and (by) selling ~」이다.

> **번 역** ▶ UPTS(대학 주차 & 수송 서비스)는 수백 장의 할인버스패스를 구입하여 그것들을 캠퍼스에 판매함으로써 그 행사에 중요한 역할을 했다.

> **정 답** ▶ ④ (sell them → selling them)

65 ① <u>Most people</u> know ② <u>that</u> it is like ③ <u>to have</u> their blood pressure taken, but few ④ <u>understand</u> the meaning of the numbers ⑤ <u>used to record</u> blood pressure.

> **해 설** ▶ like는 자신이 형용사 주격보어이기도 하지만 전치사 특성을 동시에 갖는 것이기 때문에 like뒤에는 반드시 명사가 와야 한다. 따라서 의문대명사 what(접속기능+명사기능(이 경우 전치사 특성의 like의 목적격))이 that 자리에 들어가야 한다.

> **번 역** ▶ 대부분의 사람들은 자신들의 혈압을 재어보게 하는 것이 어떤 것인지를 알고 있으나 혈압을 기록하는 데 사용되는 숫자의 의미를 이해하는 사람은 거의 없다.

> **정 답** ▶ ② (that → what)

66 The cost of a college education has risen ① as rapidly ② during ③ the past several years that it is now ④ beyond the reach of many people.

> 해설 「so ~ that」구문이므로 ①의 as를 so로 바꾸어야 한다. 이 경우 so는 that절에 호응하는 부사로서 so 다음에는 수식을 받을 수 있는 부사나 형용사가 나온다.
> 번역 대학 교육비가 지난 몇 년 동안 너무나 급속도로 올라서 이제는 많은 사람들의 역량을 벗어나 있다.
> 정답 ① (as rapidly → so rapidly)

67 Active participation ① in sports ② produces both release from stress ③ as well as ④ physical fitness.

> 해설 both A and B : A와 B 모두(=B as well as A)
> 번역 스포츠에 대한 적극적인 참여는 긴장으로부터의 해방뿐만 아니라 육체적 건강도 가져온다.
> 정답 ③ (as well as → and)

68 Neither his friend's ① betrayal nor his ② parents' condemnation ③ have caused him any ④ great distress.

> 해설 (n)either A (n)or B에서는 항상 B의 수에 일치시킨다. condemnation에 일치시켜야 하므로 ③는 has caused가 되어야 한다.
> 번역 그의 친구의 배신도 그의 부모님의 비난도 그에게 어떤 큰 고통을 안겨주지 않았다.
> 정답 ③ (have caused → has caused)

69 Jerry ① will not lend you the book because he ② is fearful ③ if you should forget ④ to return it.

> 해설 「be fearful that S + V~」 / 「be fearful of + (동)명사」: ~하는 것이 두렵다
> 번역 Jerry는 네가 돌려줄 것을 잊어버릴까 염려하기 때문에 네게 그 책을 빌려주지 않을 것이다.
> 정답 ③ (if → that)

70 I ① am not sure ② as we ③ ought to let ④ him have that gun.

> 해설 be not sure (as to) whether(/ if) : ~을(~할지) 확신하지 못하다 * be sure that : ~을 확신하다
> 번역 나는 우리가 그가 그 총을 소유하게 해 주어야 할지 여부를 확신할 수 없다.
> 정답 ② (as → whether / if)

71 ① The time has come for us all to ask ② ourselves how ③ much more pollution ④ can the earth take.

> 해설 ask는 4형식 동사로서 how절이 직접목적어인 간접의문사절로서 명사절이다. 의문부사 how는 [접속+부사]기능으로서 이끄는 절속에서 형용사나 부사를 수식한다. 이 문장의 경우는 how는 much를, 형용사 much는 pollution(타동사 take의 목적어)을 수식하면서 그 뒤로는 정치어순을 취해야하므로 ④를 the earth can의 순서로 나열해야 한다.
> 번역 우리 모두가 지구가 얼마나 많은 오염을 받아들일 수 있을지를 자문해 볼 시기가 다가왔다.
> 정답 ④ (can the earth → the earth can)

72

① Some experts have ② already predicted ③ that the next president ④ will be.

[해설] 타동사 predicted의 목적어는 문맥상 be동사의 보어가 되면서 명사절을 이끌 수 있으려면 ③의 자리에 의문대명사 who여야 한다.

[번역] 일부 전문가들은 이미 차기 대통령이 누구인지 예측했다.

[정답] ③ (that → who)

73

① While the two reappeared after ② being absent ③ for over a month, every expedition was surprised to find them ④ so little changed.

[해설] 두 명이 다시 나타나게 된 것은 '특정시점'을 나타내므로 ①을 When으로 나타내야 한다. While은 '일정기간'을 나타낼 경우이다.

[번역] 한 달 이상 없어진 후 두 명이 다시 나타났을 때 모든 탐험대원은 그들이 너무나도 변한 것이 없다는 것을 알고서는 놀랐다.

[정답] ① (While → When)

74

No visitor ① or relative can enter ② the patient's room ③ except he is invited ④ by the doctor.

[해설] ③의 'except (that) ∼'의 경우는 앞서 나온 주절에서 가정법이 나올 경우 이와 호응하는 직설법을 유도하는 경우 사용된다[가정법 참조]. 문맥상 unless가 적절하다.

[번역] 어떤 방문객이나 친척도 의사의 초대를 받지 않으면 그 환자의 병실에 들어갈 수 없다.

[정답] ③ (except → unless)

75

Choose a correct sentence in standard grammar.

① Since ten years you lived with her.

② I think we must consider joining the team.

③ There are both relatively obvious or subtle differences in them.

④ It can be taken for granted it that they are very chauvinistic.

[해설] ① Since를 For로 고쳐야 한다. ② consider은 동명사를 목적어로 취한다.
③ or를 and로 ☞ 「both A and B」구문 ④ 능동으로 하면 「We can take it for granted that∼」 → (수동) 「It can be taken for granted that∼」이 된다. 여기서 it은 가목적어 that∼은 직접목적어이며 for(being) granted는 목적보어이다.)

[정답] ②

76

어법상 틀린 것을 고르시오

① How often do you visit her?   ② How long will you be here?

③ When will you be seeing her?   ④ Why didn't you have your math class today?

⑤ How come do you always want to go there?

[해설] How come(어찌하여 그러는가, 왜 그런가(=why))은 구어체로서 How come(s) it that의 단축형이므로 그 뒤에 'S + V'의 절이 나온다.

[번역] ① 얼마나 자주 그녀를 방문합니까?   ② 얼마나 오래 이곳에 계실 건가요?
③ 당신은 언제 그녀를 만나게 될까요?   ④ 넌 오늘 왜 수학 수업에 들어가지 않았니?
⑤ 넌 어찌하여 항상 그곳에 가길 원하는 거지?

[정답] ⑤

77 다음 우리말을 영어로 옮긴 것으로 가장 적절한 것은? (2011 지방직)

> 그녀가 나한테 전화했을 때 비로소 그녀가 사무실에 없다는 것을 나는 알았다.

① I did not realized that she in her office even when she called me.

② She called and told me that she was not in her office.

③ I had not realized she was not in her office until she called me.

④ She did call me in order to let me know that she was not in her office.

번역 ① 그녀가 나한테 전화했을 때조차 그녀가 사무실에 없다는 것을 나는 알지 못했다.
② 그녀는 나한테 전화를 하여 그녀가 사무실에 없다고 말했다.
③ 그녀가 나한테 전화했을 때까지 그녀가 사무실에 없다는 것을 나는 알지 못했다.
   ⇨ 그녀가 나한테 전화했을 때 비로소 그녀가 사무실에 없다는 것을 나는 알았다.
④ 그녀는 사무실에 없다는 것을 나에 알려주기 위해 나한테 전화를 했다.

해설 not ~ until의 구조를 활용하면 결국 '비로소 ~하다'라는 의미로 해석된다는 점을 염두에 두자.

정답 ③

78 다음 문장의 밑줄 친 부분에 "as"가 들어갈 수 없는 것은?

① Heroine _____ she was, she wept at the news.

② I wish that I had done _____ mother told me to.

③ _____ rust eats iron, so care eats the heart.

④ He looks _____ he were tired.

해설 ① = Even though(/ if) she was a heroine, ~ (as로 강조적 '양보'를 나타내는 경우 as 앞에 두는 것이 명사이면 반드시 무관사여야 한다.) ④의 경우는 가정법 구문으로 as if여야 한다.

번역 ① 그녀는 비록 여걸이었지만 그 소식에 눈물을 흘렸다.
② 나는 어머니께서 하라고 하시는 대로 했었더라면 싶다.
③ 녹이 철을 갉아먹는 것처럼, 근심은 마음을 갉아먹는다.
④ 그녀는 지쳐 보인다.

정답 ④ (as if)

17

Grammar

전치사 Preposition

01 전치사의 기능

전치사(preposition) 다음에는 명사(전치사의 목적어)가 와야 한다. 명사의 앞(pre = before, 前)에 둔다(pos = put, 置) 해서 전치사(前置詞)라고 하는 것이다. 전치사의 종류는 다음과 같다.

▌A▐ 전치사의 종류

❶ 단순전치사 : in, of, at, on, by, after, etc.

The sun rises in the east.

❷ 이중전치사 : till after, from behind, except under, etc.

The farmers worked till after dark. 농부들은 일몰 후까지 일했다.

❸ 군(群) 전치사 : in spite of, in addition to, by way of, on behalf of 등

He speaks German in addition to English. 그는 영어 이외에 독일어를 한다.

❙ B ❙ 전치사의 용법

❶ 부사구

ⓐ He turned the light off on the table. [동사(구) 수식]

ⓑ He seems to be anxious for fame. [형용사 수식]

ⓒ He played the piano with fluency for her age. [부사(구) 수식]

ⓓ to my great surprise, as a rule … 문두, 문미, 문중간 등에 올 수 있다.

To my great surprise, he passed the exam.

❷ 형용사구

ⓐ 서술적 용법 : 주격보어나 목적격보어

● The matter is of importance. (=important) [of은 주로 「성질, 성격, 속성, 상태」를 나타내므로 명사
와 결합하게 되면 주어의 「성질, 상태」를 나타내는 형용사 보어가 됨]

● She was at a loss what to do. [at a loss다음에 전치사 as to 생략]

ⓑ 한정적(부가적) 용법 : the matter of importance. (= the important matter)

한정기능의 경우 형용사구가 앞의 명사를 한정해 주기 때문에 대부분의 경우 정관사
(the)가 쓰인다. 이런 기능으로 쓰이는 전치사로는 of 외에도 in, on 등도 사용된다.

❙ C ❙ 전치사의 목적어 : 원칙적으로 명사와 명사상당어구이다

❶ 명사 · 대명사 : I went to the church with her on Sunday.

❷ 동명사 : We spent our time in playing golf.

❸ 부정사 : 전치사 but의 목적어 (관용적 표현)

● I have no choice but to stay here.

= I cannot (choose) but stay here. (이 경우는 원형부정사)

= I cannot help staying here. (help=avoid)

❹ 명사절 : that절이 전치사의 목적어인 경우는 다음의 두 가지에만 국한되지만 명사절의
하나인 의문사절이나 관계사절 중 명사절인 what절과 복합관계사절이 사용되는 경우는 빈번
하다.

● except(, but, save) that S + V [~을 제외하고(이외에)]

[that절이 전치사의 목적어이며 that은 생략 可]

● in that S + V [~라는 점에서] [that은 생략 不可]

주요전치사 도해

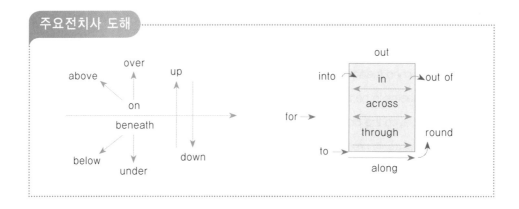

02 주요전치사 비교

▌A▌ for, to

❶ for (행선지 : ～향하여)

leave for, depart for, make for, head for 등

She is leaving for Canada next week.

❷ to (방향 · 접근 · 도달 : ～로, ～에)

get to(=reach, arrive at), go to 등

I am going(=am on my way) to the station. 나는 역에 가는 길이다.

▌B▌ at < on < in

구분	시 간	장 소
at	at 5 o'clock, at night	협소 · 국소한 장소, 특정장소(번지 등)
on	on on + 날짜 · 요일 on the morning of Dec. 14 on time (시간이 맞추어)	on + 거리명, on the ceiling 등 주로 접촉(면)
in	in in the morning, in July, in 2002, in the summer, in time (시간내에, 조만간)	in Seoul, in the country 등

＊at : '시간, 장소' 이외의 활용 : 속도 · 비율, 희생, 비용, 가격 · 할인, 조준 · 겨냥, 거리

▌C▌ for / during

- for : 보편적 기간   **Ex** for a day(/ a month/ a week)

  This agreement holds good for a year.

- during : 보편적이지 아니한 특정기간   **Ex** during the holiday

  [특정대상의 기간이므로 주로 정관사, 소유격, 지시형용사와 호응된다는 점을 주의!]

  The company offices will be open during the holiday.

▌D▌ by(완료 : ～까지에는) / till(계속 · 지속 : ～까지는 계속해서)

- Finish it by four o'clock. / The guest should come back by 7 p.m.
- I waited for him till four o'clock.

> **by의 추가적 용법**
>
> cf-1. 정도, 차이 : She is older than I by two years. = She is senior to me by two years.
>
> cf-2. 상대적 수단 : We went there by car.
>
> cf-3. 단위 : The workers were paid by the hour.

▌E▌ of과 from

❶ of : (지)속성, 성질(격), 상태

   Ex1 He died of cancer.

   Ex2 This chair is made of wood.

❷ from : 기원, 출처 · 출신, 기점   **Ex** Beer is made from barley.

▌F▌ besides와 beside

❶ besides : 그 외에, 게다가 (in addition to, as well as)

Besides the mayor, many other notables were present.

시장 외에 많은 명사들이 참석했다.

❷ beside : 옆에, 곁에

He sat beside me. 그는 내 곁에 앉아 있었다.

03 유사의미의 주요전치사 그룹

❶ 이유 · 원인 : because of, on account of, owing to

I didn't go out because of the bad weather.

The game was called off on account of rain.

His death is owing to the accident.

Owing to the drought, the crops have failed this year. 올해는 가뭄이 들어 흉작이었다.

   cf. – due to는 원칙적으로 서술기능의 보어가 원칙

      The accident was due to careless driving.

    – owing to도 서술적으로 사용이 가능하지만 일반적인 용법은 아니다.

❷ 양보 : in spite of, despite, with all, for all, notwithstanding

In spite of his illness, he went to school.

❸ 참조 : with(/ in) regard to, with respect to, with(/ in) reference to, as regards, as to, as for, about, of, on, regarding, concerning

   Ex I have nothing to say with regard to[= regarding] this.

❹ 제(예)외 : but, except (for), excepting

Everyone is ready except you. 너 말고는 다 준비되어 있다.

04 분사형 전치사

원래 현사분사로서 명사를 수식하는 형용사 역할이었지만 완전히 전치사화된 경우로도 사용되므로 수식대상으로 명사가 없더라도 사용 가능하다.

   Ex notwithstanding, regarding, concerning, excepting, following(= after)

05 주요 전치사구

- according to~ (~에 따라서, ~에 의하면) Cf. according as S + V (as는 접속사)
- as for, as to (~에 관해서는)
- at the cost(/ expense/ price) of~ (~을 희생하여)

    ......

최근 기출&예상문제

※ **Choose the answer that best completes the sentence.** (01~73)

01 The viability of reclaimed water for indirect potable reuse should be assessed _____ quantity and reliability of raw water supplies, the quality of reclaimed water, and cost effectiveness.

(2011 국가직)

① regardless of   ② with regard to

③ to the detriment of   ④ on behalf of

번역 — 간접적인 수도 수원 이용을 위한 재생된 물의 실행 가능성은 원수(原水)의 양과 신뢰성, 재생된 물의 품질 및 비용 효과와 관련하여 평가되어야 한다.

어구 — ① regardless of : …에 상관없이, …에 개의치 않고(without regard to〈for〉, irrespective of ↔ with regard to, regarding) ; …에도 불구하고(in spite of, despite)

② with regard to : ∼에 대하여·관하여(in this regard, in regard or respect to〈or of〉, as regards, regarding, in connection with, with reference to, as to, concerning, about ↔ without regard to)

③ to the detriment of : …에 해가 될 만큼[detrimental : 해로운, 손해가 되는, 불리한(to)(harmful, injurious, damaging, pernicious, noxious]

④ on behalf of : …을 대신하여, …을 대표하여, (…을 위하여)(in place of, instead of ; speaking for, acting for, representing, for the good of)

정답 — ②

02 To visit a person is to call _____ him.

① before   ② about   ③ at   ④ on

해설 — call on someone : (사람을) 방문하다(look in on, visit) * call at : (장소를) 방문하다

정답 — ④

03 The oranges are five _____ half a dollar.

① by   ② for   ③ at   ④ with

해설 — (in exchange) for : ∼와 교환으로 * substitute A for B = replace B with(/ by) A

번역 — 그 오렌지는 1/2달러에 5개이다.

정답 — ②

04   "Is John your relative?", "Yes, He's a cousin _____ me."

① to   ② of   ③ in   ④ for

해설 ▸ to : '관계'를 나타내는 경우 [to : 방향 · 접근 · 도달 → 관계 → 일치]
번역 ▸ "John은 너의 친척이니?", "그래, 그는 나와는 4촌간이야."
정답 ▸ ①

05   What other interest do you have _____ listening to music?

① except   ② aside   ③ without   ④ besides

해설 ▸ • ④ *besides* : (포함을 전체로) ~외에도(in addition to) • except : 제외하고 • aside : 곁에
번역 ▸ 음악을 듣는 것 (외에) 다른 당신은 무엇에 관심이 있습니까?
정답 ▸ ④

06   "Who talked to you?", "My sister whispered _____ my ear."

① to   ② at   ③ in   ④ on

해설 ▸ *whisper in* a person's ear   ┐ ~에 귀에 말하다, 속삭이다
          whisper to a person   ┘
번역 ▸ "누가 당신에게 말했죠?", "나의 여동생이 나에게 귓속말로 말했어요."
정답 ▸ ③

07   "What?"

"We danced _____ the music of Beatles."

① to   ② with   ③ in   ④ on

해설 ▸ ~에 맞추어 (일치) : to 사용 * dance to the music : 음악에 맞추어 춤을 추다
번역 ▸ "뭐라고요?", "우리는 Beatles의 음악에 맞추어 춤을 추었습니다."
정답 ▸ ①

08   This food is not _____ my taste.

① of   ② by   ③ from   ④ to

해설 ▸ to : '일치'를 나타내는 경우
번역 ▸ 이 음식은 나의 취향에 일치하지 않는다.
정답 ▸ ④

09   The salesman promised that the refrigerator would be delivered _____.

① three hours in the afternoon   ② in three hours

③ three hours long   ④ for three hours

⑤ on three hours

해설 ▸ 이 경우 'in'은 '경과'(세 시간이 지나면)를 나타내거나 '범위, 한도'(세 시간 안에)를 나타낸다.
번역 ▸ 그 판매원은 냉장고가 세 시간 안에 배달될 것이라고 약속했다.
정답 ▸ ②

10 The new scientific hypothesis being proposed now will be substantiated or disproven _____ time.

① at ② on ③ beside ④ over ⑤ for

해설 over time : 시간이 지나는 동안에(지나가면서)

번역 현재 제시되고 있는 새로운 과학적 가설은 시간이 지나면서 입증되거나 반증될 것이다.

정답 ④

11 Doctoral students who are preparing to take their qualifying examinations have been studying in the library every night _____ the last three months.

① since ② before ③ until ④ for ⑤ during

해설 현재완료시제와 호응되며 (보편적)기간을 나타내는 전치사로서 for가 요구된다. * for the last(/past) three months(지난 3개월 동안) Cf. 정관사(the)를 동반하여 특정기간을 나타내는 경우 시간특성을 나타내는 경우에도 during를 사용할 수 있지만 수사가 동반된 경우는 보편성을 지닌 for를 사용하는 것이 원칙이다.

번역 자격시험을 치를 준비를 하는 박사과정의 학생들은 지난 3개월 동안 매일 밤 도서관에서 공부를 해오고 있다.

정답 ④

12 There is nothing like education for bringing _____ light the essential inequality between one mind and another.

① at ② off ③ ever ④ on ⑤ to

해설 bring to light something : ~을 폭로하다. 드러내다(divulge, reveal); 찾아내다(search for, ferret out, forage 〈for〉) / 타동사 bring과 호응되는 '방향'의 전치사 to가 요구되며 목적어가 긴 경우를 제외하고 목적어를 bring다음으로 두어도 된다. / * light : 밝은 데, 드러남(exposure)

번역 한 사람과 다른 사람간의 본질적 불평등을 드러내는데 있어서는 교육과 같은 없다.

정답 ⑤

13 Some nation, therefore, may be very big in terms of territory and population, and yet be devoid _____ true greatness.

① of ② by ③ in ④ on

해설 be devoid of : ~이 없다(be void of, be destitute of) / '부족, 결여'의 개념과 호응하는 전치사는 대부분 'of'이다.

번역 그러므로 어떤 나라는 영토나 인구의 관점에서는 아주 크다 할 수 있으나 진정한 위대성은 결여되어 있다 할 수 있다.

정답 ①

14 We have already informed them _____ the decision.

① in ② with ③ of ④ to

해설 inform(/ apprise/ notify) A of B : A에게 B를 통지하다(알려주다)

번역 우리는 그 결정에 대해 이미 그들에게 통지해 주었다.

정답 ③

15 The story touches _____ the eternal theme of life and death.

① after   ② upon   ③ by   ④ with

해설 touch upon(/ on) ~ : ~에 관해 언급하다
번역 그 이야기는 삶과 죽음이라는 영원한 주제에 관해 터치(언급)하고 있다.
정답 ②

16 He spends too much money _____ drink.

① at   ② on   ③ by   ④ to

해설 spend money… on + 명사 : ~에 돈…을 소비하다 * spend ~ (in) v-ing
번역 그는 너무 많은 돈을 술에 소비한다.
정답 ②

17 His latest novel leaves no room for criticism.

= His latest novel is _____ criticism.

① against   ② beyond   ③ below   ④ about

해설 beyond criticism : 비판의 여지가 없는, 너무나 훌륭한
번역 그의 최근 소설은 비판에 대한 여지를 남기고 있지 않고 있다.
정답 ②

18 She dwells too much _____ her past.

① in   ② on   ③ over   ④ into

해설 dwell : 곰곰이 생각하다(on), 자세히 언급하다(on) * dwell in : 거주하다(live in, reside in, inhabit)
번역 그녀는 자신의 과거에 대해 너무 곰곰이 생각한다.
정답 ②

19 Every morning, he left home dressed _____ a fine suit.

① in   ② on   ③ at   ④ with

해설 '착용'의 in
번역 매일 아침 그녀는 멋진 옷을 입고 집을 나섰다.
정답 ①

20 I concentrated my attention _____ the subject.

① in   ② to   ③ for   ④ on

해설 concentrate(/ focus) (one's attention) on ~ : ~에 (주의를) 집중하다
번역 나는 그 과목에 나의 주의를(관심을) 집중했다.
정답 ④

21 Mr. Kim was born _____ Seoul _____ August 21, 1990 _____ 3:40 in the afternoon.

① at − by − on   ② in − in − in   ③ at − at − on   ④ in − on − at

해설 – 큰 장소 : in / 날짜, 요일 : on / 시각 : at
번역 – 김씨는 1990년 8월 21일 오후 3시 40분에 서울에서 태어났다.
정답 – ④

22 _____ all his faults he is loved by all.

① With   ② By   ③ At   ④ In

해설 – with all : …에도 불구하고 syn. for all, despite, in spite of, notwithstanding
번역 – 그의 결점에도 불구하고 그는 모든 사람들에 의해 사랑받는다.
정답 – ①

23 Until the early 1900s, the purchase of a car was _____ the financial reach of most people. Ford reasoned that inefficient production techniques resulted _____ low output, which in turn meant high product prices.

① for, to   ② from, on   ③ within, from   ④ out of, in

해설 – out of (/ beyond ↔ within) the (financial) reach of ∼ : ∼의 (재정) 능력에 미치지 못하는 / result in ∼ : ∼의 결과가 되다
번역 – 1900년대 초까지는, 자동차의 구입이 대다수 사람들의 재정능력이 미치지 못하였다. Ford는 비효율적인 기술이 낮은 생산의 결과를 가져오고 이것은 차례로 높은 (자동차)제품가격을 나타내는 것이라 결론지었다.
정답 – ④

24 The form of shelter used among most people is dependent to some extent _____ locally available materials.

① to   ② on   ③ at   ④ for

해설 – be dependent on(or upon) : 「…에 의존 · 의지하다」 • to some extent : 「어느 정도까지」
번역 – 대부분의 사람이 이용하는 그런 형태의 오두막은 지역적으로 입수 가능한 재료에 어느 정도 의존하고 있다.
정답 – ②

25 "Where does happiness come from?"
"Happiness lies _____ trying to do one's duty."

① of   ② for   ③ in   ④ on

해설 – lie in(=consist in) 「…에 있다〈장소 · 위치의 in〉」
번역 – "행복은 어디에서 오지?", "행복은 자신의 임무를 다하는 데 있어."
정답 – ③

26

Keeping up with the fashions can be very expensive. So one way to save money is never to throw your old clothes out. If you wait long enough, the clothes that are ⓐ fashion today will be back ⓑ fashion tomorrow. Yesterday's clothes are tomorrow's new fashions.

	ⓐ	ⓑ		ⓐ	ⓑ
①	in	out	②	on	out of
③	out	on	④	out of	in

해설 • keep up with : (유행 · 추세 등에) 뒤지지 않다 • throw (~) out : (~을) 내던지다, 버리다

번역 유행에 뒤지지 않으려다 보면 상당한 비용이 들어갈 수 있다. 따라서 돈을 절약할 수 있는 한가지 방법은 입던 옷을 결코 버리지 않는 것이다. 만일 상당히 오래 기다리다 보면, 오늘날 유행하지 않는 옷이 장래에는 유행하게 될 것이다. 지난날의 옷이 미래의 새로운 유행인 것이다.

정답 ④

27

"A : Who is Mr. Smith?", "B : The man _____ is Mr. Smith."

① having the brown suit　　　　② wears a brown suit

③ on the brown suit　　　　　　④ in the brown suit

해설 in(=wearing) the brown suit 「갈색 양복 안에 들어있는 → 갈색양복을 입은〈착용을 나타내는 in〉」

번역 "Smith씨는 누구지?", "갈색양복을 입은 사람이 Smith씨야."

정답 ④

28

_____ the alarming report of earth tremors nearby, the workers proceeded to lay the foundation of the building.

① On　　　　② About　　　　③ Despite　　　　④ Beside

해설 문맥으로 보아 despite 「…에도 불구하고」

번역 부근에서 발생한 땅 진동에 대한 놀라운 보도에도 불구하고, 근로자들은 그 건물의 기초공사를 계속 진행했다.

정답 ③

29

A wise person profits _____ his mistakes.

① from　　　　② to　　　　③ about　　　　④ of

해설 profit from : 「…로부터 (이)득을 보다 〈기원 · 출처의 from〉」

번역 현명한 사람은 자신의 실수로부터 득을 얻어낸다.

정답 ①

30

On behalf _____ his client, the lawyer entered a plea of "not guilty by reason of insanity."

① with　　　　② to　　　　③ for　　　　④ of

해설 on behalf of 「~을 위하여(대신하여)」 by reason of 「~이라는 이유로」

번역 고객(의뢰인)을 위하여(대신하여), 그 변호사는 "정신착란으로 인한 무죄" 항변을 제기했다.

정답 ④

31 _____ the year 2020, 1.2 billion people will be added _____ the 6.5 billion _____ the world today.

① By − to − in   ② To − with − in   ③ In − on − by   ④ To − on − in

> 해설 ① • by : 「(시간)~까지는」 • to : 「(부가) ~에 더하여」 * add~to(~을 더하다, 추가하다, 늘리다
> • in : 「(장소 · 위치)~의 안에서, ~에 있어서」
>
> 번역 2020년까지, 현재(2006. 2) 전 세계 65억에서 12억의 사람들이 늘어나게 될 것이다.
>
> 정답 ①

32 Henry's recital was correct _____.

① in the letter   ② on the letter   ③ to the letter   ④ with letters

> 해설 to the letter : 「글자그대로, 한자도 틀리지 않고, 정확히, 충실히(precisely, exactly, faithfully)」
>
> 번역 Henry의 암송은 한자도 틀리지 않고 정확했다.
>
> 정답 ③

33 Quebec, Canada is located _____ the north of the United States.

① on   ② in   ③ to   ④ at

> 해설 국경선등의 경계선이 인접해 있을 때는 on, 떨어져 있을 때는 to이다. 이 문제는 상식에 관한 문제이기도 한데 캐나다 Quebec는 미국경선 바로 위에 인접해 있다. 안에 있으면 in, 떨어져 있으면 to
>
> 번역 캐나다의 Quebec주는 미국 북쪽에 위치한다.
>
> 정답 ①

34 At the top of the hill _____ is the village where they live.

① to the left of the tall oak   ② to the tall oak's left

③ and the tall oak is to the left   ④ left of the tall oak

> 해설 to the left of「… 의 왼편에」(왼쪽으로 떨어져 있다는 의미) ☜ 방향의 to
>
> 번역 키가 큰 오크나무의 왼편 언덕 꼭대기에 그들이 사는 마을이 있다.
>
> 정답 ①

35 The sun has sunk _____ the horizon.

① below   ② between   ③ under   ④ in

> 해설 below the horizon 「지평선 아래로」
>
> 번역 해가 지평선 아래로 졌다.
>
> 정답 ①

36 We discussed the matter _____ lunch.

① at   ② with   ③ for   ④ over

> 해설 종사를 나타내는 over는 주로 음식물이나 식사를 목적어로 취해서 동반의 의미를 나타내어 의미상 「…하면서」의 곳이다.
>
> 번역 우리는 점심을 들면서 그 문제를 논했다.
>
> 정답 ④

37

_____ my surprise, I found him sitting _____ himself _____ the corner.

① In, for, on   ② To, by, in   ③ To, for, in   ④ For, in, at

해설 to my surprise 「내가 놀랍게도」 by himself = alone 「홀로,혼자서」 in the corner 「구석에」
번역 놀랍게도, 나는 그가 구석에 혼자 앉아 있음을 알게 되었다.
정답 ②

38

Don't drive _____ a high speed.

① in   ② for   ③ on   ④ at

해설 「속도나 비율」을 나타내는 전치사 at * _at the(or a) rate of_ 80 kilometers an hour 「시속 80km로」
번역 고속으로 차를 몰지 말라.
정답 ④

39

There is a tree _____ his house.

① in front of   ② owing to   ③ for fear of   ④ because of

해설 ① in front of ~ : ~앞에 ② owing to ~ : ~ 때문에(because of) ③ for fear of : ~이 두려워서
번역 그의 집 앞에는 나무가 하나 있다.
정답 ①

40

My father will never assent _____ my spending a holiday abroad before I'm 20.

① by   ② on   ③ in   ④ to

해설 assent to ~ : ~에 동의하다(consent to, agree to, accede to)
번역 나의 아버지께서는 내가 20살이 되기 전에는 내가 휴일을 해외에서 보내는 것을 결코 동의하려하지 않으신다.
정답 ④

41

We walked _____ the pond.

① across   ② through   ③ in   ④ around

해설 around ~ : ~의 주변 · 둘레에
번역 우리는 연못 주변을 걸어 다녔다.
정답 ④

42

"Where's your home town?", "It is about twenty kilometers _____ the east of Seoul."

① in   ② on   ③ to   ④ by

해설 방향의 'to'
번역 "당신의 고향은 어딘가요?", "제 고향은 서울동쪽 방향 약 20킬로미터에 있습니다."
정답 ③

43 That house is too close _____ the road for my liking.

① on   ② toward   ③ to   ④ in

해설 ▶ '방향, 접근, 도달'의 to
번역 ▶ 그 집은 내가 좋아하는 도로 쪽으로 아주 근접해 있다.
정답 ▶ ③

44 "Where's Baltimore?", "It isn't _____ Washington, D.C."

① far away   ② far off   ③ far to   ④ far from

해설 ▶ 기점의 'from' (Washinbton, D.C.가 미국의 수도이자 중심 도시의 하나라고 보는 관점에서 '출발점 또는 원점'을 나타내는 전치사로서 문맥상 가장 잘 호응되는 경우)
Cf. far away나 far off은 '멀리에 (멀리 떨어져서)'의 뜻으로 부사구(물론 be 동사 다음에 위치하면 형용사구의 성격)로만 사용되는 용도가 이 경우는 away와 off은 전치사(물론 전치사 역할도 있지만)가 아닌 부사로 보는 것이 일반적. Ex-1. The bank isn't *far off* (from here).
Ex-2. The day when we will meet again isn't *far off*.
번역 ▶ "Baltimore는 어디 있나요?", "그곳은 Washington, D.C.에서 멀지 않습니다."
정답 ▶ ④

45 There was a ship in distress _____ the Isle of Wight.

① off   ② toward   ③ in   ④ at

해설 ▶ 'off'은 기본적으로 '분리, 이탈(이 문맥의 경우 '~에서 떨어진 곳에, ~의 앞바다에)'의 개념이다. / a ship in distress : 조난선
번역 ▶ Wight섬 근해에 조난선이 하나있다.
정답 ▶ ①

46 "Where does he live?", "He lives _____ 144 Wall Street."

① at   ② in   ③ on   ④ by

해설 ▶ '협소 · 국소(번지, 특정 작은 장소…)'를 나타내는 전치사 at
번역 ▶ "그는 어디에 가는가요?", "그는 월스트리트 144번지에 삽니다."
정답 ▶ ①

47 The restaurant is right _____ Fifth Avenue and Washington Street.

① on   ② at   ③ in   ④ about

해설 ▶ '거리'와 호응할 경우 on
번역 ▶ 그 식당은 5번가와 워싱턴스트리트의 오른쪽에 있다.
정답 ▶ ①

48 I dont' like wool next _____ my skin.

① at   ② into   ③ to   ④ on

해설 ▶ next to : '~옆에, 가까이에'(near)
번역 ▶ 나는 살갗에 모가 닿는 것을 좋아하지 않는다.
정답 ▶ ③

49

With new technology, cameras can take pictures of underwater valleys _____ color.

① in   ② by   ③ for   ④ with

해설 in color : (흑백이 아닌) 칼라로
번역 새로 나온 기술로 카메라는 칼라로 수중의 계곡의 사진을 찍을 수 있다.
정답 ①

50

"When did it begin snowing?", "It started _____ the night."

① during   ② by   ③ from   ④ at

해설 'during + 특정기간의 명사' [정관사와 호응되는 것이 일반적임]
번역 "눈이 언제 내리기 시작했나요?", "눈은 간밤동안 내리기 시작했어요."
정답 ①

51

Conifers first appeared on the Earth _____ the early Permian period, some 270 millions years ago.

① when   ② or   ③ and   ④ during

해설 일단 ①, ②, ③는 접속사로서 밑줄 친 부분에 부적절하며 특정기간을 나타내는 전치사가 요구된다.
번역 침엽수는 약 2억 7천만년전 초기 이첩기동안 지구상에 최초로 나타났다.
정답 ④

52

The flight from New York to Los Angeles was delayed _____ the heavy fog.

① as result   ② owing of   ③ on account   ④ because of

해설 '이유'의 전치사구는 because of, owing to, on account of이다.
번역 New York에서 Los Angeles까지의 비행편이 짙은 안개 때문에 연기되었다.
정답 ④

53

He looked everywhere _____ his lost book.

① at   ② to   ③ towards   ④ for

해설 '추구'의 for / look for ～ : ～을 찾다(search for) * long(/ yearn/ crave) for : 염원 · 갈망하다
번역 그는 분실한 그의 책을 모든 곳에서 찾아봤다.
정답 ④

54

Mr. Kim will get in touch with you _____ phone.

① with   ② using   ③ by   ④ in

해설 '상대적 수단'의 by [관사가 없는 점을 특별히 주의!] * by car, by hand …
번역 김씨는 전화로 당신께 연락드릴 것입니다.
정답 ③

55

_____ his cold, he came first in the athletic meet.

① Regardless   ② In spite   ③ In spite of   ④ Despite of

해설 '양보'의 전치사 in spite of : 임에도 불구하고(despite)

번역 감기에도 불구하고 그는 그 운동경기에서 1등으로 들어왔다.

정답 ③

56

All my employees _____ my secretary know about the change.

① from   ② without   ③ for   ④ except

해설 문맥에 맞는 전치사는 '제외'의 전치사 except이다.

번역 나의 비서를 제외한 모든 직원들은 그 변화(인사이동)에 대해 알고 있다.

정답 ④

57

"Who was the first to leave the place?", "I don't know. The girl was the first _____ one to leave the place."

① of   ② but   ③ to   ④ before

해설 the first but(=except) one : 한 사람을 제외한 첫 번째 사람(=두 번째로 떠난 사람)

번역 "누가 그 자리를 맨 처음 떠났죠?" "나는 모릅니다. 그 소녀는 그곳을 두 번째로 떠났습니다."

정답 ②

58

_____ iron, the vast mineral resources of the country were practically untouched.

① Without   ② Even if   ③ Having no   ④ Except for

해설 ①의 경우라면 comma(,)다음의 내용과 문맥이 호응되지 않으며 ②다음에는 절이 나와 있지 않고 ③의 경우는 comma(,)다음에 the country를 일단 주어로 삼고 문장을 다시 전개해야 한다.

번역 철광석을 제외하곤 그 나라의 방대한 광물자원은 사실상 손 댄 것이 없었다.

정답 ④

59

Kagnew Station is situated at an altitude of 7, 600 feet _____ sea level.

① over   ② above   ③ beyond   ④ under

해설 above sea level : 해발

번역 Kagnew역은 해발 7,600피트의 고도에 위치하고 있다.

정답 ②

60

His action at the party yesterday was _____ contempt.

① at   ② on   ③ beneath   ④ over

해설 beneath contempt : 경멸의 가치도 없는 / beneath dignity : 위엄·체면을 깎는

번역 어제 그 파티에서의 그의 행동은 경멸의 가치도 없었다.

정답 ③

61

"Do you ever dance like that in public?"

"Certainly not! That would be _____ my dignity."

① beneath   ② under   ③ beyond   ④ above

해설 beneath : ~의 가치가 없는(수준 이하의), 체면과 관계있는

번역 "당신은 그와 같이 대중 앞에서 춤을 추겠습니까?", "당치도 않아요! 그렇게 하면 나의 위엄(체면)을 깎는 일이 될 겁니다."

정답 ①

62

I was robbed _____ my money.

① of   ② off   ③ on   ④ for

해설 '제거 · 박탈'의 전치사 of

번역 나는 돈을 강탈당했다.

정답 ①

63

"You are supposed to graduate soon, aren't you?"

"Yes. In a short while, I'll be free _____ all my worries."

① with   ② of   ③ about   ④ to

해설 be free of : ~에서 자유롭다, 면하다, 해방되다 / '분리 · 제거'의 'of'

번역 "당신은 곧 졸업이 예정되어 있죠?", "네, 얼마 후예요. 저는 모든 걱정에서 벗어날 것입니다."

정답 ②

64

In Mary's bedroom, the shelves and drawers are _____ perfect order."

① on   ② at   ③ in   ④ from

해설 '상태'의 in / in order : 정돈되어 있는(↔ out of order) / in conflict : 분쟁 중에 있는

번역 Mary의 침실에서는 선반과 서랍이 완벽할 만큼 정리가 되어 있다.

정답 ③

65

_____ opinion the movie was fantastic.

① According to my   ② In my

③ With my   ④ As in my

해설 '범위'의 전치사 in / in my opinion : 나의 의견(견해)로는(so far as I am concerned, as for me)

번역 내 의견으로는 그 영화는 환상적이었다.

정답 ②

66

A: "Is Tom here at the party?"

B: "Yes, but he's hidden _____ the other guests."

① around   ② among   ③ under   ④ between

해설 '~의 사이에, 속에서(셋 이상)' 경우 : among / '~의 사이에(둘)' 경우 : between

번역 A: "Tom이 파티장 이곳에 있나요?"
B: "네, 그러나 그는 다른 손님들 가운데 있어 안보이군요."

정답 ②

67

She is _____ a doubt the best teacher I have had.

① without   ② with   ③ through   ④ on

해설 without a doubt : 의심의 여지없이(no doubt, undoubtedly)

번역 그 여선생님은 의심의 여지없이 지금까지 나에게는 최고이시다.

정답 ①

68

I am working _____ hi-tech computers.

① on   ② to   ③ of   ④ at

해설 work on ~ : ~에 관해 연구하다

번역 나는 첨단 컴퓨터에 관해 연구 중이다.

정답 ①

69

He had no information as _____ whether the workers organized the labor union or not.

① of   ② to   ③ in   ④ about

해설 'as to' : ~에 관하여 [주로 간접의문사절을 그 뒤에 둔다.]

번역 그는 근로자들이 노조를 조직했는지 여부에 관한 정보를 갖고 있지 않았다.

정답 ②

70

Dr. Jones is an authority _____ urban planning.

① in   ② of   ③ on   ④ with

해설 '주제 · 내용'의 'on' (~에 관한)

번역 Jones박사는 도시계획에 관한 전문가이다.

정답 ③

71

Are you planning to talk to Ms. Petrov on the phone or meet with her _____ person?

① on   ② by   ③ to   ④ in

해설 in person : 몸소, 개인적으로(personally)

번역 Petrov여사와 전화로 통화실겁니까 아니면 몸소 만나실 계획입니까?

정답 ④

72 Egyptian clothes were usually made _____ linens ranging from coarse to fine texture.

① from   ② of   ③ in   ④ into   ⑤ with

해설 ▶ '속성, 성질'을 나타내는 경우(이 경우 대개 '물리적 변화'라고 설명함) 전치사 'of'이 요구된다.

번역 ▶ 이집트인의 옷은 대개 조잡한 직물로부터 고운 직물에 이르는 아마사로 만들어진 것이었다.

정답 ▶ ②

73 밑줄 친 부분 (A)와 (B)에 들어갈 것끼리 바르게 짝지어 진 것은?   (2011 국회사무처)

> Blacks are the largest racial minority in the United States. In the 1860s, amendments (A) _____ the Constitution made these former slaves free and gave them all the rights of citizenship, including the right to vote. However, in the South many whites were determined to keep blacks (B) _____ enjoying these rights.

	(A)	(B)			(A)	(B)
①	of	–	to	②	to	–	by
③	to	–	from	④	of	–	with
⑤	at	–	from				

어구 ▶ • racial minority : 소수 인종 • amendment :amendment : ~ (to sth) (법 등의) 개정(수정)(revision); 미국 헌법 수정 조항 • Constitution(/ constitution) : 헌법; 체질; 구조; 설립, 설치 • citizenship : 시민(공민)권; 시민의 신분(자질) • be determined to v : …하기로 결심하다(resolve to v, be bent on v-ing)

번역 ▶ 흑인들은 미국에서 가장 큰 소수 인종이다. 1860년대, 미(美) 헌법에 수정 조항들이 이런 이전(以前) 노예들을 해방하게 했으며 그들에게 투표권을 포함한 모든 시민권을 주었다. 하지만, 남부에서는 많은 백인들이 흑인들을 이러한 권리를 누리지 못하게 하려고 결심하고 있었다.

해설 ▶ (A)에서는 amendments와 호응하는 명사를 뒤에 두고자 할 경우 호응하는 전치사는 '방향, 접근, 도달'의 특성을 갖는 'to'이며 (B)에서는 타동사 'keep + 목적어 from ~ing'가 활용된 구문이다. Cf. 대표적 유례(類例) : prevent, preclude, deter, hinder, dissuade, discourage, prohibit, stop, ban 등

정답 ▶ ③

74 다음 두 문장의 빈칸에 공통으로 들어갈 어휘로 알맞은 것은?   (2010 경북교행)

> • Christmas is just _____ the corner.
> • Many convenience stores are open _____ the clock.

① apart   ② about   ③ above   ④ aside   ⑤ around

어구 ▶ • (just) around or round the corner : 지척에, 아주 가까운 곳에(near or close at hand) • around the clock : 24(12)시간 계속으로; 끊임없이, 주야로, 쉬지 않고(for twenty-four hours without stopping, twenty-four hours a day, 〈all〉 day and 〈all〉 night 〈without stopping〉)

번역 ▶ • 크리스마스가 바로 지척에 있다.
      • 많은 편의점들은 24시간 계속하여 문을 연어 둔다.

정답 ▶ ⑤

75

다음 빈칸에 들어갈 말을 알맞게 연결한 것을 고르시오.　(2010 경찰직)

- A coffee plant can grow ____ a height of thirty feet.
- I can count ____ my parents to help me in an emergency.
- The accident clearly resulted ____ your carelessness.

① on – on – in　　② to – on – in　　③ to – on – from　　④ on – to – from

어구 • grow to : …까지 자라나다 *Cf.* 전치사로 to는 주로 '방향·접근·도달'을 나타내므로 '~로, ~까지'의 뜻이다.
• count on : 의지·의존하다(depend on, rely on, fall back on, resort to, turn to); 기대하다, 믿다(depend on, rely on) • result from [원인] : (어떤 결과가) …에서 기인(유래)하다, …의 결과로서 생기다(일어나다)(arise from, come from, stem from) *Cf.* result in [결과] : …의 결과가 되다, …으로 끝나다, 귀착하다(end in, end up, wind up, lead to)

번역 • 커피나무는 30피트 높이까지 자라날 수 있다.
• 나는 비상(위급)시에 나를 도와주시는 나의 부모님을 의지할 수 있다.
• 그 사고는 분명 당신의 부주의에서 기인된 것이었습니다."

정답 ③

76

밑줄 친 곳에 공통으로 들어갈 단어는?

- I am _____ friendly terms with her.
- You should reflect _____ how to solve that problem.

① on　　　　② to　　　　③ under　　　　④ from

어구 • be *on friendly terms with* : …와 우호적인 사이이다 • *reflect on* : 곰곰이 생각하다, 숙고하다(contemplate, ruminate on, dwell on, ponder on)

번역 • 나는 그녀와 우호적인 사이이다.
• 당신은 그 문제를 푸는 방법에 대해 곰곰이 생각해야 한다.

정답 ①

※ **문법적으로 적합하지 않은 부분을 고르시오.** (77~94)

77

While the world's eyes are focused ① to the deficiencies of the U.S. electoral system, ② bigger constitutional problems are ③ confronting ④ a few of Asia's fledgling democracies.　(2011 사회복지)

번역 세계의 눈이 미국의 선거제도의 부족한 점들에 초점이 맞춰져 있는 한편, 보다 큰 헌법상의 문제점들은 아시아의 일부 신생의 민주주의 국가들을 당면하고 있다.

해설 ①에서 focus와 호응하는 전치사는 on이므로 to를 on으로 바꾼다.

정답 ① (to → on)

78 New York's Christmas is featured in many movies ① <u>while</u> this time of year, ② <u>which</u> means that this holiday is the most romantic and special in the Big Apple. ③ <u>The colder</u> it gets, the brighter the city becomes ④ <u>with</u> colorful lights and decorations.

(2010 국가직)

[번역] 뉴욕의 크리스마스는 연중 이 시기 동안 많은 영화들로 특색을 이루고 되는데, 이것은 이 휴일(크리스마스)이 Big Apple(뉴욕시의 애칭)에선 가장 낭만적이고 특별하다는 것을 의미한다. 추워지면 질수록(크리스마스가 가까워질수록), 이 도시는 다채로운 조명과 장식물들로 그 만큼 더욱 더 밝아지게 된다.

[해설] ①에서 while(접속사)다음에 문장의 형태가 나온 것이 없으므로 문맥에 따른 가장 가까운 의미의 전치사 during이 요구된다.

[정답] ① (while → during)

79 ① <u>The</u> new system ② <u>responds</u> ③ <u>at seconds</u> ④ <u>to</u> any emergency.

[해설] 문맥에 맞는 전치사는 at이 아닌 in이다.

[어구] • respond to~ : ~에 반응하다 • emergency : 돌발 사태(사건), 긴급(비상) 사태(urgency, exigency)

[번역] 그 새 시스템은 어떤 경우의 긴급사태에 대해서도 수초 내에 반응하다.

[정답] ③ (at → in)

80 The elephant relies more on ① <u>its</u> sense of smell than ② <u>for</u> ③ <u>any</u> other ④ <u>sense</u>.

[해설] ② for → on (more A than B에서 비교대상의 형태가 일치되어야한다. 즉, 이 경우 relies on에 걸림)

[번역] 코끼리는 어떤 다른 감각보다 후각에 더 의존한다.

[정답] ② (for → on)

81 ① <u>At first</u>, workers ② <u>had to make</u> the paper straws ③ <u>by hand</u>, but ④ <u>on time</u> machinery made their mass production possible.

[해설] ④의 on time → in time 「머지않아, 조만간, 시간에 맞게」으로

[번역] 처음엔 근로자들이 종이 빨대를 손수 만들어야 했지만 얼마 가지 않아 기계의 출현으로 대량생산이 가능해졌다.

[정답] ④ (on time → in time)

82 ① <u>The</u> Metropolitan Museum of Art ② <u>in</u> N.Y.City ③ <u>is located</u> ④ <u>nearby</u> Central Park.

[해설] nearby는 형용사나 부사로 쓰인다. 따라서 명사를 목적어로 취할 수 있는 것은 전치사 near이다.

[번역] 뉴욕시에 있는 현대미술박물관은 센트럴파크 근처에 있다.

[정답] ④ (nearby → near)

83 Next to the store ① <u>that</u> is opposite ② <u>over</u> the road there is another store ③ <u>selling</u> such ④ <u>goods</u>.

[해설] opposite to : ~의 반대편에 (있는) ['방향'의 to]

[번역] 그 도로 건너편에 있는 가게 옆에 또 다른 가게 하나가 그런 상품을 판매하고 있다.

[정답] ② (over → to)

84

The Rose Bowl parade ① takes place every year ② in Pasadena ③ in ④ New Year's Day.

해 설 ─ '날짜 · 요일'의 하루 단위는 on
번 역 ─ Rose Bowl 행진은 매년 1월 1일에 Pasadena에서 개최된다.
정 답 ─ ③ (in → on)

85

① After a thorough inspection of the Babylonian ② tables, he predicted that another eclipse of the sun was ③ due ④ in May 28, 585 B.C.

해 설 ─ May 28은 '날짜'이므로 전치사는 on이 호응된다.
번 역 ─ 그 바빌로니아 법전을 철저히 조사한 한 후, 그는 또 다른 일식이 기원전 585년 5월 28일로 예정되어 있다고 예측했다.
정 답 ─ ④ (in → on)

86

Our supervisor told ① us that we ② had to finish the report ③ completely ④ at tomorrow.

해 설 ─ '완료'의 논리를 담고 있는 finish와 호응될 수 있는 부사구는 by tomorrow이다.
번 역 ─ 우리의 감독관은 우리에게 내일까지는 그 보고서를 완전히 마무리해야 한다고 말했다.
정 답 ─ ④ (at → by)

87

① Since four years, Mr. Michael ② has been ③ handling all foreign ④ accounts.

해 설 ─ '기간'을 나타내므로 ①을 For four years로 나타내야 한다. ①을 그대로 두려면 Since four years ago나 Since 2010[2014년을 기준으로 할 경우]으로 나타내면 된다.
번 역 ─ 4년 동안, Michael씨는 모든 해외계정을 다루어오고 있다.
정 답 ─ ① (Since → For)

88

Jekyll Island has been ① one of Georgia's ② state ③ parks ④ in 1954.

해 설 ─ 과거를 출발의 기점으로 현재까지를 나타내는 현재완료시제여야 하므로 ④는 since여야 한다.
번 역 ─ Jekyll섬은 1954년이래 Georgia주의 주립공원 중 하나였다.
정 답 ─ ④ (in → since)

89

It is ① remarkable ② how much a scientist ③ can learn about the structure and history of the moon ④ by a sample of lunar soil.

해 설 ─ ④에서 '수단 · 도구'의 with나 '출처'의 from이 적절하다. by는 '상대적 수단'을 나타내며 관사가 없는 명사가 호응된다.
번 역 ─ 달의 흙의 견본을 가지고(또는 견본으로부터) 달의 구조와 역사에 대해 과학자가 얼마나 많은 것을 배울 수 있는지는 놀라운 정도이다.
정 답 ─ ④ (by → with / from)

90　Most people ① do not realize ② that white wines, ③ including champagne, are actually made ④ of red grapes.

> [해 설]　④에서 of을 그대로 쓰게 되면 백포도주의 속성이 붉은 포도여야 하는데(물리적 변화) 그렇지 않으므로 '출처·기원[이 경우면 '원료'의 개념으로 이해하면 됨]'의 from이어야한다(화학적 변화).
> [번 역]　대부분의 사람들은 샴페인을 포함한 백포도주가 실제는 홍(紅)포도로부터 만든 것인지를 인식하지 않고 있다.
> [정 답]　④ (of red grapes → from red grapes)

91　Despite ① of what you ② may have heard, they won't go ③ on strike ④ even if their demands aren't met.

> [해 설]　despite 단순 전치사이다. 유사의미의 군전치사는 in spite of이다.
> [번 역]　당신이 들었을지 모를 내용에도 불구하고(상관없이) 그들은 자신들의 요구가 충족되지 않는다 할지라도 파업을 하지는 않을·것이다.
> [정 답]　① (of을 삭제)

92　Maria saw two white lamps ① while she ② was shopping, but she could not ③ choose ④ among those.

> [해 설]　지시대명사 those는 two white lamps을 뜻하므로 둘 의 대상을 지칭하는 경우 between이어야 한다.
> [번 역]　Maria는 쇼핑을 하는 동안 두 개의 흰 램프를 보았으나 그 중 어느 쪽을 선택할 수 없었다.
> [정 답]　④ (among → between)

93　① Should you ② make reservations six weeks ③ in advance, additional touring tickets can be purchased ④ with a ten percent discount.

> [해 설]　at a discount : 할인하여
> 　　　　Cf. 'at'의 용도 : 할인, 희생(의 대가)·비용, 속도, 비율, 거리, 조준·겨냥 / 협(국)소한 장소·시간
> [번 역]　만일 6주전에 미리 예약하시면 추가여행티켓은 10% 할인 구입이 가능합니다.
> [정 답]　④ (with → at)

94　President George W. Bush arrived here ① on his first official visit to France, aimed ② for rallying stronger support ③ for his war ④ on terrorism.

> [해 설]　'조준·겨냥'의 at
> [번 역]　George W. Bush대통령은 테러와의 전쟁을 위한 더욱 강력한 지지를 모으는데 목표를 두고 프랑스를 첫 공식방문차 이곳에 왔다.
> [정 답]　② (for → at)

95

> You are _____ arrest for murder.
>
> You are arrested _____ murder charge.
>
> We arrest you _____ murder.

① for, on, under   ② under, for, on   ③ under, on, for   ④ on, under, for

해 설 • *under* arrest : 체포되어, 구류중인(in custody) • *on* murder charge : 살인 혐의로
      • *for* murder : 살인죄 때문에(체포의 이유)
번 역 당신은 살인죄로 체포(구류)되어 있다. / 당신은 살해 혐의로 체포되었다. / 당신을 살인죄로 체포합니다.
정 답 ③

96

> You have the right to remain _____.
>
> If you give up the right not to testify _____ yourself, anything you say can and
>
> will be used _____ you in a court of law.

① silently, for, against   ② silent, for, against

③ silent, against, against   ④ silently, against, for

해 설 2형식 동사 remain의 보어는 형용사여야 하며 against는 '~에 반(대)하여(불리하게)'의 뜻이다.
      Cf. the right to remain silent(묵비권) = the right not to testify against yourself
번 역 당신은 묵비권을 행사할 권리가 있습니다. / 만일 당신이 자신에게 불리한 증언을 하지 아니할 권리(즉, 묵비권)를 포기한다면, 당신이 말하는 어떤 것도 법정에서 당신에게 불리하게 사용될 수 있으며 사용될 것이다.
정 답 ③

97 다음 빈칸에 들어갈 말이 순서대로 바르게 연결된 것은?

> A : It took them several hours to put (   ) the fire.
>
> B : I won't put up (   ) this sort of thing any longer.
>
> C : Because of the bad weather, the match has been put (   ) until next week.

① out – with – off   ② away – in – on

③ out – in – off   ④ off – with – in

해 설 • *put out* : 불을 끄다 • *put up with* : 참다, 견디다 • *put off* : 연기하다
번 역 A : 그 불을 끄는데 그들에게 몇 시간이 걸렸다.
      B : 이런 종류의 일을 더 이상은 참을 수 없다.   C : 악천후 때문에, 그 경기는 다음 주까지 연기되었다.
정 답 ①

98 다음 두 문장의 밑줄 친 곳에 공통으로 들어갈 가장 알맞은 단어는?

> He set _____ on foot early the next morning for Paris.
> I cannot figure _____ what the man is trying to say.

① of   ② in   ③ out   ④ for

해설 • *set out* : 출발하다, 시작하다 • *figure out* : 이해하다(make out, understand)
번역 그는 그 다음날 아침 일찍 파리를 향해 출발했다.
나는 그 사람이 무슨 말을 하려고 하는지 이해할 수 없다.
정답 ③

※ **Choose the one which has the same meaning as the underlined part.** (99~100)

99 <u>Owing to</u> the rain they could not come yesterday.

① On and on   ② Because of   ③ Later on   ④ And so on

해설 '이유·원인'의 전치사 : owing to, because of, on account of
번역 비 때문에 그들은 어제 올 수 없었다.
정답 ②

100 I shall go <u>notwithstanding</u> the weather.

① owing to   ② instead of   ③ on account of   ④ in spite of

해설 *notwithstanding* = in spite of, despite, with all, for all 「날씨에도 불구하고 나는 갈 것이다.」
번역 나는 날씨에도 불구하고 갈 것이다.
정답 ④

※ **잘못된 부분이 있으면 올바르게 나타낸 것을 고르시오.**

101 <u>Irregardless of the outcome</u> of this dispute, they will remain close friends.

① No error   ② Regardless of how the outcome

③ Regardless of the outcome   ④ Disregarding the outcome

해설 regardless of 「~에 상관없이, ~에 개의치 않고」
번역 이런 논쟁의 결과에 상관없이, 그들은 가까운 친구사이로 남을 것이다.
정답 ③

102 밑줄 친 부분의 표현이 적절하지 않은 것은?

① In the case of rain, the athletic meeting will be postponed.

② He gave me a check instead of cash.

③ In spite of all his exertions, he failed the test.

④ Because of an advance in the cost of living, a salary raise is needed.

> **어구** ① in case of : …의 경우에는(in the event of) *Cf.* 일반적인 '경우'를 전제로 하는 이상 정관사가 요구되지 않는다.
> ② instead of : …대신에 ③ in spite of : …에도 불구하고(despite) ④
>
> **해설** ① 수동구문에 하자가 없다. ② 4형식 문형이며 문맥에도 하자가 없다. ③ 문맥상 '양보'가 적절하다. *Cf.* fail은 in과 결합하여 자동사로 많이 사용되지만 타동사도 가끔 사용된다. ④ because of : …때문에
>
> **번역** ① 비가 올 경우에는, 그 경기대회(운동회)는 연기될 것이다.
> ② 그는 나에게 현금대신에 수표를 주었다.
> ③ 온갖 노력에도 불구하고, 그는 그 시험에서 낙제했다.
> ④ 생활비의 상승 때문에, 월급인상이 요구된다.
>
> **정답** ① (in the case of → in case of)

103 다음 중 문법적으로 어색한 것은?

① I've got no family besides my parents.

② My painting looks childish besides yours.

③ What other sports do you play beside hockey?

④ I've got plenty of other things to do besides talking to you.

⑤ Besides working as a doctor, he also writes novels in his spare time.

> **어구** besides : …외에는, 그 외에, 게다가(in addition to, as well as) *Cf.* beside : 옆에, 곁에
>
> **번역** 1. 나는 부모님 외에는 가족이 없다 2. 당신 그림 외에도 나의 그림도 유치해 보인다. 3. 하키 이외에도 다른 스포츠는 무엇을 하십니까? 4. 당신과 이야기 하는 것 외에 할일이 많습니다. 5. 의사로서 일하는 것 외에, 그는 또한 여가시간에 소설을 쓴다.
>
> **정답** ③ (beside → besides)

104 "커피 한잔 하면서 이야기 합시다."의 옳은 영역은?

① Let's talk on a cup of coffee.

② We'll have coffee talk.

③ Let us have coffee for talking.

④ Let us talk over a cup of coffee.

> **해설** over a cup of coffee 「커피 한잔 마시면서」
>
> **정답** ④

105   주어진 우리말을 영어로 가장 잘 옮긴 것은?   (2011 서울시)

> 폭설로 인해 열차가 많이 늦어져서 자정까지 집에 도착할 수 있을지 걱정이 되었다

① The heavy snow delayed my train a lot, and I was worrying about my arrival at home until midnight.

② The heavy snow delayed the train so much that I felt worried about whether I could get home by midnight.

③ The train was very late thanks to the heavy snow; I felt worrying whether I could arrive home in the midnight.

④ As the train had been long delayed owing to the heavy snow, I felt worrying about whether I could get home till midnight

⑤ As the train was delayed a long time because of the heavy snowstorm, I worried about if I could reach home by midnight or not.

해설 "도착하다, 끝내다, 완료하다" 등은 '완료'를 나타내므로 'by'가 호응되며 "기다리다, 공부하다, 일하다"등은 '지속이나 계속'을 나타내므로 'until(=till)'이 적절하다. 따라서 by가 사용된 ②번이 적절하다. ⑤에서는 전치사(about) 다음의 의문사절(명사절)은 whether가 사용되어야 하고 이 경우는 if로 대용하지 못하는 것이 원칙이다. if가 whether를 대용하는 경우는 주로 타동사의 목적어자리이다.

* by(완료 : ~까지에는) / till(계속 · 지속 : ~까지는 계속해서)
  Finish it by four o'clock.
  I waited for him till four o'clock.

정답 ②

Grammar

일치Concord와 화법Narration

일치(Concord)

이 장에서는 동사, 형용사(전치한정사), 관사, 대명사, 접속사 등에서 이미 반영된 부분은 일부만을 포함하되 그 외의 부분을 중심으로 설명한다.

▌A▌ 수일치의 일반적 원칙

❶ some of, most of, all of, (a) part of, (a) half of, two-thirds of, percent of, the rest of : 이 경우에는 전치사 of앞의 수를 알 수 없으므로 of다음에 나온 명사의 수에 맞춘다.

Two-thirds of my friends are foreigners.

Two thirds of the surface of the earth is water.

❷ one of, either of, neither of, each (단수명사) of, every + 명사 of : 항상 단수취급하는 것이 원칙이다.

One of the greatest discoveries in history is biotechnology.

Neither of the stories was true.

Each of them was given three apples.

❸ both of : 항상 복수 취급한다.

Both of the students are diligent.

▎B▎ 유도 부사(there, here) 구문

There is a boy in the classroom.

There are many boys in the classroom.

Here comes the train.

주의! : 부정특성의 부사를 문두에 두고 도치하거나 주격보어를 문두에 둘 경우 도치되므로 주어는 그 뒤에 나
온다는 사실을 염두에 두고 수 일치시킨다.

▎C▎ 명사와 명사가 and로 연결되는 경우 (불가분의 관계일 경우 단수)

Early to bed and early to rise makes a man healthy.

Slow and steady wins the race.

▎D▎ 명사구(부정사, 동명사)와 명사절이 단독으로 주어로 사용될 경우

단수취급이 원칙이나 관계대명사 what과 관련한 것만큼은 선행사가 단수와 복수일수 있으므로
단수와 복수가 모두 사용된다.

What I need are books. (What = The things which)

What I need is your help. (What = All that)

02 일관성(Coherence)

When I get home from basketball practice, I know that my mother has been worrying about
me.

Every soldier must take good care of his rifle.

His dog has crawled into our yard and (has) eaten from our garbage can.

We won the log chopping contest and received an award.

Sim's Point

"화법(Narration)"전환

(1) She said, "He is my teacher." → She said that he was her teacher."

(2) He said, "I bought this car yesterday."

→ He said that he had bought that car the day before."

[간접화법으로의 전환시 '시간·장소'의 부사가 바뀌는 것에 주의!]

(유례) this → that / now → then / tomorrow → the next day / yesterday → the day before / last night →
the night before / here → there

(3) • He said, "Man is mortal." ['불변의 진리'는 그대로]

→ He said that man is mortal."

• My teacher said, "The Gulf War broke out in 1991." ['역사적 사실'은 그대로]

→ My teacher said that the Gulf War broke out in 1991."

(4) • He said to me, "Who are you?" → He asked me who I was."

["?"를 말로 나타낸 것 : ask / 의문사는 그대로 쓰되 정치어순(주어+동사) 주의!]

• He said to me, "Do you like it?" → She asked me if I liked it."

["?"를 말로 나타낸 것 : ask / 의문사가 없는 경우는 if(/ whether)를 사용]

(5) • He said to me, "Wait here." → He told me to wait there."

[명령문일 경우 문맥에 따라 tell, ask, order(=command), advise등으로 사용]

• She said to me, "Please help me." → She asked me to help her."

• The officer said to his men, "Fire." → The officer ordered his men to fire."

• He said, "Let's play tennis." → He suggested that we (should) play tennis."

(6) • He said, "What a beautiful day it is!"

→ He cried out what a beautiful day it was."

→ He exclaimed (that) it was a beautiful day ."

[Hurrah! → shout with joy / Alas! → cry out(/ say) with a sigh or confess with regret등으로 사용]

(7) He said, "I wish I could speak English."

→ He said he wished he could speak English."

[가정법의 경우는 인칭만 바뀌고 가정법동사는 그대로!]

(8) Mother said, "God bless my son."

→ Mother prayed that God might bless her son.

[기원문의 경우 : 원래 "(May) God bless my son."이었음을 주의!]

Grammar

최근 기출 & 예상문제

01 아래 문장을 간접화법으로 바꿀 때 괄호 안에 들어갈 올바른 말은?

> She said to me, "You look pale. Are you ill?"
> = She told me that I looked pale _____ I was ill.

① and asked that

② and asked if

③ and she told

④ but asked whether

해설 간법화법에서 새로운 문장을 이어갈 때 접속사 and가 필요하며 "?"기 있을 때 전달동사는 ask이다. 한편 의문사가 없는 의문문의 경우 의문의 접속사 if이다.

정답 ②

02 다음 중 화법 전환이 잘못된 것은?

① She said, "What a pretty doll it is!" = She exclaimed what a pretty doll it was.

② She said to me, "What are you doing?" = She asked me what I was doing.

③ He said to me, "Let's play tennis." = He suggested to me that we should play tennis.

④ He said to his men, "Don't move!" = He commanded his men not move.

해설 ④ not move → not to move

정답 ④

03 직접화법을 간접화법으로 바꾼 것 중 틀린 것은?

① He said, "How brave you are!" → He exclaimed I was very brave.

② He said to me, "Don't be foolish." → He told me not be foolish.

③ He said to me, "Who taught you English?" → He asked who had taught me English

④ She always said, "I wish I could speak English."

　　→ She always said she wished she could speak English.

해설 ②의 경우 He told me not to be foolish.로 해야 한다. ①의 경우 접속사 that이 생략된 경우이며 의문사를 그대로 나타내려면 He exclaimed how brave I was.로 하면 된다.

정답 ②

04 다음 문장을 간접화법으로 바르게 바꾼 것은?

> 「He said to me, "Don't be afraid."」

① He told me to not be afraid.

② He told me not to be afraid.

③ He said to me that you don't be afraid.

④ He told to me not to be afraid.

해 설 tell은 부정사를 목적보어로 취할 경우 5형식 타동사 / 부정사의 부정은 부정사 앞에!

정 답 ②

05 다음 문장과 의미가 같은 것을 고르시오.

> 「He said "Alas, how foolish I have been!"」

① He shouted with a sigh how foolish I have been.

② He explained how foolish he has been.

③ He confessed with regret how foolish he had been.

④ He said that I was very foolish.

해 설 '슬픔 · 한탄'의 감탄문의 경우 confess with regret나 cry out(/ say) with a sigh로 사용

정 답 ③

Chapter 19

Grammar

특수구문

01 병치구조(Parallel Structure)

병치법(Parallelism)이란?

☞ 문장의 구성 및 연결을 할때 「일관성과 격(조화로운 문장의 틀)」을 유지하기 위해 단어의 형태와 내용을 맞춰 나가는 것. 따라서 등위접속사로 연결되는 단어, 구, 절은 같은 정도의 중요성을 지니고 있기 때문에 형식도 같아야 한다. 절이 같은 경우는 시제, 문장구조, 어순까지도 동일형태로 지켜주어야 한다.

▎A▎ 등위(상관)접속사에 의한 병치구조

and / or / both A and B / (n)either A (n)or B / not only A but (also) B / not A but B

🔎 3가지 이상을 나열의 경우도 있다.

┌ A, B, and C (동시적으로 거론할 때)
└ A, B, or C (선택적으로 거론할 때)

이 경우 A, B, C는 같은 계열의 것(단어, 구, 절 등)을 나열해야 한다. 예를 들어, A가 to부정사/ 분사 /동명사 / 형용사 /명사이면 B, C도 동일계열로 나열해야 한다.

▌B▐ 비교구문에 의한 병치구조

- I am not so strong as he (is) (strong).

- To know exactly is more important than to learn quickly.

---

02 대(代)형태(Pro–Form)와 생략(Ellipsis)

▌A▐ Do(대동사)

- He knew more than we did. (=knew)

- Does he like music? – Yes, he does. (=likes music)

▌B▐ So; Not; To

❶ So & Not

- Do you think that he will succeed?

  Yes, I hope so (=that he will succeed.)

  No, I'm afraid not (=that he will not succeed.)

❷ So + V + S(= also); Neither + V + S : 「역시 ~하다」

- A : I am tired.　　　　　　　　　B : I am, too. = So am I.

- A : I like apples.　　　　　　　　B : I do, too. = So do I.

- A : I can swim.　　　　　　　　　B : I can, too. = So can I.

- A : I am not tired.　　　　　　　　B : I am not, either. = Neither am I.

  Cf. A : John studies English.　　　B : So he does. (=Yes, he studies English.)

❷ To (代부정사)

- You can come along if you wish to (come along).

▌C▐ Yes–No question & answer

❶ A : Did you go to the movies last night?

- B : Yes, I did. (= I went to the movies last night.)

- B : No, I didn't. (= I didn't go to the movies last night.)

❷ A : Didn't you go to the movies last night?

- B : Yes, I did. (아뇨, 갔었어요.)

- B : No, I didn't. (네, 가지 않았어요.)

---

03 부가의문문(Tag Question)

※ 형식 : ⎡ 앞의 문장이 긍정문이면 부정적 형태
⎣ 앞의 문장이 부정문이면 긍정적 형태

▌A▌ 부가 의문문에서 주의할 사항

❶ He is **here**, isn't he? / He is **coming here**, isn't he?
He isn't **here**, is he?

❷ You will **come**, won't you?
You won't **tell him**, will you?

❸ He came **yesterday**, didn't he?

❹ He has **been here**, hasn't he?
John has **a book**, doesn't he?
You have to **study English**, don't you?
You used to **live there**, didn't[usedn't] you?

❺ Stop **that noise**, will you? (명령문)
Have **a cup of coffee**, won't you? (권유 · 의뢰)

❻ Let's **go for a walk**, shall we? (Let's=Let us)

❼ That's **a good idea**, isn't it?

❽ There are **too many cars on the street**, aren't there?

❾ You'd better **stay**, hadn't you? (You'd better=You had better)
You'd rather **go**, wouldn't you? (You'd rather=You would rather)

❿ He needs **to come earlier**, doesn't he? (need는 일반동사)
He need not **come earlier**, need he? (need는 조동사)

⑪ We have no time, do we?

He seldom came to see his wife, did he?

⑫ I think that he is not serious, is he?

I do not think that he is serious, is he?

04 강조 및 도치(Emphatic Sentence & Inversion)

▌A▌ 강조구문

Ex. I met Miss Lee in the park yesterday.

- It was I that(who) met Miss Lee in the park yesterday.
- It was Miss Lee that(whom) I met in the park yesterday.
- It was in the park that(where) met Miss Lee yesterday.
- It was yesterday that(when) I met Miss Lee in the park.

▌B▌ 도치구문

❶ Language makes possible the exchange of ideas among men.
　　　　　　　　　O·C　　　　　O(목적어가 수식어가 붙어 길 경우)

❷ What must be done you must do well.
　　　　O　　　　　　S　　V

❸ To our country and brethren we devote ourselves.
　　　　부사구　　　　　　　S　　V

❹ • Well do I remember the scene.
　　　부사　V S

　• Only slowly did he understand it.
　　　부사　　V　S

❺ 부정어구의 도치

　• Not a word did he say.
　　　　O　　V S

　• Never have I seen such a sight.
　　　부사　　V S

- Not until it grew dark did he come back.
  부사   부사절   V S

- No sooner had he seen her than he felt in love with her.
  부사   V S

  = Hardly (or scarcely) had he seen before (or when) he felt in love with her.
    부사   V S

❻ 유도부사를 문두에 둘 경우

- 유도부사(there, here)가 문두에 쓰이면 도치(V + S)된다. Here comes the bus.

- 그러나, 대명사가 주어이면 정치(S + V)된다. Here it comes.

최근 기출 & 예상문제

※ 빈칸에 들어갈 가장 알맞은 것을 고르시오. (01~20)

01 Storks have no vocal cords, but _____ by clacking their bills.

① that communicating　　　　　　② communicating

③ their communication　　　　　　④ communicate

> 해설 ▸ 동일한 주어를 대상으로 하는 등위접속사 but, and, or 다음에는 주어는 생략되고 동사부터 나와야 한다.
> 번역 ▸ 황새는 성대가 없지만 부리를 딱딱 소리를 냄으로써 의사소통을 한다.
> 정답 ▸ ④

02 Be sure to give your thesis to _____ asks for it.

① which　　　② whoever　　　③ whichever　　　④ whatever

> 해설 ▸ 논리성을 따져보면 동사 asks의 주어가 있어야 하므로 복합관계대명사 주격 whoever(=anyone who)가 되어야 한다.
> 번역 ▸ 요청하는 어떤 자에게도 너의 논문을 주도록 하라.
> 정답 ▸ ②

03 Extensive forests, _____ , abundant wildlife, and beautiful waterfalls are among the attractions of Glacier National Park.

① it has spectacular mountain scenery

② the mountain scenery is spectacular

③ spectacular mountain scenery

④ and the spectacular scenery of the mountain

> 번역 ▸ 광대한 숲, 장관의 산악경치, 풍부한 야생동식물 및 아름다운 폭포가 Glacier(빙하) 국립공원의 매력들에 속한다.
> 해설 ▸ "A, B, C, and D" 구조의 전형적인 병치법이다. 그리고 are다음에 나온 'among+명사'는 형용사구로 주격보어로 보는 것이 타당하며 among이하의 내용을 문두에 두면 도치된 구조가 되는 유형도 자주 묻는다는 것을 유념해야 한다.
> 정답 ▸ ③

04 What we need most _____ books.

① is   ② are   ③ as   ④ so

해 설 ▶ 주격보어가 복수이므로 주어도 복수로 호응하는 것이 타당하다. 명사절은 모두 단수로 취급하는 것이 원칙이나 명사절의 하나로 쓰이는 관계대명사 what은 선행사를 스스로 갖추고 있는데 그 선행사가 단수, 복수 모두 될 수 있다. 따라서 이 경우라면 복수의 선행사를 갖추고 있다는 것을 알 수 있다. * what = the things which

번 역 ▶ 우리가 가장 필요로 하는 것은 책이다.

정 답 ▶ ②

05 Fish and chips _____ a popular meal in Britain.

① is   ② are   ③ were   ④ do

해 설 ▶ Fish and chips가 단일개념의 음식이름이다. 주격보어인 a popular meal을 통해서도 알 수 있다.

번 역 ▶ Fish and chips는 영국에서는 인기가 있는 음식이다.

정 답 ▶ ①

06 Either you or I _____ wrong.

① are   ② be   ③ is   ④ am

해 설 ▶ (n)either A (n)or B : 근자일치법(동사를 가까운 곳에 있는 수〈B〉와 일치시키는 것)

번 역 ▶ 당신 아니면 내가 잘못이다.

정 답 ▶ ④

07 Most of the windows _____ broken.

① was   ② is   ③ were   ④ am

해 설 ▶ the windows가 복수이므로 주어인 Most도 복수이다.

번 역 ▶ 대부분의 창문은 깨어져 있었다.

정 답 ▶ ③

08 _____ have finished our work.

① You and John   ② You and I   ③ John and you   ④ Mary and John

해 설 ▶ our work를 볼 때 주어 는 ②의 You and I여야 한다. ①와 ③의 경우는 our work가 their work일 때이다.

번 역 ▶ 너와 나는 우리의 일을 마쳤다.

정 답 ▶ ②

09 Somebody _____ looking for you.

① are   ② is   ③ am   ④ be

해 설 ▶ –body, –one형의 모든 부정대명사는 3인칭 단수이다.

번 역 ▶ 어떤 사람이 당신을 찾고 있어요.

정 답 ▶ ②

10

Every one of the boys _____ here yesterday has a bicycle.

① was   ② were   ③ who was   ④ who were

해 설 - 선행사가 the boys이므로 관계사절 속의 동사도 복수여야 한다.
번 역 - 어제 이곳에 있었던 소년들 모두가 자전거를 가지고 있다.
정 답 - ④

11

My parents always stressed the importance of honesty, fairness, and _____.

① to be punctual   ② punctually   ③ punctuality   ④ punctual

해 설 - 전치사 of의 목적어 세 개를 병치법으로 나열한 경우이다.
번 역 - 나의 부모님께서는 항상 정직과 공정성 그리고 시간엄수의 중요성을 강조하셨다.
정 답 - ③

12

A line segment begins at one point _____ at another.

① ending   ② by ending   ③ the end is   ④ and ends

해 설 - 동일유형의 부사구인 at one point와 at another를 볼 때 등위관계임을 알 수 있다. * and (a line segment) ends at another (point).
번 역 - 선분은 한 점에서 시작되고 다른 한 점에서 끝난다.
정 답 - ④

13

Guava fruit is round or _____.

① shape of a pear   ② shaped pear   ③ pear-shaped   ④ pear in shape

해 설 - 등위접속사 or다음에는 round와 호응될 수 있는 형용사 특성의 주격보어가 필요하다.
번 역 - Guava과일은 둥글거나 서양배 모양이다.
정 답 - ③

14

X-ray photographs are widely and _____ used in industry and medical science.

① frequent   ② frequently   ③ in frequently   ④ frequenter

해 설 - ~ and (they are) frequently used ~
번 역 - X-ray사진은 산업 및 의학분야에서 널리 그리고 빈번히 이용된다.
정 답 - ②

15

Collecting coins was his favorite pastime, but _____.

① he also enjoy music listening

② listening to music also gave him great pleasure

③ also listening to music

④ to listen to music was enjoyed by him also

해 설 - 등위접속사가 등장하면 문맥과 형태 모두 동일종류로 나열하는 것이 원칙이다.
번 역 - 동전을 모으는 것은 그가 좋아하는 오락거리이지만 음악을 듣는 것 또한 그에겐 큰 기쁨을 안겨주었다.
정 답 - ②

16 The cement and sand are first mixed thoroughly; _____.

① then added is the water ② then the water is added

③ then the adding of water is followed ④ then add the water

해 설 semicolon(;)은 주로 등위접속사(and, but)를 대신한다. 주로 and의 대용기능이다.

번 역 시멘트와 모래가 먼저 철저히 섞이고 그 다음은 물이 첨가된다.

정 답 ②

17 She didn't know whether to sell her books or _____.

① to keep them for reference ② if she should keep them for reference

③ keeping them for reference ④ kept for reference

해 설 등위접속사 or가 있으므로 부정사로 나열되어야 한다.

번 역 그녀는 책을 팔아야 할지 아니면 참고용으로 가지고 있어야 할지 몰랐다.

정 답 ①

18 In many ways, riding a bicycle is similar to _____.

① the driving of a car ② driving a car

③ when you drive a car ④ when driving a car

해 설 주어를 동명사로 나타낸 이상 비교대상도 동명사로 나타내야 한다.

번 역 여러 가지 점에서, 자전거를 타는 것은 차를 운전하는 것과 유사하다.

정 답 ②

19 Answering accurately is more important than _____.

① a quick finish ② you finish quickly ③ finishing quickly ④ to finish quickly

해 설 ~ than finishing quickly (is important) [than은 접속사이므로 그 비교대상이 동일종류여야 한다. 동명사인 Answering accurately과 비교대상이어야 하기 때문이다.]

번 역 정확히 답을 하는 것이 신속히 끝내는 것보다 중요하다.

정 답 ③

※ **Choose the one which is incorrect grammatically.** (20~40)

20 Linguistics shares ① with other ② sciences a concern to be objective, systemic, ③ consistency, and ④ explicit in ⑤ its account of language. (2012 서울시)

번 역 언어학은 그것의(its) 언어라는 기술(서술)로 객관적이며, 체계적이고, 일관되며 그리고 명료해야 한다는 관심을 다른 학문들과 공유한다.

해 설 형용사 4개 나열(병렬구조, 병치법)되는 구조에서 명사를 형용사로 전환(병렬구조이므로 형용사 consistent가 되어야). 즉, be동사의 보어인 형용사 "objective, systemic, ③ consistency, and ④ explicit"에서 "A, B, C, and D"구조의 전형적인 형태에서 ③의 명사를 형용사로 나타내야 한다. 한편 "Linguistics shares (① with other ② sciences[삽입된 부사구이며 shares와 호응하는 전치사 with가 적절함] a concern[shares의 목적어] to be objective, systemic, ③ consistency, and ④ explicit in ⑤its["linguistics(〈학문명〉) 불가산명사"를 받는 소유격] account of language."

정 답 ③ (consistency → consistent)

21 Suspicions that global warming ① is already affecting the seasons and wildlife ② has been backed by new research which also ③ suggests that, ④ a century or so from now, spring will begin ⑤ almost a month earlier.

해 설 'that ~ wildlife'까지가 주어인 suspicions와 동격절이다. 따라서 전체 문장의 주어는 suspicions(복수)이므로 현재완료시제 동사는 has가 아니라 have여야 한다.

어 구 • global warming : 지구 온난화 • wildlife : 야생 동식물

번 역 지구 온난화가 이미 계절과 야생동식물에 영향을 끼치고 있다는 의심들은, 지금으로부터 1세기쯤 가서, 봄이 거의 한 달 일찍 시작될 것임을 또한 암시(시사)하는 새로운 연구에 의해 뒷받침되고 있다.

정 답 ② (has been backed → have been backed)

22 Among ① the most widespread and persistent myths ② are that there is ③ a significant connection between the specific courses ④ we take in college and the employment ⑤ for which we are qualified.

해 설 도치된 문장의 주어는 that절이므로 ②에서 are이 아닌 단수 동사 is를 써야.

어 구 • persistent : 고집하는, 끈질긴; 지속성 있는, 불변하는 • myth : 신화(집); 잘못된 통념, 꾸며낸 이야기 • qualified : 자질을 갖춘

번 역 가장 널리 퍼져있고 지속적인 잘못된 통념은 대학에서 우리가 수강하는 특정 과목들과 우리의 자질이 요구되는 고용 사이에는 의미있는 연계관계가 있다고 하는 생각이다

정 답 ② (are → is)

23 Of ① nearly approximately 5,000 stars ② visible to the naked eye only ③ several ④ hundreds have ⑤ proper names.

해 설 ①는 동일한 말이 중복되고 있다. 따라서 둘 중 한 단어를 삭제하여야 한다.

번 역 육안으로 볼 수 있는 거의 5,000개의 별들 중에서 수백 개 만이 고유한 이름을 가지고 있다.

정 답 ① (nearly approximately → nearly / approximately)

24 During the ① prolonged celebration, the ② village bell was ③ audible to the ear more than two miles ④ away.

해 설 간결하게 나타내기 위해 audible과 중복된 의미를 담고 있는 to the ear를 삭제한다.

번 역 장시간에 걸친 축하의 의식 동안 마을 종소리는 2마일 더 떨어진 곳에서도 들렸다.

정 답 ③ (to the ear을 삭제)

25 ① The feathers of birds are used to make ② stuffing for pillows, ③ guided arrows in flight, and decorate ④ garments.

해 설 A, B, and C패턴의 병치법에서 A, B, C는 모두 동일 형태가 되어야 하므로 make~, *guide*~, and decorate~

번 역 새의 깃털은 그것을 채워서 베개를 만들거나, 날아가는 화살의 방향을 잡아주게 하고, 의복을 지을 때 장식해 주기 위해서 사용된다.

정 답 ③ (guided → guide)

26

The purpose ① of the organization is ② greeting all newcomers to the city and to provide them ③ with ④ any necessary information.

해설 ▶ be동사의 주격보어(명사적 기능)로서 부정사의 병치(병렬)관계(to greet… and to provide)

번역 ▶ 그 조직체의 목적은 그 도시에 들어오는 모든 신규전입자를 맞이하고 그들에게 어떤 필요한 정보라도 제공하는 것이다.

정답 ▶ ② (greeting → to greet)

27

The Greeks ① believed in the power ② of men ③ to control ④ his own destinies.

해설 ▶ 주어가 The Greeks이므로 ④의 소유격도 이에 일치시켜 their로 하여야 한다.

번역 ▶ 그리스 사람들은 그들 자신의 운명을 통제할 수 있는 인간의 힘에 대한 존재(가치)를 믿었다.

정답 ▶ ④ (his → their)

28

There ① is a number of things ② that will be discussed ③ at ④ the policy council meeting tomorrow.

해설 ▶ a number of things의 복수가 주어이므로 복수동사로 일치시켜야 한다. 따라서 ①을 are로 해야 한다.

번역 ▶ 내일의 정책회의에서 논의될 사항들이 많이 있다.

정답 ▶ ① (is → are)

29

There ① have been ② many an argument ③ about ④ its proper usage.

해설 ▶ 주어가 단수인 many an argument이므로 동사도 단수여야 하므로 ①을 has been으로 나타내야 한다.

번역 ▶ 그것의 적절한 사용법에 대해 많은 논쟁이 있어 왔다.

정답 ▶ ① (have been → has been)

30

① There have been ② little change in my father's situation ③ since he ④ left for America.

해설 ▶ 주어가 단수인 little change이므로 동사도 단수취급 하여야 하므로 ①을 There has been으로 나타내야 한다.

번역 ▶ 미국으로 떠나신 이래 나의 아버지의 상황에는 거의 변화가 없었다.

정답 ▶ ① (There have been → There has been)

31

① Just outside the ruins ② are a fortress ③ surrounded by high walls and ④ stately trees.

해설 ▶ 부사(구)를 문두에 두어 도치한 문장이므로 주어는 a fortress는 단수이다. 따라서 ②를 is로 일치시켜야 한다.

번역 ▶ 그 폐허 바로 외곽에는 한 요새가 높은 벽과 당당한 나무들로 둘러싸여져 있다.

정답 ▶ ② (are → is)

32

① Whether or not Marx's understanding of social conflicts ② are in any way "scientific" ③ remains a ④ vexing question.

해설 ▶ 「Whether or not ~ "scientific"」까지가 명사절(주어)인데 종속명사절속의 주어는 understanding이므로 ②를 is로 일치시켜야 한다. 명사절에 대한 정형동사는 ③의 remains는 단수 취급하는 것이 맞다.

번역 ▶ 사회적 갈등에 대한 마르크스의 이해가 어떻든 과학적인지의 여부는 성가신 문제로 남아있다.

정답 ▶ ② (are → is)

33 ① Neither of the two candidates ② who ③ had applied for admission to the Department of the English Language and Literature ④ were eligible for scholarship.

> 해설 Neither는 단수 주어이므로 ④의 were을 단수동사 was로 일치시켜야 한다. 이 문제의 경우 엄격히 따진다면 ①의 Neither를 Both로 전환하고 were를 그대로 두어도 가능하므로 ④외에도 ①번을 답으로 보아도 무방하다.
> 번역 영어영문학과 입학을 신청한 두 후보자 어느 누구도 장학금을 받을만한 자격이 없었다.
> 정답 ④ (were → was)

34 Each nation has ① its own peculiar character ② which ③ distinguishes ④ them from others.

> 해설 ④는 문맥상 each nation을 받는 것이므로 it으로 나타내야 한다.
> 번역 각 나라는 다른 나라들과 구분시켜주는 그 나름대로의 독특한 특징을 갖고 있다.
> 정답 ④ (them → it)

35 ① Each man and woman ② must sign ③ their full name ④ before entering the examination room.

> 해설 Each man and woman이 3인칭 단수이므로 ③를 his or her로 나타내야 한다.
> 번역 각 남녀성은 시험장에 들어가기 전에 자신의 성명을 기재해야 한다.
> 정답 ③ (their → his or her)

36 ① The story is vivid, ② interesting ③ and ④ has a simple plot.

> 해설 ④는 다른 경우와 같이 주격보어로서 형용사 기능이어야 한다. 따라서 의사분사인 simple-plotted로 나타내야 한다.
> 번역 그 단편소설은 생생하며, 흥미진진하며 단순한 구조를 가지고 있다.
> 정답 ④ (has a simple plot → simple-plotted)

37 My father ① enjoys fresh air, ② sunshine, and ③ to take long ④ walks.

> 해설 enjoys의 목적어가 3개 동일한 형태로 나열된 병치구조를 묻는 문제이다. 따라서 ③은 전체를 빼든지 아니면 enjoy는 동명사를 목적어로 취할 수 있는 타동사이므로 to take를 taking으로 해도 가능하다.
> 번역 나의 아버지께서는 신선한 공기, 햇볕과 오랜 산책을 즐기신다.
> 정답 ③ (to take를 삭제)

38 ① In an editorial a writer may criticize, ② praise, or merely ③ to discuss the actions of some public ④ official or group.

> 해설 조동사 may에 대한 본동사를 (may) criticize, praise, or (merely) discuss로 나열해야 한다.
> 번역 사설에서 글쓴이는 어떤 공직자나 공공단체의 행동을 비판하거나 칭찬하며 또는 단순히 논의할 수 있다.
> 정답 ③ (to discuss → discuss)

39　The popularity of "E.T." grew so ① <u>fast</u> and ② <u>unexpected</u> that stores ③ <u>swiftly</u> ④ <u>ran out of</u> E.T. dolls.

　　해설 ▸ 자동사 grew를 수식하는 부사인 fast와 expectedly가 등위접속사 and앞과 뒤에 나란히 와야 한다.
　　번역 ▸ "E.T."의 인기가 너무나 급속하고 예상치 않게 늘어 가게에 있는 E.T.인형이 순식간에 바닥나게 되었다.
　　정답 ▸ ② (unexpected → unexpectedly)

40　The philosopher's influence ① <u>over</u> men's minds became ② <u>greater</u> ③ <u>after</u> his death than ④ <u>his life</u>.

　　해설 ▸ greater뒤의 after his death와 그 비교 대상이 되는 것은 than다음에 문맥상 during his life여야 한다. ＊ ~ than (the philosopher's influence ~ became great) during his life.
　　번역 ▸ 인간의 심성에 대한 그 철학자의 영향력은 그의 생존 동안 보다는 그의 사후에 더욱 커지게 되었다.
　　정답 ▸ ④ (his life → during his life)

41　문법적으로 옳지 않은 것을 고르시오.

① Two thirds of the surface of the earth are water.

② Ten years have passed since his mother died.

③ Too much drinking does a lot of harm to anyone.

④ Most of the refugees were forced to go back to their country.

⑤ Each of the college students has his or her own locker.

　　해설 ▸ ① 전치사 of 다음의 the surface가 단수(형)인 이상 그 '부분'의 대상은 모두 단수로 본다.
　　　　② pass라는 동사의 특성상 '10년(복수의 해)'이 지났다는 논리이므로 복수가 옳다.
　　　　③ drinking(마시기, 음주)는 불가산명사이다. 따라서 단수취급하는 것이 맞다.
　　　　④ 전치사 of 다음에 복수인 refugees가 있으므로 Most는 복수이다.
　　　　⑤ each는 언제나 단수 취급한다.
　　어구 ▸ • do harm to someone : …에게 해가 되다(해를 끼치다) • refugee : 피난자, 난민
　　번역 ▸ ① 지구표면의 2/3는 물이다. ② 그의 어머니가 돌아가신지 10년이 지났다. ③ 너무 많은 음주(과음) 는 어떤 누구에게도 많은 해를 끼친다. ④ 그 난민들 중 대부분은 자신들의 조국으로 돌아갈 수밖에 없었다. ⑤ 그 대학생들 각자는 자신의 사물함을 가지고 있다.
　　정답 ▸ ① (are → is)

도치문 · 강조문 · 부정문

※ 다음 빈 칸에 들어갈 가장 적절한 것은? (42~62)

42

"Decisions about family matters were made by her husband."

→ It was her husband _____.

(2010 기상직)

① making family matters decide

② that was made decisions about family matters

③ decided about family matters

④ who made decisions about family matters

어구 make decisions : 결정하다(decide) [수동구조 : decisions are made]
번역 "가족문제에 관한 결정이 그녀의 남편에 의해 이루어졌다."
　　→ 가족문제에 관한 결정을 한 사람은 바로 그녀의 남편이었다.
해설 일단 주어진 내용을 능동형으로 완성하면 Her husband made decisions about family matters.인데 이것을 "It was
　　~ that(사람 주어를 강조할 경우 who도 가능)"을 활용한 강조구문으로 나타낸 것이 ④번이다.
정답 ④

43

_____ reached shelter when the storm broke.

① Hardly they

② Hardly they had

③ Hardly had they

④ They hardly have

해설 정도부사 hardly는 원래 과거완료시제와 호응되는 경우 정치어순일 경우 had 다음의 위치에 와서 p.p.를 수식하므
　　로 강조하기 위해 문두에 나오면 도치되어야 한다. ③ = They had hardly reached shelter~
번역 그들이 은신처에 도착하자마자 폭풍우가 몰아쳤다.
정답 ③

44

It is usually _____ in a middle school classroom who demand more attention
from the teacher.

① the boys are

② for the boys

③ the boys

④ the boys have been

⑤ the boys whose

해설 'It is ~ that'(사람 주어를 강조할 경우 'who'로 대용가능)'에서 '~' 부분을 강조하는 강조구문!
번역 선생님으로부터 보다 많은 관심을 요구하는 아이들은 주로 중학교 교실에 있는 소년들이다.
정답 ③

45

_____ 1980 that the satellite transmitted photographs of Saturn to the earth.

① In

② During

③ It was in

④ What was in

⑤ When it was

해설 It ~ was that 강조구문이며 that다음은 완전한 절을 구성하고 있으므로 강조대상은 부사(구, 절)임을 알 수 있다.
어구 • transmit : 전송하다　• Saturn : 토성
번역 (인공)위성이 토성의 사진을 지구로 전송한 것은 바로 1980년이었다.
정답 ③

46

_____ that teaches us the difference between right and wrong and directs us to _____ the goods that befit our nature.

① Not science, but what philosophy is   ② It is philosophy, not science,

③ What philosophy is, not science,   ④ Not science, philosophy is

⑤ Philosophy, not science is

해 설 ▶ 강조구문을 활용한 경우로서 강조의 대상은 주어인 philosophy이다. 따라서 동사도 단수형인 teaches와 directs로 호응되는 것이 당연하다. * philosophy, not science = not science but philosophy

번 역 ▶ 우리에게 옳고 그름의 차이를 가르쳐주고 우리의 본성에 적합한 재화를 인도해 주는 것은 과학이 아니라 철학이다.

정 답 ▶ ②

47

_____ how much suffering he has caused.

① Little he knows   ② Little knows he

③ Little does he know   ④ Little do he know

해 설 ▶ Little이나 Never를 문두에 두면 도치를 통해 강조하고자 하는 것이다.

번 역 ▶ 그는 자신이 얼마나 많은 고통을 끼쳤는지 전혀 모른다.

정 답 ▶ ③

48

_____ notice that our teacher had on his blue coat.

① Until then did not I   ② Did until then I not

③ Not did I until then   ④ Not until then did I

해 설 ▶ Not until~이 문두에 오면 주어, 동사는 도치됨! 강조를 위해 부사적 요소를 묶어서 문두에 둔 것이다. 두 번째 강조의 방법은 강조구문 속에 넣어서 강조하는 방법이다.

번 역 ▶ 그 때까지는 우리의 선생님께서 청색코트를 걸치고 계시는지 알아채지 못했다. (그 때가 되어서야 비로소 우리의 선생님께서 청색코트를 걸치고 계시는지 알아챘다.)

정 답 ▶ ④

49

Only after a year _____ to see the results of my work.

① I began   ② did I begin   ③ did I began   ④ I did begin

해 설 ▶ 부사 only가 다른 부사(구, 절)와 함께 문두에 나올 때 강조기능으로서 문장은 도치된다.

번 역 ▶ 일년이 지나고 나서야 나는 내가 일한 결과를 보기 시작했다.

정 답 ▶ ②

50

Not until the 17th century did it become scientifically accepted that the earth rotated around the sun and _____ why we have seasons.

① only then it was finally understand   ② only then did it finally understood

③ only then it did finally understand   ④ only then was it finally understood

해 설 ▶ only then다음에 도치된 문장을 찾되 진주어인 의문사절 why절에 대한 가주어 it을 고려하되 수동관계를 나타낸다는 점을 동시에 고려하면 된다.

번 역 ▶ 17세기가 되고 나서야 비로소 지구가 태양을 공전했다는 것이 과학적으로 받아들여졌으며 그때서야 비로소 우리가 계절을 가지고 있다는 사실도 마침도 이해하게 되었다.

정 답 ▶ ④

51

It is because of Edison, rather than of any other man, _____ the age in which we live is known as "the age of electricity."

① that　　　　　② which　　　　　③ when　　　　　④ those

해설 ▶ It is ~ that의 강조구문에서 부사구인 because of Edison이 강조되고 있다.
번역 ▶ 우리가 살고 있는 시대가 전기의 시대로 알려진 것은 다른 어떠한 사람도 아닌 에디슨 때문이다.
정답 ▶ ①

52

Do you know who _____?

① is she　　　　　② am I　　　　　③ are they　　　　　④ she is

해설 ▶ 타동사 know의 목적어는 간접의문사절인 who she is이다. 이 경우 who는 의문대명사로서 주격보어이다. 간접의문사절에서는 의문사를 맨 앞에 두며 정치어순(주어+동사)를 반드시 취해야 한다.
번역 ▶ 그녀가 누구인지 아십니까?
정답 ▶ ④

53

May you both _____ happy!

① are　　　　　② is　　　　　③ be　　　　　④ have

해설 ▶ 기원문으로서 조동사 May가 문두에 있고 주어 다음에 본동사를 두되 형용사 happy를 보어로 둘 수 있는 것은 be이다. 이 경우 조동사 may를 생략할 경우도 있음을 주의!
번역 ▶ 너희들 둘 다 행복하기를 (기원해)!
정답 ▶ ③

54

Located behind _____ the two lacrimal glands.

① each eyelid are　　　　　　　　② is each eyelid

③ each eyelid has　　　　　　　　④ each eyelid does

해설 ▶ The two lacrimal glands / are located / behind each eyelid.을 도치시킨 문장이다.
번역 ▶ 두 개의 눈물샘이 눈꺼풀 뒤쪽에 위치하고 있다.
정답 ▶ ①

55

Never _____ fallen in love before I met my wife.

① have I　　　　　② I had　　　　　③ had I　　　　　④ I have

해설 ▶ 빈도부사 Never를 문두에 두어 도치된 문장이며 문맥상 주절의 시점이 부사절의 과거시제 보다 한 시점 앞서고 있음에 주목할 것!
번역 ▶ 나의 아내를 만나기 전에 결코 나는 사랑에 빠져 본 적이 없다.
정답 ▶ ③

56

It was not _____ the 1960's that we learned that the moon supports no life.

① while　　　　　② since　　　　　③ until　　　　　④ then

해설 ▶ 강조구문 속에 넣어서 강조하는 방법이다.
번역 ▶ 1960년대가 되어서야 비로소 우리는 달이 어떤 생명체도 지탱하고 있지 않다는 사실을 알게 되었다.
정답 ▶ ③

57

A: "My mother is ill this week."

B: "So _____ my sister."

① does   ② do   ③ is   ④ are

해설 My sister is ill this week, too.을 축약해서 나타낸 표현!
번역 A: 나의 어머니께서 이번 주 편찮으셔. B: 나의 누이도 그래.
정답 ③

58

Does Fred want to go fishing tomorrow?

No, he doesn't, and _____.

① either I   ② either do I   ③ neither do I   ④ neither I

해설 , (and) I do not want to go fishing tomorrow, either.의 대형태
번역 Fred는 내일 낚시하러 가길 원하니? 아냐, 그는 원하지 않아. 그리고 나도.
정답 ③

59

"Will you go by boat?", "If John does, _____.

① I'll do so   ② so I'll go   ③ so will I   ④ so I do

해설 I will go by boat, too.의 대형태
번역 "당신은 배로 가실 건가요?" "John이 그리하면 나도 그리 하겠습니다."
정답 ③

60

_____ as he was, he turned pale.

① Hero   ② A hero   ③ An hero   ④ The hero

해설 = Even though he was a hero, he ~. / 접속사 as를 통해 '양보'의 의미를 강조하고자 할 경우 as앞에 두는 단수 명사의 경우는 반드시 무관사여야 한다.
번역 그는 비록 영웅이었다 할지라도, 그는 창백해졌다.
정답 ①

61

"Can you tell me where my niece is?"

"Yes, of course!", "_____."

① Comes your niece   ② Your niece here comes

③ Here your niece comes   ④ Here comes your niece

해설 유도부사(there, here)가 문두에 쓰이면 도치(V + S)된다. *Here comes the bus.* 그러나, 대명사가 주어이면 정치(S + V)된다. *Here it comes.*
번역 "제 조카딸이 어디에 있는지 말씀해 주실 수 있나요?", "네, 물론요, 조카딸이 이곳으로 오고 있군요."
정답 ④

62

"Where is the report?", "_____."

① There it is   ② There the report is

③ There is it   ④ Is the report there

해설 There(/ Here) + 대명사 + 동사 / There(/ Here) + 동사 + 명사
번역 "보고서는 어디 있지?". "그기에 있어."
정답 ①

※ **Choose the one which is incorrect grammatically.** (63~64)

63

① No sooner ② this thought occurs to us ③ than we can see ④ a different picture ⑤ unfolding itself.

해설 부정의 부사구인 No sooner가 문두에 나왔으므로 그 뒤의 문장은 도치문이 되어야 한다.
번역 이러한 생각이 우리에게 떠오르자마자 우리는 다른 그림이 펼쳐지는 것을 볼 수 있다.
정답 ② (this thought occurs → does this thought occur)

64

① Only then ② he became aware of the fact that there were more ③ difficulties ahead than he ④ had expected.

해설 부사 only가 다른 부사(구, 절)와 함께 문두에 나올 때 강조기능으로서 문장은 도치된다. 따라서 ②를 did he become로 나타내야 한다.
번역 그때가 되어서야 비로소 그는 자신이 예상했던 것보다 더 많은 어려움이 앞에 놓여있다는 사실을 인식하게 되었다.
정답 ② (he became → did he become)

65

다음 문장에서 가장 강하게 읽어야 할 단어는?

Where was it that you bought the English-Korean dictionary?

① was   ② Where   ③ Korean   ④ that

해설 It was ~ that강조구문인데 강조내용을 찾고자 하는 것이다. 의문사가 있는 의문문에서는 의문사를 맨 처음 두어야만 하고 도치된 형태이다. 따라서 의문부사인 Where를 강조하고자 한 것이다.
번역 네가 영한사전을 산 것은 어디였니?
정답 ②

66

다음 중 의미가 다른 하나를 고르시오.

① They didn't realize the value of the painting until it was auctioned.

② It was not until the painting was auctioned that they realized the value of it.

③ Not until the painting was auctioned did they realize the value of it.

④ They realized the value of the painting after it was auctioned.

⑤ As soon as they realized the value of the painting, it was auctioned.

해설 ①을 강조적으로 나타내기 위해서 ②에서는 강조구문을 이용했고 ③은 문두에 부사(상당어구)를 두고 도치구문으로 나타내었다. ④의 경우도 보다 강조적으로 나타내려면 after를 only after로 나타내면 되고 이 경우 더욱 강조하려면 only after이하를 ②와 ③의 구문속에서 활용하면 된다.

번역 ① 경매될 때까지 그들은 그 그림의 가치를 몰랐다.
② 그 그림이 경매되고 나서야 비로소 그들은 그것의 가치를 알았다.
③ 그 그림이 경매되고 나서야 비로소 그들은 그것의 가치를 알았다.
④ 그 그림이 경매된 후에 그들은 그것의 가치를 알았다.
⑤ 그 그림의 가치를 알게 되자마자, 그것은 경매되었다.

정답 ⑤

67

우리말을 영어로 바르게 옮긴 것은? (2008 지방직)

> **그녀는 택시에서 내리고서야 휴대폰을 택시에 두고 내렸다는 것을 알았다.**

① No sooner she got out of the taxi than she realized that she left her cell phone there.

② She had realized that she left her cell phone in the taxi only after she got out of it.

③ As soon as she got out of the taxi, she had realized that she had left her cell phone there.

④ It was not until she got out of the taxi that she realized she had left her cell phone there.

해설 ④ '…할 때까지는 …을 알지 못했다' 활용(She *did not realize* she had left her cell phone there *until* she got out of the taxi.) ⇨ '…하고 나서야 …을 알았다'의 강조적 표현(④번 =강조 구문 'It was ~ that'을 활용)(=*Not until* she got out of the taxi *did she realize* she had left her cell phone there. : 부사특성을 묶어 문두에 두어 '도치'를 통해 강조한 구문)
① *No sooner had she got out of the taxi than she realized* that she left her cell phone there. (그녀는 택시에서 내리자마자 휴대폰을 택시에 두고 내렸다는 것을 알았다.) (= *She had no sooner got out of the taxi than she realized* that she left her cell phone there. = *As soon as she got* out of the taxi, *she realized* that she had left her cell phone there.) *Cf.* no sooner자리에 hardly(scarcely)와 동시에 than자리에 before(when)을 대체하면 같은 의미
② *She realized that she had left* her cell phone in the taxi *only after* she got out of it.라야 ④번과 유사한 표현의 하나가 된다.

정답 ④

※ 다음 빈 칸에 들어갈 가장 적절한 것은? (68~76)

68

I don't think Mary will sing the song, _____?

① doesn't she ② won't she ③ do I ④ will she

해설 이 내용은 「I think Mary will not sing the song, will she?」와 같은 것으로 이해하면 된다. 다만 위에 주어진 지문은 종속절 즉 Mary will sing the song의 내용을 긍정으로 둠으로써 객체를 좀더 존중하자는 취지라는 것을 명심하자.

번역 나는 Mary가 그 노래를 할 것이라 생각지 않아, 그렇지?

정답 ④

69

You seem to be dissatisfied with your present post. I don't think you judged your ability objectively when you applied for it, _____ you?

① do ② did ③ don't ④ didn't

해설 I don't think you judged~을 I think you did not judge~로 전환해서 보면 된다.

번역 당신은 현재의 직책에 불만족하고 있는 것 같군요. 나는 당신이 그 직책에 응시했을 때 당신의 능력을 객관적으로 판단했다고 생각지 않습니다. 그렇죠?

정답 ②

70

Have a cup of coffee, _____?

① will you ② have you ③ are you ④ won't you

해설 이 문장의 형태는 일반명령문(이 경우 부가의문문은 will you?)과 같지만 내용은 '권유·의뢰'하는 내용이다. 이 경우 호응되는 부가의문문은 won't you?이다.

번역 커피한잔 드시지 않을래요?

정답 ④

71

You'd never believe some of the thing can be wrong with a house, _____?

① can you ② would you ③ had you ④ wouldn't you

해설 주절이 부정 → 부가의문은 긍정 / 긍정 → 부가의문은 부정

번역 문제의 일부가 주택에 있을 수 있음을 너는 결코 믿지 않을 것이다. 그렇지?

정답 ②

72

He's going to call us back, _____?

① won't he ② doesn't he ③ didn't he ④ isn't he

해설 진행형의 경우 be동사를 그대로 부가의문문의 동사로 사용함!

번역 그는 (곧) 우리에게 다시 전화할거야, 그렇지 않니?

정답 ④

73

He frequently goes to Chicago, _____ he?

① doesn't ② hasn't ③ does ④ has

해설 be동사와 조동사가 있는 경우를 제외하고는 일반동사의 경우의 부가의문문의 형태는 현재일 때 「doesn't(does) + 주어」/「don't(do) + 주어」이며 과거일 경우는 「didn't(did) + 주어」이다.

번역 그는 종종 시카고에 간다. 그렇지 않니?

정답 ①

74

She's already made her reservation for next Saturday, _____ she?

① doesn't ② hasn't ③ isn't ④ didn't

해설 has made의 현재완료 시제에 대한 부가의문문?

번역 그녀는 이미 다음 토요일분을 예약했다. 그렇지 않나요?

정답 ②

75

She is going to join the Independence Party soon, _____ ?

① didn't she ② doesn't she ③ wouldn't she ④ isn't she

해설 She is~의 부가의문문?

번역 그녀는 곧 독립기념일파티에 참석하려 하죠. 그렇지 않아요?

정답 ④

76

He will finish the work and go to see her, _____ ?

① would he ② won't he ③ does he ④ wouldn't he

해설 등위관계일 경우 최종자리에 있는 내용을 기준으로 부가의문문을 만들면 된다. ~ and (he will) go~, won't he?

번역 그는 작업을 끝내고 그녀를 만나러 갈 것입니다. 그렇지 않나요?

정답 ②

※ Choose the correct sentence.

77

① Let's go home, don't we?

② He's writing her another letter, isn't he?

③ We have to sing this, have we?

④ We'd decided to open a joint account, wouldn't we?

해설 ① Let's로 시작되는 부가의문은 모두 shall we?이다. 따라서 don't를 shall로 「집에 가자, 그렇게 할래?」
② be동사일 때는 긍정, 부정을 바꾸어 그대로 사용하면 되므로 문제없다.
　「그는 그녀에게 또 하나의 편지를 쓰고 있지, 그렇지 않니?」
③ 조동사는 조동사의 모양을 긍정, 부정으로 바꾸어 그대로 사용하지만 준조동사인 have to와 used to는 형태상의 혼동(가령, 현재완료에서도 시제조동사 have가 있으므로)을 피한다는 의미에서 각각 do와 did를 사용한다. have we?를 don't we?로 「우리는 이걸 노래해야지, 그렇지 않니?」
④ We'd decided = We had decided이므로 부가의문은 hadn't we?로
　「우리는 공동구좌를 개설하기로 결정했어, 그렇지 않니?」

정답 ②

78 문법적으로 옳은 것을 고르시오.

① There are several books on that subject, aren't there?

② He's the president of the society, wasn't he?

③ He'd rather be out playing golf, hadn't he?

④ I don't think he is smart, do I?

⑤ Jim can speak Korean, cannot he?

해설 ① There are의 부가의문문은 *aren't there*가 맞다.
② He's는 He is의 준말이므로 부가의문문은 *isn't he*여야 한다.
③ He'd rather는 He would rather의 축약형이므로 부가의문문은 *wouldn't he*이다.
④ don't think의 부정이 he is에 미치고 생각의 개념은 부차적이므로 부가의문문은 *is he*가 나와야 한다.
⑤ 부가의문문은 반드시 축약형을 사용하는 것이 원칙이다. 따라서 cannot he가 아닌 *can't he*여야 한다.

어구 • president : 회장, 사장 • society : 협회 • be out playing golf : 골프 치러 나가있다

정답 ①

대형태와 생략

※ 다음 빈 칸에 들어갈 가장 적절한 것은? (79~88)

79 A : Don't forget to mail the letter on your way.

B : _____ .

① No, I'm not　　② Yes, I could　　③ Yes, I would　　④ No, I won't

해설 문맥상 No, I won't (forget to~)
번역 A : 가는 길에 이 편지 보내는 것 잊지 마라.　B : 네, 잊지 않겠습니다.

정답 ④

80 "Will you go home this weekend?", "No, and _____ ."

① neither Tom will　　② either will Tom　　③ so won't Tom　　④ neither will Tom

해설 , (and) Tom will not go home this weekend, either.의 대형태!
번역 "이번 주말 집에 갈거니?", "아니, 그리고 Tom도 가지 않을 거야."

정답 ④

81 A : Are you going to the movies?

B : If Tom goes, _____ .

① I am so　　② I do so　　③ so will I　　④ so am I

해설 , I will go to the movies, too.의 대형태!
번역 A : 영화보러 갈거니? B : Tom이 가면, 나도 가겠어.

정답 ③

82

A : It is very fine today. I want to climb up the mountain.

B : _____ .

① So am I   ② So do I   ③ So I was   ④ So I am

해설 ▶ I want to climb up the mountain, too. → So do I.
번역 ▶ 오늘 날씨가 아주 좋습니다. 나는 등산을 하고 싶어요.
정답 ▶ ②

83

"Mr. Kim smokes too much"

"Well, he used to smoke more than he _____ now"

① could   ② has   ③ does   ④ did

해설 ▶ 과거의 습관(used to smoke)과 현재의 상황을 비교하고 있다. 현재시제가 되어야 하는 단서는 now가 있으므로 smokes를 대신하는 does가 되어야 한다.
번역 ▶ "김씨는 담배를 너무 많이 피워요.", "그래요, 그는 지금 피는 것보다 전에는 더 많이 피우곤 했어요."
정답 ▶ ③

84

Susan and I can go to the lecture, _____ .

① but neither can Charles   ② and so Charles can

③ but Charles can't   ④ and Charles also can

해설 ▶ ① 앞문장이 긍정문이므로 neither로 받을 수 없다.
② 앞문장이 긍정문이므로 and so *can Charles*가 되어야 한다.
③ 앞문장과는 역접의 관계이므로 but Charles can't (go to the lecture)는 적절하다.
④ and Charles *can also* (also가 문미일 경우 강조하기 위한 용법)
정답 ▶ ③

85

Bill wasn't happy about the delay, and _____ .

① I was neither   ② neither I was   ③ I wasn't either   ④ neither was I

해설 ▶ ③은 *I wasn't, either*로 하면 *neither was I*와 같다.
번역 ▶ Bill은 연기에 대해서 기쁘지 않았으며, 나도 역시 기쁘지 않았다.
정답 ▶ ④

86

"Will your father donate something for this project?"

"I believe _____ ."

① that   ② so   ③ it   ④ such

해설 ▶ so(=that my father will donate …) *Cf*. so는 「상대방의 의견동조」를 나타내지만 that은 상대방의 의견동조라는 관점이 전혀 내포되어 있지 않다.
번역 ▶ "너의 아버지는 이 프로젝트에 뭔가를 기부하실 거니?", "그러시리라고 믿어."
정답 ▶ ②

87

A: "I hope I shall be able to come and see you tonight."

B: "If _____, you must bring your wife."

① so　　　　　② not　　　　　③ this　　　　　④ that

해설▶ If so ⇐ If you hope you will be able to come and see me tonight, 아니면 다음과 같이 보다 간결하게 [If so ⇐ If you come and see me tonight,]로 새겨 볼 수도 있다.

번역▶ A: "저는 오늘밤 가서 당신을 뵙기를 기대합니다." B: "그러시다면, 부인을 꼭 데리고 오세요."

정답▶ ①

88

"I slipped on the stairs. I think my arm is broken.", "Oh! I _____."

① do not hope so　② do not hope　　③ hopes not so　　④ hope not

해설▶ I hope (that your arm is) not (broken).

번역▶ "나는 계단에 미끄러졌어. 팔이 부러진 것 같아.", "오! 그러지 않기를 바랍니다."

정답▶ ④

89

다음 대화에서 우리말의 뜻과 같은 것은?

| A : He works very hard.　　B : 그의 형도 그렇다. |

① his brother does.　　　　　② So does his brother.

③ Such is his brother.　　　　④ Neither does his brother.

해설▶ 「so + (조)동사 + 주어」: 「…역시 그렇다」 – 긍정문(절) 뒤에서 동의표시의 절

So does his brother. 「그의 형도 역시 그렇다.」

Cf. 「so + 주어 + (조)동사」는 상대방 말의 동의를 표시할 때 쓰임. 「예, 그렇습니다.」

[A : He works very hard.　B : So he does. 「예, 그렇군요.」 (So = Yes,)]

「A : 그는 매우 열심히 일한다.　B : 그의 형도 그렇다.」

정답▶ ②

문법 종합 최근 기출 & 예상문제

※ 다음 중 어법상 옳은 문장을 고르시오. (01~29)

01 (2013 국가직)

① Few living things are linked together as intimately than bees and flowers.

② My father would not company us to the place where they were staying, but insisted on me going.

③ The situation in Iraq looked so serious that it seemed as if the Third World War might break out at any time.

④ According to a recent report, the number of sugar that Americans consume does not vary significantly from year to year.

번역 ① 벌과 꽃만큼 친밀(긴밀)하게 연계되는 생물은 별로 없다.
② 나의 아버지께서는 그들이 머물고 있는 장소로 우리를 동행하지 않으려 하셨으나 내가 가야한다고 고집하셨다.
③ 이라크에서의 상황은 너무나 심각해서 제3차 세계대전이 어느 순간에도 발발할 수 있을 것 같아 보였다.
④ 최근의 보고서에 따르면, 미국인들이 소비하는 설탕의 양은 해가 바뀌어도 크게 달라지지(변하지) 않는다.

해설 ① 부정(Few)문에서 비교급은 최상의 의미를 나타낸다. 비교표현으로 올바르게 바로잡는다면 앞의 as를 more로 전환하거나 앞의 as를 두고 뒤의 than을 as로 전환하는 것 모두 가능하다.
② company는 주로 명사로 사용되지만 동사로도 사용 가능하고 이 경우 accompany(동행하다)를 대신하는 것으로 볼 수 있으므로 그대로 두어도 무방하지만 가급적 accompany로 표현하는 것이 더 좋다. 'the place where ~'도 적절하다. 그러나 'insisted on me going'에서는 전치사 on에 대한 목적어가 명사인 going이므로 동명사의 의미상의 주어는 소유격으로 나타내는 것이 원칙이므로 me(구어에서는 허용됨)가 아닌 my로 전환해야 한다.
③ 'looked so serious that ~'에서 2형식 동사 looked에 대한 형용사 보어 serious가 적절하며 인과관계를 말하는 'so ~ that ~'구조도 적절하다. 'the Third World War(제3차 세계대전)'의 경우 관점에 따라 정해진 순서에 따른

제2차 세계대전의 다음 전쟁이라는 점에서 정관사(the)의 사용이 가능하고(특히 이와 같은 문장에서 이라크라는 특정 나라나 지역을 명시하였다면 적절한 용법의 하나로 보면 되고) 막연하게 '언제, 어디서, 어떻게' 벌어질지 아직은 아무도 모른다는 관점에서 본다면 정관사 자리는 부정관사(a)로 바꾸는 것이 옳다. 'break out : (전쟁·불·시위 등이) 발생·돌발하다'의 뜻도 적절하다. 'at any time'에서 강조기능으로 사용된 any도 역시 적절한 경우이다.

④ 'the number of sugar'에서 sugar은 물질명사이므로 number를 amount로 전환해야 한다. sugar자리에 물질명사가 아니더라도 ('수'의 의도가 아닌) '양'의 내용을 나타내는 명사는 가능하다. 'vary significantly from year to year'에서 vary와 부사구인 'from A to B'가 잘 호응되고 있으며 그 사이에 부사의 단어가 온 위치도 적절하다.

① as → more / than → as
② (company → accompany) / me → my
④ number → amount

 ③

---

02 (2012 국가직)

① She felt that she was good swimmer as he was, if not better.

② This phenomenon has described so often as to need no further clichés on the subject.

③ What surprised us most was the fact that he said that he had hardly never arrived at work late.

④ Even before Mr. Kay announced his movement to another company, the manager insisted that we begin advertising for a new accountant.

번역 ① 그녀는 그 보다 낫지는 않을지도 그만큼은 훌륭한 수영자(선수)라고 느꼈다.
② 이런 현상은 그 주제에 대해 더 이상은 상투적 표현이 필요없을 정도로 너무 자주 묘사되어 왔다.
③ 우리를 가장 놀라게 한 것은 그가 직장에 늦게 도착한 것은 거의(결코) 없다고 말했다는 사실이다.
④ Kay씨가 다른 회사로 옮기기로 한 것을 발표하기 전에 조차, 그 매니저는 우리가 새로운 회계사 구인광고를 하기 시작해야 한다고 주장했다.

해설 ① good swimmer → as good a swimmer
② has described → has been described
③ hardly never → hardly 또는 never 하나를 선택
④ 주장동사 insist의 목적어 명사절에서 '(should) begin'의 표현이 적절하다.

정답 ④

---

03 (2012 지방직)

① Without plants to eat, animals must leave from their habitat.

② He arrived with Owen, who was weak and exhaust.

③ This team usually work late on Fridays.

④ Beside literature, we have to study history and philosophy.

 ① 먹을 식물이 없다면, 동물들은 그들의 서식지를 떠나야 한다.
② 그는 연약하고 기진맥진한 오원과 함께 도착했다.
③ 이 팀(팀원들)은 대개 금요일 늦게 일(연습)한다.
④ 문학 외에도, 우리는 역사와 철학을 공부해야 한다.

①에서 leave는 타동사로서 '(장소·사람·물건 등에서) (…을 향해) 떠나(가)다'의 뜻이므로 전치사 from를 필요로 하지 않는다. *Ex-1*. leave the room(방에서 나가다) *Ex-2*. leave Busan for Seoul(부산을 떠나 서울로 향하다). leave가 자동사일 경우 *Ex-1*. She leaves for America in June.(그녀는 6월에 미국으로 떠난다.) *Ex-2*. The train leaves from platform 8.(열차는 8번 플랫폼에서 발차한다) (※ 「사람이 장소를 떠나」에는 'leave London'과 같이 나타내며 from을 쓰지 않음을 주의하자).

② Owen을 선행사로 하고 있고 who was의 보어가 되어야 하므로 exhaust는 exhausted(다 써버린; 소모된, 기진 맥진한)가 되어야 한다.

③ 집합명사의 하나인 team은 전체 팀은 하나로 보는 관점에서는 단수이며 팀의 구성원의 관점에서는 복수(군집 명사)이다. 이 경우는 후자로 본 경우로서 적절하다. 대체로 이러한 경우 all을 제시할 경우가 많다는 점을 참고하자. 유례. family, committee, audience, staff, team 등

④ besides : 그 외에, 게다가(in addition to, as well as) / beside : 옆에, 곁에 ⇨ 따라서 이 문제의 경우 Beside를 Besides로 바꾸어야 한다.

정답 ③

04

(2011 국가직)

① She objects to be asked out by people at work.

② I have no idea where is the nearest bank around here.

③ Tom, one of my best friends, were born in April 4th, 1985.

④ Had they followed my order, they would not have been punished.

 ① object는 자동사로서 전치사 to가 결합되어 to다음에는 동명사가 나와야 하므로 to be asked를 being asked로 바꾸어야 한다. Cf. She objects that she is asked out by people at work. (절이 사용된 경우 전치사 to가 생략되어 object는 타동사가 된 경우이다.)

② I have no idea (as to) where the nearest bank around here is.로 바꾸어야 한다. have no idea는 3형식 문장구조이지만 전체적으로 묶어서 don't know의 의미를 대신(이런 논리로 하여 전치사 as to가 생략됨)하는데 원래 전치사 as to의 목적어인 명사절은 간접의문사절이므로 정치어순(주어+동사)이어야 한다.

③ one of my best friends은 주어와 최종적인 주어는 Tom이므로 단수동사야 한다. 따라서 were이 아닌 was로 바꾸어야 한다. 한편 '날짜, 요일'의 하루단위에는 전치사 on을 사용해야 하므로 in April 4th를 'on April 4th'으로 나타내는 것이 원칙이다. [TG 498쪽]

④ 전체적으로 가정법 과거완료이며 접속사 if가 생략되어 나타난 도치구문이므로 'If they had followed my order'을 'Had they followed my order'로 전환한 것이 옳다.

번역 ① 그녀는 직장동료들이 공개적으로 말하는 것에 반대한다.
② 나는 이 주변에서 가장 가까운 은행이 어디에 있는지 모른다.
③ 나의 최고의 친구들 중 한명인 Tom은 1985년 4월 4일에 태어났다.
④ 그들이 나의 지시를 따랐더라면, 그들은 처벌받지 않았을 텐데.

정답 ④

05

(2011 서울시)

① I never dreamed of there being a river in the deep forest.

② No sooner he had gone out than it started raining.

③ Most tellers in the banks these days cannot dispense without computers.

④ I have successfully completed writing the book three weeks ago.

⑤ I can't hardly make myself understood in English.

 dispense with : …없이 지내다(do without)

① 나는 그 깊은 숲속에서 강이 있을 것이라고는 결코 꿈꾸지 못했다.

② 그가 외출하자마자 비가 내리기 시작했다.

③ 오늘날 은행에서 일하는 대부분의 출납계원들은 컴퓨터 없이는 지낼(일할) 수 없다.

④ 나는 3주 전에 그 책을 쓰는 일을 성공적으로 마무리했다.

⑤ 나는 좀처럼 영어로 의사소통 할 수 없다.

해 설 ① I never dreamed of there being a river in the deep forest.은 'I never dreamed (of) *that there was* a river in the deep forest.'에서 that절(이와 같이 절의 형태로 나타낼 경우는 전치사 of이 생략됨)을 준동사인 동명사(there being)로 전환한 내용이다. 한편 빈도부사인 never는 dreamed를 수식하는 위치(수식대상의 동사 앞)가 적절하다.

② No sooner he had gone ⇨ No sooner had he gone : 부정부사 No sooner가 문두에 나왔으므로 도치가 되어야 한다.

③ 'dispense with : …없이 지내다(do without)'의 뜻이며 같은 표현이 'do without'임을 유념하자. 따라서 'without'을 'with'로 전환해야 한다.

④ ago가 있으므로 과거시제라야 하므로 'have'를 삭제한다.

⑤ 정도부사인 'hardly'는 부정부사이므로 not이 있어 이중부정이 되면 안 된다. 따라서 'can't'를 'can'으로 바꾸어야 한다.

정 답 ①

06

(2011 서울시)

① It is stupid for her to make that mistake.

② I have some money to be used.

③ We arranged for a car to collect us from the airport.

④ We noticed them to come in.

⑤ They should practice to play the guitar whenever they can.

어 구 • arrange for : ~를 짜놓다, 준비하다, ~하도록 조치하다 • collect : …을 데리러(가지러) 가다

 ① 그녀가 그런 실수를 하다니 어리석다.

② 나는 사용할 수 있는 조금의 돈을 가지고 있다.

③ 우리는 차량이 공항에서 우리를 데려가도록 조치해 두었다.

④ 우리는 그들이 들어오는 것을 보았다.

⑤ 그들은 가능할 때는 언제나 기타를 치는 연습을 해야 한다.

해 설 ① stupid가 사용되고 있어 '의미상 주어를 'of + 목적격'으로 나타내야 하는 경우'로서 이런 형식을 주로 취하는 형용사는 'considerate, nice, foolish, silly, stupid, cruel …'등이 있다. 이 경우 전치사 of으로 하는 이유는? of이「성질, 성격, 속성」등을 나타내기 때문이다. 따라서 for를 of으로 바꾸어야 한다.

② I have some money to be used.를 I have some money to use.로 나타내야 옳다. to use는 원래 관계대명사를 활용한 형용사절에서 축약한 것으로서 'that I can use[that은 타동사 use에 대한 목적격 관계대명사]'에서 나온 것이다.

④ 지각동사들 중 하나인 notice가 사용되었으므로 to come을 come으로 바꾸어야 한다.

⑤ practice는 동명사를 목적어로 사용하는 타동사의 하나이므로 to play를 playing으로 전환해야 한다.

Cf. 동명사를 목적어로 받는 타동사 : Vt + v –ing : finish, quit, stop / give up, abandon / avoid, evade, escape / postpone, put off, delay / mind / enjoy, advocate, suggest, appreciate, admit, practice, anticipate / consider, allow / deny, risk, resist

정 답 ③

07 (2004 서울시 9급)

① There are so many guests for me to speak to them all.

② The library facilities will be available in more ten minutes.

③ How long do you think it will take finishing the job.

④ It would be wiser to leave it unsaid.

⑤ He departed from home early than before.

 ① so → too [too ~ (for me) to v~구문]
② in *more ten* minutes [더 10분 (X)] → in *ten more* minutes [10분 더 (O)]
③ it will take *finishing* ~ → it will take to *finish* ~ [take는 부정사와 호응하는 동사]
④ It would be wiser to leave it unsaid. [가주어, 진주어 구문이며 이 경우 leave는 과거분사를 목적보어로 한 5형식 동사]
⑤ ~*early than* before. → ~ *earlier than* before.

정답 ④

08 (2008 경남)

① Mr. Kim will leave from Seoul

② Mr. Kim told me to write it down

③ Mr. Kim explained me how to solve it

④ Mr. Kim looks forward to meet his sweetheart

 ① 김씨는 서울로 떠날 것이다.
② 김씨는 내가 그것을 적어(기록해) 두라고 말했다.
③ 김씨는 나에게 그 문제를 푸는 법을 설명해 주었다.
④ 김씨는 자신의 애인을 만나길 고대하고 있다.

해설 ① leave for : 서울로 향발하다[for는 '행선지(~을 향하여)'를 나타냄] *Cf.* depart from Seoul
② 이 경우 tell은 목적보어로 to부정사를 취하는 5형식 동사의 하나로 적절하며 write it down에서는 대명사인 it이 타동사인 write의 목적어로 사용된 것이 적절하다.
③ explain은 3형식 동사이지 4형식 아니다. 따라서 me를 to me로 나타내면 되고 'how to solve it'이 목적어이다.
④ 'look forward to ~ing : ~을 (학수)고대하다(=anticipate ~ing)'에서 to는 전치사이므로 동명사가 나와 한다. 즉 meet를 meeting로 바구어야 한다.

정답 ②

09 (2005 충남직 9급)

① Comparing with her sister, she is not so smart.

② We judging from her accent, she must be an Australian.

③ I cannot choose but attending the conference.

④ I don't know a hawk from an eagle

 ① If she is compared with~ ⇨ Being compared with~ ⇨ Compared with~
② If she is judged from~ ⇨ Being judged from~ ⇨ Judged from~
③ cannot choose but attend~ = cannot help attending~ = have no choice but to attend~ [cannot but attend ~이나 혼성형의 cannot help but attend~를 사용하기도 함]
④ know(/ tell/ distinguish) A from B : A와 B를 구별(식별)하다 / don't know에서 know는 인식동사이기 때문에 don't는 can't의 의미를 대신할 수 있다.

정답 ④

10

① She did not need hurry up in renting the apartment.

② I would rather kill myself than to commit such a crime.

③ There is a sightseeing must in this city.

④ It is high time that the boy have his hair cut.

해설 ① need hurry → need to hurry(조동사 did를 이미 사용한 이상 need는 본동사이다) ② to commit → commit(than 〈I would〉 commit~) ④ have → had(가정법 과거)

번역 ① 그녀는 아파트를 임대하는데 있어 서두를 필요가 없었다.
② 나는 그러한 범죄를 저지르려니 차라리 자살할 것이다.
③ 이 시(市)에는 꼭 관광해봐야 할 곳이 하나있다.
④ 그 소년이 이발할 때이다.

정답 ③

11

① I wish I were in college in those days.

② It is urgent that he was more prudent.

③ Would that she were to help us!

④ Come early, or you will get a good seat.

해설 ① were → had been(in those days는 과거를 나타내는 시간부사구이므로 가정법과거완료가 호응되어야 한다.) ② was → (should) be('당위성·의무성'을 나타내는 urgent를 주목할 것) ④ or → and(긍정의 내용이 유도될 경우)

번역 ① 나는 그 당시에 대학에 있었으면 싶다. (그 당시에 대학에 있지 않았던 일이 유감스럽다.)
② 그는 보다 신중해야 하는 것이 절실하다.
③ 그녀가 우리를 도와줄 수 있으면 좋으련만!
④ 일찍 오라, 그러면 좋은 자리를 잡을 것이다.

정답 ③

12

① Tired with walking, I looked for something to sit.

② Between you and I, he is heavily in debt.

③ She is my senior to three years.

④ It is ten minutes to seven.

해설 ① sit → sit on or sit in(~ something which I could sit on or in.) ② I → me(between은 전치사이므로 목적격이 나와야 한다.) ③ to → by('정도, 차이'를 나타내는 전치사)

번역 ① 걸어서 지친 나는 앉을만한 곳을 찾았다.
② 너와 나 사이 이야기인데, 그는 빚을 많이 지고 있어.
③ 그녀는 나보다 3년 손위이다.
④ 7시 10분전(6시 50분)이다.

정답 ④

13

① He is very man I want.

② The leap year comes every four year.

③ I met him a second time.

④ He paid me the double sum requested.

해설 ① very → the very / the very man다음에는 타동사 want의 목적격 관계대명사 that이 생략되어 있다. ② every four year → every four years(=every fourth year) ③ 이 경우 a second time은 순서를 나타내는 의도가 아니므로 정관사(the)가 아닌 것이다. ④ the double sum → double the sum

번역 ① 그 사람이 바로 내가 원하는 사람이다.
② 윤년은 매 4년마다 온다.
③ 나는 그 사람을 두 번째 만났다.
④ 그는 나에게 요청금액의 두 배를 지불해주었다.

정답 ③

14

① Pat bought several furnitures for his younger brother.

② Pat bought expensive book for his younger brother.

③ Pat had important evidence supporting his hypothesis.

④ Pat could not go there because he had many homeworks.

⑤ Pat believes that Chineses are thrifty.

해설 ① furniture(가구)는 집합적(총칭적)물질명사이다. 따라서 복수가 없다.
     Cf. several furnitures ⇨ several pieces of furniture
② book(책)은 보통명사이므로 부정관사가 오거나 복수가 되어야 한다.
③ evidence(증거)는 불가산 명사이다
④ homework(숙제)는 불가산명사이다. 따라서 much homework으로 해야 한다.
⑤ Chinese(중국인들)은 단복수 동형이므로 -s를 붙이지 못한다.

어구 • hypothesis : 가설, 가정 • thrifty : 검소한, 절약하는
정답 ③

15

① Some men never marries.

② They had to face up to many setbacks.

③ I infinitely prefer Bush than his deputy.

④ Theoretical subjects have lost their appeal most students.

⑤ It turned out that the message sent to him had intercepted.

어구 ① 주어가 복수이므로 동사는 marry가 되어야 하며 이 경우는 자동사이다.
② face up to는 '…에 정면으로 다가가다(맞서다), 인정하다, 용감히 맞서다, …을 직시하다'의 의미이다.
③은 than을 to로 바꾸어야 한다. Cf. infinitely : 무한히; 대단히, 극히('정도부사')
④ 목적어인 their appeal 다음에는 전치사 to가 있어야 전치사의 목적어를 둘 수 있다.
⑤ intercept는 타동사이며 이 경우 수동의 의미이므로 had been interrupted가 되어야 한다.

번역 ① 일부 사람들은 결코 결혼하지 않는다. ② 그들은 많은 역전(실패)에 맞서야 했다.
③ 나는 부시를 그의 사절보다 더 대단히 선호한다.
④ 이론위주의 과목들은 대부분의 학생들에게 호소력을 잃었다.
⑤ 그에게 보낸 진 그 메시지는 도중에 빼앗긴 것으로 드러났다.

정답 ②

16

① Swimming is more dangerous than walking.

② How do you think of that book?

③ I hardly have no time.

④ Either you or I are in the wrong.

⑤ Many a soldier were killed at the battle.

해설 ① 동명사와 동명사간의 비교 구문이다.
② 의문부사인 How(방법, 정도)가 아니라 의문대명사인 *What*(견해, 생각)(전치사 of에 대한 목적격)이 쓰는 것이 맞다. ③ hardly가 이미 부정어이므로 no를 *any*로 고쳐야 한다.
④ Either A or B는 B에 맞추어 하므로 are을 *am*으로 바꾸어야 한다.
⑤ Many a soldier(많되 그 '개별'대상을 강조하는 표현)는 단수로 취급하므로 were을 *was*로 해야 한다.

번역 ① 수영은 걷기보다 더 위험스럽다. ② 그 책에 대해 어떻게 생각하세요? ③ 나는 시간이 거의 없다. ④ 너 아니면 내가 잘못이다. ⑤ 많은 군인이 그 전투에서 죽었다.

정답 ①

17

① If it rains or not doesn't concern me.

② Do you know whether are the shops open?

③ I don't care if or not your car breaks down.

④ You can call me whatever names do you like.

⑤ He gave whoever came to the door a winning smile.

해설 ① 구어체 등에서 if절은 whether절을 일부 대용할 수 있으나 대용할 수 없는 경우로서는 1) 조건 부사절의 if절과 혼동될 염려가 있을 때 2) 주절, 보어절, 동격절을 이끌 때는 whether을 쓰는 것이 원칙이다. 따라서 If를 Whether로 바꾸면 된다.
② 간접의문사절은 정치어순이므로 ~whether[/ if] the shops are open?
③ break down : (차가) 고장 나다(become out of order) / whether나 if 모두 or not을 문미에 둘 때는 이를 생략할 수 있지만 or not을 접속사 바로 다음 위치에 둘 때는 whether만 가능하다.
④ do you like → you like(직접의문일 경우를 제외하고 도치되어서는 안 된다.)
⑤ a winning smile : 애교 있는 미소, 득의의 미소

번역 ⑤ 그는 그 문가로 오는 사람이면 누구에게나 애교 있는 미소를 보냈다.

정답 ⑤

18

① Passengers request to remain seat till the aircraft stops.

② Passengers request to remain seating till the aircraft is stopped.

③ Passengers request to be remained seated till the aircraft is stopped.

④ Passengers are requested to remain seated till the aircraft stops.

⑤ Passengers are requested to remain seating till the aircraft stops.

해설 *be requested to* v… : …하라는 요구(부탁)을 받다 • remain seated : 계속 앉아 있다.

번역 여러분께서는 이 비행기가 멈출 때까지 계속 앉아계시기 바랍니다.

정답 ④

19

① She ran away hurriedly lest she should not be seen.

② Employment has been increasing steady since the beginning of June.

③ I haven't ever met the poet; nor I have ever had any desire to do so.

④ I can hardly pick up a magazine nowadays without encountering someone's view on our colleges.

⑤ Whoever checked this computer should have put their slot number on the case.

해설 ① not을 뺌 ② steady → steadily(여기서의 increase는 완전자동사이다.) C) not I have → nor have ⑤ their → its(this computer를 받음)

번역 ① 그녀는 보이지 않도록 서둘러 달아났다.　　　② 고용이 6월초 이래 꾸준히 증가해오고 있다.
③ 나는 그 시인을 만난 적이 없다. 또한 그렇게 하려는 어떤 욕구도 가져 본 적도 없다.
④ 나는 우리 대학들에 관한 누군가의 견해를 마주치지 않고서는 요즘 잡지를 집어 드는 일은 거의 없다. (=나는 요즘 잡지를 집어 들 때마다 우리 대학들에 관한 누군가의 견해를 거의 마주치게 된다.)
⑤ 누가 이 컴퓨터를 점검했던지 간에 컴퓨터의 슬롯번호를 상자위에 두었어야 했는데.

정답 ④

20

① They asked him to return the book but he refused to do that.

② I'm sorry that I delayed answering your last letter.

③ I'm sure that the problem has to do something with the battery.

④ In the market they were busy selling their good.

⑤ There have been a lot of gossips about the company going bankrupt.

해설 ① to do that → to or to do so ② delay는 동명사를 목적어로 취하는 타동사 ③ has to do something with → has something to do with (~와 관계가 있다.) ③ good → goods ⑤ have → has / gossips → gossip('한담, 뜬소문'의 의미로 사용될 경우 불가산명사)

번역 ① 그들은 그가 책을 되돌려 줄 것은 요구했으나 그는 그렇게 하기를 거부했다.
② 지난번 당신의 편지에 답장을 미루어 죄송합니다.　　③ 나는 문제가 배터리와 관계가 있다고 확신한다.
④ 그 시장에서 그들은 그들의 제품을 판매하고 있었다.　　⑤ 그 회사가 파산할 것이라는데 대해 많은 뜬소문이 있어왔다.

정답 ②

21

① We stock a full range of general hardware.

② A little meat will not do you a harm.

③ The patients have also to pay for medication.

④ I don't agree some of the things she said.

⑤ He came to see me after and apologized.

해설 ② a harm → harm ③ also삭제 or also have to(have yet to : '아직도 ~ 해야 한다', '아직도 ~ 않고 있다'〈부사 참조〉의 경우를 제외하고는 원칙상 한 단어 개념으로 사용되는 have to사이에 다른 부사가 끼어 들 수 없다.) ④ agree → agree to ⑤ after → afterwards or later

번역 ① 우리는 전범위의 품목에 이르는 하드웨어를 재고에 두고 있다.
② 약간의 고기가 당신에게 해가 되지는 않을 것입니다.　③ 그 환자들 또한 약물치료에 대한 비용을 지불해야 한다.
④ 나는 그녀가 말한 일부에 동의할 수 없다.　　　⑤ 그는 나중에 나를 찾아와 사과했다.

정답 ①

22

① Being a liar, he cannot be relied.

② He kissed her on her lips.

③ His this book is very interesting.

④ Thank you for what you have done for me.

해설 ① relied → relied on(, he cannot *be relied on* 〈by us〉. ⇐ 〈능동〉 We cannot *rely on* him.〈rely on을 타동사구로 취급〉) ② her lips → the lips(목적어인 her이 있으므로 her lips에서 her은 소유격이라 할지라도 인칭이 중복되기 때문에 이 경우 정관사로 나타내야 한다.) ③ His this book → This book of his(= *his books*)(2중소유격)

번역 ① 거짓말쟁이 이므로, 그는 신뢰받을 수 없다.
② 그는 그녀의 입술에 키스했다.
③ 그의 이 책은 매우 흥미롭다.
④ 당신이 저를 위해 해 주신 일에 감사드립니다.

정답 ④

23

① He lent me the camera he bought the day before.

② I have lived here for these five years.

③ She has just now arrived.

④ It will not be long before he will come back.

해설 ① bought → had bought(the day before와 호응되면서 빌려준 시점보다는 구입한 시점에 먼저이므로 bought는 과거완료여야 한다.) ③ has ~ arrived → arrived just now(just now에서의 now는 a moment ago의 뜻으로 과거시제와 호응되어야 한다. 아니면 주어진 문장을 그대로 두고 now를 삭제하면 된다.) ④ will come → comes('시간' 의 부사절에서의 현재대용)

번역 ① 그는 그 전날 구입했던 카메라를 나에게 빌려 주었다.
② 나는 5년 동안 이곳에 살아왔다.
③ 그녀는 방금 전에 도착했다.
④ 그는 머지않아 되돌아 올 것이다.

정답 ②

24

① I have finished my work an hour ago.

② When have you returned from the journey abroad?

③ I don't know if she comes tomorrow

④ If it is fine tomorrow, I will go fishing.

해설 ① have finished → finished(an hour ago를 볼 때 과거시제) ② have you returned → did you return(시간의 의문부사인 when은 '특정시점'이 전제가 되어야 하므로 '일정기간'이 전제가 된 완료시제와 호응되지 못한다.) ③ comes → will come('조건'부사절에서의 현재시제 대용)

번역 ① 나는 한 시간 전에 나의 일을 끝냈다.
② 해외여행에서 언제 돌아왔지?
③ 나는 그녀가 내일 올지 여부를 모른다.
④ 내일 날씨가 좋다면, 나는 낚시 가겠다.

정답 ④

25

① I hope the rain to stop soon.

② Bob doesn't come from New York, doesn't he?

③ I want you to see a doctor.

④ You had better not to see her.

해설 ① hope → expect(hope은 3형식동사이므로 이 경우 불가하며 부정사를 목적보어로 취하는 동사로 바꾸어야 한다.) ② doesn't he → does he(부정일 경우 부가의문문은 긍정) ⑤ not to → not(had better은 조동사이므로 not다음에는 본동사여야 한다.)

번역 ① 나는 비가 곧 그치기를 기대한다. ② Bob은 뉴욕에서 돌아오지 않죠?
③ 나는 네가 의사의 진찰을 받아보길 원해. ④ 너는 그녀를 만나지 않는 것이 좋겠어.

정답 ③

26

① Shortly after leaving home, the accident happened.

② To get up on time, a great effort was needed.

③ Until completely awake, work was impossible.

④ Riding the subway, I always read the advertisements.

해설 ①, ②, ③ 모두 comma(,) 다음의 주어와 호응되지 못함
번역 ④ 지하철을 타고 갈 때면 나는 항상 광고문을 읽는다.
정답 ④

27

① This is a kind of a plant.

② He seldom goes to church, doesn't he?

③ They knew the both brothers.

④ He seized me by the sleeve.

해설 ① plant 앞의 a를 뺌 ② seldom(hardly, scarcely 등)은 준부정어이므로 부가의문은 긍정의 모양, 즉, does he?로 ③ 정관사(the)와 부정형용사는 동일계열의 한정사이므로 나란히 쓸 수 없다. 따라서 우선 the를 빼면 된다. 또한 both (of) the brothers(이 경우는 원래 both는 부정대명사)도 가능하다 ④ 신체 일부를 나타낼 경우의 표현으로 적합한 표현이다.
번역 ① 이것은 일종의 식물이다. ② 그는 좀처럼 교회에(예배하러) 가지 않는다. 그렇지 않아요?
③ 그는 두 형제들 모두 알고 있었다. ④ 그는 나의 소매를 잡았다.
정답 ④

28

① I have three hundreds dollars.   ② He is still in his teens.

③ He has two dozens of pencils.   ④ I hope you will make friend with her.

해설 ① hundreds → hundred(명사 바로 앞에 수사가 나온 이상 형용사 기능이다. 따라서 two, two dozen, three hundred등으로 나타내야 하며 '막연'한 수백의 논리를 말할 경우는 'hundreds of dollars이다.)
③ two dozens of → two dozen or dozens of ④ friend → friends(상호복수)
번역 ① 나는 3백 달러를 가지고 있다. ② 그는 아직 10대이다.
③ 그는 24자루의 연필을 가지고 있다. ④ 나는 네가 그녀와 친구로 사귀기를 기대한다.
정답 ②

29

① He is resembled by his father.　　② He was made to learn bookbinding.

③ I prefer taking a cab to go on foot.　　④ He was seen enter the room.

해설 ① is resembled by → resembles(이 동사는 수동태와 진행형이 불가한 동사) ③ to go → to going(prefer A to B 〈A를 B보다 선호하다〉. 이 경우 A와 B는 항상 같은 유형이어야 한다.) ④ enter → to enter('지각, 사역' 동사의 수동형에서 to부정사 사용)

번역 ① 그는 아버지를 닮았다.　　　　　　② 그는 제본하는 일을 배워야 했다.
③ 나는 택시를 타는 것을 걸어서 가는 것보다 선호한다.　④ 그는 방으로 들어가는 것이 보였다.

정답 ②

30

Choose the underlined expression which is correct.

① **Neither of the two applicants are** eligible for the job.

② The coffee price **has rose sharply** in the last few years.

③ The boss expressed **his concern that** the worsening economy.

④ The newly installed machine will **make possible to increase** the daily output.

⑤ Although the main point is agreed upon, the final result **remains to be seen.**

해설 ① are → is (neither와 either은 단수취급) ② has rose → has risen (rise-rose-risen) ③ that → about (that다음에 절이 오지 않았으므로 문맥에 맞는 전치사로 바꿈) ④ make possible → make it possible (possible은 목적보어이며 그 앞에 가목적어 it이 필요함) ⑤ remain은 부정사를 형용사 기능의 보어로 취하는 2형식 동사의 하나이며 주어인 the final result와의 관계상 수동의 부정사가 적절하다.

번역 ① 두 명의 응시자들 중 누구도 그 일에 적격이 아니다.
② 커피가격이 지난 몇 년 동안 급격히 상승했다.
③ 그 사장님은 악화되고 있는 경제에 관한 우려를 표명했다.
④ 새로이 설치한 그 기계는 일일생산량을 증가를 가능케 해 줄 것이다.
⑤ 비록 요점은 합의되었으나, 최종결과는 두고 봐야 안다.

정답 ⑤

31

Choose the underlined expression which is correct.

① My job at the bank **was very bored.**

② The group **was consisted of** the people.

③ Why do you **prefer the theater than the cinema?**

④ The doctor gave him a tranquilizer to **calm him down.**

⑤ The number of foreign workers that are allowed to **enter into Japan** has increased.

해설 ①에서는 bored(사람 주어일 때)를 boring으로 바꾸어야 한다. Cf. (My) *boring* job ②번의 consist of는 자동사로서 수동태 불가하므로 was를 빼야 한다. ③번은 than자리에 prefer와 호응되는 to로 대체해야 한다. ⑤에서는 '…에(〈안〉으로) 들어간다'고 할 경우 enter는 타동사이다. 따라서 into를 빼야 한다. enter into는 주로 '시작하다'의 의미로 쓰인다.

어구 • boring : 지루한, 따분한 • consist of : ~으로 구성되다(be composed of) • tranquilizer : 진정제
• calm down : 진정시키다(tranquilize)

번역 ① 은행에서의 나의 일은 매우 따분했다.　　② 그 단체는 그 사람들로 구성되어 있었다.
③ 당신은 왜 극장을 영화관보다 더 선호합니까?　④ 그 의사는 그에게 그를 진정시킬 진정제를 주었다.
⑤ 일본에 들어오게끔(입국하도록) 허용되는 외국인 근로자들의 수가 증가했다.

정답 ④

※ 다음 중 어법상 옳지 않은 것을 고르시오. (32~70)

32 (2010 지방직)

① Everything changed afterwards we left home.

② At the moment, she's working as an assistant in a bookstore.

③ I'm going to train hard until the marathon and then I'll relax.

④ This beautiful photo album is the perfect gift for a newly-married couple.

번역 ① 우리가 집을 떠난 후 모든 일이 변했다.
② 현재로서는, 그녀는 한 서점에서 보조원으로 일하고 있다.
③ 나는 마라톤까지 열심히 훈련하려 하며 그 다음 편히 쉬겠다.
④ 이 아름다운 사진앨범은 신혼부부에게는 완벽한 선물이다.

해설 ① afterwards는 접속사가 아닌 부사이므로 절의 구조를 이끌 수 없다.
② 'at the moment[당장에는, 현재로서는]'과 호응하여 현재 또는 현재진행(is working)시제가 잘 호응되고 있고 work다음에 '자격'의 전치사 as도 먼저 온 것이 적절하고 문미에 장소부사구가 나온 순서도 적절하다.
③ 'am going to v'는 가까운 미래를 나타내는 준조동사구이며 and then 다음의 미래 'Il relax'와도 잘 호응되고 있다.
④ This beautiful photo album [한정사(This) + 형용사(beautiful) + 복합명사(photo album)]의 나열된 순서가 적절하다.

정답 ① (afterwards → after)

33 (국가직 · 2010 경찰직)

① Please explain to me how to join a tennis club.

② She never listens to the advice which I give it to her.

③ The bank violated its policy by giving loans to the unemployed.

④ The fact that he is a foreigner makes it difficult for him to get a job.

해설 ① explain은 3형식 동사이므로 how to join a tennis club를 목적어로 두고 있으며 to me은 부사구로써 명사절(that절 또는 의문사절[또는 의문사+to부정사])이 나올 경우는 적어 앞에 두는 것이 원칙이다.
② 관계대명사인 which는 '접속기능+대명사'이므로 이 경우 타동사 give의 목적격이다. 따라서 it을빼야 한다.
③ by다음에 동명사인 giving이 3형식 동사로 적절히 사용되고 있으며 정관사를 형용사나 분사와 결합하여 복수 보통명사 특성을 나타낸 'the unemployed(실직자들)'도 적절하다.
④ The fact 와 that절은 동격이며 The fact의 정형동사는 makes이다. 한편 makes는 가목적어(it)와 진목적어(to get a job)를 취하고 있으며 for her은 부정사의 의미상의 주어이다.

번역 ① 테니스 클럽에 어떻게 가입하는지 저에게 설명해 주세요.
② 그녀는 내가 그녀에게 하는 충고는 결코 귀담아 듣지 않는다.
③ 그 은행은 실직자들에게 대출을 제공함으로써 은행의 정책을 위반했다.
④ 그녀가 외국인이라는 사실이 그녀가 일자리를 얻게 하기를 어렵게 한다.

정답 ② (it을 삭제함)

34

(2010 경북교행)

① I will have this done by the end of the month.

② Hardly had he fallen asleep when the alarm went off.

③ They hope to finish the report before the library will close.

④ Roughly half of the employees commute to work by subway.

⑤ The store was so busy that it had to hire additional workers.

어구 ② • fall asleep : 잠들다; (완곡) 죽다, 영면하다 • go off : (총알이) 나가다, 발사되다(하다), 터지다(explode); 악화되다, (음식이) 썩다(go bad, become bad); 의식을 잃다, 까무러치다(black out)
④ • roughly : 거칠게; 난폭하게; 대충, 개략적으로 • commute : 바꾸다(change), 교환 · 대체하다(exchange); 정기(회수)권으로 통근하다(travel back and forth daily from a home to a job) • by subway : 지하철로, 전철로
⑤ additional : 부가적인, 추가의, 보충의; 특별한

번역 ① 나는 그달 말까지 이 일을 완료할 것이다.
② 그가 잠이 들자마자 경보가 울렸다.
③ 그들은 도서관이 문을 닫기 전에 보고서를 끝낼 것으로 희망한다.
④ 근로자들의 대략 절반은 전철로 출퇴근한다.
⑤ 그 가게는 너무나 분주한 나머지 추가적인 근로자들을 고용할 수밖에 없었다.

해설 ①의 경우 미래시제로 나타낸 것이며 have는 사역동사로서 목적보어 자리에 수동관계를 나타내므로 과거분사 done이 나온 것이다. 미래 일정시점에서의 완료를 나타내는 by가 사용된 것을 감안하여 이 문장의 경우라면 will have를 미래완료시제로 나타내어 will have had로 전환해도 좋다.
② 부정의미를 지닌 정도부사 Hardly 또는 Scarcely를 문두에 두어 도치된 문장으로 적절하며 주절은 과거완료, when(or before)절에서 과거인 것도 적절하다.
③ 시간이나 조건의 부사절은 미래가 아닌 현재('현재 및 가까운 미래'에 가능한 사실적인 내용을 나타내기 때문)로 나타내야 하므로 'will close'를 'close'로 나타내야 한다.
④ 부분의 특성을 나타내는 것의 하나인 주어인 half의 수는 전치사 of다음의 수와 일치시키면 되므로 복수동사인 commute가 적절하다. 한편 'by subway'에서는 '상대적 수단'을 나타내는 경우로서 관사가 사용되지 않는다는 점도 중요하다.
⑤ 'so 형용사/부사 that절'의 구조는 '인과관계'를 나타내며 문맥상 적절하다.

정답 ③

35

(2008 국가직)

① Columbus proved that the earth was round.

② My parents kept on encouraging me to study.

③ Please remember to put out the cat before you go to bed.

④ The hotel has been closed for many years.

번역 ① 콜럼부스는 지구가 둥글다는 것을 증명했다. ② 나의 부모님께서는 계속하여 내가 공부하도록 격려해 주셨다. ③ 잠자리에 들기 전에 고양이를 밖으로 내 놓는 것을 기억하세요. ④ 그 호텔은 여러 해 동안 폐쇄되어 왔다.

해설 ①에서 주절의 동사인 proved가 어떤 시제이든 무관하게 종속절의 내용이 불변의 진리나 일반적인 사실, 속담 등을 나타내는 뜻으로 사용된 이상 대표시제인 현재를 사용해야 한다. ② keep (on) v-ing : 계속해서 …하다 / encourage + 목적어 + to부정사 (5형식) Cf. 사역동사 : cause, compel, force, oblige, enable, encourage, get, invite [목적보어에 원형을 취하는 사역동사는 make, have, let] ③ 회고 · 회상 · 기억 의미의 타동사 : "recall, remember, forget, regret"의 경우 부정사를 목적어로 취할 경우 : 미래지향적, 동명사를 목적어로 취할 경우 과거지향적"이므로 to put out은 적절하다. 또한 go to bed는 '잠자리에 들다'는 추상적 의미이므로 'go to the bed'가 아닌 것이 적절하다. ④ 현재완료시제는 for many years와 잘 호응하고 있으며 주어와의 관계상 수동태도 적절하다.

정답 ① (was → is)

36

(2008 지방직)

① It is foolish for you to do such a thing.

② He ordered that it be done at once.

③ I was really amazed when I was offered the job.

④ The heavy rain kept them from going on a picnic.

번 역 ① 네가 그런 짓을 한다는 것은 어리석은 일이다.
② 그는 그 일이 즉시 처리되어야 한다고 명령했다.
③ 나는 그 일자리를 제공받았을 때 정말 깜짝 놀랐다.
④ 폭우가 그들로 하여금 소풍을 가지 못하게 했다.(=폭우 때문에 그들은 소풍을 갈 수 없었다.)

해 설 ① "foolish, silly, stupid, nice, considerate, …" 등과 같은 부정사의 의미상의 주어에 대한 성질 등을 나타내는 경우는 전치사 for가 아닌 「성질, 성격, 속성」의 의미를 지닌 전치사 of을 사용해야 한다. "You are foolish." 등으로 확인해 보면 쉽게 알 수 있다.
② '명령(order, command)/ 주장·결정(insist, urge, decide)/ 제안·충고(suggest, propose, advise, recommend)/요구(demand, require, request, propose, ask, desire)'의 단어들이 나오면 '현재 및 가까운 미래에 불확실하거나 의심되는 일'을 나타내므로 종속절(that절)은 가정법 현재의 하나로서 '(should) 동사원형'의 형태가 나온다. 하지만 종속절(that절)을 이끄는 내용이 동격인 명사일지라도 that절의 전개방식은 같은 논리가 적용된다. Cf. ~ it (should) be done ~.
③ 사람 주어에 대한 '감정'특성의 과거분사 amazed가 적절하고 능동일 경우 4형식동사 offer가 수동태가 되는 가운데 the job이 보류목적어가 된 3형식 구조의 문장도 적절하다.
④ "[S(주어)] + keep + O(목적어) + from v-ing : S는 O가 …하는 것을 (못하도록) 막다. S 때문에 O는 …할 수 없다." Cf. 대표적 유례(類例) : keep, prevent, preclude, dissuade, discourage, deter, hinder, prohibit, stop 등. 그리고 주어진 문장과 같은 물주구문의 경우 풀어서 다시 나타내면 "We could not go on a picnic because of the heavy rain."이다.

정 답 ① (for you → of you)

37

(2008 지방직)

① I'll soon be finished with this job.

② More doctors were urgently required to tend sick and wounded.

③ My husband insisted that the new baby be named after his mother.

④ He was firing questions at the politician.

어 구 ① be finished with : …을 끝내다(finish) ④ fire questions at someone : …에게 질문 공세를 퍼붓다
번 역 ① 이 일을 곧 끝내마.
② 보다 많은 의사들은 병들고 부상당한 사람들을 돌봐주는 일이 절실히 요망된다.
③ 나의 남편은 새로 태어난 아이가 그의 어머니 이름을 따서 지어져야 한다고 강력히 주장했다.
④ 그는 그 정치인에게 질문공세를 퍼부었다.

해 설 ②에서는 타동사 tend(돌보다, 간호하다)의 목적어가 될 수 있도록 명사적 특성을 나타내기 위해 'the + 형용사 또는 분사 = 복수 보통명사'를 활용해 'the sick(병자들, 환자들) and the wounded(부상자들)'로 나타내야 한다. ③ '주장·결정(insist, urge, decide)/ 명령(order, command)/ 제안·충고(suggest, propose, advise, recommend)/ 요구(demand, require, request, propose, ask, desire)'의 단어들이 나오면 '현재 및 가까운 미래에 불확실하거나 의심되는 일'을 나타내므로 종속절(that절)은 가정법 현재의 하나로서 '(should) 동사원형'의 형태가 나온다.

정 답 ② (sick and wounded → the sick and the wounded)

38

(2008 지방직)

① He counted it, all things considered, the happiest part of his life.

② The sun having set, we gave up looking for them.

③ Please arrive back here a day early, in case there will be some details to talk over.

④ Two bags which should have gone to Rome are being loaded aboard a flight to Paris.

번역 ① 점을 고려해 보아, 그는 그것을 자신의 인생의 가장 행복한 부분이라 생각했다.
② 해가 졌으므로, 우리는 그들을 찾는 일을 포기했다.
③ 인계받아야 할 일부 세부적인 일들이 있을 경우를 대비하여 하루 더 일찍 이곳에 돌아와 주세요.
④ 로마가 갔어야할 두 개의 가방이 파리행 항공편으로 실리는 중에 있다.

해설 ① 여기서의 count는 5형식 동사[(…을 …이라고) 생각하다, 간주하다(regard)]로 사용된 경우이며 목적보어가 the happiest part of his life이다. all things considered는 'if all things are considered'에서 things 다음에 being이 생략된 독립분사구문으로 사용된 경우이다.
② The sun having set는 As the sun had set에 대한 독립분사구문이며 give up(=abandon)의 목적어로 동명사의 사용이 적절하다.
③ 부사절의 '조건'특성을 나타내는 접속사 'in case (that)'다음에 시제는 미래가 아닌 '현재'로 나타내야 하므로 will be를 are로 바꾸어야 한다. 부차적인 것이지만 a day early도 a day earlier로 나타내는 것이 자연스럽다.
④ 주어인 Two bags에 대해 'are being loaded'는 현재진행수동태로 사용되고 있으며 aboard는 부사로 주로 사용되지만 여기서는 전치사로 사용되고 있는 경우이다.

정답 ③ (will be → are)

39

(2008 경기교행)

① A : I love this fresh air. It's almost a year since I came here.

② B : I know you've been too busy. You'd better to take it easy.

③ A : But there are always so many things to take care of.

④ B : Well, health comes first. I don't want you to get burned out.

어구 • ② take it easy. : 서두르지 않다, 덤비지 않다, 천천히 하다 ③ take care of : …을 돌보다(look after, care for, take to); …에 주의하다, …을 소중히 하다; …에 대비하다, 처리하다 ④ burn out : 다 타버리다; 정력을 다 써버리다; (엔진 등이)[을] 과열되다[시키다] *Cf.* be(/ get) burned out : 녹초가 되다, 무리하다; 몽땅 타버리다

번역 ① A : 나는 신선한 공기를 좋아한다. 내가 이곳에 온 이래 거의 1년이다.
② B : 너무 바쁘게 살아오신 것으로 알고 있습니다. I know you've been too busy. You'd better to
③ A : 하지만 언제나 처리해야 할 일이 너무나 않다.
④ B : 이봐, 건강이 우선이야. 난 네가 무리하기 않으면 좋겠어.

해설 ① since다음에 과거시제(came)가 나온 것이 적절하며 주절의 비인칭 주어 it이 사용될 경우 현재시제인 It's가 적절하다는 점을 주의하자. 단, 구어에서는 이런 경우 It's been을 사용하기도 한다.
② 'd better는 하나의 조동사 단위로 취급되므로 그 뒤에는 원형부정사가 와야 한다.
③ so many things (for us) to take care of은 복문의 구조(so many things which we should take care of)를 단문으로 나타낸 것이다. 여기서의 which(or that)은 타동사구인 take care of의 목적격 관계대명사이다.
④ B : want는 목적보어를 to부정사로 둔 것이 적절하며 'get +p.p.'구조가 동작수동태로 사용된 것도 적절하다.

정답 ② (to take → take)

40 (2013 지방직)

① George has not completed the assignment yet, and Mark hasn't either.

② My sister was upset last night because she had to do too many homeworks.

③ If he had taken more money out of the bank, he could have bought the shoes.

④ It was so quiet in the room that I could hear the leaves being blown off the trees outside.

어구 ・ upset : v. n. a. 뒤집힌, 전도된; 타도된, 패배한; (위장이) 불편한; 혼란에 빠진, 엉망인; 당황한, 기분(속) 상한 (잡친), 낭패한

④ blow off : (바람이) …을 불어 날리다(blow away); 뿜어 나오다; 발산시키다; …을 무시하다

번역 ① George는 아직도 과제물을 완료하지 않았고 Mark 또한 하지 않았다.

② 나의 여동생은 해야 할 숙제가 너무 많았기 때문에 어젯밤 기분 상해 있었다.

③ 만일 그가 은행으로부터 보다 많은 돈을 인출했더라면, 그는 구두를 살 수 있었을 텐데.

④ 방안이 너무나 조용하여 나는 밖에 있는 나뭇잎이 나무에서 바람이 불어 떨어지고 있는 것을 들을 수 있었다.

해설 ① 현재완료 시제의 부정문에서 yet이 사용된 것이 적절하며 부정문을 더하여 'and Mark hasn't either(=and neither has Mark)'라고 표현한 것도 적절하다.

② 'many homeworks'가 틀렸다. homework는 불가산명사라는 점을 명심하자.

③ 가정법 과거완료의 기본구조와 내용 모두 절절하다.

④ 인과(원인과 결과)관계를 나타내는 것으로 'so ~ that'이 적절하고 지각동사 hear와 목적어(the leaves)에 대한 목적보어 'being blown off'이 적절하다. 수동관계만을 나타내려면 being을 빼놓고 봐도 좋으나 수동이면서도 진행을 강조하는 내용의 경우 이와 같이 being이 남게 된 경우도 있다는 점을 기억하자.

정답 ② (many homeworks → much homework)

41

① He has left the building just now.

② We'll go for a walk as soon as it stops raining.

③ I have been waiting for him since nine o'clock.

④ He was reported to have died during World War Ⅱ.

⑤ The refugees seemed to have been starving before coming aboard.

해설 ① just now(방금 전)와 호응되는 시제는 과거이다. ② 시간의 부사절에 현재시제는 적절하다. ③ since는 현재완료 시제와 호응됨. ④ 정형동사의 시제가 과거이므로 완료부정사는 과거완료시제를 나타냄. ⑤ 정형동사가 과거이므로 to have been starving는 과거완료진행시제를 나타내며 before coming aboard에서는 단순형 동명사가 사용되므로 과거시제를 나타낸다.

번역 ① 그는 방금 전 그 빌딩을 떠났다.

② 우리는 비가 멈추는 대로 산책하러 갈 것이다.

③ 나는 9시 이래 그를 기다려오고 있다.

④ 그는 2차 세계대전동안 죽은 것으로 보도되었다.

⑤ 그 난민들은 해외로 오기 전에 굶어죽어 가고 있었던 것 같다.

정답 ① (has left → left)

42

① He had been ill for a week when he was sent to the hospital.

② If you had failed, then what would you be doing now?

③ Physics are a very complicated branch of science.

④ No Sooner had he bought a new car than he found an engine trouble.

해설 ① 과거시제인 병원으로 후송되기 까지 앓았던 것은 먼저이므로 과거완료 시제가 적절하다.
② 혼합가정법으로서 적절하다.
③ 학문명은 추상명사이며 단수취급해야 한다.
④ 부사인 No sooner을 문두에 두었으므로 도치된 문장이 적절하며 종속절의 과거시제도 적절하다.

번역 ① 그는 일주일간 앓다가 병원으로 후송되었다.
② 만일 네가 실패했더라면, 넌 지금을 무엇을 하고 있을까?
③ 물리학은 매우 복잡한 과학의 한 분야이다.
④ 그가 새 차를 사자마자 그는 엔진고장(결함)이 있음을 발견했다.

정답 ③ (physics are → physics is)

43

① The students in your class evaluate each other.

② My father is so stubborn.

③ He proved himself to be a good father.

④ There is not evidence to support this theory.

번역 ① 당신 학급의 학생들은 서로를 평가한다.   ② 나의 아버지는 너무나 완고하시다.
③ 그는 (자신이) 훌륭한 아버지임을 입증하였다.   ④ 이러한 이론을 뒷받침할 증거는 전혀 없다.

해설 ① each other는 원칙상은 둘 사이의 '서로, 상호간(에)'를 의미한다. 따라서 이 문맥에서는 셋 이상을 뜻하는 one another이 낫지만 each other로 하더라도 다수의 학급생들이 둘씩 짝을 지어 나타낼 수는 있다는 것을 전제로 볼 수는 있다.
② 이 경우의 so는 정도부사 very와 같은 의미로 보면 된다.
③ 여기서의 prove는 5형식 동사로 사용되고 있으며 to be는 생략 가능하다.
④ 추상명사인 evidence를 수식하는 것은 부사인 not이 아닌 부정형용사인 no가 되어야 한다.

정답 ④

44

① Allow me to say a little words on behalf of the association.

② Sue spends a lot of money on clothes.

③ I have a few friends and we meet quite often.

④ Facing the south, my house gets a great deal of sunshine.

⑤ We must be quick. We've only got a little time.

해설 ② spend A on B / a lot of, lots of, plenty는 불가산명사나 가산명사의 복수 모두 수식 가능 ③ a few + 복수명사
④ a great deal of + 불가산명사 ⑤ a little + 불가산명사

번역 ① 그 협회를 대표하여 제가 몇 말씀을 드릴 수 있게 해 주십시오.
② Sue는 옷에 많은 돈을 쓴다.
③ 나는 몇몇 친구들이 있으며 꽤 자주 만난다.
④ 남향인 나의 집은 많은 햇볕을 받는다.
⑤ 우리는 신속해야(서둘러야) 한다. 우리는 남은 시간이 조금밖에 없다.

정답 ① (a little words → a few words)

45

① However rich he may be, he cannot buy everything.

② Let's wear a jacket lest we shouldn't catch cold in this cold weather.

③ It never rains but it pours.

④ Since the vacation is so short, no one can go abroad.

⑤ I will go with you provided you pay all the expenses.

해 설 ① However + 형용사/부사 S +V ② lest + S + should… : …하지 않도록 / catch (a) cold : 감기에 걸리다 ③ = Whenever it rains, it always pours. ⑤ provided (that)는 if의 대용

번 역 ① 그가 아무리 부자라 할지라도, 그는 모든 것을 다 살 수는 없다.
② 이렇게 추운날씨에 감기에 걸리지 않도록 재킷을 입자.
③ 비가 왔다하면 폭우다. (불행한 일은 겹치기 마련이라는 뜻)
④ 방학이 너무 짧아서 누구도 해외에 갈 수는 없다.
⑤ 나는 네가 모든 비용을 다 지불한다면 너와 함께 가겠다.

정 답 ② (shouldn't → should)

46

① If properly maintained, cars remain operational for several years.

② Almost all the issues raised at the conference have been discussed since the early 1970s.

③ It is the ability to make positive things happen that most distinguishes the successful manager from the mediocre one.

④ Since the beginning of the 20th century, improvements in agriculture have made possible to produce enormous amount of crops even in the dry weather.

⑤ Not only did they send home substantial earnings, but they also saved money.

해 설 ① If (they(=cars) are) properly maintained, ~ ② Almost all (of) the issues raised~에서 raised는 과거분사 / since와 그 앞에 현재완료시제 호응이 적절하고 / 수동태도 적절하다. ③은 강조구문이며 the ability가 주어이자 강조대상이다. ④에서 make는 5형식으로 사용된 경우로서 뒤에 부정사를 둔 것은 가목적어 it을 make 다음에 둘 경우이다. ⑤ Not only를 문두에 두어 도치된 문장이 옳다.

어 구 • operational : 운행할 수 있는 • mediocre : 보통의, 평범한 • enormous : 엄청난 • substantial : 실체가 있는; 다량의; 상당한

번 역 ① 만일 제대로 유지된다면 차는 여러 해 동안 운행할 수 있다.
② 그 회의에서 제기된 거의 모든 문제들이 1970년대 초이래 논의되어 왔다.
③ 성공적인 관리자를 평범한 관리자와 가장 잘 구별시켜 주는 것은 긍정적인 일들이 일어나게 할 수 있는 능력이다.
④ 20세기 초이래 농업의 향상은 건조한 날씨에서도조차 엄청난 양의 작물을 생산하는 일을 가능하게 해 주었다.
⑤ 그들은 집으로 상당한 수입을 보냈을 뿐만 아니라 돈을 저축도 했다.

정 답 ④ (~made possible to produce~ → ~made it possible to produce~)

47

① The editorial called the project a failure.

② Mr. Brown, the registrar, proved most helpful.

③ The man who returned my wallet was a complete stranger.

④ Americans seem committed to the exploration of space.

⑤ My aunt Martha, together with her six children, are leaving now.

> 해 설 ① 5형식 문장이며 a failure은 보통명사화된 목적보어이다. ②2형식 문장으로 형용사 주격보어가 적절하다 ⑤번의 경우 주어인 단수인 My aunt Martha이므로 술어동사는 is leaving이 되어야 한다.

> 어 구 • editorial : 사설 • registrar : 기록 담당자(기록계), 등록(등기)관 • committed to : …에 헌신·전념하는

> 번 역 ① 그 사설에서는 그 프로젝트를 실패작이라 불렀다.
> ② 기록계인 브라운 씨는 매우 도움이 되었다.
> ③ 내 지갑을 돌려준 그 남성은 전혀 모르던 사람이었다.
> ④ 미국인들은 우주 탐험에 전념하는 듯하다.
> ⑤ 여섯 자녀들과 함께 나의 숙모 Martha는 지금 떠나고 있다.

> 정 답 ⑤ (are leaving → is leaving)

48

① We are used to not having a car.

② We must stop people from committing suicide.

③ There were lots of teenagers dancing to rock music.

④ I managed to finishing the book before the library closed.

⑤ I went there hoping to learn something about Korean culture.

> 해 설 ① 여기서의 to는 전치사이므로 동명사가 뒤에 온 것이 맞고 준동사의 하나인 동명사의 부정 not의 위치도 적절하다 ② stop(/ prevent/ keep/ deter…) + 목적어 + from v-ing ③ dancing은 teenagers를 수식하는 현재분사로 적절하다. ④ manage는 to부정사를 목적어로 취하는 타동사이다. ⑤ hoping은 주어와의 능동관계를 나타내는 현재분사(주격보어)이다.

> 어 구 • be used to + (동)명사 : …하는데 익숙해져 있다 • commit suicide : 자살을 범하다 • manage to + v : 그럭저럭 …하다

> 번 역 ① 우리는 차를 가지고 않고 사는 것에 익숙해져 있다
> ② 우리는 사람들이 자살하는 것을 멈추게 해야 한다
> ③ 락 음악에 맞춰 춤을 추는 십대들이 많았다.
> ④ 도서관이 문을 닫기 전에 나는 그럭저럭 그 책을 다 읽을 수 있었다.
> ⑤ 한국 문화에 대해 뭔가 배우기를 기대하여 나는 그곳에 갔다.

> 정 답 ④ (finishing → finish)

49

① Almost cheese contains much fat.　② Few live to the age of 100.

③ Pictures are a feature of this dictionary.　④ The baby was fast asleep.

⑤ My family have all got red hair.

> 해 설 ①의 almost는 부사이므로 명사인 cheese를 수식할 수 없다. 따라서 Almost all (the) cheese로 하든지 Most cheese로 하여야 한다.

> 어 구 • feature : 특징 • fast asleep : 곤히 잠든

> 정 답 ①

50

① I will study English as much as possible.

② I will study English as much as I can.

③ I will study English as hard as possible.

④ I will study English as hard as I can.

⑤ I will study English as possible as I can.

해설 ▶ as possible as I can에서 I can은 possible의 뜻이므로 동어의 중복(tautology)이 된다.

정답 ▶ ⑤

51

① I can but do my best.

② I cannot help comparing him with his predecessor.

③ Wish that I was in Florida now.

④ I like this kind of grape better than any other.

해설 ▶ ① but=only ② cannot help v-ing / compare A with B ③ was → were(가정법 과거)

번역 ▶ ① 나는 다만 최선을 다할 수 있을 따름이다.   ② 나는 그를 그의 전임자와 비교하지 않을 수 없다.
③ 나는 지금 Florida에 있으면 좋으련만.   ④ 나는 이런 종류의 포도를 어떤 다른 종류보다 더 좋아한다.

정답 ▶ ③

52

① He is as hard a worker as his brother.

② I explained to him that we could not stay any longer.

③ Nobody volunteered except Tom and me.

④ It is accepted custom for one to say 'Excuse me' when he sneezed.

해설 ▶ ④에서 accepted custom을 볼 때 '일반적인 사실이나 관습'을 말하므로 종속부사절의 시제도 현재 여야 하므로
sneezed를 sneezes로 해야 한다.

번역 ▶ ① 그는 그의 형만큼 열심히 일하는 근로자다.
② 나는 그에게 우리가 더 이상 머물 수 없다는 것을 설명했다.
③ Tom과 나를 제외하고는 어떤 누구도 자발적으로 나서지 않았다.
④ 우리가 재치기를 할 경우 '실례 하겠습니다'라고 말하는 것은 일반적으로 수용되는 관습이다.

정답 ▶ ④

53

① It took for me three hours to finish this book.

② It is no use crying over spilt milk.

③ It goes without saying that a friend in need is a friend indeed.

④ It made me furious that my sister refused to help me.

해설 ▶ ①에서 It은 가주어 to부정사가 진주어인 구문이며 took는 4형식 동사로서 간접목적어를 me로 취해야 한다. 간접
목적어를 생략할 경우는 결국 3형식 동사로 취급하면 된다.

번역 ▶ ① 이 책을 다 끝내는 데는 나에게 세 시간이 걸렸다.   ② 엎질러진 우유를 두고 울어봐야 소용없다.
③ 어려울 때 돕는 친구가 진정한 친구라는 것은 말할 필요도 없다.
④ 나의 여동생이 나를 도와주길 거절한 것이 나를 격분하게 했다.

정답 ▶ ①

54

① I'll come, unless it rains.

② He worked so hard as he passed the exam.

③ Whether you like it or not, you will have to do it.

④ Object as they may, we will carry on the plan.

해설 ②에서 문맥상 목적을 나타내는 부사절이 요구되므로 as를 that으로 나타내야 한다. 'so ~ as'형은 비교구문에서 활용된다.

번역 ① 비가 오지 않으면 가겠다.
② 그는 너무나 열심히 공부하여 시험에 합격했다.
③ 네가 그것을 좋아하든 아니든, 그것을 해야만 한다.
④ 비록 그들이 반대한다 할지라도, 우리는 그 계획을 진행할 것입니다.

정답 ②

55

① The house is much too small to live.

② Forgive me for ringing you up so early.

③The poor mother has borne a lot of children.

④ Not for more than five minutes did he hesitate.

해설 ① live → live in(~ small ⟨house⟩ which one can live in.) ② ring someone up : ~에게 전화하다 ③ bear의 p.p는 능동일 때 borne, 수동일 때 born이 원칙이다. ④ 부사를 문두에 두고 도치를 하여 강조한 구문이다.

번역 ① 그 집은 너무 작아서 그 집에서 살 수 없다.
② 너무 일찍 전화 드린 점 용서하시기 바랍니다.
③ 그 가난한 어머니는 많은 아이들을 낳았다.
④ 그는 채 5분도 망설이지 않았다.

정답 ①

56

① The barking dog is driving me mad.

② The animal was presumed dead.

③ She was found lying dead on the floor.

④ The efforts of all have made the party what it is today.

⑤ The boss thinks him differently from other employees.

해설 ① drive *someone* mad : 누구를 미치게 만들다 * drive : (…한 상태로) 몰아치다. ~이 되게 하다 (make)(이 경우 drive는 5형식 동사) ② 능동일 경우 5형식으로써 「presume A (to be) B (A를 B라 추정하다)」인 것을 수동태로(2형식이 됨) 나타낸 것이다. ③ 5형식의 능동태를 2형식의 수동태로 전환한 것이며 또한 dead는 주격 보어가 된 lying의 추가보어이다. ④ 여기서 make는 5형식이며 what it is는 목적보어로서 명사절이다. ⑤ 「think A (to be) B (A는 목적어 B는 목적보어)」인데 항상 목적어 그 보어와의 관계를 단순화시켜 2형식 문장으로 전환해 보면 쉽게 이해할 수 있다. 즉, 이 경우 He is different from other employees.로 확인할 수 있다.

번역 ① 짓고 있는 그 개는 마를 미치게 만들고 있다.
② 그 동물은 죽은 것으로 추정되었다.
③ 그녀는 마루위에 죽은 채로 누워있는 것이 발견되었다.
④ 모든 그러한 노력이 그 당을 오늘날의 모습으로 만들었다.
⑤ 사장님은 그를 다른 근로자와는 다르다고 생각한다.

정답 ⑤ differently → different

57

① It was believed that the earth was flat.

② I couldn't make myself understood in English.

③ He was robbed of his wallet on his way back home.

④ He made it knowing to his wife that he wanted to enter politics.

⑤ The economy of our country is expected to recover in a year or two.

해 설 ① the earth was flat은 과거시제가 타당하다 *Cf.* '불변의 진리'는 어떤 경우에든 'the earth is round'로 표현해야 한다. ② understood는 목적어와의 수동관계이므로 적절하다. ③ be robbed of(~을 강탈당하다)이 적절하다. ④ it 은 가목적어이며 that절은 진목적어이다. 따라서 목적보어는 '아내에게 알려지게'된 것이므로 수동인 known이 되어야 한다.
⑤ 'expect + 목적어 + to 부정사'가 수동이 되어 'be expected to 부정사'가 된 것으로 적절하다

번 역 ① 지구는 평평하다고들 믿었다. ② 나는 영어로 나 자신을 이해되게 할 수(의사소통할 수) 없었다. ③ 그는 집으로 가는 도중에 지갑을 강탈당했다. ④ 그는 자신이 정치에 입문하고 싶다는 것을 아내에게 알려 주었다. ⑤ 우리나라의 경제는 1~2년 내에 회복될 것으로 예상되고 있다.

정 답 ④ (knowing → known)

58

① Disqualifying as a doctor, I took up teaching.

② When you fill in the form, I'll have the baggage brought in.

③ The gentleman left the door open behind him.

④ I don't think the girl over there is pretty, is she?

⑤ Would someone open the door for me, please?

해 설 ① Disqualifying → Disqualified
번 역 ① 의사로서 부적격이었기 때문에, 나는 교사직을 시작했다.
② 당신이 서식을 기입하시면 짐을 안으로 들여보내겠습니다.
③ 그 신사는 자기 뒤로 문을 열어 두었다.
④ 나는 저기에 있는 소녀가 예쁘다고 생각하지 않습니다. 그렇죠?
⑤ 누군가 저를 위해 문을 열어 주시겠습니까?

정 답 ①

59

① The bow and arrow was their favorite weapon.

② All in this class are diligent.

③ Physics are difficult to many girls.

④ A number of farmers were working in the field.

해 설 ① '활과 화살'을 단일개념으로 취급 ② all 은 가산개념으로 사용되거나 가산명사와 결합되면 언제나 복수취급한다. ③ are → is(학문은 불가산명사(추상명사)이다.) ④ farmers가 복수주어이므로 복수동사가 호응되어야 한다.

번 역 ① 활과 화살은 그들이 좋아하는 무기였다. ② 이 학급의 모든 학생은 근면하다.
③ 물리학은 많은 소녀들에게 어렵다. ④ 많은 농부들이 들판에서 일하고 있었다.

정 답 ③

60

① I am looking forward to see you again soon.

② He used to take a walk every morning.

③ They enjoyed themselves at the party.

④ She is not accustomed to getting up early.

해설 ① to see → seeing

번역 ① 나는 당신을 곧 다시 뵙기를 고대하고 있습니다.　② 그는 매일아침 산책을 하곤 했다.
　③ 그들은 파티에서 즐겁게 놀았다.　④ 그녀는 일찍 일어나는데 익숙하지 않다.

정답 ①

61

① I hadn't hardly any breakfast, but I am not hungry now.

② If it rains next Sunday, the party will be put off.

③ Korea is not what she was.

④ Ten years have passed since the war was over.

해설 ① hadn't hardly → hardly had

번역 ① 나는 아침식사로 어떤 것도 거의 먹은 것이 없다. 그러나 지금 배가 고프지 않다.
　② 만일 다음 일요일에 비가 내리면 그 파티는 연기될 것이다.
　③ 한국은 과거의 한국이 아니다.
　④ 그 전쟁이 끝난 이래 10년이 지나왔다.

정답 ①

62

① He seated himself at the desk.　② He shouted himself hoarse.

③ I envy your good fortune to you.　④ We arrived home very late on that day.

해설 ③ to you를 뺌

번역 ① 그는 책상에 자리를 잡았다.　② 그는 소리를 질러 목이 쉬었다.
　③ 나는 당신의 행운을 부러워합니다.　④ 우리는 그날 매우 늦게 집에 도착했다.

정답 ③

63

① I remember seeing him somewhere.

② Would you mind opening the window?

③ She avoided to talk to the boss.

④ He promised to help me tomorrow afternoon.

해설 ③ to talk → talking

번역 ① 나는 그를 어디에선가 본 기억이 난다.　② 창문을 열어 주시겠습니까? .
　③ 그녀는 사장님에게 말씀드리기를 피했다.　④ 그는 내일 오후에 나를 도와주기로 약속했다.

정답 ③

64

① During the war, we had very little to eat.

② His health enabled him to work hard.

③ I am difficult to speak Chinese.

④ He was frozen to death.

해설 ③ → Chinese is difficult for me to speak.

번역 ① 전쟁동안, 우리는 먹을 것이 거의 없었다.　② 그의 건강이 그를 열심히 일하게 해 주었다.
③ 내가 중국어를 말하는 것은 어렵다.　④ 그는 얼어 죽었다.

정답 ③

65

① We approached the camp with care.

② Small animals inhabited the woods.

③ I oppose the plan that school should open at seven in the morning.

④ All the local farmers objected the new airport.

해설 ④ objected → objected to

번역 ① 우리는 주의 깊게 그 캠프에 접근했다..
② 작은 동물들이 숲에서 살았다.
③ 나는 학교가 아침7시에 문을 열어야 한다는 계획에 반대한다.
④ 모든 그 지방 농부들은 신(新)공항(건설)에 반대했다.

정답 ④

66

① There is no one but does not know the fact.

② You can give it to whoever you think is honest.

③ Parks are to the city as lungs are to the body.

④ Who is there but desires peace?

해설 ① does not know → knows

번역 ① 그 사실을 모르는 사람은 아무도 없다.
② 당신은 생각에 정직한 사람이면 누구에게든 그것을 줄 수 있다.
③ 공원이 도시에 대한 관계는 폐가 신체에 대한 관계와 같다.
④ 평화를 원치 않는 사람은 누가 있겠는가?.

정답 ①

67

① I proposed that the money be spent on library books.

② It is natural that you should get angry.

③ She is surprising at the news.

④ The train started 10 minutes ago.

해설 ③ surprising → surprised

번역 ① 나는 그 돈이 도서관 책의 구입에 쓰여야 한다고 제안했다.　② 당신이 화를 내다니 당연하다.
③ 그녀는 그 소식에 놀랐다.　④ 그 열차는 10분전에 출발했다.

정답 ③

68

① Either you or I must do it.　　② His both parents are still living.

③ This is all that I want to say.　　④ I don't know all of them.

해설 ② His both parents → Both (of) his parents

번역 ① 너 아니면 내가 그것을 해야 한다.　　② 그의 양부모님은 여전히 살아계신다.
　　 ③ 이것이 제가 말씀드리고 싶은 모든 것이다.　④ 나는 그들 모두를 다 아는 것은 아니다.

정답 ②

69

① It costs seven thousand won me.　　② I met a potter at the party.

③ He was looking for a Mr. Lee.　　　④ The rich are not always happy.

해설 ① me를 costs다음으로 이동

번역 ① 그것은 나에게 7천원 들었다.　　　② 나는 그 파티에서 한 도공을 만났다.
　　 ③ 그는 어떤 이씨 성의 한분을 찾고 있었다.　④ 부자들이라고 해서 항상 행복한 것은 아니다.

정답 ①

70

① Illness prevented him from graduating in March.

② They will bear this pain as they have borne so many greater ones.

③ Let it lay there.

④ Whomever they send will be welcome.

해설 ③ lay → lie

번역 ① 병이 그로 하여금 3월에 졸업하지 못하게 했다.
　　 ② 그들은 많은 더 큰 고통도 참아왔으므로 이 고통도 참을 것이다.
　　 ③ 그것을 그곳에 놓여있는 대로 두세요.
　　 ④ 그들이 누구를 보내든 환영받을 것이다.

정답 ③

※ 밑줄 친 부분 중 어법상 옳지 않은 것은? (71~74)

71

Noise pollution ① **is different from** other forms of pollution in ② **a number of ways**. Noise is transient: once the pollution stops, the environment is free of it. This is not the case with air pollution, for example. We can measure the amount of chemicals ③ **introduced into** the air, ④ **whereas is** extremely difficult to monitor cumulative exposure to noise.

(2013 국가직)

해설 ④의 whereas는 '대조'를 나타내는 부사절을 이끄는 접속사이므로 그 뒤에 온전한 문장이 나와야 한다. 따라서 whereas 뒤에 가주어인 it을 넣어야 한다.

번역 소음공해(오염)은 다른 형태의 공해(오염)과는 많은 면에서 다르다. 소음은 일시적이다: 즉, 일단 (소음)공해는 멈추게 되면, 환경은 소음공해가 없다(소음공해에서 자유롭다). 이것은 예를 들어 공기오염의 경우는 그렇지 않다. 우리는 공기 중에 흘러든 화학물질의 양을 측정할 수 있는 반면 소음에 대한 누적적 노출을 감시하는 일은 대단히 어렵다.

정답 ④

72

A Caucasian territory ① **whose inhabitants** have resisted Russian rule almost since its beginnings in the late 18th century has been the center of the incessant political turmoil. It was eventually pacified by the Russians only in 1859, ② **though** sporadic uprisings continued until the collapse of Tsarist Russia in 1917. Together with Ingushnya, it formed part of the Soviet Union as an Autonomous Soviet Republic within Russian from 1936. Continuing uprising against Russian/Soviet rule, ③ **the last** was in 1934, caused the anger of Stalin. In retaliation, he dissolved Chechnyan autonomy in 1944, and ordered the deportation of the ethnic Chechnyan population to Central Asia, in which half of the population died. They were not allowed ④ **to return** to their home land until 1957, when Khrushchev restored an autonomous status for Chechnya.

(2013 지방직 9급)

> 번역 › 주민들이 거의 18세기 말엽에 시작한 이래로 러시아의 통치에 저항해 온 코카서스 지역은 끊임없는 정치적 혼란의 중심지였다. 이 지역은 1917년 제정 러시아의 붕괴까지는 산발적인 봉기가 계속되었을지라도 궁극적으로 1859년에서야 저시아인들에 의해 진정되었다. Ingushnya와 함께, 코카서스는 1936년 러시아 내에 자치소비에트 공화국으로서 소비에트연방의 일부를 구성했다. 1934년에 마지막이었던 러시아/소비에트 통치에 반대하는 지속적인 봉기가 스탈린의 분노를 일으켰다. 보복으로, 그는 1944년 체첸의 자치를 단절시키고 체첸인종을 중앙아시아로 추방할 것을 명령했고, 그곳에서는 그들의 절반이 사망했다. 그들은 흐루시초프가 체첸을 위한 자치적 지위를 복원시켜준 1957년까지는 그들의 고향땅으로 되돌아가는 것이 허용되지 않았다.

> 해설 › ③ 전체문장의 주어인 'Continuous uprising'에 대한 정형 동사는 caused이므로 comma(,)사이에 삽입된 절을 둘 수 있으면 접속기능이 반드시 필요하다. 문맥상 'the last of which was in 1934'로 보면 무난하다. 문맥상 which의 선행사는 Continuous uprising이다.
> ① 사람이나 사물을 모두에 사용되는 whose는 소유격 관계대명사로 선행사는 A Caucasian territory이다.
> ② 절의 구조 'sporadic uprisings continued'를 이어가므로 양보의 접속사 'though'의 쓰임이 옳다.
> ④ 'be allowed to v'의 수동태 표현이 적당하므로 to return은 문제없다.

> 정답 › ③ (the last → the last of which)

73

A man who ① **shoplifted** from the Woolworth's store in Shanton in 1952 recently sent the shop an anonymous letter of apology. In it, he said, "I ② **have been guilt−ridden** all these days." The item he ③ **stole** was a two dollar toy. He enclosed a money order ④ **paid back** the two dollars with interest.

(2012 국가직)

> 번역 › 1952년 Shanton에 있는 Woolworth가게에서 물건을 슬쩍한 한 남성이 최근 익명의 사과편지 한통을 보냈다. 그 편지에는, "전 이날까지 내내 죄의식에 시달려 왔습니다."라고 말했다. 그가 훔친 상품은 2달러짜리 장난감이었다. 그는 이자와 함께 2달러를 되갚는 우편환을 동봉했다.

> 정답 › ④

74

A mutual aid group is a place ① **where** an individual brings a problem and asks for assistance. As the group members offer help to the individual with the problem, they are also helping ② **themselves**. Each group member can make associations to a similar ③ **concern**. This is one of the important ways in which ④ **give** help in a mutual aid group is a form of self−help.

(2012 지방직)

① where   ② themselves   ③ concern   ④ give

번역 상호원조(지원)단체는 개인이 문제를 가지고 와서 지원(도움)을 요청하는 곳이다. 이 단체의 회원들이 문제를 안고 있는 개인에게 도움을 주면서, 그들은 또한 스스로를 돕고 있다. 그룹의 각 멤버는 유사한 걱정(관심사)에 대해 협회를 만들어 줄 수 있다. 이것은 상호원조(지원)단체에서 도움을 제공하는 것이 일종의 자립(자조)활동이라 할 중요한 방법들 가운데 하나이다.

해설 ① 선행사인 a place다음에 관계부사 where는 적절하다
② 주어인 they에 대한 재귀목적어로서 themselves가 적절하다.
③ 전반부의 문맥으로는 '걱정' 정도가 적절하며 전체 문맥으로는 '관심사'도 적절한 경우이다.
④ 선행사인 'the important ways'에 대해서 관계부사 how는 사용하지 못하는 대신 in which는 일단 적절하며 (관계대명사 which는 전치사 in의 목적어) 그 다음에는 완전한 절이 나와야 하는데 주어가 보이지 않는다. 따라서 'give help in a mutual aid group'을 주어로 나타내기 위해 give를 동명사 giving으로 나타내는 것이 적절하다. 동명사가 주어로 사용될 경우 단수이며 단수동사가 호응할 것이므로 'is a form of self-help'의 수와 내용에도 하자가 없다.

정답 ④ (give ⇨ giving)

75 우리말을 영어로 옮긴 것으로 가장 적절한 것은?   (2013 국가직)

① 그들이 10년간 살았던 집이 폭풍에 심하게 손상되었다.

→ The house which they have lived for 10 years badly damaged by the storm.

② 수학 시험에 실패했을 때에서야 그는 공부를 열심히 하기로 결심했다.

→ It was not until when he failed the math test that he decided to study hard.

③ 냉장고에 먹을 것이 하나도 남아있지 않아서, 어젯밤에 우리는 외식을 해야 했다.

→ We had nothing to eat left in the refrigerator, we had to eat out last night.

④ 우리는 운이 좋게도 그랜드캐넌을 방문했는데, 거기에는 경치가 아름다운 곳이 많다.

→ We were enough fortunate to visit the Grand Canyon, that has much beautiful landscape.

해설 ① in which로 나타내거나 which를 그대로 두면 lived 뒤에 in을 추가해야 하며 수동태 문장으로 적절한 논리를 나타내기 위해서 badly앞에 was를 넣어야 한다.
② 'It was ~ that'의 구조를 활용한 강조구문이다. 특히 'not until'구문을 활용한 대표적 경우이다. Cf. 'it is not until ~ that(…할 때까지는, …해서 비로소, …이 되어서야 겨우)'
③ nothing left to eat이 되어야 옳다. 이 경우 과거분사인 left와 to eat모두 부정대명사인 nothing을 수식하는 역할인데 nothing은 'no+thing'에서 파생된 것으로 no와 thing사이에 형용사나 분사가 오는 것이 원칙이지만 nothing이 한 단어로 결합되어 사용되는 이상 원래 부정형용사였던 no는 한정사인데 한정사 앞에 형용사가 놓이는 경우는 없다. 따라서 nothing과 밀접한 과계이되 한데 결합된 논리를 나타내기 위해서라면 nothing다음으로 두어야만 한다. 한편 '~ refrigerator,'다음의 위치에는 '결과'의 특성을 나타내는 접속사 'so (that)'이 요구된다.
④ fortunate enough가 되어야 옳다. enough이 (정도)부사로 사용될 경우는 반드시 후치수식('동사, 형용사, 부사'를 뒤에서 앞으로〈후치〉 수식) 해야 한다.

정답 ②

※ 우리말을 영어로 잘못 옮긴 것을 고르시오. (76~77)

(2012 국가직)

76

① 어제 눈이 많이 와서 많은 사람들이 길에서 미끄러졌다.

→ We had much snow yesterday, which caused lots of people slip on the road.

② 그 협정들은 작년 회의에서 합의된 것이다.

→ The arrangements were agreed on at the meeting last year.

③ 나는 트럭이 가까이 다가오는 것을 보고 겁에 질렸다.

→ I got scared when I saw the truck closing up on me.

④ 나는 뒤돌아보지 않고 앞문으로 걸어 나갔다.

→ I walked out of the front door without looking back.

해 설 ① 5형식 동사 cause의 경우 목적어 다음에 목적보어는 to slip이어야 한다.
② agree on은 타동사구로 가능하므로 수동태가 된 문장에서 적절히 사용되고 있다.
③ 동작수동태인 got scared가 적절하며 지각동사 saw의 목적보어인 현재분사인 closing도 적절하다.
④ 전치사 without의 목적어 동명사의 주체는 주어인 I이므로 적절하다.

정 답 ①

77

① 예산이 빡빡해서 나는 15달러밖에 쓸 수가 없다.

→ I am on a tight budget so that I have only fifteen dollars to spend.

② 그의 최근 영화는 이전 작품들보다 훨씬 더 지루하다.

→ His latest film is far more boring than his previous ones.

③ 우리 회사 모든 구성원의 이름을 기억하다니 그는 생각이 깊군요.

→ It's thoughtful of him to remember the names of every member in our firm.

④ 현관 열쇠를 잃어버려서 안으로 들어가기 위해 나는 벽돌로 유리창을 깼다.

→ I'd lost my front door key, and I had to smash a window by a brick to get in.

해 설 ① 'on a budget(한정된 예산으로, 예산을 세워)'에서 제시된 문맥에 따라 'on a tight budget'가 적절하며 so that은 '결과'를 나타내는 접속사로서 일반적으로 comma(,)다음에 둘 경우가 많지만 comma를 생략할 경우도 있다는 점을 유념하자.
② 비교급을 수식하는 far(=much)가 적절하며 주어와의 관계상 현재분사형 boring도 적절하다. previous ones에서 ones는 films를 나타내는 것으로 역시 적합하다.
③ thoughtful이 '인성. 성격'의 형용사이므로 의미상의 주어를 of him으로 나타내는 것이 옳다.
④ 도구를 나타내는 것은 전치사 with이지 by사 아니다. by는 상대적 수단을 나타내어 무관사로 사용된다.

정 답 ④

79 우리말을 영어로 잘못 옮긴 것은?

(2012 지방직)

① 그는 마치 자신이 미국 사람인 것처럼 유창하게 영어로 말한다.

  → He speaks English fluently as if he were an American.

② 우리 실패하면 어떻게 하지?

  → What if we should fail?

③ 만일 내일 비가 온다면, 나는 그냥 집에 있겠다.

  → If it rains tomorrow, I'll just stay at home.

④ 뉴턴이 없었다면 중력법칙은 발견되지 않았을 것이다.

  → If it was not for Newton, the law of gravitation would not be discovered.

해 설 ① as if절로 호응하는 가정법 과거의 표현(he were an American)으로 적절하다.

② 'What (would happen / would be the result) if ~?(~하면 어떻게 하지)'의 표현과 용법으로 적절한 경우이다.

③ 직설법 조건문에서 현재시제(rains)의 쓰임이 적절하며, 주절의 미래도 잘 호응하고 있다.

④ 주어진 우리말은 과거사실의 반대를 나타내는 가정법과거완료가 적절하므로 'If it had not been for Newton, the law of gravitation would not have been discovered.'로 나타내야 한다.

정 답 ④

---

80 다음 중 우리말을 영어로 잘못 옮긴 것은?

(2011 국가직)

① 그는 결코 당신을 속일 사람이 아니다.

  → He is the last person to deceive you.

② 그는 주먹다짐을 할 바에야 타협하는 것이 낫다고 생각한다.

  → He would much rather make a compromise than fight with his fists.

③ 프레스코는 이태리 교회의 익숙한 요소이기 때문에 이것을 당연하게 생각하기 쉽다.

  → Frescoes are so familiar a feature of Italian churches that they are easy to take it for granted.

④ 그는 대학에 다니지 않았지만 아는 것이 아주 많은 사람이다.

  → Even though he didn't go to college, he is a very knowledgeable man.

해 설 ① He is the last person to deceive you. (그는 결코 당신을 속일 마지막 사람이다. ⇨ 그는 결코 당신을 속일 사람이 아니다.)

② 'would rather ~ than'구조가 적절하다. much는 비교급을 수식하는 부사로 'rather'도 비교급 표현의 하나이다. than은 접속사이므로 'than (he would) fight ~'도 적절하다.

③ 'so familiar a feature (of Italian churches) that'구조와 어순 및 내용이 적절하다.

'They(=Frescoes) are easy to take it for granted.'을 독립하여 분석하면 주어인 They가 타동사 take의 의미상 목적어이므로 it을 삭제해야 한다. 난이의 형용사 easy에 주목해야 하고 부정사 to take for granted는 easy를 수식하는 부사적 기능이다. 이를 명사적 기능으로 바꾸어 보면 To take them for granted is easy.이며 이를 가주어와 진주어를 활용하여 나타내면 It is easy to take them for granted.도 옳은 문장이 된다. [주어진 조건에서 it을 that앞의 주절의 내용을 받는 대명사로 볼 수 경우 to부정사를 진주어로 보고 they를 가주어인 it으로 전환하는 것도 가능하다고 볼 수 있다.]

④ 주절과의 호응관계로 보아 '양보'의 부사절인 'Even though ~'에 하자가 없고 'go to college'는 대학에 다니다(들어가다)

정 답 ③ (it을 삭제 / they를 it으로 it을 them으로 전환)

81

다음 중 우리말을 영어로 잘못 옮긴 것은?

(2011 국가직)

① 시간이 부족해서 시험을 끝낼 수 없었다.

→ I couldn't finish the exam because I ran out of time.

② 습관을 깨기란 예상보다 훨씬 어렵다.

→ It is much more difficult than you'd expect to break a habit.

③ 대부분의 사람들은 TV에서 지나친 폭력을 매우 싫어한다.

→ Most people have a strong dislike to excessive violence on TV.

④ 낮에는 너무 바빠 걱정할 틈도 없고, 밤에는 너무 피곤해서 깨어있을 수 없는 사람은
복 받은 사람이다.

→ Blessed is the man who is too busy to worry in the day and too tired of lying
awake at night.

어구 ① • run out of : …이 바닥나다, …이 부족하다, …을 다 써버리다, 품절시키다(run short of, fall short of, be out of 〈stock〉)
② • much more difficult : 훨씬 더 어려운 (비교급 수식 부사 much) • break a habit : 습관을 깨다(고치다)
③ • have a strong dislike to (or for) + 명사 : 매우 싫어하다 • excessive : 과다한, 과도한, 부당한(inordinate,
immoderate, extravagant, extreme, lavish)
④ • blessed : 축복받은, 행복한 • be tired of : ~에 싫증나다(get tired of, be bored of, be fed up with, be sick
of, be sick and tired of)(of 는 '지속(성)'을 나타내는 전치사) • lie awake : 잠이 깬 채 누워 있다, 잠을 못 이루다

해설 '①, ②, ③'은 '어구' 참조
④ 주어진 내용에 맞는 내용으로 전환하면 'too busy to worry in the day'의 경우처럼 and다음에도 'too tired of
lying awake at night'도 'too tired to lie awake at night'으로 전환해야 한다.

정답 ④ (too tired of lying awake ⇨ too tired to lie awake)

82

우리말을 영어로 잘못 옮긴 것을 고르시오.

① 그는 거짓말했다는 것을 인정했다.

→ He admitted being told a lie.

② 사람들은 특정 문화, 사고체계, 그리고 언어에 의해 물들어 간다.

→ People are instilled by a specific culture, thought system, and language.

③ 그녀는 아기의 울음을 멈추지 못했고, 따라서 한계에 이르렀다.

→ She couldn't stop the baby's crying, so she was at the end of her tether.

④ 수 주간 비가 내리고 있어 나는 이 날씨에 진저리가 난다.

→ Since it has been raining for weeks, I'm getting fed up with this weather.

해설 ① admit의 목적어는 동명사가 사용된다. 하지만 'being told a lie'면 수동태 구조가 되어 a lie를 둘 수 없게 된다.
원래 4형식동사인 tell이 직접목적어 자리에 'a lie, a story, the truth 등'이 나오면 간접목적어를 생략하여 3형식
으로 나타내는 경우가 많다. 따라서 주어진 문장의 경우는 3형식에서 수동태가 된 형태이므로 수동형 뒤에 명
사가 올 수 없다. 1차적으로 'being told'를 telling으로 나타내면 가능할 수 있지만 인정한 시점이 과거로 제시
된 이상 '거짓말 했다'는 내용은 더 이전(과거완료)으로 봐야 하므로 정확하게 본다면 being told'자리를 'having
told'로 나타내는 것이 가장 옳다.

② instill에서 in은 'in 또는 into'를 나타내는 접두어이므로 일반적으로 호응하는 전치사는 in이나 into가 나온다. 하지만 주어진 조건에서는 해당내용을 생략한 것으로 보면 되고 특히 '~에 의해'라는 내용을 구체적으로 제시한 것이 있으므로 by가 활용된 표현이 적절하다.

③ '결과'를 나타내는 'so (that) 또는 (and) so'의 표현에 문제가 없으며 'at the end of her tether'에서 'tether(밧줄; 한계, 범위)'라는 단어가 활용된 경우도 적절하다.

④ 접속사 since는 '추론의 근거(~이므로, ~하므로, ~이어서)'로 나타낸 경우로서 문제가 없고 'get(or be) fed up with'의 표현도 적절하다.

정답 ① (being → having)

---

83 다음 우리말을 영어로 옮긴 것으로 옳지 않은 것은? (2010 국가직)

① 영어를 배우는 것은 결코 쉬운 일은 아니다. → It is by no means easy to learn English.

② 비록 가난하지만 그녀는 정직하고 부지런하다. → Poor as she is, she is honest and diligent.

③ 사업에서 신용만큼 중요한 것은 없다. → Everything in business is so important as credit.

④ 그 남자뿐만 아니라 너도 그 실패에 책임이 있다.

→ You as well as he are responsible for the failure.

해설 ① by no means : 결코 …이 아닌(아니게)(never, not…at all, not…in the least, on no account, for no reason, anything but, certainly not, far from, not a bit, in no way, nowhere near)

② Poor as she is, = Even though she is poor.

③ Nothing(또는 기타 부정어) ~ so(/ as) ~ as : ~만큼 ~한 것은 없다(=가장 ~하다) [비교급을 활용한 최상급표현]

④ A as well as B : B뿐만 아니라 A도 [A에 수를 일치시킴]

정답 ③ (Everything ⇨ Nothing)

---

84 다음 우리말을 영어로 옮긴 것으로 옳지 않은 것은? (2011 사회복지)

① 그들은 그의 정직하지 못함을 비난했다.

→ They charged him with dishonesty.

② 그 사건은 심각한 양상을 띠기 시작했다.

→ The incident began to assume a serious aspect.

③ 언제 당신이 그녀의 어머니를 방문하는 것이 편하시겠습니까?

→ When will you be convenient to visit her mother?

④ 당신의 도움 덕분에 우리는 그 문제를 쉽게 해결할 수 있었습니다.

→ Thanks to your help, we were able to fix the problem with ease.

해설 ① 'charge(비난 · 고소 · 고발 · 책망하다)'와 호응하는 전치사는 with가 적절하다.

② began은 부정사 또는 동명사 어느 쪽이든 목적어로 취하는 경우가 옳고 assume[가정하다, 추정하다(presume); (책임 · 일 등을) 지다, (떠)맡다(take, take on, undertake); (어떤 태도를) 취하다; (성질 · 양상 등을) 띠다, 나타내다(take on)]의 단어활용도 적절하다.

③ convenient는 사람을 주어로 사용하지 못하는 형용사이며 진주어 to visit her mother이 제시되어 있으므로 you를 it으로 전환하고 to visit앞에 부정사의 의미상의 주어 for you를 넣어야 한다.

④ 'thanks to[…의 덕택으로, …덕분에, …때문에(owing to, on account of, because of)]'의 활용에 문제가 없고 'with ease=easily'의 경우도 적절하다.

정답 ③ (you → it / to visit앞에 for you를 넣음)

85 우리말을 영어로 잘못 옮긴 것은? (2013 국가직)

① 나이가 들어가면 들어갈수록 그만큼 더 외국어 공부하기가 어려워진다.

→ The older you grow, the more difficult it becomes to learn a foreign language.

② 우리가 가지고 있는 학식이란 기껏해야 우리가 모르고 있는 것과 비교할 때 지극히 작은 것이다.

→ The learning and knowledge that we have is at the least but little compared with that of which we are ignorant.

③ 인생의 비밀은 좋아하는 것을 하는 것이 아니라 해야 할 것을 좋아하도록 시도하는 것이다.

→ The secret of life is not to do what one likes, but to try to like what one has to do.

④ 이 세상에서 당신이 소유하고 있는 것은 당신이 죽을 때 다른 누군가에게 가지만, 당신의 인격은 당신의 것일 것이다.

→ What you possess in this world will go to someone else when you die, but your personality will be yours forever.

해설 ① The + 비교급 S + V, the + 비교급 S + V (or V +S) : ～하면 할수록 그만큼 더욱 더 ～하다 'The + 비교급, the + 비교급'구문의 전형적인 사례로서 앞의 정관사 The는 관계부사(부사절을 이끄는 '접속기능' + 비교급을 수식하는 '부사기능')이며 주절을 이끄는 뒤의 the는 역시 비교급을 수식하는 지시부사이다. 뒤의 the다음에는 특히 2형식의 be동사일 경우 도치될 경우가 많다(대명사가 주어일 경우는 정치어순). 만일 부사절과 주절에 나란히 be동사가 들어있는 경우 부사절의 be를 생략하면 주절의 be도 생략하는 것이 원칙이다. 즉 이 구문은 정비례관계를 나타내는 것이므로 같은 정도의 단어나 구 또는 문장을 생략할 수 있다. 제시된 본문에서 2형식 동사 grow에 대한 형용사 보어 old가 The의 수식을 받아 비교급의 형태를 취했고, 주절에서는 'the more difficult' 까지 수식을 주고받는 관계가 적절하며 it은 가주어, to부정사는 진주어로 사용된 경우로서 적절하다. difficult는 2형식 동사 becomes에 대한 주격보어이다.

② 'The learning and knowledge that we have(우리가 가지고 있는 학식)'에서 'The learning and knowledge'은 한데 묶어 단일개념 취급한 경우이며 이에 대한 동사(is)와 지시대명사 (that)도 적절하다. 한편 that을 선행사로 하여 'that of which we are ignorant'라 한 것은 원래 전치사 of이 ignorant 뒤에 있던 것을 관계대명사 앞으로 이동한 경우이다. 다만 ②에서 '기껏해야'의 표현은 'at (the) least'가 아니라 'at (the) most'라야 한다.

③ 부정사의 명사적 기능의 주격보어를 'not to 부정사, but to 부정사'의 구조로 적절히 나타내고 있다. 그리고 각각 타동사의 목적어 자리에 사용된 명사절 'what one likes', 'what one has to do'에서는 관계대명사 what은 타동사 likes와 do의 목적격으로 각각 사용되고 있다.

④ 주어에 사용된 명사절(What you possess in this world)은 ③의 경우와 마찬가지로 적절한 경우이며 소유대명사인 yours는 'your personality'를 나타내는 경우로서 적절하다.

정답 ②

※ 우리말을 영어로 옮긴 것 중 가장 어색한 것을 고르시오. (86~87)

86 (2009 국가직)

① 그에게서는 악취가 난다.

→ He smells badly.

② 그녀는 혼자 사는 데 익숙하다.

→ She is used to living alone.

③ 그녀는 밤에 외출하는 것을 겁낸다.

→ She is afraid of going out at night.

④ 중요한 것은 사람됨이지 재산이 아니다.

→ The important thing is not what you have but what you are.

해설 ① '감각(smell, look, taste, feel, sound)'의 경우 형용사 주격보어가 되어야 하며 부사가 오면 안 된다. 해석상은 부사처럼 활용(동사를 수식하는 부사인 것으로 착각)되나「주어의 상태나 성질」을 설명(묘사)해 주는 의미이기 때문에 형용사가 되어야 한다.

② be used(=accustomed) to + (동)명사 [to는 전치사] : ~하는데(에) 익숙해져 있다

③ be afraid(/ fearful) of ~ing : ~하는 것을 두려워하다

④ what you have : 당신의 재산 / what you are : 당신의 인격(사람됨)

정답 ① (badly → bad)

87 (2009 국가직)

① 그가 조만간 승진할 것이란 소문이 있다.

→ The rumor says he will be promoted sooner or later.

② 음주 운전하는 것은 어리석은 짓이라는 것을 알았다.

→ I found it stupid to drive under the influence.

③ 우리는 폭풍우 때문에 야구를 하지 못했다.

→ The heavy rain prevented us from playing baseball.

④ 내 기억에는 그가 나에게 그런 뻔뻔스러운 거짓말을 한 적이 없다.

→ I don't remember for him to tell me such a direct lie.

어구 ② under the influence : (~의) 영향을 받아(of); (술에) 취하여

해설 ① says는 3형식 동사로서 적절하며 수동태 표현(be promoted)과 '조만간'의 표현인 sooner or later모두 적절하다

② 가목적어, 진목적어를 취하는 대표적인 5형식 동사 : find, make, think, believe

③ [S(주어)] + prevent + O(목적어) + from (동)명사 : S는 O가 …하는 것을 (못하도록) 막다. S 때문에 O는 …할 수 없다 *Cf.* 대표적 유례(類例) : preclude, dissuade, discourage, deter, hinder, keep, prohibit, stop, bar, ban 등

④ remember, regret, forget 다음의 동명사는 '과거지향적인 의미'이며 (실제로 이미 이루어진 일) to 부정사는 '미래지향적인 의미'이다. 따라서 ④번은 주어진 우리말에서 과거지향적인 의미를 제시하고 있으므로 동명사로 나타내야 한다. 동명사의 의미상의 주어는 소유격이므로 for him to tell을 his telling으로 정정해야 한다.

정답 ④ (for him to tell → his telling)

88

다음 중 우리말을 영어로 잘못 옮긴 것은? (2010 지방직)

① 이 가방은 가짜다. 비쌀 리가 없어.

　　→ This handbag is fake. It can't be expensive.

② 한국에서는 대통령 선거가 5년에 한 번씩 치러진다.

　　→ In Korea, a presidential election held every five years.

③ 이 표면은 쉽게 닦인다.

　　→ This surface cleans easily.

④ 내일까지 논문을 제출하는 것은 불가능하다고 생각한다.

　　→ I think it impossible to hand in the paper by tomorrow.

어 구 ① fake : v. n. a. a. 가짜·모조·위조의(forged, bogus, counterfeit, false, spurious, phony)　④ hand in : 제출하다(turn in, send in, submit)

해 설 ① 형용사로 사용된 'fake'는 적절하다. can이 부정문에서 단정추측으로 '… 일 리가 없다'는 표현으로 적절하다.
② 5년에 한 번씩 : every five years(=every fifth year) / 치러지다(열리다) : be held
③ '수동의 의미가 있으나 능동으로 쓰는 자동사 : clean, write, sell, wash, iron, photograph, read, drive 등'이 사용될 경우 이 동사를 수식하는 양태(방법)부사가 함께 사용된다. cleans의 경우 양태부사 easily가 뒤따르고 있다.
```
┌ This pen writes smoothly. (이 펜은 술술 잘 쓰인다.)
│ This book sells like hot cakes. (이 책은 날개 돋친 듯이 팔린다.)
│ This shirt washes well. (이 셔츠는 잘 다려진다.)
└ The clothes iron well. (이 옷은 잘 다려진다.)
```
④ 가목적, 진목적어 구조로 적절하다.
　　Cf. 가목적어 it을 갖는 5형식 동사 : think, find, make, believe

정 답 ② (held → is held)

89

우리말을 영어로 잘못 옮긴 것은? 2009 지방직)

① 우리는 통금시간을 청소년을 괴롭히는 또 다른 방식으로 보지 않는다.

　　→ We don't look at the curfew as another way to hassle juveniles.

② 불법 이민자 수가 이백만 명에서 천만 명에 이를 것이라고 추산되고 있다.

　　→ Estimates of illegal immigrants range from two million to ten million.

③ 우리는 더 많은 지식을 얻음으로서 의심을 없앨 수 있다.

　　→ We can rid ourselves of our suspiciousness only by procuring more knowledge.

④ 여기에 서명하세요, 그렇지 않으면 법적 효과가 없대요.

　　→ Please sign here, in case it is not valid.

어 구 ① look at : ~을 보다, 바라보다 / curfew : 만종, 저녁종; 소등용 종; 야간 통행(외출) 금지 (시간) / hassle : n. v. 괴롭히다. 들볶다 / juvenile : a. n. n. 청소년, 아동, 어린이(child, youth)
② estimate : v. n. n. 견적, 추정, 추산, 평가 / illegal immigrant : 불법 이민자 / range from A to B : A에서 B에 이르다
③ rid : (…에게서) 없애다, 제거하다; (…으로부터) 자유롭게 하다, 면하게 하다(~of); (rid oneself로) 면하다, 벗어나다(~of) / procure : 얻다, 획득·조달하다(get, gain, obtain, acquire, come by)
④ in case (that) : ……의 경우를 생각하여, 만일 …라면(if) / valid : 타당한, 유효한(effective)

정 답 ④ (in case → otherwise / or)

90

다음 영어를 우리말로 잘못 옮긴 것은?　　　　　　　　　　　　　(2008 지방직)

① He is second to none in describing human character.

= 인물의 성격묘사에 있어서 그는 아무에게도 뒤지지 않는다.

② The more you get, the more you want.

= 가진 게 많으면 많을수록 더 갖고 싶어진다.

③ I've had it with my car breaking down all the time.

= 나는 내 차가 항상 고장 나는 것을 감수해 왔다.

④ I know better than to mistake the means for the end.

= 나는 본말전도를 하지 않을 정도의 분별력은 있다.

> **어구** ① second to none : 누구(아무)에게도 뒤지지 않는, 최고의(next to none, the best, better than all others, better than anyone else)
> ③ have had it : 진저리가 나다, 질리다, 지긋지긋하다; 이제 끝장이다; 고물이 다 되었다, 쓸모없게 되다 / break down : 고장나다(be〈/ get/ become〉 out of order); 신경쇠약이 되다; 분류 · 분석 · 분해하다(classify, categorize, analyze); (협상 등이) 결렬되다, 실패하다(collapse, fail in)
> ④ know better than to v : ∼할 만큼 바보는 아니다. ∼할 정도의 분별력은 있다(be wise enough not to v)

> **해설** ② 'The+비교급 S+V∼, the+비교급 S+V ∼'구문. 여기서는 "more (things)(형용사+명사)"에서 명사를 생략하면 more다 명사특성의 활용된다('명사'대격). 따라서 get과 want는 각각 more를 목적어로 둔 타동사이다. ③은 '나는 내 차가 항상 고장 나는 것에 질려버렸다.'다는 뜻이다.

> **정답** ③

91

다음 우리말을 영어로 가장 잘 옮긴 것을 고르시오.

> 재활용 종이를 사용할 때마다, 숲 속의 나무를 보존하게 되면서, 나무는 공기를 정화시키고 지구온난화 가스가 축적되는 것을 막을 수 있다.

① Whenever you use recycling paper, you preserve trees in the forests trees purify air and stop global-warming gas to pile up.

② Whenever you use recycled paper, you preserve trees in the forests that trees purify air and prevent global-warmed gas from piling up.

③ Every time you use recycled paper, you preserve trees in the forests, which they can clean the air and keep global-warmed gas from building up.

④ Every time you use recycled paper, you preserve trees in the forests, where they can clean the air and keep global-warming gas from building up.

> **해설** 1. Whenever(= Every time)는 모든 문장에서 요건을 충족시키고 있다.
> 2. 재활용 종이(recycled paper) (← paper which is recycled) [명사와는 수동관계]
> 3. 지구 온난화 가스(global-warming gas) (← gas which is warming global) [명사와는 능동관계]

> **정답** ④

92

우리말을 영어로 바르게 옮긴 것은? (2009 지방직)

① 나는 그에게 충고 한 마디를 했다.

→ I gave him an advice.

② 많은 아버지의 친구들이 그 모임에 왔다.

→ Many father's friends came to the meeting.

③ 나는 나 혼자서 사업을 운영하겠다고 주장하였다.

→ I insisted to run my business alone.

④ 밥은 쓸데없는 일에 돈을 낭비한 것을 후회한다.

→ Bob regrets wasting his money on useless things.

 ① an advice → a piece of advice[advice는 불가산명사]

② Many father's friends → Many friends of my father's [2중 소유격]

③ to run → on running [insist는 단문에서 자동사이며 전치사 on이 호응한다]

④ regret, remember, forget는 동명사가 목적어로 사용될 경우 '과거지향적'인 특성을 나타내므로 주어진 내용을 적절하다.

정답 ④

93

다음 우리말을 영어로 잘못 옮긴 것은? (2008 지방직)

① 어떠한 경우에도 낯선 사람들을 들어오게 해서는 안 된다.

→ On no account must strangers be let in.

② 상처에 염증이 나면 즉시 나에게 전화해.

→ Should the wound be inflamed, call me at once.

③ 나는 학생들이 수업시간에 지각하도록 내버려두지 않겠다.

→ I won't have my students arriving late for class.

④ 두 명의 가수 모두 넓은 음역의 풍부한 목소리를 가지고 있다.

→ Either of the singers has a rich voice with great range.

해설 ① 부사구를 문두에 두어 도치된 구조가 적절하며 '낯선 사람들을 안으로 들여보내다(let strangers in)"의 표현이 수동태로 적절히 나타나 있다. ② If the wound should be inflamed에서 If를 생략하는 가운데 Should가 문두에 나온 것이 적절하다. ③ 사역동사 have다음에 목적보어 자리에는 원형부정사를 사용하는 경우가 많긴 하지만 경우에 따라서 현재분사형도 사용한다는 점을 기억하자. ④ Either의 경우는 둘 중 한명의 가수를 말하므로 적절하지 않다. '두 명의 가수 모두'라면 Both로 나타내야 하며 복수동사가 나와야 한다.

정답 ④ (Either of the singers has ∼ → Both of the singers have ∼)

READING
&
VOCABULARY

※ 주어진 글의 주제로 가장 적절한 것을 고르시오. (01~02)

(2013 국가직)

01

The space shuttle *Challenger* had just taken off for its tenth flight in January 1986 when it exploded in the air and killed all seven people inside. Millions of people around the world were watching the liftoff because schoolteacher, Christa McAuliffe was on board. McAuliffe, who had been chosen to be the first teacher in space, was planning to broadcast lessons directly to schools from the shuttle's orbit around Earth. This *Challenger* disaster led NASA to stop all space shuttle missions for nearly three years while they looked for the cause of the explosion and fixed the problem. They soon discovered that the shuttle had a faulty seal on one of the rocket boosters. Unfortunately, the teacher-in-space program was indefinitely put on hold. So were NASA's plans to send musicians, journalists, and artists to space.

① Schoolteacher Christa McAuliffe's pioneering participation in the space program

② The reason why the American space program was put on hold

③ The importance of the space research and training of astronauts

④ A satire on the unsuccessful or tragic space missions

어구
- take off : 이륙하다, 떠나다(depart, go away, get off ↔ land, put down); (모자·옷 등을) 벗기다(벗다)(remove, leave off, detach, pull off)
- explode : v. 폭발하다(erupt) n. explosion : 폭발
- liftoff : 발사순간, 상승
- on board : 배(비행기, 열차, 버스 등에) (전치사적) …을 타고(aboard)
- disaster : 재난, 재해, 참사(sudden or extraordinary misfortune, catastrophe, calamity)
- mission : 임무, 사명, (구제)사업
- look for : …을 찾다, 구하다(search, search for); 기대하다
- faulty : 결점이 있는(defective), 불완전한, 도덕상 비난을 받아야 할
- seal : 봉인, 밀봉재
- rocket booster : 로켓 부스터
- indefinitely : 불명확하게, 막연히(indistinctly); 무기한으로
- put on hold : ~을 보류하다, 중단하다

번역

우주왕복선 챌린저는 1986년 1월 열 번째의 비행을 위해 막 이륙을 했을 때 공중에서 폭발하여 내부에 있던 7명 모두 사망했다. 전 세계 수많은 사람들이 발사순간을 지켜보았는데 그것은 교사였던 크리스타 맥어리프가 탑승하고 있었기 때문이었다. 우주공간에 갈 최초의 교사로 선발된 맥어리프는 이 왕복선의 지구 궤도상에서 학교(학생들)에 직접 수업하는 내용을 방송할 것을 계획하고 있었다. 챌린저호 참사는 나사(미 항공우주국)로 하여금 거의 3년 동안 모든 우주왕복선 임무를 중단하게 했던 한편 그 동안 폭발의 원인을 찾고 문제점을 고쳤다. 그들은 이 우주왕복선이 로켓 부스터들 중 하나에 결함이 있는 밀봉재가 있었다는 사실을 곧 발견했다. 불행하게도, 우주상에서 수업하는 교사 프로그램은 무기한 보류되었다. 음악인, 언론인, 및 예술가들도 우주에 보내려던 나사의 계획 또한 보류되었다.

① 학교교사인 크리스타 맥어리프의 우주프로그램에 대한 선구자적 참여
③ 우주연구와 우주비행사들의 훈련의 중요성
④ 성공적이지 못하고 비극적인 우주임무에 대한 풍자

해설

'*Challenger*(챌린저호)'의 폭발로 하여 우주탐사가 중단된 상황을 나타내는 내용이므로 ②의 'The reason why the American space program was put on hold(미국의 우주프로그램이 중단된 이유)'가 적절하다.

정답 ②

---

02 ▶

A team of researchers has found that immunizing patients with bee venom instead of with the bee's crushed bodies can better prevent serious and sometimes fatal sting reactions in the more than one million Americans who are hypersensitive to bee stings. The crushed-body treatment has been standard for fifty years, but a report released recently said that it was ineffective. The serum made from the crushed bodies of bees produced more adverse reactions than the injections of the venom did. The research compared results of the crushed-body treatment with results of immunotherapy that used insect venom and also with results of a placebo. After six to ten weeks of immunization, allergic reactions to stings occurred in seven of twelve patients treated with the placebo, seven of twelve treated with crushed-body extract, and one of eighteen treated with the venom.

① A new treatment for people allergic to bee stings

② A more effective method of 'preventing bee stings

③ The use of placebos in treating hypersensitive patients

④ Bee venom causing fatal reactions in hypersensitive patients

어구

- immunize : …을 무해하게 하다, 면역성을 주다, 면책하다
- venom : 독액, 독
- crushed : 눌러 부서진, 으깬, 분쇄된
- fatal : 치명적인(deadly, lethal, toxic, pernicious, critical, mortal); 운명(숙명)의, 결정적인
- hypersensitive (to) : 과민한, 과민증의, 초고감도의
- ineffective : 무력한, 효과 없는, 헛된
- serum : 혈청
- adverse : 반대하는, 거스르는(opposing, opposite, contrary, dissenting, negative); 불리 · 불운한(unfavorable), 적의가 있는(hostile)
- injection : 주입, 주사(액)
- immunotherapy : 면역 요법, 면역제 치료법
- placebo : 죽은 이를 위한 저녁 기도, 가짜 약(위약), 일시적인 위안의 말
- immunization : n. 예방 접종, 면역법, 면역 a. immune :
- allergic : 알레르기의, 알레르기 체질의, 알레르기성의; 구어 (…이) 질색인; 신경과민의 (to) Cf. be allergic to : ~에 대해 질색이다. ~을 몹시 싫어하다
- extract : n. 추출물; 발췌구(절), 초록, 인용어구(extraction, excerpt, 〈short〉 selection) v. 추출 · 채취하다(remove); 뽑다, 빼내다(pull out, draw forth, elicit); 발췌하다(excerpt, take out)

번역

일단의 연구가들이 벌의 으깬 몸체로 하기보다는 벌의 독액으로 환자들에게 면역성을 주는 것이 벌에 쏘이는 것에 과민성을 나타내는 일백만 명 이상의 미국인들에서 심각하며 때로는 치명적인 반응을 보다 잘 예방할 수 있다는 것을 알아냈다. 으깨진 벌의 몸체 치료법은 50년 동안 표준적인 것이었으나 최근에 발표된 한 보고서는 그것이 효과가 없다고 밝혔다. 벌의 으깨진 몸체로부터 만들어진 혈청은 독액의 주입이 그랬던 것보다 더욱 불리한(좋지 않은) 반응을 일으켰다. 이 연구는 으깨진 벌의 몸체 치료법의 결과를 독액을 사용한 면역요법의 결과 그리고 또한 위약의 결과와 비교했다.6주에서 10주의 면역법(예방접종)이 있고 난 후, 벌에 쏘인 것에 대한 알레르기 반응은 위약으로 치료받은 12명의 환자들 중 7명에게서, 으깬 벌 몸체 추출물로 치료받은 12명의 한자들 중 7명과 독액으로 치료받은 18명 중 한명에게서 일어났다.

해설

본문 서두에서 'immunizing patients with bee venom instead of with the bee's crushed bodies can better prevent serious ~'라고 하여 ② 'A more effective method of preventing bee stings(벌에 쏘이는 것을 예방하는 보다 효과적인 방법)'이 적절해 보이지만 중반 이후 벌에 쏘이는 것으로 생기는 알레르기 반응을 보이는 사람들에 관한 치료에 관한 내용이 나오므로 정답은 ①의 'A new treatment for people allergic to bee stings(벌에 쏘인 것에 대한 알레르기를 보이는 사람들을 위한 새로운 치료(법)'이 적절하다.

정답 ①

Today's consumers are faced with a wider range of choices than ever before. To buy economically, as well as to protect the environment, follow these basic principles. Before making any purchase, do your research. Select products made from renewable resources, such as wood and wool. Buy reusable products. For example, buy washable cloth towels rather than paper cups. Buy local produce that is in season. It is usually cheaper and fresher and has less impact on the environment. Look for all-natural, non-toxic products that break down without leaving harmful residues in the environment.

① Tips for buying economically and eco-friendly

② Difficulties in choosing the right things

③ Effects of economy on environment

④ Various kinds of resources

어구

- principle : 원리, 원칙, 주의, 신념, 신조(rudiment, tenet) • renewable : 갱신 가능한, 재생 가능한
- reusable : 재사용할 수 있는 • washable : 물에 빨아도(세탁해도) 되는, 물빨래가 가능한
- produce : v. n. 생산액(고), (집합적) 농산물(agricultural products), 제품 ; 작품. 결과
- in season : 제철·한창·한물 때에, 때를 만난, 알맞은 때의(timely, opportune)
- have an impact on : …에 충격을 주다, 영향을 미치다(have an influence on, have an effect on, affect, influence)
- look for : …을 찾다, 구하다(search, search for) ; 기대하다 • non-toxic : 무독성의
- break down : 고장나다(be(/ get/ become) out of order) ; 신경쇠약이 되다 ; 분류·분석·분해하다(classify, categorize, analyze) ; (협상 등이) 결렬되다, 실패하다(collapse, fail in, fall down on, come to nothing)
- residue : 나머지, 잔여(residual, remnant, remainder, rest) ; 잔여 재산 ; 잔여물, 찌꺼기
- tip : 끝, 첨단 ; 기울이기, 경사 ; 팁, 사례금 ; (경마·투기 등의) 귀띔(조언), 비밀 정보(secret(/ inside) information) ; 좋은 착상, 비결
- eco-friendly : 환경(에) 친화적인(friendly to the environment, environmentally friendly, environment-friendly)

번역

오늘날의 소비자들은 전 어느 때보다 더욱 폭넓은 선택에 당면하고 있다. 환경을 보호하기 위해서 뿐만 아니라 알뜰하게 구매하기 위해서, 이러한(다음과 같은) 기초적인 원칙을 따르라. 어떤 구매라도 하기 전에, 연구를 하라. 목재와 양모와 같은 재생 가능한 제품을 선택하라. 재사용할 수 있는 제품을 구입하라. 예를 들어, 종이컵 보다는 세탁이 되는 천 타월을 구입하라. 제철인 때의 지방농산물을 구입하라. 이것은 주로 보다 값싸며 신선하고 환경에 더 적게 영향을 미친다. 환경에 해로운 잔여물을 남기지 않고 분해되는 자연산의 무독성 제품을 찾아라.

① 알뜰하게 그리고 친환경적으로 구매하기 위한 조언들 ② 옳은 것을 선택함에 있어서의 어려움들

③ 경제가 환경에 미치는 영향 ④ 다양한 종류의 자원들

해설

윗글의 주제문장은 'To buy economically, as well as to protect the environment, follow these basic principles.'이다. 따라서 'these basic principles'의 내용들이 나타내고자 하는 핵심내용을 요약한 것이 주제라는 점을 참고하자.

정답 ①

04 다음 글의 주제로 가장 적절한 것은?　(2011 서울시)

"I have always wondered at the passion many people have to meet the celebrated. The prestige you acquire by being able to tell your friends that you know famous men proves only that you are yourself of small account." The celebrated develop a technique to deal with the persons they come across. They show the world a mask, often an impressive one, but take care to conceal their real selves. They play the part that is expected from them and with practice learn to play it very well, but you are stupid if you think this public performance of theirs corresponds with the man within.

① You shouldn't confuse public performance of the celebrated with their real selves.
② You should have the passion to meet the celebrated.
③ You shouldn't believe in whatever the celebrated say.
④ You should realize that the celebrated take care of their real selves.
⑤ You may as well think public performance of the celebrated corresponds with their real one.

- wonder at : ~에 놀라다, 경탄하다
- passion : 열정　• the celebrated : 유명인사들, 명사(名士)들
- celebrated : 유명한, 저명한(prestigious, famous, noted, renowned, distinguished)　• prestige : 명성, 신망, 위신
- *account* : 기록, 계산, 회계, 계정; (일·사건의) 설명, 변명, 해명, 이야기(version, explanation, description); 이유, 원인; 고려(consideration); 중요성(importance)[Cf. of much account : (매우) 중요한(of great importance, very important ↔ of small account, of little account, of no *account*, unimportant)
- deal with : 다루다, 취급하다(handle, treat, cope with, address)
- come across : (머리에 문득) 떠오르다; 우연히 만나다(발견하다)(encounter, run across, come upon)
- impressive : 인상적인, 인상(감명) 깊은
- take care (of) : …을 돌보다, 뒷바라지를 하다(look after, have a charge of, attend to, provide for); 조심하다
- self : 자기, 자신; 개성, 특질, 본성; 진수(眞髓), 그 자신; 자아
- performance : 실행, 수행, 이행; 성취, 달성, 성과, 성적, 실적; (의식 등의) 집행, 거행; 행동, 행위, 일, 작업, 동작; 상연, 연기, 연주
- correspond with : 부합하다

번역

"나는 유명인사들을 만나기 위해 많은 사람들이 가지고 있는 열정에 늘 놀랐다. 당신 친구에게 당신은 유명인사를 안다고 말할 수 있음으로 당신이 얻게 되는 명성(위신)은 다만 당신 스스로는 별로 중요하지 않다는 것을 증명할 뿐이다." 유명인사들은 그들이 우연히 만나는 사람들을 다루는 기법을 개발한다. 그들은 세상 사람들에게 가면을, 종종 인상적인 가면을, 보여주지만 그들의 진정한 본성을 감추기 위해 주의한다. 그들은 그들에게 예상되는 역할을

하며 연습을 하여 그런 역할을 잘 하도록 배우지만 그들의 역할의 이러한 공적인(대외적인) 수행(행위)이 내면에 있는 그 사람과 부합한다고 생각한다면 여러분은 어리석은 것이다.

① 여러분은 유명인사들의 공식적 수행(행위)을 그들의 진정한 본성과 혼동해서는 안 된다.
② 여러분은 유명인사들을 만나기 위해 열정을 가져야 한다.
③ 여러분은 유명인사들이 하는 말은 무엇이든지 믿어선 안 된다.
④ 여러분은 유명인사들은 그들의 진정한 본성을 주의한다는 것을 깨달아야 한다.⑤ 여러분은 유명인사들의 공식적 수행(행위)이 그들의 진정한 수행과 부합한다고 생각하는 것이 낫다.

해설 •
유명인사들의 공식적(대외적) 활동은 그들의 진정한 모습과는 다르다는 것을 알아야 한다는 것이 이 글의 주제이자 요점이다.

정답 ①

Vocabulary

독해지문 주요빈출어휘

※ **Choose the one word or phrase that** best keeps the meaning **of the underlined part or** fill in the blank **with a suitable one.** (이하 특별한 다른 지시를 제외하고 이와 동일함)

01 She <u>took off</u> her coat at the entrance.

① supposed   ② removed   ③ got on   ④ reached

02 The plane for Rio de Janeiro will <u>take off</u> at 6:00 p.m.

① depart   ② land   ③ approach   ④ refuel

03 Mountain St. Helens <u>erupted</u> in March 1980 after one hundred and twenty-three years of silence.

① exploded   ② split   ③ roared   ④ disintegrated

04 The earthquake brought about a great <u>disaster</u>.

① bandage   ② catastrophe   ③ artistic   ④ auditorium

05 In order to look _____ a sick friend, the visitor looked _____ the obscure hospital for hours without success.

① in on - for   ② for - for   ③ at - around   ④ to - out

06 In panic, Paul cut away his <u>faulty</u> parachute and then the emergency parachute opened just in time.

① perfect   ② personal   ③ defective

④ advanced   ⑤ expensive

07 His patient's wound was so serious that it resulted in his death.

① fatal   ② fantastic   ③ nothing   ④ cured

08 Higher energy costs will be sure to have an adverse effect on our economy.

① immediate   ② negative   ③ permanent   ④ unforeseen

09 After crude oil is extracted from a well in a country, it is usually conveyed to other regions of it or exported to other countries.

① removed from   ② transported from   ③ processed in   ④ located in

10 A moment's reflection is sufficient to show that no art or craft, however primitive, could have been invented or maintained without the rudiments of science.

① experiments   ② principles   ③ hypotheses   ④ applications

11 The first American novelist to have a major impact on world literature was James Fenimore Cooper.

① notice   ② income   ③ influence   ④ position

12 Do you know the reason why the automobile breaks down?

① becomes out of order   ② becomes damaged
③ hits the gutter   ④ explodes

13 Carbon dioxide is a colorless, odorless gas formed during respiration, combustion or when organic matter is _____ by decomposition.

① broken down   ② turned down   ③ laid down
④ glanced down   ⑤ looked down

14 No one goes to a supermarket to seek investment advice, but some shoppers can find a hot tip in the freezer department.

① refund   ② payment   ③ gift
④ propaganda leaflet   ⑤ inside information

15 Venice is <u>celebrated</u> for its beautiful buildings.

① defeated   ② reduced   ③ eliminated   ④ renowned

16 He has many problems to <u>deal with</u>.

① study   ② review   ③ handle   ④ evade

17 We have asked our neighbors to <u>look after</u> our baby while we are away.

① search for   ② watch for

③ have a view upon   ④ take care of

번역 01. 그녀는 (현관)입구에서 코트를 벗었다.

02. 리오 데 자이네로행의 그 비행기는 오후 여섯시에 이륙할 것이다.

03. St. Helens산은 123년간의 (휴화산으로) 침묵을 지키다가 1980년 3월에 (화산)분출했다.

04. 그 지진은 엄청난 재앙을 일으켰다.
　　① 붕대　③ 예술적인　④ 청중석; 방청석; 강당

05. 몸이 아픈 친구를 잠깐 들여다보기 위해서, 그 방문자는 수 시간동안 무명의 병원을 찾으려 했으나 허사였다.
〈어구〉 Cf. look in on : 잠깐 들여다 보다, 잠깐 들르다(come by, drop in(/ by), stop in(/ by))
　　③ look at : …을 보다 · 바라보다, 주목하다 / look (a)round : 둘러보다, 구경하며 돌아다니다
　　④ look to : …에 주의하다, 보살피다; …에 의지하다 / look out : 밖을 내다보다; 검열하다; 경계 · 조심하다; 돌보다

06. 공포 속에서 폴은 그의 결점이 있는(고장 난) 낙하산을 잘랐으며 그 다음 비상 낙하산이 때를 맞추어 펴졌다.

07. 그의 환자의 상처는 너무나 심각하여 그의 죽음의 결과를 가져왔다.

08. 보다 높은 에너지비용은 우리경제에 틀림없이 불리한 영향을 미칠 것이다.

09. 한 나라의 유정으로부터 추출되고 난 다음, 원유는 대개 그 나라의 다른 지역으로 운송되거나 다른 나라들로 수출된다.
　　② …로부터 수송된　③ …에서 가공된　④ …에 위치한

10. 아무리 원시적이더라도, 과학의 원리가 없었더라면 어떤 예술이나 기술도 발명이 되거나 유지될 수 없었을 것이라는 보여주는 데는 한 순간만 숙고하는 것으로도 충분하다.

11. 세계 문학에 주요한 영향을 끼친 최초의 미국 소설가는 제임스 쿠퍼(James Fenimore Cooper)였다.

12. 당신은 그 자동차가 그 고장이 난 이유를 아시나요?

13. 이산화탄소는 호흡, 연소하는 동안이나 유기물질이 부패에 의해 분해 될 때 형성되는 무색하며, 무취한 기체이다.
어구. ② turn down : 거절하다; (소리 · 빛 등을) 줄이다. 약하게 하다
　　③ lay down : 아래에 내려놓다; (무기 등을) 버리다. 그만두다, 사임하다; 규정 · 제정하다
　　④ glance down : 흘긋 내려다 보다
　　⑤ look down : 깔보다, 얕보다; 내려다 보다; (값이) 떨어지다

14. 어떤 누구도 투자 자문을 구하려고 슈퍼마켓에 가지 않는다. 그러나 일부 쇼핑객들은 냉동부서에서 비밀 정보를 알아 낼 수 있다.

15. 베니스는 그 아름다운 빌딩으로 유명하다.

16. 그는 다루어야 할 많은 문제를 안고 있다.

17. 우리가 나가 있는 동안 이웃사람들이 우리의 아기를 돌보아 줄 것을 요청했다.

정답 01. ②　02. ①　03. ①　04. ②　05. ①　06. ③　07. ①　08. ②　09. ①　10. ②
11. ③　12. ①　13. ①　14. ⑤　15. ④　16. ③　17. ④

요지 취지·대의, Main idea 찾기

01 다음 글의 요지로 가장 적절한 것은? (2013 국가직)

It's long been part of folk wisdom that birth order strongly affects personality, intelligence and achievement. However, most of the research claiming that firstborns are radically different from other children has been discredited, and it now seems that any effects of birth order on intelligence or personality will likely be washed out by all the other influences in a person's life. In fact, the belief in the permanent impact of birth order, according to Toni Falbo, a social psychologist at the University Of Texas at Austin, comes from the psychological theory that your personality is fixed by the time you're six. That assumption simply is incorrect. The better, later and larger studies are less likely to find birth order a useful predictor of anything. When two Swiss social scientists, Cecile Ernst and Jules Angst, reviewed 1,500 studies a few years ago they concluded that "birth order differences in personality are nonexistent in our sample. In particular, there is no evidence for a firstborn personality."

① A firstborn child is kind to other people.

② Birth order influences a person's intelligence.

③ An elder brother's personality is different from that of his younger brother.

④ Birth order has nothing to do with personality.

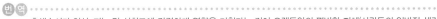

어구

- folk wisdom : 평범한 지혜 • firstborn : a. n. 첫아이, 장남, 장녀
- radically : 원래는; 철저히; 급진적으로; 근본적으로(fundamentally)
- discredit : 불신 · 의심하다(disbelieve, doubt); 신용을 떨어뜨리다(do harm to the reputation of)
- wash out : …을 물의 힘으로 파괴하다; 내부를 씻다; (비 · 폭풍우 등이) (경기 등을) 망치다, 중단시키다; (소망 · 계획 등을) 망쳐놓다; 실격시키다, 낙제시키다, 제명시키다
- permanent : 영구(속)적인((ever)lasting, enduring, indelible ↔ temporal, transient); 상비(常備)의, 상설 · 상임의(standing)
- assumption : 가정, 가설, 전제(things taken for granted, supposition, theory, hypothesis, premise); (책임…) 떠맡기, 인수(하기)(takeover, undertaking)
- predictor : 예언자, 예보자, 예측수단(prognosticator)

번역

출생순서가 인성, 지능 및 성취도에 강력하게 영향을 미친다는 것이 오랫동안의 평범한 지혜(사람들의 일반적 생각)의 일부였다. 그러나 첫아이(장남, 장녀)는 다른 아이들보다 크게 다르다고 주장하는 대부분의 연구는 신용을 받지 못해왔고 이제는 출생순서가 지능이나 인성에 미치는 영향은 한 사람의 삶에 있어 모든 다른 영향들에 의해 실격될 가능성이 높다. 사실, 오스틴 텍사스대학의 사회 심리학자 토니 팔보에 따르면 출생순서의 영속적인 영향에 대한 믿음은 여러분의 인성은 6살 때쯤이면 되면 멈춘다는 심리학적 이론으로부터 나온다. 그런 가정으로는 옳지 않다. 보다 잘, 보다 늦게 그리고 더 큰 연구들은 출생순서가 어떤 것의 유용한 예측수단일지 알아낼 가능성이 더 적다. 두 명의 스위스 사회(과)학자인, Cecile Ernst and Jules Angst이 수년 전 1,500건의 연구들은 재검토하였을 때, 그들은 "인성에서 출생순서의 차이점은 우리의 샘플에서 존재하지 않는다. 특히, 맏아이의 인성에 대한 증거는 전혀 없다"라는 결론을 내렸다.

해설

본문의 내용은 일반적인 믿음과는 달리 '출생의 순서가 인성에 영향을 미치지 않는다'는 것이므로 ④의 'Birth order has nothing to do with personality(출생순서는 인성과 전혀 관계가 없다)'는 것이 절절한 답이다.

정답 ④

02 다음 글의 요지로 가장 적절한 것은? (2012 국가직)

No matter how satisfying our work is, it is a mistake to rely on work as our only source of satisfaction. Just as humans need a varied diet to supply a variety of needed vitamins and minerals to maintain health, so we need a varied diet of activities that can supply a sense of enjoyment and satisfaction. Some experts suggest that one can start by making an inventory—a list of the things you enjoy doing, your talents and interests, and even new things that you think you might enjoy if you tried them. It may be gardening, cooking, a sport, learning a new language, or volunteer work. If you shift your interest and attention to other activities for a while, eventually the cycle will swing again, and you can return to your work with renewed interest and enthusiasm.

① 다양한 비타민 섭취를 통해 건강한 삶을 유지할 수 있다.
② 성공적인 직장 생활은 일 자체를 즐김으로써 이루어진다.
③ 만족스러운 삶을 위해서는 일 외의 다양한 활동이 필요하다.
④ 직장과 가정 생활의 조화가 업무 효율성을 높이는 지름길이다.

어구

• rely on : 신뢰하다, 기대하다, 의지(의존)하다(depend on, count on, fall back on)
• diet : 일상의 음식물; 규정식; 식이 요법　　• mineral : 광물; 광석; 무기(화합)물; (영양소의) 미네랄, 무기질
• inventory : 품목일람; 상품목록; 재산목록, 재고품목; 재고품, 재고품 총가격, 재고자산
• volunteer : a. 지원의, 자발적인; 지원자(병)의 v. 지원하다, 자원(봉사)하다(offer willingly) n. 지원자(병), 자원(봉사)자
• eventually : 결과적으로, 결국에는, 궁극적으로, 마침내는(ultimately, finally, in the last analysis, in the long run, in the end, at last)
• swing : …을 흔들어 움직이다, 흔들거리게 하다; 흔들다; 바라던 대로 움직이다, 잘 처리하다; (주의·관심·의견·지지 등을) 돌리다, 바꾸다
• enthusiasm : 감격, 열중, 열광, 열의, 의욕, 열중시키는 것(zeal, fervor, passion, gusto)

번역

우리의 일이 아무리 만족스럽더라도, 우리의 만족에 대한 유일한 원천으로서 일에 의존하는 것은 잘못이다. 인간은 건강을 유지하기 위해서 다양한 비타민과 미네랄을 공급하기 위해 다양한 음식물을 필요로 하는 것처럼, 우리는 즐거움과 만족감을 제공할 수 있는 다양한 다이어트 활동을 필요로 한다. 일부 전문가들은 일람표 － 여러분이 즐겨하는 것들, 여러분의 재능과 관심거리 및 여러분이 시도해 본다면 즐길 수 있을 것이라고 생각하는 새로운 것까지의 목록 －를 만들어서 시작할 수 있다는 점을 시사(示唆)하고 있다. 그것은 정원가꾸기, 요리하기, 스포츠, 새로운 언어 배우기 또는 자원봉사 활동 등일 수 있다. 만일 당신이 흥미와 관심을 한 동안 다른 활동으로 바꾸면, 궁극적으로 그러한 사이클은 다시 돌아갈 것이며 여러분은 새로워진 흥미와 열정을 가지고 일자리로 복귀할 수 있다.

정답 ③

03 ▶ 다음 글의 요지로 가장 적절한 것은? (2011 지방직)

As soon as we are born, the world gets to work on us and transforms us from merely biological into social units. Every human being at every stage of history or pre—history is born into a society and from earliest years is molded by that society. The language which he speaks is not an individual inheritance, but a social acquisition from the group in which he grows up. Both language and environment help to determine the character of his thought; his earliest ideas come to him from others. As has been well said, the individual apart from society would be both speechless and mindless. The lasting fascination of the Robinson Crusoe myth is due to its attempt to imagine an individual independent of society. The attempt fails. Robinson is not an abstract individual, but an Englishman from York.

① Every acts determine our membership of the society.

② Society and the individual are complementary to each other.

③ Language and environment determine our way of thinking.

④ Human being cannot live independently of society.

어구 ·

- get to v : …에 영향을 미치다
- transform : 변형시키다, 바꾸다(change the shape or appearance of, convert, alter)
- biological : 생물학적인 · pre—history : 선사시대 · mold : 주조하다, 본뜨다, 형성하다(form)
- inheritance : 상속 재산, 유산(legacy, bequest, heritage); (생물) 유전적 성질; 유전; (법) 상속, 계승; 상속권
- acquisition : 획(취)득, 습득; 인수
- determine : 결정 · 결심하다(resolve, decide, make up one's mind), 결의하다(resolve); 해결하다(resolve, solve)
- apart from : …을 제쳐놓고, …은 별도로 하고(other than, besides ; aside from, except for, save, but); …에서 떨어져서
- speechless : 말문이 막힌, 아연한; 말을 못하는, 청각 장애의(dumb); 말하지 않는
- mindless : 생각(지각) 없는, 어리석은(stupid)
- lasting : 영속하는, 영구적인, 영구불변의(perennial, permanent); 오래 견디는, 내구력 있는(durable)
- fascination : 매혹, 매료, 매력; (뱀의) 노려봄
- Robinson Crusoe : 로빈슨 크루소(영국 작가 Daniel Defoe의 표류기; 그 주인공)
- myth : 신화(집)(legend(전설)); 잘못된 통념(通念), 꾸며낸 이야기(story that isn't true)
- independent : 독립의, 자주의, 자치의(of)(self-reliant, sovereign, autonomous)
- abstract : 추상(이론)적인(imaginary, theoretical, intangible)(↔ concrete); 심오한, 난해한(abstruse)
- complementary : 서로 보충 · 보완하는(different but together forming a complete whole)

우리는 태어나자마자, 세계는 우리에게 작용하여 영향을 미치게 되며 단순히 생물적인 단위로부터 사회적인 단위로 우리를 변모시키게 된다. 역사 또는 선사시대의 모든 단계에서 인간은 사회 속으로 태어 놓고 원시적으로부터 그런 사회에 의해 형성된다. 인간이 말하는 언어는 개인적인 유산이 아니라 그가 성장하는 그룹으로부터 사회적 습득을 한 것이다. 언어와 환경 모두 그의 사상이 다른 사람들로부터 나와 자신의 사고의 특성을 결정짓도록 도와준다. 충분히 거론되어 왔던 것처럼, 사회와 분리된 개인은 말도 할 수 없고 생각도 할 수 없다. 로빈슨 크루소 신화의 영속적인 매력은 사회와 독립된 개인을 상상해 보려는 시도도 인한 것이다. 이러한 시도는 실패하게 된다. 로빈슨은 추상적 개인이 아니라 York출신의 영국인이었다.
① 모든 행동은 우리의 사회적 구성원의 자격을 결정짓는다.
② 사회와 개인은 서로 간에 보완적이다.
③ 언어와 환경은 우리의 사고방식을 결정한다.
④ 인간은 사회와 독립적으로 살아갈 수 없다.

전반적인 내용의 흐름을 이해하기 쉬운 내용이며 특히 'the Robinson Crusoe myth'에 대한 내용이 결정적인 단서가 되기도 한다.

④

---

04 다음 글의 요지로 가장 적절한 것은? (2011 국회사무처)

Vegetarians insist that meat-eating can affect your brain and even your personality, sometimes making you cruel and mean. They say that when animals are killed, they generate a lot of stress hormones, which affect humans who consume their meat. But if you look at some famous vegetarians in history, that belief is somewhat questionable. Maximilien Robespierre was a vegetarian and he ordered thousands of people to be killed during the French Revolution. Adolf Hitler was also a strict vegetarian, yet he is infamous for his murderous and hateful personality. George Bernard Shaw was a vegetarian but there's no evidence to show that his diet ever quieted his trademark cynicism.

① Vegetarians contributed to making the world more peaceful.
② A vegetarian diet is more natural to humans than is meat eating.
③ A vegetarian diet does not necessarily change people's nature and behavior.
④ Most dictators and cynics in history are ironically vegetarians.
⑤ Vegetarians are always less cruel and mean than meat eaters.

어구 ●
- vegetarian : 채식주의자, 고기(생선)를 안 먹는 사
- meat-eating : n. 육류섭취, 육식 a. 육식의(carnivorous)
- strict : 엄격한, 엄밀한(stern, stringent, rigorous, rigid, harsh, spartan, puritanical)
- infamous : 악명이 높은, (나쁜 뜻으로) 유명한(infamous[ínfəməs], scandalous)
- murderous : 사람을 죽이려 드는(죽일 것 같은)
- cynicism : 냉소, 비꼬는 버릇; 비꼬는 말; 견유(犬儒)주의, 냉소주의, 시니시즘

번역 ●
채식주의자들은 육류섭취가 뇌와 심지어 성격에 영향을 미칠 수 있고, 때때로 여러분을 잔인하고 비열하게 만들 수 있다고 주장한다. 그들은 동물이 죽게 될 때, 그들은 많은 양의 호르몬을 발생시키는데, 이 호르몬이 그 고기를 섭취하는 인간에게 영향을 미친다고 말한다.
하지만 여러분이 역사적으로 일부 유명한 채식주의자들을 살펴보면, 그런 믿음은 의심스럽다. Maximilien Robespierre는 채식주의자였으며(였지만) 프랑스혁명동안 그는 수천 명의 사람들이 죽음을 당하도록 명령했다. Adolf Hitler 또한 엄격한 채식주의자였지만 그는 사람을 죽이는 증오에 찬 성격으로 악명 높다. George Bernard Shaw는 채식주의자였지만 그의 음식물이 그의 트레이드마크인 냉소주의를 잠잠하게 한 전이 있다는 어떤 증거도 없다.
① 채식주의자들은 계속하여 세계를 더욱 평화롭게 만들데 기여했다.
② 채식주의자의 음식은 육식보다 인간들에게 더욱 자연스럽다.
③ 채식주의자의 음식이 사람들의 본성과 행동을 꼭 변화시키는 것만은 아니다.
④ 대부분의 독재자들과 냉소주의자들은 아이러니컬하게도 채식주의자들이다.
⑤ 채식주의자들은 늘 육식하는 사람들 보다 덜 잔인하고 비열하다.

정답 ③

Vocabulary

독해지문 주요빈출어휘

※ **Choose the one word or phrase that** best keeps the meaning **of the underlined part or** fill in the blank **with a suitable one.** (이하 특별한 다른 지시를 제외하고 이와 동일함)

01 Her approach to education was considered _____ because it was so non-traditional.

① radical   ② monotonous   ③ complacent   ④ unspoiled

02 Losing five battles <u>discredited</u> that general.

① found out   ② did harm to the reputation of
③ took away the courage of   ④ destroyed the hope of

03 Tom mentioned names of his former coaches and teachers and others who left an <u>indelible</u> impression on his mind and character.

① permanent   ② vague   ③ tricky   ④ indisputable

04 Israel has a relatively small <u>standing</u> army and its strength is based on its reserves.

① well-organized   ② permanent   ③ reputable
④ forceful   ⑤ trained

05 The framework of the special theory of relativity can be constructed from the <u>assumption</u> of the absolute invariability of the speed of light.

① encouragement   ② supposition   ③ regulation   ④ definition

06 Don't <u>rely on</u> Mark to lend you any money.

① doubt   ② count on   ③ persuade   ④ urge

07 A person who does something of his own free will, especially something disagreeable or dangerous.

① volunteer   ② hero   ③ actor   ④ employer

08 I didn't like her at first but we _____ became good friends.

① necessarily   ② initially   ③ casually   ④ eventually

09 <u>In the last analysis</u>, you are the one who has to make the final decision.

① Certainly   ② Eventually   ③ Generally

④ Logically   ⑤ Probably

10 She has recently lost her <u>enthusiasm</u>.

① passion   ② substance   ③ terror   ④ contest

11 The elegant inner decorations <u>transformed</u> the airliner's cabin into a luxurious hotel room.

① diverted   ② changed   ③ transported   ④ returned

12 Education is not simply a process of filing and storing facts and ideas in their appropriate cranial niches. Even more basic is the eradication of false ideas and unsound ways of thinking. Elimination is often more important than _____.

① education   ② understanding   ③ exclusion

④ pursuit   ⑤ acquisition

13 <u>Apart from</u> that, I see nothing remarkable about the man.

① Besides   ② Without   ③ Recognizing   ④ Because of

14 I was struck <u>dumb</u> at the news of his unexpected death.

① speechless   ② deaf   ③ silent   ④ numb

15 The mill still worked on, food being a <u>perennial</u> necessity.

① temporary   ② total   ③ demanding   ④ lasting

16 The idea that the family is a stable and cohesive unit in which father serves as economic provider and mother as care giver is a <u>myth</u>.

① story about the past   ② real story

③ plausible story   ④ story that isn't true

17 Only <u>sovereign</u> states are able to make treaties.

① constitutional   ② powerful   ③ legitimate   ④ independent

18 This philosophy paper is extremely confusing. Its key concepts are so <u>abstract</u>.

① subjective   ② indispensable   ③ intangible   ④ unanimous

19 Kim proposed Plan A and Lee, Plan B, but these two are <u>different but together forming a complete whole</u>.

① compensatory   ② complicated   ③ composite   ④ complementary

20 Psychologists have found that <u>stern</u> disciplinary measures do not always make a child more well behaved.

① excessive   ② consistent   ③ strict   ④ vindictive

21 Our hardware products and software program are subject to extensive and <u>stringent</u> quality control procedures.

① procedures   ② stingy   ③ strict   ④ normal   ⑤ regular

22   He is <u>notorious</u> for his dishonesty in business matters.

① infamous   ② dreaded   ③ loathed   ④ investigated]

---

01. 그녀의 교육적 접근법은 너무나 비전통적이었기 때문에 급진적이라 여겨졌다.
02. 다섯 차례의 전투에 패배한 것이 그 장군의 신용을 떨어뜨렸다.
03. 톰은 자신의 마음과 인격에 지울 수 없는 인상을 남긴 전 코치들과 선생님들 그리고 다른 사람들의 이름들을 언급했다.
04. 이스라엘은 비교적 소규모의 상비군을 두고 있으며 그 군사력은 예비군에 기초를 두고 있다.
05. 특수 상대성 이론의 골격은 광속(光速)의 절대적 불가변성이라는 가정으로부터 세워질 수 있다.
06. Mark가 너에게 어떤 돈이라도 빌려주리라 기대하지 마라.
07. 자신의 자유의지로 어떤 일, 특히 싫거나 위험스러운 일, 을 하는 사람 : 지(자)원자
08. 나는 처음엔 그녀를 좋아하지 않았으나 우리는 결국에는 좋은 친구가 되었다.
09. 결국, 당신이 최종결정을 내려야 할 사람입니다.
10. 그녀는 최근 테니스를 치는 데 대한 열정을 잃었다.
11. 우아한 실내장식은 그 비행기의 객실을 호화로운 호텔방의 모습으로 변모시켰다.
12. 교육이란 단순히 사실과 아이디어를 뇌 속의 적절한 곳에 정리하여 저장하는 과정이 아니다. 층 더 근본적인 것은 잘못된 생각과 불건전한 사고방식을 근절하는 것이다. 제거하는 것이 종종 획득하는 것보다 중요하다.
13. 그것은 별도로 하고(제쳐놓고), 나는 그 사람에 대해 주목할만한 아무것도 볼 수 없다.
    어구. ② (주로 가정법에서 If it were not for 또는 If it han not been for를 대용)
14. 나는 그의 예기치 않던 사망소식에 말문이 막힌 막힌 느낌이었다.
15. 식량은 끊임없는 필수품이었으므로 제분기는 여전히 계속해서 가동되고 있었다.7
16. 가족이란 아버지가 경제 제공자로서, 어머니는 (가족을) 돌보는 사람으로서 역할을 하는 안정적이며 응집력이 있는 단위라는 생각은 꾸며낸 통념이다.
17. 오로지 독립국만이 조약을 맺을 수 있다.
    Cf.sovereign : 자치의, 독립의(independent); 주권을 갖는
18 이 철학 논문은 대단히 혼란스럽다. 이 논문의 핵심개념들이 너무나 추상적이다.
19. 김군은 Plan A를, 이군은 Plan B를 제안했다. 그러나 이 둘은 서로 다르지만 함께 완전한 전체를 형성하는(즉, 서로 보완적인) 것이다.
20. 심리학자들은 엄한 훈계적인 수단이 아이의 행실을 언제나 보다 잘하게 하는 것은 아니라는 것을 알아냈다.
21. 우리의 하드웨어 제품과 소프트웨어 프로그램은 광범위하며 엄격한 품질관리절차를 받는다.
22. 그는 사업상의 문제에 있어 부정직한 것으로 악명이 높다.

01. ①   02. ②   03. ①   04. ②   05. ②   06. ②   07. ①   08. ④   09. ②   10. ①
11. ②   12. ⑤   13. ①   14. ①   15. ④   16. ④   17. ④   18. ③   19. ④   20. ③
21. ③   22. ①

제목Title 찾기

01 다음 글의 제목으로 가장 적절한 것은? (2013 국가직)

Late one night, Catherine Ryan Hyde was driving in Los Angeles. In a dangerous neighborhood, her car caught on fire. She got out. Three men ran toward her. She immediately felt afraid of them. They didn't hurt her, though. They put out the fire and called the fire department. When she turned to thank them, they were gone. Years later, that event became the subject of her novel called Pay It Forward. She never forgot that event. In the book, a teacher asks his students to "think of an idea for world change and put it into action." A boy named Trevor suggested doing kind acts for others. They used his ideas. Trevor's idea works like this. Someone chooses three people and does something nice for each one. In return, the recipients of that favor must do favors for three more people. In 2000, the novel inspired a movie.

① The Kindness of Strangers
② A Trauma in Early Childhood
③ A Movie which Influences Real Life
④ An Unintended Violation of Someone's Idea

어구 ••

- **put out** : 발행 · 출판하다(publish, bring out, issue); (불 등을) 끄다(extinguish, turn off, switch off); 괴롭히다, 폐를 끼치다, 성가시게 하다(distress, take trouble, annoy); 다른 장소로 내놓다
- **put ~ into action** : ~을 실행하다 •**in return** : 대답(답례)으로서; (…의) 대신으로(for)
- **recipient** : a. n. 수령자 · 수취인(receiver, beneficiary)
- **favor** : v. n. 친절한 행위, (선의의) 은혜, 돌봄, 부탁; 호의; 이끌어줌, 지지, 원조, 친절심, 애호, 총애, 찬성; 편애(偏愛); 편파   •**do favors for someone** : ~에게 은혜를 베풀다, 부탁을 들어주다(do someone favors)
- **inspire** : (사상 · 감정을) 고무 · 격려하다(kindle, encourage); 불어넣다, 주입하다, 고취하다(infuse, instill); 영감을 주다(fire the imagination of); 숨을 들이마시다

번역 ••

어느 날 밤 늦게, 캐서린 라이언 하이드는 로스앤젤레스로 운전해 가고 있었다. 한 위험스러운 이웃(곳)에서, 그녀의 차에 불이 붙었다. 그녀는 (차에서) 내렸다. 세 사람의 남성들이 그녀 쪽으로 달려왔다. 그녀는 즉시 그들이 두렵다고 느꼈다. 그들은 하지만 그녀를 다치게 하지 않았다. 그들은 불을 꺼 주었고 소방서에 (화재신고)전화를 해 주었다. 그녀가 그들에게 감사하다는 말을 하려 방향을 돌렸을 땐, 그들은 가버리고 없었다. 몇 년 뒤에, 그 사건은 그녀의 소설 'Pay It Forward'의 주제가 되었다. 그녀는 결코 그 사건을 잊지 않았다. 그 책에서, 한 교사는 그녀의 (학급)학생들에게 "세상의 변화를 위한 아이디어를 생각하고 그것을 실행할 것"을 요구한다. 트레보라는 한 소년은 다른 사람들을 위해 친절한 행동을 할 것을 제안했다. 그들은 그의 아이디어를 활용했다. 트레보의 아이디어는 이와 같이 작용한다. 누군가 세 사람을 선택하여 각자에게 뭔가 좋은 일(선행)을 (실)행한다. (이에 대한) 답례로서, 그런 은혜를 받은 사람들은 더 많은 다른 세 사람을 위해 은혜를 베푼다. 2000년에, 이 소설은 한 영화에 영감을 주었다.

해설 ••

본문의 내용에서 '낯선 사람의 친절함(The Kindness of Strangers)'이 소설의 주제(소재)가 된 내용을 기술하고 있다.

정답 ①

---

02 ▶ 글의 제목으로 가장 적절한 것은?   (2013 지방직)

Children usually feel sick in the stomach when traveling in a car, airplane, or train. This is motion sickness. While traveling, different body parts send different signals to the brain. Eyes see things around and they send signals about the direction of movement. The joint sensory receptors and muscles send signals about the movement of the muscles' and the position in which the body is. The skin receptors send signals about the parts of the body which are in contact with the ground. The inner ears have a fluid in the semicircular canals. This fluid senses motion and the direction of motion like forward, backward, up or down. When the brain gets timely reports from the various body parts, it finds a relation between the signals and sketches a picture about the body's movement and position at a particular instant. But when the brain isn't able to find a link and isn't able to draw a picture out of the signals, it makes you feel sick.

① How Motion Sickness Is Caused

② Best Ways to Avoid Motion Sickness

③ Various Symptoms of Motion Sickness

④ First Aid to Motion Sickness in Children

어구

- motion sickness : 멀미, 구역질, 메스꺼움
- joint sensory receptor : 관절 감각수용기관(체)
- skin receptor :피부 (감각)수용기관(체)
- be in contact with : …과 접촉하고 있다; (남과) 가까이 지내고 있다
- inner ear : 내이(內耳)(internal ear)
- fluid : 유체(流體)(liquid) a. 유체의, 액체의, 유동성의; 유동적인, 변하기 쉬운(not settled, changeable)
- semicircular canal : [의학] 반고리관, 반규관(半規管)
- timely : ad. / a. 시기적절한, 적시의, 시기에 알맞은
- sketch : n. v. …을 스케치(사생)하다, …의 밑그림(약도)을 그리다; …의 개요를 말하다, …을 약술하다
- instant : n. 순간(moment) a. 즉시(즉각)의, 즉각적인(immediate)

번역

아이들은 대개 차나 비행기 또는 기차로 여행할 때 배가 아프다고 느낀다. 이것이 멀미다. 여행하는 동안, 다양한 신체의 부위들이 뇌에 다양한 신호를 보낸다. 눈은 주변의 것들을 보고 움직임의 방향에 대한 신호를 보낸다. 관절 수용기관과 근육은 근육의 움직임과 신체가 어떤 위치에 있는지에 대한 신호를 보낸다. 피부수용기관은 땅과 접촉해 있는 신체의 부위들에 대한 신호를 보낸다. 귀의 내부는 반고리관에 액체를 가지고 있는데, 이 액체는 움직임과 앞으로, 뒤로, 위로, 아래로 등의 움직임의 방향을 감지한다. 뇌가 다양한 신체 부위로부터 제때에 보고를 받으면 뇌는 그 신호와 신호 사이의 관계를 찾고 신체의 움직임과 특정 순간의 위치에 대한 그림을 스케치한다. 그러나 뇌가 연결관계를 찾지 못하고 그 신호들로부터 그림을 그릴 수 없으면, 아프다고(토할 것 같다고) 느끼게 한다.

① 멀미가 생기는 방법
② 멀미를 피하는 최상의 방법들
③ 멀미의 다양한 증상들
④ 아이들의 멀미 응급처치

해설

멀미의 원인들에 관한 내용이므로 ①이 정답이며 멀리의 증상(또는 결과)을 말하는 ③이 답이 아님을 유념하자.

정답 ①

※ 다음 글의 제목으로 가장 적절한 것을 고르시오. [03~04]　　　　　　　　　　　(2012 국가직)

03

Taking time to clear your mind through meditation can boost your spirits and your immunity. Psychologist, Richard Davidson, gave 40 people a flu vaccine. Half of them followed a regular meditation schedule for an hour a day, six days a week. The others just got the vaccine. After eight weeks, the meditators had higher levels of flu-fighting antibodies than those who didn't meditate. They were also better able to deal with stress and had increased activity in the area of the brain linked to good moods. "Meditation produces measurable biological changes in the brain and body," says Davidson. "It is safe and can be of great benefit."

① Relationship between Flu Vaccine and Antibody

② Process of Forming Immune System

③ Length of Meditation and Stress

④ Positive Effects of Meditation

 어구

- meditation : n. 명상 n. meditator : 묵상(심사숙고)하는 사람, 명상가 v. meditate : …을 꾀하다, 기도(계획)하다; 숙고(명상)하다[contemplate, think about, think over, think or consider carefully(/ deeply/ thoroughly), ponder (on, over), reflect (on), deliberate, ruminate (on), mull (over), dwell (on)]
- boost : 밀어 올리다, 후원하다, 밀어주다, 인상하다, 증가하다(lift, jack up, elevate, hoist, raise, hike, increase, augment)
- immunity : 면역; 면제, 면책(immunization; exemption, impunity, exoneration)
- flu : 유행성 감기, 인플루엔자, 독감(influenza)　　　　　　　　　　　　　　　• antibody : 항체(抗體)
- deal with : 다루다, 취급하다(handle, treat, cope with, address)
- measurable : 잴 수 있는, 측정할 수 있는; 예측할 수 있는; 매우 중요한
- biological : 생물학의, 생물학적인; 생물(체)의, 생물에 의한, 생물적인

번역

명상을 통해 마음을 맑게 하는데 시간을 들이는 것은 정신과 면역력을 끌어올릴 수 있다. 심리학자인 R. Davidson은 40명의 사람들에게 유행성 독감 백신을 주었다. 그들 중 절반은 1주일 6일 동안 하루 한 시간 동안 정기적인 명상 스케줄을 따랐다. 다른 사람들은 백신만 받았다. 8주 후, 명상한 사람들은 명상을 안 한 사람들보다 유행성 독감과 싸우는 더 높은 수준의 항체를 갖게 되었다. 그들은 또한 스트레스에 더 잘 대처할 수 있었고 좋은 기분과 연계된 뇌의 부분에서 증가된 활동을 보았다. "명상은 뇌와 신체 내의 매우 중요한 생물학적 변화를 낳습니다"라고 Davidson은 말한다. "그것은 안전하며 큰 도움이 될 수 있습니다."

① 유행성 독감 백신과 항체 간의 관계　　　　　② 면역체계를 형성하는 과정

③ 명상과 스트레스의 길이　　　　　　　　　　④ 명상의 긍정적 효과들

정답 ④

Active listeners listen with their ears, their eyes, and their mind. They take in the objective information by listening to the literal words that are spoken. But every spoken message contains more than words. Speakers also communicate subjective information—their feelings and emotions—through other vocal sounds and nonverbal signals. These include verbal intonations such as loudness, emphasis, hesitations, voice movements, facial expressions, body posture, and hand gestures. By listening for feelings and emotions as well as for literal words, you can grasp the total meaning behind the speaker's message. Yet, no matter how good you become at listening for total meaning, there still remains the potential for misunderstanding. That's why the active listener verifies completeness by asking questions. The use of questions can uncover distortions and clarify misunderstandings.

① Methods of Good Listening

② Verbal Skills for Effective Listening

③ Importance of Asking Questions in Listening

④ Relationship between Listening and Emotions

어구

- take in : (집 등에) (맞아) 들이다(admit, receive), 숙박시키다(put up), (집에서 하기 빨래 · 바느질감 등을) 맡다, (신문 등을 집에서) 대어 보다 · 구독하다(subscribe 〈to〉); 속이다(deceive, cheat); 이해 · 납득하다(understand); 흡수하다(absorb); (마음속에) 받아들이다(accept); 포괄 · 포함하다(include, comprise)
- objective : 객관적인(↔ subjective : 주관적인)
- contain : 포함하다(include, comprise, incorporate, encompass, embrace, take in), 함유하다, 들어있다(hold); …을 넣을 수 있다, 수용할 수 있다(accommodate); (제한 내에) 머물게 하다, 억제하다(restrain); 견제 · 저지하다
- vocal : 목소리의, 음성의; 목소리에 의해(만들어져) 나오는, 발성의; 구두의
- nonverbal : 비언어적인 　　　　　　　　　　　　　　　• literal : 문자(상)의, 문자 그대로의, 정확한
- grasp : n. v. 붙잡다, 움켜잡다(grip); 터득 · 파악 · 이해하다(comprehend, understand)
- potential : n. 가능성, 잠재(능 · 세)력(potentiality, possibility, possible ability, chance, likelihood, latency, capacity) a. 가능한(possible), 잠재적인(latent)　• misunderstanding : 의견의 불일치, 불화, 분쟁; 오해, 틀린해석(생각)
- verify : 진실임을 보이다, 입증 · 실증 · 증명 · 확인하다(prove to be true, confirm, corroborate, substantiate)
- uncover : 폭로하다(reveal), 털어놓다, 적발하다; 뚜껑(덮개)을 벗기다
- distortion : 왜곡, 곡해, 오보(誤報); 찌그림
- clarify : 정화(淨化)하다(defecate), 맑게 하다; 명백히 하다, 알기 쉽게 하다, 해명하다(explain, illuminate, shed light on)

번 역 •••

적극적인 경청자는 그들의 귀, 눈 그리고 마음으로 듣는다. 그들은 (상대방이) 하는 말의 문자그대로를 들음으로써 객관적인 정보를 받아들인다. 하지만 말하는 모든 메시지는 단어 이상을 담고 있다. 화자는 또한 다른 목소리(음성) 와 말로가 아닌 신호를 통해 – 감정과 정서 등의 – 주관적인 정보를 의사소통한다. 이러한 것에는 소리의 강도, 강조점, 주저함, 목소리의 움직임, 얼굴 표정, 몸의 자세 및 손동작 등 말로 나타내는 억양들을 포함한다. 문자적인 단어에 대해서 뿐 아니라 감정과 정서를 경청함으로써, 화자의 메시지의 이면에 있는 의미를 파악할 수 있다. 하지만, 아무리 전반적인 의미를 듣는데 능숙해진 경우라 할지라도, 여전히 오해의 가능성은 남아 있다. 그것이 바로 적극적인 경청자가 질문을 함으로써 완전함을 확인하는 이유이다. 질문의 활용은 왜곡된 내용을 털어 놓으며 오해를 분명히 밝힐 수 있는 것이다.
① 훌륭한 듣기의 방법
② 효과적인 듣기를 위한 말로 나타내는 기술
③ 듣기에 있어 질문을 하는 것의 중요성
④ 듣기와 정서와의 관계

해 설 •••

전체 글에 대한 제목을 묻는 문제이기 때문에 정답은 '① 훌륭한 듣기의 방법'이다. ③은 글의 내용 중 중요한 부분이기는 하지만 전체적 포괄하는 제목으로 보긴 어렵다. 이 문제의 제시문은 "훌륭한 듣기에 있어 간과해선 안 될 것으로 글쓴이가 특별히 유념하고 있는 사항은 무엇인가?" 등의 좀 더 세밀한 부분에 대한 출제의도를 밝히는 경우가 아니면 ③를 답으로 보기 어렵다는 점을 유념하자.

정 답 ①

---

05 다음 글의 제목으로 가장 적절한 것은? (2012 지방직)

In 2003, Amos Tversky, my younger colleague, and I met over lunch and shared our recurrent errors of judgement. From there were born our studies of human intuition. We could spend hours of solid work in continuous delight. As we were writing our first paper, I was conscious of how much better it was than the more hesitant piece I would have written by myself. We did almost all the work on our joint projects together, including the drafting of questionnaires. Our principle was to discuss every disagreement until it had been resolved to our mutual satisfaction. If I expressed a half-formed idea, I knew that Amos would understand it, probably more clearly than I did. We shared the wonder of owning a goose that could lay golden eggs.

① Human Intuition and Its Role in Decision Making
② A Recipe for Success: Stick to Your Own Beliefs
③ How Pleasant and Productive Collaborative Work Is
④ Place Yourself in Others' Shoes to Mediate Conflicts

어구 ....

- colleague : (교수 · 관직 · 공무 등 직업상의) 동료(co-worker, associate, partner)
- recurrent : 재발하는, 되풀이되는(recurring, returning 〈from time to time〉, repeated, intermittent)
- from there : 거기서부터   • intuition : 직감, 직관(력)
- solid : 단단한; 고체의; 견고한, 속이 꽉 찬, (속이) 빈 데가 없는; (기반이) 탄탄한, 확실한, 믿을 수 있는; 알찬; 믿음직한
- continuous : (끊기지 않고 오래) 연속적인, 계속되는, 끊임없는
- delight : v. n. 기쁨(즐거움); 큰 기쁨(즐거움)을 주는 것, 크게 기쁜(즐거운) 일
- be conscious of : ~을 자각(의식)하다, 알고 있다(be aware of ↔ be unaware of)
- hesitant : 주저하는, 망설이는, 머뭇거리는   • by oneself : 혼자서(alone)
- draft : n. v. 징병하다(conscript); 기초 · 기안하다, 문서를 작성하다(draw up)
- questionnaire : 질문서(표), 앙케트; 설문 조사
- resolve : n. v. 분해하다; 결심 · 결정하다(determine, be determined, decide 〈on〉, make up one's mind); 결의하다; 풀다(solve, work out)
- half-formed : 생각이 모자라는
② • recipe : 조리법, 요리법(for); 수단, 방법, 비결, …을 보증하는 것, 원인(for)
  • stick to : …에 달라붙다, 집착 · 고수 · 충실하다(stick to one's gun, adhere to, cling to, cleave to, hold fast 〈/ firm/ on〉 to, hang on to, attach to, keep to, abide by)
③ collaborative : 협력적인; 합작의, 공동 제작(연구)의
④ place yourself in others' shoes : (타인의) 입장에 서다(되다)(put … in one's shoes, put … in one's position or place, be in one's place)

번역 ....

2003년, 나의 아우뻘 동료인 Amos Tversky와 나는 만나 점심식사를 하면서 우리의 되풀이되는 판단의 오류에 대해 같은 생각을 갖고 있었다. 거기서부터 인간의 직관에 대한 우리의 연구가 탄생했다. 우리는 계속되는 기쁨 속에서 여러 시간의 알찬 연구를 할 수 있었다. 우리의 첫 번째 논문을 써나가는 가운데, 나는 혼자서 썼을 경우의 더욱 주저하는 글보다는 이 논문이 얼마나 훨씬 좋았는지를 나는 자각하게 되었다. 우리는 설문 조사서를 작성하는 것을 포함하여 우리의 합동 프로젝트에 대한 모든 연구를 거의 함께 진행했다. 우리의 원칙은 우리가 서로 만족스러울 만큼 해결될 때까지 모든 불일치 의견을 논의해 보는 것이었다. 만일 나는 생각이 모자라는 아이디어를 표현하면, 나는 Amos가 그것을 이해하여 아마 내가 했던 것보다 더욱 분명히 이해할 것이라는 것을 알았다. 우리는 황금알을 낳을 수 있는 거위를 갖는 놀라움(기적)을 함께 했다.

① 인간의 직관과 의사결정에서의 역할
② 성공의 비결: 자신의 믿음을 고수하라
③ 협력적인 일은 얼마나 즐겁고 생산적인가
④ 갈등을 조정하기 위해 타인의 입장에 두라

해설 ....

본문에 활용된 단어 또는 표현 중에서 'colleague' 'shared our recurrent errors of judgement' 'We did almost all the work on our joint projects together' 'We shared the wonder of owning a goose that could lay golden eggs'등에서 '혼자서(by myself)'가 아닌 '협력적인 일(Collaborative Work)'이 기적을 가져 올 수 있다는 것을 암시하고 있다. 'collaborative'에서 'col〈con=together + labor=to work〉'라는 점을 알고 있다면 출제의도를 한결 쉽게 파악할 수 있을 것이다.

정답 ③

※ 다음 글의 제목으로 가장 적절한 것을 고르시오. [06~07]　　　　　　　　(2011 지방직)

06

The definition of success for many people is one of acquiring wealth and a high material standard of living. It is not surprising, therefore, that people often value education for its monetary value. The belief is widespread that the more schooling people have, the more money they will earn when they leave school. This belief is strongest regarding the desirability of an undergraduate university degree, or a professional degree such as medicine or law. The money value of graduate degrees in 'nonprofessional' fields such as art, history, or philosophy is not as great.

In the past, it was possible for workers with skills learned in vocational schools to get a high-paying job without a college education. Increasingly, however, the advent of new technologies has meant that more and more education is required to do work.

① The monetary value of education　　② Belief and success

③ College degree and job market　　④ Higher education in the age of technology

어구
- definition : 정의
- acquire : 얻다, 취득 · 획득 · 인수하다(come by, obtain, get, gain, procure); (습관 · 버릇 등을) 얻다, 지니게 되다
- standard of living : 생활수준　• monetary : 통화(화폐)의, 금전(상)의, 금융의, 재정(상)의(pecuniary, financial, fiscal)
- widespread : 활짝 펼친; 널리 퍼진, 만연된, 보급된(extensive, prevalent, pervasive)
- undergraduate : a. 대학(생)의　n. 대학 재학(학부)생, 대학생
- graduate : v. n. a. 대학 졸업생의, 학사 학위를 받은　　　　• vocational : (특정 종류의) 직업과 관련된
- high-paying : 높은 급료를 주는, 고임금의　　　　• advent : 도래, 출현(arrival, coming, appearance)
- be required to v : ~할 것이 요구되다(be supposed to v, should v)

번역
많은 사람들에게 있어 성공의 정의는 부(富)와 높은 생활수준을 획득한다는 정의이다. 그러므로 사람들은 종종 화폐적 가치를 얻기 교육에 가치를 두는 것이 놀라운 일은 아니다. 사람들이 보다 많은 학교교육을 받으면 받을수록 그들이 학교를 떠날 경우 벌게 될 돈은 그만큼 더 많다는 믿음이 널리 퍼져있다. 이런 믿음은 대학(학부)의 학위 또는 의학과 법학과 같은 전문직업적 관련 학위의 바람직함에 관하여 가장 강하다. 예술, 역사 또는 철학과 같은 '비전문직업적인' 분야에서의 졸업학위 돈의(금전적) 가치는 그만큼 크지 않다.
과거에, 직업학교에서 배운 숙련근로자들은 대학교육을 받지 않고서도 높은 급료를 주는 직장을 얻는 것이 가능했다. 하지만 점차 새로운 기술의 도래(到來)는 점점 많은 교육이 일을 하는데 요구됨을 의미하게 되었다.
① 교육의 화폐적(금전적) 가치　　② 믿음과 성공　　③ 대학 하위와 노동시장　　④ 기술 시대의 고등교육

해설
글의 제목을 묻는 것이므로 전체내용을 포괄할 수 있는 제목은 ①번이 적절하다. ④는 이 그에서 가장 중요한 요소인 'monetary'에 관한 부분이 반영되지 않았다는 점을 유념하자.

정답 ①

Astronomers today are convinced that people living thousands of years ago were studying the movement of the sky. Astronomers in those ancient cultures had no telescopes or binoculars, but they had great power in that they could predict the changing seasons, track time, and predict events like eclipses and the risings of certain celestial objects. They knew about and were able to predict these and other cycles only observing carefully over periods of days, and months, and years.

① Wonder of the universe in which we live

② Ancient astronomers and their celestial predictions

③ the value of observational instruments in astronomy

④ The celestial movement in ancient periods

어구

- astronomer : 천문학자(expert in astronomy, science of the stars, planets, sun, moon, and heavenly bodies)
- be convinced (that) S + V··· (혹은 'be convinced of + (동)명사'」는) : ~을(~라고) 확신하다
- binocular : a. n. 쌍안경; 쌍안 망원(현미)경   • in that : ~라는 점에서
- predict : 예언·예측·예보하다(foresee, foretell, forecast, prophesy, divine, speculate on)
- track : n. v. 추적하다, ···의 뒤를 쫓다; 관측(기록)하다
- eclipse : v. n. (지위·명성의) 실추, 빛을 잃음(loss, fall); [天]식(蝕) Cf. solar (lunar) eclipse [일(월)식]
- rising : 상승; (해·달·별의) 돋음; 기립; 기상(起床); 출현; 소생, 살아남; 부활
- celestial : 하늘의, 천체의(heavenly); 천국의(같은)

번역

오늘날 천문학자들은 수천 년 전의 사람들이 하늘의 움직임(천체의 운행)을 연구했을 것으로 확신한다. 그런 고대문화권의 사람들은 망원경이나 쌍안(망원)경을 갖고 있지 않았으나 그들은 변화는 계절을 예측하고, 시간을 추적하며 일식과 같은 사건들과 어떤 천체들의 출현 예측할 수 있었다는 점에서 대단한 힘을 지니고 있었다. 그들은 오로지 일정기간의 일, 월 및 년에 걸쳐 주의 깊게 관찰하면서 이런 것들과 기타 순환(주기)들에 대해 알고 있었고 예측할 수 있었다.
① 우리가 살고 있는 우주의 경이로움
② 고대 천문학자들과 천체의 예측
③ 천문학에서의 관찰도구들의 가치
④ 고대의 천체의 움직임들

정답 ②

08 다음 글의 제목으로 가장 적합한 것은? (2011 국가직)

As the weather changes, joggers, like some exotic species of bird, begin to molt. On frigid winter days, when the wind and snow sweep down from Canada, the joggers wear heavy layers of clothes. Ski masks cover their faces, woolen caps hide their hair, and heavy scarves are wrapped snugly around their necks. Gradually, however, the weather warms, and the bulky layers of clothes are peeled away. First, lightweight jogging suits in terry cloth, velour, and even plastic dot the paths in parks and along streets. As spring changes to summer, winter-pale legs and arms begin to appear, covered only partially by shorts and T-shirts.

① Fashionable clothes in Canada
② The latest fashion in jogging suits
③ How to choose a proper jogging suit
④ The effect of weather on joggers' fashion

 어 구

- jogger : 조깅하는 사람; 터벅터벅 걸어가는 사람; 천천히 가는 것
- exotic : 이국적인, 색다른(abnormal, eccentric, unusual); 외국산의, 외래의(foreign)
- molt : (새가) 털을 갈다, (곤충 등이) 탈피하다, 허물 벗다; (동물이) 뿔을 갈다
- frigid : 몹시 추운, 추위가 지독한(very cold)
- sweep : (급류·눈사태 등이) 쓸어내리다, 씻어 내리다, (폭풍(우)·노도·전염병 등이) 엄습하다, 휘몰아치다(down)
- snugly : 아늑하게, 포근하게, 편안하게; 아담하게
- bulky : (무게에 비해) 부피가 큰; 거대한, (너무 커서) 다루기 힘든; (천·실이) 두꺼운, 굵은; (의복이) 두꺼운 천과 실로 만든
- peel : (귤 등의) 껍질을 벗기다; (나무껍질 등을) 벗기다(off); (옷을) 벗다, 벗기다(off)
- terry : 테리 직물(한 면[양면]에 고리 모양의 보풀이 있는 직물, 특히 수건감); (벨벳·양탄자 등의) 고리 모양의 보풀
- velour : 벨루어(벨벳 모양의 플러시천(plush)의 일종); 벨루어 모자(=~ hat)
- dot : …에 점을 찍다, 점점으로 표시하다; (장소에) 점재하다(with)

변 역

날씨가 변함에 따라, 일부 색다른 종의 새처럼 조깅하는 사람들은 털을 갈게 된다. 몹시 추운 겨울날에, 바람과 눈이 캐나다에서 엄습해 오면, 조깅하는 사람들은 두꺼운 겹의 옷을 입는다. 스키 마스크로 그들의 얼굴을 덮고, 양모로 된 모자는 머리카락을 감추며 두꺼운 스카프를 목둘레로 아늑하게 감싼다. 하지만 서서히 날씨가 더워지면서 부피가 큰 옷은 벗게 된다. 먼저 테리 천, 벨루어 및 심지어 플라스틱(합성수지)의 무게가 가벼운 조깅복이 공원의 소로(小路)(산책로)와 거리를 따라 점점으로 나타난다. 봄이 여름으로 변하면서, 짧은(반)바지와 티셔츠로 일부만 가져진 채 겨울의 하얗게 된 다리와 팔이 보이기 시작한다.

해 설

새가 깃털을 갈게 되는 것처럼 날씨(계절)가 변하면서 조깅하는 사람들도 복장이 달라지면서 피부색이 나타나는 모습이 달라지는 모습을 비유하고 있다.

정 답 ④ (날씨가 조깅 하는 사람들의 패션에 미치는 영향)

독해지문 주요빈출어휘

※ **Choose the one word or phrase that** best keeps the meaning **of the underlined part or** fill in the blank **with a suitable one.** (이하 특별한 다른 지시를 제외하고 이와 동일함)

01 *Choose the one which is similar to the meaning of the underlined part.*

「You see women on fire trucks going to put out a blaze.」

① This company has put out this magazine for 15 years.

② We drank tea rather than put our hostess out to make coffee too.

③ Let's put the cat out and go to bed.

④ Put out the light when you leave the room.

02 An heir is defined as the legal beneficiary of the money or property of a person who has died without leaving a will.

① relative   ② associate   ③ recipient   ④ ancestor

03 Myths have inspired many of the world's greatest poets, musicians, and scientists.

① contradicted the ideas of   ② fired the imagination of

③ overwhelmed   ④ comforted

04 The senior steward infused courage into the new stewardesses.

① showed   ② inspired   ③ tempted   ④ regarded

05 Mechanics is the study of the effects of forces on bodies or liquids at rest or in motion.

① atoms   ② objects   ③ gases   ④ fluids

06 The professor explained that the constitution provided the <u>outline</u> for the establishment and organization of government.

① sketch   ② strength   ③ emergency   ④ escape

07 As I <u>ruminate on</u> those days, I feel as though I had lived centuries.

① mediate   ② rumble   ③ scarce   ④ meditate

08 Grocery prices were <u>boosted</u> again last month.

① attacked   ② stabilized   ③ fixed   ④ raised

09 As far as power imbalance of the present regime is concerned, no politician can claim <u>immunity</u>.

① impurity   ② legality   ③ exemption   ④ extinction

10 'Antibody' is to 'protect' as 'food' is to '_____.'

① grind   ② nourish   ③ eat   ④ digest

11 주어진 글의 밑줄 친 부분과 같은 뜻으로 사용된 것은?

> **In college he is expected to <u>take in</u> the whole of a long argument or exposition.**

① I wish you weren't <u>taken in</u> by the advertisement.

② The United Kingdom <u>takes in</u> Scotland, Wales and Northern Ireland.

③ She <u>takes in</u> laundry to earn a bit of extra money.

④ She warned him about the danger, but he didn't <u>take</u> it <u>in</u>.

12 The mantle is 2,900 kilometers thick and <u>encompasses</u> about 84 percent of the total volume of the earth.

① contains   ② searches   ③ measures   ④ directs

13 The idea of time is <u>incorporated</u> in all languages of the world.

① assigned   ② contained   ③ indicated   ④ evidenced

14 Time is subject to less _____ than the spoken language. It can shout the truth where words lie.

① acquisition   ② distortion   ③ automation   ④ substitution

15 His doctrine illuminates much that might seem obscure in the Christian teaching.

① clarifies   ② lights up   ③ solves   ④ justifies

16 The waiter took the bottle back inside the cafe. He sat down at the table with his colleague again.

① college   ② collector   ③ patient   ④ boss   ⑤ coworker

17 Having been engaged in the study for so long a time, they still don't know how to stamp out the recurrent epidemic.

① threatening   ② troublesome   ③ prevalent   ④ returning

18 We will draw up the contract today.

① be under   ② put into effect   ③ enter into   ④ draft

19 He was drafted by the U.S. army and served for three years.

① garrisoned   ② conscripted   ③ bombarded   ④ encompassed

20 She was a few minutes late for her first job. She resolved to start out half an hour earlier the next day.

① found a solution   ② agreed   ③ was determined   ④ pretended

21 Once one has _____ the habit, smoking is very difficult to give up.

① received   ② taken   ③ ensured   ④ acquired

22

In criminal law, a fine is a <u>pecuniary</u> penalty imposed on an offender by a court.

① strict   ② civil   ③ monetary   ④ discretionary

23

Before the <u>advent</u> of a spider–silk marketplace, human web weavers must close the technology gap on their arachnid counterparts.

① appearance   ② surge   ③ peak   ④ close

24

Scientists called _____ study the movements of stars and look for new objects in space.

① geologists   ② astronauts   ③ physicists   ④ astronomers

25

She says that she has the ability to see the future in advance. She _____ that I wanted to go. I'm a student of that university now.

① predicted   ② postponed   ③ persuaded   ④ pretended

26

Even when his reputation was in <u>eclipse</u> almost everyone was willing to admit that he had genius.

① dialogue   ② retaliation   ③ loss   ④ rebuttal

27

Kim likes to collect <u>exotic</u> plants.

① unusual   ② expensive   ③ common   ④ beautiful

28

People near the North Pole have a <u>frigid</u> climate.

① wet   ② very cold   ③ dark   ④ cool

【번역】 01. 당신은 소방차에 탄 여성들이 불(길)을 끄기 위해 가는 것을 봅니다.

　① 이 회사는 15년간 이 잡지를 출판해왔다.

　② 우리는 안주인이 커피까지 끓여 오는 폐를 끼치기보다는 대신 차를 마셨다.

　③ 고양이를 밖으로 내놓고 잠자러 가자.　　　　　④ 방을 나설 때는 등불을 끄라.

　【어구】 [본문] 불길(화염)을 잡다(끄다) ① 출판하다 ② 폐를 끼치다 ③ (밖으로) 내놓다 ④ 끄다

02. 상속인은 유서를 남기지 않고 사망한 사람의 돈과 재산에 대한 법적 수혜자로서 정의된다.

03. 신화는 세계적으로 가장 위대한 많은 시인들, 음악가들 및 과학자들에게 영감을 주었다.

04. 그 고참남자 승무원은 신입여승무원들에게 용기를 불어넣어 주었다.

05. 역학은 가만히 있거나 움직이는 물체와 액체에 작용하는 힘의 효과를 연구하는 것이다.

06. 그 교수님께서는 헌법이 정부의 설립과 구조에 대한 개요를 제공한 것이라고 설명하셨다.

　【어구】 [본문] • outline : 윤곽, 대요, 개요(sketch, summary, synopsis) ③ emergency : 돌발 사태(사건), 긴급

　(비상) 사태(urgency, exigency) ④ 탈출, 도망, (현실)도피; 벗어나기

07. 내가 그 당시를 곰곰이 생각해보면, 나는 여러 세기를 마치 살았던 것처럼 느껴진다.

08. 식료품 가격이 지난달에 다시 인상되었다.

09. 현(現)정권의 권력 불균형에 관한 한, 어떤 정치인도 면책을 주장할 수는 없다.

10. '항체(antibody)'가 침입하는 균과 싸워 우리의 몸을 '보호해(protect)' 주듯이 '음식(food)'은 '영양분을 주어

　(nourish)' 우리의 건강을 지켜준다.

　【어구】 ① 빨다, 갈다, 찧다　④ 소화하다

11. 대학에서 그는 전반에 걸친 긴 주장이나 설명을 받아들일 것으로 예상되고 있다.

　【어구】 ① = deceive　② = include, comprise　③ (집에서 일감을) 맡다　④ 받아들이다(accept)

12. 맨틀(지각과 중심핵의 중간부)은 2,900킬로미터의 두께이며 지구의 총 부피의 약 84%를 포함한다.

13. 시간이라는 개념은 세계의 모든 언어에 포함되어 있다.

14. 시간은 말로 하는 언어보다 덜 왜곡되기 쉽다. 시간은 말이 거짓인 곳에서 진실을 외칠 수 있으니까.

15. 그의 교의(敎義)는 기독교 교리에서 애매하게 보이는 많은 것들을 명백히 밝혀주고 있다. Cf. illuminate : 비

　추다, 조명하다(light up); (해석·설명 등을) 명백히 하다, 계몽하다(clarify, shed light on, explain)

16. 그 웨이터는 카페 안으로 다시 그 술병을 가져왔다. 그는 동료와 함께 다시 그 테이블에 앉았다.

17. 너무나 오랫동안 연구에 열중해 왔다 할지라도, 그들은 아직도 재발하는 그 유행병을 근절 하는 방법을 모르고 있다.

18. 우리는 오늘 계약서에 작성할 것이다.

19. 그는 미군에 징집되어 3년간 복무했다.

20. 그녀는 첫 직장 출근에 몇 분 늦었다. 그녀는 그 다음날에는 30분 더 일찍 집을 나서기로 결심했다.

21. 일단 습관을 얻게 되면(몸에 배게 되면), 담배를 끊기가 매우 어렵다.

22. 형법에서는, 벌금이란 법정에 의해 위반자에게 부과되는 금전적인 형벌의 한 수단이다.

23. 거미 명주실 시장의 출현이전에, 인간 거미집 직조공들은 거미류 동물의 상대자(실제 거미)들을 토대로 기술

　의 차이를 메워야 했다.

24. 천문학자라고 불리는 과학자들은 별들의 움직임을 연구하며 우주상의 새로운 물체를 찾아낸다.

25. 너는 자신이 미리 미래를 볼 수 있는 능력이 있다고 말한다. 그녀는 내가 들어가길 원하는 대학에 내가 진학

　할 것이라고 예언했다. 나는 지금 그 대학의 학생이다.

26. 그의 명성이 실추된 상황에서 조차 거의 모든 사람은 그가 천재성을 갖고 있다는 것을 기꺼이 받아들이려 했다.

27. 김씨는 이국적인 식물을 수집하길 좋아한다.

28. 북극근처의 사람들은 혹한의 기후를 겪는다.

【정답】
01. ④	02. ③	03. ②	04. ②	05. ④	06. ①	07. ④	08. ④	09. ③	10. ②
11. ④	12. ①	13. ②	14. ②	15. ①	16. ⑤	17. ④	18. ④	19. ②	20. ③
21. ④	22. ③	23. ①	24. ④	25. ①	26. ③	27. ①	28. ②		

연결사 넣기

※ 밑줄 친 부분에 들어갈 가장 적절한 것을 고르시오.

(2013 국가직)

You as the parent must try to read their crying to be able to help them. This will also help you assess your children's perception of your discipline. In many cases, when a child feels that he has been punished wrongly, it is more difficult to console him. He cried pathetically. Others may receive the punishment in a defiant mood. _____ , when a child feels guilty and he is not punished or assured of forgiveness, he is likely to feel insecure and timid. In such a case when punished they may cry but quickly compose themselves and seek to attract love from the parent. Children usually want the crisp and clean punishment followed by fellowship rather than living with uncertainty.

① As a result

② For example

③ In other words

④ On the other hand

어구

- assess : (자산 등을) 평가 · 사정(査定)하다(appraise, estimate, evaluate, size up, judge)
- discipline : v. n. 학과, 학문분야(field of study); 훈련, 단련(drill, training); 규율, 기강, 교기(校紀), 군기(order); 징계, 징벌(punishment)
- console : 위로 · 위안하다, 달래다(soothe, comfort)
- pathetically : 가여울 정도로; 불쌍하리 만큼
- defiant : 도전적인, 반항적인, 시비조의
- be assured of : ~을 확신 · 장담하다
- insecure : 불안정한, 불안한, 자신이 없는(unsafe, unstable, precarious)
- timid : 겁이 많은, 소심한, 수줍어하는(timorous, cowardly, shy, bashful, abashed, craven, dastardly, diffident)

- compose : 구성 · 조직하다(make up, form, comprise, constitute); 억제하다, 진정시키다(calm 〈down〉, allay, put down)
- attract : (물리적으로) 끌다(↔ repel); 유인하다(entice), 유치하다, 매혹 · 매료하다(lure, allure, draw, fascinate, charm, captivate, capture, tempt, entice, enthrall, enchant)
- crisp : (음식물 등이) 파삭파삭한; (태도 · 표현 등이) 힘찬, 분명한, 또렷한
- fellowship : 같은 친구임, 동료 의식; 교제, 친교, 교우; 우정; 같이하기, 공동, 협력
- uncertainty : 반신반의, 불확실, 확신이 없음

번역 ....

부모로서 당신은 자녀들에게 도움을 줄 수 있도록 그들이 우는 것(의미)을 읽어야(제대로 파악해야) 한다. 이것은 또한 당신으로 하여금 당신의 징계(처벌)에 대한 아이들의 인식을 평가하도록 하는데 도움이 될 것이다. 많은 경우에 있어서, 아이가 잘못(부당하게) 처벌받았다고 느낄 경우 그를 위로하기가 더욱 어렵다. 아이는 가여울 정도로 울었다. 다른 아이들의 경우 반항적인 기분으로 처벌을 받아들일 수 있다. 이와는 반대로, 아이가 죄의식을 느끼고 처벌을 받지 않고 용서를 확신하는 경우, 아이는 불안하고 겁을 난다고 느낀다. 그러한 경우 처벌받게 되면 그들은 울 수 있으나 재빨리 자신을 진정시키고 보모로부터 사랑을 끌어들이게 하려(받으려) 한다. 아이들은 주로 분명하고 깔끔한 처벌을 원한 다음 반신반의하며 사는 것 보다는 오히려 공동의식을 느끼며 살아가고자 한다.

해설 ....

밑줄 친 부분의 전후에서 대조 또는 역접의 내용으로 이어지는 것이 분명하므로 ④의 'On the other hand'가 적절하다.

정답 ④

02 밑줄 친 부분에 들어갈 가장 적절한 것은? (2012 지방직)

Americans have ambivalent feelings about neighbors. This ambivalence reflects the tension we feel over our loyalties to group and to self and which of the two takes precedence. In other cultures, the group clearly takes precedence. _____, in the United States, we draw boundaries around individuals and circumscribe their "space". We conceptualize this space as privacy which protects the individual from the outside and from others. It is a concept that many foreigners find odd, even offensive. But again, it is the individual that is valued over the group, whether that group is a family, corporation, or community.

① For example ② Therefore
③ However ④ Consequently

 어구

- ambivalent : a. 서로 용납하지 않는, 상극인; 반대 감정이 양립하는, 양면 가치의(having conflicting values or feelings, contradictory, equivocal) n. ambivalence : 양면가치, 반대감정 병립(conflicting feelings)
- reflect : 반사하다, 반향하다; 반영하다, 나타내다; 반성하다, 곰곰이 생각하다
- loyalty : 충성, 성실, 충실(allegiance, faithfulness, fidelity)　• self : 모습, 본모습; 자아, 자신
- precedence : 우선(함) Cf. take precedence : 우선권을 얻다, …의 상위(우위)에 서다, …에 우선하다
- circumscribe : 둘레에 선을 긋다, 에워싸다(draw a line around, encircle, encompass); 한정·제한하다(restrict, confine, limit)
- conceptualize : (…을) 개념화하다　• privacy : 사생활, 프라이버시
- odd : 이상한, 괴상한, 묘한(strange, queer, peculiar, erratic, abnormal, bizarre, eccentric, weird, unusual, exotic)
- offensive : 무례한, 화나는; 속타게 하는, 안달 나게 하는; 모욕적인　• corporation : 법인; 단체, 조합; 유한회사

번역

미국인들은 이웃 사람들에 대해 양면 가치적 감정을 가지고 있다. 이러한 양면감정은 우리가 그룹과 자신에 대한 충성 그리고 두 가지 중 어느 쪽을 우선할 것인가에 대한 긴장을 반영한다. 다른 문화권에서는, 그룹이 분명 우선권을 얻는다. 하지만, 미국에서, 우리는 개인의 둘레로 경계선을 그어두고 그들의 "공간"을 한정한다. 우리는 이러한 공간을 개인을 외부와 다른 사람들로부터 보호하는 프라이버시로 개념화하고 있다. 이것은 많은 외국인들이 이상하고 심지어 무례하다고 보는 개념이다. 하지만 또다시, 그룹이 가족, 기업 또는 공동체이든 그룹보다 우선하여 가치평가 받는 것은 바로 개인이다.

해설

밑줄 친 부분을 전후하여 전은 다른 문화권에서는 '그룹(group)'이 우선한다는 내용을 소개한 다음은 미국은 '개인(individuals)'과 개인의 '프라이버시(privacy)'를 우선한다는 점을 기술하고 있으므로 전후의 '대조'를 나타내주는 접속부사가 요구된다.

정답 ③

Some people give up the moment an obstacle is placed in front of them. Some people doggedly continue to pursue a goal even after years of frustration and failure. What is the difference between these two people? Those who feel they are not responsible for choosing their goals and pursuing them tend to believe that results are arbitrary. To them, it does not matter how hard you try or how talented you are. Being successful is all a matter of luck. Those who persevere, _____, recognize that they are ultimately responsible not just for pursuing their goals, but for setting them. To them, what you do matters, and giving up for no reasons does not seem attractive.

① however　　② moreover　　③ likewise　　④ therefore

어구

- the moment (=whenever) an obstacle is placed in front of them : 장애물이 그들 앞에 놓여있자 마자
- obstacle : 장애(물), 방해(물)(to)(impediment, hindrance, stumbling block, obstruction)
- doggedly : 완고하게, 끈덕지게　　　　　　　　　　　　　• frustration : 좌절(감), 차질, 실패, 낙담
- be responsible for : …에 대한 책임이 있다(be accountable for); …의 원인이 되다(be the cause of)
- arbitrary : 임의의, 멋대로인, 자의(恣意)적인; 전제적인, 독단적인　　　　　• matter : 문제가 되다, 중요하다
- talented : 재능이 있는, 유능한
- persevere : 참다, 인내하다, 꾸준히 해낸다(continue steadily in adversity, persist in)
- ultimately : 마지막으로, 궁극적으로(in the last analysis, finally, in the long run, in the end, eventually, at last) *not just*(*, only, merely*) + A + but (also) B : A 뿐만 아니라 B도(B as well as A)
- give up : 버리다, 포기·단념하다(abandon, relinquish, renounce, quit), 넘겨주다(deliver, relinquish); 항복하다(surrender)
- attractive : 매력적인(appealing, inviting, captivating, charming, engaging)

번역

일부 사람들은 그들의 앞에 장애물이 놓이자마자 포기한다. 일부 사람들은 다년간의 좌절과 실패가 있고 난 다음조차 끈덕지게 계속 목표를 추구한다. 이러한 두 부류의 사람들 간의 차이점은 무엇인가? 목표를 선택하고 그것을 추구하는데 책임이 없다고 생각하는 사람들은 결과가 임의적이라고 믿는 경향이 있다. 그들에게는, 얼마나 열심히 노력하느냐 또는 얼마나 재능이 있는가는 중요하지 않다. 성공한다는 것은 전적으로 운의 문제이다. 하지만 꾸준히 해 내는 사람들은 그들이 궁극적으로 그들의 목표를 추구하는 것뿐만 아니라 그것을 정하는 것에 대해서도 책임이 있다는 것을 인정한다. 그들에게 있어서는, 무엇을 하느냐가 중요하며 아무런 이유없이 포기한다는 것은 매력적이지 않는 것 같다.

해설

"What is the difference between these two people?"를 통해 서로 대조적인 두 부류의 사람들 중 전자의 경우에 대한 내용이 끝난 다음 나올 수 있는 접속부사는 however가 적절함을 알 수 있다.
Cf. however의 활용방식 : (앞의 문장과 '대조'관계를 나타내는) '접속부사'로 사용된 경우 :
　　However, S + V … . / S …, *however*, … . / S + V …, *however*.

정답 ①

04 밑줄 친 부분에 들어갈 표현으로 가장 적절한 것을 고르시오. (2011 사회복지)

Native-born Alaskans include both native peoples and the descendants of the early settlers. The natives, which are the Eskimos, Aleuts, and Indians, migrated to Alaska from Siberia as far back as 15,000 years ago. Some of the natives still live the way their ancestors did, hunting and fishing in the wilderness. _____, others have modern lives in the cities. No matter where they live or when they got there or what ethnic group they belong to, all Alaskans have one thing in common. That is the splendors of the great land in which they live.

① Consequently   ② Furthermore   ③ Therefore   ④ However

어구

- descendant : 자손, 후손, 후예(offspring, posterity, progeny ↔ ancestors, ancestry)
- migrate : 이주하다; (새 · 짐승 · 물고기가) 철따라 정기적으로 이주하다
- ancestor : 선조, 조상(forebear, forerunner, precursor, predecessor, progenitor, antecedent)
- wilderness : (the ~) 황무지, 황야, 미개지; 자연 보호 구역
- ethnic : 인종의, 민족의, 민족 특유의(racial)
- splendor : 훌륭함, 장려(壯麗), 화려함; (명성 등의) 현저, 탁월; 영예, 영광

번역

본토태생의 알래스카사람들은 토박이 원주민들과 초기 정착민들의 후손 모두를 포함한다. 에스키모 족(族), 알류트 족 및 인디언 족의 원주민들은 한참 된 지난 15,000년 전에 시베리아에서 알래스카로 이동했다. 이 원주민들 중 일부는 황야에서 사냥하고 물고기도 잡으면서 그들의 선조들이 했던 방식대로 아직도 살고 있다. 하지만, 그들 중 다른 원주민들은 도시에서 현대적인 삶을 산다. 그들이 어디에 살든 그들이 언제 그곳에 왔던 또는 그들이 어떤 인종 집단에 속하든지, 모든 알래스카인들은 공통점을 하나 가지고 있다. 그것은 그들이 살고 있는 이 위대한 땅의 장엄함(화려함)이다.

해설

'Some of the natives ~'과 'others(=other natives) have modern lives in the cities.'는 대조적 내용을 전개하는 보편적 방식이므로 접속부사 However가 적절하다.

정답 ④

독해지문 주요빈출어휘

※ **Choose the one word or phrase that** best keeps the meaning **of the underlined part or** fill in the blank **with a suitable one.** (이하 특별한 다른 지시를 제외하고 이와 동일함)

01 Before asking for money for car repairs, we must first assess the damage that the accident caused.

① appraise　　　② clean　　　③ fix　　　④ remove

02 Biochemistry is a new kind of science involving at least two different disciplines, which is called "interdisciplinary."

① groups of followers　　　② years
③ countries　　　④ fields of study

03 She tried to console me by saying that I'd probably be happier in a new job.

① save　　　② correct　　　③ examine　　　④ comfort

04 Why are you so timorous? I tell you there is nothing to be afraid of.

① worthless　　　② timid　　　③ abundant　　　④ banned

05 Your ideas help to make up public opinions.

① compensate　　　② influence　　　③ compose　　　④ decide

06 Compose yourself before answering that nasty letter.

① Write　　　② Devise　　　③ Calm　　　④ Form

07 This advertisement will <u>attract</u> the attention of readers everywhere.

① capture   ② contain   ③ consist   ④ confront

08 Modern science has always been somewhat <u>ambivalent</u>.

① having conflicting values   ② using both hands equally well

③ having a strong desire for success   ④ able to live both on land and in water

09 Every day we pledged <u>allegiance</u> to our fatherland.

① sacrifice   ② honesty   ③ sincerity   ④ loyalty

10 In geometry class, the students learned how to <u>circumscribe</u> a circle around a triangle.

① describe   ② ascertain   ③ encircle   ④ accumulate

11 There are those who execute their unwillingness to help the unfortunate by claiming the interfering with another's life is a violation of _____.

① privacy   ② benevolence   ③ human rights   ④ selfishness

12 John gave his sister a pair of large green and black shoes for her birthday. It was really an <u>odd</u> present.

① expensive   ② strange   ③ wonderful   ④ unforgettable

13 The biggest <u>impediment</u> on the path of progress is not a lack of money but a lack of men.

① influence   ② implement   ③ obstacle   ④ objection

14 Dr. Barbara McClintock's genetic theories, proposed in the 1950's, were <u>ultimately</u> confirmed through observations in molecular biology.

① definitely   ② systematically   ③ immediately   ④ finally

15 Do you think that Mr. Jackson will <u>relinquish</u> his seat in the House of Commons?

① admonish   ② give up   ③ cede

④ regain   ⑤ win

16 My father <u>renounced</u> smoking and drinking last week.

① gave up   ② held up   ③ put down   ④ wrote down

17 Los Angeles, one of the most <u>appealing</u> cities in the U.S., also leads the nation in making airplanes and equipment for exploring outer space.

① progressive   ② attractive   ③ photogenic   ④ lively

18 He preserved a large number of rare books for <u>posterity</u>.

① youth   ② fortune   ③ neighbors   ④ descendants

19 The lemur is not a direct _____ of man ; new discoveries reveal that the lemur and man once shared a common ancestor but then proceeded on a _____ path.

① relative − converging   ② ancestor − divergent

③ descendant − synchronous   ④ terrestrial − parallel

20 They already presented a wide <u>ethnic</u> diversity.

① instrumental   ② artistic   ③ ethical   ④ racial

번 역 01. 승용차 수리비를 요구하기 전에 우리는 먼저 그 사고가 유발한 손실을 평가해야 한다.
02. 생화학은 "연계학문적(학제적)"이라고 불리는 적어도 둘 이상의 학문의 분야를 포함한 새로운 종류의 학문이다.
03. 그녀는 내가 새 직장에서 아마 더 행복해질 것이라고 말을 해줌으로써 나를 위안하려 애썼다.
04. 왜 그렇게 겁이 많니? 나는 너에게 두려워할 만한 것은 아무것도 없다고 말하고 있잖아.
05. 당신의 생각은 여론을 형성하는데 도움이 됩니다.
06. 그런 추잡스런 서신에 답을 하기 전에 침착하세요.
07. 이 광고는 도처에 있는 독자들의 관심을 끌게 될 것이다.
08. 현대 과학은 항상 다소 양면가치적이다.
　　【어구】② using both hands equally well : 양손을 똑같이 잘 사용하는(양손잡이의)(ambidextrous)
　　　　　③ having a strong desire for success : 성공에 대한 강한 욕구를 가진(야망이 있는, 야심 찬)(ambitious)
　　　　　④ able to live both on land and in water : 육지와 물에 모든 곳에 살 수 있는(《수륙》 양생의(amphibious))
09. 매일 마다 우리는 우리의 조국에 대한 충성을 맹세했다.
10. 기하학 시간에 학생들은 삼각형의 주위에 어떻게 (외접)원을 그리는지를 배웠다.
11. 다른 사람의 생활을 방해하는 것은 사생활 침해라고 주장함으로써 어려운 사람들을 도와주는 일에 나서려 하지 않는 사람들이 있다.
12. John은 그의 여동생에게 생일선물로 한 켤레의 큰 녹색과 검은색이 있는 신발을 주었다. 그것은 이상한 선물이었다.
13. 발전의 도상에 가장 큰 장애가 있다는 자금의 부족이 아니라 인력의 부족이다.
14. 1950년대에 제안된 B. McClintock박사의 유전 이론은 분자생물학에서의 관찰을 통해 궁극적으로 확실히 증명되었다.
15. Jackson이 하원에서의 그의 의석을 포기할 것이라고 생각합니까?
16. 나의 아버지께서는 지난주에 흡연과 음주를 포기하셨다(끊으셨다).
17. 미국에서 가장 매력적인 도시의 하나인 로스앤젤레스는 또한 항공기와 우주탐사장비 제조에 있어서도 전국을 주도하고 있다.
18. 그는 후손을 위해 수많은 희귀본 서적을 보존하고 있었다.
19. 여우원숭이는 인간의 직계 조상은 아니다. 새로이 발견되는 것들을 보면 여우원숭이와 인간은 공동의 조상을 한때 공유하긴 했으나 그 이후 분기된 길을 나아간 것임을 드러내고 있다.
　　Cf. divergent : a. 갈라지는, 분기하는(↔ convergent, converging); (사상·의견 등이) 다른
20. 그들은 광범위한 민족특유의 다양성을 나타내었다.

정 답 　01. ①　　02. ④　　03. ④　　04. ②　　05. ③　　06. ③　　07. ①　　08. ①　　09. ④　　10. ③
　　　　　11. ③　　12. ②　　13. ③　　14. ④　　15. ②　　16. ①　　17. ②　　18. ④　　19. ②　　20. ④

논리적 문장 배열

01 ▶ 다음 글에서 전체적인 흐름과 관계없는 문장은? (2011 국가직)

According to government figures, the preponderance of jobs in the next century will be in service-related fields, such as health and business. ① Jobs will also be plentiful in technical fields and in retail establishments, such as stores and restaurants. ② The expansion in these fields is due to several factors: an aging population, numerous technical breakthroughs, and our changing life styles. ③ However, people still prefer the traditional types of jobs which will be highly-paid in the future. ④ So the highest-paying jobs will go to people with degrees in science, computers, engineering, and health care.

어구

• figure : 숫자, 수, 금액; 모습, 모양(appearance); 이채(異彩); 상(像); 그림
• preponderance : 중량에서의 능가; 다수(majority); 우세, 우위(of)
• plentiful : 많은, 충분한, 풍부한(abundant, copious)
• retail : n. 소매(小賣), 소매상, 산매(散賣) a. 소매의, 소매상의
• establishment : 기관, 시설; (사회) 기득권층, 지배층; 설립, 수립, 확립
• expansion : 확장, 발전(development, boom), 확대(enlargement), 팽창 numerous : 다수의, 매우 많은(manifold)
• breakthrough : 돌파(구), (난관의) 타개, 개가(way out);비약적 발전, 눈부신 발전(most significant advance⟨/development / achievement⟩)
• highly-paid : 고액 임금(봉급)을 받는   • health care : 건강관리; 의료

번 역 ··

정부의 수치에 따르면, 다음 세기의 직업에서의 우위는 건강 및 사업 등과 같은 서비스 관련 분야에 있을 것이라고 한다. ① 일자리는 또한 기술 분야와 가게 및 레스토랑과 같은 소매업체에서 풍부할 것이다. ② 이런 분야에서의 확대는 몇 가지 요인들에 기인된다: 노화하는 인구, 수많은 기술적 발전 및 우리의 변화하는 라이프스타일과 같은 것들이다. ③ 하지만, 사람들은 아직도 미래에도 고액 임금을 받는 전통적인 유형의 일자리를 선호할 것이다. ④ 따라서 가장 높은 임금을 받는 일자리는 과학, 컴퓨터, 엔지니어링 및 의료 분야에 학위가 있는 사람들에게 가게 될 것이다.

해 설 ··

이 글은 미래에 우위가 될 직업을 말하고자 하는 것인데 ③에서는 '전통적인 직업'을 언급하고 있으므로 전체적인 흐름과 관계없는 문장이라 할 수 있다. 한편 ②의 'an aging population, numerous technical breakthroughs, and our changing life styles'등에 해당하는 대표적인 분야라 할 수 있는 내용이 ④의 'science, computers, engineering, and health care'으로 이어지므로 ②와 ④의 흐름을 방해하는 것이 ③의 문장임을 알 수 있다.

정 답 ③

---

02 주어진 문장이 들어갈 위치로 가장 적절한 것은? (2013 국가직)

> He knew, though, he would never become an Olympic runner, so he looked for other sports that he could play.

Many people have faced great obstacles in their lives but have found ways to overcome and actually benefit from these obstacles. For example, Greg Barton, the 1984, 1988, and 1992 U.S. Olympic medalist in kayaking, was born with a serious disability. (A) He had deformed feet, his toes pointed inward, and as a result, he could not walk easily. Even after a series of operations, he still had limited mobility. (B) Even so, Greg was never defeated. First, he taught himself to walk, and even to run. Then, he competed in his high school running team. (C) Happily, he discovered kayaking, a perfect sport for him because it required minimal leg and foot muscles. Using his upper body strength, he was able to master the sport. (D) Finally, after many years of training and perseverance, Greg made the 1984 Olympic team.

① A   ② B   ③ C   ④ D

어구

- obstacle : 장애(물), 방해(물)(to)(impediment, hindrance, stumbling block, obstruction)
- serious disability : 심각한 장애   • deformed feet : 기형이 된 발
- point : (위치[방향]를) 가리키다, (…을) 손가락질하다; (건물이) (…에) 면해 있다
- mobility : 움직이기 쉬움, 이동성, 가동성; 기동성; 변동성; 유동성; (사회) 사회적 유동(이동)성; 주소 · 직업 · 계층 등의 이동(유동)성
- compete : 경쟁하다, 겨루다, 맞서다(in, for, with, over)(vie in, vie for, vie with)
- perseverance : 인내, 버팀, 끈기, 끈덕짐, 불굴, 견인불발(의 노력)

번역

하지만 그는 자신이 올림픽 달리기 선수가 결코 되지 않을 것이라는 것을 알았으므로 그는 그가 할 수 있는 다른 스포츠를 찾았다.

많은 사람들은 그들의 삶에 있어 큰 장애물들에 봉착해 왔지만 그것을 극복하고 실제로 이러한 장애물로부터 이익을 얻는 방법을 찾아냈다. 예를 들어, 1984, 1988, 1992년 미국의 카약에서의 메달리스인 그레그 바톤은 심각한 장애를 가지고 태어났다. (A) 그는 기형의 발을 가지고 있었고 그의 발가락은 안쪽 방향으로 나 있었으며 그 결과 그는 쉽게 걸을 수가 없었다. 일련의 수술이 있고 난 다음조차, 그는 여전히 제한된 기동성을 가지고 있었다. (B) 그런 상황에서조차, 그레그는 좌절당하지 않았다. 먼저, 그는 스스로 걷도록 가르치고 심지어 달려보기까지 했다. 그런 다음, 그는 그의 고등학교 달리기 팀에서 경쟁해 보기도 했다. (C) 다행히도, 그는 카약종목을 발견했는데, 이것은 최소한의 다리와 발의 근육을 필요로 하는 것이었기에 그로서는 완벽한 스포츠였다. 그의 상체의 힘을 이용하여, 그는 그 스포츠를 마스터 할 수 있었다. (D) 마침내, 다년간의 훈련과 인내가 있고 난 다음, 그레그는 올림픽 팀을 만들었다(팀원으로 출전할 수 있게 되었다).

해설

주어진 글의 내용은 (C)의 앞에서 'Then, he competed in his high school running team.'의 내용으로 이어지는 것으로 주어진 글의 내용, 즉 'He knew, though, he would never become an Olympic runner, so he looked for other sports that he could play.'을 두기에 적절하며 (C)의 다음으로 'he discovered kayaking'이 나오는 것이 자연스럽다.

정답 ③

03 ▶ 주어진 문장이 들어갈 위치로 가장 적절한 곳은?　　　　(2013 지방직)

> In other words, our behavior is neither wholly determined by our genes nor wholly free from them.

Grub's birth rekindled my interest in the nature vs. nurture debate, which was at that time producing bitter arguments in scientific circles. (A) Were we humans mainly the product of our genetic makeup or the product of our environment? (B) In recent years, these flames of controversy have died down, and it is now accepted that in all animals with reasonably complex brains, adult behavior is acquired through a mix of inherited traits and experience gained as the individual goes through life. (C) The more sophisticated an animal's brain, the greater the role that learning is likely to play in shaping its behavior, and the more variation we shall find between one individual and another. (D) And the information acquired and lessons learned during infancy and childhood, when behavior is at its most flexible, are likely to have particular significance.

① A 　　　　　② B 　　　　　③ C 　　　　　④ D

어구 • • • • • • • • • •

- in other words : 바꾸어 말하면, 다른 말로 하면, 즉
- determine : 알아내다, 밝히다; 결정·결심하다(resolve, decide, make up one's mind), 결의하다(resolve)
- gene : 유전인자　　• rekindle : (…에) 다시 불을 붙이다; 다시 불이 붙다; (흥미 등을(이)) 다시 돋우다(돋다)
- nature vs. nurture : (선)천성 대 후천성(교육)
- bitter : 쓴; 괴로운, 쓰라린(painful); 비통한, 격심한(acute); 신랄한, 통렬한(acrimonious)
- scientific circles : 과학계　　　　　　　　　　　　　　• genetic : 유전자의, 유전학적인
- makeup : 화장(품); 조립, 구조, 구성(composition); 체격, 체질, 성격, 기질
- flame : 불꽃, 불길, 화염; 정열, 격정, 정염(情炎)
- controversy : 논쟁, 언쟁, 분쟁(dispute, debate, contention, bicker, wrangle, strife, conflict)
- die down : 사라져 버리다(fade); 차차 진정되다(subside, abate, lessen)
- reasonably : 합리적으로, 무리 없이; 꽤; 분별할 수 있게, 이성적으로
- complex : a. 복잡한, 얽히고설킨(complicated, intricate); 복합의, 합성의 n. 합성물; 복합체; (건물 등의) 집합체, 공장 단지(development : 주택단지); 고정관념

- acquire : 얻다, 취득·획득·인수하다(come by, obtain, get, gain, procure); (습관·버릇 등을) 얻다, 지니게 되다
- inherited : 상속한; 계승한; 유전의; 옛 시대로부터 이어받은　　• trait : 특질, 특성(attribute, characteristic)
- go through : 뚫고(빠져) 나가다, 통과하다; (법안 등이) 승인(가결)되다, 통과하다; (괴로움 등을) 경험(체험)하다, 겪다, 극복하다; (일 등을) 모두 끝내다
- sophisticated : 소박한 데가 없는, 닳고 닳은(↔ naive); (지나치게) 교묘한, 세련된; (기계·시스템 등이) 정교한·정밀한(up-to-date, ultra-modern), 복잡한(very complicated)
- variation : 변이, 편차　　• infancy : 유년; 유소(幼少); 유년 시대; (집합적) 유아(infants); 초기; 요람기
- flexible : 구부리기(휘기) 쉬운(pliant, pliable, supple, limber, ductile); 유순한, 말 잘 듣는(tractable, ductile); 융통성·적응성이 있는, 신축적인(adaptable, pliant, elastic)
- significance : 중요, 중요성(importance); 의미, 의의, 취지(meaning, purport)

번역 ·

Grub의 탄생은 천성 대 후천성(교육)에 대한 논쟁에 나의 흥미를 다시 돋우었다. 그 논쟁은 그 당시에 과학계에 격심한 논쟁을 일으키고 있었다. (A) 우리 인간은 주로 유전자적 구성의 산물이었는가 아니면 환경의 산물이었는가? (B) 최근에, 이런 논란의 불꽃은 가라앉게 되었다. 그리고 꽤 복잡한 두뇌를 가진 모든 동물들에게서, 성인의 행동은 유전적 특징과 개인들이 삶을 경험하며 얻게 되는 경험의 혼합을 통해 획득되는 것이라고 지금 받아들여진다. (C) 다시 말하면, 우리의 행동은 전적으로 우리의 유전자에 의해 결정되어지는 것도 아니고, 전적으로 유전자로부터 자유로운 것도 아니다. 한 동물의 뇌가 좀 더 정교해질수록, 학습은 그것의 행동을 형성하는데 있어서 그만큼 더욱더 큰 역할을 하며 한 개인과 다른 개인 사이에서 우리가 발견할 편차(차이)들도 더 많게 된다. (D) 그리고 획득된 정보와 행동이 가장 유연할 시기인 유아기나 어린 시절에 배웠던 교훈들은 특별한 의의를 가질 가능성이 높다.

해설 ·

주어진 문장에서 'in other words'가 제시되었으며 같은 맥락을 먼저 제시한 것을 찾으면 되므로 (C) 앞의 내용이 (C)의 내용으로 환언(換言)하기에 가장 적절함을 알 수 있다.

정답 ③

04 다음 문장이 들어갈 위치로 가장 적절한 것은? (2012 국가직)

Not even the bedrooms were private.

The growing individualism showed itself in a desire for privacy. (A)In the seventeenth century middle−class and wealthier families were served by servants, who listened to their conversation as they ate. (B)They lived in rooms that led one to another, usually through wide double doors. (C)But in the eighteenth century families began to eat alone, preferring to serve themselves than to have servants listening to everything they had to say. (D)They also rebuilt the insides of their homes, putting in corridors, so that every person in the family had their own private bedroom.

① A　　　　② B　　　　③ C　　　　④ D

 • individualism : 개성; 개인주의
• corridor : 복도, 회랑

 점정하는 개인주의는 프라이버시(사생활)를 얻기 위한 욕구에서 스스로를 드러내었다. (A) 17세기에 중산층과 보다 부유한 가족들은 식사를 하면서 대화를 경청한 하인들의 시중을 받았다. (B) 그들은 대개 널찍한 이중문을 통해 한 방과 다른 방으로 이어지는 방에서 살았다. (C 침실조차 사적인 보호를 받지는 못했다.) 하지만 18세기에는 가족들은 하인들이 그들이 말할 수밖에 없던 모든 것을 경청하게 하기보다 스스로를 시중들게 하는 것을 선호하면서 혼자서 식사를 하기 시작했다. (D) 그들은 또한 그들의 집의 내부를 고쳐지었고 건물내부에 복도를 설치하여, 그 결과 가정의 모든 사람은 그들 자신의 사생활이 있는 침실을 가지고 있었다.

정답 ③

다음 문장이 들어갈 위치로 가장 적절한 것은?   (2011 국가직)

> All you have to do is this: When you feel yourself getting angry, take a long, deep breath, and as you do, say the number one to yourself.

When I was growing up, my father used to count out loud to ten when he was angry with my sisters and me. (A) It was a strategy he used to cool down before deciding what to do next. (B) I've improved this strategy by incorporating the use of the breath. (C) Then, relax your entire body as you breathe out. (D) What you are doing here is clearing you mind with a mini version of a meditation exercise. The combination of counting and breathing is so relaxing that it's almost impossible to remain angry once you are finished.

① A   ② B   ③ C   ④ D

어구
- grow up : 성장(장성)하다   • used to v : ~하곤 했다 (과거의 규칙적 습관); (이전에는) ~이었다 (과거의 상태)
- count out loud : 큰소리로 세다   • strategy : 전략, 전술, 병법; 계략, 술수; 계획, 방책, 방법
- use + O(목적어) + to v : O를 ~하기 위해 사용하다(⇨ 〈수동태〉 be used to + 동사 원형 : ~하는 데 사용되다)
- cool down : (열정·분노 등이) 식다, 가라앉다(cool off)   • clear : ; (머리·마음·눈 등을) 맑게 하다
- incorporate : 법인으로 만들다; 통합시키다; (생각 등을) 구체화하다(embody)
- take a deep breath : 한숨 돌리다, 심호흡하다   • meditation : 명상, 묵상; 심사숙고, 숙려, 고찰
- version : 번역(문); 설명, 설(說), 이설(異說), 견해; 이형, 변형; (성서의) 역(譯), …판
- combination : 결합, 배합, 연합; 조합   • relaxing : 맥 빠지게 하는, 나른한; 긴장을 늦추는(푸는)

번역
내가 자라나는 동안, 나의 아버지께서는 나의 누이들과 나에 화가 나셨을 때 10까지 큰소리로 세곤 하셨다. (A) 그것은 그 다음 무엇을 하실 것인지 결정하기 전에 아버지가 사용하셨던 전략이었다. (B) 나는 숨을 사용하는 것과 통합함으로써 이런 전략을 향상시켜왔다. (여러분은 이것만 하면 된다: 스스로 화가 난다고 느낄 때, 긴 심호흡을 하라 그리고 그렇게 하면서 자신에게 숫자 1을 말하라.) 그런 다음, 숨을 내 쉬면서 온 옴의 긴장을 풀라. (D) 여기서 여러분이 하는 것은 일종의 미니 명상운동법으로 정신을 맑게 하는 것이다. 세기와 숨쉬기를 결합하는 것은 긴장 완화에 대단히 도움이 되어 일단 끝나게 되면 여전히 화가 나 있기는 불가능하다.

해설
화를 다스리는 아버지의 방법을 먼저 소개한 다음 내가 사용하는 방법에는 추가되어 더욱 향상된 방법이 있다는 것을 소개 한 후[(B) 뒤에서 제시한 내용] (C)의 위치에 이제 구체적인 도입문장이라 제시문장을 두기에 적절함을 알 수 있는데 특히 'take a long deep breath'에 주목하자. 그 다음(then)의 내용으로 'breathe out'이 순차적으로 이어가는 것이 자연스러운 흐름이라 할 수 있다.

정답 ③

> **06** 주어진 글 다음에 이어질 글의 순서로 가장 적절한 것은? (2013 국가직)

Year after year, a survey sponsored by Scotland's Centre for European Labour Market Research finds the same thing: If you want to be happy in life, be happy in your job. Okay, but what will make me happy in my job? Some researchers at the University of British Columbia in Canada have come up with an interesting way quantifying the seemingly unquantifiable.

(A) For example, trust in management—by far the biggest component of job satisfaction—is worth as much in your overall happiness as a very substantial raise. Say you get a new boss and your trust in your workplace's management goes up a bit.

(B) By analyzing life—satisfaction surveys that consider four key factors in job satisfaction, they have figured out how much each is worth when compared with salary increases.

(C) Even that small increase in trust is like getting a thirty six percent pay raise, the researchers calculate. In other words, that will boost your level of overall satisfaction in life by about the same amount as a thirty six percent raise would.

① (A) − (B) − (C)　　　　　② (B) − (A) − (C)

③ (C) − (A) − (B)　　　　　④ (C) − (B) − (A)

• year after year : 해마다, 매년
• come up with : (계획 · 안건 등을) 내놓다, 제시 · 제안 · 제출하다(think up, suggest, offer, propose, present, bring up, bring forward, adduce, put forth, put forward, set forth); 따라잡다(overtake, catch up with)
• quantify : …의 분량을 정하다(나타내다), …을 정량화하다, 양을 재다; (명제의) 양을 명시하다
• seemingly : 외관상(apparently)　　　　• unquantifiable : 계량(계측) 불가능한; 정체를 알 수 없는
• figure out : 계산하다(calculate, reckon); 발견하다(discover); 풀다(solve); 이해하다, 알아내다(understand, make out)

- component : a. n. 구성 분자 · 요소, 성분(constituent, ingredient, part, element)
- overall : 전부의, 전반(면)적인, 총체 · 종합적인(far-ranging, broad, general, wide, extensive, sweeping, across-the-board, far-reaching, inclusive, comprehensive)
- substantial : 실질적인, 실체가 있는(tangible); 본질적인; 다량의, 풍부한; 상당한(considerable)

번역

해마다, 유럽노동시장연구 스코틀랜드 센터는 동일한 점을 발견한다: 즉, 인생에서 행복하기를 원한다면, 직업에서 행복하라는 것이다. 옳은 말이지만 무엇이 나를 나의 직업에서 행복하게 해 줄 것인가? 캐나다의 브리티시 콜롬비아 대학의 일부 연구가들은 겉보기에 계량(계측) 불가능한 것으로 보이는 것을 정량화하는 흥미로운 방법을 꺼내 놓았다.

(B) 직업만족에서 네 가지 요인들을 고려하는 삶-만족 조사들을 분석함으로써, 그들은 임금인상과 비교될 경우 (네 가지 요인) 각각이 얼마나 많은 가치가 있는지를 계산해 냈다.

(A) 예를 들어, 직업만족에서 단연 가장 큰 요소인 경영진에 대한 신뢰가 여러분의 전반적인 행복에 있어 매우 많은 임금인상만큼이나 많은 가치가 있다. 말하지만 신임 사장을 모실 경우 여러분 일터의 경영진에 대한 신뢰는 약간 올라간다(증가한다).

(C) 신뢰도에서 그러한 작은 증가는 36%의 임금인상을 받는 것과 마찬가지인 것으로 그들은 계산하고 있다. 바꾸어 말하자면, 그것은 여러분의 삶의 전반적인 삶의 만족의 수준을 36%만큼의 임금인상이 그럴 수 있는 것과 거의 같은 정도로 증가시킬 것이다.

해설

주어진 문장의 특히 끝부분 'an interesting way quantifying the seemingly unquantifiable'의 내용과 가장 잘 연결될 수 있는 내용은 (B)에 제시되어 있는데 특히 '네 가지 요인들(four key factors)'이 먼저 제시되었다는 점과 'quantify'와 잘 호응하는 'figured out how much each is worth'라는 표현이 잘 부합한다. 그리고 이에 대한 구체적인 예를 제시한 것(For example)이 (A)이며 (A)의 끝부분에서 말한 'goes up'의 내용을 바로 이어주는 내용이 (C)의 문두에 있는 'that small increase'로 연결되고 이에 대한 구체적인 수치를 제시하고 있다.

정답 ②

07 주어진 문장에 이어질 글의 순서로 가장 적절한 것은? (2013 지방직)

A well-known reply, when demands for expenditure seem unrealistic or wasteful, is that "money doesn't grow on trees."

(A) Given these characteristics, the challenge of making a profit from forest management is daunting.

(B) Furthermore, because of the long-term nature of forest management, the risk of such investment can be a major deterrent to potential investors.

(C) Ironically, investing in forest management is one area where this is particularly true. Apart from a few exceptions, trees grow relatively slowly compared with other crops, timber harvests are infrequent, and forest product prices are held down by competition from other materials.

① (A) − (B) − (C)　　　　　② (A) − (C) − (B)

③ (B) − (A) − (C)　　　　　④ (C) − (B) − (A)

- expenditure : 지출; 경비, 소비; 비용　　　　　• unrealistic : 비현실적인, 비현실주의의; 비사실적인
- wasteful : 낭비가 많은, 소비적인, 비경제적인; 매우 사치스러운; 낭비하는
- given : (전치사적 또는 접속사적) …이라고 가정하면, …이 주어지면, …을 고려(감안)하면
- characteristic : a. n. 특성, 특질(character, trait, attribute, proper, feature)
- challenge : v. n. 도전(장); 설명(증거)의 요구; 항의, 힐난, 힐책; 이의 신청　　　• make a profit : 이익을 내다
- daunting : (머뭇거릴 정도로) 곤란한, 벅찬, 위협적인, 두려운　　　• infrequent : 희귀한, 드문(rare)
- deterrent : a. n. 방해물; 전쟁 억지력, (특히) 핵무기; 억제력(책)(preventive measures)
- potential : n. a. 가능한(possible), 잠재적인(latent)　　　• ironically : 아이러니컬하게도, 반어적(反語的)으로
- apart from : …을 제쳐놓고, …은 별도로 하고; …에서 떨어져서　　　• exception : 예외, 제외(exclusion); 특례
- compared with : …와 비교해서　　　• timber : (집합적 물질명사) 목재, 판재(lumber, boards, wood)
- harvest : v. n. (작물의) 수확, 추수(crop); (사과 · 꿀 등의) 채취; (한 계절의) 수확량; 수확기, 추수기; 수확물, 작물, 산물, 채취물
- hold down : 꽉 누르다; (머리를) 숙이다; 억제하다; 가라앉히다; 지배하다, 복종시키다; (지위 · 직업 등을) 유지하다

지출에 대한 요구가 비현실적이거나 낭비적일 경우 잘 알려진 대답은 "돈은 나무에서 자라나지 않는다"는 것이다.

(C) 아이러니컬하게도, 산림관리에 투자하는 것은 이것('돈은 나무에서 자라나지 않는다')이 특히 사실인(해당하는) 분야이다. 몇 가지 예를 별도로 하는, 나무는 다른 작물과 비교해보면 비교적 더디게 자라고, 목재 수확은 빈번하지 않으며, 산림제품의 가격은 다른 재료들로부터의 경쟁으로 억제된다.

(B) 게다가, 산림관리의 장기적인 특성 때문에, 그러한 투자의 위험은 잠재적인 투자자들에게 억제요인이 될 수 있다.

(A) 이러한 특성들을 고려해 볼 때, 산림관리로터 수익을 내려는 도전은 곤란한(쉽지 않은) 문제이다.

특히 (A)의 'these characteristics'의 표현에 주목하자. 지시형용사(these) 등 각종 지시어 계열의 활용은 이런 유형의 문제에 단골이다. ①~④에서 (A)를 마지막 위치에 제시한 것도 하나뿐이다.

정답 ④

다음 문장 뒤에 들어갈 글의 순서로 가장 적절한 것은?

(2012 국가직)

Once, there was a little boy who had a bad temper. His father gave him a bag of nails and told him that every time he lost his temper, he must hammer a nail into the back of the fence.

(A) The father took his son by the hand and led him to the fence. He said, "You have done well, my son, but look at the holes in the fence. The fence will never be the same. When you say things in anger, they leave a scar just like this one."

(B) He told his father about it and the father suggested that the boy now pull out one nail for each day that he was able to hold his temper. The days passed and the young boy was finally able to tell his father that all the nails were gone.

(C) The first day the boy had driven six nails into the fence. Over the next few weeks, as he learned to control his anger, the number of nails hammered daily gradually dwindled. Finally the day came when the boy didn't lose his temper at all.

① (B) – (A) – (C) ② (B) – (C) – (A)
③ (C) – (A) – (B) ④ (C) – (B) – (A)

어구 ....

• temper : 기질, 천성, 성질; 화, 성마름; 침착, 냉정
• scar : 흉터, 상흔
• hold(keep/ control) one's temper : 화를 참다, 냉정을 유지하다
• drive : (못 등을) 밀어(박아) 넣다
• dwindle : 점차 감소하다, 점점 작아 · 적어지다(decrease 〈slowly〉, diminish, wane, be on the wane)
• lose one's temper : 내다, 참을성 · 냉정을 잃다(get out of temper, get〈/ become〉 angry, get sore, hit the ceiling, take offence, take exception to, boil over ↔ keep〈/ control〉 one's temper : 화를 참다)

번역 ....

한 때, 고약한 성질을 가진 어린 소년이 한명 있었다. 그의 아버지는 그에게 못이 든 백을 주고서 그에게 화가 날 때마다 울타리의 뒷면에 망치로 못을 박아야 한다고 말했다.
(C) 첫날 그 소녀는 울타리에 여섯 개의 못을 박았다. 다음 몇 주간에 걸쳐, 그가 자신의 분노를 통제하는 것을 배우면서 매일 망치로 박은 못의 개수가 점차 줄어들게 되었다. 마침내 그 소년이 화를 전혀 내지 않게 된 날이 왔다.

(B) 그는 아버지에게 이에 대한 말씀을 드렸고 그의 아버지는 아들이 이제는 침착함을 유지할 수 있는 날마다 하나의 못을 빼내야 한다고 제안했다. 그날들이 지났고 이 어린 소년은 마침내 그의 아버지에게 모든 못이 다 사라졌다는 것을 말씀드렸다.

(A) 아버지는 그의 아들의 손을 잡고 그 울타리로 데려갔다. 그는 "넌 잘 해왔단다, 아들아, 하지만 울타리에 있는 구멍을 보아라. 그 울타리는 결코 원래의 모습이 아닐 것이다. 네가 화를 내어 말을 할 때, 그것은 이와 같은 것처럼 상처(흠집)를 남긴단다."

 ④

 다음 글을 문맥에 맞게 순서대로 연결한 것은?　　　　　　　　　　　　(2011 지방직)

A. Many people don't realize that soap can strip the good oils from your skin, as well as the bad oils.

B. Oil of Lavender has been rated the most popular product for toning and firming skin on the face, neck and around the eyes.

C. Why? Because you can actually see a difference in just one week when you use it daily.

D. Oil of Lavender facial products were created to add natural oils back to your skin, thereby reducing signs of aging.

① B - A - C - A
② C - D - B - A
③ D - A - C - B
④ A D - B - C

어구

• strip : (과일·수목 등의) (껍질 등을) 벗기다, 떼어버리다(of); (장소에서) (…을) 제거하다, 비우다(empty)(of); (물건을) (…에게서) 빼앗다, 약탈(박탈)하다. 제거하다 (of)　*Cf.* of ≒ from
• Lavender : 라벤더(향기가 좋은 꿀풀과(科)의 관목); 라벤더의 꽃(줄기, 잎)(종약·향수용)
• rate : 평가하다, 어림잡다; …로 여기다, …이라고 생각하다(간주하다)
• tone : 가락을 붙이다; 음조를 맞추다, 조율하다; 어떤 빛깔로 만들다; (신체·정신 등을) 정상으로 돌리다
• firm : a. v. 단단하게 하다(되다); 안정시키다　　　　　• facial : 얼굴의, 안면의; 얼굴에 사용하는, 표면상의

번역

A. 많은 사람들은 비누가 나쁜 기름뿐만 아니라 여러분의 피부에서 좋은 기름도 빼나갈 수 있다는 것을 깨닫지 못하고 있다.
D. 라벤더유 안면(화장용) 제품은 여러분의 피부에 천연오일을 다시 첨가함으로써 노화의 조짐들을 줄이고자 만들어졌다.
B. 라벤더유는 얼굴, 목 및 눈 주위의 피부를 정상적으로 돌리며 단단(팽팽)하게 하기 위한 가장 인기 있는 제품으로 평가받아 왔다.
C. 왜인가? 여러분은 이것을 매일 사용할 경우 불과 일주일 만에 실제로 차이를 볼 수 있기 때문이다.

해설

A의 'soap can strip the good oils from your skin, as well as the bad oils'에서 soap의 한 사례로 D의 'Oil of Lavender facial products'이 나왔고 이것은 만들어진 내용을 토대로 라벤더유가 가장 인기있는 제품으로 평가받아온 사실을 말하고 있으며 C의 내용은 인기를 얻게 된 이유를 설명하고 있다.

 ④

다음 문장들은 문맥에 맞게 순서대로 배열한 것은?   (2011 서울시)

(A) They are still left out in the world where the so-called age of information has not arrived yet.

(B) The bad news, however, is that millions of people around the world cannot even afford to busy a computer.

(C) That's the good news for those who have access to the web.

(D) The internet is bringing us closer than ever.

① D-A-C-B   ② C-A-B-D   ③ D-B-C-A
④ C-D-B-A   ⑤ D-C-B-A

번역 ··
(D) 인터넷은 그 어느 때보다 우리를 더 가깝게 엮어주고 있다.
(C) 그것은 웹에 접근하는 사람에게는 좋은 소식이다.
(B) 그러나, 나쁜 소식은 전 세계의 수백만의 사람들은 컴퓨터를 살만한 여유조차 없다는 것이다.
(A) 그들은 이른바 정보의 시대가 도달하지 못한 세상에서 여전히 배제되어 있다.

해설 ··
(D)의 내용을 요약한 그 긍정적 결과를 말한 것이 (C)이고 부정적 결과를 말한 것이 (B)이다. (B)의 'millions of people around the world'를 받는 대명사가 (A)의 They이다.

정답 ⑤

독해지문 주요빈출어휘

※ **Choose the one word or phrase that** best keeps the meaning **of the underlined part or** fill in the blank **with a suitable one.** (이하 특별한 다른 지시를 제외하고 이와 동일함)

01 Although South Carolina's mineral resources are <u>abundant</u>, not all of them can be mined lucratively.

① molten   ② plentiful   ③ diverse   ④ precious

02 The country prospered in the <u>boom</u> days of the late eighties and early nineties.

① boon   ② expansion   ③ crisis   ④ strike

03 Old as history is, and <u>manifold</u> as its tragedies are, I doubt if any death has caused so much pain to mankind as Lincoln's death has caused.

① powerful   ② dangerous   ③ numerous

④ sorrowful   ⑤ adventurous

04 The jet engine was a major <u>breakthrough</u> in air transport.

① most crucial situation   ② most significant advance

③ most abrupt happening   ④ most serious event

05 Many European nations <u>vied for</u> North American territory.

① competed for   ② argued over

③ disposed of   ④ arrived on

06 We tried to ignore her <u>acrimonious</u> comment but it took considerable restraint.

① crazed   ② cunning   ③ confused

④ proper   ⑤ bitter

07 The new chemicals are not always tested to determine if they will cause cancer or _____ mutation.

① generic   ② genetic   ③ genial   ④ benign

08 The value of a particular variety of clay for pottery is related to its mineralogical and chemical <u>makeup</u>.

① reactions   ② attraction   ③ charts   ④ composition

09 They have been engaged in <u>controversy</u> over who is responsible for the lost property.

① conference   ② committee   ③ survey   ④ dispute

10 The outcry against the government's policies will <u>subside</u> only if a compromise is reached in the assembly.

① die down   ② succeed   ③ proceed   ④ be dislodged

11 The landing of a spaceship requires the coordination of numerous <u>intricate</u> mechanisms.

① costly   ② essential   ③ practical   ④ complex

12 All living things have certain <u>attributes</u> that are passed on from one generation to the next.

① cells   ② viruses   ③ traits   ④ flaws

13 Modern weaponry is <u>sophisticated</u>.

① crude   ② simple   ③ easily operated   ④ very complicated

14 Do you know why the wings of an airplane are <u>flexible</u>?

① pliant   ② upstream   ③ durable   ④ giant

15 Ancient civilization such as Phoenicians and Mesopotamians _____ goods rather than use money.

① has been trading   ② used to trade

③ was used to trade   ④ had used to trade

16 Carlos is not as strong as he _____ ; he needs to take some physical training.

① may be   ② used to be   ③ was used   ④ is used to

17 Prof. Baker <u>came up with</u> an idea in his lecture yesterday.

① daunted   ② abetted   ③ apportioned   ④ proposed

18 The <u>apparently</u> homogeneous Dakota grasslands are actually a botanical garden of more than 400 types of grasses.

① seemingly   ② comparatively   ③ dazzlingly   ④ strangely

19 다음 두 문장의 밑줄 친 곳에 공통으로 들어갈 가장 알맞은 단어는?

> • He set _____ on foot early the next morning for Paris.
> • I cannot figure _____ what the man is trying to say.

① of   ② in   ③ out   ④ for

20 This process is called photosynthesis and the essential <u>ingredients</u> it requires are carbon dioxide and water.

① chemicals   ② components   ③ glues   ④ liquids

21 They might occasionally suffer from the abuse of delegated authority; but the <u>overall</u> principle of government was wise, simple and beneficent.

① general   ② particular   ③ specific   ④ special

22 Say what you may, I have no mind to believe in anything that is not <u>substantial</u>.

① abstract   ② tangible   ③ crucial   ④ buoyant

23 _____ the world's longest life expectancy − 82.1 years for women, 76.1 years for men − the "graying of Japan" is already a national obsession.

① Given   ② Given with   ③ Giving   ④ Giving with

24 If we want to keep a child from choosing wrong, love and understanding are the best <u>deterrents</u> we have.

① alternatives   ② preventive measures

③ problem−solving skills   ④ solutions

25 Among the dangers of drilling for oil in the ocean is the problem of <u>potential</u> leaks.

① possible   ② dangerous   ③ influential   ④ serious

26 FOREST : TIMBER **[유사관계(analogy) 찾기]**

① clay : earth   ② art : museum

③ zoo : spectators   ④ quarry : stone

27 The people on this island are <u>dwindling</u> in number.

① increasing slowly   ② decreasing slowly

③ removing here and there   ④ growing angry

⑤ becoming more and more

28 Phillip <u>lost his temper</u> and kicked the dog in his garden.

① was too late   ② lost his time

③ became angry   ④ became worse

번역

01. South Carolina주의 광물자원들은 풍부하다 할지라도, 이 자원들 모두가 돈벌이가 되게 채굴될 수 있는 것은 아니다.
02. 그 나라는 80년대 말과 90년대 초의 벼락경기 속에서 번영했다.
03. 역사는 비록 오래 된 것이고, 그것의 비극들은 다양한 것일지라도, 나는 어떠한 죽음도 링컨의 죽음이 인류에게 고통을 끼친 것만큼 많은 고통을 끼친 것이 있을지 의문이 간다.
04. 제트 엔진은 항공수송에 있어 중대한 눈부신 발전이었다.
05. 많은 유럽국들은 북미영토를 상대로(서로 차지하려고) 경쟁했다.
06. 우리는 그녀의 신랄한 논평을 무시하려 애썼으나 그러기에는 상당한 자제력이 필요했다.
07. 새로운 화학물질들이 암이나 유전적인 변이를 일으킬 지의 여부를 규명하기 위해 항상 시험되는 것은 아니다.
08. 유난히 다양한 도자기용의 점토의 가치는 광물학적 · 화학적 구성과 관련이 있다.
09. 그들은 누가 그 잃어버린 재산에 대한 책임이 있는지를 둘러싸고 논쟁을 벌여왔다.
10. 정부의 정책을 반대하는 항의의 목소리는 의회에서 타협이 이루어질 때만이 진정될 것이다.
11. 우주선의 착륙은 복잡한 수많은 기계장치의 조정을 필요로 한다.
12. 모든 생물체는 대대로 전해지는 어떤 속성들을 지니고 있다.
13. 현대적 무기는 (정교) 복잡하다.
14. 당신은 비행기의 날개가 왜 유연한지 아십니까?
15. 페니키아 인들과 메소포타미아 인들과 같은 고대 문명인은 돈을 사용하기 보다는 상품을 거래하곤 했다.
　　'과거의 규칙적 습관'을 나타내는 경우로 적합한 내용이다. ③의 경우라면 was used to trading라고 일단 바꾸어야 하겠지만 than using money이 제시되지 않은 이상 동명사가 사용될 수 있는 배경이 없다.
16. 카를로스는 (과거에) 튼튼했던 만큼 (지금은) 건강하지 않다. 그는 약간의 신체단련을 필요로 한다.
　　'used to be (strong)'는 문맥상 '과거의 상태'를 나타내기에 적절한 경우이다.
17. Baker교수님께서는 어제 강의에서 한 아이디어를 내놓으셨다.
18 겉보기로는 동일한 종류의 다코타주의 초원은 실제는 400여 종의 풀로 된 식물(정)원이다.
19. • *set out* : 출발하다, 시작하다; 말하다, 제시하다; 설명하다
　　• *figure out* : 이해하다(make out, understand)
　　그는 그 다음날 아침 일찍 파리를 향해 도로로(걸어서) 출발했다.
　　나는 그 사람이 무슨 말을 하려고 하는지 이해할 수 없다.
20. 이런 과정은 광합성이라 불리고 광합성이 필요로 하는 필수 요소들은 이산화탄소와 물이다.
21. 그들은 때때로 위임된 권한의 남용으로 고통을 받을 수 있겠지만 전반적인 통치의 원칙은 현명하고 단순하며 이로운 것이었다.
22. 네가 어떤 말을 할지라도, 나는 실체가 있지 아니한 어떤 것에 대한 존재(가치)도 믿고 싶은 마음이 없다.
23. 여성의 경우 82.1세, 남성은 76.1세로 평균수명이 세계에서 가장 긴 점을 고려해보면, '일본의 노령화'는 이미 국민적 강박관념이다.
24. 우리가 어린이들이 잘못된 짓을 선택하는 일을 막길 원한다면, 사랑과 이해가 우리가 가지고 있는 최상의 억제책이다.
25. 대양에서 석유를 시추하는 위험들 가운데 하나는 새어나올 잠재(가능)성의 문제이다.
26. 숲(forest)에서 목재(timber)가 나오듯이 채석장(quarry)에서는 돌(stone)이 나온다. ①의 경우가 이 되려면 순서를 바꾸어 '흙(땅)(earth)에서 점토(진흙)(clay)가 나온다'로 해야 한다.
27. 이 섬에 사는 사람들은 수적으로 점차 줄어들고 있다.
28. Phillip은 화를 내었고 그의 정원에 있는 그 개를 차버렸다.

정답

01. ②	02. ②	03. ③	04. ②	05. ①	06. ⑤	07. ②	08. ④	09. ④	10. ①
11. ④	12. ③	13. ④	14. ①	15. ②	16. ②	17. ④	18. ①	19. ③	20. ②
21. ①	22. ②	23. ①	24. ②	25. ①	26. ④	27. ②	28. ③		

주어진 글과
일치하는 내용 찾기

 글의 내용과 일치하는 것은? (2013 지방직)

The Wildfoods Festival takes place in the old mining town of Hokitika on the west coast of the South Island. This year, the organizers are preparing for more than 23,000 curious visitors from all over the world, a 10 percent increase in attendance over last year's crowd. Each year, the chefs invent more and more exotic dishes, and you may need to have a strong stomach and be open-minded to try them This year they are offering new dishes such as insect eggs, scorpions, and venison tongue. Last year's favorites are still available: kangaroo and emu steaks fresh from neighboring Australia, and of course, earthworms and snails. It's a country full of sheep, but don't expect to eat any of them here!

① The Wildfoods Festival takes place in Australia.

② More than 20,000 visitors attended last year's festival.

③ Kangaroo steak is one of this year's new dishes.

④ Sheep steak is one of last year's favorites.

 ....

- take place : 발생하다(come about, happen, occur); (예식 등이) 거행되다(be held)
- curious : 호기심이 강한(inquisitive); 호기심을 자아내는, 기이한; 묘한　　• attendance : 정기적인 출석(참석)
- exotic : 이국적인, 색다른(abnormal, eccentric, unusual); 외국산의, 외래의(foreign)

- stomach : 위; 배, 복부(※belly보다 고상한 말); 불룩한 배
- scorpion : 전갈
- venison : (사냥에서 잡은) 짐승의 고기; (특히) 사슴고기
- favorite : a. n. 좋아하는 사람, 인기 있는 사람; 총아; 특히 좋아하는 물건; (인터넷) 즐겨찾기
- available : 얻을 수 있는, 이용할 수 있는(accessible, obtainable, on hand, handy, usable)
- emu : (조류) 에뮤: 타조 비슷한 오스트레일리아산(産)의 날지 못하는 큰새
- earthworm : 지렁이

번역

Wildfoods 페스티벌은 사우스 섬(남섬) 서쪽 해안가에 있는 Hokitika라는 옛 탄광촌에서 열린다. 올해, 대회진행(주최)자은 전 세계로부터 호기심 많은 23,000명 이상의 방문객들을 위해 준비하고 있는데, 이 인원은 지난해보다 10 퍼센트 증가한 수치이다. 매년, 요리사들은 점점 더 많은 이국적인 요리를 만들어 내고, 당신은 아마도 그 요리들을 먹어 보려면 강한 위(배)와 개방적인 태도가 필요할지 모른다. 금년에는 요리사들이 곤충의 알이나, 전갈, 사슴의 혀와 같은 새로운 요리를 제공하고 있다. 지난해에 즐겨 찾던 요리는 여전히 먹을 수 있다: 즉, 이웃한 호주의 신선한 캥거루와 (조류)에뮤 스테이크, 그리고 물론 지렁이와 달팽이도 있다. 이 나라는 양으로 가득한 나라지만, 이곳에서는 양들 중 어떤 양도 먹을 것을 기대하지 말라.

① Wildfoods 페스티벌은 호주에서 열린다.　　　　② 20,000명 이상의 방문객이 지난해 축제에 참석했다.
③ 캥거루 스테이크는 올해의 새로운 요리들 중 하나이다.　④ 양 스테이크는 지난해 즐겨 찾던 요리들 중 하나이다.

해설

① Wildfoods 페스티벌은 호주의 이웃에 있는 'the South Island'에서 열린다.

② 23,000명의 10%는 2,300명이고 이것을 빼면 지난해는 약 20,700의 방문객이 축제에 참석했다.

③ 캥거루 스테이크는 지난해의 요리들 중 하나이다.

④ 본문 마지막 문장인 'It's a country full of sheep, but don't expect to eat any of them here!'의 내용과 일치하지 않는다.

정답 ②

02 다음 글의 내용과 일치하지 않는 것은? (2012 국가직)

Britain, the biggest single beneficiary of the first age of globalization, was unlikely to gain much from its end. In the 1920s the old and tested policies no longer seemed to work. Paying for World War I had let to a tenfold increase in the national debt. Just paying the interest on that debt consumed close to half of total central government spending by the mid-1920s. The assumption that the budget should nevertheless be balanced meant that public finance was dominated by transfers from income tax-payers to bondholders. The increased power of the trade unions during and after the war not only intensified industrial strife but also meant that wage cuts were slower than price cuts. Rising real wages led to unemployment: during the Depression year of 1932 nearly three million people, close to a quarter of all insured workers, were out of work.

① 영국은 세계화 초기에 가장 큰 수혜를 입은 나라였으나, 1920년대에 과거 정책들은 효과를 발휘하지 못했던 듯하다.

② 제1차 세계대전 당시 진 빚에 대한 영국의 이자지출은 1920년대 중반까지 중앙정부 예산지출의 약 10%를 잠식했다.

③ 전쟁 중 그리고 전쟁 후 노동조합의 커진 힘은 영국에서의 노동쟁의를 격렬하게 만들었다.

④ 대공황 해인 1932년에 영국의 실업자 수는 보험가입 노동자의 25%에 육박했다.

어구

- beneficiary : 수익자, 수혜자, 수취인(recipient)
- globalization : 세계화
- tenfold : 10의 부분(구성원)으로 이루어지는; 10배(겹)의
- assumption : 가정, 가설, 전제(things taken for granted, supposition, theory, hypothesis, premise); (책임…) 떠맡기, 인수(하기)(takeover, undertaking)
- dominate : 지배·정복하다(rule, control, conquer, vanquish, subdue, quell, suppress, subjugate); 우위를 차지하다, 좌우하다(prevail)
- transfer : v. n. 이동수단; 이적; 이전, 이송, 운반; 전근; 갈아타는 장소(표); 명의변경; (전보)환(換), 대체(對替); 이체
- bondholder : 채권(공채, 회사채) 소유자
- trade union : 노조(labor union)
- intensify : (정도·강도가) 심해지다(격렬해지다); 심화시키다, 강화하다
- industrial strife : 산업분쟁(노동쟁의)
- depression : 의기소침, 우울; 불경기, 불황
- insured : 보험에 든
- out of work(or a job) : 실직 상태에 있는(unemployed)

번역

세계화 1세대(초기)의 최대 수혜국인 영국은 그러한 목표에서 많은 것을 얻을 가능성이 없었다. 1920년대는 오래되고 검증받은 정책들이 더 이상 먹혀들지 않았던 것 같았다. 1차 세계대전에 소요되는 비용을 지불하는데 국가부채에 10배의 증가액까지 이르게 되었다. 그 부채에 대한 이자액을 지불하는 것만으로도 1920년대 중반에는 중앙정부의 총(總)지출액의 절반에 육박할 정도로 소비했다. 예산이 그럼에도 불구하고 균형이 유지되어야 한다는 가정(假定)은 공공 재정이 소득세 납세자들로부터 채권(공채) 소유자로 이전(移轉)으로 지배적(즉, 납세자들이 정부 재정을 뒷받침하기 어려워 국채 소유자가 그 역할을 하게 된 것)이었다는 것을 의미한 것이었다. 1차 대전 동안과 후에 증가된 노조들의 권한은 산업분쟁(노동쟁의)을 강화(격화)했을 뿐만 아니라 임금 삭감이 가격인하보다 더 더딘 것을 의미했다. 인상되는 실질 임금은 실업의 결과를 가져왔다: 경제 대공황 해인 1932년에 보험가입 노동자의 4분의 1에 육박한 거의 3백 만 명이 실직상태였다.

정답 ②

03 ▶ 다음 글에서 언급되고 있지 않은 것은? (2012 국가직)

Professor Taylor, who wrote "What are Children for?," believes that the status of fatherhood has been affected by modern life. "Fathers have moved farther away from their children than ever before," he says. "In the past, sons looked to their father, emulating his job and wisdom. Now, however, fathers have nothing for their children to inherit. The world is changing too quickly, and instead of sitting at their father's feet listening to stories about the world, children are closed up in their own rooms on the Internet, finding out about it first. It is difficult to redefine the role of father. There is nothing obvious for him to do or be."

① Modern life has influenced the role and the position of fathers.

② In the past, sons imitated their fathers' job, depending on their fathers.

③ Now fathers serve as a sole source of providing information for their sons.

④ These days fathers are not certain of what role to assume for their sons.

 어구

- status : (법률적) 지위, 신분(position, standing, state, rank); 신망(prestige); 상태(state), 사정 · 정세(condition)
- fatherhood : 아버지임, 아버지로서의 자격, 부권(父權); 아버지의 마음; (집합적) 아버지(fathers)
- emulate : 필적하다, (우열을) 다투다(surpass, stack up 〈against or with〉); 흉내를 내다, 모방하다(simulate, imitate, mimic, mock)
- close up : (잠깐 동안 상점 등의) 문을 닫다; 모여들다; 모으다; 좁아지다, 점점 막히다
- obvious : 분명한, 명백한(evident, apparent, palpable); 알기 쉬운, 대번에 알 수 있는(discernible); 속이 들여다 보이는, 빤한, 노골적인(undisguised, open, plain)

번역

"아이들은 무엇을 위해(왜) 존재하는가?"하는 글을 쓴 테일러 교수는 아버지자격의 지위가 현대적인 삶으로 영향을 받아왔다. "아버지들은 전 어느 때보다 아이들로부터 더욱 멀어져 왔다"고 그는 말한다. "과거에, 아들들은 그들의 아버지에 기대했고 아버지의 직업과 지례를 모방했다. 하지만 이제 아버지들은 아이들이 상속받을 만한 아무것도 남겨둘게 없다. 세상은 너무나 급속도로 변하고 있으며 세상이야기를 들으며 아버지의 발치에 앉아 있는 대신, 아이들은 먼저 세상에 대해 알아내며 인터넷 상에서 그들 자신의 공간 속에 갇혀있다. 아버지의 역할을 재정의 하기란 어렵다. 아버지가 해야 하거나 존재해야 할 분명한 것은 아무것도 없다."

정답 ③

다음 글에서 나타난 내용과 가장 일치하는 것은?

Zoologists at SUNY have observed how sea turtles develop into males or females. Turtle eggs that lie in the sand at cool temperatures produce male turtles. And eggs that incubate at about 5 degrees higher produce females. If dinosaurs were like modern turtles, a sudden drop in temperature for even a short time may have simply eliminated all females from the species. Under stress, some female lizards that are alive today, reproduce hermaphroditically, that is, all by themselves. But male lizards cannot manage on their own. The world of the dinosaurs may have ended initially with a bang, as volcanoes erupted or an asteroid crashed. But then, as lonely males sought fruitlessly for mates, it may have simply faded away, with a whimper.

① Turtles may help us understand the extinction of dinosaurs.

② Temperatures have no effect on the extinction of dinosaurs.

③ Lizards usually reproduce hermaphroditically.

④ Dinosaurs became extinct due to a particular calamity.

어구 ....

• zoologist : 동물학자   • sea turtle : 바다거북   • incubate : (알을) 품다; (세균 등을) 배양하다; 잠복하다
• eliminate : (유해한 또는 여분의 것을) 제거 · 삭제(철폐)하다(remove, clear away, weed out, get rid of);제외하다
  (고려하지 않다)(leave out 〈of〉, omit, exclude)
• species : 종족(단수와 복수 동형)   • lizard : 도마뱀
• reproduce : 재생하다, 재현하다; 복사하다, 복제하다(copy, replicate); (동 · 식물을) 번식시키다
• hermaphroditically : 암수 한 몸으로(자웅동체로); 상반된 두 성질을 가지고
• on one's own : 혼자서, 단독으로(alone); 자력으로, 자기 책임 아래; 독립해서   • initially : 처음에, 최초로
• bang : v. n. 쾅(하는 소리); 강타(하는 소리); 총성, 포성; 자극, 흥분; 충격
• erupt : (화산 등이) 폭발 · 분출하다(explode, burst 〈forth〉, set off, blast)
• asteroid : 소행성(minor planet); 불가사리(starfish)
• crash : n. v. …이 쾅 하고 박살나다, 짜부라지다, 굉장한 소리를 내다; 충돌하다, 부딪치다; 맹렬히 돌진하다;
  불시착하다, 추락하다
• fruitlessly : 결실 없이, 무익하게; 성과(효과, 보람) 없이
• fade away, fade out : (빛깔이) 바래다, 퇴색하다(lose color, diminish, pale); (소리 · 기억 · 희망 · 열의 등이 점차)
  사라지다, 적어지다(vanish, disappear); (꽃이) 시들다, 쭈그러들다(wither, wane, wilt); (기력이) 쇠퇴하다
• whimper : v. n. 흐느껴 우는 소리, 코를 킁킁거리는 소리

① extinction : 멸종, 사멸(disappearance); 단절; 진화(鎭火), 소화(消化)
④ calamity : 불행, 불운, 고난(misery); 재난, 참사(disaster, catastrophe)

번역

SUNY에서 일하는 동물학자들은 바다거북이가 어떻게 수컷과 암컷으로 발육되는지 주목해 왔다. 선선한 온도에서 모래에 놓여 있는 거북이 알은 수컷 거북을 낳는다. 그리고 약 5도가 높은 곳에서 품은 알은 암컷을 낳는다. 만일 공룡이 현대의 거북과 같다면, 짧은 기간조차 갑작스러운 온도의 하락은 모든 암컷을 이 종족으로부터 없애 버리게 했을지 모른다. 스트레스 하에 있는, 오늘날 살아있는 일부 암컷 도마뱀은 암수 한 몸으로, 즉 모두 모두 혼자서 번식한다. 하지만 수컷 도마뱀은 자력으로 어떻게 해볼 수가 없다. 공룡의 세계는 화산이 분출했거나 소행성이 충돌하면서 충격으로 초기에 끝나고 말았을지 모른다. 하지만 그 당시, 홀로 남은 수컷이 짝을 찾으려 했으나 아무런 보람이 없는 상황에서, 흐느껴 우는 소리와 더불어 점차 사라져 버렸을지 모른다.
① 거북이는 우리에게 공룡의 멸종을 이해하는데 도움이 될 수 있다.
② 온도는 공룡의 멸종에 영향을 미치지 않는다.
③ 도마뱀은 대개 암수 한 몸으로 번식한다.
④ 공룡은 특정한 재앙으로 인해 멸종하게 되었다.

해설

④에서는 'The world of the dinosaurs may have ended initially with a bang, as volcanoes erupted or an asteroid crashed.'의 내용으로 보아 'due to a particular calamity'라고 단정하기 어렵다는 것을 알 수 있다.

정답 ①

---

05 다음 글에서 나타난 내용과 가장 일치하는 것은? (2012 지방직)

Globalization has its upsides and downsides. Countries like China adopt a basically proglobalization strategy, adapt it to their own political, social, and economic conditions, and reap the benefits. Of course, there are costs to this growth as well ― in terms of environment, social cohesion, and economic equality, which each government needs to monitor and mitigate ― but let's stop downplaying the economic benefits, and let's stop pretending that the antiglobalization advocates have any realistic strategy for bringing many people out of poverty quickly. There are many speeds that a country can go at down this globalization path ― each country has to choose the right speed for its particular social and political circumstances. But there is only one right direction.

① Globalization promotes social cohesion and economic equality, not to mention economic benefits.

② Antiglobalization movement can be a realistic alternative to globalization.

③ Each government shouldn't monitor the downsides of globalization.

④ Economic benefits from globalization override environmental and social problems.

어구

- upside : (전반적으로 나쁜 상황의 비교적) 괜찮은(긍정적인) 면   • downside : 불리한(덜 긍정적인) 면
- adopt : 입양하다(take in); 채택 · 채용하다(choose, choose and use, enact)
- proglobalization : 친(親) 세계화   • strategy : 전략, 전술, 병법; 계략, 술수; 계획, 방책, 방법
- adapt : 순응 · 적응시키다(하다)(adjust, accommodate); 각색 · 개작하다(alter, modify)
- reap : 수확하다(거둬들이다)
- in terms of : …의 견지 · 관점에서(from the standpoint of, in the light of, in view of)
- cohesion : 결합, 점착; 응집력   • monitor : 청취하다, 감시하다(oversee, supervise, superintend)
- mitigate : 완화하다, 누그러뜨리다, 진정시키다, 경감시키다(soften)
- downplay : 경시하다, 대단치 않게 생각하다
- pretend : ~인 체하다(make believe, make out, feign, let on, put on, pass 〈oneself〉 off)
- antiglobalization : 반세계화
- advocate : v. n. 대변자, 변호사(lawyer, attorney, barrister); 주창자, 옹호자(proponent, champion, supporter, moving spirit)
- circumstance : 사실, 사태, 사건(fact, occurrence, event); (~s) 사정, 상황, 환경(conditions, surroundings, environment, context)
  ① not to mention : …은 말할 것도 없이, 하물며, …은 고사하고(let alone, not to speak of, to say nothing of),
  ② alternative : 대안(代案), 양자택일, 선택대상(to)(substitute for, 〈other〉 choice, option)
  ④ override : 짓밟다, 유린하다(trample, tread); (결정을) 뒤엎다, 무효화하다(annul, nullify, invalidate, scrap); …보다 더 중요하다(우선하다)

번역

세계화는 긍정적인 면과 부정적인 면을 갖고 있다. 중국과 같은 나라는 기본적으로 친 세계화 전략을 채택하고 있으며, 그들 자신의 정치적, 사회적 그리고 경제적 상황에 그것을 적응시키고 그 혜택들을 거두어들인다. 물론, 이러한 성장에도 환경, 사회적 응집력 및 경제적 평등의 측면에서 비용(희생)이 있는데, 각국 정부는 이를 감시하고 완화시킬 필요가 있다 – 하지만 경제적 이익을 경시하는 것을 멈추고 반 세계화 옹호자들이 많은 사람들을 빈곤으로부터 신속히 벗어나게 하는 어떤 현실적 전략이라도 갖고 있는 체 하는 것을 그만두자. 어떤 나라도 이러한 세계화의 길을 따라 갈 수 있는 속도는 많이 있으며 – 각 국가는 특정한 사회적 · 정치적 상황에 대해 올바른 속도를 선택해야 한다. 하지만 오로지 하나의 방향만 존재한다.

① 세계화는 경제적 이익뿐만 아니라 사회적 응집력 및 경제적 평등을 촉진한다.

② 반 세계화 운동은 세계화의 현실적 대안이다.

③ 각 정부는 세계화의 부정적인 측면을 감시해서는 안 된다.

④ 세계화로부터 나오는 경제적 이익은 환경적 · 사회적 문제보다 더 중요하다.

해설

이 글에서 세계화는 가야할 길이라는 점을 전제로 각국 정부가 갈 수 있는 올바른 속도를 선택해 나가야 한다는 것이 글의 요지이다. 따라서 글의 내용과 가장 일치하는 것은

정답 ④

독해지문 주요빈출어휘

※ **Choose the one word or phrase that** best keeps the meaning **of the underlined part or** fill in the blank **with a suitable one.** (이하 특별한 다른 지시를 제외하고 이와 동일함)

01 The ceremony will take place in front of the building.

① arise   ② go on   ③ be held   ④ exist

02 Even as a child Thomas Edison had a very inquisitive mind; at the age of three he performed his first experiment.

① exotic   ② brilliant   ③ vigorous   ④ curious

03 None of the servants were available when I wanted to send a message.

① capable   ② usable   ③ agreeable   ④ obedient

04 An heir is defined as the legal beneficiary of the money or property of a person who has died without leaving a will.

① relative   ② associate   ③ recipient   ④ ancestor

05 The framework of the special theory of relativity can be constructed from the assumption of the absolute invariability of the speed of light.

① encouragement   ② supposition
③ regulation   ④ definition

06 Air freight, like chartering, will probably <u>assume</u> a larger share of the total airline business in the future.

① check in　　　② take on　　　③ respond to　　　④ make up

07 The most important environmental influence on fish is water temperature, for fish tend to <u>take on</u> the temperature of their surroundings.

① assume　　　② regulate　　　③ avoid　　　④ exceed

08 Those who will <u>conquer</u> the sky will eventually have control of space.

① dominate　　　② overthrow　　　③ sail　　　④ ruin

09 During the past 200 years, in one country after another, the power to govern has been _____ from kings and ruling classes to the whole people.

① negotiated　　　② established　　　③ transferred　　　④ developed

10 Industrial <u>strife</u> seems to be more rampant in some countries in times of prosperity.

① competition　　　② conflict　　　③ demand　　　④ proliferation

11 Those who will <u>conquer</u> the sky will eventually have control of space.

① dominate　　　② overthrow　　　③ sail　　　④ ruin

12 밑줄 친 부분의 의미와 거리가 가장 먼 것을 고르시오.

> In ancient Egypt children – who had no social <u>status</u> – wore no clothes until they were about 12 years old.

① rank　　　② belief　　　③ position　　　④ state

13 Mary tried to <u>emulate</u> her older sister.

① surpass　　　② curl　　　③ ferret　　　④ esteem

14 Mary tried to emulate her friend.

① abscond ② debilitate ③ imitate ④ relinquish

15 Some obvious use of power to obtain sex is a kind of sexual harassment.

① obituary ② floral ③ apparent

④ wistful ⑤ dull

16 The use of a new miraculous drug has eliminated many diseases.

① complicated ② analyzed ③ removed ④ contracted

17 Mountain St. Helens erupted in March 1980 after one hundred and twenty-three years of silence.

① exploded ② split ③ roared ④ disintegrated

18 Majorie Kinnan Rawlings wrote novels about Florida, which she adopted as her home state.

① adored ② chose ③ described ④ advertised

19 Finally, the couple decided to _____ a child.

① adopt ② appoint ③ apply ④ attach

20 Most students of English will adjust their English when they moved to an English-speaking country.

① adapt ② correct ③ learn ④ temper

21 It is possible to get energy from the sun, but _____ economy, it is not practical.

① in spite of ② in favor of ③ in place of ④ in terms of

22 When will the U.N. peace-keepers arrive to monitor a cease-fire?

① admonish ② stop ③ plan ④ device ⑤ oversee

23 Nothing he did could mitigate her wrath.

① nullify ② militarize ③ appease ④ strengthen ⑤ exacerbate

24 Tom used to <u>make believe</u> he has some headache when found dozing.

① assert   ② make faces   ③ pretend   ④ make the best of

25 Shirley Chisholm has been one of the foremost <u>advocates</u> of welfare legislation since the 1960's.

① predecessors   ② judges   ③ proponents   ④ historians

26 Bad weather is a <u>circumstance</u> we cannot control.

① accident   ② routine   ③ ceremony   ④ fact

번역
01. 그 의식은 그 빌딩의 앞에서 열릴 것이다.
02. 어린아이였을 때조차 에디슨은 매우 호기심 많은 마음을 지니고 있었다. 세살 때 그는 자신의 최초의 실험을 진행했다.
03. 하인들 중 어느 누구도 내가 메시지를(심부름을) 보내길 원할 때는 이용할 수 없었다.
04. 상속인은 유서를 남기지 않고 사망한 사람의 돈과 재산에 대한 법적 수혜자로서 정의된다.
05. 특수 상대성 이론의 골격은 광속(光速)의 절대적 불가변성이라는 가정으로부터 세워질 수 있다.
06. (항공)전세처럼 항공화물이 아마도 장차 전체 항공사업의 더 큰 몫을 떠맡게 될 것이다.
07. 물고기에 미치는 가장 중요한 환경적 영향은 수온이다. 왜냐하면 불고기는 그들의 주위환경의 온도를 떠맡으려는(몸에 취하려는) 경향이 있으니까.
08. 하늘을 정복하는 자들이 궁극적으로 (우주)공간에 대한 통제권을 갖게 될 것이다.
09. 지난 200년 동안, 잇따라 여러 나라에서, 지배세력은 왕과 통치계급으로부터 전(全)국민으로 넘겨져 왔다.
10. 산업분쟁은 (경제적으로) 번영할 때 일부 국가들에서 보다 만연한 것 같다.
11. 하늘을 정복하는 자들이 궁극적으로 (우주)공간에 대한 통제권을 갖게 될 것이다.
12. 어떤 사회적 지위도 갖지 못했던 고대 이집트의 아이들은 그들이 약 12살이 될 때까지는 옷을 입지 않았다.
    ① abscond   ② debilitate   ③ imitate   ④ relinquish
13. Mary는 그녀의 언니와 필적하려고 애썼다.
14. Mary는 그녀의 친구를 흉내 내려고 애썼다.
15. 섹스 행위를 하기 위해 명백히 완력을 사용했다면 이것은 일종의 성희롱이다.
16. 새로 나온 기적 같은 약의 사용이 많은 질병을 제거해 주었다.
17. St. Helens산은 123년간의 (휴화산으로) 침묵을 지키다가 1980년 3월에 (화산)분출했다.
18. M. K. Rawlings는 그녀의 출신주로서 채택했던 Florida에 관한 소설들을 썼다.
19. 마침내, 그 부부는 한 아이를 입양하기로 결심했다.
20. 영어를 배우고자 하는 대부분의 학생들은 영어를 사용하는 나라로 이주해가면 그들의 영어에 적응하게 될 것이다.
21. 태양으로부터 에너지를 얻는 것은 가능하다. 그러나 경제의 관점에서는 그것은 실용적이지 않다.
22. 휴전을 감시하기 위해 U.N. 평화유지군이 언제 도착할 건가요?
23. 그가 한 어떤 일도 그녀의 분노를 누그러뜨릴 수 없었다.
24. Tom은 졸다가 발각되면 약간의 두통을 앓는 체 하곤 했다.
25. S. Chisholm은 1960년대 이래 복지입법의 가장 앞선 주창자 중 한 사람이다.
26. 악천후는 우리가 통제할 수 없는 사실(현실)이다.

정답
01. ③   02. ④   03. ②   04. ③   05. ②   06. ②   07. ①   08. ①   09. ③   10. ②
11. ①   12. ②   13. ①   14. ③   15. ③   16. ③   17. ①   18. ②   19. ①   20. ①
21. ④   22. ⑤   23. ③   24. ③   25. ③   26. ④

Chapter

07

주어진 글과
일치하지 않는 내용 찾기

※ 글의 내용과 일치하지 않는 것을 고르시오. [01~02] (2013 지방직)

01

What an Indian eats depends on his region, religion, community, and caste. It also depends on his wealth. A vast proportion of the Indian population is made up of the rural poor who subsist on a diet that meets only about 80 percent of their nutritional requirements. Many of the poor, unable to find work all year round, and therefore unable to buy food everyday, have to manage their hunger by fasting on alternate days. In Bengal, the meals of the poor are made up of rice, a little dhal flavored "With salt, chillies, and a few spices, some potatoes or green vegetables, tea and paan. Paan, which is an areca nut mixed with spices and rolled up in a betel leaf, is chewed after the meal. Although it seems a luxury, in fact, the poor use it to stave off hunger.

① Indians' diets vary across their religion and wealth.

② The food the rural poor in India take doesn't meet their nutritional requirements.

③ Many poor Indians go without food every other day.

④ In Bengal, paan is luxurious food for the poor.

- depend on : 의존·의지하다, 믿다, 신뢰하다(rely on, count on); …나름이다, 달려 있다(hinge on, stand on, turn on)
- caste : 카스트, 사성(四姓)(의 하나) (인도의 세습 계급; 승려·귀족·평민·노예의 4계급이 있음); 카스트 제도; 배타적(특권) 계급; 폐쇄적 사회 제도

- be made up of : ~으로 구성되다(consist of, be composed of, be comprised of, comprise)
- subsist : 생존하다, 먹고살다(on)(live on, feed on); 존속하다 • diet : 일상의 음식물; 규정식; 식이 요법
- meet : (희망·요구사항·수요·법률 등을) 충족·만족시키다(satisfy, gratify, please), 부합하게 하다, 지키다(abide by)
- nutritional : 영양의, 영양상의, 영양에 관한 • requirement : 요구(물), 필요(물), 필수품; 필요조건, 요건
- fasting : a. n. 단식, 절식; 금기 • on alternate days : 격일로 • flavored : 풍미를들인; (복합어)…의 풍미가 있는
- chilli, chili : 칠레 고추의 깍지; (그것으로 만든 양념인) 칠리 • spice : (개개의) 양념; (집합적) 스파이스, 향미(향신)료
- areca nut, betel nut : 빈랑자(檳·子)(areca nut): 빈랑나무의 열매; 원주민은 이것을 비틀(betel) 잎에 싸 입안 청량제로 씹음 • roll up : 둥글게 말다
- betel : 남아시아의 후추속의 덩굴식물의 일종(betel pepper); 건조한 잎은 건위·거담제
- chew : (음식물을) 씹다, 깨물어 부수다; 심사숙고하다(over, on)
- luxury : n. 사치(품), 호사(extravagance, frill); 유쾌, 쾌락, 만족(enjoyment) a. 호화로운, 고급스런(luxurious)
- stave off : 저지하다, 피하다(keep in check, prevent, avoid, avert); 연기하다, 미루다(postpone); (몽둥이로) 내쫓다

(번역) •
인도인이 무엇을 먹느냐는 것은 그의 지역, 종교, 공동체와 카스트에 달려 있다. 그것은 또한 그의 부(富)에 달려 있다. 방대한 비율의 인도인(구)은 그들의 영양상의 요건의 약 80%만을 충족시키는 음식물로 (근근이) 먹고 살아가는 시골의 가난한 사람들로 구성되어 있다. 연중 내내 일할 거리를 찾을 수 없으므로 매일처럼 식품을 살 수 없는 수많은 가난한 사람들은 격일로 단식을 함으로써 그들의 굶주림을 때워 나가야 한다. 벵골지역에서는, 가난한 사람들의 식사는 소금, 쌀, (양념인) 칠리와 몇 가지 양념으로 풍미가 나는 약간의 dhal, 약간의 감자 또는 푸른 채소, 차와 paan으로 구성되어 있다. 양념과 섞인 비틀 잎으로 말아 올리는 빈랑자인 Paan은 식사 후에 씹혀진다. 비록 사치품(음식)인 것 같아 보일지라도, 사실, 가난한 사람들은 굶주림을 피하기 위해서 이것을 이용한다.
① 인도인들의 식사는 그들의 종교와 부에 따라 다양하다.
② 인도에서 시골의 가난한 사람들이 섭취하는 음식은 영양상의 요건을 충족시키지 못하고 있다.
③ 많은 가난한 인도인들은 하루씩 걸러(격일로) 식사 없이 지낸다.
④ 벵골에서는, paan은 가난한 사람들에게는 사치스런 음식이다.

(해설) •
본문의 마지막 문장인 'Although it seems a luxury, in fact, the poor use it to stave off hunger.'에서 제시된 내용과 ④는 일치하지 않는다.

(정답) ④

02

The newest approach to automobile repair is the clinic, a place where car doctors go over an automobile in an attempt to detect defects. Since the clinic does no repairs, its employees do not neglect the truth. So many automobile owners feel that mechanics deceive them that the clinics, even though they undoubtedly charge high fees, are quite
popular. The experts do a thorough job for each client. They explore every part of the engine, body, and brakes; they do all kinds of tests with expensive machines. Best of all, the comprehensive examination takes only about half an hour. With the clinic's report in your hand no mechanics will be able to defraud you by telling you that you need major repairs when only a small repair is necessary.

① The clinic discovers the problems of the car.

② The clinic requests repairs to the clients without telling the truth.

③ In spite of the high fees, the clinics are popular among automobile owners.

④ The clinic's report prevents you from being cheated by mechanics.

어구

- clinic : (의과대학 · 병원부속의) 외래환자진찰실; 진료소, 클리닉
- go over : 건너다(cross); 조사 · 점검 · 검토하다(examine, check); 잘 살펴보다, 반복 · 복습하다(review)
- detect : 발견 · 탐지 · 간파하다(spot, perceive, find, discover), (무선) 검파하다(register)
- defect : 결핍, 부족(량, 액)(want, lack); 결점, 단점(foible, flaw, fault, shortcoming, drawback, disadvantage)
- neglect : v. 소홀히 하다, 무시하다(ignore, disregard, slight, make little of); 하지 않고 두다, 게을리 하다(fail to do)
- mechanic : 기계공, 직공; 숙련공; 수리공
- deceive : 속이다, 기만하다, 현혹시키다, 거짓말을 하다(defraud, delude, beguile, mislead, fool, cheat, take in)
- undoubtedly : 의문의 여지없이(no doubt), 확실히, 틀림없이(certainly)
- fee : (주로 변호사, 의사의 서비스에 대한) 사례금, 수수료(money, commission); 요금(charge); 수업료(tuition 〈fees〉)
- thorough : (행위 등이) 철저한, 철두철미한, 면밀한, 주도한
- explore : 탐험 · 탐사 · 개발 · 개척하다(exploit); (철저히) 탐구 · 조사 · 검토 · 연구하다(study, delve, look into)
- comprehensive : 포괄(종합)적인, 폭넓은(inclusive, sweeping, over-all); 이해력 있는
- defraud : (남을) 속여 (물품을) 빼앗다, 사취하다(deceive)

번역

자동차 수리(정비)에서 가장 최신의 접근법은 클리닉(자동차병원)인데, 즉, 자동차 의사들이 (자동차의) 결함을 찾아내기 위한 시도로 자동차를 점검하는 곳이다. 이 클리닉은 (일반적인 정비소처럼) 자동차 수리를 결코 하지 않으므로, 이곳의 근로자들은 (결함이 있다는) 진실(사실)을 결코 소홀히 하지 않는다. 너무 많은 자동차 운전자들이 (일반적인 경우의) 정비사들이 그들을 속인다고 생각을 하므로 클리닉은 높은 분명 수수료를 청구할지라도 매우 인기가 있다. (클리닉의) 전문가들은 한명한명의 고객을 위해 철저한 일을 한다. 그들은 엔진, 차체 및 브레이크의 모든 부품을 조사하고 그들은 비싼 기계(장비)를 갖추고 모든 종류의 시험을 다 해본다. 무엇보다 좋은 것은, 종합적인 검사가 불과 약 30분이 걸린다. 클리닉의 보고서를 손에 쥐게 되면 어떠한 정비사도 소규모의 수리만 필요한 상황일 때 대대적인 수리를 필요로 한다고 여러분에게 말함으로써 속일 수는 없을 것이다.

① 클리닉은 자동차의 문제점을 발견한다.

② 클리닉은 진실을 말하지 않고서 고객들에게 수리를 요구한다.

③ 높은 수수료에도 불구하고, 클리닉은 자동차 소유주들에게 인기가 있다.

④ 클리닉의 보고서는 정비사들에게 속지 않게 막아준다.

해설

②의 내용은 본문의 마지막 문장의 내용 'With the clinic's report in your hand no mechanics will be able to defraud you by telling you ~'과 부합하지 않는다.

정답 ②

다음 글의 내용과 일치하지 않는 것은? (2012 지방직)

Language alone is not enough to explain the rise of modern nationalism. Even language is a shorthand for the sense of belonging together, of sharing the same memories, the same historical experience, the same cultural and imaginative heritage. When in the eighteenth century, nationalism began to form as a modern movement, its forerunners in many parts of Europe were not soldiers and statesmen but scholars and poets who sought to find in ancient legends and half forgotten folksongs the "soul" of the nation. But it was language that enshrined the memories, the common experience and the historical record.

① Language contributed to the rise of modern nationalism.
② The movement of modern nationalism was led by government officials.
③ It was not until the 18th century that nationalism became a modern movement.
④ Intellectuals played a role in the formation of modern nationalism.

어구

• shorthand : 속기; 약칭(略稱)   • imaginative : 상상(력)의, 상상력이 풍부한(rich in imagination)
• heritage : 세습(상속) 재산; 유산; 대대로 전해 오는 것; 전승, 전통
• forerunner : 선구자, 선조, 전신(ancestor); 전조(harbinger)   • statesman : (경험 많고 존경받는) 정치인(정치가)
• folksong : 민요   • enshrine : (신성한 것으로서) 모시다; 소중히 (간직)하다, 비장하다

번역

언어만으로 현대 민족주의의 등장을 설명하기에 충분하지 않다. 언어조차 똑 같은 기억, 똑 같은 역사적 경험, 똑 같은 문화적이며 상상에 기초한 유산을 공유하는 소속감의 약칭(略稱)이다. 18세기에, 민족주의가 현대적 운동으로 형성되기 시작했을 때, 유럽의 많은 지역에 민족주의의 선구자들은 군인들과 정치인이 아니라 옛 전설과 거의 잊고 있었던 민요에서 민족의 "영혼"을 찾으려 했던 학자와 시인들이었다. 하지만 기억, 공동의 경험과 역사적 기록을 소중히 간직한 것은 바로 언어였다.
① 언어는 현대 민족주의의 등장에 기여했다.
② 현대 민족주의 운동은 정부 관리들에 의해 주도되었다.
③ 18세기가 되어서야 비로소 민족주의는 현대적 운동이 되었다.
④ 지식인들은 현대 민족주의의 형성에 역할을 했다.

해설

②의 경우 본문에서 '~ but scholars and poets who sought to find in ancient legends ~'으로 보아 민족주의 운동은 '정부 관리들'에 의해서가 아니라 '학자와 시인들'에 의해서 주도되었다고 해야 한다.

정답 ②

04 다음 글의 내용과 일치하지 않는 것은? (2012 지방직)

Religion plays an extremely important role in American cultural life. Predominantly Christian, the country possesses two main religious forces: Protestantism and Roman Catholicism. In America today, two-thirds of all church-going people belong to one of three faiths — Baptist, Methodist, and Roman Catholic — which claimed memberships in 1976 of 26 million, 13 million, and 49 million persons, respectively. Besides these three faiths, there are many others, both Christian and non-Christian, including a large and influential Jewish community and several other faiths without a European historical base, such as Buddhism, Islam, and Mormonism.

① Two-thirds of Americans are Methodists.

② As of 1976 there were twice as many Baptists as Methodists in America.

③ Mormonism is a faith of a non-European origin.

④ Jews exercise their influence over American society.

어구 ··········

• extremely : 극단적으로, 극도로; 대단히, 지극히(exceedingly); 매우, 몹시, 아주(very, very much)
• predominantly : ad. 대개, 대부분 a. predominant : 탁월한, 우월한, 지배적인(superior, dominant, ruling, prevalent); 주요한, 현저한(noticeable, conspicuous); 널리 행하여지는(prevailing)
• Protestantism : 프로테스탄티즘, (개)신교; (집합적) 신교 교회(Protestant churches), 신교도(Protestants)
• Roman Catholicism : 로마 가톨릭교; 그 교리·제도·의식   • Baptist : n. a. 침례파(의 교리)의
• Methodist : n. a. 감리교 신자의; 감리교에 관한   • Roman Catholic : n. a. 로마 가톨릭 교도의
• respectively : ad. : 제각기(제각각), 각각 a. respective : 제각기(제각각)의, 각각의
• besides : (포함을 전체로) ~외에도(in addition to)   • influential : 영향력 있는, 영향력이 큰
• Buddhism : 불교   • Islam : 이슬람교   • Mormonism : 모르몬교

번역 ··········

종교는 미국인의 문화적 삶에 매우 중요한 역할을 한다. 대부분 기독교도인, 이 나라는 신교와 가톨릭의 두 개의 주요 종교세력을 두고 있다. 오늘날 미국에서, 교회 다니는 사람들 중 3분의 2는 1976년 각각 2천 600만, 1천 300만, 그리고 4천 900만의 신자를 주장하는 침례교, 감리교, 그리고 로마 가톨릭의 3가지 신앙 가운데 하나에 속한다. 이러한 세 가지 신앙 외에, 불교, 이슬람교 및 모르몬교와 같은 유럽의 역사적 기반을 두지 않는 크고 영향력 있는 유대사회 및 몇 개의 다른 신앙을 포함하여 기독교인 비기독교인 모두 다른 신앙들도 많다.
① 미국인들 중 2/3가 침례교도들이다.
② 1976년 현재 기준으로 미국에는 침례교도들이(26 million) 감리교도들(13 million)의 2배였다.
③ 모르몬교는 비유럽 기원의 신앙이다.   ④ 유대인들은 미국사회에 영향력을 행사('influential Jewish community')한다.

해설 ··········

②, ③, ④는 본문의 내용과 부합하며 ①의 경우는 교회 다니는 사람들 중 3분의 2가 'Baptist, Methodist, and Roman Catholic'라 했으므로 글의 내용과 일치하지 않는다.

정답 ①

Trade exists for many reasons. No doubt it started from a desire to have something different. People also realized that different people could make different products. Trade encouraged specialization, which led to improvement in quality.

Trade started from person to person, but grew to involve different towns and different lands. Some found work in transporting goods or selling them. Merchants grew rich as the demand for products increased. Craftsmen were also able to sell more products at home and abroad. People in general had a greater variety of things to choose.

① Trade started from a desire for something different.

② Trade grew from interpersonal to international scales.

③ Merchants prospered in business as trade expanded.

④ Trade helped develop new transportation systems.

어구

• specialization : 특수(전문)화   • transport : 수송하다, 옮기다(convey, carry)
• craftsman : (숙련된) 장인, 기술자(skilled worker, old hand, veteran)   • at home and abroad : 국내외에서
• in general : 일반(전반)적으로, 대체로(generally, at large, as a whole, on the whole, by and large, as a (general) rule); 일반(전반)적인(at large)   • prosper : 번창 · 번영하다(flourish, thrive), 성공하다(succeed)
• expand : 펴다, 펼치다; 팽창시키다(하다), 확장(확대)하다(dilate, widen)

번역

무역은 많은 이유들 때문에 존재한다. 의심의 여지없이 무역은 뭔가 다른 것을 가지려는 욕망으로부터 시작되었다. 사람들은 또한 (그들과는) 다른 사람들이 다른 제품을 만든다는 것을 깨달았다. 무역은 전문화를 장려하였으며, 이 (전문화)는 품질의 개선을 가져왔다.

무역은 사람으로부터 사람으로 시작되었지만 점차 성장하여 다른 도시들과 다른 나라들을 포함하게 되었다. 일부 사람들은 물건을 수송하고 팔면서 일거리를 찾았다. 상인들은 제품에 대한 수요가 증가하게 되면서 부자가 되었다. 장인들은 또한 국내외에서(나라 안팎에서) 보다 많은 제품을 팔 수 있었다. 전반적인 사람들은 선택할만한 더욱 다양한 물건들을 갖게 되었다.

① 무역은 뭔가 다른 것에 대한 요구로부터 시작되었다.

② 무역은 대인(對人)간에서부터 국제간의 규모로 성장했다.

③ 상인들은 무역이 확대되자 사업에서 번창하게 되었다.

④ 무역은 새로운 수송체계를 발전시키도록 도움을 주었다.

해설

①, ②, ③의 내용은 글의 내용에 부합하지만 ④의 경우는 구체적인 내용으로 나온 것이 없다.

정답 ④

독해지문 주요빈출어휘

※ **Choose the one word or phrase that** best keeps the meaning **of the underlined part or** fill in the blank **with a suitable one.** (이하 특별한 다른 지시를 제외하고 이와 동일함)

01 Don't rely on Mark to lend you any money.

① doubt   ② count on   ③ persuade   ④ urge

02 The visiting group was composed of six members.

① consisted in   ② contended with   ③ made up of   ④ counted on

03 Their new model of car is so popular that they have had to open a new factory to meet the demand.

① raise   ② rebut   ③ create   ④ cancel   ⑤ satisfy

04 Having ice cream in addition to cake would be a luxury.

① extravagance   ② meal   ③ dessert   ④ outrage

05 The car is a basic model with no frills such as a cassette player or sunshine roof.

① necessities   ② bargains   ③ conveniences   ④ luxuries

06 The latest move to stave off a recession saw another reduction in the interest rates last night—the second cut in only eight days. The Central Bank also indicated that further cuts could be enforced.

① improve   ② prevent   ③ treat   ④ recover from

07   They <u>went over</u> Mary's report again.

① accepted   ② overturned   ③ arrived in time   ④ examined

08   Ultrasonic waves can <u>detect</u> cracks in metal that the human eye cannot see.

① find   ② arrange   ③ reduce   ④ feel   ⑤ mend

09   Gems are usually cut to bring out their natural luster and remove <u>flaws</u>.

① germs   ② samples   ③ flakes   ④ defects

10   He was <u>deceived</u> by the charlatan who claimed he could cure all diseases with his miracle medicine.

① saved   ② pleased   ③ deluded   ④ puzzled   ⑤ inoculated

11   The patient handed the doctor his <u>fee</u>.

① medicine   ② money   ③ bag   ④ instrument

12   They ask us to <u>explore</u> the question more thoroughly before making a decision.

① discuss   ② think about   ③ study   ④ answer

13   The aim of life is to achieve something new. It is the same in science, business or mountain–climbing. Man prides himself in <u>exploiting</u> new fields.

① expropriating   ② exploring   ③ extracting   ④ exposing

14   <u>A comprehensive</u> theory explaining the growth of civilization has yet to be accepted by most scholars.

① An advanced   ② An original   ③ An acceptable   ④ An inclusive

15   A person who is rich in imagination is an _____ man.

① imaginary   ② imaginable   ③ imaginative   ④ imagined

16 The Western Baseball League was a 19th–century <u>forerunner</u> of the modern major leagues.

① player   ② dictator   ③ transformer   ④ ancestor

17 Though the prevailing winds are westerly sharp, northerly breezes are <u>prevalent</u> in late fall.

① sparse   ② average   ③ potential   ④ predominant

18 Tom and Ellen are the son and the daughter _____ of Mr. Clark and Mr. Smith.

① respectively   ② reasonable   ③ respectfully
④ rationally   ⑤ respectably

19 During the Colonial period in American history, produce grown in the western states was conveyed quickly down to the levees of New Orleans for shipment.

① transported   ② filtered   ③ connected   ④ diverted

20 To build a house, you need the services of carpenters, bricklayers, plumbers, electricians, and several other skilled workers.

① apprentices   ② deft players   ③ craftsmen   ④ connoisseurs

21 The United States faced problems both _____ last year.

① at home and abroad   ② home and abroad
③ home and to abroad   ④ at home and to abroad

22 That can be said of mankind <u>at large</u>.

① in common   ② in general   ③ freely   ④ largely

23 Some writers <u>thrive</u> on criticism.

① decline   ② prosper   ③ worry   ④ ignore

24 The pupil of the human eye <u>dilates</u> when the level of light is low.

① reacts　　　　② focuses　　　　③ expands　　　　④ numbs

번역　01. Mark가 너에게 어떤 돈이라도 빌려주리라 기대하지 마라.
02. 그 방문단은 여섯 명으로 구성되어 있었다.
03. 그들의 신(新) 모델 승용차는 너무나 인기가 있어 수요를 충족시키기 위하여 새 공장을 열어야 했다.
04. 케이크에 더해 아이스크림까지 먹는다면 사치일 것이다.
05. 그 차는 카세트 플레이어나 개폐식 천장달린 지붕과 같은 불필요한 장식이 없는 기본 모델이다.
　　　Cf. frill : 주름장식; (새 짐승의) 목털; 뽐냄, 허식; 쓸데없는 (불필요한) 것(luxury)
06. 경기후퇴(침체)를 피하고자(막아보고자)하는 가장 최근의 조치는 어젯밤 불과 8일 만에 두 번째의 인하가 된
　　또 한 번의 금리인하를 겪게 되었다. 중앙은행은 또한 추가적인 인상이 시행될 수 있음을 암시했다.
07. 그들은 메리의 보고서를 다시 검토했다.
08. 초음파는 인간의 눈으로는 볼 수 없는 금속에서의 균열을 탐지할 수 있다.
09. 보석들은 대개 그 천연색의 광을 드러내게 하고 결함을 제거하기 위해 잘려진다.
10. 그는 그의 기적 같은 약으로 모든 질병을 다 치유할 수 있다고 주장한 돌팔이 의사(사기꾼)에게 속았다.
11. 그 환자는 의사에게 자신의 진료수수료(진료비)를 건네주었다.
12. 삶의 목표는 뭔가 새로운 것을 성취하는 것이다. 그것은 과학, 사업 또는 등산의 경우에도 또한 같다. 인간은
　　새로운 분야를 개척하는 데 자부심을 느낀다.
13. 누구든지 자신의 관심이 끌리는 분야를 깊이 파고들게 해 줄 꽤 광범위하게 참조할만한 것들이 뒤에 있다.
14. 문명의 성장을 설명하는 포괄적 이론은 아직은 대부분의 학자들에게 수용되지 못하고 있다.
15. 상상력이 풍부한 사람은 'imaginative'한 사람이다.
16. WBL은 19세기에 있었던 현대의 메이저리그(ML)의 전신이었다.
17. 전반적인 바람이 서쪽으로 세차게 불긴 하지만, 북쪽에서 부는 산들바람이 늦가을에는 우세하다.
18. Tom과 Ellen은 각각 Clark 씨와 Smith 씨의 아들과 딸이다.
19. 미국의 역사상 식민지 시대 동안, 서부의 주들이 재배한 농산물은 출하를 위해 New Orleans의 제방까지 신속
　　히 수송되었다.
20. 집을 짓기 위해서는, 목수, 벽돌공, 배관공, 전기기사 및 다른 몇 사람의 능숙한 일꾼이 필요하다.
21. 미국은 지난 해 국내외에서 여러 문제들에 직면했다.
　　at home은 "전치사+명사"로서 부사구이다. abroad는 "국외(해외)로(에)"의 부사이다. go home이나 arrive
　　home등은 부사인 단어 home을 사용하는 것이 원칙이다. 일반적으로 동사가 '이동하거나 움직이는' 과정에서
　　는 home이 부사로서 적절하지만 이런 경우가 아닌, 즉 '고정된 관점'을 전제로 나타내고자 하는 경우는 명사
　　home이 요구되고 전치사 at이 적절히 호응된다. *Cf. stay at home / at home* and abroad : 국내외에서미국은
　　지난 해 국내외에서 여러 문제들에 직면했다.
22. 그것은 전(全)인류에 관해 할 수 있는 말이다. 미국은 지난 해 국내외에서 여러 문제들에 직면했다.
23. 어떤 작가들은 비평(또는 평론)으로 성공(번영)하고 있다. 미국은 지난 해 국내외에서 여러 문제들에 직면했다.
24. 사람 눈의 동공은 빛의 세기가 낮을(약할) 때 팽창한다.

정답　01. ②　02. ③　03. ⑤　04. ①　05. ④　06. ②　07. ④　08. ①　09. ④　10. ③
　　　11. ②　12. ③　13. ②　14. ④　15. ③　16. ④　17. ④　18. ①　19. ①　20. ③
　　　21. ①　22. ②　23. ②　24. ③

지시어(대명사 포함) · 명사(구) 찾기

01 ➤ 다음 글에서 밑줄 친 표현이 가리키는 사람은? (2011 지방직)

In 1910 Branch Rickey was a coach for Ohio Wesleyan. The team went to South Bend, Indiana, for a game. The hotel management registered the coach and the team but refused to assign a room to a black player named Charley Thomas. Mr. Rickey took the manager aside and said he would move the entire team to another hotel unless the black athlete was accepted. The threat was a bluff because he knew the other hotels also would have refused accommodations to a black man. While the hotel manager was thinking about the threat, Mr. Rickey came up with a compromise. He suggested a cot be put in his own room, which he would share with <u>the unwanted guest.</u> The hotel manager wasn't happy about the idea, but he gave in.

① Mr. Ricky   ② Charley Thomas

③ The hotel manager   ④ Mr. Wesleyan

어구 ···

- management : 경영, 관리; (the ～; 집합적) 경영진, 경영자측, 회사; 경영자, 관리자
- register : 기재하다, 등록하다; 기록하다; (호텔 등에서) 기명하다, (숙박부 등에) 기입하다
- assign : (일·사물·방 등을) 할당하다, 배당하다(to)(allot); (사람을 임무·직책 등에) 임명하다, 선임하다(appoint, delegate), 선정하다(for, to)
- take someone aside : (귓속말 등을 하기 위하여) …을 옆으로 데리고 가다
- bluff : v. n. 허세, 엄포; 속임수, 발뺌
- accommodation : (～s) 숙박·수용·편의설비·시설(lodgings); 편의, 도움(expediency, convenience); 적응, 조화, 조절; 조정, 화해
- think about : …에 관해 생각하다; 숙고하다; …에 대해 염려하다
- come up with : (계획·안건 등을) 내놓다, 제시·제안·제출하다(think up, suggest, propose, present, bring up, bring forward, adduce, put forth〈/ forward〉, set forth); 따라잡다(overtake, catch up with)
- compromise : v. a. 타협, 양보(concession)   • cot : 접침대, 간이(야영용) 침대; 병원 침대
- give in : 굴복·항복하다(to)(yield 〈to〉, surrender 〈to〉, give way 〈to〉, get up, succumb 〈to〉, submit 〈to〉, capitulate, throw up one's hands, acknowledge defeat); 제출하다(submit, turn in, hand in)

번역 ···

1910년 Branch Rickey는 Ohio Wesleyan팀의 코치였다. 그 팀은 (원정)경기를 위해 Indiana주의 South Bend에 갔다. 호텔관리자는 이 코치와 팀을 숙박명부에 기입을 해 주었으나 Charley Thomas라는 이름의 한 흑인 선수에게는 방을 배정하기를 거부했다. Rickey코치는 호텔매니저를 옆으로 데리고 가서 만일 흑인선수가 호텔숙박이 받아들여지지 않는다면 전체 팀을 다른 호텔로 옮겨갈 것이라고 말했다. 그런 위협은 그가 다른 호텔들도 또한 흑인에게는 숙박을 거부할 것이라는 것을 알고 있었기 때문에 엄포였다. 호텔지배인이 그런 협박에 관해 생각하고 있는 동안, Rickey는 타협안을 내 놓았다. 그는 이 원치 않는 손님과 함께 공유하게 될 자신의 방에 간이침대를 놓아두도록 제안을 했다. 이 호텔지배인은 이런 아이디어에 기분이 좋진 않았으나 굴복하게 되었다.

해설 ···

흑인선수인 Charley Thomas의 호텔숙박 허용여부가 쟁점이었다는 것을 쉽게 알 수 있다.

정답 ②

독해지문 주요빈출어휘

※ **Choose the one word or phrase that** best keeps the meaning **of the underlined part or** fill in the blank **with a suitable one.** (이하 특별한 다른 지시를 제외하고 이와 동일함)

01 As chairman, you will have to <u>delegate</u> responsibility to each of the committee members.

① demand   ② align   ③ share   ④ assign

02 It is said that the <u>accommodations</u> of this inn are limited to fifty persons.

① epoch   ② lodgings   ③ fiasco   ④ dilemma

03 Holmes usually <u>comes up with</u> some practical suggestions.

① adopts   ② acts upon
③ presents   ④ turns away from

04 The labor leaders realize they will have to make some <u>concessions</u> in their demands in order to reach an agreement.

① suggestions   ② changes   ③ mistakes
④ compromises   ⑤ efforts

05 The mayor refused to <u>give in to</u> the demand of the group.

① acknowledge   ② publicize   ③ reply to   ④ yield to

번역 01. 의장으로서, 당신은 그 위원회의 위원 각자에게 책임을 위임해야 할 것입니다.
02. 이 여인숙의 숙박시설은 50명에 제한된다고들 한다.
03. Holmes는 대개 몇 가지의 실용적인 제안들을 내어 놓는다.
04. 노조 지도자들은 합의에 도달하기 위해서는 그들이 요구에 있어 일부의 양보는 해야 할 것이라고 깨닫고 있다.
05. 그 시장은 그 단체의 요구에 굴복하기를 거부했다.

정답 01. ④   02. ②   03. ③   04. ④   05. ④

빈칸에 들어갈 단어나
표현 찾기 문장완성형 1

※ 밑줄 친 부분에 들어갈 것으로 가장 적절한 것을 고르시오. [01~02]   (2013 국가직)

Visaokay assists the Australian travel industry, corporations and government, and individuals by _____ the entire visa advice and visa issuance process. Visaokay minimizes the complexity and time delays associated with applying for and obtaining travel visas.

① appreciating   ② aggravating   ③ meditating   ④ facilitating

• assist : v. 돕다(help), 거들다, 원조하다(aid, support); 조수 노릇을 하다 n. 조력, 원조(aid); (축구 등의) 득점의 보조 플레이, 어시스트
• issuance : 발행, 발급 (publication), 발포; 배포, 배급, 방출, 급여(distribution) • minimize : …의 양을 최소한도로 하다, 최소한도로 평가하다, 최소화하다, 경시하다
• complexity : 복잡성, 복잡(함); 착잡; 복잡한 것   • delay : v. n. 지연, 지체, 연기(procrastination, postponement)
• associated with : ~와 관련된(affiliated with, concerned with, connected with); ~이 연상된
• apply for : 지원 · 응시 · 신청하다(make application for, make a formal request for, request)
• obtain : 획득하다, 얻다(come by, procure)
  ① appreciate : …의 진가를 인정하다, 높이 평가하다(set store by); 감상 · 이해하다; 감사하다; 시세 · 값을(이) 올리다(오르다), 절상하다(revaluate)
  ② aggravate : 악화시키다(exacerbate, worsen ↔ alleviate); 화나게 하다, 초조하게 하다(exacerbate, exasperate, anger, irritate, provoke, annoy)
  ③ meditate : 꾀하다, 기도(계획)하다; 명상(묵상)하다, 회상하다; 숙고하다
  ④ facilitate : 용이하게(가볍게) 하다(make easy); 돕다(help, aid, assit); 촉진 · 조장하다(promote, expedite, accelerate)

비자오케이(Visaokay)는 전반적인 비자 조언과 비자 발급 과정을 촉진함으로써 오스트레일리아(호주)의 여행산업, 기업, 정부 그리고 개인들을 원조하고 있다. 비자오케이는 최소화하고 있다. 여행 비자를 신청하고 minimizes the complexity and time delays associated with applying for and obtaining travel visas.

assists와 밑줄 친 빈칸 뒤의 문장에서 'minimizes the complexity and time delays'로 보아 ④의 'facilitating'이 가장 적절하다.

정답 ④

02

Given our awesome capacities for rationalization and self-deception, most of us are going to measure ourselves _____ : I was honest with that blind passenger because I'm a wonder person. I cheated the sighted one because she probably has too much money anyway.

① harshly   ② leniently   ③ honestly   ④ thankfully

어구
- given : (전치사적 또는 접속사적) …이라고 가정하면, …이 주어지면, …을 고려(감안)하면
- awesome : 두려움을 느끼게 하는, 무서운, 훌륭한
- capacity : 용량, 용적, 수용(능)력; 능력(ability, capability, potential); 재능, 적성(aptitude, fitness); 가능성 (potential, potentiality); 지위, (법적) 자격(qualification)
- rationalization : 합리화; 이론적 설명   • self-deception : 자기기만, 자기 본위의 착각
- sighted : (사람이) 눈이 보이는, 시력이 있는
  ① harshly : 엄하게, 거칠게; 귀(눈)에 거슬리게
  ② leniently : 관대하게, 관용하여, 인정 많게(mercifully, generously, not strictly)
  ④ thankfully : 감사하여; (문장 전체를 수식하여) 고맙게도

번역
무서울 정도의 우리(인간)의 (자기)합리화와 자기기만을 가정해 볼 때, 우리들 대부분은 우리자신을 관대하게 평가하려 한다: 즉, 나는 천재이므로 그 눈 먼 사람에 대해 정직했었어. 나는 그녀가 어쨌든 너무 많은 돈을 가지고 있으니까 눈이 보이는 사람을 속였다.

해설
'awesome capacities for rationalization and self-deception(합리화와 자기기만)'에 대한 끔찍할 정도의 능력'으로 보아 'leniently(관대하게)'가 가장 적절하다.

정답 ②

It can sometimes feel as if South Korea, overworked, overstressed and ever anxious, is _____ a national nervous breakdown, with a rising divorce rate, students who feel suffocated by academic pressures, a suicide rate among the highest in the world and a macho corporate culture that still encourages blackout drinking sessions after work. More than 30 Koreans kill themselves everyday, and the suicides of entertainers, politicians, athletes and business leaders have become almost commonplace.

① by virtue of ② as opposed to ③ in favor of ④ on the verge of

어구

- overworked : 과로한
- overstressed : 지나치게 강조된, 너무 압력(압박)을 받는
- anxious : 걱정·근심하는, 불안한(apprehensive, uneasy); 열망하여, 열심인(eager); 몹시 하고 싶어 하는(impatient)
- nervous breakdown : 신경 쇠약; 노이로제
- divorce rate : 이혼율
- suffocate : v. …의 숨을 막다, 질식(사)시키다(smother); …의 호흡을 곤란케 하다, 숨이 막히게 하다; (충동 등을) 억누르다, 억압하다; 질식(사)하다, 숨이 막히다 a. suffocating : 숨이 막히게 하는, 질식시키는(smothering)
- academic : 학원(學園)의, 대학의; 학문의, 학구적인(scholarly, scholastic, erudite), 학업(상)의
- macho : 남성적인, 남자다운
- blackout drinking sessions : 의식을 잃을 정도의 술자리(회식)
- commonplace : 보통인, 흔해빠진(common); 평범한(mundane, ordinary); 진부한, 케케묵은(cliche, hackneyed, trite, banál, stale, stereotyped)
  ① by virtue of : ~의 힘으로, 효력에 의해, 덕분으로
  ② as opposed to : …와는 대조적으로
  ③ in favor of : …에 찬성·지지하고(있는)(for, approving, supporting, endorsing, in support of); …에 도움·이익이 되도록(in one's favor, to the advantage of)
  ④ on the verge of : 바야흐로 …하려고 하여, …의(…하기) 직전에, 막 ~하려는 찰나에(on the brink of, on the point of)

번역

과로하고, 너무 압력(압박)을 받으며 늘 불안해하는 한국은 증가하는 이혼율, 학업상의 압박으로 질식할 것은 학생들, 세계 최고에 속하는 자살률 및 여전히 퇴근 후 의식을 잃을 정도의 술자리(회식)를 장려하는 남성중심의 기업문화와 더불어 국민적 신경쇠약에 걸릴 지경의 직전 상황에 처해 있다. 30명 이상의 한국인들이 매일 자살하며 연예인, 정치인, 운동선수 및 기업지도자들의 자살은 거의 일상적인 일이 되고 말았다.

해설

밑줄 친 빈칸의 전후 맥락에 가장 잘 어울리는 것은 '국가적인 신경쇠약에 걸릴 직전에'가 적절하다.

정답 ④

04

Strategic thinking can make a positive impact on any area of life. The first step in strategic thinking is to _____ so that you can focus on it more effectively. That's what automotive innovator Henry Ford did when he created the assembly line, and that's why he said, "Nothing is particularly hard if you divide it into small jobs." He also said, "Only one person in a million can juggle the whole things at the same time and think strategically to create solid, valid plans." He is well known for his habit of splitting tasks. Right before the beginning of each weekday, he would think about daily issues, prioritizing the issues for the weekday. He made a rule to deal with the issues only allotted for the day.

① make a habit of taking notes   ② break down an issue smaller

③ deal with daily tasks without delay   ④ think twice before setting to a work

어구

- make a positive impact on ~ : ~에 긍정적 영향을 미치다
- automotive innovator : 자동차 혁신자
- assembly line : 조립라인
- divide ~ into : ~을 …으로 나누다(구분하다)
- juggle : (복수의 일·활동 등을) 교묘하게 양립시키다
- solid : 고체의, 견고한, 견실한(firm)
- valid : 타당한, 유효한(effective, efficacious, cogent ↔ invalid)
- split : (장작 등을) (…으로) 쪼개다, (천 등을) 찢다; …을 (…으로) 분할(분리)하다, 분열시키다; …을 분배(배분)하다
- prioritize : 우선순위를 매기다; 우선적으로 처리하다
- deal with : 다루다, 취급하다(handle, treat, cope with, address)
- allot : 할당하다, 분배하다(allocate, distribute, ration)
  ① make a habit of : …하는 버릇이 있다, 늘상 …하다 / take notes : 노트하다, 필기 하다, 메모하다
  ② break down : 고장나다(be out of order); 신경쇠약이 되다; 분류·분석·분해하다(classify, categorize, analyze); (협상 등이) 결렬되다, 실패하다(collapse, fail in)
  ④ set to (a) work : 일을 시작하다; 착수하다

번역

전략적인 사고는 어떤 영역의 삶에도 긍정적인 영향을 미칠 수 있다. 전략적 사고에서의 첫 번째 단계는 그것에 보다 효과적으로 초점을 맞출 수 있도록 문제를 보다 작게 분류하는 것이다. 그것은 헨리 포드가 조립라인을 만들 때 했던 일이며 그것이 바로 그가 "어떤 것도 그것을 작은 일로 나눈다면 특별히 어려운 것은 없다"고 말했던 이유이기도 하다. 그는 또한 "1백만 중 오로지 한 사람만이 동시에 전반적인 일들을 교묘하게 양립시킬(처리할) 수 있고 견고하고 타당한 계획을 만들기 위해 전략적으로 사고할 수 있다"고 말했다. 그는 과업(일)을 분할(배분)하는 그의 습관으로 잘 알려져 있다. 매번 주 노동시간의 시작 직전에, 그는 일상의 문제들에 대해 생각하며 주 노동시간 동안 문제들의 우선순위를 매기곤 했다. 그는 해당일 동안에만 할당된 문제들을 다루기(처리하기) 위한규칙을 만들었다.
① 늘 필기를 하는 습관이 있다   ③ 일일 과제를 지체 없이 다루다(처리하다)
④ 일을 착수하기 전에 두 번 생각하다

해설

글의 중간 정도에 나오는 "Nothing is particularly hard if you divide it into small jobs."와 'his habit of splitting tasks'이 결정적인 단서이다. 즉, 'break down'과 거의 같은 의미를 대신할 수 있는 동사로 'divide'나 'split'를 사용하고 있다는 점을 연결해보자.

정답 ②

05

The usual way of coping with taboo words and notions is to develop euphemisms and circumlocutions. Hundreds of words and phrases have emerged to express basic biological functions, and talk about _____ has its own linguistics world. English examples include "to pass on," "to snuff the candle," and "to go aloft."

① death ② defeat ③ anxiety ④ frustration

어구
- cope with : 맞서다, 대항하다; 대처·극복하다, 다루다, 처리하다(manage, deal with)
- euphemism : 완곡(婉曲)어법, 완곡한 표현(넌지시 둘러서 하는 점잖은 표현)
- circumlocution : 에둘러 말하기
- emerge : 나오다, 나타나다, 출현하다(appear ↔ submerge); (빈곤이나 무명의 처지에서) 벗어나다, 부상하다
- linguistics : 언어학
- pass on : 속이다; 이용하다; …을 물려주다; …을 판정하다(judge); …에게 선고하다; (완곡어) 죽다, 멸망하다(pass away, pass in, pass out, pass over, die, fall asleep)
- snuff the candle : (초의) 심지를 끊다, 죽다
- go aloft : 천당에 가다, 죽다; 마스트에 오르다

번역
터부시되는 단어들과 개념들에 대처하는 일상적인 방법은 완곡어법과 에둘러 말하기를 개발하는 것이다. 수백 개의 단어들과 그들이 기초적인 생물학적 기능을 표현하기 위해 등장했고 죽음에 관한 말은 그 자체의 언어학적 세계를 가지고 있다. 영어의 사례로는 "to pass on, to snuff the candle, 그리고 to go aloft" 등을 포함한다.

정답 ①

06

The enjoyment of life, pleasure, is the natural object of all human efforts. Nature, however, also wants us to help one another to enjoy life. She's equally anxious for the welfare of every member of the species. So she tells us to make quite sure that we don't pursue our own interests ＿＿＿＿＿＿＿ other people's.

① at the discretion of　　② at the mercy of

③ at loose ends of　　　 ④ at the expense of

어구

at the expense(/ cost) of : …을 희생하여, 희생의 대가로(at the price of)
① at the discretion of : …의 재량으로
② at the mercy of : …의 처분대로
③ at loose ends : 일정한 직업 없이, 빈둥빈둥; 계획 없이, 닥치는 대로; 혼란(당황)하여; 확정되지 않아
　（※ 양끝이 제대로 고정되어 있지 않은 데서）

번역

쾌감이라 할 삶의 즐거움은 인간의 모든 노력의 자연스런 대상이다. 하지만 자연은 우리에게 삶을 즐길 수 있도록 서로를 도와주기를 원한다. 자연은 인류라는 종의 모든 구성원의 복지를 똑 같이 기원해 주고 있다. 그래서 자연은 우리에게 우리가 다른 사람들의 이익을 희생하여(희생한 대가로) 우리 자신의 이익을 추구하지 않는다는 것을 다짐(확인)하라고 말하고 있다.

정답 ④

There's a company based in London, Great Britain, that offers a unique service: You can hire people to wait in line for you. Of course there's a fee. The "waiters" will queue up for anything from concert tickets, to passports, to a line for a driver's license. The company says it has done some research showing that people in Britain spent about a year of their entire lives waiting in lines. Some people just don't want to spend time doing that. How much does the waiting service cost? Twenty nine dollars an hour. The company so far has eighty employees, most of them recruited from the long-term unemployed because "It's a job that doesn't require a lot of skill or experience." The one thing it does require is _____ .

① creativity　　　　② patience　　　　③ practice　　　　④ license

- unique : 유일한(single, sole, exclusive); 독특한, 비길 데 없는, 유례없는(peculiar, peerless, unequaled, matchless); 진기한, 좀처럼 없는(rare), 이상한(singular)
- fee : (주로 변호사, 의사의 서비스에 대한) 사례금, 수수료(money, commission); 요금(charge); 수업료(tuition 〈fees〉)
- queue up : (…을 위해) 줄을 짓다(서다)
- recruit : n. v. 신병으로 만들다, 입대시키다; 징집(모집)하다; 강화(보충)하다; 새로 모집하다
- the long-term unemployed : 장기적인 실업자들

영국 런던에 소재한 독특한 서비스를 제공하는 한 회사가 있다: 여러분을 위해 줄서 기다리는 사람을 고용할 수 있다. 물론 비용이 든다. "기다리는 사람들"은 콘서트 티켓으로부터 여권에 이르기까지, 운전면허증을 얻기 위한 줄 등 어떤 것을 위해서도 줄을 설 것이다. 이 회사는 영국 사람들이 일생토록 줄을 서서 기다리며 약 1년을 보냈다는 것을 보여주는 일부 연구를 해왔다고 말하고 있다. 일부 사람들은 그저 그것을 하느라고 시간을 보내는 것을 원하지 않는다. 기다리는 서비스는 얼마나 비용이 들까? 시간당 29달러이다. 이 회사는 지금까지 80명의 근로자들을 두고 있으며 그들 대부분은 장기적인 실업자들부터 모집되었는데, "그것은 그런 일은 많은 기술과 경험을 필요로 하지 않는 일"이기 때문이다. 그 일이 실제 필요로 하는 한 가지는 인내이다.

정답 ②

08 ▶ 밑줄 친 부분에 들어갈 단어로 가장 적절한 것은? (2012 지방직)

Vegans(strict vegetarians) do not eat meat, fish, poultry, eggs, or animals' milk. They think it is cruel to make a cow produce milk all the time. Therefore, they avoid any ____㉠____ from milk such as yogurt, cheese, and butter. Most vegans avoid eating honey because bees are killed when they produce honey. As for eggs, chickens suffer as they are put in cages all their lives to lay eggs continuously. Vegans eat ____㉡____ for these foods, which they can get in vegan stores. These may be vitamins from seaweed or soy.

㉠	㉡
① derivatives	derivatives
② substitutes	derivatives
③ derivatives	substitutes
④ substitutes	substitutes

어구
- vegan : 절대 채식주의자
- strict : 엄격한, 엄밀한(stern, stringent, rigorous, rigid, harsh, spartan, puritanical)
- vegetarian : 채식주의자, 고기(생선)를 안 먹는 사
- poultry : (집합적) 가금(家禽), 사육 조류: 닭·칠면조·집오리·거위 등, 특히 고기·알이 식용인 것
- all the time : 줄곧, 늘, 항상
- seaweed : 해초, 바닷말, 해조
  ① derivative : a. n. (…에서) 이끌어 낸 것, (…의) 파생물; 파생어; 금융 파생 상품
  ② substitute : v. n. 대리인, 대역, 대용(식)품(for)(alternative 〈to〉, alternate)

번역
절대 채식주의자(엄격한〈절대〉 채식주의자)는 육류, 생선, 가금, 계란 또는 동물의 젖을 먹지 않는다. 그들은 소가 늘 우유를 생산하게 하는 것은 잔혹하다고 생각한다. 따라서, 그들은 요구르트, 치즈 그리고 버터와 같이 우유로부터 나온 어떤 파생(유)제품도 먹기를 피한다. 대부분의 절대 채식주의자들은 벌이 꿀을 생산할 경우 벌은 죽게 되기 때문에 꿀을 먹는 것을 피한다. 계란의 경우, 닭은 끊임없이 알을 낳기 위해 그들의 일생토록 닭장에서 지내야 하므로 고통을 당한다. 절대 채식주의자들은 채식주의자 전문점에서 구할 수 있는 이런 음식식품이 대한 대용식품을 먹는다. 이런 것들은 해초나 콩에서 나오는 비타민일 수 있다.

해설
전후문맥을 살피되 derivative다음에는 전치사 of이나 from이 호응하며 substitute다음에는 교환의 특성을 갖는 for가 호응된다는 점을 유념하자.

정답 ③

09 밑줄 친 부분에 들어갈 표현으로 가장 알맞은 것은? (2011 국가직)

Fundamental happiness depends more than anything else upon what may be called a friendly interest in persons and things. The kind [of interest in persons] that makes for happiness is the kind that likes to observe people and finds pleasure in their individual traits, that wishes to afford scope for the interests and pleasures of those with whom it is brought into contact without desiring to acquire power over them or to secure their enthusiastic admiration. The person whose attitude towards _____ is genuinely of this kind will be a source of happiness and a recipient of reciprocal kindness. To like many people spontaneously and without effort is perhaps the greatest of all sources of personal happiness.

① others   ② things   ③ pleasure   ④ happiness

어구

- fundamental : 근본적인(underlying, rudimentary, basic)
- depend upon(or on) : 의존 · 의지하다, 믿다, 신뢰하다(rely on, count on); …나름이다, 달려 있다(hinge on, stand on, turn on)   • more than anything else : 무엇보다도(above all, among other things, first of all)
- make for : …쪽으로 가다; …을 공격하다; …에 이바지하다, 도움이 되다
- afford : (can, could, be able to와 함께) … 할 수 있다, … 할 여유가 있다; 공급하다, 산출하다, 주다, 제공하다(give)
- scope : 범위, 영역, 분야(extent, range, sphere, area, field)   • admiration : 감탄, 탄복, 찬양
- bring ~ into contact (with) : (다른 것)과 접촉시키다   • genuinely : 진정으로, 성실하게(sincerely); 순수하게
- desire : 몹시 바라다, 욕구하다; 원하다, 희망하다(to do)(aspire to do)
- enthusiastic : 열렬한, 열광적인, 열정적인(zealous, fervent, eager, passionate, ardent, avid)
- recipient : n. 수령자 · 수취인 · 수혜자(receiver, beneficiary) a. 받는(receiving); 감수성이 예민한
- reciprocal : 상호 · 호혜적인(mutual, bilateral, two-way, two-sided); 보답 · 답례의
- spontaneously : 자발적으로(voluntarily); (충동 · 운동 · 활동 등이) 자연적으로, 무의식적으로

번역

근본적인 행복이란 무엇보다도 사람들과 사물들에 대한 우호적인 관심이라고 불릴 수 있는 것에 달려 있다. 행복에 이바지하는 [사람에 대한 관심의] 종류는 사람들을 관찰하길 좋아하고 개인적인 특성에 대한 즐거움을 찾아내는 즉, 그들을 지배하여 권력을 얻거나 그들의 열렬한 감탄을 확보하기를 바라지 않고 접촉이 이루어지는 사람들의 관심사항들과 즐거움들에 영역을 제공하기를 바라는 그런 종류이다. 다른 사람(또는 것)들에 대한 자신의 태도가 진정으로 이런 종류에 해당하는 사람은 행복의 원천이자 상호간 친절의 수혜자일 것이다. 자발적으로 그리고 애쓰지(힘들이지) 않고 많은 사람들을 좋아한다는 것은 아마도 개인적인 행복의 모든 원천들 중에서 가장 큰 것일 것이다.

해설

특히 'the interests and pleasures of those with whom it is brought into contact without desiring to acquire power over them'과 밑줄 다음에 오는 내용 중 'a recipient of reciprocal kindness'의 표현에 주목하자. 즉, 근원적인 행복이란 다른 사람이나 대상에 대한 진정한 관심을 가지되 그들에 대해 지배적인 입장이 되려하지 않는다면 결국 상호작용의 관점에서 보면 자신에게도 행복을 가져오는 것이라는 점이 이 글의 요지이다. 특히, 밑줄 친 부분에 들어갈 것을 찾는 과정은 밑줄 빈칸의 전후의 맥락을 잘 살피면 기대이상으로 답을 쉽고 빠르게 얻을 수 있다.

정답 ①

독해지문 주요빈출어휘

※ **Choose the one word or phrase that** best keeps the meaning **of the underlined part or** fill in the blank **with a suitable one.** (이하 특별한 다른 지시를 제외하고 이와 동일함)

01 Eleanor Roosevelt urged legislation to <u>assist</u> the poor and oppressed.

① help   ② house   ③ employ   ④ encourage

02 The show should have started an hour ago. I don't know what could have caused the _____.

① relay   ② failure   ③ alarm   ④ delay

03 That firm was <u>affiliated with</u> a soft-drinks company.

① owned by   ② reorganized with
③ associated with   ④ founded by

04 We <u>came by</u> data from various sources.

① disturbed   ② obtained   ③ purchased   ④ copied

05 Humans can only develop their full human <u>potential</u> as members of a human culture.

① future   ② dignity   ③ civilization   ④ capacity

06 Offenders had been treated <u>leniently</u> by the judge.

① kindly   ② conveniently   ③ warmly
④ mercifully   ⑤ strictly

07 We must move boldly and decisively to reform the regulatory web that is smothering.

① deteriorating　　② reducing　　③ expanding　　④ suffocating

08 Few sciences have grown so rapidly as business administration as a scholarly discipline.

① an ethnic　　② an eventful　　③ a preferred　　④ an academic

09 We hated going to school every day because it was so mundane ; every day seemed the same and nothing different ever happened.

① mandatory　　② optional　　③ commonplace　　④ trivial

10 During the recent petroleum embargo, motor fuels had to be rationed.

① located　　② alloted　　③ confiscated　　④ donated

11 Marsha found it difficult to cope with the loss of her job

① confirm　　② anticipate　　③ think about　　④ deal with

12 "He passed away." is a _____ for "He died."

① eugenics　　② eucharist　　③ euphemism　　④ eulogy

13 Since the 1950's literary critics have attempted to answer the question: When did children's literature first emerge as a distinct literary genre?

① improve as　　② appear as　　③ conform to　　④ respond to

14 The very slightest appearance of favoring one child at the expense of another is instantly observed and resented.

① at the mercy of　　② with regard to　　③ on no account　　④ at the cost of

15 In her novels, Mary Shelley showed her unique genius for recreating social history.

① proven　　② understandable　　③ peerless　　④ understated

16   Punks, soldiers, hippies, and Sumo wrestlers all have distinct hair styles, <u>peculiar</u> to their group.

① alien   ② unique   ③ adapted   ④ casual

17   Several <u>alternatives to</u> the manager's proposal were suggested.

① solutions to   ② substitutes for   ③ drawbacks to   ④ ratifications of

18   Shakespeare's <u>underlying</u> motive in Hamlet was to criticize the moral climate of his own times.

① fundamental   ② ulterior   ③ uninterested   ④ underneath

19   He has a large circle of acquaintances covering a wide <u>scope</u> from the political world to the business one.

① vitality   ② movement   ③ force   ④ range

20   He <u>aspires</u> to be the company president.

① in certain   ② expects   ③ pretends   ④ desires earnestly

21   Mr. Baker is the most <u>zealous</u> professor in the whole university.

① reckless   ② vigilant   ③ indolent   ④ enthusiastic

22   In a trade agreement, nations generally make <u>reciprocal</u> considerations when setting tariffs.

① functional   ② mutual   ③ enthusiastic   ④ graduated

23   An action is <u>spontaneous</u> when it has been planned in advance but occurs at the moment on an impulse.

① harmonious   ② prudent   ③ voluntary   ④ distinctive

번역

01. E. Roosevelt는 가난하고 억압받는 사람들을 돕기 위해 입법을 촉구했다.

02. 그 쇼는 한 시간 전에 시작되어야 했었는데, 나는 무엇이 (쇼를) 지연되게 할 수 있었는지(무엇 때문에 지연 되었는지) 모르겠다.

03. 그 회사는 어떤 한 음료회사와 제휴(관련)되어 있었다.

04. 우리는 다양한 원천으로부터 자료를 얻었다.

05. 인간은 인간문화의 구성원들로서 그들의 완전한 잠재력을 개발할 수 있을 따름이다.

06. 범법자들은 그 판사에 의해 관대하게 처분을 받았다.

07. 우리는 숨 막힐 듯한 규제망을 과감하고 개혁하기 위해 단호히 조치를 강구해야 한다.

08. 경영학만큼 학문의 한 분야로 급속도로 성장한 학문은 별로 없다.

    Cf. scholarly : 학문적인(academic); 학자다운, 학구적인(academic, scholastic)

09. 우리는 매일 공부하러 가는 것이 너무나 평범한 것이라서 싫어했다. 매일 똑같아 보였고 뭔가 다른 아무 일도 생기지 않았다.

10. 최근 석유 통상금지조치 동안, 자동차 연료는 배급제로 나눠 줄 수밖에 없었다.

11. Marsha는 일자리를 잃어버린 일을 대처하기가 힘들다는 것을 알았다.

12. "그는 돌아가셨다."는 것은 "그는 죽었다."에 대한 완곡어법이다.

13. 1950년대 이래 문학비평가들은 다음과 같은 질문에 답을 하려 시도해 왔다. 아동문학이 언제 뚜렷한 문학의 한 장르로서 처음 나타나게 되었는가?

14. 다른 아이를 희생하여 한 아이를 편애하는 모습이 조금만 나타나도 이것은 즉시 관찰되고 원망을 얻는다.

    【어구】① …의 마음대로 되어, 좌우되어 ② ～에 대하여·관하여 ③ 결코 ～아닌

15. 그녀의 소설에서, M. Shelley는 사회사를 재창조하는데 대한 그녀의 유례없는 천재성을 보여주었다.

16. 건달들, 군인들, 히피족들 및 스모레슬러들 모두는 그들의 그룹에 독특한 헤어스타일을 가지고 있다.

17. 그 매니저의 제안에 대한 몇몇 대안들이 제시되었다.

18. 셰익스피어의 햄릿에서의 근본적인 동기(작품에서의 '주제'를 말함)는 자기 자신의 시대의 도덕적 풍조를 비판하고자 하는 것이었다.

19. 그는 정계에서 재계에 이르기까지 넓은 범위에 걸친 교제를 하고 있다.

20. 그는 그 회사의 사장이 되기를 열망한다.

21. Baker씨는 전(全)대학에서 가장 열성적인 교수님이시다.

22. 무역협정(체결)에 있어, 국가들은 일반적으로 관세를 책정할 때 상호간을 고려한다.

23. 미리 계획된 것이지만 충동적으로 바로 그 순간 일어날 때의 행동은 자연발생적이다.

정답

01. ①   02. ④   03. ③   04. ②   05. ④   06. ④   07. ④   08. ④   09. ③   10. ②

11. ④   12. ③   13. ②   14. ④   15. ③   16. ②   17. ②   18. ①   19. ④   20. ④

21. ④   22. ②   23. ③

01 ▶ 밑줄 친 부분에 들어갈 표현으로 가장 적절한 것을 고르시오. (2013 지방직)

Every street or every store is now filled with cell phone users, ranging in age from eight to eighty. However, if we consider rapidly developing technology, an alternative apparatus might replace the cell phone soon and make it _____.

① obsolete   ② extensive   ③ prevalent   ④ competent

어구
• alternative : a. 양자택일인, 어느 쪽 하나를 택해야하는; 대신하는, 대체의, 달리취해야 할 n. 대안(代案)
  (alternative plan), 양자택일, 선택대상(to)(substitute for, ⟨other⟩ choice, option)
• apparatus : (한 벌의) 기구, 기계, 기기, 장치(appliance)
  ① obsolete : 사용되지 않는, 노후한, 쇠퇴한, 쓸모없어진, 한물 간(disused), 구식의(old-fashioned, out-of-date,
    outdated, antiquated, outmoded)
  ② extensive : 광활한, 넓은(broad, wide); 광범위한(widespread, far-reaching, far-ranging)
  ③ prevalent : 널리 퍼진, 우세한, 일반적으로 행해지는(widespread, rampant, prevailing, predominant,
    pervasive, epidemic, flourishing, extensive)
  ④ competent : 유능한, 능력·자격이 있는(able to do something, well-qualified, capable ↔ incompetent,
    incapable, inept)

번역
모든 거리 또는 모든 점포는 8세의 나이로부터 80세에 이르기까지 이제 휴대 전화(휴대폰) 사용자들로 가득 차 있
다. 그러나, 만일 우리가 급속도로 발전하는 기술을 고려하면, 대안의 기기가 휴대폰을 곧 대체하여 휴대폰을 쓸모
없어지게 할지 모른다.

해설
마지막 문장에서 'if we consider rapidly developing technology'의 조건으로 보아 'replace the cell phone soon'와
호응할 수 있는 내용을 'make it _____' 빈칸에 호응할 수 있는 내용은 'obsolete'이다.

정답 ①

02

Oscar Wilde once wrote, "In this world there are only two tragedies. One is not getting what one wants, and the other is getting it." He was trying to warn us that no matter how hard we work at being successful, success won't satisfy us. By the time we get there, having sacrificed so much on the altar of being successful, we will realize that success was not what we wanted. People who have money and power know something that you and I do not know and might not believe even when we are told. Money and power do not satisfy that unnameable hunger in the soul. Even the rich and powerful find themselves yearning for something more. We read about the family problems of the rich and famous, we see fictionalized conflicts on television, but we never get the message. Instead, we keep thinking that _____.

① if we had what they have, we would be happy

② the lives of the rich and powerful entirely depend on luck

③ though we have worked hard, we are not successful in life

④ money and power cannot replace valuable things in our life

어구
• altar : 제단(祭壇)　　• unnameable : 이름 붙일 수 없는, 형언할 수 없는(ineffable, unspeakable, unutterable)
• hunger : 굶주림, 기아; 공복(감), 허기, 시장(기); 갈망; 열망 • fictionalize : …을 (사실과 허구를 섞어) 소설(영화)화하다
• yearn for : 동경하다, 그리워하다, 갈망하다(long for, crave for, hunger for)
• conflict : v. n. 싸움, 전투(fight, struggle, strife); 말다툼, 논쟁, 분쟁, 불화(controversy, dispute, argument); 충돌, 상충, 갈등, 마찰(clash, collision, odds, discord, disagreement, friction, dissension, variance)

번역
오스카 와일드는 한때 "이 세상에는 두 가지 비극들만 있다. 하나는 원하는 것을 얻지 않아서이고 나머지 하나는 원하는 것을 얻어서이다"고 썼다. 그는 우리가 성공함에 있어 아무리 애써 일한다 할지라도 성공은 우리를 만족시키지 않을 것이라고 우리에게 경고하려 노력하고 있었다. 성공이라는 제단(祭壇)에 너무나 많은 것을 희생했으므로, 우리가 그것에(성공에) 다다를 때가 되면, 우리는 성공이 우리가 원했던 바가 아니었다는 것을 깨닫게 될 것이다. 돈과 권력을 가진 사람들은 여러분과 내가 알지 못하는 뭔가를 알고 있으며 (그들이 알고 있는 것을) 우리가 말을 듣게 될 경우조차 (우리는) 믿지 않으려 할지 모른다. 돈과 권력은 그러한 형언할 수 없는 영혼의 갈망을 만족시키지 않는다. 부자와 권력자들조차 스스로 더욱 많은 뭔가를 갈망하는 것이다. 우리는 부자들과 유명인들의 가족문제에 대해 읽으며 텔레비전에 나오는 소설화(영화화) 된 갈등을 보지만 우리는 결코 메시지(부자나 권력자가 등이 되는 사람에게라면 누구에게나 그럴 수 있을 것이라는 교훈)를 얻지 않는다. 대신, 우리는 만일 그들이 가진 것을 우리도 갖는다면, 우리는 행복할 것이라고 계속하여 생각한다.

정답 ①

03

Farmland provides more than just crops for human and animal consumption. It provides raw materials used to make building materials, paper, and fuels. The lives of many people also revolve around farming, which gives them the driving force that keeps them alive. Farmland, however, has slowly been eliminated by urban sprawl, in which people in urban areas spread into and take over rural areas. In the near future, urban sprawl is going to leave us with a shortage of natural resources. We need to be aware of the potential risks in future years and _____.

① move from urban areas to rural areas for living in farmland

② start to restrict urban sprawl and unnecessary development

③ limit farming in rural areas and development in urban areas

④ accelerate the development of natural resources in a short period

 어구

- raw materials : 원료, 소재, 미가공품, 원자재
- revolve around : 회전하다, 빙빙돌다; (생각 등이) (마음속을) 맴돌다, (이야기 등이) (…을 중심으로 하여) 전개되다
- driving force : 원동력; 추진력
- eliminate : (유해한 또는 여분의 것을) 제거 · 삭제(철폐)하다(remove, clear away, weed out, get rid of); 제외하다 (고려하지 않다)(leave out 〈of〉, omit, exclude)
- urban sprawl : 스프롤현상(도시가 교외로 향해서 무질서하게 뻗어 나가기)
- take over : (사업 · 직무 등을) 이어받다, 인계받다, 양도받다, 장악하다(succeed 〈to〉, assume, undertake ↔ hand over, deliver, make over, turn over, transfer, relinquish)
- be aware of : 알아차리다, 의식하다(be conscious〈/ cognizant〉 of, know, perceive → be unaware〈/ unconscious/ ignorant〉 of, be oblivious to, be forgetful of)

번역

농지(農地)는 인간과 동물의 소비를 위해 농작물만의 이상의 것을 제공한다. 농지는 건축자재, 종이 및 연료를 만들기 위해 이용되는 원자재를 공급한다. 많은 사람들의 삶 또한 농업을 중심으로 이루어지며, 농업은 그들에게 계속 살아갈 수 있게 해 주는 원동력을 주는 것이다. 하지만 농지는 도시의 스프롤 현상에 의해 서서히 제거되어 왔으며, 이곳에는 도시지역의 사람들이 시골지역으로 퍼져 나가고 그것을 차지하게 된다. 가까운 장래에, 도시의 스프롤 현상은 우리에게 천연자원의 부족사태를 남겨놓게 될 것이다. 우리는 장래에 잠재적인 위험성을 의식하고 도시의 스프롤 현상 및 불필요한 개발을 제한하기 시작할 필요가 있다.

정답 ②

※ 다음 글의 빈칸에 들어갈 적절한 것은? [04~05]

(2011 국가직)

04

One way to accelerate the flow of new ideas is to be put in difficult situations where you're likely to fail. When we fail to do something, we feel frustrated and we begin trying out other behaviors. Many ideas compete vigorously, greatly enhancing the creative process. Say you start to turn a doorknob that always turned easily. It won't move. You turn the knob harder. Then you pull it up or push it down. Maybe you wriggle it. Eventually, you may shove or kick the door. These efforts from established behaviors will probably lead to new solutions. Creativity is an extension of _____.

① how long you think
② how you operate tools
③ what you already know
④ what your personality is

어구

- accelerate : 가속화하다, 촉진시키다(speed up, expedite, facilitate)   • frustrated : 좌절한, 실망한
- try out : 엄밀하게 시험하다, 충분히 시험해 보다; (채용하기 전에 인물을) 잘 살피다
- vigorously : ad. 활기(활력)있게, 정력적으로(energetically) a. vigorous : 활기(활력)있는, 정력적인(brisk, energetic, spry)
- enhance : 높이다, 강화하다(heighten, augment, strengthen, reinforce, fortify, bolster); 늘리다, 향상시키다(improve); 올리다(raise, hike)
- say : (삽입구처럼 쓰일 경우) 말하자면, 예를 들면, 글쎄, 저어, 그러니까   • doorknob : 문 손잡이
- wiggle : (몸 등을) (좌우로) 움직이다(흔들다)
- eventually : 결과적으로, 결국에는, 궁극적으로, 마침내는(ultimately, finally, in the last analysis, in the long run, in the end, at last)
- shove : (난폭하게) 밀다, 떼밀다, 밀치다; 밀어내다(제치다)   • established : 확립된, 확정된; 정착하여, 안정되어
- extension : 신장(伸長), 뻗음; 확장(enlargement); 연장

번역

새로운 아이디어의 흐름을 가속화하는 한 방법은 하지 못할 가능성이 있는 어려운 상황에 처해 보는 것이다. 뭔가를 하지 못할 경우, 우리는 좌절감을 느끼며 우리는 다른 행동 충분히 시험해 보기 시작한다. 많은 아이디어들이 활기차게 경쟁을 벌이며 창의적인 과정을 크게 높이게 된다. 이를테면 항상 쉽게 열리던 문 손잡이를 돌리기 시작해 본다. 그것은 움직이려 하지 않을 것이다. 문 손잡이를 더욱 세게 돌린다. 그런 다음 그것을 위로 끌어당기고 아래로 밀어본다. 아마도 그것을 좌우로 흔들어 보기도 한다. 결국에는, 문을 세게 밀치거나 차버릴 수도 있다. 확립된 행동으로부터 이러한 노력을 한다는 것이 아마도 새로운 해결책을 가져올 것이다. 창의력은 이미 알고 있는 것의 연장이다.

정답 ③

Chapter 10 끝에 이어질 적절한 내용 찾기(문장완성형 ②) • 533

05

If you are at the seaside, and you take an old, dull, brown penny and rub it hard for a minute or two with handfuls of wet sand, the penny will come out a bright gold colour, looking as clean and new as the day it was done. Now poetry has the same effect on words as wet sand on pennies. In what seems almost a miraculous way, it brightens up words that looked dull and ordinary. Thus, poetry is perpetually _____.

① cultivating tour mind

② recreating language

③ beautifying the nature

④ discovering the unknown universe

어구

- dull : (칼날 등이) 무딘(blunt); (색 · 빛 · 음색 등이) 분명치 않은(dim); (날씨가) 우중충한, 흐린(cloudy), 후덥지근한; (머리가) (우)둔한, 우둔한(stupid)
- rub : 비비다, 마찰하다; 문질러 닦다, 문지르다
- handfuls of(/ a handful of) wet sand : 얼만 안 되는(한) 줌(움큼)의 젖은 모래
- come out : (꽃이) 피다; 나타나다(appear), 드러나다(be disclosed, become evident); 매출 · 발매되다; 첫무대에 서다(make a debut); (사진 등에) 나타나다
- miraculous : 기적의, 기적적인 • brighten (up) : 빛나게 하다, 빛내다, 밝게 하다; 명랑하게 하다; 환하게 하다
- perpetually : 영구히, 영속적으로(perennially, permanently); 끝임 없이(unceasingly, incessantly)

번역

만일 해변에 있고 오래된 흐린 갈색의 페니 동전이 가져 온 것이 있어 그것을 조금의 젖은 모래로 1~2분 동안 세게 비벼본다면, 그 페니 동전은 밝은 금빛 색깔이 드러날 것이고 그것이 (처음) 만들어진 때처럼 깨끗하고도 새것으로 보일 것이다. 그렇다면 이제 시(詩)도 페니 동전에 모래를 문질러 본 것처럼 말(단어)에 같은 효과를 낸다. 거의 기적적이어 보이는 것 같은 상황에서, 시는 흐릿하고 평범해 보이던 단어들을 아주 밝게 빛나게 한다. 다라서, 시는 영속적으로 언어를 재창조 하고 있는 것이다.

정답 ②

빈 칸에 알맞은 말을 넣으시오. (2011 서울시)

Children seem to assume that everything has some purpose related to people. For instance, when asked, "Why is there snow?", a child will answer that snow exist "so children can play in it." I remember once telling my eight-year-old son Brian, who was keenly interested in outer space, that astronomers had found a moon. "But Daddy," he replied, "I thought Pluto was too cold for anything to live there." I told him that was right. He asked, "Well, why would Pluto have a moon if there is no one there to see it? In his view, _____.

① moons exist only to entertain people

② a moon must be a place where people can play

③ only Pluto has a moon where there is no one there

④ Pluto's moon is invisible to the inhabitants of Pluto

⑤ Pluto has no right to exist because no one can live there

어구
• keenly : 날카롭게, 예민·예리하게(acutely, shrewdly, sharply, trenchantly); 강렬하게
• outer space : 우주 공간
• astronomer : 천문학자(expert in astronomy, science of the stars, planets, sun, moon, and heavenly bodies)
• Pluto : 명왕성

번역
아이들은 모든 것이 사람들과 관련된 어떤 목적을 가지고 있다고 가정하는 것 같다. 예를 들어 "왜 눈이 있는 것이지?"라는 질문을 들으면, 아이는 눈은 그 속에서 어린이들이 놀기 위해 존재하는 것이라고 답을 할 것이다. 우주 공간에 큰 흥미를 가지고 있는 나의 8살의 아들 Brian에게 내가 한번은 명왕성이 달(위성)을 가지고 있다는 것을 천문학자들이 알아냈다고 말해준 적이 있음을 기억한다. "그렇지만, 아빠,"라고 녀석이 대답했다. "나는 명왕성은 너무 추워서 아무것도 살 수 없다고 생각했어요." 나는 아들에게 그 말이 옳다고 말해 주었다. 그러자 그 애는 "응, 그렇다면, 왜 명왕성은 볼 사람이 아무도 없는데 위성을 가지고 있는 거죠?"하고 물었다. 그 아이의 생각에는, 달(위성)이란 삶들을 즐겁게 해주기 위해서만 존재하는 것이다.

해설
아직은 세상을 잘 모르는 어린아이의 경우 자신에게 직접적인 관련이 있거나 즐겁게 해 주는 것에만 의미를 두거나 부여하고자 하기 마련이라는 취지의 글이다.

정답 ①

Vocabulary

독해지문 주요빈출어휘

※ **Choose the one word or phrase that** best keeps the meaning **of the underlined part or** fill in the blank **with a suitable one.** (이하 특별한 다른 지시를 제외하고 이와 동일함)

01 Do you think that there are <u>alternatives</u> to prison?

① options ② orientations ③ discounts ④ services

02 He wants to get his money's worth before the appliance becomes <u>obsolete</u>.

① up-to-date ② out-of-date ③ obstinate ④ burdensome

03 She tried to <u>get rid of</u> the roaches from the kitchen.

① rear ② encourage ③ eliminate

④ be afraid of ⑤ examine

04 He <u>took over</u> his father's trade.

① succeeded to ② removed ③ finished ④ managed

05 Pollutants introduced into a lake can rapidly <u>accelerate</u> its natural aging process.

① change ② speed up ③ turn around ④ destroy

06 I think George is <u>spry</u>.

① vigorous ② humble ③ shy ④ courteous

07
Magaret Mead's reputation was established with the publication of her first book in 1928 and was <u>enhanced</u> by her many subsequent contributions to anthropology.

① obscured   ② deteriorated   ③ heightened   ④ restored

08
A <u>perpetual</u> flame burns at the tomb of the Unknown Soldier.

① bright   ② vehement   ③ unceasing   ④ sooty

09
The officials were <u>acutely</u> aware of the problem in the plan.

① accurately   ② probably   ③ keenly   ④ extremely

번역
01. 당신은 감옥에 대한 대안이 있다고 것이라고 생각하십니까?
02. 그는 그 장치가 노후해 지기 전에 (투자한) 돈의 가치를 얻기를 원한다.
03. 그녀는 부엌으로부터 바퀴벌레를 제거하려고(없애려고) 애썼다.
04. 그는 아버지의 장사를 이어(물려)받았다.
05. 호수로 흘러드는 오염물질은 자연의 노화과정(주로 부영양화)을 급속히 가속화 할 수 있다.
06. 나는 조지가 활기차다고 생각한다.
07. M. Mead의 명성은 1928년 그녀의 최초의 책의 발간과 더불어 확립되었으며 그 이후의 인류학에 대한 그녀의 많은 기여에 의해 높아졌다(강화되었다).
08. 끊임없이 타오르는 불꽃이 그 무명용사의 무덤에서 타고 있다.
09. 관리들은 그 계획에서의 문제점을 예리하게 인식하고 있었다.

정답 01. ①   02. ②   03. ③   04. ①   05. ②   06. ①   07. ③   08. ③   09. ③

글 쓴 목적·의도·주장·논조·속담· 자세·심경·글의 분위기·종류 파악

01 글의 내용에 해당하는 가장 적절한 표현은? (2012 지방직)

Two hunters saw a wild goose fly overhead. As one of the hunters placed an arrow in his bow and aimed it at the goose, he said, "That goose will make a fine stew." "Stew!" said the other. "It would be far better to roast it." "Stewed!" said the first, putting down his arrow. "Roasted!" replied the other. The argument went on. "Let's ask our clan leader to decide the best way to cook that goose." The leader settled the argument by suggesting that when they caught the goose, half should be stewed and half should be roasted. In that way, everyone's needs would be met. Pleased, the two hunters went out to shoot the wild goose, but by that time, the goose was safely long gone.

① Haste makes waste.
② Judge not a book by its cover.
③ Do not count your chickens before they hatch.
④ The highest spoke in fortune's wheel may soon turn lowest.

어구 ···

- wild goose : 기러기, 이상한 놈
- overhead : n. a. ad. 머리위에; 높이; 하늘높이; (특히) 천정(天頂) 가까이에; 위층에
- stew : n. v. (음식물을) 뭉근한 불에 끓이다. 부글부글 끓이다. 스튜요리로 하다; …에 안달이 나게 하다. 조바심 하게하다
- clan : 씨족; (일반적으로) 문중, 일족; 한집안; 한패, 동아리, 도당
- settle : 놓다. 앉히다; 정주시키다; 자리잡게 하다; 진정시키다. 안정(安靜)하게 하다; (문제·쟁의·분쟁 등을) 해결하다. 처리하다(dispose); 결정하다. 확정하다. 정하다
- shoot : (사람·동물 등을) (탄환·화살 등으로) 쏘다. 사격하다; …을 사살하다. 총살하다. 총살형에 처하다

번역 ···

두 명의 사냥꾼이 머리위로 날아가는 야생 기러기 한 마리를 보았다. 그 사냥꾼들 중 한 명이 화살을 활에 놓고 기러기를 조준하며 말했다. "저 기러기는 좋은 스튜요리감이야.", "스튜라고!" 다른 한 명이 말했다. "그건 구워 먹는 게 훨씬 좋아." 처음의 사냥꾼이 화살을 내려놓으며 "스튜거리야!"라고 말했다. 다른 한 사람이 "구이감이야!"라고 응수했다. 그 논쟁은 계속 되었다. "우리 족장님께 저 기러기를 요리하는 최상의 방법을 결정하시도록 요구하자." 족장님은 그들이 그 기러기를 잡으면 절반은 스튜로, 절반은 구이로 요리하라고 제안함으로써 그 논쟁을 해결(타결)했다. 그런 식으로, 모든 사람의 요구가 충족되었다. 기뻐하며, 두 사냥꾼들은 그 야생기러기를 쏘려고 밖으로 나갔으나 그 시간에 기러기 오래전에 안전하게 사라져버렸다.

① 서두르면 일을 그르친다. (=More haste, less speed. 급할수록 천천히.)
② 겉모습으로 판단하지 말라. (=Never judge by appearances. / A man is not judged by his exterior.)
③ 병아리가 부화되기 전까지는 그 마리수를 세지 마라. 떡 줄 놈은 생각도 않는데 김치국부터 마신다.)
④ 행운의 수레바퀴의 가장 높은 바퀴살을 금방 낮아진다. 부귀빈천이 물레바퀴 돌듯한다.

정답 ③

02 글쓴이의 심정으로 알맞은 것은? (2010 기상직)

Now I'm walking into my house. Mommy is crying. She never cries, even when I'm really bad. Two policemen are in our living room. No one is telling me why they are there. All the grown-ups are talking, but I can't understand what they are saying; maybe someday I will. Daddy is the only one who says anything to me. "You have to go to Mrs. Riffs house for a while." I like Mrs. Riffs, but I really want to stay with Mommy and Daddy. All I can do is pat Mommy on the shoulder and whisper like she does when I'm sad.

① frustrated and worried ② angry and upset

③ relieved and happy ④ scared and decisive

어구

• grown-up : a, n, 어른, 성인(adult)   • mommy : 엄마(mummy)   • for a while : 일시, 잠시(동안), 잠깐
• pat : 톡톡 가볍게 치다; 토닥거리다; 가볍게 두드려 …이 되게 하다; (머리를 빗질하여) 매만지다; (귀여워서) 가볍게 치다, 쓰다듬다(on)

문법

All (that) I can do is (to) pat Mommy on the shoulder. ⇨ 선행사이지 주어인 All 다음에는 타동사 do에 대한 목적격 관계대명사 that이 생략되어 있고 주어 All에 대한 주격보어는 명사적 특성의 부정사를 이용하여 'to pat Mommy on the shoulder'로 나타내면 되지만 이런 조건에서 to부정사에서 to를 생략하여 원형부정사만 남겨 둘 경우가 많다는 점을 알아 두어야 한다. 한편 All that을 관계대명사 What으로 전환한 경우에도 동일한 형태가 적용된다는 것도 알아 두어야 한다.
① frustrated : 실망한, 좌절한, 좌절감을 느낀; (성적으로) 욕구 불만의
② upset : 속상한, 마음이 상한
③ relieved : 안도하는, 다행으로 여기는
④ scared : 무서워하는, 겁먹은 / decisive : 단호한(determined, resolute); 결정적인(critical, crucial, conclusive)

번역

지금 나는 나의 집으로 걸어가고 있다. 엄마는 울고 계신다. 어머니는 내가 정말 좋지 않을 때도 결코 울지 않으신다. 두 명의 경찰관들이 우리의 거실에 와 있다. 어느 누구도 나에게 그들이 왜 그곳에 있는지 말하고 있지 않다. 모든 어른들은 다 말하고 있지만 나는 그들이 무슨 말을 하고 있는지는 이해할 수 없다; 아마 어느 날엔가는 난 이해할 것이다. 아빠는 나에게 어떤 것이나 말씀하시는 유일한 분이다. "너 잠시 동안 Riffs부인께 가야겠다." 나는 Riffs 부인을 좋아하지만 나는 정말이지 엄마와 아빠와 함께 지내기를 원한다. 내가 할 수 있는 일이라고는 어머니께서 내가 슬플 때 그러시는 것처럼 어머니의 어깨를 두드리며 속삭이는 것이 전부다.
① 좌절하고 우려하는 ② 화가 나고 속상한
③ 안도하고 행복한 ④ 겁을 먹고 단호한

정답 ①

다음을 읽고 글쓴이의 의도를 가장 잘 나타낸 것을 고르시오.　(2010 기상직)

> Here is a painting, here is a statue, there is a poem, and there is a novel. These are all examples of works of art. But what is it that makes these particular things members of the class "works of art"? What is the standard by which we determine whether or not something is a work of art?

① What is a work of art?

② How do we make a work of art?

③ Where is a good work of art?

④ Which art standards are there?

어구
- statue : 상(像), 조상(彫像), 입상(立像)
- novel : n. 소설 a. (이전에 볼 수 없던) 새로운, 신기한
- works of art : 예술작품
- particular : 특유의; 독특한(peculiar); 특정의(specific); 특별한(special); (입맛 · 성격 등이) 까다로운, 꼼꼼한 (about, over)(fastidious, squeamish, fussy, picky)
- determine : 결정 · 결심하다(resolve, decide, make up one's mind), 결의하다(resolve); 해결하다(resolve, solve)

번역
여기에 그림이 하나 있고 조상(彫像)이 하나 있으며 한편의 시도 있고 소설도 하나 있다. 이것들은 모두 예술작품의 예들이다. 하지만 이런 특별한 것들을 "예술작품"의 부류의 것들로 만들게 하는 것은 무엇인가? 무엇이 어떤 것이 예술작품인지 여부를 우리가 판단하는 기준인가?
① 무엇이 예술작품인가?
② 우리가 예술작품을 어떻게 만드는가?
③ 훌륭한 예술작품은 어디 있는가?
④ 예술의 어떤 기준이 존재하는가?

해설
번역 내용을 참고하여 정답을 찾아보자. 본문 중 "What is it that makes these particular things ∼?"의 직접의문문에서 의문대명사인 what이 주격으로서 강조구문을 활용하여 강조되는 내용이라는 점을 특히 유념하자. 이 경우 의문사는 문두에만 두어야 한다는 점이 중요하고 강조구문의 기본형태는 "∼ is it that ∼?"이다.

정답 ①

04 다음 글의 주장으로 가장 적합한 것은? (2011 사회복지)

Some people have the ability to awaken at a particular time each day. But the rest of us need a little help. Lots of people use alarm clocks that generate harsh sounds like buzzes or beeps. They've always used alarm clocks, which are cheap and functional, so they never consider the alternative. They wake to an alarm day after day. Don't be one of them. Alarms signal danger and urgency. You don't need to start your day with that in mind. Instead, it's much better to ease into wakefulness as pleasant music wafts through the air and into your consciousness. If you want to get your day off to a good start, wake up to music.

① Get up early in the morning.
② Don't wake up to an alarm clock.
③ Listen to pleasant music all the time.
④ Buy a cheap and functional alarm clock.

 어구 ......

- awaken : (잠에서) 깨우다, (···에게) 자각시키다, 깨닫게 하다, 눈뜨게 하다
- generate : 낳다(beget, procreate); 발생시키다, 야기하다(spawn, bring about)
- buzz : v. n. 윙윙거림; 윙윙거리는 소리; 버저 소리, 버저에 의한 호출
- beep : (전자 기기나 자동차 경적에서 나는 삐(빵) 소리, 삐삐소리
- functional : 기능(성)의, 기능 · 실용 위주의(practical, pragmatic) • alternative : a. n. 대안(代案), 양자택일, 선택 대상(to)(substitute for, 〈other〉 choice, option)
- day after day : 매일같이(날마다)(지겹거나 짜증스러움을 나타냄) • urgency : 긴급, 화급; 절박, 급박, 위급, 위기
- ease : n. v. 편해지다(편하게 해 주다); (고통 · 불편 등이(을)) 덜해지다(덜어 주다)
- waft : (공중에서 부드럽게) 퍼지다(퍼지게 하다)
- get off : 내리다(get out, alight); (처벌을) 면하다(escape, go unpunished); 출발하다, 떠나다(set off, start, leave, go away)
- wake : (잠에서) 깨다(일어나다); 깨우다; (기억 · 감정을) 일깨우다(떠올리게 하다)
- wake up : 정신을 차리다

번역 ......

일부 사람들은 매일 특정한 시간에 잠에서 깨어나는 능력을 가지고 있다. 하지만 그 나머지의 우리들은 약간의 도움을 필요로 한다. 많은 사람들은 버저나 삐삐소리와 같은 거친 소리를 내는 자명종시계를 이용한다. 그들은 값싸고 실용성 있는 자명종시계를 사용해 왔으므로 그들은 대안을 결코 대안을 고려하지 않는다. 그들은 매일같이 자명종으로 깨어난다. 그들 중 한 사람이 되지 말라. 알람은 위험과 위급함의 신호를 보내는 것이다. 그런 상황을 마음에 두고 여러분의 일과를 시작할 필요가 없다. 그 대신, 즐거운 음악이 공기를 통해 퍼져 나가면서 여러분의 의식속으로 흘러들면서 편안하게 깨어나게 되는 것이 훨씬 낫다. 만일 여러분의 일과를 멋진 출발로 시작하기를 원한다면, 음악으로 잠을 깨라.

해설 ......

자명종은 '위험과 위급함'의 상황을 의미하는 것으로 본 이 글의 필자입장에서는 편안한 마음으로 깨어날 수 있는 다른 대안은 음악이라고 했으므로 결국 그의 주장은 ②의 '자명종 시계로 깨어나지 말라.'라는 것이 이 글의 주장임을 알 수 있다. ③에서는 'all the time(줄곧, 늘, 내내= always)'라는 표현이 문제된다.

정답 ②

Most police officers decide whether you're getting a ticket or a warning before they even approach your vehicle. A good rule of thumb is to keep your car maintained in such a way that you wouldn't be embarrassed to drive it to a job interview. Keep it clean and free of bumper stickers that are anti-police or pro-violence. Forgo aftermarket add-ons like spoilers, tinted windows, and neon undercarriage lights. You want to say "I'm responsible and law-abiding," not "I hate the police, I speed all the time, and I'm trying to hide something from you."

① Maintaining your car can be advantageous for you to do well at a job interview.

② It is useless to say that you're responsible and law-abiding when you get caught by the police.

③ It is important for novice drivers to understand that anti-police slogans on a car cannot be tolerated.

④ In order to avoid getting a ticket, your car should be able to give the police a good impression.

⑤ If you get a speeding ticket, tell the police that you're going for a very important event.

어구

• vehicle : 차량, 탈것, 운송 수단　• a rule of thumb : 경험 법칙, 어림 감정; 대충이지만 실제에 근거한 방법(수단)
• embarrassed : 쑥스러운, 어색한, 당황스러운　• bumper sticker : 자동차 범퍼에 붙인 선전 · 광고 스티커
• forgo : 멀리하다, 삼가다, 포기하다　• aftermarket : 부품(제2차) 시장, 서비스 용품 시장; 신규 증권 발행 후의 시장
• add-ons : n. a. 부가(추가, 첨가)(의)물　• spoiler : 스포일러(고속으로 달릴 때 차가 들리지 않게 해 주는 부가물)
• tinted windows : 썬팅한(착색한) 창(문)　• undercarriage : (자동차 등의) 하부 구조, 차대(車臺), (비행기의) 착륙 장치
• law-abiding : 법을 준수하는(non-criminal ↔ law-breaking, delinquent)　• all the time : 줄곧, 늘, 항상

번역

대부분의 경찰관들은 여러분의 차량에 접근해 오기 전에 여러분이 딱지를 받게 될지 아니면 경고를 받게 될지 여부를 결정한다. 훌륭한 경험의 법칙은 당황스럽지 않도록 일자리 면접을 보러 차를 운전해 가는 그런 방식으로 여러분의 차량을 유지시켜 가는 것이다. 차량을 깨끗이 하고 반(反) 경찰 또는 친(親) 폭력의 (자동차 범퍼에 붙인) 선전 스티커가 없도록 유지하라. 스포일러, 썬팅한(착색한) 창문, 그리고 하부 구조물의 전등과 같은 부품 첨가물들을 멀리하라. 여러분은 "전 경찰을 증오합니다. 나는 줄곧 과속해요, 그리고 나는 뭔가 당신한테서 숨기려 합니다"가 아니라 "전 책임감도 있고 법을 준수합니다"라고 말하기를 원한다.
① 차량을 유지하는 것은 여러분이 직장 면접에서 잘하기 위해 이점이 될 수 있다.
② 여러분이 경찰에 걸리게 될 경우 책임감도 있고 법을 준수한다고 말해봐야 소용없다.
③ 초보운전자들이 차량에 반경찰 슬로건은 용인될 수 없을 것이라는 것을 이해하는 것은 중요하다.
④ 딱지를 받는(떼이는) 것을 피하기 위해, 여러분의 차는 경찰에게 좋은 인상을 줄 수 있어야 한다.
⑤ 과속 딱지를 받게 되면, 경찰에게 여러분은 매우 중요한 행사차 가는 중이라고 말하다.

정답 ④

독해지문 주요빈출어휘

※ **Choose the one word or phrase that** best keeps the meaning **of the underlined part or** fill in the blank **with a suitable one.** (이하 특별한 다른 지시를 제외하고 이와 동일함)

01 Nonbroadcast television provides for the needs of individuals or <u>specific</u> interest groups.

① particular   ② special   ③ general   ④ privileged

02 John is very <u>particular</u> about his food.

① fastidious   ② abnormal   ③ frisky   ④ delirious

03 Drought and soil erosion <u>spawned</u> dust storms across the Great Plains in the 1930s.

① followed   ② generated   ③ indicated   ④ intensified

04 Despite the apparent success of curfews in reducing teen crime, curfews have been criticized by teens. Many <u>law-abiding</u> teens find the curfews unfair.

① non-criminal   ② unruly   ③ law-breaking   ④ delinquent

05 We have policies to keep <u>law-breaking</u> youngsters off the street.

① peaceful   ② noisy   ③ violent   ④ legitimate   ⑤ delinquent

---

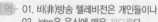

번역 01. 비(非)방송 텔레비전은 개인들이나 특정한 이익집단들의 요구를 준비해(충족시켜) 주고 있다.
02. John은 음식에 매우 까다롭다.
03. 가뭄과 토양의 침식이 1930년대 대평원을 가로지르는 모래폭풍을 일으켰다.
04. 10대 범죄를 줄이는데 있어 (심야) 통행금지조치가 외견상 성공해 보임에도 불구하고, 통행금지는 10들에 비판을 받아왔다. 법을 준수하는 10대들은 통행금지가 부당하다고 보는 것이다.
05. 우리는 법을 어기는(지키지 않는) 젊은이들이 거리에서 활개 치지 못하게 하는 정책이 있다.
정답 01. ①   02. ①   03. ②   04. ①   05. ⑤

종합적 이해

01 다음 글을 요약한 문장에서 빈칸 ㉠, ㉡에 들어갈 가장 적절한 것은? (2013 국가직)

Look at the following list of numbers: 4, 8, 5, 3, 9, 7, 6. Read them out loud and memorize that sequence. If you speak English, you have about a 50 percent chance of remembering that perfectly. If you're Chinese, though, you're almost certain to get it right every time. This is because pronouncing them in Chinese takes shorter time. In addition, the number-naming systems are in Western and Asian languages. In English, for example, they say fourteen and sixteen, so one might expect that they would also say oneteen and twoteen. But they don't. The number system in English is irregular. In contrast, Asians have logical counting systems. Those differences mean that Asian children learn to count much faster and perform basic functions better than Western children.

Being good at ____㉠____ may be rooted in the different ____㉡____ systems.

① pronunciations — counting   ② mathematics — language

③ languages — name   ④ logic — culture

어구

• out loud : 소리를 내어, 큰 소리로　　• sequence : 연달아 일어남, 연속; 연쇄; 일련의 연속; 연속물; 순서, 차례
• get it right : 제대로 보다　　• irregular : 비정규의, 불규칙의, 비정상적인(abnormal, anomalous)

번역

4, 8, 5, 3, 9, 7, 의 숫자의 배열을 살펴보라. 그것들을 크게 일거보고 순서를 기억하라. 만일 당신이 영어를 말한다면, 당신은 그것을 완벽하게 기억하는 데는 약 50%의 가능성을 갖게 된다. 만일 당신이 중국인이라면, 하지만, 당신은 매번마다 그것을 제대로 읽는 것이 거의 확실할 것이다. 이것은 중국어로 이것을 발음하는 것은 더 짧은 시간이 걸린다. 이에 더하여, 숫자를 이름 짓는 체계는 서양과 동양의 언어들이다. 영어에서는, 예를 들어, 14(fourteen)와 16(sixteen)이라 말하므로 또한 11(oneteen)과 12(twoteenone)를 말할 것으로 기대할 수 있다. 그러나 그들은 그러지 않는다. 영어에서의 수 체계는 불규칙하다. 이와는 대조적으로, 아시아인들은 논리적인 세는 체계를 가지고 있다. 그러한 차이점은 아시아 아이들이 서양의 아이들보다 훨씬 더 빨리 세며 기초적인 기능을 더 잘 수행한다는 것을 의미한다.

> 수학에 능숙하다는 것은 다양한 언어 체계에 그 뿌리는 두고 있을지 모른다.

해설

숫자와 관련 부분이 해당 언어에 의해 영향을 받는다는 내용을 기술하고 있으므로 ②가 절절하다.

정답 ②

---

02 밑줄 친 부분에 들어갈 가장 적절한 단어는?　　　　　　　　　　(2012 지방직)

Over the course of history it has been artists, poets and playwrights who have made the greatest progress in humanity's understanding of love. Romance has seemed as inexplicable as the beauty of a rainbow. But these days scientists are challenging that notion, and they have rather a lot to say about how and why people love each other. For a start, understanding the neurochemical pathways that regulate social attachments may help to deal with defects in people's ability to form relationships. All relationships rely on an ability to create and maintain social ties. Defects can be disabling, and become apparent as disorders such as autism and schizophrenia. Research is also shedding light on some of the more extreme forms of sexual behaviour. And some utopian groups see such work as the doorway to a future where love is guaranteed because it will be provided chemically, or even genetically engineered from conception.

According to the passage above, scientists now consider love
as something _____.

① enviable   ② edible   ③ expiable   ④ explicable

어구

- playwright : 극작가, (텔레비전·라디오 극의) 각본가(드라마 작가)
- romance : 연애, 로맨스; 사랑, 사랑의 기운, 연애 감정; 연애(애정) 소설(이야기)
- inexplicable : 불가해한, 설명할 수 없는
- challenge : 도전하다; ~에 이의를 제기하다; ~에 진실·정당성 등을 의심하다
- for a start : 우선(먼저)   • neurochemical : 신경 화학의
- pathway : 좁은 길, 오솔길; 진로(course); 경로   • regulate : 규제(통제/단속)하다; 조절(조정)하다
- attachment : 애착; 믿음, 지지; 부착, 부가; 부착(부가)물
- deal with : 다루다, 취급하다(handle, treat, cope with, address)
- defect : 결핍, 부족(량, 액)(want, lack); 결점, 결함, 단점(flaw, fault, shortcoming, drawback)
- rely on : 신뢰하다, 기대하다, 의지(의존)하다(depend on, count on, fall back on)
- disable : 무능(무력)하게(불능화) 하다(incapacitate); 손상하다, 불구로 만들다(impair, cripple, maim, lame, mutilate, damage, injure, deform)
- apparent : 명백한, 분명한(clear, definite, evident, manifest, obvious); 표면상의, 겉치레의, 외양상의(seeming)
- disorder : 무질서, 혼란; (심신 기능의) 이상, 장애, 질병(disease)   • autism : 자폐증
- schizophrenia : 정신 분열병(증)
- shed light on : …을 분명히 하다, 밝히다(throw light on, illuminate, elucidate, explain, clarify, offer information)
- utopian : 유토피아적인, 이상적인   • doorway : 문간, 출입구(threshold)
- genetically : 유전적으로, 유전자 상으로
- engineer : n. v. 수작을 부리다, (일을) 꾀하다(획책하다); (설계해서) 제작하다; 유전자를 조작하다
- conception : (계획 등의) 구상, 착상; 이해; 신념; 수정, 수태, 임신; 태아(embryo)
  ① enviable : 부러운, 샘나는, 매우 바람직한; 선망의 대상이 되는
  ② edible : 먹을 수 있는, 식용의(nonpoisonous, eatable, fit to eat)
  ③ expiable : (죄 등을) 보상할 수 있는.
  ④ explicable : 설명(해명)할 수 있는(↔ inexplicable)

번역

역사의 진행과정에 걸쳐 인류의 사랑에 대한 이해에서 가장 큰 진보를 한 것은 바로 예술가, 시인 그리고 극작가들이었다. 로맨스는 무지개의 아름다움만큼이나 불가해한 것으로 보였다. 그러나 오늘날 과학자들은 그런 내념에 이의를 제기하고 있으며 그들은 오히려 사람들이 서로를 사랑하는 방법과 이유에 대해 할 말을 많이 가지고 있다. 우선, 사회적 애착을 조절하는 신경화학의 경로를 이해하는 것이 관계를 형성하는 사람들의 능력에서 결점을 다루는 데 도움이 될 수 있다. 모든 관계는 사회적 관계를 만들어내고 유지하는 능력에 의존한다. 결함은 무능하게 할 수 있으며 자폐증과 정신분열증과 같은 장애처럼 분명해 질 수 있다. 연구는 또한 더욱 극단적인 형태의 성행위의 일부를 밝히고 있다. 그리고 일부 유토피아적인 단체들은 그러한 연구를 사랑은 화학적으로 또는 심지어 임신으로부터 유전적으로 조작될 것이기 때문에 사랑이 보장되는 미래로 이르는 출입구로 간주한다.
윗글에 다르면, 과학자들은 오늘날 사랑을 설명할 수 있는 뭔가로 간주한다.

해설

특히 두 번째 문장에서 inexplicable이 제시된 후 세 번째 문장에서 But이 나왔으므로 결국 사랑(love)은 explicable 으로 간주할 수 있다는 점을 짐작할 수 있다.

정답 ④

03 다음 글의 빈칸에 들어갈 가장 적절한 것은? (2011 국가직)

Character is a respect for human beings and the right to interpret experience differently. Character admits self-interest as a natural trait, but pins its faith on man's hesitant but heartening instinct to understand and support others. Character is allergic to tyranny, irritable with ignorance and always open to improvement. Character implies the ability to laugh wholeheartedly and weep unashamedly. Character is, above all, a tremendous humility before the facts – an automatic alliance with truth even when that truth is bitter medicine.

A quality of character not mentioned by the author is _____

① freedom   ② patience   ③ sympathy   ④ humbleness

어구

- character : 성격, 기질; 특징, 특질; 개성; 인격, 품성(personality)
- self-interest : 사리사욕, 사리 추구
- trait : 특질, 특성(attribute, characteristic)
- pin : (핀 등으로) 꽂다(고정시키다)
- pin one's faith on : ~에 신뢰를 두다
- hesitant : 주저하는, 망설이는, 머뭇거리는
- heartening : 용기를 북돋우는, 고무적인, 격려하는
- be allergic to : ~에 대해 질색이다, ~을 몹시 싫어하다
- tyranny : 독재, 압제, 폭압; 포학 행위; 독재 (정치); 독재 국가
- irritable : 화를 잘 내는, 성마른(easily annoyed, touchy, grouchy, irascible, rash, impetuous, inflammable, fretful, angry); 예민한, 민감한(nervous)
- ignorance : 무지
- open to : …에게 공개 · 개방된; …을 기꺼이 · 기분 좋게 받아들이는(ready to accept)
- imply : 포함 · 내포 · 함축하다(implicate); 암시하다, 넌지시 비추다(suggest indirectly, hint, insinuate, allude to, get at)
- wholeheartedly : 전심전력으로, 전심으로, 진심으로(enthusiastically)
- unashamedly : 부끄럽지 않게, 부끄러움을 모르고, 뻔뻔하게 한
- above all : 무엇보다도 먼저, 우선 첫 번째로(among other things, first of all, more than anything else, for one thing, in the first place, to begin with)
- tremendous : 터무니없이 큰, 엄청난, 굉장한, 대단한, 거대한(stupendous, great, gross, huge, immense); 무서운, 무시무시한(dreadful, formidable)
- humility : 겸손, 비하 automatic : 자동의, 자동 운행 · 조작하는(self-operating, self-moving)
- alliance : 결합, 연합, 결연(union, coalition); 동맹, 조약(treaty)
- bitter : 쓴; 괴로운, 쓰라린(painful); 비통한, 격심한(acute); 신랄한, 통렬한(acrimonious)
  ② patience : 인내(력), 참을성, 끈기(endurance, stamina, perseverance, forbearance)
  ③ sympathy : 동정, 연민, 공감(compassion, pity, condolence)
  ④ humbleness : 겸손(함); 비천(함)(humility, meekness)

번역

인격은 인간들에 대한 존경이며, (인간의) 경험을 다르게 해석하는 권리이다. 인격은 자기 이익을 천부적 특성으로 인정하지만 다른 사람들을 이해하고 지원하는 인간의 주저하지만 고무적인 본능에 신뢰를 두고 있다. 인격은 폭정을 싫어하고, 무지를 참지 못하며, 항상 개선을 지향한다. 인격은 마음껏 웃고 부끄러워하지 않고 울 수 있는 능력을 뜻한다. 인격은 무엇보다도 사실 앞에서의 대단한 겸손으로서, 즉 진리가 쓰디 쓴 악이 되더라도 진리와 곧 제휴한다.

필자가 언급하지 않은 인격의 특질은 _____.

① reedom ⇨ the right to interpret experience differently / tyranny / the ability to laugh wholeheartedly and weep unashamedly
② patience : 다른 것들보다 연결될 수 있는 내용이 미약한 편 *cf.* allergic, irritable
③ sympathy ⇨ heartening instinct to understand and support others
④ humbleness ⇨ a tremendous humility before the facts

정답 ②

---

04 다음 글을 읽고 질문에 답하시오.   (2011 지방직)

It is common knowledge that ability to do a particular job and performance on the job do not always go hand in hand. Persons with great potential abilities sometimes fall down on the job because of laziness or lack of interest in the job, while persons with mediocre talents have often achieved excellent results through their industry and their loyalty to the interests of their employers. It is clear, therefore, that the final test of any employee is the person's performance on the job.

According to the above paragraph, an employee's efficiency is best determined by his/her _____

① interest in the job   ② work performance
③ loyalty to the employer   ④ potential work skills

어구
• common knowledge : 누구나 다 알고 있는 사실   • not always : 반드시 ~하지는 않다(부분부정)
• go hand in hand : 협조하다, 나란히 가다, 병행하다
• potential : a. 잠재적인(latent, dormant), 가능한(possible) n. 잠재력(성)(possible ability, capacity)
• fall down on : ~에 실패하다(fail in)   • mediocre : 보통의(ordinary), 평범한(commonplace)
• loyalty : 충성, 충실(allegiance, faithfulness, fidelity) • performance on : …에 대한 실천(수행)력
• efficiency : 능력, 능률; 효율

번역
특정한 일을 할 수 있는 능력과 그 일을 실행할 수 있는 수행력이 반드시 병행하는 것은 아니라는 것은 누구나 다 아는 사실이다. 상당한 잠재능력을 지닌 사람들도 가끔 일에 대한 흥미의 결여로 그 일에 실패하는데 반하여 보통정도의 재능을 가진 사람들이 근면과 그들의 고용주의 이익에 대한 충성심을 통하여 훌륭한 결과를 성취하는 일이 흔히 있다. 그러므로 어느 피고용자(근로자)이든 그 최종적인 시금석(평가기준)은 자신의 일에 대한 수행력(실천력)임이 명백하다.

해설
이 글의 내용의 핵심은 기업이 필요로 하는 피고용자(근로자)를 (타고난) 능력만으로 평가하긴 어렵고 오히려 능력이 크게 두드러지지 않더라도 일에 임하는 자세가 중요하므로 결국 일에 대한 수행력으로 그의 효율(능력)이 결정된다는 것이 골자이다.

정답 ②

※ 글을 읽고 물음에 답하시오. (05~06) (2011 국회사무처)

Travelers who return from a vacation often answer the question "How was your trip?" by saying, "Oh, it was out of this world!" [A] By this idiom, they mean, of course, that their trip was amazing. [B] Already it's possible to go through the same training that astronauts go through. [C] Just go to Star city, Russia. ＿＿＿＿＿＿＿ astronaut training, it's possible to experience one of their 'Space Adventures.' [D] On one of those, for example, you can enter a special plane that gives you the feeling of weightlessness that astronauts experience — several minutes of zero-gravity. [E] Two private individuals have already spent a week at the International Space Station, at a price of $20,000,000 each. A number of companies are now planning projects to commercialize space in various ways. A California company, Scaled Composites, and a British company, Virgin Galactica, are working on the creation of reusable vehicles that could carry passengers in the near future. Even the Hilton Hotel chain is considering building a space hotel. The main attractions will be the view (of Earth), the feeling of weightlessness, and the chance to take a hike on the Moon. It goes without saying that the price will also be 'out of this world.'

05 ▷ 밑줄 친 부분에 들어갈 말로 가장 적절한 것은?

① Despite ② Due to

③ In addition to ④ Since

⑤ In consequence of

어구··

• out of this world : (이 세상의 것이 아닌 것처럼) 너무도 훌륭한, 현실에서 동떨어진(exceptional); 기상천외의, 엉뚱한
• idiom : 관용구, 숙어, 성구(成句), 이디엄; (어떤 국민·민족의) 언어; (어떤 지방·계급의) 방언, 어풍; (한 언어의) 특질, 특징; (어떤 작가·민족·시대 등의) 개성적 표현 형식, 작풍(作風)

- amazing : (감탄스럽도록) 놀라운
- go through : (법률·계약 등이) 통과(성사)되다. (일련의 행동·방법·절차를) 거치다; 빠져나가다; (일 등을) 모두 끝내다
- astronaut : 우주비행사, 우주인(traveler in outer space, cosmonaut) • weightlessness : 무중력 상태
- zero-gravity : 무중력 (상태) • the International Space Station : 국제우주정거장(ISS)
- commercialize : 상업(영리)화하다; 상품화하다; …에 상업을 발달시키다; (이익 추구를 위해) 통속화시키다
- reusable : 재사용(재이용)할 수 있는
- vehicle : 탈것, 차, 운송 수단, 수레; (우주 공간의) 탈것; 매개물, 매체, 전달 수단
- attraction : 끌어당기기, 유인, 흡인(력); 매력(있는 것)(lure)
- take a hike : 하이킹 하다; 가다, 사라지다
- It goes without saying that ~ : ~은 말할 나위도 없다(It is needless to say that ~)
  ⑤ in consequence of : ~의 결과로(as a result of)

[번역]

휴가를 다녀오는 여행자들은 "여행 어떠셨어요?"라는 "오오, 너무나 멋졌어요!"라고 말함으로써 질문에 흔히 답을 한다. [A] 이러한 관용구로, 그들은 물론 그들의 여행이 놀라웠다는 것을 의미한다. [B] [하지만, 사람들은 조만간 이러한 표현을 문자 그대로 이용할 수 있을 것이지만 값비쌀(비용이 많이 들어갈) 것이다.] 이미 우주비행사들이 통과하는 같은 훈련을 거치는 것이 가능하다. [C] 러시아의 Star시(市)에 가보기만 해 보라. 우주비행사의 훈련에 더하여, 그들의 '우주 모험들' 중 하나를 체험하는 것도 가능하다. [D] 예를 들어 그런 것들 중 하나에 대해, 여러분은 몇 분의 무중력 상태에서 우주비행사들이 겪는 무중력의 느낌을 여러분에게 주게 되는 특수항공기 안으로 들어갈 수 있다. [E] 두 명의 민간인들이 이미 2천만 달러의 가격으로 국제우주정거장(ISS)에서 일주일을 보냈다. 수많은 기업들은 다양한 방법으로 우주를 상업(영리)화하려는 프로젝트를 지금 계획하고 있다. Scaled Composites라는 캘리포니아의 한 회사와 Virgin Galactica라는 영국의 한 회사는 가까운 장래에 승객을 실어 나를 수 있는 재사용할 수 있는 운송수단을 만드는 일에 관해 연구하고 있다. 심지어 힐튼호텔 체인은 우주 호텔을 건축하는 것을 고려하고 있다. 주요 매력요소들은 (지구의) 경관, 무중력의 느낌, 그리고 달에서 하이킹 할 수 있는 기회일 것이다. 가격은 또한 상상을 초월할 것이라는 것은 말할 나위도 없다.

[해설]

[B], [C]의 내용을 감안할 때 우주비행사들이 겪는 과정과 유사한 것이 가능하고 그것을 시행하는 장소까지 소개했으므로 '우주비행사의 훈련에 더하여'라는 내용이 가장 적절함을 알 수 있다.

[정답] ③

---

06 ▷ 다음 문장이 들어가기에 가장 적절한 곳은?

> However, people will soon be able to use this expression literally, but it will be expensive.

① [A]   ② [B]   ③ [C]   ④ [D]   ⑤ [E]

[어구]

literally : 문자(글자) 그대로, 정확히(exactly)

[번역]

하지만, 사람들은 조만간 이러한 표현을 문자 그대로 이용할 수 있을 것이지만 값비쌀(비용이 많이 들어갈) 것이다.

[해설]

'people will soon be able to use this expression literally'의 내용이 [B]의 'Already it's possible to go through the same training ~'으로 연결되기에 가장 부합한다. 특히 'able to'가 'possible'로 연결되는 과정을 주목하자.

[정답] ②

독해지문 주요빈출어휘

※ **Choose the one word or phrase that** best keeps the meaning **of the underlined part or** fill in the blank **with a suitable one.** (이하 특별한 다른 지시를 제외하고 이와 동일함)

01 The collision did not <u>disable</u> him.

① frighten   ② cripple   ③ bother   ④ affect

02 The evidence of his forgery was <u>apparent</u>.

① uncontrollable   ② destructive   ③ effective   ④ evident

03 Can you <u>shed light on</u> the reasons?

① appall   ② dissipate   ③ explain   ④ turn on

04 At the <u>threshold</u> of a long passage we seemed to be measuring our fitness for a long enterprise.

① downfall   ② moment   ③ ascendancy
④ doorway   ⑤ end

05 The war engendered the principle that the rule of law was preferable to arbitrary _____.

① dominance   ② empiricism   ③ submission   ④ tyranny

06 Feeling <u>irritable</u> may be a side effect of too much medication.

① grouchy   ② drowsy   ③ dizzy   ④ silly

07

"Will we be able to visit the White House?"

"Sure. It's open _____ every morning."

① for public   ② for the public   ③ to the public   ④ to public

08

I am open to suggestions, if you can make any.

① am ready to accept   ② will tolerate

③ am exposed to   ④ am inclined to

09

His manner implied that he would like to come with us.

① resolved   ② suggested   ③ restricted   ④ proved

10

Above all, I want to learn to swim this summer.

① In addition   ② At first

③ To tell the truth   ④ Among other things

11

There has never been so stupendous an advance in so short a time.

① terrestrial   ② trenchant   ③ tenacious

④ tremendous   ⑤ tentative

12

By the spring Richard found himself faced by a formidable coalition of enemies.

① cooperative   ② precedented   ③ unexpected

④ tremendous   ⑤ reassuring

13

Representatives from each state hoped to form a more perfect union.

① petition   ② alliance   ③ envoy   ④ decree

14

To express her sympathy, she sent a bouquet of flowers to the funeral parlor.

① compassion   ② abomination   ③ observance   ④ apathy

15 If I knew what my <u>possible ability</u> was, I would try to do something with it.

① importance   ② mortality   ③ potential   ④ symptom

16 The absent—minded man is often a man who is making the best of life and, therefore, has no time to remember the <u>mediocre</u>.

① ordinary   ② incredulous   ③ bad   ④ considerate

17 Ocean—going vessels have often used flags to indicate their national <u>allegiance</u>.

① loyalty   ② destination   ③ cargo   ④ allowance

18 Her sewing is really <u>out of this world</u>.

① poor   ② heavenly   ③ exceptional   ④ unreal

19 Scientists think that in 20 or 30 years, _____ will be able to live space colonies off the planet.

① astronauts   ② geologists   ③ biologists   ④ philanthropists

20 There is a pleasure in philosophy, and a <u>lure</u> in the mirages of metaphysics.

① satisfaction   ② attraction   ③ significance   ④ wisdom

21 James failed to understand Caroline because he took her ironic observation _____.

① figuratively   ② obviously   ③ positively   ④ literally

번역 01. 그 충돌사고가 그를 불구로 만들지는 않았다.

02. 그의 위조죄에 대한 증거는 명백했다.

03. 그 이유를 분명히 밝힐 수 있나요?

04. 장거리 여행의 문턱에서(여행을 시작하면서) 우리는 오랜 모험적인 일을 위해 우리의 건강을 측정하고 있는 것 같았다.

05. 그 전쟁은 법의 지배가 독단적인 전제정치보다는 선호된다는 원칙을 낳게 했다.

06. 화가 나는 느낌이 드는 것은 과다한 양의 약물치료의 부작용일 수 있다.

07. "우리가 백악관을 방문할 수 있을까요?", "그럼요, 그곳은 매일 아침 일반인들(대중)에게 개방합니다."

　　【해설】 the police, the press, the (general) public은 모두 정관사(the)를 동반한 집합명사이다.

08. 당신이 어떠한 제안이라도 할 수 있다면 나는 기꺼이 받아들일 것입니다.

09. 그의 태도는 그가 우리와 함께 가길 기대한다는 것을 암시했다.

10. 무엇보다도, 나는 금년 여름에는 수영을 배우고 싶다.

11. 그토록 짧은 시간 안에 그토록 엄청난 발전은 결코 없었다.

12. 봄이 되어 리처드는 적들의 가공할만한 연합세력에 직면하는 상황을 맞았다.

13. 각 주 대표자들은 보다 완전한 연맹을 구성하기를 기대했다.

14. 동정심을 표현하기 위해서, 그녀는 그 장례식장에 한 다발의 꽃을 보내주었다.

15. 만일 나의 잠재능력이 무엇이었는지 내가 알고 있다면 나는 그것으로 뭔가를 하려고 노력할 텐데.

16. 어떤 일에 몰두하는 사람은 종종 삶을 최대한 이용하고 있는 사람이며, 따라서 평범한 것을 기억할 만한 시간이 없다.

17. 원양 항해하는 선박들은 종종 그들의 조국에 대한 충성을 나타내기 위해 국기를 이용해 왔다.

18. 그녀의 바느질 솜씨는 정말이지 매우 뛰어나다.

19. 과학자들은 20~30년 내에, 우주비행사들이 지구를 벗어나 우주 식민지에 살 수 있게 될 것이라고 생각한다.

　　【어구】 ② 지질학자 ③ 생물학자 ④ 박애주의자

20. 철학에는 즐거움이 있고 형이상학의 신기루에는 매력이 있다.

21. James는 Caroline의 풍자적인 말을 문자 그대로 받아들였기 때문에 그녀를 이해하지 못했다.

　　【어구】 ① figuratively : 비유적으로, 상징적으로 ② obviously : 명백하게, 분명히

정답 01. ② 　 02. ④ 　 03. ③ 　 04. ④ 　 05. ④ 　 06. ① 　 07. ③ 　 08. ① 　 09. ② 　 10. ④

11. ④ 　 12. ④ 　 13. ② 　 14. ① 　 15. ③ 　 16. ① 　 17. ① 　 18. ③ 　 19. ① 　 20. ②

21. ④

PRACTICAL

ENGLISH

생활영어 주요 표현 정리

❶ A : I wish(want) to speak to Tom.   「여보세요, Tom 좀 바꿔주시겠어요?」

I would like to speak(talk) to Tom.

Hello, may I speak(talk) to Tom?

Give me Tom (on the line).

B : This is he(speaking).   「접니다(남자가 대답할 때).」

【This is she(speaking).】   【(여자가 대답할 때)】

Speaking.   (이 경우는 남녀구분이 필요 없음.)

                         A가 건 전화에 대해 B가 부재한 경우는 아래와 같이 함

B : One moment, please. He is not in.   「잠깐만요. (확인 후) 지금 안계시군요.」

May I take a message?   「전할 말씀 있으세요?」

Will you leave (me) a message?

Would you like to leave a message?

May I have your message?

Is there any message?

A : Who's calling, please?　　　　　　　　　　　　「누구십니까?」

Who is this speaking?

Who's this(, please)?

Who am I speaking to?

B : (This is) Tom speaking.　　　　　　　　　　　「저는(제가) 톰입니다.」

This is Tom.

❷ Hold the line, please.　　　　　　　　　　　「끊지 말고 잠깐 기다리세요.」

Hold on (a minute), please.

Please wait a moment.

❸ Please hang up.　　　　　　　　　　　　　　　「전화 끊으세요.」

Please ring off.

❹ Mr. Kim, someone wants you on the phone.　　「김선생님, 전화 왔어요.」

Mr. Kim, you have a call.

There's a (phone) call for you, Mr. Kim.

Here is a phone call for you, Mr. Kim.

Mr Kim, it's for you.

You are wanted on the phone.　　　　　　　　　「네게 전화 왔어.」

There's a call for you.

❺ A : Hello, is this(that) Inchon six eight three two four seven five?

「여보세요. 거기가 인천 683-2475입니까?」

B : Yes, you have the right number.　　　　　　「예, 맞습니다.」

No, you have the wrong number.　　　　　　「아니오, 잘못 거셨습니다.」

No, you have got(dialed) the wrong number.

What number are you calling?　　　　　　　「몇 번에 거셨습니까?」

02 부탁할 때

❶ A : May I ask a favor of you?
  Would you do me a favor?
  Will you do me a favor?

「부탁이 하나 있는데요.」

  B : Yes, of course. What is it?
  Yes, certainly. What is it?
  With great pleasure.
  I'll do my best for you.

「예. 그러지요. 무엇인데요?」

「기꺼이 들어드리지요.」

「힘껏 해보겠습니다.」

❷ A : Would you mind my opening the window?

「제가 창문을 열어도 되겠습니까?」

  B : No, of course not.

「물론 상관없습니다.」

  (= No, not at all. No, I don't mind.)

03 사과할 때

  A : I'm sorry.
  I beg your pardon.
  Pardon me.
  Excuse me.

「미안합니다. 죄송합니다.」

  B : That's (quite) all right.
  That's O.K.
  Don't worry about it.
  It doesn't matter.

「괜찮습니다.」

A : Thank you very much. 「대단히 감사합니다.」

Many thanks.

I'm much obliged to you.

B1 : Think nothing of it. 「천만에요.」

Don't mention it.

Not at all.

No problem. / You bet. / Sure. 도 可

That's all right.

You are welcome. (이 표현은 감사에 대한 응답에만 쓰임)

B2 : It's my pleasure. 「오히려 제가 기쁩니다.」

The pleasure is mine.

❶ A : Do you have the time? 「(지금) 몇 시입니까?」

What time do you have?

What time is it now?

B : It's 10:20. 「10시 20분입니다」

It's 9 o'clock to the minute. 「정각 9시입니다.」

It's ten minutes to nine. 「9시 10분전입니다.」

❷ A : Does your watch keep good time? 「당신 시계가 잘 맞습니까?」

Is your watch correct?

B : No, my watch gains three minutes a day. 「아니오, 하루에 3분씩 빠릅니다.」

No, my watch loses three minutes a day. 「아니오, 하루에 3분씩 늦습니다.」

❸ A : I'm sorry to keep you waiting. 「기다리게 해서 미안합니다.」

B : Take your time. I'm in no hurry. 「천천히 하세요. 전 급하지 않아요.」

A : Let's go! Hurry up! 「갑시다! 서둘러요(빨리)!」

B : Take your time. 「천천히 하세요.」

You're always in a hurry(rush). 「당신은 항상 서두르시군요.」

❹ A : Is Mr. Kim gone for the day? 「김선생님 퇴근했습니까?」

B : Yes, he's gone for the day. 「예, 그분 퇴근했습니다.」

Yes, he's left for the day.

Yes, he's punched out.

No, he's just stepped out. 「아뇨, 잠깐 나가셨습니다.」

❺ A : Shall we continue or stop here? 「계속할까 아니면 여기서 끝낼까?」

B : Let's call it a day. 「오늘은 그만 합시다.」

(It is) So much for today.

06 시간에 관한 표현 (Ⅱ) – 요일 · 날짜

❶ A : What is the date today? 「오늘이 며칠입니까?」

What day of the month is it today?

What date is today?

B : It's the sixteenth of May. 「5월 16일입니다.」

It's May (the) sixteenth.

❷ A : What is the day of the week today? 「오늘은 무슨 요일입니까?」

What day (of the week) is (it) today?

B : Today is Saturday. 「토요일입니다.」

❶ A : Excuse me, but would you tell (show) me the way to Seoul Station?

Would you direct me to Seoul Station?

May I ask you the way to Seoul Station?

How can I get to Seoul Station?

Could you tell me how to get to Seoul Station?

「실례지만, 서울역으로 가는 길을 가르쳐 주시겠습니까?」

B : Certainly, go straight on this way. Then you'll find it.

「그러지요, 이 길로 곧장 가세요. 그러면 보일 겁니다.」

Turn left, walk one block, then you will find it. You can't miss it.

「좌로 돌아서 한 블록 걸어가면 있어요. (틀림없이) 찾을 수 있을 겁니다.」

❷ A : Is this the (right) way to Seoul Station?　「이 길이 서울역으로 가는 길입니까?」

B : Yes, this is the right way.　「예, 이 길이 맞아요.」

B : I'm sorry, I don't know. I'm a stranger here myself.

(=I am new<fresh>) here.)

「죄송합니다만, 저도 모릅니다. 저도 이곳은 처음입니다.」

❸ A : How long does it take to get to Pusan from here by train?

「이곳에서 부산까지는 열차로 얼마나 걸립니까?」

How long does it take from here to Pusan?

How far is it from here to Pusan?

B : Maybe it will take (you) about five hours (to get there) (by train).

「아마 5시간 정도 걸릴 것입니다.」

식당에서

❶ A : May I take your order? 「주문해 주시겠습니까?」

　　B : May I have a menu, please? 「메뉴 좀 보여 주세요.」

　　　 I'd like to see the menu, please. 「메뉴를 좀 보고 싶은데요.」

　　A : Here it is. 「여기 있습니다.」

❷ Help yourself, please. 「맛있게 드십시오.」

❸ A : Waiter! Check(Bill), please. 「계산서 주세요.」

　　B : Thank you. Here you are, sir. 「감사합니다. 여기 있습니다. 손님.」

　　A : Here. Keep the change. 「여기 있습니다. 거스름돈은 가지세요.」

❹ A : Please pass me the salt. 「소금 좀 건네주시겠습니까?」

　　B : Here you are. 「여기 있습니다.」

　　　 Here it is.

　　　 Here they are.

09 인사 · 소개하기

❶ A : Hi, John. 「안녕, 존.」

　　B : Hi, Mary. How are you? 「안녕, 메리. 잘 지내니?」

　　　 What's going on?

　　　 What's up?

❷ A : Long time no see. 「오랜만입니다.」

　　　 I haven't seen you for ages.

　　　 I haven't seen you for a long time.

　　　 It's a long time since I saw you last.

B : How have you been (lately)?　　　　　　　　　「어떻게 지내셨나요(십니까)?」

How are you getting along?

How goes it?

A : Nothing in particular.　　　　　　　　　　　「그럭저럭 지냅니다.」

So so.

The same as ever.

B : Let's keep(get) in touch.　　　　　　　　　　「연락하고 지냅시다.」

❸ A : Mr Brown, I'd like you to meet Mr. Kim.

I'd like you to meet Mr. Kim.

I'd like to introduce Mr. Kim.

This is Mr. Kim.

May I introduce Mr. Kim to you?

Let me introduce Mr. Kim.　　　　　　　「브라운씨, 김씨를 소개할께요.」

B : How do you do, Mr. Kim? I am glad to meet you.

「처음 뵙겠습니다. 김씨, 만나서 반갑습니다.」

C : How do you do, Mr. Brown? I am glad to meet you, too.

「처음 뵙겠습니다. 브라운씨. (저도) 만나서 기쁩니다.」

(= It's a pleasure to know you.)

❹ A : Are you going already?　　　　　　　　　　「벌써 가시려구요?」

B : Yes, I must be going.　　　　　　　「예, 가봐야 해요.(너무 늦었네요.)」

(It's getting late.)

Yes, I must say good-bye now.

I must be on my way now

A : Say hello to your mother.　　　　　　　「어머니께 안부 전해 주세요.」

Please give my best regards(wishes) to your mother.

Remember me to your mother.

10 ▶ 물건을 살 때

❶ A : May I help you?　　　　　　　　　　　「무엇을 도와 드릴까요?」

　　　 What can I do for you?

　　 B : No thanks. I'm just looking.　　「괜찮습니다. 그냥 구경 좀 하고 있습니다.」

　　 A : Take your time.　　　　　　　　　　　　　「천천히 보세요.」

❷ A : Let me see your shoes, please.　　　　　「구두 좀 보여주세요.」

　　 B : Certainly.　　　　　　　　　　　　　　「알겠습니다.」

　　 A : What is the price of this?　　　　　「이것은 얼마입니까?」

　　　 How much is this?

　　　 How much does it cost?

❸ A : May I try these shoes on?　　　　「이 구두를 신어 봐도 됩니까?」

　　 B : Please. They go well with your coat.　「물론이죠. 그 구두가 코트랑 잘 어울리는데요.」

11 ▶ 이름 · 직업을 묻는 표현

❶ What is your name?　　　　　　　　　「당신의 이름은 무엇입니까?」

　 Your name?

　 May I have your name?

　 May I ask your name?

　 Would you give(tell) me your name?

❷ A : What do you do (for a living)?　　　「당신의 직업은 무엇입니까?」

　　　 What is your job?

　　　 What is your occupation?

　　　 What kind(type) of job do you have?

What kind(type) of work do you do?

What are you (doing)?

What are you up to?

What business are you in?

B : I'm a student(a dentist). 「저는 학생(치과의사)입니다.」

I'm a public official(servant). 「저는 공무원입니다.」

I'm a police officer. 「저는 경찰입니다.」

I'm with MBC. 「저는 MBC에 근무합니다.」

I work for(at) City Hall. 「저는 시청에 근무합니다.」

I teach at a Language Institute. 「저는 학원강사입니다.」

I am employed by(at) 3M. 「저는 3M에 근무합니다.」

I am unemployed at the moment. 「지금 당장은 놀고 있습니다.」

I'm out of work now.

12 병원에서

❶ What's troubling you? 「어디가 아프세요?」

Do you have a fever? 「열이 있습니까?」

How do you feel today? 「오늘은 기분이 어떠세요?」

How's your appetite? 「식욕은 어떠세요?」

❷ Is anything wrong with me? 「어디가 이상 있습니까?」

I have a headache(toothache, stomachache). 「두통(치통, 복통)이 있습니다.」

I've caught a cold. 「감기에 걸렸습니다.」

I cough a great deal. 「기침이 심합니다.」

I have a sore throat. 「목이 아픕니다.」

I have no appetite. 「식욕이 없습니다.」

13 숙박 · 수속하기

A : Good afternoon, sir. May I help you? 　　　　　　　「안녕하세요? 무엇을 도와드릴까요?」

B : Can you give me a room? 　　　　　　　　　　　　　　　　「방 있습니까?」

　　I want a room, please.

　　Can I have a room, please?

A : What kind of room would you like? 　　　　　　　　　　「어떤 방을 원하십니까?」

　　What kind of room do you have in mind?

B : I'd like a twin room, please. 　　　　　　　　　　　　「트윈 룸을 원합니다.」

　　A single with bath, please. 　　　　　　　　　「욕실이 딸린 1인용 방을 원합니다.」

　　I'd like a room with twin beds. 　　　　　　　「2인용 침대가 있는 방을 원합니다.」

14 서울이 마음에 드십니까?

SEOUL

A : How long have you been in Seoul? 　　　　　　　　　　「서울에 얼마나 사셨죠?」

B : Around ten years and a half. 　　　　　　　　　　　「10년 반 정도 살았습니다.」

A : How do you like Seoul? 　　　　　　　　　　　　　「서울이 마음에 드십니까?」

B : I like it very much. 　　　　　　　　　　　　　　「예, 대단히 좋습니다.」

15 Yes, No의 대답

❶ Yes, I am. (O) 　　　　　　　Yes, I am not. (X)

　　No, I am not. (O) 　　　　　　No. I am. (X)

❷ Yes, I can. (O) 　　　　　　　Yes, I can't.(X)

　　No, I won't(will not). (O) 　　No, I will.(X)

❸ Yes, I think so. (O) 　　　　　Yes, I don't think so. (X)

　　No, I don't think so. (O) 　　No, I think so.(X)

16 mind의 대답

A : Do you mind if I open the window? 「제가 창문을 열어도 되겠습니까?」

Would you mind if I opened the window? *mind : object to, dislike*

B : No, certainly not. 네, 좋습니다(됩니다).

No, not at all.

No, I don't mind (at all). (긍정) * 뒤에 Go (right) ahead.나 Please do.등을

No, I wouldn't. 추가하는 경우도 많다.

No, of course not.

No, not in the least.

Yes, I do. 아뇨, 그러지 않으면 좋겠어요.

I wish you wouldn't. (부정)

I'd rather you didn't.

17 기타 중요한 표현

❶ May I cash a check here? 「수표를 교환할 수 있나요?」

❷ Do you have some identification? 「신분증 있습니까?」

❸ A : Does your watch keep good time? 「시계는 잘 맞습니까?」

   B : Yes, it keeps good time. 「네, 잘 맞아요.」

   No, my watch gains minutes a day. 「아뇨, 하루에 몇 분씩 빨라져요.」

   No, my watch loses three minutes a day. 「아뇨, 하루에 몇 분씩 느려져요.」

❹ That's too bad. 「정말 안됐군요.」

I'm sorry to hear that.

It's a pity.

What a pity!

❺ The traffic is very heavy.   「교통이 혼잡합니다.」

= The traffic is bumper to bumper.

= The traffic is at a standstill.

= The traffic is congested(jammed).

= The streets are jammed with cars.

❻ A : Excuse me for being late.   「늦어서 죄송합니다.」

I'm sorry to disturb you.   「방해되어 죄송합니다.」

Forgive me for interrupting you.   「말씀 중에 끼어들어 죄송합니다.」

B : It's perfectly all right.   「괜찮아요.」

It doesn't matter.

❼ I have a previous engagement.   「선약이 있습니다.」

❽ A : What do you mean by that?   「무슨 뜻이니?」

B : I'm through with him.   「절교했어.」

❾ You must be kidding!   「농담이겠지요!」

You kidding!

No kidding!

You must be joking!

기출문제 & 출제예상문제

※ 밑줄 친 부분에 들어갈 표현으로 가장 적절한 것을 고르시오. [01~02]　　　　　(2013 국가직)

01

A: Look at this letter.

B: Ah yes, I thought it was something official looking. You're being fined for exceeding the speed limit, it says. Why weren't you fined on the spot?

A: _____ .

B: They're installing more and more of them around here. You're going to have to be more careful in future.

A: You're not kidding. The fine is $60.

① Because the spot was too busy to be fined

② Because I could not find any camera to take it

③ Because I already paid for it when I was fined

④ Because I was photographed by one of speed cameras

번 역 A: 이 서신을 봐요.
B: 아 네, 내 생각엔 공문서 같은 것 같은데. 과속(過速)으로 벌금을 부과 받게 된 것이라고 나와 있네요. 어째서 현장에서 벌금을 물지 않았죠?
A: 속도(과속) 감시카메라에 찍히지 않았던 것 때문에요.
B: 그들(경찰)이 이곳 주변에 감시카메라를 점점 더 많이 설치하고 있어요.
A: 정말이네요. 벌금은 60달러입니다.
　① 현장이 너무 번잡하여 벌금부과를 받지 않았으니까요
　② 내가 현장을 찍는 어떤 카메라도 찾을 수 없었으니까요
　③ 내가 벌금을 부과 받았을 때 이미 납부했으니까요

해 설 B가 'Why weren't you fined on the spot?'(어째서 현장에서 벌금을 물지 않았느냐?)는 가에 대한 A의 적절한 반응은 ④에서 '속도 감시카메라에 찍히지 않았던 것 때문에'가 적절하다.

정 답 ④

02

Tom : Frankly, I don't think my new boss knows what he is doing.

Jack : He is young, Tom. You have to give him a chance.

Tom : How many chances do I have to give him? He's actually doing terribly.

Jack : _____.

Tom : What? Where?

Jack : Over there. Your new boss just turned around the corner.

① Speak of the devil

② I wish you good luck

③ Keep up the good work

④ Money makes the mare go

어구 • around the corner : 길모퉁이를 돌아선 곳에, 바로 가까이에; 임박하여, 다가와
  ① Speak of the devil : 호랑이도 제말하면 온다더니
  ② I wish you good luck : 행운을 기원합니다
  ③ Keep up the good work : 계속 수고하세요
  ④ Money makes the mare go : 돈만 있으면 귀신도 부릴 수 있다

번역 Tom: 솔직히, 나는 새로 오신 사장님이 자신이 뭘 하고 계신지 모르는 것 같아.
  Jack: 그는 젊은 분이야, 톰. 그에게 기회를 드려야 해.
  Tom: 얼마나 많은 기회를 내가 그분께 드려야 해? 그는 실제로 끔찍하게 일하고 있어.
  Jack: 호랑이도 제 말하면 온다더니.
  Tom: 뭐라구요? 어디에요?
  Jack: 저 쪽요. 당신의 새 사장님께서 막 저 모퉁이를 돌아오셨어요.

해설 밑줄 친 빈칸 다음에 이어지는 Tom과 Jack의 대화 내용으로 보다 'Speak of the devil. (호랑이도 제 말하면 온다더니.)'가 가장 부합된다.

정답 ①

03

A : Do you know what Herbert's phone number is?

B : Oh, Herbert's phone number?
    I don't have my address book on me.
    _____

A : That's too bad! I've got to find him.
    It's urgent. If I can't find him today, I'll be in trouble!

B : Well, why don't you call Beatrice?
    She has his phone number.

A : I've tried, but no one answered.

B : Oh, you are so dead!

① I'll not let you down.　　　　　② I've got to brush up on it.

③ I can't think of it off hand.　　　④ Don't forget to drop me a line.

 • off hand : 준비 없이, 즉석에서, 당장　　• That's too bad! • 've got to : ~해야 하다(have to)
　　• urgent : 다급한, 절박한, 긴급한(imperative, pressing)
　　• in trouble : 곤경에 빠져서, 난처하여, 말썽이 나서; 불운의, 재난의; 꾸지람 듣고, 검거되어
　　• You are so dead! : 넌 이제 죽었어!, 정말 큰일이네!
　　　① let down : 낮추다(lower); 낙심 · 실망시키다(disappoint); (위신 등을) 떨어뜨리다
　　　② brush up : 솔로 닦다, 다듬다(clean up); (외국어 · 공부 · 기술 등을)다시 하다, 복습 · 연마하다(on)(refresh
　　　　one's memory or skill, review, improve, go over, run over)
　　　④ drop someone a line : (짤막한) 편지를 보내다 · 쓰다, 몇 자 적어 보내다(drop someone a note, write 〈a
　　　　letter〉 briefly to someone)

 A : Herbert의 전화번호가 뭔지 알아?
　　B : 오, Herbert의 전화번호?
　　　내 주소록에는 없는데.
　　　당장은 생각할 수가 없네(생각이 안 나네).
　　A : 그것 참 안됐군. 그 사람 찾아하는데.
　　　다급해. 오늘 그 사람을 찾을 수 없으면, 정말 곤란해!
　　B : 그럼, Beatrice에게 전화보지 그래?
　　　그녀가 그의 전화번호를 갖고 있어.
　　A : 해 봤지만 전화 안 받아.
　　B : 오, 정말 큰일이네!
　　　① 널 실망시키지 않을게.
　　　② 그것을 복습(연마)해야 해.
　　　④ 나한테 몇 자 적어 보내는 것 잊지 말아.

해 설 밑줄 빈칸의 다음에 A의 'That's too bad! I've got to find him.'라는 반응으로 보아 ③이 적절함을 알 수 있다.

정 답 ③

04

A : Are you finished with your coffee? Let's go do the window display.

B : I did it earlier. Let's go see it.

A : Are you trying to bring customers in and scare them away?

B : That bad? You know, _____ when it comes to matching colors.

A : Don't you know navy blue never goes with black?

B : Really? I didn't know that.

① I'm all thumbs   ② every minute counts

③ failure is not an option   ④ I jump on the bandwagon

어구 • Let's go do ~ : 가서 ~하자(← Let's go and do ~ ← Let's go to do ~)
• window display : 쇼윈도에의 상품의 진열   • scare away : 겁주어 쫓다
• you know : (문두·문미에서) …이니까 말이야(※보통 거의 뜻이 없고, 단지 다짐을 하기 위하여 씀); (삽입구로 써서) 그, 저, 그래(※일종의 완충어)
• when it comes to v~ing : ~이라는 계제가 되면, ~에 관해서라면, ~의 점에서는(with respect to)[여기서의 to는 전치이므로 그 뒤에는 (동)명사나 와야 한다.]
• match colors : 색상들을 어울리게(조화롭게)하다
• navy blue : a. n. 진한 감색, 네이비블루(영국 해군의 제복 색깔)
• go with : 동행·동반하다(accompany, keep someone('s) company, keep company with); 어울리다, 조화하다(match, become, suit, look well on)
  ① all thumbs : 손재주가 없는, 서투른(clumsy, awkward, unskillful, inexpert, inept, very poor)
  ② count : 중요하다(matter, be important)
  ③ option : 선택(안)(alternative, 〈other〉 choice)

번역 A : 커피 다 끝냈니(마셨니)? 가서 쇼윈도 상품 진열하자.
B : 내가 먼저 해 놓았는데. 가서 보자.
A : 고객을 들어오게 했다가 겁주어 쫓으려 하니?
B : 그렇게 나빠(형편없어)? 색상을 어울리게 하는 문제라면 난 손재주(솜씨)가 없잖아.
A : 진한 감색이 검정색과 결코 어울리지 않는다는 것 몰라?
B : 정말? 그걸 몰랐어.
  ① I'm all thumbs : 난 손재주가 없어.
  ② every minute counts : 매 순간이 중요하다. 일분일초가 중요하다.
  ③ failure is not an option : 실패는 있을 수 없어
  ④ I jump on the bandwagon : 나는 시류에 편승(便乘)해

해설 밑줄 친 앞에 B가 한 말과 더불어 그 뒤에서 '결코 어울리지 않는다'는 표현으로 보아 'I'm all thumbs'가 적절함을 알 수 있다.

정답 ①

05

A : Oh, that was a wonderful dinner. That's the best meal I've had in a long time.

B : Thank you.

A : Can I give you a hand with the dishes?

B : Uh-uh, _____. I'll do them myself later. Hey, would you like me to fix some coffee?

A : Thanks a lot. I'd love some. Would you mind if I smoke?

B : Why, not at all. Here, let me get you an ashtray.

① help yourself   ② don't bother

③ if you insist   ④ here they are

어 구 ① help yourself : [(음식 등을 앞에 두고) 자신을 도우세요.] 맛있게 드십시오. ③ if you insist : 정 그렇다면 ④ here they are : (물건 등을 내 놓으며) 여기 있습니다.(= here you are, here it is)

번 역 A : 오, 멋진 식사였습니다. 오랜만에 제가 먹은 최고의 식사였습니다.
B : 고맙습니다.
A : 설거지 거들어 드릴 수 있을까요?
B : 어, 신경 쓰지 말아요(일부러 그러실 필요 없어요). 제가 나중에 혼자서 할게요. 이봐요, 커피 좀 준비해(커피를 타) 드리면 좋을까요?
A : 고마워요. 좀 마시고 싶네요. 담배 피워도 되요?
B : 물론, 되지요. 여기, 재떨이 드릴게요.

정 답 ②

06

A : Hey, my poor buddy! What's the problem?

B : You know I took over this presentation all of a sudden. And tomorrow is the due date for the presentation. I couldn't even start it yet.

A : Look! I'm here for you. _____

① What are friends for?

② Everything's up in the air.

③ What does it have to do with me?

④ You'd better call a spade a spade.

어구 ② up in the air : 미결정의(으로), 불확실한(하게)(in the air, uncertain); 흥분한(하여), 화가 난(나서)(angry)
③ 그곳(발표)이 나와 무슨 상관인데?
④ 너 솔직히 말하는 게 좋을 걸. Cf. call a spade a spade : 삽을 삽이라 부르다 → 꾸미지 않고 똑바로 말하다, 사실대로 말하다(speak plainly, speak 〈straight〉 from the shoulder, be outspoken)

번역 A : 어이, 가련한(딱한) 친구! 무슨 문제 있어?
B : 내가 갑자기 발표를 맡은 거 알잖아. 그리고 내일이 발표 예정일이야. 나는 아직 시작조차 할 수 없는데.
A : 이봐! 내가 널 위해 여기 있잖니. 친구 좋다는 게 뭔가?

정답 ①

밑줄 친 부분에 들어갈 가장 알맞은 표현은?

A : Hello, Susan.

B : Hello, David. Are you and Mary free this Saturday?

A : Saturday? She would go shopping, but I'm not sure. Why do you ask?

B : I thought I would invite you guys to dinner.

A : Well, let me check again with her and give you a ring this evening.

B : Sounds good. _____.

① I'll be waiting for your call.

② You should have made it on time.

③ Thank you for having me, David.

④ How could you stand me up like this?

어구 ② make it : 용케 해내다; 성공하다(succeed); (약속 시간 등의) 시간에 대다(arrive in time, make a train)
③ have : 대접하다(entertain), 초대하다(invite); (하숙인으로서 집에) 데리고 있다
   Ex. have a person (over for or to dinner) : 남을 (저녁 식사에) 초대하다
④ stand (*someone*) up / stand up (*someone*) : …와 만날 약속을 어기다, …를 바람맞히다(do not show up, make (*someone*) wait, fail to keep an engagement with *someone*, break one's appointment with *someone*)

번역 A : 여보세요, 수잔.
B : 여보세요, 데이비드. 너랑 메리 이번 토요일 시간 있니?
A : 토요일? 메리는 쇼핑 갈 거라는데 난 모르겠어. 왜 물어보는데?
B : 너희들 저녁식사에 초대하려 생각했어.
A : 그럼, 메리와 함께 다시 한 번 확인해 보고 오늘 저녁 너에게 전화할게.
B : 좋아. ① 너의 전화 기다리고 있을게.

해설 ② 넌 딱 맞춰 시간에 대야 했었는데.
③ 초대해 주어서 고마워(정말 영광이야). 데이비드.
④ 넌 어떻게 이처럼 나를 바람 맞출 수 있니?

정답 ①

08 밑줄 친 부분에 들어갈 가장 알맞은 표현은? (2012 지방직)

> A : The first thing you should consider when buying a used car is the mileage.
>
> B : That's what I've heard. _____.
>
> A : Yes. You should always look at the amount of rust it has.
>
> B : That's good to know.

① How can you tell if it is a used one?

② Do you know how long the engine will last?

③ How much mileage do I need?

④ Is there anything else I should watch out for?

어구 • watch out (for) : 조심 · 주의하다, 경계하다(take precaution⟨s⟩ against, take care beforehand, keep an eye on, keep ⟨close⟩ tabs on, keep watch, keep a lookout for, look out for)

번역 A : 중고차를 구입할 경우 고려(감안)해야 할 첫 번째 일은 마일리지입니다.
B : 그것은 들어 본 말입니다. ④제가 경계해야 할 다른 것은요?
A : 그래요. 차량이 가지고 있는 녹의 양을 항상 살펴봐야 합니다.
B : 알아두길 좋은 일이네요.
　　① 중고차인줄 어떻게 알아낼 수 있나요?
　　② 엔진이 얼마나 오래 지탱할지 아시나요?
　　③ 제가 얼마나 많은 마일리지가 필요하죠?

해설 특히 밑줄 친 부분에 들어갈 내용과 호응하는 것이 그 다음 대화 A가 한 말이 'Yes. You should always look at the amount of rust it has.'임을 유념할 것! 특히 조동사 should가 서로 호응하고 있다는 점을 간과하지 말자.

정답 ④

밑줄 친 부분에 들어갈 표현으로 가장 적절한 것은?

A : My sister will be coming into town next week.

B : Is she the one who writes articles for the Financial Times?

A : Right. Why don't you come over next Sunday to meet her?

B : I'd love to, but I can't. _____

A : Certainly. She'll be here for a week. So just let me know when you can come.

B : Ok! I will be very interested in seeing her.

① I can't come up with anything about her.

② Mind if I pick up the tab?

③ It couldn't be better.

④ Can you give me a rain check on that?

어구 • come up with : (계획·안건 등을) 내놓다, 제시·제안·제출하다(think up, suggest, propose, present, bring up, bring forward, advance, put forth(or forward), set forth); 따라잡다(overtake, catch up with)
• pick up the tab : 계산(셈)을 치르다, 값을 지불하다(pay 〈for〉, pay a check, pay a bill, settle the account, cover the cost, defray the expenses) *tab : 계산(서), 청구(서)
• It couldn't be better. : (주로 날씨 등이) 더 이상 좋을 수 없다, 더할 나위 없이 좋다
• give someone a rain check : ~에게 나중에 다시 초대하겠다고 약속하다 Cf. rain check : 우천 교환권(비로 경기가 중단될 경우 관람객에게 주는 다음 회의 유효표); (약속·초대·요구 등의) 연기

번역 A : 나의 누이가 다음 주에 시내에 들어올 거야.
B : 그녀가 파이낸셜 타임스에 기사를 쓰는 분이지?
A : 맞아. 그녀를 만나기 위해 다음 일요일 (이리로) 건너오는 것이 어떻겠니?
A : 나도 그러고 싶지만 그럴 수 없어. 그러면 내게 다음번에 초대하겠다고 약속할 수 있겠니?
A : 그럼. 그녀는 일주일 동안 이곳에 있을 거야. 그러니 네가 언제 올 수 있을지를 알려주기만 하면 돼.
B : 좋아! 난 그녀를 만나는데 매우 관심이 많아.
  ① 나는 그녀에 대해 어떤 것도 제안할 수 없어.
  ② 내가 계산을 해도 되겠니?
  ③ 더할 나위 없이 좋군요.

정답 ④

10 밑줄 친 부분에 들어갈 말로 가장 적절한 것은? (2011 국회사무처)

> A : There will be a test on chapters Eight and Nine this coming Thursday.
>
> B : Oh! Couldn't you _____ until next Monday?

① get it over with　　　　　　　② put it off

③ keep reminding me　　　　　　④ get through with both chapters

⑤ give the test

어구 ① get it over with : ~을 끝마치다
② put it off : 연기하다(postpone it)
③ keep reminding me : 나에게 계속 상기시키다
④ get through with both chapters : 두 장을 모두 끝내다
⑤ give the test : 시험지를 주다

번역 A : 다가오는 이번 목요일에 8장과 9장에 대한 시험이 있을 거야.
B : 오오! 다음 금요일까지 연기할 수 없을까요?

해설 A가 한말에 대해 B가 'Oh!'라는 감탄사로 반응을 하게 된 과정과 'until next Monday'를 감안할 때 'put it off'가 가장 자연스러움을 알 수 있다.

정답 ②

A : Hi, Betty. Why the long face? Do you have something on your mind?

B : Yes, I'm worried about the exams next week. I haven't cracked a book in ages.

A : Well, you'd better get on with it.

B : Yes, I know I should. Do you think you could help me with my Japanese?

A : _____.

① Sure, it's all Greek to me.

② Sorry, it's completely beyond me.

③ No way, I have a gift for it.

④ Right, I totally agree with you.

⑤ Well, it'll be paid off soon.

어구
- the long face : 우울한 얼굴, 시무룩한 얼굴
- have something on one's mind : 걱정하다, 염려하다, 근심거리가 있다(be worried about)
- crack a book : 책을 펴 보다; 공부하다
- get on with something : ∼이 …하게 되어 가다; (특히 중단했다가) ∼을 계속하다
  ① Sure, it's all Greek to me. : 그럼, 난 뭐가 뭔지 하나도 모르겠어.
  ② Sorry, it's completely beyond me. : 미안해, 나로선 전혀 알(할) 수 없는 일이야.
  ③ No way, I have a gift for it. : 절대로(결코) 안 돼. 난 그것(일본어)에 재능이 있어.
  ④ Right, I totally agree with you. : 옳아, 난 전적으로 동감해.
  ⑤ Well, it'll be paid off soon. : 그래, 조만간 다 청산 될 거야(갚을 거야).

번역 A : 안녕, 베티. 어째서 시무룩한 얼굴이야? 뭐 근심거리라도 있니?
B : 그래, 난 다음 주 시험에 대해 걱정하고 있어. 난 오랫동안 책을 펴보지 않았어.
A : 자, 책을 (다시) 계속 보는 게 낫겠는데.
B : 그래, 난 해야 된다는 것을 알아. 너 나의 일본어 도와줄 수 있다고 생각하니?
A : 미안해, 그건 전적으로 나의 영역을 벗어나는 일이야.

정답 ②

12   Which is correct according to the dialogue?   (2011 서울시)

A : Mary, you look down. What's up?

B : You don't want to know, Jake. My car was broken into last night.

A : I'm sorry. You have the car alarm on your car, don't you?

B : No, I didn't think I needed one.

A : You're asking for it if you leave your car without security system in this area.

B : I should have known better.

① Jake had his car stolen last night.

② Mary needs to buy a new car.

③ Mary set the car alarm off.

④ Jake doesn't want to know about Mary's story.

⑤ Mary was inattentive about car safety.

어구
- look down : 내려다보다, 아래를 보다; (당황하여) 눈을 내려 깔다; 하락하다
- break into : 침입하다, 방해하다; (노래·웃음 등이) 갑자기 …하기 시작하다(break out into, begin suddenly)
- You're asking for it. : 네가 매를 버는구나.(= You deserve it. / You earned it.)
- know better than to + 동사 원형 : ~할 만큼 어리석지 않다(= He knows better than to v = He is not so foolish as to v = He is wise enough not to v)
- set off : (여행 등을) 출발하다(시키다)(set out, set forth, start, depart, get started); 시작·개시하다(set out, set about, begin, kick off); 폭발하다(시키다)(cause to explode); …의 발단이 되다(cause, trigger); 돋보이게 하다
- inattentive : 부주의한; 태만한; 등한시한

번역
A: Mary, 너 침울해 보여. 무슨 일이니?
B: 넌 알고 싶지 않을 걸(넌 모르는 게 나을 걸), Jake. 내 차가 어젯밤에 침입을 당했어(누군가 침입했어).
A: 안 되었구나. 너 자동차에 차량 경보장치 설치해 둔 것 아니니?
B: 안 해 두었어. 난 그게 필요하다고 생각하지 않았거든.
A: 만일 이 지역에서 안전장치 없이 차를 내버려 둔다면 네가 매를 버는 거야.
B: (내버려 둘만큼) 어리석지 않아야 했었는데.
　　① Jake는 지난 밤 차량을 도난당했는데.
　　② Mary는 새 차를 살 필요가 있다.
　　③ Mary는 차량 경보장치를 폭발시켰다(울렸다).
　　④ Jake는 Mary의 이야기에 대해 알기를 원하지 않는다.
　　⑤ Mary는 차량안전에 대해 부주의했다.

해설 Mary의 차가 침입을 당했다는 내용이 나왔으므로 ⑤의 'Mary was inattentive about car safety.'가 가장 적절함을 알 수 있다.

정답 ⑤

13 다음 대화 내용 중 가장 어색한 것은?   (2011 국가직)

① A : Are we still going on a picnic tomorrow? It might rain.

　B : Let's wait and see.

② A : Would you like to have a dinner with me this weekend?

　B : I'm sorry I can't make it. Can you give me a rain check?

③ A : Can you hand in the report as soon as possible?

　B : Be my guest.

④ A : Is it true that Mr. Smith is out of town?

　B : Not that I know of.

어구 ② • rain check : 우천 교환권(비로 경기가 중단될 경우 관람객에게 주는 다음 회의 유효표); (약속 · 초대 · 요구 등의) 연기 • make it : 용케 해내다; 성공하다(succeed); 시간에 대다(arrive in time, make a train) • give (someone) a rain check : (~에게) 나중에 다시 초대하겠다고(초대에 응하겠다고) 약속하다 [119제 87쪽] [IH 196] [PDT 1-24-15]
　③ • hand in : 제출하다(turn in, send in, submit) • Be my guest. : (상대의 간단한 부탁에) 예, 그러세요! / 좋으실 대로 하세요! [기출공략 39쪽 09번]
　④ Not that I know of. : 내가 알기에는 그렇지 않아. [PDT 1-5-11, 3-19-10, 4-4-16]

번역 ① A: 여전히 내일 소풍가려 하는 건가요? 비가 올지 모를 텐데.
　　B: 기다려 봐요(두고 봅시다).
② A: 이번 주말에 저와 함께 저녁식사 하시고 싶으세요?
　　B: 미안하지만 그 시간엔 안 될 것 같아요. 다음 기회로 미룰 수 있을까요?
③ A: 가능한 빨리 보고서를 제출할 수 있겠어요?
　　B: 좋으실 대로 하세요.
④ A: 스미스 씨가 시외에 계신다는 게 사실인가요?
　　B: 내가 알기에는 그렇지 않아.

정답 ③

14   밑줄 친 부분에 들어갈 표현으로 가장 적절한 것은?

(2011 국가직)

A : What are you doing?

B : I'm looking at my calender. I have a dental appointment tomorrow.

A : Tomorrow? But we're going to Jim's wedding tomorrow.

B : Yes, I know. _____.

A : Is it for a regular checkup?

B : No. It's just for the cleaning.

① You must cancel the appointment

② You have to mark it on the calendar

③ I don't want to see my doctor

④ I need to reschedule it

어구 • a dental appointment : 치과 진료 예약　　　　　　• reschedule : (행사 · 계획 등의) 예정을 다시 세우다
　　　• a regular checkup : 정기적인 건강진단, 정기검진　　• (tooth) cleaning. : 이 닦이, 치아 스케일링

번역 A : 뭘 하고 있어?
　　　B : 달력을 살펴보고 있어. 내일 치과 진료 예약이 되어 있거든.
　　　A : 내일이라고? 하지만 우리는 내일 Jim의 결혼식에 가려는데.
　　　B : 그래, 알아. 스케줄을 다시 잡아야겠어.
　　　A : 정기검진인거니?
　　　B : 아냐. 그냥 치아 스케일링 가려 한거야.

해설 밑줄 다음의 A와 B의 대화 내용으로 보아 결국 B는 A등과 함께 결혼식에 함께 가기 위해 '스케줄을 다시 잡아야 겠어.'라는 내용이 가장 적절함을 알 수 있다.

정답 ④

15

A : Excuse me. Could you tell me the way to City Hall?

B : Sure, take this road until you pass the wedding hall on your left. Just after passing it, turn right. Continue down the road for about 10 minutes. When you see a bank, turn right and ... _____

A : Sorry, can you say that again?

① Are you following me?

② Are you rooting for me?

③ Can you just pick one now?

④ Are you up and about sooner or later?

어구 ② root for : 응원하다, 성원(聲援)하다(cheer for); 지지하다, 격려하다
④ up and about : (환자가) 병상을 떠나서, (회복하여) 걸어다니고

번역 A : 실례합니다. 시청으로 가는 길을 말씀해 주실 수 있나요?
B : 그럼요, 좌측에 있는 웨딩홀까지 이 도로를 따라가세요. 그곳을 지난 직후, 우회전하세요. 약 10분 동안 이 길을 따라 계속 가세요. 은행을 보게 되면, 우회전을 하시고 ... 제 말 이해하고 계세요(무슨 말을 하고 있는지 이해되나요)?
A : 미안하지만, 다시 한 번 말씀해 주실 수 있나요?
② 저를 지지하시는 겁니까?
③ 지금 하나만 고르실 수 있나요?
④ 조만간 병상을 떠나시나요?

해설 밑줄 친 부분 다음에 나온 A의 반응을 보면 쉽게 짐작할 수 있다.

정답 ①

16

A : Fire Station, Human Resources Department. What can I do for you?

B : Yes, I'm calling about your help-wanted ad in the newspaper. Is the job still available?

A : Yes, it is.

B : _____

A : You have to turn in your resume and cover letter by mail. And then wait to be interviewed.

B : All right. Thank you for your detailed information.

① What would you like about this job?

② What should I do to apply for the job?

③ When is the due date for the application?

④ What qualifications do I need for this job?

어구 • help-wanted ad : 구인광고　　　　　　　　　• turn in : (서류 등을) 제출하다(submit, hand in, send in)
　　　 • resume : 이력서(curriculum vitae[váiti:], personal history)　　• cover letter : 첨부서, 설명서(covering letter)

번역 A : 소방서, 인적자원과(인사과)입니다. 무엇을 도와 드릴까요?
　　 B : 네, 전 신문에 난 구인광고로 전화 드리는 것입니다. 아직도 자리가 있나요?
　　 A : 네, 그렇습니다.
　　 B : 그 자리에 응시하려면 제가 뭘 해야 하죠?
　　 A : 우편으로 이력서와 첨부서(자기소개서)를 제출하셔야 합니다. 그런 다음 면접 대기하세요.
　　 B : 좋습니다. 자세한 정보(안내)에 감사드립니다.
　　 ① 이 일은 무엇이 좋아요?
　　 ③ 응시 예정날짜는 언젠가요?
　　 ④ 이 일을 위해 전 어떤 자격요건이 필요하죠?

해설 밑줄 친 부분 다음의 A가 'You have to turn in your resume ~'라고 했으므로 적절한 호응이 되는 내용은 ②번임을 알 수 있고 특히 B의 'should'와 A의 'have to'와 호응됨을 알 수 있다.

정답 ②

대화의 흐름으로 보아 밑줄 친 부분에 들어갈 말로 가장 적절한 것은?　(2011 국회사무처)

A : Do you have a double room with twin beds?

B : Yes, we have one on the 7th floor.

A : What is the daily rate?

B : $55 per night, plus tax.

A : Well, do you have something less expensive?

B : _____

① Surely you can have anything you want.

② No problem. Please show me another one.

③ Not with a double room having twin beds.

④ I hope that you like it.

⑤ Of course. That's a perfect fit, I think.

번 역 ▶ A : 트윈 베드(한 쌍을 이루는 두 개의 1인용 침대)를 갖춘 더블 침대가 있나요?
B : 네, 저희는 7층에 하나 있습니다.
A : 하루 분 요금이 얼마죠?
B : 하룻밤에 세금을 포함하여 $55달러입니다.
A : 그래요, 좀 덜 비싼 방은 있나요?
B : 트윈 베드가 있는 더블 침대는 갖고 있지 않습니다.
① 그럼요. 원하시는 어떤 것도 있습니다.
② 그럼요(전혀 문제되지 않아요). 저에게 다른 것을 하나 보여 주세요.
④ 좋아하시길 바랍니다.
⑤ 물론입니다. 그게 딱 맞을 것 같아요.

정답 ▶ ③

18

다음 대화가 자연스럽게 연결될 수 있도록 밑줄 친 부분에 들어갈 말로 가장 적절한 것은?

(2011 국회사무처)

Mary : Ken! Ken!

Ken : Hi, Mary. How are you?

Mary : Hi, I'm fine. How are you?

Ken : Good.

Mary : Listen, I, _____, but, um … has my dog been digging up your backyard again?

Ken : I … don't think so. I haven't noticed.

Mary : Well, I sure hope he hasn't; I saw him running through your yard yesterday, and …

Ken : Oh, that's all right. I don't worry about it.

① cheer up

② I am not sure how to put this

③ if I were you, I'd be happy

④ you can say that again

⑤ that sounds fascinating

번역 ▶ Mary: 켄! 켄!
Ken: 안녕, 메리. 잘 있었니?
Mary: 안녕, 난 좋아. 넌 잘 지내니?
Ken: 좋아.
Mary: 들어 봐. 나, 이걸 어떻게 말할지 모르겠네. 하지만, 음 … 나의 개가 또다시 다시 너의 뒷마당을 파 뒤집어 놓고 있었던 거지?
Ken: 난 … 그렇게 생각하지 않는데. 난 못 봤거든.
Mary: 글쎄, 난 정말 그러지 않았길 바래; 난 개가 어제 너의 마당으로 달려가는 것을 보았고, 그래서 …
Ken: 오, 괜찮아. 난 그것에 대해 걱정하지 않아.
① 기운 내!
③ 내가 너라면, 난 행복할(기쁠) 텐데
④ 정말 그래[(너의 말에) 전적으로 동의해]
⑤ 그거 매력적인 것으로 들리는데

해설 ②의 put은 '(나름의 또는 특정한 방식으로) 표현(말)하다. (말 · 글로) 옮기다'의 의미로 사용된 경우이다.

정답 ②

다음 밑줄 친 부분의 의미로 가장 알맞은 것을 고르시오. (2010 경찰직)

Susan : Mr. and Mrs. Edwards have such wonderful children!

Maria : Sure, they do.

Susan : Their children are very well mannered!

Maria : That's true.

Susan : And they are so friendly to everybody in the neighborhood.

Maria : **I couldn't agree with you more.**

① I am not quite sure.

② I feel the same way.

③ Be my guest.

④ It's nice talking to you.

표현 I couldn't agree with you more. [더 이상 동의할 수는 없을 겁니다. (부정문에서의 비교급 활용은 최상급 대용) → 전적으로 동감·공감합니다.] (≒ I feel the same way. / I quite agree with you. / I agree with you completely. / You can say that again. / You are telling me. / I'm all for it. / That's exactly what I was thinking. / You took the words right out of my mouth.)

번역 Susan : 에드워드 부부는 너무나 훌륭한 자녀들이 있어요!
Maria : 그럼요, 맞아요.
Susan : 그들의 자녀들은 매우 예의바릅니다!
Maria : 사실입니다.
Susan : 그리고 그들은 모든 이웃사람들에게 정말이지 우호적이랍니다.
Maria : 전적으로 동감입니다.
① 잘 모르겠네요.
② 정말 공감한다니까요. (제 기분이 바로 그래요.)
③ (상대방의 부탁을 들어주며 하는 말로) 그러세요.
④ 당신과 나눈 말씀 즐거웠습니다.

정답 ②

※ **다음 대화의 흐름으로 보아 빈칸에 들어갈 가장 적절한 것을 고르시오.** [20~21]　　　　(2010 국가직)

20

A : You know, I'm getting transferred to Seoul.

B : Seoul? Is that good or bad?

A : Oh, I was hoping for it.

B : _____.

① I really wanted to go to Seoul　　② Oh, it's not easy for me

③ In that case, I'm happy for you　　④ I appreciate your patience

번역 ▸ A : 있잖아, 나 서울로 전근가게 될 거야.
　　　B : 서울이라고? 그게 좋은 거니 나쁜 거니?
　　　A : 오, 난 그러기를 바라고 있었어.
　　　B : 그런 경우라면, 정말 잘 되었구나.

해설 ▸ A의 말에 대해 B가 보일 수 있는 가장 합당할 수 있는 말을 찾도록 하자.

정답 ▸ ③

21

A : It doesn't make sense. Why should the power go off all of a
　　sudden and the phone line?

B : Maybe some kind of an electrical storm or something.

A : _____ Sky's just as blue as anything. Not a cloud,
　　NO thunder. How could it be a storm?

① That doesn't seem likely.　　② You got the point.

③ Guess what?　　④ I think so.

어구 ▸ • make sense : 뜻이 통하다, 이치가 닿다(be sensible, be intelligible or logical, be reasonable, add up)
　　　• go off : 폭발하다, 발사되다(explode); 악화되다, (음식이) 썩다(go bad, become bad); 의식을 잃다, 까무러치
　　　다(black out); (기계 등이) 작동하지 않다, 불통되다 all of a sudden : 갑자기, 별안간(suddenly, unexpectedly,
　　　abruptly, out of the blue, all at once)
　　　• electrical storm : 심한 뇌우(雷雨)
　　　② get the point : 이야기의 요점(논지)을 이해하다 ③ Guess what? : (대화를 시작할 때) 있잖아, 이봐

번역 ▸ A : 정말 이해가 되지 않아. 어째서 전력이 나가고 전화선이 갑자기 불통된 거지?
　　　B : 아마도 모종의 심한 뇌우 이거나 뭐 그런 것일지 모르겠어.
　　　A : 그럴 리가 없을 것 같은데. 하늘은 푸르기만 한데, 구름 한 점 없고, 천동도 없고, 어떻게 그게 뇌우일 수 있을까?

해설 ▸ B의 말에 대해 A의 뒤이어 오는 말이 정면으로 부정되는 내용이므로 부정적인 내용을 담고 있는 답을 쉽게 찾을
　　　수 있다.

정답 ▸ ①

다음 대화의 빈칸에 들어갈 말로 적절하지 않은 것은?

A : Did you hear that Kim Yuna is going to visit our school next Friday?

B : No kidding. She isn't really going to visit our school, is she?

A : Yes, she is.

B : Are you sure?

A : _____ I heard it on the radio.

① Definitely!

② It's entirely up to you.

③ I'm absolutely positive.

④ There's no doubt about it.

⑤ I'm a hundred percent sure.

어 구 • No kidding. : 농담이겠지요!(No kidding!, You must be kidding!, You kidding!, You must be joking!)
① Definitely! : ad. 명확히; (강한 긍정·동의) 확실히, 그렇고말고(yes, certainly); (부정어와 함께 강한 부정) 절대로 (…아니다) int(감탄사). 물론, 그럼(certainly)
② be up to : …의 의무·책임이다(be one's duty or responsibility), …에 달려있다(be dependent on, depend on, rest with), …하기 나름이다
③ • absolutely : 절대적으로; 완전히; (대답으로서) 정말 그래, 그렇고말고; (부정을 강조하여) 전혀 (…않다), 단연, 전적으로 • positive : 명확한; 확신하고 있는, 자신 있는; 완전한; 적극적인; 긍정적인

번 역 A : 김연아가 다음 금요일 우리학교를 방문할거라는 것 들었니?
B : 농담이겠지. 그녀는 정말 우리학교를 방문하지는 않겠지, 그렇지?
A : 아니야, 방문할거야.
B : 확신해?
A : _____ 난 라디오에서 들었어.
① 그럼!
② 전적으로 너에게 달려 있어.
③ 난 절대로 확신해. (당연하지. / 정말 그렇다고 생각해.)
④ 의심의 여지가 없어. (틀림없어.)
⑤ 난 100% 확신해.

해 설 B가 'She isn't really going to visit our school, is she?'라고 물은데 대하여 A가 답으로 한 말이 'Yes, she is.'인 것을 제대로 이해하느냐가 관건이다. 영어에서는 먼저 말한 사람이 어떻게 질문하든 이에 대응하는 사람은 긍정의 답을 하면 'Yes', 부정의 답을 하면 'No'로 답하면 된다. 따라서 'Yes, she is.'는 'Yes, she is going to visit our school'을 줄인 형태이므로 우리말로는 마치 '아냐, 김연아가 우리학교를 방문할거야.'로 해석하게 된 것이다. 이에 대해 다시 'I heard it on the radio'를 근거로 A가 답할 수 있는 내용과 아닌 것을 구분하자.

정 답 ②

23 다음 대화의 빈칸에 들어갈 말로 가장 적절한 것은? (2010 경북교행)

A : What's wrong? You look angry!

B : I can't hand in my report to my teacher today.

A : You said that you finished it yesterday.

B : I did. I stored it on my USB memory, took it to the computer lab, and pressed the print button. It didn't work. An error message appeared on the screen.

A : What did the message say?

B : It said that the word processor couldn't read the file from the F-drive.

A : It seems there are some errors in the F-drive. I think you should not only check   your USB memory but also the computer drive in the lab.

B : Thanks for your advice! By the way, can I use your computer and printer?

A : _____

① Be my guest!

② Enough is enough!

③ What a coincidence!

④ It slipped my mind!

⑤ You can say that again!

 어구

- hand in : 제출하다(turn in, send in, submit)
- computer lab : 컴퓨터실 work : (기관·기계 등이) 움직이다, 작동하다; (계획 등이) 잘되어 가다; (약 등이) 듣다; (사람·감정 등에) 작용하다

① Be my guest! : (상대의 간단한 부탁에) 예, 그러세요! / 좋으실 대로 하세요!

② Enough is enough! : (잔소리 등이 너무 많을 경우) 1절만 해, 1절만!

③ What a coincidence! : 정말 우연도 다 있네요! / 이런 우연도 다 있네요!

④ It slipped my mind! : (내 정신 좀 봐) 깜빡했네!

⑤ You can say that again! : 내 말이 그 말이야? / 맞는 말이야! (You said it. / I feel the same way. / I quite agree with you. / I couldn't agree with you more. / You're quite right.)

 번역

A : 무슨 일 있어? 화가 나 보여!   B : 난 오늘 선생님께 보고서를 제출할 수가 없어.

A : 어제 그것을 끝냈다고 말했잖아.

B : 그랬었지. 그것을 USB메모리에 저장해 두고선 컴퓨터실에 가져가서 프린터 버튼을 눌렀어. 그게 제대로 작동하지 않았어. 에러 메시지가 화면에 나타났어.

A : 메시지에 뭐라 나왔는데?   B : 워드 프로세스가 F드라이브의 파일을 읽을 수 없다고 나왔어.

A : F드라이브에 약간의 오류가 있는 것 같아. 내 생각엔 너의 USB드라이브뿐만 아니라 컴퓨터실의 컴퓨터 드라이브도 점검해봐야 할 것 같아.

B : 너의 조언 고마워! 그런데, 너의 컴퓨터와 프린터 사용할 수 있을까?

A : 응, 좋을 대로 해.

 정답 ①

24

A : As beginners, we just have to take it on the chins and move on.

B : _____

① Don't talk around.

② You make no sense.

③ Oh, it's on the tip of my tongue.

④ You are telling me.

> **어구** • take it on the chins : (실패·비난 등을) 묵묵히 참고 견디다, 호되게 당하다, 패배하다, 당당히 지다 *cf.* chin : 아래턱, 턱 끝
> • move on : 계속 앞으로 나아가다
> ① talk around : (핵심을 피하고) 쓸데없는 말을 하다, 진지하게 이야기하지 않다
> ② make sense : 뜻이 통하다, 이치가 닿다(be sensible, be reasonable, add up ↔ make no sense)
> ③ be on the tip of one's tongue : 입가에서 맴돌다, 생각이 잘나지 않는다, 좀처럼 기억나지 않는다(elude, escape) [Times Grammar 94쪽]
> ④ You are telling me. : 정말 그래. (= You can say that again.)

> **번역** A : 초보자들로서, 우리는 그저 묵묵히 참고 견디며 계속 나아가야 돼.
> B : 정말 그래.
> ① 쓸데없는 말을 하지 말아요.　　② 말이 안돼요.
> ③ 오, 그게 입가에 맴돌아요.　　④ 정말 그래.

> **정답** ④

25

A : I am afraid I will fail in the exam tomorrow.

B : Cheer up. _____

① I hope so.

② Things will work out for the best.

③ You should regret about the result.

④ You should be in a flap about the result.

> **어구** ① work out : (해결책 등을) 찾아내다, 풀다(풀리다), 마련하다, (계획 등을) 세우다(잘되어 가다), (합계가) 나오다 (produce, solve, resolve) [Times R 2010년 2월 24일] ② be in a flap : 안절부절못하다; 당황하다, 갈팡질팡하다 *cf.* flap : 찰싹 치기, 철썩 때리는 소리(slap); (새의) 날개침, 날개치는 소리; (돛·깃발 등의) 펄럭임, 펄럭이는 소리; (구어) (a ~) 안절부절못함, 흥분; 공황(恐慌), 대소동

> **번역** A : 난 내일 시험에서 낙방할 것 같아.
> B : 기운 내, 모든 게 잘 될 테니.
> ① 그러기를 바라.　　　③ 결과에 대해 뉘우쳐야 해.　　　④ 결과에 대해 당황해야 해.

> **해설** B의 'Cheer up.'과 호응할 수 있는 내용을 찾는다.

> **정답** ②

26   다음 대화를 읽고 빈칸에 들어갈 표현을 고르시오.   (2010 기상직)

A : May I help you?

B : Yes, please. I'd like a round-trip ticket to San Francisco.

A : Didn't you hear about the earthquake? It hit the whole city, so all the roads to San Francisco are closed now.

B : Really? _____?

A : It was a very powerful earthquake with a magnitude of around 6.0 on the Richter scale.

① How often did it happen

② How many people were wounded

③ How strong was it

④ Are the roads to San Francisco closed now

어 구 • a (return) round-trip ticket : 왕복표
- magnitude : 크기(dimension); 큼, 거대함(greatness, largeness); 중대, 중요(도), 중요함(importance); (별의) 광도; 진도(지진 규모의 단위)
- the Richter Scale : 리히터 스케일(지진의 진도(震度) 척도, 1~10까지 있음)

번 역 A : 뭘 도와드릴까요?
B : 네, 도와주세요. 샌 프란시스코 행 왕복표를 구하고 싶은데요.
A : 지진에 관한 소식 듣지 못하셨어요? 지진이 온 도시를 덮쳐서 프란시스코 행의 모든 도로가 지금 폐쇄되어 있어요.
B : 정말요? _____?
A : 리히터 스케일 약 6의 진도로 매우 강력한 지진이었습니다.
① 얼마나 빈번히 발생했나요
② 얼마나 많은 사람들이 부상을 당했나요
③ 얼마나 강력했나요
④ 프란시스코 행의 모든 도로가 지금 폐쇄되었나요

해 설 마지막 A의 반응에서 진도에 관한 내용이 나온다는 점을 보고 판단하다.

정 답 ③

27

A : Would you like to get some coffee?

B : That's a good idea.

A : Should we buy Americano or Cafe-Latte?

B : It doesn't matter to me. _____

A : I think I'll get Americano.

B : Sounds great to me.

① Not really.

② Suit yourself.

③ Come see for yourself.

④ Maybe just a handful or so.

어구 • It doesn't matter. : 중요하지 않다(It is not important. / It doesn't make any difference.)

② Suit yourself. (=Please yourself) : 원하는 대로 하세요. 마음대로 하세요.

③ Come see for yourself. : 직접 오셔서 구경하세요.

④ Maybe just a handful or so. : 아마 한 줌(조금) 정도일 겁니다.

해설 B가 'It doesn't matter.'라고 말한 다음 빈칸 다음에 이어지는 대화 내용으로 보아 가장 적절한 말을 짐작해 보자.

번역 A : 커피 좀 드시고 싶으세요?

B : 좋은 생각이에요.

A : 아메리카노 아니면 카페-라떼를 사야 하나요?

B : 전 상관없어요. 당신 좋을 대로요.

A : 난 아메리카노가 좋겠어요.

B : 저도 괜찮은 것 같네요

정답 ②

28

A : _____

B : Today is Monday, so you can have it until next Monday.

A : Can I have the book for a few more days?

B : No. Books borrowed should be returned within one week.

A : Is there any way to keep this book for around 10 days?

B : Well, I'm afraid there isn't. You'll just have to renew the book for another week.

① What date is it?

② When is this book due?

③ I'd like to return this book.

④ This book can be checked out in due form, right?

번역 ▶ A : 이 책은 언제까지 기한이죠(반납 예정일이 언제죠)?
B : 오늘이 월요일이니 다음 주 월요일까지 가져계셔도 되요.
A : 제가 며칠 더 책을 가질 수 있나요?
B : 아뇨. 빌린 책은 일주일 안으로 반납이 되어야 해요.
A : 이 책을 약 10일 정도 가지고 있을 방법이 있나요?
B : 글쎄요. 방법은 없을 것 같아요. 또 다시 일주일 보시려면 갱신(연장)해야 해요.
① (오늘) 며칠이죠?
③ 이 책 반납하고 싶어요.
④ 이 책은 정식으로 대출 가능하지요?

해설 ▶ 빈 칸 다음에 B가 말한 서두만의 내용(Today is Monday)으로 볼 때는 일단 '무슨 요일'을 묻는 것이 아닌데 '요일로 답'을 시작한다는 점에서 ②번에 답을 정하기에는 아직 어색한 점을 생각해 볼 필요가 있다. 그럴 경우라면 어색한 점은 마찬가지지만 ③번으로 대입해 볼 필요가 있다. 하지만 그 다음 A의 'Can I have the book for a few more days?'의 반응으로 보아 결국 책을 반납하려(return)는 의도는 아님을 알 수 있다.

정답 ▶ ②

29

A : Are you ready to go to the party, Amy?

B : I don't know whether I can go. I'm feeling a little sick, and my dress is really not that nice. Maybe you should just go without me.

A : Come on, Amy. Stop _____. I know you too well. You're not sick. What is the real root of the problem?

① shaking a leg

② hitting the ceiling

③ holding your horses

④ beating around the bush

어구 ① shake a leg : (잠자리에서) 일어나다 ② hit the ceiling : 화내다, 노발대발하다(become angry, lose one's temper, fly off the handle); 꾸짖다(scold) ③ hold one's horses : 조급해지는 마음을 억제하다 ④ beat around(/ about) the bush : 돌려 말하다, 핵심을 말하지 않다, 요점을 피하다(speak indirectly, talk around the point, avoid the main point, be indirect in approaching something)

번역 A : 파티에 갈 준비가 됐니, 에이미?
B : 갈 수 있을지 모르겠어. 몸이 좀 아프기도 하고 나의 옷이 정말이지 그다지 좋지가 않아. 아마 넌 나 없이 그냥 가야 할 것 같아.
A : 자 제발 에이미. 돌려 말하지 마. 난 널 너무 잘 알고 있어. 너 아픈 것 아니잖아. 정말 문제의 핵심은 뭐니?

정답 ④

30

다음 중 의미하는 바가 나머지 셋과 다른 것은?   (2009 지방직)

① You said it.

② I'm all for it.

③ Over my dead body.

④ I couldn't agree with you more.

어구 ③ Over my dead body : 내 시체를 밟고 가서(하라), 살아생전에는(내 눈에 흙이 들어가기 전에는) 절대로 (…시 키지 않겠다); 절대 안 돼!, 멋대로 해!

해설 ①, ②, ④는 모두 상대방의 의견에 '동감하거나 찬성할 경우'의 유사표현이다. Cf. You said it. 자네 말대로야, 전적으로 동감해(= I'm all for it. = You can say that again. = I quite agree with you. = I couldn't agree with you more. = I agree with you completely. = I see eye to eye with you. = I feel the same way.)

정답 ③

31 다음 대화의 흐름으로 보아 밑줄 친 부분에 들어갈 가장 적절한 표현은?　　(2009 지방직)

    A : I got my paycheck today, and I didn't get the raise I expected to get.

    B : There is probably a good reason.

    C : You should _____ right away and talk to the boss about it.

    A : I don't know. He might still be mad about the finance report last week.

① take the bull by the horns　　② let sleeping dogs lie

③ give him the cold shoulder　　④ throw in the towel

어구 • paycheck : 급료 (지불수표)　　• right away : 곧, 지체하지 않고(at once)
• be mad about : …에 미쳐 있다, 열중하다, 몹시 화나 있다
① take the bull by the horns : 용감히 난국에 맞서다, 정면 대응하다(stand up to, face up to, confront fearlessly, meet difficulty boldly, resist boldly)
② let sleeping dogs lie : 잠자는 개는 그대로 두어라, 긁어 부스럼 만들지 마라.
③ give someone the cold shoulder : …을 냉담하게(냉랭히) 대하다, 냉대하다, 등을 돌리다, 푸대접하다(give someone the(/ a) cold shoulder, treat someone with disdain, snub)
④ throw in the towel : 타월을 던지다(패배의 인정), 항복하다, 포기하다(throw or toss in the sponge, admit or acknowledge defeat, give up)

번역 A : 난 오늘 급료를 받았어. 그런데 내가 받기로 예상한 인상분을 받지 못했어.
B : 아마 충분한 이유가 있겠지.
C : 지체 말고 용감히 맞서서 그 점을 사장님께 말씀드려야지.
A : 난 모르겠어. 사장님께선 지난 주 재무보고서에 대해 아직도 단단히 화가 나셨나봐.

정답 ①

32 (2009 서울시 9급)

    A : _____ ?

    B : No thanks. I can manage it, I think.

① Are you kind enough to help me with this

② Can you help me with this

③ How can you help me

④ Need a hand

⑤ I can't manage this. Can you give me a hand

A : 도움이 필요하세요? (⇐ Do you need a hand?)

B : 아뇨 감사합니다. 제가 할 수 있을 것 같아요.

① 제 일을 도와주실 만큼 당신은 아주 친절하신가요?　　② 제 일을 도와주실 수 있나요?

③ 어떻게 저를 도와주실 수 있나요?　　④ 도움이 필요하세요?

⑤ 전 이 일을 할 수 없어요. 저를 도와주실 수 있나요?

B의 반응으로 보아 ④번이 답이 될 수밖에 없다. ①, ②, ③, ⑤는 모두 그 반대의 경우를 전제로 하고 묻는 질문이다.

④

33 다음 두 사람의 대화 내용이 어색한 것은?　　(2008 국가직)

① A : What do you do for a living?

　 B : I fly commercial jets for a large airline.

② A : How would you like your coffee?

　 B : I'd like it strong.

③ A : I'm afraid her phone is busy. Would you like to hold?

　 B : I'd prefer to leave her a message.

④ A : These books are so heavy. Can you give me a hand?

　 B : Sure, I'd be glad to keep my hands off.

① A : 당신의 직업은 무엇입니까?

　 B : 저는 대형항공사에 상업용 제트기를 조종합니다(제트기 조종사입니다).

② A : 커피를 어떻게 해 드시는 걸 좋아하세요?

　 B : 진하게 마시는 것을 좋아합니다.

③ A : 그녀의 전화가 통화중인 것 같아요. 대기하실 것입니까?

　 B : 전 그녀에게 메시지를 남기고 싶어요.

④ A : 이 책들은 너무 무거워요. 좀 도와주실 수 있어요?

　 B : 그럼요, 제가 손대지 않아서 기쁩니다.

④의 "keep one's hands off"은 '~을 손대지 않다, ~에 간섭하지 않다'의 의미이므로 대화의 내용이 어색하다.

④

34 다음 대화의 빈칸에 들어갈 말로 가장 적절한 것은?　　(2008 국가직)

　　A : Have you been served?

　　B : _____

① Yes, I'm on my way.　　② It was a close call.

③ Yes, I'm being waited on.　　④ Please let go of my hand.

A : 주문 받으셨어요(하셨어요)?　　　　B : 네, 전 시중 받고 있어요.

① 내, 가는 중입니다. ② 그것은 간발의 차이(위기일발, 구사일생)였어요. ④ let go of : 해방하다. (쥐었던 것을) 놓다(release)

③

35 다음 대화의 빈칸에 들어갈 말로 가장 적절한 것은? (2008 지방직)

A : You look depressed. What's wrong?

B : I studied really hard for a test, but failed.

A : Come on, _____.

B : I know, but I still feel disheartened at the result.

① it serves you right

② that's the way the cookie crumbles

③ don't get your head buried in the sand

④ don't let the cat out of the bag

어구 ① 꼴좋다, 고소하다, 그래 싸다. / 거봐라, 꼴좋다! / 꼬락서니 하고는! ② 이게 인간 세상이라는 거야. / 세상이란 다 그런 거야. / 나쁜 일들도 일어나게 마련이야. ③ 현실을 회피(외면)하지 마라. ④ 무심코(깜박 실수하여) 비밀을 누설하지 마라.

번역 A : 의기소침(낙담)해 보여. 무슨 일이 있니?
B : 시험을 대비해서 정말 열심히 공부했는데, 실패(낙방)하고 말았어.
A : 자, 세상이란 다 그런 거야.
B : 나도 알아, 하지만 (시험)결과를 보고 아직도 난 낙심(천만)이야.

정답 ②

36

A : We need to come to a final decision on this matter.

B : I think we should go with the colors red and yellow.

A : I'd like to _____.

B : What's your opinion on it?

A : I think it would work better if we chose cool colors such as blue and purple.

① take a different stance

② see eye to eye with you

③ assent to your opinion

④ fall in with your idea

어구 ② 전적으로 동감하다 ③ 너의 의견에 동의하다 ④ 너의 의견과 일치하다

번역 A : 우린 그 문제에 관해 최종결정을 내려야 돼.
B : 난 붉고 노란 색상이 어울릴 것이라 생각해.
A : 난 다른 입장을 취하고 싶어.
B : 그것에 관한 너의 의견은 뭐니?
A : 난 우리가 푸르고 자줏빛 나는 등의 시원한 색상을 택한다면 더 좋은 효과가 날 것이라고 생각해.

해설 밑줄 친 다음의 B와 A의 대화로 보아 A는 B와 다른 입장을 취한다는 것을 알 수 있다. 한편 ②, ③, ④는 ①번과는 반대의 뜻을 나타내고 있음과 동시에 그들 간에는 결국 같은 말이라는 점도 답을 쉽게 찾는 과정에서 활용하자.

정답 ①

37

빈 칸에 들어갈 말로 알맞지 않은 것은?

A : I want to go home early.

B : So soon? You look gloomy these days.

_____.

① What does it matter with you?   ② What's eating on you?

③ What's getting on your nerves?   ④ What's weighting on your mind?

⑤ What's tormenting your brain?

어구 ① 괜찮지 않은가? 뭐가 중요해? 무슨 상관이야? Cf. What's the matter with you?(무슨 문제 있니?=What's wrong with you?) ③ 뭐 신경 건드리는 일이 있니? ④ 뭐가 너 마음을 압박하는 거야? ⑤ 무엇이 널 괴롭히니?

해설 ②의 경우 "What's eating on you?"에서 원칙상은 on을 빼서 "What's eating you?"로 나타낸다면 "무슨 안 좋은(언짢은) 일이 있니?" "무슨 고민이 있니?"로 보아 주어진 내용과 부합하여 사용할 수 있다. eat가 "괴롭히다, 초조하게 만들다" 등의 뜻일 경우는 타동사의 하나로 활용되는 표현이다. 하지만 원칙은 아닐지라도 eat이 자동사도 사용된다는 점을 고려하여 구어 또는 속어체표현으로 보아 일단 ②번은 가능한 것의 하나로 보류해 두자. 그러나 ①번의 경우 유사형태로 뜻이 달라진 내용을 두어 함정이 있는 의도로 보아야 하는 것이 타당할 것 같다.

번역 A : 나는 일찍 집에 가고 싶어. B : 그렇게 빨리? 너 요즘 우울해 보여. ②, ③, ④, ⑤를 각각 대입.

정답 ①

※ 다음 대화의 괄호 안에 들어갈 말로 가장 적절한 것을 고르시오. [38~39]

38

A : Did you speak to the landlord about the plumbing?

B : Yes, he said they'll fix both the toilet and the sink later today.

A : (   )

① I'll put you through.   ② Well, it's about time.

③ Do you know it by heart?   ④ I don't want to make a trip for nothing.

번역 A : 수도관(배관)문제에 대해 집주인에게 말씀드렸나요?
B : 네, 그는 오늘 늦게 사람들이 (와서) 화장실과 싱크대 다 고쳐 줄 것이라 말했어요.
A : (그럼, 때가 됐네요.)
　　① 제가 (전화를) 연결해 드릴게요.
　　③ 암기하고 있나요?
　　④ 전 무료로 여행하고 싶진 않아요.

정답 ②

39

A : I just called to remind you of our date tonight.

B : What date?

A : What do you mean 'what date'? Don't you remember that we're supposed to meet at seven?

B : Oh, that appointment. I'm sorry. (   ) I've been so busy all day.

① I'm not myself today.　　　　　② I'm so flattered.

③ You're giving it to me for nothing?　　　④ I was not tied up in the traffic.

(번 역)▶ A : 너한테 오늘밤 데이트하기로 한 것 상기시켜주려고 막 전화 한 거야.
　　　B : 무슨 데이트 말인데?
　　　A : '무슨 데이트'라니 무슨 뜻이야? 우리 7시에 만나기로 한 것 기억 안나?
　　　B : 아, 그 약속. 미안해. (오늘은 내 정신이 아닌가 봐.)
　　　　　난 하루 종일 너무 바빴어.
　　　　　② 정말 우쭐해지는데. 그렇게 말해 주니 정말 기뻐.
　　　　　③ 너 그것 나한테 공짜로 주려고 그러지?
　　　　　④ 난 교통에 꽁꽁 묶어진 않았어.

(정 답)▶ ①

40　　　다음 대화의 빈 칸에 들어갈 말로 가장 적절한 것은?　　　　　(2008 지방직)

A : Tim, we have a staff meeting around four, don't we?

B : You're right. I'm glad you reminded me. I almost forgot.

A : Do you have any idea what's on the agenda today?

B : I think that we're dealing with new strategies for raising sales figures.

A : _____

B : Me too. I thought last week's meeting was never going to end.

① Did you see all those data at the last meeting?

② I guess we are out of time. Don't you think so?

③ I hope the meeting doesn't drag on like last time.

④ I feel like most decisions at the last meeting were too hasty.

• remind : 생각나게 하다. 상기시키다. 일깨우다. 일러주다
　　　　• agenda : (회의 등의) 협의 사항, 의제(議題), 의사일정; 비망록(memorandum)
　　　　• deal with : 다루다, 취급하다(handle, treat, cope with) ② out of time : 너무 늦어서; 철 아닌, 시기를 놓친; 박
　　　　　자가 틀리게, 엉뚱하게 ③ drag on : 지루하게 계속하다, 질질 오래 끌다

번역 A : 팀, 4시경에 직원회의가 있죠?
　　　　B : 맞아요. 저에게 상기시켜 주셔서 기쁘네요. 전 하마터면 깜빡할 뻔 했어요.
　　　　A : 오늘의 의제(議題)에 관해 묘안이라도 있나요?
　　　　B : 저는 판매수치(매출액)를 높이기 위한 새로운 전략을 우리가 다루는 것은 어떨까 생각합니다.
　　　　A : 전 (오늘)회의가 지난번처럼 오래 질질 끌려가지 않기를 바랍니다.
　　　　B : 저도 마찬가지입니다. 저도 지난 주 회의는 끝이 나지 않으리라 생각했어요.
　　　　　① 지난 번 회의의 모든 자료를 다 보셨나요?
　　　　　② 우리가 너무 늦은 것 같은데요. 그렇게 생각하지 않으세요?
　　　　　④ 저는 지난 회의의 대부분의 결정은 너무 성급했다고 생각합니다.

해설 마지막 문장 "B : Me too, I thought last week's meeting was never going to end."에서 B가 한말을 볼 때 A도 B
와 같은 입장이었음을 알 수 있다.

정답 ③

---

41 다음 두 사람의 대화 내용이 가장 어색한 것은?　　　　　　　　　　　　　　　(2008 지방직)

① A : Hi, Ted! Glad to see you. Is this seat taken?

　　B : No, help yourself.

② A : I'd like to invite you to a party this Friday.

　　B : Thanks for your invitation. I'd love to come.

③ A : Oh! Do I have to dress up?

　　B : Come as you are.

④ A : Could you save my place, please?

　　B : I appreciate your cooperation.

 • Help yourself. : (음식 등을) 마음대로 드시오. 마음껏 드세요. / 마음대로 하세요.

번역 ① A : 안녕, 테드! 만나서 반가워. 이 자리 임자 있니?
　　　　　　B : 아냐, 마음대로 해(앉아도 좋아).
　　　　② A : 이번 주 금요일 파티에 널 초대하고 싶습니다.
　　　　　　B : 초대해 주어 고마워. 정말 가고 싶어.
　　　　③ A : 오! 내가 정장해야 돼?
　　　　　　B : 있는 그대로 와.
　　　　④ A : 제 자리 좀 봐 주실 수 있어요?
　　　　　　B : 협조해 주어 고맙습니다.

정답 ④

부록

APPENDIX

어원별 빈출 VOCA

01 Anglo-Saxon Prefixes [앵글로-색슨어 파생의 접두사]

1. fore- (before, beforehand, front)
2. mis- (bad, badly, wrong, wrongly)
3. out- (out, beyond, more (better, longer) than
4. over- (over, beyond, too, excessively)
5. un- (not, lack of; do the opposite of, undo)
6. under- (beneath, lower; insufficiently)
7. up- (up, upward)
8. with- (back, away, against)

02 Latin Prefixes [라틴어 파생의 접두사]

1. a-, ab-, abs- (away, from, off)
2. a-, ad-, ac-, af-, ag-, al- ~ (to⟨ward⟩; near)
3. ambi- (both; around, about)
4. an-, ante-, anti- (before, beforehand)
5. post- (after, behind)
6. bene-, beni-, bon- (good, well)
7. mal(e)-, mali- (ill, evil, bad, badly)
8. bi, du- (two)
9. semi- (half, partly)
10. non- (not)
11. omni- (all, every)
12. circu(m)- (around, round)
13. con-, co-, col-, com-, ~ (with, together)
14. contra-, contro- ~ (against, contrary ~)
15. de- (down ⟨from⟩; opposite of; away ~)
16. di(s)-, dif- (away, apart, from; differently ~)
17. e(x)-, ec-, ef- (out, out of, from, away)
18. in- il-, im-, ir- (in, into; on, over; against)
19. extr(a)-, exter- (outside, beyond)
20. intra- (within) / intro- (into, inward)
21. in- il-, im-, ir- (not)
22. inter-, intel-, enter- (between, among)
23. ob-, oc- ~ (to, toward; in the way ~)
24. per- (through⟨out⟩; to the end; thoroughly)
25. pre- (before, beforehand)
26. pr(o)-, pur- (forward, forth; before)
27. re-, red-, ren- (again, back; against)
28. retro- (backward, back)
29. se-, sed- (apart, aside)
30. sub- suc-, sup-, ~ (under, below, beneath)
31. super- ~ (above, over; beyond ~)
32. trans- (across, over, above, through; change)
33. ultra-, ulter- (beyond, exceeding, ulterior)

1. act, ag, ig (to drive, to do, to act)
2. am(or) (love, liking, friendliness)
3. anim (mind, will, spirit; life)
4. ambl, ambul (to walk)
5. audi (to hear, to listen to)
6. cid, cad, cas, cat, cay (to fall)
7. cept, ceiv, cap(t), ceit, ~ (to take, to seize)
8. ced, cess, ceed, ceas (to go 〈away〉 ~)
9. cid ; cis (to kill; to cut)
10. clud, clus, clos (to shut)
11. cred, creed, cre (to believe, to trust)
12. cur(r), curs, cours (to run)
13. dic(t) (to say, to declare)
14. duc(t), du (to lead)
15. fect, fac(t), feas, feit, fit (to make, to do)
16. fer (to carry, to bear)
17. flect, flex (to bend)
18. fin (end, limit, boundary)
19. flu, fluc, flux (to flow)
20. gen, gener, genit (birth, kind, class)
21. grad, gred, gress (to go, to step)
22. greg (flock, herd)
23. here, hes (to stick)
24. ject, jac, jet (to throw)
25. join, junct (to join)
26. lateral (side)
27. leg, lect (law)
28. leg, lect (to gather)
29. leg, lect, lig (to choose)
30. leg, lect (to read)
31. leg, lect (to send)
32. litera (letter)

33. loqu, locut (to talk, to say, to speak)
34. mis(s), mit(t), mess (to send)
35. mov, mot, mob (to move)
36. luc, lum, lumin (light)
37. man, manu (hand)
38. ped, patch, pus (foot)
39. pel(l), peal, plus (to drive)
40. pend, pens (to hang)
41. pos, pon (to put, to place)
42. pli, plic (to fold, to bend)
43. port (to carry)
44. rupt (to break)
45. scrib, script (to write)
46. sect (to cut)
47. sent, sens (to feel)
48. sequ, secut, su- (=to follow)
49. simil, simul (similar, like, same)
50. sol, soli (alone, lonely, single)
51. solv, solu, solut (to loosen)
52. spec(t), spi(c), spy (to look, to see)
53. st(a), stat, stit, sist, stand, stead (to stand)
54. tig, tag, tang, ting, tact (to touch)
55. termin (end, limit, boundary)
56. tract, tra, treat (to draw)
57. und (wave, flow)
58. uni(=mono) (one, alone)
59. ven(t) (to come)
60. ver, vera, veri (true, truth)
61. vers, vert (to turn)
62. vid, vis (to see, to look, sight)
63. vinc, vict, vanq (to conquer; to show)
64. voc, vok, vow, vouc (to call, voice)

04 Greek Prefixes & Roots [희랍어 파생의 접두사 & 어근]

1. a-, an- (not, without)
2. ant-, anti- (against, contrary)
3. anthrop(o)- (man, human being)
4. aster, astr(o) (star)
5. aut-, auto- (self)
6. bibl(i)(o) (book)
7. bio (life)
8. chrom(o) (color)
9. chron(o) (time)
10. cosm(o) (universe, world; harmony)
11. cracy (government, rule)
12. dem(o) (people)
13. derm, dermato (skin)
14. eu (good, well)
15. gen, geno, genea (birth, creation; kind; race)
16. geo (earth)
17. gram, graph (letter, writing)
18. hydr(o) (water)
19. hyper (over, above, excessive)
20. hypo (under)
21. -log, -(o)logy (speech, word, to speak)
22. -logy (science, study)
23. mania (madness, insane impulse, craze)
24. meter, metr (measure)
25. micro (very small; enlarging)
26. macro (large, great)

27. mis(o) (to hate)
28. mon(o) (one, alone)
29. nom (management, distribution, law)
30. onym, onomato (name, word)
31. ortho (straight, correct)
32. pan, panto (all; complete)
33. para (beside, aside)
34. path (feeling; suffering)
35. ped (child)
36. peri (around)
37. phan(fan), phen (to show, to appear)
38. phil(o) (to love)
39. phob (to fear)
40. phon (sound)
41. poly (many)
42. prot(o) (first)
43. pseud(o) (false, pretended)
44. psych(o) (mind, spirit, soul)
45. scope (to watch, to see)
46. soph (wisdom, wise)
47. syn, sym (together, with)
48. tele- (far)
49. the(o) (God)
50. therm(o) (heat)
51. thesis, thet, thes (to place, to put, to set)

05 Suffixes [접미사]

1. -able, -ible [~할 수 있는(capable of ~ing)]
2. -ance, -ence, -cy, -(i)ty [~의 상태, ~함(state or act of being)]
3. -ary, -ic, -ical [~적인, ~한(having to do with)]
4. -ate, -ize, -fy [~하게 하다(make)]
5. -er, -or, -ant, -ent, -ian, -ist, -ary [~하는 자(또는 사람)(one who~)]
6. -ion, -age, -(a)tion, -ment [~의 행위, ~의 결과(act or result of~)]
7. -ish, -like [~같은, ~다운 · ~스런(resembling)]
8. -less [~이 없는(without)]
9. -ous, -y [~한, ~으로 가득찬(full of~)]
10. -ship [~의 직(職)(office), ~의 기술(skill)]

Anglo-Saxon Prefixes [앵글로-색슨어 파생의 접두사]

❶ fore- (=before, beforehand, front) 〈전에, 미리, 앞에〉

1. *fore*boding	육감, 전조, 예감	4. *fore*shadow	미리 암시하다, 예시하다
2. *fore*cast	예측 · 예상 · 예보(하다)	5. *fore*stall	앞질러 방해하다
3. *fore*most	첫 번째의, 주요한	6. *fore*tell	예고 · 예시 · 예언하다

❷ mis- (=bad, badly, wrong, wrongly) 〈나쁜, 나쁘게, 잘못된, 잘못하여〉

1. *mis*demeanor	비행, 악행; 경범죄	4. *mis*leading	잘못 인도하는(현혹하는)
2. *mis*giving	염려, 불안, 걱정	5. *mis*take	잘못, 틀림; 착오; 실수
3. *mis*hap	사고; 불행, 불운, 재난		

❸ out- (=out, beyond, more [longer, better, faster] than) 〈밖에, 넘어서, 보다 더한 [긴, 나은, 빠른]〉

1. *out*last	보다 오래 견디다(살다)	6. *out*right	노골적인; 숨김없이
2. *out*let	(배)출구; 판로	7. *out*run	앞지르다; 초과하다
3. *out*look	조망, 경치; 전망, 전도	8. *out*spoken	솔직한
4. *out*put	산출; 출력	9. *out*standing	눈에 띄는, 현저한
5. *out*rage	범하다; 격분시키다	10. *out*wit	한 수 더 뜨다, 속이다

❹ over- (=over, beyond, too, excessively) 〈위에, 너머에, 지나치게, 과도하게〉

1. *over*bearing	오만한, 군림하는	5. *over*see	감시 · 감독하다
2. *over*come	극복하다; 압도하다	6. *over*sight	간과, 부주의, 실수
3. *over*due	늦은, 연착한, 연체된	7. *over*state	허풍을 떨다, 과장하다
4. *over*ride	짓밟다; 무효화하다		

❺ un- (=not, lack of ; do the opposite of) 〈아닌, 부족한; 반대로 하다, 풀다〉

1. *un*biased	선입관이 없는, 공평한	6. *un*ruly	제어하기 어려운
2. *un*intelligible	난해한, 알기 어려운	7. *un*scrupulous	비양심적인, 부덕한
3. *un*quenchable	만족할 줄 모르는	8. *un*sophisticated	때 묻지 않는, 순진한
4. *un*ravel	풀다; 해명하다	9. *un*stable	불안정한 ; 변하기 쉬운
5. *un*real	상상적인, 비현실적인		

❻ under- (=beneath, lower ; insufficiently) 〈밑에, 보다 낮은 ; 불충분하게〉

1. *under*go	겪다, 받다; 견디다, 참다	4. *under*score	밑줄을 긋다; 강조하다
2. *under*lying	기본적인; 밑에 있는	5. *under*statement	억제해서 말하기
3. *under*mine	은밀히 해치다	6. *under*take	떠맡다; 착수하다

❼ up- (=up, upward) 〈위로, 위쪽으로 향한〉

1. *up*grade	승진시키다; 품질을 높이다	3. *up*hold	유지하다; 받들다; 지지하다
2. *up*heaval	융기; 대변동·변혁	4. *up*right	직립의; 꼿꼿한

❽ with- (=back, against) 〈뒤로, 반대로〉

1. *with*draw	인출·철회·철수하다	3. *with*stand	저항하다; 버티다
2. *with*hold	보류·유보하다	4. not*with*standing	…에도 불구하고

02 ▶ Latin Prefixes [라틴어 파생의 접두사]

❶ a-, ab-, abs- (=away, off, from) 〈…에서, …로부터, 떨어져서(분리·이탈)〉

1. *a*bate	누그러지다	15. *abs*cond	몰래 도망하다
2. *ab*breviate	생략·단축하다	16. *ab*sence	부재(不在), 결석(缺席)
3. *ab*dicate	물러나다, 포기하다	17. *ab*solute	무제한의; 완전한; 절대적인
4. *ab*duct	유괴·납치하다	18. *ab*solve	방면·사면하다; 해제하다
5. *ab*hor	몹시 싫어하다, 혐오하다	19. *ab*sorb	몰두시키다; 흡수하다; 동화하다
6. *ab*ject	비참한, 불쌍한	20. *ab*stain	삼가다, 절제·억제하다
7. *ab*ide	영속하다; 지키다, 따르다	21. *abs*temious	절제하는, 삼가는
8. *ab*normal	보통과 다른; 비정상적인	22. *abs*tract	추상적인, 심오한; 발췌, 요약
9. *ab*olish	폐지하다, 없애다	23. *abs*truse	난해한, 심오한
10. *ab*ominate	증오하다	24. *ab*surd	불합리한, 바보 같은
11. *ab*ort	유산시키다; …에 실패하다	25. *ab*use	남용하다; 학대하다; 매도하다
12. *ab*ound	풍부하다, 꽉 차다, 충만하다	26. *a*version	싫어함, 혐오감
13. *ab*rogate	폐지하다	27. *a*vert	돌리다; 피하다
14. *ab*rupt	뜻밖의, 돌연한, 갑작스런	28. *a*vocation	부업; 취미

1. *a*blaze	타올라(타오른) ; 빛나서(빛나는)	37. *ad*versary	적, 적대자, 상대자
2. *ac*cede	동의하다, 의견이 일치하다	38. *ad*verse	반대하는; 불리한
3. *ac*celerate	가속화하다	39. *ad*vocate	변호하다; 변호사, 옹호자
4. *ac*centuate	두드러지게 하다, 강조하다	40. *af*fable	상냥한, 붙임성 있는
5. *ac*cept	받아들이다; 인정하다	41. *af*fect	…에 영향을 미치다
6. *ac*cess	출입, 접근	42. *af*filiate	회원으로 가입시키다(하다)
7. *ac*cident	우연 ; 사고, 재해, 재난	43. *af*fluent	부유한, 풍부한, 풍요로운
8. *ac*claim	갈채 · 환호하다	44. *ag*gravate	악화시키다; 화나게 하다
9. *ac*commodate	숙박시키다; 수용하다	45. *ag*gregate	모으다; ~에 이르다
10. *ac*company	…에 동반 · 동행하다	46. *ag*gressive	공격적인; 적극적인
11. *ac*complice	공범(모)자, 연루자, 한패	47. *al*lege	(충분한 증거 없이) 주장하다
12. *ac*cord	협정, 조약; 일치, 조화	48. *al*legiance	충성, 충실, 신의
13. *ac*cost	말을 건네다, 인사하다	49. *al*leviate	덜다, 완화하다, 경감시키다
14. *ac*count	설명하다(for); 설명; 고려	50. *al*liance	결합, 연합, 결연; 동맹, 조약
15. *ac*cumulate	모으다, 축적하다	51. *al*lot	할당하다, 분배하다
16. *ac*cuse	고소 · 고발 · 비난하다(~of)	52. *al*lude	암시하다(to)
17. *ac*quaint	통지 · 통보하다, 알리다	53. *a*menable	순종하는, 따르는(to)
18. *ac*quiesce	묵인 · 묵종하다(in)	54. *an*nihilate	전멸시키다; 폐지하다
19. *ac*quire	얻다, 획득 · 인수하다	55. *ap*pall	소름끼치게 하다
20. *ac*quit	무죄 방면하다. 석방하다	56. *ap*parel	옷, 의복, 옷차림, 옷치장
21. *ad*apt	순응 · 적응시키다(하다)	57. *ap*pease	달래다, 가라앉히다
22. *ad*diction	중독, 탐닉	58. *ap*plaud	박수갈채하다; 칭찬하다
23. *ad*ept	숙련한, 숙달한, 정통한	59. *ap*pliance	기구, 장치
24. *ad*equate	충분한; 알맞은, 적절한	60. *ap*ply	적용되다(to); 지원하다(for)
25. *ad*here (to)	점착하다; 고수하다	61. *ap*point	임명하다, 지명하다; 정하다
26. *ad*jacent (to)	이웃의, 인접한	62. *ap*praise	평가하다, 값을 매기다
27. *ad*join	인접하다	63. *ap*preciate	높이 평가하다; 감상하다
28. *ad*journ	연기 · 휴회 · 폐회하다	64. *ap*prehend	우려 · 이해 · 체포하다
29. *ad*just	조절 · 조정하다; 적응하다	65. *ap*propriate	착복 · 충당하다; 적당한
30. *ad*monish	권고 · 훈계하다; 경고하다	66. *ap*prove	승인 · 찬성 · 비준하다
31. *ad*olescent	청년(기의), 사춘기의	67. *ar*rogant	거만한, 건방진, 무례한
32. *ad*opt	채택 · 채용하다; 입양하다	68. *as*cribe	…으로 돌리다(to)
33. *ad*orn	꾸미다, 장식하다	69. *as*pect	양상, 형세, 국면; 생김새
34. *ad*ulterate	불순하게 하다	70. *as*pire	열망하다, 대망을 품다
35. *ad*vent	도래, 출현	71. *as*sault	공격 · 구타 · 폭행하다
36. *ad*ventitious	외래의, 우연한	72. *as*sert	주장하다, 단언 · 확언하다

73. *as*sess	평가 · 사정하다	77. *at*test	증명 · 입증하다; 증언하다
74. *as*set	자산, 재산; 이점, 강점	78. *at*tract	끌다; 유인하다, 매혹하다
75. *as*siduous	부지런한; 빈틈없는	79. *at*tribute	…의 탓으로 돌리다(~to)
76. *at*tain	이루다, 달성하다	80. *a*vailable	얻을(이용할) 수 있는

---

❸ ambi-, amphi- (=both ; around, about) 〈둘다 ; 주위에〉

| 1. *ambi*dextrous | 양손잡이의, 매우 솜씨 있는 | 3. *ambi*valent | 상극인; 양면 가치의 |
| 2. *ambi*guous | 두 가지로 해석되는; 애매한 | | |

---

❹ an-, ante-, anti- (=before, beforehand) 〈전에, 미리〉 [동의접두사 : pre-]
❺ post- (=after, behind) 〈후에, 뒤에〉

1. *an*cestor	선조, 조상	5. *anti*que	옛날의; 고풍스러운, 오래된
2. *ante*date	먼저 일어나다, 날짜가 앞서다	6. *post*humous	사후의; 유저(遺著)의
3. *anti*cipate	기대 · 고대 · 예상하다	7. *post*pone	연기하다
4. *anti*quated	낡아빠진, 시대에 뒤진	8. *post*erity	(집합적) 후예(손), 자손

---

❻ bene-, beni-, bon- (=good, well) 〈좋은, 잘〉 ↔ mal(e)
❼ mal(e)-, mali- (=ill, evil, bad, badly) 〈나쁜, 나쁘게〉

1. *bene*diction	축복, (감사 · 찬송) 기도	8. *mal*ady	병, 질병, (사회의) 병폐
2. *bene*factor	은인, 보호자, 독지가	9. *male*diction	저주, 악담, 비방
3. *bene*ficial	이로운, 혜택을 주는	10. *male*volent	악의 있는, 심술궂은
4. *bene*ficiary	수익자, 수혜자, 수취인	11. *mal*ice	악의, 원한
5. *bene*fit	이익, 유리; 연금, 수당	12. *mali*gn	헐뜯다, 중상하다; 해로운
6. *bene*volent	인자한, 자비로운, 호의의	13. *mali*gnant	악의를 품은; 악성의
7. *beni*gn	상냥한, 친절한; 양호한; 양성의		

---

❽ bi, du- (=two) 〈둘〉
❾ semi- (=half, partly) 〈반(의)〉

1. *bi*ennial	2년마다 있는; 2년생 식물	4. *du*bious	의심스러운; 미심쩍은
2. *bi*lateral	서로간의, 상호(간)의, 쌍방의	5. *du*plicate	사본의; 사본 · 등본; 복제하다
3. com*bi*ne	혼합하다, 결합 · 합병하다	6. *semi*annual	반년마다의; 반 년생 식물

❿ non- (=not) 〈아닌〉

1. *non*chalance	무관심		3. *non*sense	무의미한(터무니없는) 말
2. *non*partisan	무소속의 ; 공평한			

⓫ omni- (=all, every) 〈모든, 모두〉

1. *omni*potent	전능한		3. *omni*vorous	아무거나 먹는, 잡식성의
2. *omni*present	편재하는, 어디에나 있는			

⓬ circu(m)- (=around, round) 〈둘레에, 주위에〉

1. *circu*late	순환하다; 보급 · 유포시키다		4. *circum*spect	조심성 있는, 신중한
2. *circum*ference	원주		5. *circum*vent	포위하다; 좌절시키다; 회피하다
3. *circum*scribe	둘레에 선을 긋다; 한정하다			

⓭ con-, co-, col-, com-, cor-, coun- (=with, together) 〈더불어, 함께〉

1. *co*alition	연합, 합동, 연립, 제휴		18. *com*plete	완료하다, 끝내다; 완전한
2. *co*gent	납득 · 설득시키는, 설득력 있는		19. *com*ply	따르다, 순응 · 순종하다(with)
3. *co*herent	논리적인; 밀착하는(된)		20. *com*prehension	이해(력); 포괄(함)
4. *co*incide	동시에 일어나다(with)		21. *com*press	압축 · 요약하다
5. *col*laborate	공동으로 일하다(연구하다)		22. *com*prise	포함하다; 구성되다
6. *col*league	동료		23. *con*cede	양보 · 용인하다; 인정하다
7. *col*lision	충돌(사고); 충돌 · 불일치		24. *con*centrate	집중하다(시키다)
8. *col*lusion	공모, 결탁, 음모		25. *con*ciliate	달래다; 조정하다
9. *com*mence	시작하다, 착수하다		26. *con*cise	간결한, 간명한
10. *com*mensurate	비례가 되는(with)		27. *con*clusive	종국의 ; 결정적인
11. *com*mute	바꾸다; 정기권으로 통근하다		28. *con*coct	날조하다; 고안하다
12. *com*motion	격동, 혼란; 소동, 소요		29. *con*cord	일치, 조화
13. *com*patible	일치 · 양립하는		30. *con*cur	동의 · 일치하다(with)
14. *com*pensate	갚다, 보상 · 만회하다(for)		31. *con*done	묵과하다; 봐주다
15. *com*petent	유능한, 능력 · 자격이 있는		32. *con*ducive	도움이 되는; 공헌하는
16. *com*pile	편집하다; 모으다		33. *con*fer	수여하다; 협의 · 상담하다
17. *com*placent	자기만족의, 자기도취의		34. *con*fine	제한하다; 감금하다

35. *con*fiscate	몰수 · 압수 · 징발하다	46. *con*strain	강제하다; 억제하다
36. *con*form	따르다, 순응하다(to)	47. *con*taminate	더럽히다, 오염시키다
37. *con*front	직면하다 ; 대(처)하다	48. *con*temporary	같은 시대의; 현대의
37. *con*genital	타고난, 선천적인	49. *con*tempt	경멸, 모욕, 멸시
39. *con*gestion	붐빔, 혼잡, 정체	50. *con*tend	다투다, 투쟁하다; 주장하다
40. *con*secrate	신성하게 하다	51. *con*tingent	…에 달려있는(on)
41. *con*sent	동의 · 승낙(하다)	52. *con*trite	회개하는, 뉘우치는
42. *con*sist	이루어져 있다(of)	53. *con*vention	집회, 대회, 소집된 회의
43. *con*sole	위로 · 위안하다, 달래다	54. *con*vey	운송하다; 전(달)하다
44. *con*solidate	합병하다; 강화하다	55. *con*viction	유죄(선고); 확신 · 신념
45. *con*spicuous	눈에 잘 띄는, 현저한	56. *cor*roborate	확증하다; 확인하다

---

⑭ contra-, contro-, counter- (=against, contrary, opposite) 〈반대로〉 [동의어근 : ant(i)]

1. *contra*band	밀수품, 밀수	4. *contro*versy	논쟁, 언쟁, 분쟁
2. *contra*diction	부정, 모순, 불일치	5. *counter*feit	위조하다; 위조물; 위조의
3. *contra*ry	정반대의, …에 상반하는		

---

⑮ de- (=down, down from ; (do the) opposite of ; away, from, off)
《(…로부터) 아래로 ; …의 반대(로) (하다) ; 멀리(분리 · 이탈)》

1. *de*cay	썩다, 부패하다, 타락하다	16. *de*lude	현혹시키다, 속이다
2. *de*cease	죽음, 사망; 사망하다	17. *de*luge	대홍수, 범람; 쇄도
3. *de*ceive	속이다	18. *de*meanor	행세, 거동, 태도
4. *de*cipher	판독하다; 해독 · 번역하다	19. *de*mented	미친, 발광한
5. *de*crease	줄다(줄이다); 감소	20. *de*mise	사망, 서거, 소멸, 종료
6. *de*cree	법령, 포고; 명령(하다)	21. *de*molish	허물다, 파괴하다
7. *de*crepit	노쇠한; 노후한	22. *de*pendent	의지하고 있는; 좌우되는(on)
8. *de*fect	결핍, 부족(량, 액); 결점, 단점	23. *de*pict	묘사하다; 서술하다
9. *de*fer	연기하다; 존중하다, 따르다	24. *de*plete	다 써버리다, 고갈시키다
10. *de*funct	세상을 떠난; 기능이 정지된	25. *de*plore	한탄하다, 애통해하다
11. *de*fiance	도전(적인 태도)	26. *de*pose	면직 · 퇴위시키다
12. *de*grade	낮추다; 떨어뜨리다	27. *de*preciate	가치가 떨어지다; 경시하다
13. *de*lete	삭제하다, 지우다, 없애다	28. *de*predation	약탈, 강탈(행위)
14. *de*lineate	묘사하다	29. *de*range	혼란시키다; 미치게 하다
15. *de*linquent	의무태만의; 비행의	30. *de*relict	버려진; 직무태만의; 직무태만자

31. *de*ride	비웃다, 조소하다	38. *de*test	몹시 싫어하다, 혐오하다
32. *de*secrate	신성함을 더럽히다, 모독하다	39. *de*triment	손해, 손실
33. *de*sist	그만두다(from), 단념하다	40. *de*vastating	황폐시키는, 파괴하는
34. *de*spise	경멸하다, 업신여기다, 얕보다	41. *de*viate	벗어나다, 빗나가다, 이탈하다
35. *de*spondent	낙담(낙심)한, 풀이 죽은	42. *de*vise	고안하다; 계획하다
36. *de*stitute	없는, 결핍한; 빈곤한, 궁핍한	43. *de*void	…이 없는, 결여된(of)
37. *de*ter	제지하다, 단념시키다	44. *de*vour	게걸스럽게 먹다

---

⑯ di(s)-, dif- (=away, apart, from ; differently ; opposite of, not ; do the opposite of)
〈떨어져, 멀리 ; 다르게 ; …의 반대로, 아닌 ; 반대로 하다〉

1. *dif*fident	자신이 없는, 소심한	22. *dis*inclined	마음이 내키지 않는
2. *di*gress	옆길로 새다, 벗어나다, 탈선하다	23. *dis*integrate	붕괴 · 분해시키다
3. *di*lapidated	파손된, 황폐한	24. *dis*interested	사심이 없는; 무관심한
4. *di*ligent	부지런한, 근면한; 애를 쓴	25. *dis*miss	해고시키다; 물리치다
5. *di*minish	줄(이)다; 감소시키다(하다)	26. *dis*parage	경시하다; 명예를 손상시키다
6. *di*verge	분기하다; 빗나가다, 벗어나다	27. *dis*parity	부등; 차이, 상이
7. *di*verse	다양한, (종류 · 성격이) 다른	28. *dis*patch	파견 · 급파하다
8. *di*vert	전환하다; (주의 등)을 돌리다	29. *dis*pel	(의혹 등을) 털어 버리다
9. *di*vulge	(비밀 등을) 누설 · 폭로하다	30. *dis*pense	분배하다[dispense with(…없이 지내다)]
10. *dis*advantage	불리한 처지, 단(결)점	31. *dis*perse	쫓아버리다, 흩뜨리다
11. *dis*card	(불필요한 것을) 버리다	32. *dis*pose	마음 내키게 하다; 처분하다(of)
12. *dis*cern	분별 · 식별하다	33. *dis*position	기질 · 성질; 배치; 처분
13. *dis*close	드러내다; 들추어내다	34. *dis*rupt	분열 · 분쇄시키다; 방해하다
14. *dis*cord	불일치, 불화, 부조화	35. *dis*sect	해부하다; 세밀히 분석하다
15. *dis*credit	불신하다; 신용을 떨어뜨리다	36. *dis*seminate	흩뿌리다; 유포하다
16. *dis*crepancy	차이, 불일치; 어긋남, 모순	37. *dis*sent	불일치; 의견을 달리하다
17. *dis*crete	분리되어 있는, 별개의	38. *dis*suade	단념시키다
18. *dis*creet	분별 있는, 신중한, 조심성 있는	39. *dis*tinct	별개의; 명료 · 명확한
19. *dis*dain	경멸 · 멸시하다; 경멸(감), 멸시	40. *dis*torted	왜곡된, 곡해된; 찌그러진
20. *dis*grace	불명예, 치욕; 더럽히다	41. *dis*tract	돌리다; 혼란시키다
21. *dis*guise	변장 · 위장하다; 속이다, 숨기다		

⑰ e(x)-, ec-, ef- (=out, out of, from, away) 〈밖으로, 멀리〉

⑱ in- il-, im-, ir- (in, into ; on, over ; against ; to) 〈안에, 안으로 ; 위에, 위로 ; 반대로 ; …(의 가까이)로〉

1. *ec*centric	별난, 상궤를 벗어난		37. *ex*tend	연장하다; 넓히다; 베풀다
2. *ec*lipse	실추, 빛을 잃음; 일(월)식		38. *ex*tensive	광활한; 광범위한
3. *ef*face	지우다, 삭제·말살하다		39. *ex*tenuate	경감시키다, 정상 참작하다
4. *ej*ect	쫓아내다, 추방하다		40. *ex*terminate	전멸시키다, 박멸하다
5. *e*licit	이끌어내다, 자아내다		41. *ex*tinct	멸종한, 사멸한, 단절된
6. *e*liminate	제거·삭제하다; 제외하다		42. *ex*tricate	구해내다, 탈출시키다
7. *e*loquent	웅변의; 호소력 있는		43. *im*minent	임박·절박·촉박한
8. *e*lude	교묘히 피하다; 입가에서 맴돌다		44. *im*pediment	방해(물), (언어)장애
9. *e*mancipate	해방하다, 자유롭게 하다		45. *im*pel	추진하다; 강요·강권하다
10. *e*merge	나오다, 나타나다; 부상(浮上)하다		46. *im*pending	걸려있는; 임박한
11. *e*migrate	이주해 나가다		47. *im*perative	긴급한, 부득이한
12. *e*minent	저명한; 현저한, 두드러진		48. *im*petuous	충동적인, 성급한
13. *e*mit	내뿜다, 발(산)하다		49. *im*petus	힘, 기세; 자극, 추진력
14. *e*nervate	약화시키다, 무기력하게 하다		50. *im*plement	실행하다; 도구, 연장
15. *e*radicate	뿌리 뽑다; 근절시키다		51. *im*plore	애원·탄원하다
16. *e*rode	부식·침식하다, 파먹다		52. *im*ply	함축하다; 암시하다
17. *e*rudite	학구적인; 학문적인		53. *im*poverish	가난하게 하다
18. *e*rupt	폭발·분출하다		54. *in*augurate	개시·시작·출범하다
19. *e*voke	환기하다; 자아내다		55. *in*carcerate	투옥하다; 가두어 넣다
20. *e*volve	진화·발전·전개하다		56. *in*centive	동기, 유인, 자극
21. *ex*alt	칭찬하다; 높이다; 우쭐하게 하다		57. *in*cise	베다; 새기다, 조각하다
22. *ex*ceed	초과하다; 우월·능가하다		58. *in*cite	자극·고무·격려하다
23. *ex*clude	제외하다; 몰아내다, 추방하다		59. *in*clude	포함·포괄하다(시키다)
24. *ex*empt	면제하다; 면제된		60. *in*crement	증대, 증가(량, 액)
25. *ex*haust	고갈시키다, 다 써버리다		61. *in*cumbent	의무적인; 현직의
26. *ex*hibit	나타내다; 전시·진열하다		62. *in*dicate	가리키다, 지시하다
27. *ex*onerate	무죄임을 입증하다		63. *in*dict	기소·고발·고소하다
28. *ex*orbitant	엄청난, 터무니없는		64. *in*duce	권유·설득하다; 유발하다
29. *ex*pand	펴다(펼치다); 팽창·확장하다		65. *in*flate	팽창시키다; 부풀리다
30. *ex*pedite	진척·촉진시키다		66. *in*genious	재간이 있는; 솜씨가 있는
31. *ex*pel	쫓아내다; 면직하다; 추방하다		67. *in*genuous	솔직한; 소박한, 순진한
32. *ex*pend	소비·지출하다; 소모하다		68. *in*gredient	성분, 요소, 재료
33. *ex*pire	만기가 되다; 죽다		69. *in*habitant	주민, 거주자, 정주자
34. *ex*plicit	명시된; 숨김없는, 솔직한		70. *in*herent	본질적인, 고유의; 타고난
35. *ex*ploit	개척하다, 이용하다; 착취하다		71. *in*nate	타고난, 선천적인
36. *ex*position	박람회, 전람회; 해설		72. *in*novative	쇄신·혁신적인

73. *in*quisitive	호기심이 많은	80. *in*stitute	설립 · 제정하다; 연구소
74. *in*scribe	적다; 새기다; 증정하다	81. *in*timidate	겁먹게 하다, 협박하다
75. *in*sight	통찰(력), 직관(력); 안식	82. *in*tricate	(뒤)얽힌, 복잡한
76. *in*sinuate	넌지시 말하다, 암시하다	83. *in*trigue	음모(를 꾸미다); 흥미를 돋우다
77. *in*stantaneous	즉석의, 즉시의	84. *in*voke	빌다, 호소 · 기원하다
78. *in*stigate	선동 · 교사하다, 부추기다	85. *ir*rigate	물을 대다, 관개하다
79. *in*still	떨어뜨리다; 불어넣다		

---

⑲ extr(a)-, exter- **(=outside, beyond)** 〈…의 밖에, 넘어서〉

⑳ intra- **(=within)** 〈~안에〉, intro- **(=within, into, inward)** 〈안으로〉

1. *exter*nal	밖의, 외부의; 외면 · 형식적인	4. *extra*vagant	사치스런; 엄청난
2. *extra*neous	외래의; 관계없는; 이질적인	5. *intro*duce	도입 · 소개하다; 제의하다
3. *extra*ordinary	비범한; 특별의, 임시의	6. *intro*spective	내성 · 내관의, 자기반성의

㉑ in- il-, im-, ir- **(=not)** 〈…이 아닌〉 [동의어근 : un-]

1. *i*gnominious	창피한; 불명예스러운	20. *im*prudent	조심성 없는, 경솔한, 무분별한
2. *il*legible	읽기 힘든, 알아보기 어려운	21. *im*pudent	뻔뻔스러운, 주제넘은, 건방진
3. *il*licit	불법의, 법으로 금지된	22. *im*punity	무사, 형벌을 받지 않음
4. *il*literate	문맹의, 교양이 없는; 문맹자	23. *in*accessible	접근할 수 없는, 입수하기 힘든
5. *im*maculate	티 하나 없는; 순수한	24. *in*adequate	부적당(절)한; 불충분한
6. *im*mature	익지 않은, 미숙한	25. *in*advertent	부주의한, 소홀한; 고의가 아닌
7. *im*mense	광대한; 거대한	26. *in*alienable	양도할 수 없는, 빼앗을 수 없는
8. *im*mobile	움직일 수 없는; 움직이지 않는	27. *in*auspicious	조짐이 나쁜, 불길한
9. *im*moral	부도덕 한; 음란한, 외설스러운	28. *in*calculable	헤아릴 수 없는, 막대한
10. *im*mortal	죽지 않는, 불후의, 불멸의	29. *in*cessant	그칠 새 없는, 끊임없는
11. *im*mune	면역의, 면제된, 면제의	30. *in*consequential	대수롭지(중요하지) 않은
12. *im*pair	해치다, 손상시키다	31. *in*controvertible	논쟁의 여지가 없는
13. *im*partial	한쪽으로 치우치지 않는, 공평한	32. *in*credible	믿어지지 않는; 놀라운
14. *im*passe	막다른 골목; 막다름, 난국, 궁지	33. *in*difference	무관심, 냉담
15. *im*passive	무감동의; 냉정한; 무감각한	34. *in*discriminate	무차별의(한), 마구잡이의
16. *im*peccable	죄 없는; 결점이 없는	35. *in*dispensable	없어서는 안 되는, 필수의
17. *im*perceptible	근소한, 인식할 수 없는	36. *in*disposed	기분이 나쁜; 싫증난
18. *im*promptu	준비 없는(없이), 즉석의(에서)	37. *in*disputable	의문 · 의론의 여지가 없는
19. *im*provise	즉석에서 · 즉흥적으로 하다	38. *in*dubitable	의심의 여지가 없는

39. *in*evitable	불가피한, 피할 수 없는	52. *in*tangible	만질 수 없는, 무형의
40. *in*fallible	오류를 범하지 않는; 절대 확실한	53. *in*tegrity	성실, 정직; 완전, 흠 없음
41. *in*famous	악명 높은; 수치스러운	54. *in*terminable	끝없는; 지루하게 긴
42. *in*finite	무한한, 무수한, 끝없는	55. *in*tractable	고집이 센, 다루기 어려운
43. *in*firm	(허)약한, 노쇠한, 병든	56. *in*trepid	두려움을 모르는; 용감한
44. *in*flexible	확고한, 불굴의; 경직한	57. *in*validate	무효로 하다
45. *in*hibit	억제·제지하다; 방해하다	58. *in*vincible	정복할 수 없는, 무적의
46. *in*jurious	해로운, 유해한	59. *in*visible	눈에 보이지 않는
47. *in*nocent	순결한; 무죄의, 결백한	60. *ir*reconcilable	화해(양립)할 수 없는
48. *in*nocuous	해가 없는, 독이 없는	61. *ir*relevant	부적절한; 관계없는
49. *in*numerable	무수한, 헤아릴 수 없는	62. *ir*reparable	수리·치료할 수 없는
50. *in*ordinate	과도한, 지나친; 무절제한	63. *ir*revocable	취소할 수 없는; 최종적인
51. *in*subordinate	복종하지 않는, 반항적인		

㉒ inter-, intel-, enter- (=between, among) 〈~사이에〉

1. *enter*prising	기업심이 왕성한, 진취적인	6. *inter*pret	해석하다, 설명하다; 통역하다
2. *inter*cede	조정·중재하다(in)	7. *inter*rogate	심문·조사하다, 질문하다
3. *inter*cept	도중에서 잡다·빼앗다; 가로막다	8. *inter*rupt	가로막다; 말참견하다
4. *inter*fere	참견·간섭하다; 방해하다	9. *inter*vene	(사이에) 오다; 간섭·참견하다
5. *inter*mittent	간헐적인, 단속(斷續)하는		

㉓ ob-, oc-, of-, op-, os- (=to, toward ; in the way ; opposed to, against, over)
〈…로(방향) ; 방해되는 ; 반대로, 저항하여, 위로〉

1. *ob*literate	말소하다, 흔적을 없애다	8. *ob*stinate	완고한, 고집 센; 완강한
2. *ob*ese	매우 뚱뚱한, 살찐, 비만한	9. *ob*struct	방해하다, 훼방 놓다
3. *ob*ligatory	의무적인, 의무로서 해야 할	10. *ob*vious	명백한; 빤한, 노골적인
4. *ob*livious	염두에 안두는, 잘 잊는	11. *op*portune	시기가 좋은, 적절한
5. *ob*scene	외설한, 음란한; 불결한	12. *op*press	중압감을 주다; 억압·압박하다
6. *ob*solete	사용되지 않는, 노후한, 구식의	13. *os*tensible	표면·외견상의, 겉치레의
7. *ob*stacle	장애(물), 방해(물)		

㉔ per- (=through ; throughout, to the end ; thoroughly ; falsely, wrongly)
〈~을 통해서 ; …에 널리, …의 전체에 걸쳐서, 끝까지 ; 철저히 ; 거짓으로〉

1. *per*ceive	감지 · 인지하다; 인식하다	8. *per*secute	박해하다; 성가시게 괴롭히다
2. *per*ennial	연중 끊이지 않는, 영속적인	9. *per*severe	참다, 인내하다, 꾸준히 해내다
3. *per*forate	구멍을 내다, 구멍을 뚫다	10. *per*rsistent	지속적인; 고집 센, 끈덕진
4. *per*jury	위증(죄); 서약을 어김	11. *per*spective	전도; 견지(해), (올바른) 관점
5. *per*meate	배어들다, 스며들다, 침투하다	12. *per*suasive	설득력 있는
6. *per*petual	영구한, 영속하는; 끊임없는	13. *per*tain	관계가 있다; 적절하다; (부)속하다
7. *per*plex	당황 · 난처하게 하다, 혼란시키다	14. *per*vade	퍼지다, 고루 미치다; 배어들다

㉕ pre- (=before, beforehand) 〈전에, 미리〉 [동의접두사 : fore-]

1. *pre*caution	조심, 경계, 예방(조치)	10. *pre*mature	조숙한, 시기상조의
2. *pre*cede	앞서다, 선행하다	11. *pre*rogative	특권, 특전
3. *pre*cept	교훈, 훈계; 금언, 격언	12. *pre*scribe	지시 · 명령 · 규정하다; 처방하다
4. *pre*clude	방해하다, 가로막다, 배제하다	13. *pre*stigious	명성이 있는, 유명한, 명문의
5. *pre*dicament	곤경, 궁지	14. *pre*sume	추정 · 가정하다; 생각 · 짐작하다
6. *pre*dict	예언 · 예보하다	15. *pre*text	구실, 핑계, 변명
7. *pre*dominant	지배적인; 널리 행하여지는	16. *pre*vail	널리 퍼지다; 우세하다, 지배적이다
8. *pre*face	머리말, 서론, 서문; 계기, 발단	17. *pre*vious	이전의, 앞선, 사전의
9. *pre*ference	선호, 선택(물); 우선(권)		

㉖ pr(o)-, pur- (=forward, forth ; before) 〈앞으로 ; 전에〉

1. *pro*claim	포고 · 선언 · 공고하다	12. *pro*ject	n. v. 입안 · 계획하다; 발사하다
2. *pro*crastinate	미루다, 질질 끌다, 연기하다	13. *pro*long	연장하다, 늘이다, 오래 끌다
3. *pro*cure	얻다, 획득 · 조달하다	14. *pro*minent	돌출한; 눈에 띄는; 탁월한
4. *pro*digal	낭비적인, 방탕한	15. *pro*mote	승진시키다; 촉진 · 장려하다
5. *pro*digious	거대한, 막대한; 비범한	16. *pro*mpt	신속한, 재빠른; 시간을 엄수하는
6. *pro*fess	공언 · 확언하다; 직업으로 삼다	17. *pro*mulgate	공포 · 반포하다, 퍼뜨리다
7. *pro*ficient	능숙한, 숙달된	18. *pro*pel	추진하다, 나아가게 하다, 몰아대다
8. *pro*found	깊은, 심원(오)한	19. *pro*pensity	경향, 성벽, 버릇
9. *pro*fuse	아낌없이 쓰는, 헤픈; 풍부한	20. *pro*ponent	제안자; 지지자 · 주창자 · 찬성자
10. *pro*gnosis	예지, 예측; 예후	21. *pro*scribe	금지하다; 법률보호를 박탈하다
11. *pro*hibit	금(지)하다; 방해하다	22. *pro*spect	가망; 전망, 기대, 예상; 조망

23. *pro*sper	번창 · 번영하다, 성공하다	26. *pro*voke	화나게 하다; 불러일으키다
24. *pro*tect	보호하다, 지키다, 막다	27. *pru*dent	신중한, 조심성 있는
25. *pro*trude	내밀다, 튀어나오게 하다		

㉗ re-, red-, ren- (=again, back ; against) 〈다시, 뒤로 ; 반대로〉

1. *re*bellious	반란 · 반역의; 반항적인	32. *re*pair	수선 · 수리하다; 치료 · 회복하다
2. *re*buke	비난하다, 나무라다; 비난, 책망	33. *re*peal	폐기 · 철회하다; 폐지 · 취소 · 철회
3. *re*cant	취소 · 철회하다	34. *re*pel	쫓아버리다, 격퇴하다; 불쾌감을 주다
4. *re*cede	후퇴 · 퇴각하다; 손을 떼다; 줄다	35. *re*pent	후회하다, 뉘우치다
5. *re*ciprocal	상호 · 호혜적인; 보답의, 답례의	36. *re*place	대신 · 대체 · 교환하다
6. *re*cite	암송 · 낭송 · 낭독하다	37. *re*plenish	보충, 다시 채우다
7. *re*cluse	은둔자, 속세를 떠난 사람	38. *re*plete	가득 찬, 충만한
8. *re*concile	화해시키다; 조정하다, 조화시키다	39. *re*plica	복제, 복사, 모사
9. *re*crimination	맞비난; 맞고소, 반소(反訴)	40. *re*press	진압하다; 억누르다, 억제하다
10. *red*undant	여분 · 잉여의; 불필요한; 과잉의	41. *re*proach	비난하다, 야단치다; 비난
11. *re*frain	삼가 · 자제 · 억제하다; 그만두다	42. *re*prove	비난하다, 꾸짖다, 나무라다
12. *re*fuge	피난(처), 은신처	43. *re*pugnant	싫은, 불쾌한, 역겨운; 적대의
13. *re*habilitate	복직 · 복위 · 복원시키다	44. *re*puted	평판이 좋은; …라는 평판의
14. *re*hearse	예행연습하다; 낭송하다	45. *re*quire	…을 필요로 하다
15. *re*imburse	변상 · 변제 · 상환하다	46. *re*scue	구(출)하다; 구조, 구원, 구제
16. *re*inforce	강화 · 증강 · 보강하다	47. *re*semble	닮다
17. *re*iterate	반복하다, 되풀이하다	48. *re*sent	분개하다, 원망하다, 노하다
18. *re*lease	풀어놓다, 석방하다; 개봉하다	49. *re*sign	사직 · 퇴직하다; 포기 · 단념하다
19. *re*lentless	가차 없는, 무자비한, 냉혹한	50. *re*silient	되 튀는, 탄력성이 있는
20. *re*levant	관련된, 적절한	51. *re*solute	굳게 결심 · 결의한, 단호한
21. *re*liable	신뢰할(믿을) 수 있는; 확실한	52. *re*solve	결심하다; 풀다; 결심, 결의, 결단
22. *re*linquish	그만두다, 포기하다, 양도하다	53. *re*sponsibility	책임; 직책, 책무
23. *re*luctant	마음 내키지 않는, 꺼리는	54. *re*strain	억누르다, 억제하다; 제한하다
24. *re*miniscent	생각나게 하는, 추억 · 회상의	55. *re*strict	제한 · 한정하다
25. *re*mit	송금하다; 이송 · 환송하다	56. *re*sume	재개(再開)하다, 계속하다
26. *re*mnant	나머지; 나머지의, 잔여의	57. *re*tain	보유 · 유지하다, 간직하다
27. *re*muneration	보수, 보상, 보답, 급료	58. *re*taliate	보복하다, 복수하다; 반격하다
28. *ren*der	…이 되게 하다; 갚다, 돌려주다	59. *re*tard	지체시키다; (성장 등을) 방해하다
29. *re*negade	배교자, 배반자, 탈당자	60. *re*ticent	과묵한, 말수가 적은
30. *re*nounce	포기하다; 부인 · 거절하다	61. *re*tract	취소 · 철회하다
31. *re*nown	유명, 명성	62. *re*treat	후퇴 · 퇴각 · 철수하다, 물러나다

63. *re*tribution	응보, 천벌, 보복, 앙갚음	66. *re*vive	소생·회복·부활하다(시키다)
64. *re*trieve	되찾다, 회수·인양하다	67. *re*voke	취소·철회하다, 폐지하다
65. *re*vise	개정·수정·교정하다		

㉘ retro- (=backward, back) 〈뒤로〉

1. *retro*act	반동·역작용하다; 소급력이 있다	3. *retro*spect	회고(하다), 추억(에 잠기다)
2. *retro*gression	후퇴, 역행		

㉙ se-, sed- (=apart, away, aside) 〈따로 떼어〉

1. *se*clude	떼어놓다, 가두어 놓다	4. *se*gregate	분리하다, 격리하다
2. *se*cret	비밀의; 비밀(사항); 비법	5. *se*lect	선택하다, 뽑다; 잘 선택한, 정선된
3. *se*duce	부추기다, 유혹하다; 매혹하다	6. *se*parate	분리한, 떨어진; 분리하다

㉚ sub- suc-, sup-, sur-, sus-, so- (=under, below, beneath) 〈아래(로, 에)〉

1. *sub*mit	제출하다; 항복·굴복·복종하다	11. *suc*cumb	굴복하다, 지다(to)
2. *sub*side	가라앉다, 진정되다, 빠지다	12. *sup*plant	대신·대체하다; 대신 들어앉다
3. *sub*sidiary	지회, 자회사; 자회사의	13. *sup*plement	보충하다; 보충, 증보
4. *sub*sidy	(정부의) 보조금, 조성금	14. *sup*position	추정, 추측; 가정, 가설
5. *sub*stantial	실질적인, 실체가 있는; 상당한	15. *sup*press	진압하다; 억제하다, 출판금지하다
6. *sub*stitute	대역, 대용(식)품; 대리시키다	16. *sur*reptitious	은밀한, 몰래하는, 비밀의
7. *sub*terranean	지하의; 숨은	17. *sus*ceptible	민감한; 영향을 받기 쉬운
8. *sub*versive	타도하는, 붕괴시키는	18. *sus*tain	떠받치다; 계속하다; 지탱하다
9. *suc*ceed	성공하다(in); 계승하다(to)	19. *so*journ	체류하다; 체재, 체류, 묵음, 머물음
10. *suc*cinct	간결·간명한		

㉛ super-, supr-, sur-, preter (=above, over ; beyond, exceedingly, too ; superior to) 〈~위의 ; 초~, 지나치게 ; …보다 우월한〉

1. *super*b	훌륭한, 뛰어난, 멋진, 최고급의	4. *super*fluous	여분의, 남아도는; 불필요한
2. *super*cilious	거만한, 거드름 피우는	5. *super*intend	감독·관리하다
3. *super*ficial	피상적인, 허울뿐인	6. *super*sede	대신하다, 대체하다, 경질하다

7. *super*stition	미신	12. *sur*plus	여분, 잉여(물, 금); 흑자
8. *super*vise	감시 · 감독 · 관리하다	13. *sur*prise	놀라게 하다; 불시에 덮치다
9. *sup*reme	최고의; 더할 나위없는	14. *sur*veillance	망보기, 엄중 감시; 감독
10. *sur*mount	극복하다, 이겨내다	15. *sur*vey	내려다 보다; 조사하다
11. *sur*pass	능가 · 초월하다	16. *sur*vive	살아남다, 보다 오래 살다

㉜ trans- (=across, over, above, beyond, through ; to change)
〈횡단 · 관통 · 초월하여 ; 바꾸다〉

1. *trans*act	(집)행하다; 거래하다	7. *trans*itional	과도기의, 임시(일시)의
2. *trans*cend	넘다, 초과하다, 능가하다	8. *trans*itory	순식간의, 지나가 버리는
3. *trans*cript	성적 증명서, 사본, 등본	9. *trans*mit	보내다; 전승시키다; 전(달)하다
4. *trans*form	변형시키다, 바꾸다	10. *trans*parent	투명한; 명료 · 명백한
5. *trans*gress	넘다; 어기다, 위반하다	11. *trans*pire	새어나오다; 발산 · 배출하다
6. *trans*ient	일시적인; 덧없는, 무상한		

03   Latin Roots [라틴어 파생의 어근]

❶ act, ag, ig (=to drive, to do, to act to move) 〈몰다, 행하다, 움직이다〉

1. *ac*tual	실제의, 현실의	7. ex*ac*ting	강제로 징수하는; 가혹 · 엄격한
2. *ac*tuate	작동 · 가동시키다; 행동시키다	8. in*ac*tive	활동력이 없는, 활발치 못한
3. *ag*enda	협의 사항, 의제(議題), 의사일정	9. intrans*ig*ent	비타협적인
4. *ag*ile	기민한, 민첩 · 민활한, 경쾌한	10. lit*ig*ate	소송 · 고소하다
5. *ag*itation	격동, 동요, 선동, 소동	11. strat*ag*em	전략; 계략, 책략
6. en*ac*t	입법화하다, 실시하다; 제정하다		

❷ am(or) (=〈to〉 love, liking, friendliness, friendly) 〈사랑, 좋아함, 우정〉

1. *am*ateur	아마추어, 애호가	3. *am*icable	우호적인, 평화적인
2. *am*iable	상냥한, 우호적인; 마음씨 고운	4. *am*ity	친목, 친선(관계)

❸ anim (=mind, will, spirit; life) 〈마음, 의지 · 의향, 정신; 생명〉

1. *anim*osity   악의, 증오, 원한, 앙심
2. equ*anim*ity   평온, 침착, 냉정
3. magn*anim*ous   도량이 큰, 아량 있는
4. un*anim*ous   만장(전원)일치의, 한마음의

❹ audi (=to hear, to listen to) 〈듣다〉

1. *audi*ble   들을 수 있는
2. *audi*tion   듣기, 청력; 시청심사, 오디션
3. *audi*tory   귀의, 청각의

❺ cid, cad, cas, cat, cay (to fall) 〈떨어지다〉

1. ac*cid*ent   우연 · 우발적인 일; 사고, 재난
2. *cad*averous   시체 같은, 새파랗게 질린
3. *cas*ual   우연한, 우발적인; 아무렇게나 한
4. *cat*astrophe   재난, 재해
5. in*cid*ent   일어난 일, (부수적) 사건
6. oc*cas*ion   때, 기회, 경우; (특별한) 행사

❻ cept, ceiv, cap(t), ceit, cip, cup (=to take, to seize) 〈잡다〉

1. *cap*able   능력이 있는, 유능한
2. *cap*acious   넓은; (용량이) 큰
3. *cap*tivate   매혹하다, 사로잡다
4. *cap*ture   n. v. 사로잡다, 포획하다
5. con*ceit*   자부, 자만; 공상
6. ex*cept*   …을 제외하고; 제외 · 면제하다
7. in*cip*ient   시작의, 초기의
8. oc*cup*ant   점유자, 거주자, 세입자
9. parti*cip*ate   참가 · 참여하다, 함께 하다
10. prin*cip*le   원리, 원칙, 법칙; 주의

❼ ced, cess, ceed, ceas (=to go 〈away〉; to yield, to give up) 〈가다 ; 굴복 · 포기하다〉

1. *ceas*e   그만두다, 멈추다, 중지하다
2. ne*cess*ary   필연적인, 불가피한; 필요한
3. pro*ceed*   앞으로 나아가다; 계속(속행)하다
4. unpre*ced*ented   전례(선례 · 유례) 없는

❽ cid ; cis (=to kill; to cut) 〈죽이다; 자르다〉

1. sui*cid*e   n. 자살(행위) v. 자살하다
2. de*cid*e   결정 · 결심하다, 해결하다
3. pre*cis*e   분명한; 정확 · 정밀한; 엄격한

❾ clud, clus, clos (=to shut) 〈닫다〉

1. *clos*e	닫다; 끝내다; 끝, 종말, 종결	2. con*clud*e	결론을 내리다

❿ cred, creed, cre (=to believe, to trust) 〈믿다〉

1. *cred*ible	믿을 만한, 신용(뢰) 할 수 있는	2. *cred*o	신조(信條)

⓫ cur(r), curs, cours (=to run) 〈달리다, 진행하다, 흐르다, 범위가 미치다, 통용하다〉

1. *curr*ent	현재의, 현행의; 통용하고 있는	4. oc*cur*	일어나다, 생기다; 떠오르다
2. *curs*e	저주; 불경스런 말, 악담, 욕설	5. pre*curs*or	선구(선각)자; 전임자; 전신
3. *curs*ory	서두르는; 되는 대로의, 엉성한	6. re*cur*	재발하다, 되풀이하다

⓬ dic(t) (=to say, to declare) 〈말하다, 선언하다〉

1. de*dic*ate	바치다, 봉헌하다; 헌정하다	5. pre*dic*ate	단언하다; …에 바탕을 두다
2. *dict*ion	말씨, 용어, 어법; 발성(법), 어조	6. ver*dict*	평결; 판결, 결정; 의견; 판단
3. *dict*ator	독재자, 지배자; 구술자	7. vin*dic*ate	주장하다; 정당함을 입증하다
4. juris*dict*ion	사법권 · 재판권, 관할권(한)		

⓭ duc(t), du (=to lead) 〈이끌다, 인도하다〉

1. pro*duc*e	생산하다; 낳다, 일으키다	3. sub*du*e	정복하다; 억제하다, 억누르다
2. re*duc*e	줄이다, 축소 · 삭감하다		

⓮ fect, fac(t), feas, feit, fit (=to make, to do) 〈만들다, 하다〉

1. de*fic*iency	부족, 결핍, 결함	5. ef*fect*	결과; 영향; 효력; 효과; 발효; 취지
2. de*fic*it	부족(액), 적자, 결손	6. ef*fic*ient	능률 · 효율적인, 유효한; 유능한
3. dif*fic*ult	어려운, 난해한	7. *fac*ilitate	용이하게 하다; 촉진하다
4. edi*fic*e	(크고 웅장한) 건물	8. *feas*ible	실행할 수 있는; 그럴싸한(듯한)

9. *fict*itious	거짓의; 소설의, 허구적인	12. of*fic*ious	참견하는, 친절을 베푸는
10. for*feit* : n. v.	상실하다, (권리를) 잃다	13. pro*fit*able	이문이 있는; 도움이 되는
11. magni*fic*ent	장대한; 격조 높은, 고상한	14. suf*fic*ient	충분한, 풍부한; 자력이 있는

⑮ fer (=to carry ; to bear) 〈나르다, 전달하다 ; 나르다, 지니다, 맺다, 견디다〉

1. dif*fer*	다르다, 틀리다; 의견이 다르다	6. re*fer*	맡기다; 언급·설명하다, 말하다
2. dif*fer*entiate	차이를 분간·구별하다	7. re*fer*endum	국민(일반) 투표
3. *fer*tile	기름진, 비옥한, 다산의	8. suf*fer*	경험하다, 입다, 받다; 참다
4. in*fer*	추론·추단하다; 의미하다	9. trans*fer*	옮기다; 전학시키다; 양도하다
5. of*fer*	제공·제의·제안하다	10. voci*fer*ous	큰 소리로 외치는, 떠들썩한

⑯ flect, flex (=to bend) 〈휘다, 구부리다〉

1. de*flect*	비끼게 하다, 빗나가게 하다	3. re*flect*ion	반사, 반영; 묵상, 숙고; 비난
2. *flex*ible	유연한; 유순한; 융통성 있는		

⑰ fin (=end, limit, boundary) 〈끝, 한계, 경계〉

1. *fin*al	최종의, 마지막의; 최종적인, 결정적인

⑱ flu, fluc, flux (=to flow) 〈흐르다〉

1. *fluc*tuate	파동·변동하다	3. in*flux*	유입, 쇄도
2. *flu*id	유체; 유체의, 액체의, 유동성의		

⑲ gen, gener, genit (=birth, kind, class) 〈탄생, 종류(친절한), 등급〉

1. en*gen*der	(감정 등을) 낳다, 일으키다	4. *gen*ial	온화한; 온후한; 다정한, 친절한
2. *gener*ate	낳다; 발생시키다, 야기하다	5. *gen*re	장르, 종류, 형, 범주, 양식
3. *gen*etic	유전자의, 유전학적인	6. *gen*uine	참된, 진실의, 진짜(품)의

⑳ grad, gred, gress (=to go, to step) 〈가다, 내딛다〉

1. ag*gress*ion	공격, 침략; 침범, 침해	2. *grad*ual	점차(진)적인, 조금씩 나아가는

㉑ greg (=flock, herd) 〈무리, 떼〉

1. con*greg*ate	모이다, 집합하다	2. *greg*arious	떼를 지어 사는, 사교적인

㉒ here, hes (=stick) 〈달라붙다〉
㉓ ject, jac, jet (=to throw) 〈던지다〉

1. con*ject*ure	추측하다; 추측, 억측	3. ob*ject*ive	객관적인, 공정한; 목적, 목표
2. de*ject*ed	기가 죽은, 낙담·낙심한	4. sub*ject*	**a. n.** 주제; 학과; 국민; 피실험자

㉔ join, junct (=to join) 〈인접하다, 잇다〉

1. *junct*ure	(중대한) 시기, 시점; 위기		

㉕ lateral (=side) 〈옆의, 측면의〉

1. *lateral*	옆의, 측면의	2. uni*lateral*	일방적인, 단독의

㉖ leg, lect (=law) 〈법〉 ㉗ leg, lect, leag (=to gather) 〈모으다〉
㉘ leg, lect, lig (=to choose) 〈선택하다〉 ㉙ leg, lect (=to read) 〈읽다〉
㉚ leg, lect (=to send) 〈보내다〉

1. *leg*al	법률의; 적법한, 합법적인	5. neg*lect*	소홀히 하다; 게을리 하다
2. *leg*itimate	적법의, 합법의(적인); 정당한	6. dia*lect*	사투리, 방언; 특유 언어
3. privi*leg*e	특권, 특전	7. e*lect*	뽑다, 선거하다; 선택하다
4. col*lect*	모으다; 수집하다; 수금하다	8. e*lig*ible	적격(적임)의; 뽑힐 자격이 있는

9. *leg*end 전설
10. de*leg*ate 대리자, 대표

11. recol*lect*ion 상기, 추억, 회상

---

③① litera (=letter) 〈문자, 글자〉

1. *litera*cy 읽고 쓰는 능력; 교양이 있음
2. *litera*l 문자(상)의, 문자 그대로의

---

③② loqu, locut (=to talk, to say, to speak) 〈말하다〉

1. col*loqu*ial 구어의, 담화체의
2. *loqu*acious 수다스러운, 말 많은

3. soli*loqu*y 혼잣말 ; (연극의) 독백

---

③③ mis(s), mit(t), mess (=to send) 〈보내다〉

1. ad*mit* 인정·시인하다; 입장을 허락하다
2. com*mit*ment 약속; 위임; 범행; 헌신
3. compro*mise* n. v. 타협·합의·양보하다
4. e*miss*ary 특사, 밀사, 사절, 사자(使者)

5. o*mit* 생략하다; 게을리 하다
6. pre*mise* 전제, 가설; (~s) 부동산; 구내
7. sur*mise* n. v. 짐작하다, 추측하다

---

③④ mov, mot, mob (=to move) 〈움직이다, 이동하다〉

1. *mot*ivate 동기를 부여하다, 유발하다
2. re*mot*e 먼, 외딴; (가능성 등이) 희박한

3. re*mov*e 옮기다; 제거하다, 치우다

---

③⑤ luc, lum, lumin (=light) 〈빛〉

1. e*luc*idate 분명히 하다; 설명·해명하다
2. *luc*id 명료한, 명쾌한; 명석한, 제정신의

3. *lumin*ary 발광체; 선각자, 지도자
4. *lumin*ous 빛을 내는, 반짝이는, 밝은

㊱ man, manu (=hand) 〈손, 지배〉

1. *man*date	통치 위임; 명령, 지령, 지시	2. *man*ipulate	솜씨 있게 · 교묘하게 다루다

㊲ ped, patch, pus (=foot) 〈발〉

1. im*ped*e	훼방 놓다, 방해하다	2. *ped*estrian	도보의; 산문적인, 평범한

㊳ pel(l), peal, plus (=to drive) 〈몰다〉

1. ap*peal*	간청 · 애원하다; 매력이 있다	2. com*pel*	강요 · 강제하다

㊴ pend, pens (=to hang) 〈매달다, 걸려 있다〉

1. sus*pend*	매달다; (일시) 중지 · 중단하다

㊵ pos, pon (=to put, to place) 〈놓다, 두다〉

1. com*pon*ent	구성하고 있는, 성분의	3. de*pos*it	투입하다; 예금하다; 침전시키다
2. com*pos*e	구성 · 조직하다; 진정시키다	4. im*pos*e	(부담 등을) 지우다, (부)과하다

㊶ pli, plic (=to fold, to bend) 〈포개다, 휘다〉

1. *pli*able	휘기 쉬운; 유순한; 순응성이 있는

㊷ port (=to carry) 〈나르다〉

1. de*port*	신하다; 추방하다, 유배하다	2. im*port*ant	중요한; (사람 등이) 높은

3. *port*al	현관, 입구, 정문; 시작, 발단	5. trans*port*	수송하다, 나르다; 수송, 운송
4. sup*port*	받치다, 지지하다; 부양하다		

㊸ rupt (=to break) 〈깨다〉

1. bank*rupt*	a. n. 지불 불능자, 파산자	3. *rupt*ure	v. n. 파열, 균열, 결렬, 절교
2. cor*rupt*	타락한, 부도덕한; 타락시키다		

㊹ scrib, script (=to write) 〈쓰다〉

1. con*script*	징집 · 징병하다; 징집병, 신병	2. sub*scrib*e	기명하여 동의하다; 구독하다

㊺ sect (=to cut) 〈자르다〉
㊻ sent, sens (=to feel) 〈느끼다〉

1. *sens*eless	감각 · 양식이 없는; 무의미한	3. *sent*ence	n. v. 형을 선고하다
2. *sens*ible	양식이 있는	4. *sent*inel	보초(병), 감시인

㊼ sequ, secut, su- (=to follow) 〈따르다〉

1. con*secut*ive	계속되는, 연속하는	2. ex*ecut*e	실행 · 실시 · 시행 · 집행하다

㊽ simil, simul (=similar, like, same) 〈유사한, 같은〉

1. *simil*arity	유사, 상사; 유사점, 상사점	3. *simul*ate	흉내내다; …인 체하다
2. *simil*e	직유(법), 직유표현	4. *simul*taneous	동시에 일어나는

㊾ sol, soli (=alone, lonely, single) 〈혼자의, 쓸쓸한, 단 하나의〉

1. de*sol*ate	v. a. 황폐한, 내버려진; 쓸쓸한	2. *sol*e	단 하나의; 단독의, 독점적인

(50) solv, solu, solut (=to loosen) 〈느슨하게 하다〉

1. in*solv*ent a. 지불불능의 n. 지불불능자

(51) spec(t), spi(c), spy (=to look, to see) 〈보다〉

1. au*spic*ious 길조의; 순조로운
2. ex*pect* 기대 · 예상하다; 생각하다
3. in*spect* 세밀히 조사하다; 시찰하다
4. per*spic*uous 명백한, 명료한, 명쾌한
5. re*spect* n. v. 존경하다; 존중 · 중시하다
6. *spec*ies 종류; 종(種) [분류에서 종(種)]
7. *spec*ific 명확히 한정된; 명확한; 특유의
8. *spec*ious 허울이 좋은, 그럴 듯한
9. *spect*acular 장관인, 호화로운, 볼만한
10. *spec*ulate 사색 · 추측 · 투기하다

(52) st(a), stat, stit, sist, stand, stead, stic (=to stand) 〈서다, …의 상태에 있다〉

1. armi*stic*e 휴전(조약), 정전
2. as*sist* n. v. 돕다, 거들다, 원조하다
3. con*sta*nt 일정한; 끊임없는; 변함없는
4. con*stit*ute 구성하다; 제정하다
5. di*sta*nt 먼(지난), 떨어진; 경원한
6. e*sta*blish 설립 · 제정 · 확립하다
7. ex*ta*nt 지금도 남아있는, 현존하는
8. re*sist* 저항 · 반항하다; 견디다, 버티다
9. *sta*le 신선하지 않은, 김빠진, 딱딱해진
10-1. *sta*lk-1 몰래 접근하다
10-2. *sta*lk-2 (식물의) 줄기
11. *sta*mina 체력, 정력, 인내력
12. *stand*ing a. n. 서 있기; 지위, 신분
13. *stand*ard a. n. 표준, 기준, 규범
14. *stand*still 정지, 정돈, 교착(상태)
15. *stat*ely 위엄 있는, 당당한
16. *stat*ute 법령, 법규, 제정법, 규칙
17. *stat*us 지위, 신분; 상태; 사정 · 정세
18. *stat*us quo 현상(現狀), 현재 상태
19. *sta*unch 튼튼한, 든든한, 견고한
20. *stead*fast 확고부동한, 부동의
21. under*stand* 이해하다

(53) tig, tag, tang, ting, tact (=to touch ; art) 〈접촉하다 ; 기술〉

1. con*tact* n. 접촉하다; 연락 · 교제하다
2. con*tag*ious 전염성의, 전염에 의한
3. en*tang*le 얽히게(혼란하게) 하다
4. in*tact* 손상되지 않은, (상태가) 완전한
5. *tang*ible 만져 알 수 있는; 유형의

㊴ termin (=end, limit, boundary) 〈끝, 한계, 경계〉 [동의어근 : fin]

1. de*termin*e   결정 · 결심하다, 결의하다   3. *termin*ate   종결짓다, 끝내다; 끝나다
2. in*termin*able   영구적인, 끝없는, 긴

㊵ tract, tra, treat (=to draw) 〈끌다〉

1. con*tract*   계약 · 수축하다, (병에) 걸리다   4. *tra*it   특색, 특질, 특징
2. en*treat*   간청 · 탄원 · 부탁하다   5. *trea*ty   조약, 협정
3. ex*tract*   n. v. 추출하다; 뽑다; 발췌하다

㊶ und (=wave, flow) 〈물결, 흐름〉

1. in*und*ate   침수시키다; 쇄도하다

㊷ uni (=one, alone) 〈하나의, 유일한〉 [동의어근 : mono(〈Gk〉)]

1. *uni*form   일률 · 획일적인; 한결같은   3. *mono*tonous   단조로운, 변화가 없는
2. *uni*que   유일한; 독특한; 좀처럼 없는

㊸ ven(t) (=to come) 〈오다〉

1. adventure   v. n. 모험(성); 투기   4. prevent   막다, 방해하다; 예방하다
2. eventual   결과로서 일어나는, 종국의   5. revenue   세입(稅入); 재무부; 총수입
3. invent   발명하다; 날조 · 조작하다

㊹ ver, vera, veri (=true, truth) 〈진실의, 진실〉

1. a*ver*   단언 · 주장 · 확언하다   2. *ver*ify   진실임을 입증 · 실증 · 확인하다

⑥ vers, vert (=to turn) 〈돌리다〉

1-1. con*vers*e-1	대화하다; 담화; 친교	4. re*vert*	되돌아가다, 복귀·상환되다(to)
1-2. con*vers*e-2	역(逆)의, 거꾸로 된	5. *vers*atile	다재다능한, 다방면·다용도의
2. con*vert*	바꾸다, 전환·변화·변형하다	6. vice *vers*a	반대로; 역 또한 마찬가지로
3. re*vers*e	**a. v.** 거꾸로 하다, 뒤집다		

⑥ vid, vis (=to see, to look, sight) 〈보다, 봄〉

1. en*vis*age	마음에 그려보다; 직시하다

⑥ vinc, vict, vanq(〈vanc〈vinc) (=to conquer, to show) 〈정복하다; 보여주다〉

1. *vanq*uish	무찌르다, 정복시키다

⑥ voc, vok, vow, vouc (=to call, voice) 〈부르다, 목소리〉

1. con*vok*e	불러 모으다, 소집하다	3. *voc*ation	소명; 천직, 사명; 직업
2. equi*voc*al	애매한; 분명치 않는		

04 Greek Prefixes & Roots [희랍어 파생의 접두사 & 어근]

❶ a-, an- (=not, without) 〈···이 아닌, ···이 없는〉

1. *a*damant	요지부동의; 단단한, 견고한	5. *a*pathetic	냉담한, 무관심한, 무감각한
2. *a*mnesia	기억력 상실(증), 건망증	6. *an*ecdote	일화(逸話), 비사(秘史), 기담
3. *a*mnesty	**v. n.** 대사(大赦), 특사	7. *an*onymous	저자·작자 불명의, 익명의
4. *an*archy	무정부 상태		

❷ ant-, anti- (=against, contrary) 〈대항하여, 반대로(의)〉 [동의접두사=contra-(〈L〉)]

1. *ant*agonist	상대역; 반대자, 적대자	4. *anti*pathy	반감, 혐오(감), 질색
2. *anti*body	항체(抗體)	5. *anti*septic	n. 방부제 a. 방부성의
3. *anti*dote	해독제(解毒劑), 교정 수단	6. *anti*thesis	대조(법); 정반대

❸ anthrop(o)- (=man, human being) 〈사람, 인류〉

1. *anthropo*logy	인류학	2. phil*anthropy*	박애, 자선

❹ aster, astr(o) (=star) 〈별, 우주〉

1. *astro*logy	점성술, 점성학	3. *astro*nomer	천문학자
2. *astro*naut	우주비행사	4. dis*aster*	재난, 재해

❺ aut-, auto- (=self) 〈스스로〉

1. *auto*biography	자서전	4. *auto*maton	자동 장치, 자동인형, 로봇
2. *auto*cracy	독재국가, 독재(전제)정치	5. *auto*nomy	자치(권), 자율성
3. *auto*mation	자동조작, 기계사용		

❻ bibl(i)(o) (=book) 〈책〉

1. *biblio*phile	애서가, 서적 애호(수집)가

❼ bio (=life) 〈삶, 生〉

1. *bio*graphy	전기, 일대기; 전기문(작품)	2. *bio*logy	생물학; 생태학

❽ chron(o) (=time) 〈시간, 시대〉

1. ana*chron*ism	시대착오	3. *chrono*logical	연대순의
2. *chron*ic	만성의; 상습적인, 오래 끄는	4. syn*chron*ize	시간을 일치시키다

❾ cracy (=government, rule) 〈정치, 통치〉

1. aristo*cracy*	귀족정치(또는 국가, 계급)	3. demo*cracy*	민주정치, 민주주의(국가)
2. bureau*cracy*	관료정치; 관료적인 절차	4. pluto*cracy*	금권(부호, 재벌)정치(국)

❿ dem(o) (=people) 〈사람들, 국민·백성〉

1. *dem*agogue	선동(정치)가, 민중지도자	3. epi*dem*ic	유행성의, 널리 퍼진; 유행병
2. en*dem*ic	풍토병의; 풍토병	4. pan*dem*ic	전국적(세계적) 유행병(의)

⓫ derm, dermato (=skin) 〈피부〉

1. *dermato*logist	피부과 의사

⓬ eu (=good, well) 〈좋은, 잘〉

1. *eu*logy	찬미, 칭송, 찬사	3. *eu*phony	듣기 좋은 음조
2. *eu*phemism	완곡어법, 완곡한 표현	4. *eu*thanasia	안락사

⓭ gen, geno, genea (=birth, creation; kind; race) 〈탄생, 창조; 종류; 인종〉

1. *gen*ocide	종족 말살, 대량 학살	3. homo*gen*eous	동종의, 동등의, 동질의
2. hetero*gen*eous	이질적인; 잡다한		

⓮ geo (=earth) 〈땅, 지구〉

1. *geo*logy	지질학

⑮ gram, graph (=letter ; writing, to write) 〈글자 ; 쓰기, 쓰다〉

| 1. *graph*ic | 사실적인, 생생한, 그림 같은 | 2. typo*graph*ical | 인쇄(술)의 |

⑯ hydr(o) (=water) 〈물〉

| 1. de*hydr*ate | 탈수하다(되다), 건조시키다 |

⑰ hyper (=over, above, excessive) 〈위로, 초과 · 과다한〉

| 1. *hyper*bole | 과장(법), 과장어구(서술) | 3. *hyper*tension | 고혈압, 과도한 긴장 |
| 2. *hyper*inflation | 고(高) 인플레이션 | | |

⑱ hypo (=under) 〈밑에, 아래〉

| 1. *hypo*crisy | 위선(적 언행), 거짓, 겉치레 | 2. *hypo*thesis | 가설, 가정 |

⑲ -log, -(o)logy (=speech, word, to speak) 〈말, 말하다〉
⑳ -logy (=science, study) 〈-學, -術〉

| 1. ana*logy* | 유사, 비슷함 | 3. eco*logy* | 생태학 |
| 2. apo*logy* | 사과, 사죄; 해명, 변호 | 4. psycho*logy* | 심리학 |

㉑ mania (=madness, insane impulse, craze) 〈광기, 광적인 충동, 열광〉

| 1. klepto*mania* | 병적인 도벽 |

㉒ meter, metr (=measure) 〈측정, 치수〉

| 1. peri*meter* | 주위, 주변 | 2. sym*metry* | 대칭, 균형, 조화 |

㉓ mis(o) (=to hate) 〈미워하다〉

1. *mis*anthrope　　　인간을 혐오하는 사람

㉔ mon(o) (=one, alone) 〈하나의〉

1. *mono*lithic　　　돌 하나로 된, 단일(체제)의

㉕ nom (=management, distribution, law) 〈관리, 분배·분포, 법칙〉

1. astro*nom*y	천문학	2. eco*nom*y	경제; 절약, 검약

㉖ onym, onomato (=name, word) 〈이름, 단어(語)〉

1. acr*onym*	두문자어(頭文字語)	4. pseud*onym*	가명, 필명, 아호
2. an*onym*ous	저자·작자 불명의, 익명의	5. syn*onym*	동의어
3. hom*onym*	동음이의어(同音異議語)		

㉗ ortho (=straight, correct) 〈곧은, (올)바른〉

1. *ortho*dox　　　정통(설)의, 옳다고 인정된

㉘ pan, panto (=all ; complete) 〈모든 ; 완전한, 전부의〉

1. *pan*acea	만병통치약; 만사 해결책	2. *pan*demonium	악마의 소굴, 지옥; 대혼란

㉙ para (=beside, aside) 〈옆에, 곁에〉

1. *para*ble	우화(寓話), 비유담	3. *para*mount	최고의, 지상의
2. *para*llel	a. v. n. 평행선; 상사, 유사(물)		

㉚ path (=feeling ; suffering) 〈느낌, 감정 ; 고통〉

1. anti*path*y	반감, 혐오(감), 질색	4. sym*path*y	동정, 연민, 공감
2. a*path*y	냉담, 무관심, 무감각	5. *path*etic	불쌍한, 측은한, 애처로운
3. em*path*y	감정이입, 공감(共感)		

㉛ ped (=child) 〈아이〉 ☞ Latin Roots [ped] 참조(37)!

1. *ped*iatrics 소아과(학)

㉜ peri (=around) 〈주위의, 주변의〉

1. *peri*patetic	소요학파의, 순회하는	2. *peri*phery	주위, 주변

㉝ phil(o) (=to love) 〈사랑하다〉

1. *philo*sophy	철학	2. *philo*logy	문헌학; 언어학

㉞ phob (=to fear) 〈두려워하다〉

1. claustro*phob*ia	밀실(密室) 공포증	2. xeno*phob*ia	외국인 혐오(증)

㉟ phon (=sound) 〈소리, 음〉

1. *phon*ology 음운론, 음성학

㊱ psych(o) (=mind, spirit, soul) 〈마음, 심리, 정신, 영혼〉

1. *psych*e 영혼, 정신

㉖ scope (=to watch, to see) 〈보다〉

1. **tele**scope	망원경

㉘ soph (=wisdom, wise) 〈지혜(로운)〉

1. sophisticated	세련된, 순진하지 않는; 정교한

㉙ syn, sym (=together, with) 〈함께, 더불어〉

1. synopsis	개관, 개요, 줄거리	2. synthesis	종합, 합성

㉚ therm(o) (=heat) 〈열〉

1. thermal	열의, 온도의, 열이 있는	2. thermometer	온도계

㊶ thesis, thet, thes (=to place, to put, to set) 〈놓다〉

1. thesis	명제; 졸업 · 학위 논문

- **a bit (of a)**   다소, 좀(somewhat, sort of, kind of)
- **a chip off(/ of) the old block**   (기질 등이) 아버지를 꼭 닮은 아들, 조상의 피를 이어받은 사람
- **a host of**   다수의, 많은(many, a large〈/ great / good〉 number of, a multitude of, a throng of, a lot of, lots of, plenty of, a plethora of, a swarm of)
- **a lot of**   많은 수/양의(lots of, plenty of) (가산 · 불가산 명사 모두 결합 可)
- **a man of means(/wealth)**   재산가(a man with money)
- **a man of one's word**   약속을 지키는 사람
- **a matter of course**   당연한 일, 응당 있을 일
- **a rule of thumb**   경험 법칙, 어림 감정; 대충이지만 실제에 근거한 방법(수단)
- **a slip of the press**   오식(誤植) *Cf.* misnomer : (인명 · 지명 등의)오칭(誤稱) · 오기(誤記)
- **a slip of the tongue**   잘못 말함, 실언 *Cf.* a slip of the pen : 잘못 씀
- **a stuffed shirt**   젠체하는 사람; 유력자, 명사; 부자
- **a swelled head**   자만, 자부(vanity, excessive pride, self-conceit)
- **abide by**   약속을 지키다, (규칙 등을) 준수하다(stick to, adhere to, keep〈to〉, be faithful to, be sincere in)
- **abound in(or with)**   ~이 풍부하다, 꽉 차다(be abundant in, teem in〈with〉, swarm with, be plentiful, be rich in〈or with〉, be filled with, be full of, be replete with, be rife with)
- **above all**   무엇보다도 먼저, 우선 첫 번째로(among other things, first of all, more than anything else, for one thing, in the first place, to begin with)

- **abstain from**   삼가다, 절제 · 억제하다(refrain〈from〉, hold oneself back, keep from); 그만두다(abstain from, stop), 회피하다, (투표의 경우) 기권하다
- **accede to(or with)**   (제의 · 요구 등에) 동의하다, 응하다, 의견이 일치하다(agree to〈or with〉, assent to, give〈one's〉 assent to, consent to, concur with); (관직 등에) 취임하다, 오르다(attain to)
- **according as S + V**   ~에 따라서(depending on whether, in proportion as)
- **according to 명사**   ~에 따라서(따르면)(on the basis of)
- **account for**   (이유를) 밝히다, 설명하다(explain, enlarge on, give a good reason for); (비율 등을) 차지하다; 원인(설명)이 되다, (행위 등의) 책임을 지다(answer for, be accountable or responsible for)
- **across the board**   전 종류를 포함한(하여), 일괄적으로(on every item, all together, in a body); 전면적인(으로), 종합적인(으로); 주5일〈월~금〉에 걸친(TV · 라디오 프로)
- **act one's age**   나이에 걸맞게 행동하다(나이값을 하다)
- **act up**   사납게 굴다(misbehave); 장난치다(be playful); (증세 등이) 다시 악화되다, 재발하다(become painful)
- **add in**   산입(算入)하다, 포함시키다(combine〈numbers〉 into a sum, include, count in)
- **add to**   더하다, 증가하다, 첨가하다(be an addition, increase)
- **add up**   합계하다(calculate the total of); 계산이 맞다(equal the expected sum); 이해가 가다(seem reasonable, make sense)
- **add up to**   합계 …이 되다(reach a total of, stack up, amount to, total, sum up); 요컨대 …라는 뜻이 된다, …을 의미하다(mean, signify)
- **address oneself to**   말을 걸다(speak to); 본격

착수 · 시작하다, 전념하다(apply oneself to, be absorbed in)

- **after all** 아무튼, 하지만, 어쨌든, 결국

- **again and again** 몇 번이고, 되풀이해서

- **agree on(or upon)** (조건 등의) 합의에 도달하다(come to terms, arrive at⟨or reach⟩ a joint decision, settle)

- **agree to** *something* 동의하다(consent to, accede to)

- **agree with** *someone* 의견이 일치하다(have the same opinion as, concur with ↔ disagree with, dissent from); (일 · 음식 · 기후 · 대인관계 등이) 성미 · 마음에 맞다

- **all at once** 갑자기, 별안간(suddenly, all of a sudden, on a sudden, unexpectedly, abruptly, out of the blue, at short notice, precipitately, on the spur of the moment); 모두 함께(all at the same time, all together)

- **all but** 거의, 하마터면(almost, nearly, next to, ten to one); ~을 제외하고 모두(이 경우 but=except)

- **all ends up** 철저히, 완전히(thoroughly, completely, to the backbone)

- **all the time** 줄곧, 늘, 항상

- **all this while** 그 오랜 동안 내내(쭉)

- **all thumbs** 손재주가 없는, 서투른(clumsy, awkward, unskillful, inexpert, inept, very poor)

- **all told** 전부 합해서, 도합, 총계(⟨all⟩ in all, all in one, in sum)

- **allow for** ~을 고려하다(make allowance⟨s⟩ for, take into account⟨or consideration⟩, take account of)

- **amount to** …에 해당하다; 결국 …이 되다; 합계 …이 되다(add up to, stack up, total, sum up, aggregate)

- **an eye for an eye** 눈에는 눈으로(당한 대로 보복한다 - 성서 Exod, 21 : 24))

- **and so on** ~등등, 기타 등등, 따위(and so forth, etc., and what not, and things, and all that)

- **answer back** 말대꾸하다(reply rudely or impertinently, talk back, retort)

- **answer for** 책임지다, 보증하다(be responsible for, be liable for, account for)

- **anything but** 결코 …이 아닌(never, not at all ↔ nothing but⟨=only⟩) ☞ 이 경우 but=except

- **apart from** …을 제쳐놓고, …은 별도로 하고(other than, besides; aside from, except for, save, but); …에서 떨어져서

- **appeal to** ~에 호소하다, ~의 흥미를 끌다, ~의 마음에 들다, ~을 겨냥하다(be aimed at)

- **apply for** 지원 · 응시 · 신청하다(make application for, make a formal request for, request)

- **apply oneself to** 전념하다(devote oneself to, address oneself to, commit oneself to, work hard at)

- **apply to (Vi)** 적용되다, 적합하다(be applicable to, be true of, fit)

- **apply ~ to (Vt)** 적용 · 응용하다; (페인트 · 풀 · 접착제 등을) 바르다, 칠하다 • apply to : 적합하다, 적용되다(be fit for, be suitable for, be relevant to)

- **around the clock** 24(12)시간 계속으로; 끊임없이, 주야로, 쉬지 않고(for twenty-four hours without stopping, twenty-four hours a day, ⟨all⟩ day and ⟨all⟩ night ⟨without stopping⟩)

- **(just) around or round the corner** 지척에, 아주 가까운 곳에(near or close at hand)

- **arrange for** ~를 짜놓다, 준비하다, ~하도록 조치하다

- **as a result of** …의 결과로서; …때문에(in consequence of, because of, owing to, on account of, thanks to)

- **as a rule** 대체로, 통상(usually, generally, in general, at large, as a whole, on the whole, by and large)

- **as good as** …이나 다름없이(마찬가지로)(no ⟨little⟩ better than, little short of), …거의, 실질적으로(nearly, almost, practically, virtually, nearly the same as)

- **as I have life** 절대로, 틀림없이, 확실히(without fail, for certain, depend upon it)

- **as it were** 말하자면, 마치(so to speak)

- **as large(or big) as life** 실물 크기로(to life-size); 틀림없이, 정말로(in actual fact, truly); 몸소(in person)

- **as opposed to** …와는 대조적으로

- **aside from** ~은 별도로(제외하고)(apart from, except for)

- **ask (or inquire) after** *someone*(or someone's health) 안부를 묻다, 문안하다

- **ask for** 청(구) · 요구 · 요청하다(make a request, request, solicit); 필요로 하다(call for, demand, require)

- **ask someone in** …을 불러들이다

- **ask someone out to~** (주로 식사나 차를 한 잔 하려고) 사람을 불러내다(초청하다)

- **aspire (to v, after)** 열망하다, 대망을 품다(desires ⟨to v⟩ earnestly or eagerly)

- **assent to** 동의하다(agree to, consent to, give assent ⟨or agreement⟩ to)

- **associate (~) with** 교제하다; 제휴 · 연합하다(affiliate ⟨~⟩ with, consort with, join); 관련시키다(connect)

- **at (as) a gift** 공짜라도(even for nothing)

- **at (the) best** 잘해야, 기껏해야(at the maximum)

- **at a discount** 할인하여

- **at a furious rate** 고속력으로(at a furious pace)

- **at a loose end** 일정한 직업이 없이(unemployed, out of a job, out of work, out of collar ↔ in collar), 별로하는 일이 없는(without anything definite to v)　*Cf.* at loose ends : ① 미결 상태에, 혼란하여(in an unsettled or confused condition) ② = at a loose end

- **at a loss** 어찌할 줄 몰라서(모르는), 난처·당황하여(한)(very uncertain ⟨about⟩, at one's wit's ⟨wits'⟩ end, confused, puzzled, perplexed, taken aback, at sea); 손해를 보고

- **at a moment's notice** 당장, 즉석에서

- **at all events** 어쨌든(in any event, in any case, at any rate, at any price, no matter what happens, anyhow)

- **at first hand** 직접적으로, 바로(directly, first hand, from a reliable source ↔ indirectly, at second hand)

- **at hand** 가까이, 가까운 장래에(near ⟨at hand⟩, close at hand, close by, coming soon); 손에 닿는 곳에, 준비되어(ready), 금방 이용 가능한(immediately available, handy, on hand)

- **at intervals** 때때로, 이따금(on and off, off and on, ⟨every⟩ once in a while, occasionally, on occasion, sometimes, ⟨every⟩ now and then, at times, from time to time, intermittently)

- **at issue** 논쟁 중인, 쟁점이 되는(under discussion, in question, under consideration)

- **at length** 마침내, 드디어(after a long time, at last, finally); 상세히(to the whole extent, in full, in detail, at large, thoroughly)

- **at odds (over, with)** 불화하여(하는), 다투어(는)(in disagreement ⟨with⟩, at variance ⟨with⟩, at strife, at sixes and sevens ⟨about⟩, in trouble, in hot water)

- **at once** 즉시, 당장(immediately, off hand, in no time, instantly, on the spot, without delay, right now, but now, right away, right off); 동시에(at the same time, simultaneously)

- **at one time** 동시에, 일제히, 한번에(simultaneously); 일찍이, 왕년에는, 한때는(formerly)

- **at one's service** 도울 준비가 되어 있는(ready to serve or cooperate with one); 마음대로 쓸 수 있는(ready for one's use)

- **at one's wits' end** 어찌할 바를 몰라(at a loss)

- **at random** 닥치는 대로, 무작위로, 특별한 목적 없이(randomly, indiscriminately, aimlessly, at haphazard)

- **at risk** 위험에 처한, 위태로운(risked, at stake, in danger, dangerous)

- **at stake** 내기에 걸려; 위험에 처하여(처한), 위태로운(워)(at risk, risked, in danger, dangerous, perilous)

- **at the expense of** ~을 희생하여, ~의 대가를 치르고(at the cost ⟨/ price⟩ of)

- **at the height of** …의 절정에, …이 한창일 때에

- **at the last moment** 마지막 (위급한) 순간에, 막판에(at the eleventh hour)

- **at the mercy of** …의 마음대로 되어, 좌우되어(under the control of, completely ⟨or wholly⟩ in the power of)

- **at the risk(or peril) of** …의 위험을 무릅쓰고

- **attend on** 시중들다(wait on, serve)

- **attend to** ~에 주의하다(pay attention to, be attentive to, heed, have an ⟨or one's⟩ eye to, take notice of)

- **attribute ~ to** …의 탓으로 돌리다(ascribe ~to, impute ~to, assign ~to, refer ~to); …에 속하게 하다(~to)

- **avail oneself of** 이용하다(use, take advantage of, make use of, utilize)

- **(all) by oneself** 자기 혼자서, 혼자 힘으로(alone, unaccompanied, withdrawn, unaided)

- **back out** 철회하다, 손을 떼다(withdraw ⟨from⟩, draw back, retreat, beat a retreat, recede)

- **back up** 지지하다, 뒷받침하다(support, prop ⟨up⟩, buttress, advocate, bolster ⟨up⟩, stand up for)

- **bail out** v. 낙하산으로 탈출하다; 긴급 (구제)금융을 융자(지원)하다; 책임을 회피하다; 위험을 벗어나다; 손을 떼다, 단념하다

- **based on** …에 기초한, …에 토대·근거를 둔(rooted in, predicated on)

- **be about to v** 막 …하려하다 (be going to v, be on the point of v-ing)

- **be absorbed in(or by)** 몰두·열중하다(be engrossed in, be lost in, be immersed in, be preoccupied with)

- **be accompanied by(or with)** ~을 동반·동행하다(go with, keep one's company, keep company with)

- **be accountable to *someone* (for *something*)** ~에 대해 책임이 있다

- **be accustomed to + (동)명사** ~에 익숙하다(해져 있다)(be used ⟨/ habituated/ inured⟩ to+(동)명사) • be wont to v : …하는 것이 익숙하다, …하는 것이 보통이다(make it a rule to v, be in the habit of v~ing

- be acquainted with ···을 알고있다, ···와 친밀하다(be informed about〈of〉, be apprised of, be notified of) Cf. become acquainted with : ···을 알게되다, ···와 친밀해지다

- be addicted to ~에 빠지다(탐닉하다), 중독되다, 골몰해 있다

- be adept at(in) ~에 숙달 · 숙련하다, 정통하다(be skillful in〈or at〉, be skilled in, be expert at)

- be adjacent to ~에 인접해 있다(be near, be next to)

- be adorned with ~으로 장식되다(be decorated with)

- be adverse to ~에 반대이다(be opposed to); ~에 불리하다

- be affiliated with(or to) ~와 제휴하다(be associated with); ~에 부속 · 소속 · 가맹되다

- be against ~에 반대하다(oppose, object to, take issue with, disprove)

- be akin to ~과 비슷하다, 유사하다(be similar to)

- be alert to ~을 조심 · 경계하다(be watchful of〈or against〉); ~을 민감하다(be sensitive to)

- be alienated from ~로부터 소외되다, 사이가 나쁘다(be estranged from)

- be all ears 열심히 귀를 기울이다(be listening attentively or eagerly)

- be all eyes 열심히 주시하다(be observant or looking round eagerly)

- be allergic to ~에 대해 질색이다, ~을 몹시 싫어하다

- be amenable to ~에 순종하다, ~을 쾌히 받아들이다

- be answerable to + 사람 (for + 사물) ~에 대해 책임이 있다

- be antagonistic to ~와 맞지 않다(반대이다)

- be anxious about 걱정 · 근심하다(be worried〈or uneasy〉 about, be concerned about)

- be anxious about 근심하다(feel uneasy for)

- be anxious to v 갈망하다(be anxious for, be eager for〈/ to v〉, be impatient to v, be keen on〈/ to v〉)

- be apparent to ~으로써 명백하다

- be applicable to ~에 적응할 수 있다, 적절하다

- be appropriate for(to) ~에 어울리다, 적당하다

- be apt to v ···하기 쉽다, ···할 것 같다(be liable to, be likely to); ···하는 경향이 있다(tend to, have a tendency to, be disposed〈/ inclined /likely〉 to)

- be ashamed of ~을 부끄러워하다(be shameful of, be bashful〈/ shy〉 of, feel shame at)

- be assured of ~을 확신 · 장담하다

- be at a loss (as to) ~어찌할 바를 모르다, 난처(해)하다(have no idea〈as to〉, do not know)

- be at home ~에 익숙하다, 편안하다

- be attentive to ~에 주의깊다

- be available for ~에 도움이 되다. 이용할 수 있다

- be averse to ~을 싫어하다, 반대하다

- be aware of 알아차리다, 의식하다(be conscious〈/ cognizant〉 of, know, perceive → be unaware〈/unconscious/ ignorant〉 of, be oblivious to, be forgetful of)

- be badly off 가난하다, 궁색하다(be〈fairly〉 poor ↔ be well off, be well-to-do, be rich, be wealthy) Cf. [비교급] be worse off ↔ be better off, be wealthier, be richer (than now)

- be barren of ~이 없다(부족하다)

- be becoming to ~에 어울리다(적당하다)

- be beneficial to ~에 유익하다

- be blessed with ~에 은혜를 받다, ~을 누리다

- be blind to ~을 깨닫지 못하다, ~에 생각이 미치지 않다

- be bored with ~에 싫증을 내다

- be bound for (비행기 등이) ~행이다

- be bound to 틀림없이 ~하다, ~하지 않을 수 없다(be certain〈obliged〉 to)

- be bound to v 확실히 ~하다(be sure to v, be certain to v); ~하지 않으면 안되다(be obliged〈/ forced/compelled/ impelled〉 to v); ~할 결심이다(be determined to v, resolve to v)

- be bound up with ~와 밀접한 관계가 있다(have much to v with, be closely connected with, be closely related to)

- be capable of + (동)명사 ~할 능력이 있다(be able to v)

- be capable of ~할 능력이 있다(be able to v)

- be cautious of(about) ~에 신중하다(조심하다)

- be clever at ~을 잘하다

- be clumsy at ···에 서툴다, 솜씨가 없다(be poor at, be awkward with or in ↔ be adept or good at)

- be comfortable with ~와 마음 편하다

- be committed to + (동)명사 ~에 헌신 · 전념하다

- be competent in(at) ~할 능력이 있다

- be comprised of ~으로 구성되어 있다 syn. be composed of, be made up of, consist of

- be concerned about ~에 대해 걱정 · 염려하다(be anxious about, be worried about)

- be concerned with ···에 관심이 있다(be interested in); 관계가 있다(have something to do with)

- be conditional on(upon] ~에 좌우되다

- be conducive to ~에 도움이 되다, ~에 기여하다(be helpful to, be contributive to, contribute to)

- be confident of ~을 확신하다

- be congenial to (성질·취미 등이) ~와 맞다

- be conscious of ~을 의식하다(알다)(be aware of ↔ be → unaware of)

- be contemporary with ~과 동시대이다

- be contemptuous of ~을 경멸하다

- be content with ~에 만족하다

- be contrary to ~에 위배(반대)되다

- be convenient for(to) (물건·시간 따위가) ~에 형편이 좋다

- be conversant with ~에 정통하다

- be correlated with ~와 상호(상관)관계가 있다

- be crowed with ~으로 혼잡하다(be crowed with, be congested with)

- be cut off 불편하게 고립되다, 끊기다

- be cut out for 알맞게 되다, 안성맞춤이다

- be cut out for ~에 알맞다, 적임이다, 적격이다(fit for, be naturally 〈well-〉suited for)

- be deaf to ~에 귀를 기울이지 않다, 무관심하다

- be deficient in ~이 부족하다(lack, want, be short of, be destitute of, be scant of, be lacking for or in)

- be dependent on(upon) ~에 의존·의지하다(depend on, rest on, fall back on, rely on ↔ be independent of)

- be derived from ~에서 유래하다(derive from, originate from, stem from, come from, be traced to)

- be desirous of ~을 소망하다(바라다)

- be destined for ~으로 예정되어 있다(be destined to v, be slated for, be slated to v)

- be devoid of ~이 없다, ~이 결여되어 있다(be void of, be destitute of, be empty of)

- be distinct from ~과는 다르다 Cf. distinct : 명백한, 명료한, 구별되는(trenchant)

- be doomed to v ~할 운명이다(be destined to v, be fated to v)

- be drenched to the skin 피부까지 흠뻑 젖다(be soaked to the skin)

- be dressed to kill 홀딱 반할 만큼 옷차림을 하다(be dressed to attract attention)

- be due at(or for) + 명사 / to v ~(도착)할 예정이다; ~하기로 되어 있다(be expected to arrive; be scheduled to v)

- be due to + 동사 ~할 예정이다(be expected to)

- be due to + 명사 ~에 기인하다(be attributable to, be caused by)

- be due to + 명사 ~에 기인하다(be caused by, result from)

- be eligible for(to) ~에 적격이다(어울리다)

- be employed by ···에 고용되어 있다, ···에 근무하다(work for, work with, be with, serve in)

- be engaged in ···으로 분주하다(be busy with); ~에 종사·관계하다(deal in, be involved in, be employed in)

- be engaged to ~와 약혼이 되어 있다 Cf. become engaged to : ···와 약혼하다

- be engrossed in ~에 열중하다(몰두하다)

- be envious of ~을 질투하다(시샘하다)(be jealous of)

- be equal to ···할 수 있는 능력이 있다(have the ability to v, be up to); ~와 같다, 동등·대등하다(be the same as)

- be essential to(for) ~에 필수적이다(be indispensable to, be necessary to)

- be exempt from ~을 면제받다

- be expected to v ···할 것으로 예상(기대)되다(be supposed to, be scheduled to v)

- be exposed to ···에 노출되다, ···을 받다(be subjected to, be subject to)

- be familiar to someone ~에게 잘 알려져 있다, 친숙하다(well known to someone)

- be familiar with something ~을 잘 알고 있다, 정통하다(be at home in 〈or with〉, be versed in)

- be famous for ~으로 유명하다(be renowned for, be noted for, be celebrated for, be well-known for)

- be fatal to ~에 있어서 치명적이다

- be fed up with ···에 싫증나다, 질려버리다(be disgusted with, be tired of, be sick of, be bored with) Cf. feed up : 실컷 먹이다(feed-fed-fed)

- be for ~에 찬성하다(be in favor of ↔ be against)

- be foreign to ~과 관계가 없다, 적합하지 않다

- be forgetful of ~을 잊기 쉽다

- be free of(from) ~을 면하다; ~이 없다

- be given to ~에 탐닉하다(빠지다)

- be grateful(thankful) to + 사람(for + 사물) ~에 대해 감사하다

- be hopeful about(of) ~을 기대하다, 바라다
- be hospitable to ~을 환대하다
- be hostile to ~에 대해 적대적이다
- be identical with ~과 일치하다
- be ignorant of(in) ~을 모르다, 무지하다
- be immune to ~에 대해 면역성이 있다, ~을 면제받다
- be impertinent to ~에 대해 무례하다
- be impudent to ~에 대해 건방지다
- be in charge of …을 담당하다(책임지다)(be in control, be responsible for)
- be in contact with …과 접촉하고 있다; (남과) 가까이 지내고 있다
- be in charge of ~을 책임지다(be responsible for, be accountable for)
- be in for (험한 날씨나 좋지 않은 일에) 말려들다, 겪어야 하다, (벌 등을) 받아야만 하다(be certain to have or get an unpleasant experience)
- be in one's shoes (타인의) 입장에 서다(되다)(put … in one's shoes, be in one's place, put … in one's position or place)
- be in the way ~에 방해되다
- be in(or get into) hot water 곤경에 처하다, 궁지에 빠지다(be in⟨or get into⟩ trouble)
- be inclined to v ~하고 싶다(feel like ~ing); ~하려는 경향이 있다, ~하기 쉽다(be disinclined⟨/ disposed⟨/ likely⟩ to v, be liable to do⟨or to+명사⟩, tend to do, have a tendency to v, be prone to v⟨or to+명사⟩)
- be inclusive of ~을 포함하다(include ↔ exclude, be exclusive of)
- be indifferent to ~에 무관심하다 • indifference : 무관심(disinterest, apathy)
- be inferior to ~보다 열등하다(↔ be superior to)
- be inherent in ~에 고유하다, 천부적이다
- be innocent of ~에 대해 무죄이다(↔ be guilty to)
- be insensitive to ~에 대해 둔감하다(↔ be sensitive to)
- be instrumental in ~에 도움이 되다, 유효하다
- be intelligible to ~을 알기 쉽다, ~을 이해할 수 있다
- be interested in ~에 흥미가 있다
- be keen on(about) ~에 열심·열중이다, ~하고 싶어하다, ~을 아주 좋아하다
- be laid up 일을 못하게 되다, 쉬게 되다
- be liable for ~에 대해 책임이 있다
- be liable to 자칫하면 ~하다, ~하기 쉽다(be likely to, be apt to ↔ be not liable to, be above)

- be likely to ~할 것 같다(be liable to, be apt to, be expected to)
- be loyal to ~에 충실하다
- be mad at ~에 대해 화내다(성내다)
- Be my guest! (상대의 간단한 부탁에) 예, 그러세요! / 좋으실 대로 하세요!
- be nervous about ~을 걱정(염려)하다
- be nervous of ~을 하는데 주눅이 들다, ~할 용기가 없다
- be nothing to write home about 특별히 이렇다할 것이 못되다, 그저 그렇다(be ordinary, be not very interesting or exciting)
- be notorious for ~으로 악명이 높다
- be obliged (to someone) for ~을 고맙게 여기다, 감사하다
- be obliged to ~하지 않으면 안되다, 어쩔 수 없이 ~하다
- be observant of ~에 조심하다, 방심하지 않다, ~을 준수하다
- be obsessed with(by) ~에 사로잡혀 있다(be possessed by⟨/ with⟩, be haunted by, be preoccupied with)
- be on the tip of one's tongue 입에서 맴돌다, 생각이 잘나지 않는다, 좀처럼 기억나지 않는다(elude, escape)
- be on(/ in) the wane (달·힘·세력·인기…) 기울기(시들기) 시작하다, 쇠퇴하기 시작하다(be dwindling)
- be open to ~에 개방되어 있다, ~을 받기 쉽다
- be open with ~을 ~에게 숨기지 않다
- be opposed to ~에 반대하다
- be optimistic about(of) ~에 대해 낙관적이다
- be partial to ~을 편애하다. ~를 몹시(특히) 좋아하다
- be particular about(over, as to, in) ~에 대해 까다롭다
- be passive to …에 수동적이다, 소극적이다
- be pertinent to ~에 적절하다
- be pleased in ~을 좋아하다
- be poor at …에 서툴다, 솜씨가 없다(be clumsy at, be awkward with or in ↔ be adept or good at)
- be popular with(among) ~사이에 인기가 있다
- be positive about(of) ~을 확신하다
- be possessed of ~을 소유하다(possess, be in possession of)
- be preferable to ~보다 더 낫다
- be proficient at(in) ~에 숙달되다

- be prone to ~의 경향이 있다, 곧잘 ~하다, ~하기 쉽다
- be proportional to ~에 비례하다
- be put out 성내다, 불쾌해 하다
- be ready for + 명사 ~할 준비 · 각오가 되어 있다(be prepared for, be prepared or equipped to v)
- be ready to v ~하려고 하다(be about to), 기꺼이 ~하다(be willing〈 or unhesitant〉 to v), ~하기 쉽다(be likely〈/ liable/ apt/ inclined〉 to v)
- be regarded as ~으로 간주되다(be looked on as, be thought of as, be seen as, be viewed as)
- be relevant to ~에 적절하다, ~와 관계가 있다(be pertinent to, be related to, be appropriate to〈for〉)
- be reminiscent of ~을 회상하다, 암시하다
- be ripe for ~에 대해 기회가 무르익다, 막 ~하려고 하다
- be rude to ~에 대해 무례하다, ~을 모욕하다
- be run down 쇠약해지다, 건강이 나빠지다
- be satisfied with ~에 만족하다(be content with)
- be scheduled to v ~할 예정이다(be expected〈/ supposed〉 to v, be to, be due to v, be going to)
- be secure against(from) ~에 대해 안전하다
- be secure of ~는 확실하다
- be sent down 정학당하다
- be sick of ~에 싫증이 나다
- be similar to 유사하다(be much the same, have a resemblance)
- be subject to …에 복종하다, …의 지배(적용)를 받다, …하기 쉽다(be subjected to, be prone to, be susceptible to)
- be supposed to …할 것으로 예상 · 기대되다(be expected to, be predicted to); (관습 · 의무상) …하기로 되어 있다 · 요구되다(be required to) Cf. be not supposed to : ~해서는 안 된다(must not, be not allowed to)
- be taken aback (at) 깜짝 놀라다(be surprised〈/ startled / confused〉); (배가) 역풍을 받다
- be taken aback 놀래다
- be talked about 소문거리가 되다
- be tender of ~하지 않도록 주의하다
- be terrified at(with) ~에 놀라다, ~에 간담이 서늘해지다
- be tied up 바쁘다(be busy, be engaged with, be booked up)
- be tired from …으로(부터) 지치다 * from은 보다 직접적(주로 육체적 노동)「원인」의 경우

- be tired of ~에 싫증나다(be bored of, be fed up with, be sick of, be sick and tired of) * of 는 「지속」
- be tired out 매우 지치다(be exhausted)
- be tired with …으로 지치다, 피로하다(be bored〈/ exhausted〉 with) * with는 from보다 포괄적인 「원인」
- be torm between ~의 사이에 끼어 망설이다, 괴로워하다
- be on the tip of one's tongue 입가에서 맴돌다, 생각이 잘나지 않는다, 좀처럼 기억나지 않는다(elude, escape)
- be traced (back) to 원인이 ~에 돌아가다
- be troubled about[with] ~로 고민하다
- be truant from ~을 게을리하다
- be unequal to ~에 불충분하다, 감당 못하다
- be unworthy of ~에 어울리지 않는. ~로서 부끄러운
- be up 일어나다, 기상하다(get up, rise, be out of bed)
- be up against ~에 직면하여(부딪쳐) 있다, 궁지에 빠져있디
- be up on ~을 잘 알다, ~을 잘 하다
- be up to ~을 할 수 있다, ~의 의무다(be one's duty); ~까지 미치다(be occupied)
- be used to ~에 익숙해져 있다(be accustomed to)
- be useful with(at) ~을 잘하다
- be vain of(about) ~을 자랑하다
- be welcome to 마음대로 ~해도 좋다
- be well off 유복하다, 잘 살다(be rich, be wealthy)
- be willing to v 기꺼이 ~하려 하다(↔ be disinclined〈/ unwilling/ reluctant/ hesitant〉 to v)
- be worn out 지쳐빠져 있다, 녹초가 되다(be exhausted, be tired out); 낡다, 못쓰게 되다(be no longer usable, be useless)
- be worried about(over) ~을 걱정하다
- be worse off 돈 융통이 더욱 나쁘다, 살림이 더욱 어렵다
- be(/ get/ stand) in the way (of) 방해가 되다, 방해하다(obstruct, hinder, impede, interfere with, hamper ↔ get out of the〈or one's〉 way :〈방해가 되지 않게〉비키다)
- be(become) involved in ~에 연루되어 있다(되다)(be〈or become〉 entangled in, be〈or get〉 complicated with, be〈or become〉 embroiled〈in〉)
- be(feel) tempted to ~하고 싶어지다
- be(get) mixed up (in, with) 연루되다, 말려들다, 관련되다; 혼동하다
- be(get) wise to(on) ~을 알고 있다

- **be(or feel) at home** 편안하다, 편안히 하다 Cf. at home=at ease

- **be(or feel) at home in(/ on/ with)** …에 익숙하다(be used to), 정통하다, 친숙하다(be familiar with, be versed in, be acquainted with, have~at one's fingers'〈finger's〉ends)

- **be(stand) faithful to** ~에 충실하다

- **bear out** 지지 · 지탱하다(support, sustain), 확증(確證)하다(show to be true, confirm, corroborate, verify)

- **bear up** 낙담하지 않다, 지탱하다, 버티다(endure, hold up, stand up)

- **bear(/ keep/ have) in mind** 명심하다, 기억하다(remember)

- **beat around(or about) the bush** 돌려 말하다, 핵심을 말하지 않다, 요점을 피하다(speak indirectly, talk around the point, avoid the main point, be indirect in approaching something)

- **beat it** 서둘러 가다, 도망치다(run away, go away, get away); (명령)꺼져라!(get away)

- **beat off** 격퇴하다(repulse, repel, drive back)

- **beat(or rack) one's brains** 머리를 짜다, 궁리하다(try hard to remember, understand, or solve something)

- **become of** …이 (어찌) 되다, …에게 (어떤 일이) 생기다(happen to)

- **behind schedule** 예정(정시)보다 늦게

- **behind the times** 구식의, 시대에 뒤진(old-fashioned, anachronistic, out-of-date, antiquated)

- **below sea level** 해면 하(下)(BSL)(↔ above sea level : 해발)

- **beside (or off) the point** 핵심 · 요점을 벗어난(off the subject, wide of the mark, beside the mark)

- **beside oneself (with)** 제정신을 잃은(out of one's senses〈mind〉, into bewilderment, out of one's wits)

- **beyond dispute** 논의의 여지가 없는

- **bit by bit** 조금씩, 점차적으로(little by little, piece by piece, gradually, in stages, piecemeal)

- **bits and pieces** 잡동사니, 잡다한 것(일)(medley, odds and ends, mismash, miscellaneous tasks)

- **blank out** 차차 희미해지다(fade away); (기억 · 인상 등이) 흐릿해지다(be unable to think clearly)

- **blow away** 날려버리다, 휩쓸어 버리다

- **blow down** 불어 넘어뜨리다

- **blow off** (바람이) …을 불어 날리다(blow away); 뿜어 나오다; 발산시키다; …을 무시하다

- **blow one's own trumpet(/ horn)** 자기 자랑을 늘어놓다, 허풍을 떨다, 자화자찬하다(toot one's own horn, praise oneself, boast (of), brag about one's own achievements)

- **blow out** (타이어가) 펑크나다(go flat); 폭파하다(blow up, destroy with explosives); (불을)불어 끄다(put out by blowing), (등불 등이) 꺼지다

- **blow over** 바람에 날아가다(move away); 별일 없이 지나가다, 가라앉다(pass over, pass by, be forgotten)

- **blow up** 폭파하다(burst, explode, set off); 부풀다(fill with, inflate); 확대하다(enlarge); 야단치다, 화를 내다; 과장하다(exaggerate); (폭풍우 등이) 거세어지다(arise and become more intense)

- **boast of** 자랑하다(boast, boast oneself, show off, make a boast of, display, flaunt, brag〈of, about〉, conceit)

- **bog down in a stalemate** 난국 · 난황에 빠지다, 전혀 진전을 보지 못하다, 일이 잘 안되다(get nowhere, get into〈/ be in〉hot water, be in trouble ↔ get somewhere, make progress, succeed〈in〉)

- **bog down, be(/ get/ become) bogged (down)** 가라앉다, 늪 · 수렁에 빠지다, 꼼짝 못하게 되다(get nowhere, be〈/ get/ become〉stuck, be〈/ get/ become〉immersed (in), founder, accomplish nothing)

- **boil away** 끓어서 증발하다(evaporate as a result of boiling); 계속 비등하다

- **boil down to** 달이다, 삶아 졸이다(lessen in quantity by boiling); 요약하다, 줄이다(condense, summarize, make more terse); 결국 …이 되다(end up, end in, wind up, turn out, amount to)

- **boil over** 끓어 넘치다(come to a boil and spill over the rim); 노발대발하다(lose one's temper, get excited)

- **bone up (on)** 벼락공부하다, 열심히 공부하다(cram, study hard〈and hurriedly〉, keep at)

- **both A and B** A도 B도(at once A and B, alike A and B)

- **branch off** (도로 등이) 갈라지다, 분기하다

- **branch out** 가지를 내다(put forth branches); 활동영역을 넓히다, 확장하다(extend the scope of~)

- **break a habit** 습관을 깨다(고치다)

- **break (it) up** 분쇄 · 해체하다(disintegrate, dissolve, disband); 분해하다(take apart, dismantle); 흩뜨리다(disperse, scatter); 사이를 갈라놓다(separate)

- **break away** (경주에서) (출발)신호 전에 뛰어나가다; 갑자기 떠나다, 달아나다, 떨어져 (나)가다(leave suddenly, get away, escape, defect, secede〈from〉); (구름 등이)흩어지다(disperse)

- **break down** 고장나다(be⟨/ get/ become⟩ out of order); 신경쇠약이 되다; 분류·분석·분해하다(separate into parts, classify, categorize, analyze); (협상 등이)결렬되다, 실패하다(collapse, fail in, fall down on, come to nothing); 파괴하다; 으깨다, 압도하다(crush, overwhelm)

- **break even** 손익(損益)이 없게 되다; (승부가) 비기다(finish as neither a winner nor a loser)

- **break in** 말참견하다, 방해하다(on)(interrupt, cut in, break into); 침입하다(on); (사람·동물을) 길들이다(tame)

- **break into** 침입하다, 방해하다; (노래·웃음 등이) 갑자기 …하기 시작하다(break out into, begin suddenly)

- **break off** (약속 등을) 파기하다(annul, cancel), 절교하다(break off with⟨or from⟩, break with, stop being friendly or intimate); (대화 등을) 갑자기 중단하다(stop abruptly cut off)

- **break out** (전쟁·불·시위 등이) 발생·돌발하다(appear⟨/ begin/ arise⟩ suddenly); 달아나다, 탈출하다(of)(escape); 갑자기 …하기 시작하다(into)(break into, begin suddenly)

- **break the back of** 고비를 넘기다(pass the crisis); 이겨내다, 해치우다(make short work of)

- **break the ice** 어려운 일의 실마리를 찾다(단서를 잡다)(make a start by getting over initial difficulties, start, begin); 어색한 분위기를 깨다, 서먹서먹한 침묵을 깨다(put end to an awkward situation, make a start toward getting better acquainted, begin to be friendly)

- **break with** ~와 교제를 끊다, 절교하다(break off ⟨with⟩, break off from)

- **bring ① round** 되돌리다(bring back); 납득·설득시키다(persuade); 비위를 맞추다(coax); 회복시키다(bring back to consciousness or health)

- **bring about** …을 가져오다, 발생시키다, 야기하다(cause, engender); …을 해내다(accomplish)

- **bring back** 되돌리다(return, revive, bring around); 가져오다, 다시 데리고 오다; 상기시키다(evoke)

- **bring forth** 생산·산출하다(produce), 낳다(give birth to); 일으키다(cause); 밝히다, 폭로하다(make known)

- **bring forward** (의견 등을)제출·제시하다(come up with, suggest, propose, present, bring up, put forth)

- **bring off** 가져오다; (조난 등에서) 구해주다, 구출하다(rescue); 성취·완성하다(achieve, accomplish, carry out)

- **bring on** 가져오다, (질병 등이) 나게 하다(cause to be), (논쟁 등을) 일으키다; 향상시키다

- **bring out** 데리고 나오다; 출판하다(publish, introduce); 드러내다, 명백히 나타내다(reveal, show clearly); (능력 등을)끌어내다(evoke)

- **bring something close to~** …을 ~에 가까이로 가져오다

- **bring *something* home to *someone*** 간절히 호소하다, 절실히 자각하게·느끼게 하다(cause *someone* to realize fully, make vividly felt by *someone*, impress *someone*)

- **bring *something* to light** …을 폭로하다(divulge, reveal); 찾아내다(search out, discover, ferret out)

- **bring to (oneself)** 제정신이 들게 하다; (배 등을) 정지시키다(cause ⟨a shop⟩ to stop)

- **bring up** 기르다, 양육·교육하다(nurse, rear, raise, breed, educate ⟨nurture, and train⟩); (계획·생각 등을) 제시하다(suggest); 토하다(vomit, throw up, expel, eject, spew)

- **bring up to date** 최신의 것으로 만들다(update)

- **brush up** 솔로 닦다, 다듬다(clean up); (외국어·공부·기술 등을)다시 하다, 복습하다(on)(refresh one's memory or skill, review, improve, go over, run over)

- **build castles in the air** 공중누각을 짓다; 공상에 잠기다

- **burn down** 몽땅 타다, 다 타서 꺼져가다(burn to the ground)

- **burn out** (연료가 다되어 불이)꺼지다(꺼지게 하다)(cease burning through lack of fuel); (수동형) 불이 나 집밖으로 내쫓기다; (전선 등이)끊어지다

- **bury one's head in the sand** 현실을 외면하다, 눈 가리고 아웅하다

- **by accident** 우연히(accidentally, by chance, inadvertently)

- **by all ⟨manner of⟩ means** 꼭, 기어이, 반드시(at any cost, on all accounts, at all costs, whatever it may cost ↔ by no means); 좋다 뿐인가, 그럼요(certainly)

- **by and by** 곧, 머지않아, 잠시 후(before long, after a ⟨short⟩ while, soon, It will not be long before)

- **by and large** 주로, 대체로, 대략(on the whole, in general, generally, for the most part, in the main)

- **by any (manner of) means** 아무리 해도, 어떻게 해서라도(in any way possible, at all, somehow)

- **by dint of** ~에 의해서(by means of), ~의 힘으로(by force of)

- **by hand** (기계가 아닌) 손으로, 수(手)작업(수공)으로(not by machines but with the hands); 육필로; 몸소

- **by leaps and bounds** 일사천리로, 급속하게(very rapidly, very quickly, like an arrow)

- **by means of** …에 의하여, …을 써서, …으로(by dint of)

- **by nature** 선천적·천성적·본질적으로, 본래(innately)

- **by no (manner of) means** 결코 …이 아닌(아니게)(never, not ~ at all, not ~ in the least, on no account, for no reason, anything but, certainly not, not on your life, far from, not a bit, in no way ↔ by all means)

- **by the way** 그런데(incidentally)

- **by turns** 번갈아, 교대로, 차례로(in turn, one after another, alternately, in(or by) rotation, in succession)

- **by virtue of** ~덕분으로, ~때문에(because of); ~을 바탕으로(on the ground of)

- **by way of** ~을 경유해서(via, passing through); ~으로서, ~을 위해서(for the purpose of)

- **call a spade a spade** 꾸미지 않고 똑바로 말하다, 사실대로 말하다(speak plainly, speak 〈straight〉 from the shoulder, be outspoken)

- **call at** (장소를)방문하다; 요구 · 부탁 · 호소하다(ask)

- **call attention to** …으로 주의를 끌다(point out)

- **call down** 꾸짖다(reprimand, reprove, rebuke, chide, scold, hit the ceiling, dress down, take someone to task)

- **call for** …을 필요로 하다, 요청 · 요구하다(require, demand, call on for, enjoin, urge); (사람을)데리러 가다(오다), (물건을) 가지러 가다(오다)(go for)

- **call in(or into) question** (진술 등에) 의문을 품다, 이의를 제기하다(raise a question or doubt about, impugn)

- **call into being(or existence)** 창조 · 창안하다(create); 성립시키다

- **call it a day** (일과를)마치다, 그만두다(stop work〈or working〉, quit for the day, call it a night)

- **call off** 취소하다, 손을 떼다(cancel, recall, revoke, rescind, retract, withdraw, recant); (주의를)딴데로 돌리다(divert, distract); 물러가게 하다(order away)

- **call on someone** (사람을) 방문하다(look in on, visit, come round, look up)

- **call on someone to v (someone for + 명사)** (…에게 …하도록) 요구하다(request, ask)

- **call out** 큰소리로 외치다(speak aloud, shout); 출근시키다, 소집하다(summon into action), 소집하여 스트라이크를 시키다(summon workers to strike); 도전하다(challenge)

- **call over (the names)** (이름을)부르다, 점호하다

- **call someone names** 욕(설)하다, 헐뜯다(abuse, slander, malign, speak ill of) Cf. name-calling : 욕설

- **call up** 전화를 걸다, 전화로 불러내다(〈tele〉phone, give someone a ring, ring up); …을 상기시키다(recall); 소집 · 징집하다(commandeer, summon, esp. for military duty, draft, conscript)

- **cannot make head or tail of** 도무지 알 수가 없다, 뭐가 뭔지 모르다(cannot understand or grasp)

- **care for** 돌보다(look after); (부정문 · 의문문에서) 좋아하다(care to v, like, be fond of)

- **carry off** 가져(데려)가다, 운반해가다(carry away, abduct); (병이) 목숨을 빼앗다(kill, take one's life); (상 · 영예 등을) 획득하다(take); 연기하다, 해내다(execute, perform, bring off)

- **carry on** (임무 · 일을) 계속하다(continue, keep on); (대화 · 업무 등을) (진)행하다, 처리하다(conduct, perform, transact, manage, deal with, treat, engage in); (사업 등을) 경영하다(run)

- **carry out** (의무 · 약속 · 직무 등을) 완성 · 완수 · 성취하다(accomplish, fulfill, achieve, complete); 실행하다(execute, implement)

- **carry over** (장부에서 금액 등을) 이월하다(transfer, hold over), 연기하다(postpone), 계속하다(continue)

- **cast away** 없애다, 버리다(discard, abandon); (주로 수동형으로)난파시키다(shipwreck); 낭비하다(waste)

- **cast down** 밑으로 떨어뜨리다(돌리다)(turn downward); (주로 수동형으로) 낙담시키다(depress, discourage, sadden, disappoint, deject, let down)

- **cast off** (옷을) 벗어 던지다; 버리다, 그만두다(discard, abandon); (속박을) 풀다, 벗어나다(set free, let loose)

- **catch sight of** …을 힐끗 보다(catch 〈or get〉 a glimpse of, glimpse)

- **catch up with** 따라잡다(come up with, overtake); 체포하다(arrest)

- **Chances are that S + V** …의 공산(가능성)이 크다(높다), 아마 …일 것이다(it is likely that S + V)

- **check in** (숙박부에) 기명(記名)하다(register), 기명 · 기장(記帳)하고 들다; 출근 · 도착을 알리다(at)(report)

- **check out** (↔ check in) 계산하고 나오다; 퇴근하다

- **cheer up** 기운이 나다(be or become cheerful, feel encouraged)

- **clean out** 말끔히 쓸어내다, 비워버리다(empty, clear out); 다 써버리다(exhaust); (속어) 빈털터리가 되다

- **clean up** 말끔히 청소하다(dispose of completely), 정리 · 정돈하다(brush up/ make clean, neat or orderly);

완료 · 완성하다(finish, complete); (속어) (크게) 돈을 벌다(make much money or profit)

- **clear away** (물건 등을) 치우다, 없애다(take away, remove); 떠나가다, 사라지다(go away, disappear)

- **clear out** 쓸어내다, (속을) 비우다(empty); 떠나다(depart, decamp)

- **clear up** (비 · 구름 등이) 깨끗이 되다(하다), 개다(become or make clear, become unclouded or sunny); 정돈 · 정리하다(make orderly); 분명히 하다, 해결 · 설명하다(explain)

- **close down** 닫다, 폐쇄 · 폐점하다(shut or stop entirely, shut down); (어둠 등이) 깔리다(on)(settle down)

- **close in** 다가오다, 접근하다(draw near); 에워싸다, 포위하다(surround)

- **close one's eyes** 눈을 감다(shut one's eyes); 죽다(die, breathe one's last)

- **close one's eyes to** 눈감아주다, 불문에 부치다(overlook, wink at)

- **close up** 꼭 닫다, 완전히 막다(폐쇄하다)(shut or stop up entirely); 밀집하다(draw nearer together); (상처가) 아물다(heal〈up〉, heal over)

- **coincide with** 동시에 일어나다(synchronize with, occur at the same time as); 일치하다(correspond with)

- **come around** 돌아서 오다; 결국 (…에)이르다, 동의하다(agree); 동의하기 위해 생각(의견)을 바꾸다(make a turn or change in direction, change one's mind, change one's opinion; 제정신으로 돌아오다 (become conscious, recover, revive); 불쑥 들르다(come to visit, come over, visit)

- **come about** 발생하다, 일어나다(happen, occur, take place, arise, break out, come off, come to pass, go on)

- **come across** 문득 머리에 떠오르다(come across〈/ come upon /hit on〉 one's mind〈one's head〉); 우연히 만나다(발견하다)(encounter, run across, come upon, hit upon, stumble upon〈or across〉, happen to meet〈/ find/ discover〉, meet〈/ find/ discover〉 unexpectedly〈/ accidentally)/ by chance); 전달(이해)되다(be understood)

- **come along** (명령형) 다가오다, 서두르다[이리로 와요, 자 빨리 빨리(make haste!]; 동행하다(with); 진행 · 진척되다(get along, proceed or succeed)

- **come away** 떨어지다, 떼어지다(come off)

- **come by** 옆을 지나다(pass by); 손에 넣다, 획득하다(obtain, get, gain, acquire, procure); 잠시 들르다(drop by)

- **come down** (비가) 내리다, (물건이) 떨어지다; 영락(零落)하다(suffer loss in status, wealth, etc.); 전해 내려오다(from, to)(descend); 병에 걸리다(with)(contract,

catch); 결국 …이 되다, 귀착되다(to)(amount to, aggregate); 호통치다, 꾸짖다(on)(scold, criticize sharply)

- **come home to** *someone* 가슴에 사무치다, 절실히 느껴지다(deeply impress)

- **come in** : 들어가다(enter), 입장하다, 도착하다(arrive); 결승점에 들다(finish in a competitive event); (생산 · 수확 등을) 시작하다(start producing), 쓰이게 되다(begin to be used), 유행하다(come into fashion)

- **come in for** : 자기 몫을 받다, 손에 넣다(receive, get or become eligible to get)

- **come in(to) contact with** : ~와 접촉 · 연락하다(come in touch with, get in〈to〉 contact with)

- **come into** : 들어가다, 가입하다(enter into, join); (재산을) 물려받다, 상속하다(inherit)

- **come into existence(or being)** : 나타나다(↔ pass out of existence); 태어나다(be born, first see the light)

- **come(go) into effect** : 발효되다

- **come off** : 가버리다, 떠나다; (단추 등이)떨어지다(become unfastened or detached); (꽤했던 일이) …으로 되다(turn out), 실현되다(end up); 성취 · 성공하다(succeed); 일어나다(take place, happen, occur)

- **come on (or upon)** : 오다; (명령형) 자 어서 와(가), 빨리 빨리(come along); (일이)진행 · 진척되다(come along); 우연히 마주치다(찾아내다)(come across); 덮치다(attack, seize)

- **come onto(/ into) the market** : (상품이) 시장에 나오다

- **come out** : (꽃이) 피다; 나타나다(appear), 드러나다(be disclosed, become evident); 매출 · 발매되다; 첫무대에 서다(make a debut); (사진 등에) 나타나다; (경기 등에)참가하다; 판명되다(turn out, end up)

- **come over** 멀리서 오다, 들르다(visit, look in on) 덮다; 가로지르다; 일어나다(happen to), 엄습하다(seize, affect, influence); 보다 낫다(surpass, get ahead of), 패배시키다(defeat)

- Come see for yourself. 직접 오셔서 구경하세요.

- **come through** 끝까지 해 내다(with); 성공하다(complete or endure something successfully); 이행하다; 건네받다, 입수되다(be received)

- **come to (/ life /one's senses)** 의식을 되찾다, 제정신이 들다, 소생하다(regain〈or recover〉 consciousness, revive, come〈a〉round)

- **come to an end** : 끝나다(end, finish, draw to a close, terminate, expire, go out)

- **come to light** 드러나다, 알려지다(be brought to light,

come to be known)

- **come to pass** (일이) 일어나다(come about, happen)

- **come to terms** 타협 · 양보하다(compromise); 협정이 성립되다(come to 〈or reach〉 an agreement, agree on)

- **come to the point** 요점 · 핵심에(을) 이르다(찌르다), 정곡을 찌르다(hit the nail on the head, do or say whatever is exactly right or to the point, go home, hit the target, strike home, be definite in telling something)

- **come true** 실현되다(become a realized fact, be realized, really happen)

- **come under** ~의 지배하에 들어가다(지배를 받다); (비판 등을) 받다; ~의 부류 · 항목에 속하다

- **come up** (떠)오르다(rise), (바람 등이)일다(arise); 상경(上京)하다; 싹이 돋다; 화제에 오르다(be mentioned)

- **come up to** …에 미치다, 이르다(reach or extend to), (기대)대로 되다(live up to); …에 필적하다(equal)

- **come up with** (계획 · 안건 등을) 내놓다, 제시 · 제안 · 제출하다(think up, suggest, propose, present, bring up, bring forward, advance, put forth 〈or forward〉, set forth); 따라잡다(overtake, catch up with)

- **come what may(or will)** 어떤 일이 일어나더라도

- **compare ~ to** 비유하다(liken ~ to)

- **compare ~ with** 비교하다, 견주어 보다

- **comply with** (요구 · 조건 · 규정 등에〈을〉) 따르다, 순응 · 순종하다(conform to, obey, act in harmony with)

- **concentrate on** 집중하다(focus on 〈upon〉, zero in on, apply 〈address〉 oneself to, devote oneself to, work hard at, bring ~ to bear on, tackle)

- **consist in** ~에 놓여 있다(lie in)

- **consist of** 이루어지다, 구성되다(be made up of, be composed of, be comprised of, comprise)

- **consist with** …와 조화되다, 양립하다(be consistent with, be compatible with, exist in harmony with ↔ be inconsistent with, be incompatible with)

- **cool down** (열정 · 분노 등이) 식다, 가라앉다(cool off)

- **cool(or kick) one's heel(s)** 오래 기다리다(wait or be kept waiting for a considerable time)

- **cope with** 맞서다, 대항하다(contend, contest, encounter, match equally, stand up to) ② 대처 · 극복하다, 다루다, 처리하다(manage, deal with, carry on)

- **correspond to** 상당 · 상응하다, 대응하다(be similar/ analogous/ equal/ akin) 〈to〉, equate)

- **correspond with** 서신 왕래하다, 통신하다(communicate with)

- **correspond with(or to)** 조화하다, 어울리다, 합치하다(harmonize with, tally 〈with〉, match, agree with)

- **count (for much)** 중요하다, 가치가 있다(matter, be important, be of importance, make 〈any〉 difference)

- **count for little(or nothing)** 중요하지 않다, 가치가 없다(be not important, make no 〈or little〉 difference)

- **count in** 계산에 넣다(include, add in)

- **count on** 의지 · 의존하다(depend on, rely on, draw upon, rest on, fall back on, resort to, turn to, recourse to); 기대하다, 믿다(expect, depend on, rely on)

- **count out** 세어서 빼다, 고려 밖에 두다(disregard, omit, exclude); (복싱) 카운트 아웃을 선언하다; (의회) 유회(流會)를 선언하다; 낙선시키다

- **count up** 합계하다, 다 세다(add up, sum up, foot up, total)

- **covet for(or after)** (남의 것을) 턱없이 탐내다; 갈망 · 선망하다(desire 〈to v〉, long for, yearn for 〈or after〉, crave for 〈or after〉, have a craving for, aspire to v 〈or after〉, itch for)

- **crop up (or out)** (광맥 등이)표면에 나타나다(appear at the surface); 뜻밖에 나타나다(appear unexpectedly)

- **crack a book** 책을 펴 보다; 공부하다

- **crank up** (기계 등을) 돌아가게 하다(더 세게 돌리다); (음악 등의) 소리를 높이다

- **cross a person's palm (with silver)** …에게 뇌물을 주다(pay one money, esp. as a bribe)

- **cross one's heart** 가슴에 십자(성호)를 긋다(긋고 맹세하다)

- **cross out(or off)** 선을 그어 지우다(delete), 말소하다(cancel)

- **cut and thrust** 서로 칼부림을 하다; (논쟁에서) 서로 논박하다(활발히 토론하다)

- **cut back** 가지를 짧게 치다; 축소 · 삭감하다(reduce, cut down)

- **cut down** (경비 등을)줄이다, 절감 · 삭감하다(cut back, reduce); (나무 등을) 베어 넘어뜨리다(fell, kill)

- **cut in(to)** 가로막다, 끼어들다, 말참견하다(break in on, interrupt); (자동차 등이) 비집고 들어가다, 끼어들다

- **cut off** (식량 · 가스 · 수도 등의 공급을 / 자신이 하던 말 또는 남이 하는 말 · 대화 · 통화를) 중단하다(중단시키다), 가로막다, 끊다(discontinue, cease, stop, end, break off, intercept, head off, interrupt)

- **cut out** 잘라내다, 오려내다, 빼버리다(remove by cutting, excise,

leave out, take out, omit, eliminate); 따돌리다(eliminate and take the place of 〈a rival〉); 재단하다; 그만두다(stop running, discontinue)

- **cut(or run) it fine** (시간·돈 등을)바짝 줄이다, 긴축하다(practice austerity, calculate with exactness)

- **cut *someone* dead** (만나도) …를 모르는 척하다(pretend not to know *someone*)

- **day after day** 매일매일, 날마다(from day to day, day in and day out〈day in, day out〉, day by day)

- **deal in** 거래하다, (상품을) 취급·매매하다(trade 〈in〉, do business, sell); 종사하다, 관계하다(be engaged in)

- **deal with** 다루다, 취급하다(handle, treat, cope with)

- **define A as B** A를 B라고 정의(한정)하다

- **defy description** 이루 다 말할 수 없다(be indescribable)

- **depend on** 의존·의지하다, 믿다, 신뢰하다(rely on, count on); …나름이다, 달려 있다(hinge on, turn on)

- **deprive A of B** A로부터 B를 빼앗다(rob A of B, bereave A of B, take away B from A)

- **describe A as B** A를 B라고 기술(묘사, 말)하다(refer to A as B)

- **deter + A (목적어) + from (동)명사** A(목적어)로 하여금 B를 하지 못하게 하다 [類例] discourage/ hinder/ dissuade/ keep/ prevent/ ban/ bar/ inhibit/ prohibit/ restrain/ stop/ preclude/ block/ refrain A (목적어) from B (〈동〉명사)

- **deter ~ from** 그만두게 하다, 단념시키다(discourage~from, hinder~from)

- **devote oneself to** 헌신·전념하다, 몸을 바치다(dedicate oneself to, apply oneself to, give oneself up to)

- **die away** (바람·소리가) 사라져가다, 희미해지다(die down, fade); 기절하다, 실신하다(swoon)

- **die down** (빛·불·바람·소리 등이)사라져버리다, 잠잠해지다, 차차 진정되다(die away, subside, fade, weaken, diminish); (초목이)말라죽다(dry up, wither)

- **die from** (상처·부주의〈직접적·구체적 원인〉 등으로) 죽다

- **die hard** 좀처럼 죽지(없어지지) 않다(cling to life or a cause); 끝끝내 저항하다(resist to the last)

- **die of** (병·굶주림·노환으로) 죽다 [전치사 of에는 「(지)속성, 성질, 성격」의 의미를 담고있다]

- **die off(or out)** (종족 등이) 점차 죽어 없어지다, 차츰 사라지다(die one by one until all are gone, go out of existence, disappear gradually)

- **dig in(to)** (비료 등을) 파묻다; 찔러 넣다; 열심히(꾸준히) 공부하다(begin to work intensively)

- **dig one's heels in** 자신의 입장·의견을 양보하지 않다

- **dispose of** 처리·제거하다(get rid of, throw away); ~을 처분·매각하다(sell)

- **distinguish (~) from (or between)** 구별하다(tell apart 〈or from〉, differentiate from, discriminate from(or between), know from, draw the line, know differences)

- **distinguish oneself** 이름을 떨치다, 두각을 나타내다(make oneself famous, eminent, or well known / be distinguished for, cut 〈or make〉 a fine figure)

- **do away with** 없애다, 폐지하다, 치우다(abolish, get rid of, remove discard, throw away, eliminate); 죽이다(kill, remove, liquidate, do in, do for)

- **do by** 대우하다, 접대하다(act toward, act for, treat, greet, receive)

- **do favors for someone** ~에게 은혜를 베풀다, 부탁을 들어주다(do someone favors)

- **do for** (주부 등)의 대신(대역)을 하다(do the house work for, stand in for); 마련하다, 제공하다(provide, care for); 해치우다, 죽이다(do in, kill, remove, ruin); 지치게 하다(exhaust, do in, do up)

- **do good to *someone* (=do *someone* good)** (…에게) 이익·도움이 되다(benefit, help)

- **do in** 속이다(cheat); 녹초가 되게 하다(tire out, exhaust, wear out); 해치우다, 죽이다(ruin, kill)

- **do one's bit** 자신의(각자의) 구실·임무를 다하다(do one's share)

- **do out** 쓸어 내다, 깨끗이 치우다, 청소하다(clean, clear up)

- **do up** 수리·손질하다(repair, renovate); 차려 입다, 화장하다; 싸다, 꾸리다, 묶다, 잠그다(wrap up, tie up, fasten, lock up); 기진맥진케 만들다(do in, do for, exhaust, tire out, wear out)

- **do well** 잘하다, 성공하다(succeed, be successful in); (to 부정사를 수반하여) (…하는 것은) 당연한 일이다, 잘한 일이다(may well + v); …하는 편이 낫다(may as well + v, would rather + v, had better + v)

- **do with** 다루다, 처리하다(deal with); …으로 해 나가다(때우다)(make use of, find helpful, make do with)

- **do without** ~없이 지내다(get along without, go without,

manage without, dispense with; ~없이 견디다,

- **do(or give) justice to** 공평·정당하게 평하다(다루다)(treat fitly or fairly); (사진에서 실물을) 잘 나타내다; (문제 등을) 충분히 논하다; 진가를 알다

- **down in(or at) the mouth** 풀이 죽어서, 낙심하여, 의기 소침하여(depressed, discouraged, unhappy, sad, despondent, out of spirits, disappointed, dejected, disheartened, cast-down)

- **draw a distinction (between)** …사이에 구별을 짓다

- **draw back** (커튼 등을) 열어 젖히다; 손을 떼다, 물러나다(withdraw, retreat); 주춤하다(recoil, move back)

- **draw forth** ~을 끌어내다(elicit)

- **draw on** 가까워지다(advance, get nearer, come near in time); 끌어당기다, 끼다; 끌어당겨 입다(끼다, 신다); (예금을) 인출하다(withdraw, take out); 이용하다(make use of); 의지하다(depend on)

- **draw out** 늘이다(늘어나다), 길게 하다(길어지다)(extend, prolong, lengthen); 꺼내다, 뽑아내다(take out, extract); 꾀어서 말하게 하다(get *someone* to answer or talk, elicit)

- **draw up** 끌어당기다; (차 등을)멈추게 하다, 서다(bring or come to a stop, pull up, stop); (군대 등을)정렬시키다(arrange in order, marshal); (문서를) 작성하다(draft); 벌떡 일어서다(stand straight)

- **draw(or come) to a close** 종말에 가까워지다, 끝나가다(end 〈gradually〉)

- **dress up** 옷을 잘 차려 입다(put on one's best clothes)

- **drive back** 차를 타고 돌아오다; 격퇴하다(repulse, repel, beat off)

- **drive out** 몰아내다(expel, force out, eject);, 차로 (드라이브) 나가다

- **drop by** 들르다(drop in, stop by, come by, stop in)

- **drop in** 잠시(불쑥) 들르다(on+사람 / at+집)(drop by, stop in, come by, pay an unexpected visit, make a casual visit to, call on+사람, call at+집)

- **drop off** 쇠퇴하다(decline, fall off); 잠들다(fall asleep); 떨어지다(fall off)

- **drop out** (이빨 등이) 빠지다; 탈퇴·탈락·퇴학하다(stop being a member or participant); 낙오·낙제하다

- **drop someone a line** (짤막한) 편지를 보내다·쓰다, 몇 자 적어 보내다(drop someone a note, write 〈a letter〉 briefly to someone)

- **dwell on** 자세히 이야기하다, 곰곰이 생각하다(linger over in thought or speech, think about or discuss in length or thoroughly, contemplate, think over, mediate, ruminate on, mull over)

- **earn (or make) a(or one's) living** 생활(생계)비를 벌다, 생계를 꾸리다

- **eat one's heart out** 슬픔·비탄에 잠기다, 애타게 그리워하다(brood or feel unhappy, pine away)

- **eat(or feed) out of one's hand** 시키는 대로하다, 고분고분하다(be completely dominated or devoted by one)

- **end for end** 빙글빙글, 양단(양끝)을 거꾸로(upside down, with the ends reversed)

- **end in(or up)** 결국 …으로 끝나다(…이 되다)(boil down to, wind up, result in, lead to)

- **Enough is enough!** (잔소리 등이 너무 많을 경우) 1절만 해, 1절만!

- **enter for** (경기·시합 등에) 참가하다(participate in, take part in, sit in on, go in for)

- **enter into** (일·담화·교섭 등을) 시작하다; 관여하다, 취급하다; …에 참가·가담하다; (감정·생각 등에(을)) 공감·공명·고려하다(sympathize with, feel for)

- **equal to** ~을 감당할 수 있는, 할 자격·역량이 있는(having the necessary ability, power, or capacity); 똑같은, 아무래도 좋은(alike)

- **ever since** 그 이후 죽(from then till now)

- **every bit** 모든 면에서(in every respect, all over, every inch)

- **every inch** 어느 모로 보나(every bit, in every respect); 완전히(completely, thoroughly, good and)

- **except that** ~을 제외하고는(except, but, except for, apart from, aside from, other than)

- **exclusive of** …을 제외하고(excluding, not including, outside of ↔ inclusive of, including)

- **exert oneself** 노력하다(make an effort, attempt, take pains, endeavor, strive)

- **explain away** (실수·잘못 등을) 잘 둘러대다, 적당히 해명하다(state reasons for so as to justify)

- **explain in detail** 상세히 설명하다(expound 〈upon〉, elucidate)

- **face to face** 얼굴을 마주보고
- **fade away(or out)** (빛깔이) 바래다 · 퇴색하다(lose color, diminish, pale); (소리 · 기억 · 희망 · 열의 등이 점차) 사라지다, 적어지다(vanish, disappear slowly, melt away, die out, die away); (꽃이) 시들다, 쭈그러들다(wither, wane, wilt, weaken, languish, dry up); (기력이) 쇠퇴하다(droop, sag)
- **fall (a) prey(/ victim/ sacrifice) to** …의 희생(물)이 되다(become the victim ⟨ prey / sacrifice⟩ to⟨/ of⟩)
- **fall back on** …으로(까지) 후퇴하다, 철퇴하다(retreat, pull back); 의지하다(rely on, depend on, turn to for security or help, approach for support); 비상시에 이용하다(use in an emergency)
- **fall behind** 뒤지다, 낙오하다(be outdistanced, drop behind, drop out); (지불이) 늦어지다(fail to pay on time)
- **fall behind schedule** 예정된 기일에 맞추지 못하다
- **fall down** 넘어지다; 엎드리다; 병들어 눕다; 흘러내리다; …에서 굴러 떨어지다; 실패하다(on)(fail in)
- **fall in with** …와 왕래하다; 우연히 만나다(meet by chance); …에 응하다(agree with, comply with, conform to); 일치 · 합치하다(agree with ⟨or to⟩)
- **fall off** 떨어지다, 사이가 멀어지다(drop off, separate); 적어 · 작아지다(become smaller or less, decrease), 쇠퇴하다(decline), 나빠지다(become worse)
- **fall on(/ upon)** 공격 · 습격하다(attack), (재난 등이) 들이닥치다; 마주치다; (축제일 등이) 해당하다; 시작하다
- **fall out** (군대) 대열을 벗어나다; 싸우다, 사이가 틀어지다(with)(quarrel with, take issue with)
- **fall short of** ~이 부족하다(모자라다), (기대에) 미달하다(run out of, come short of, be insufficient)
- **fall through** 수포로 돌아가다, 무산되다(come to nothing, be useless, fail in)
- **fall to** 시작 · 착수하다(begin, start)
- **far and away** 훨씬, 단연(by far, considerably, to a great degree, very much); 의심할 나위 없이
- **far and near** 도처에(everywhere)
- **far and wide** 멀리까지, 널리, 두루(widely, everywhere)
- **far from** …에서 멀리 (떨어져); …하기는커녕, 결코 …이 아닌(not at all, never, anything but)
- **far into the night** 밤늦도록, 밤늦게까지
- **feast one's eyes on** ~을 보고 즐기다, 눈요기하다

- **feed on(or upon)** ~을 먹이로 하다, ~으로 살아가다
- **feel for** 동정하다(sympathize with, commiserate ⟨with⟩, pity, enter into)
- **feel like a (wet) rag** 몹시 피곤하다(feel⟨or be⟩ very tired, be run down)
- **feel like ~ ing** ~하고 싶다(be⟨or feel⟩ inclined to, have a mind to v)
- **feel up to** …이 가능한 것처럼 느끼다(feel capable of), …을 이길만한 건강상태에 있다
- **ferret out** 흰담비로 사냥하다 ; (범인 · 사실 등을)탐색하다, 찾아내다(search out, discover, ferret out)
- **few and far between** 아주 적게, 매우 드물게(rarely) Cf. far-between : 무척 드문, 이따금의(infrequent)
- **figure on** ~을 의지하다, 기대하다(depend on, rely on, count on, expect); 계획 · 예정하다(plan, intend)
- **figure out** 계산하다(calculate, reckon); 발견하다(discover); 풀다(solve); 이해하다(understand, make out)
- **fill in** (빈자리 등을)채워 넣다, 메우다(fill up, put in); (서식의 빈 공란 등을) 적어 넣다, 써넣다(fill up, fill out); 대리하다(for)(be a substitute)
- **fill out** 부풀리다, 살찌다(flesh out); (서식 · 문서 등의 빈곳을)채우다(메우다), 기입하다(fill in, fill up)
- **fill up** (…으로) (가득) 채우다; (물건이) (장소를) 차지하다, 막다; (시간을) (…으로) 보내다; (음식물로) 배를 가득 채우다
- **find fault with** ~의 흠을 잡다, 비난 · 비평하다(criticize, complain about⟨or of⟩)
- **find favor with** …의 마음에 들다(find favor in the eyes of, be liked by)
- **find out** 찾아내다, 발견하다(discover); 정체 · 진의를 간파하다(learn the true character or identity of)
- **finishing touch** 화룡점정
- **fits and starts** 발작적으로, 가끔 생각난 듯이, 단속적으로 (intermittently)
- **fix up** 수리하다(do up, repair, mend); 정돈 · 준비하다(provide, prepare); 결정하다(settle); 마련 · 편성 · 조직하다(arrange ⟨for⟩, organize, install); 해결하다(solve)
- **flatter oneself (that)** 자만하여 (의기양양하여) …이라 생각하다(hold the self-satisfying or self-deluding belief)
- **flesh out(or up)** 살찌다(grow fleshy or fat, fill out)
- **flex one's muscles** 힘을 시험해보다; 힘을 과시하다
- **fly in the face(or teeth) of** 무시하고 행동하다, 거역하다(go against, ignore, disregard)

- **fool around(or about)** 바보짓을 하다, 빈둥빈둥 지내다(idle); 쓸데없는 일에 시간을 낭비하다(waste, squander)

- **for (all) the world** (부정문에서) 무슨 일이 있더라도(for any reason at all, for any account, for anything, try as someone may, however hard someone try)

- **for a start** 우선(먼저)

- **for a while** 일시, 잠시(동안), 잠깐

- **for all** ~에도 불구하고(in spite of, with all, despite, notwithstanding, nevertheless, none the less, regardless of)

- **for all one know** (잘은 모르지만) 아마 일지 모르는, 아마(to the best of one's knowledge, maybe, perhaps)

- **for all the world** (부정문에서) 무슨 일이 있더라도(by all means, on any account, at all costs)

- **for all the world like(or as if)** 마치 …같은, 아주 닮아서(exactly alike)

- **for fear of** ~이 두려워, ~하지 않도록

- **for fear that ~ should** ~하지 않도록(lest ~ should)

- **for God's sake** 제발, 아무쪼록(for goodness's sake, for heaven's sake, for mercy's sake)

- **for good (and all)** 영원히, 이것을 마지막으로(for ever, forever, permanently, eternally, perpetually)

- **for life** 일평생(의), 종신(終身)(의), 무기(無期)(의); 필사적으로(for one's life, desperately)

- **for my part** 나로서는, 나에 관한 한(as(so) far as I am concerned, as for me)

- **for nothing** 무료로(gratuitously, free⟨ly⟩, gratis, at no cost, free of charge, without payment, on the house); 헛되이, 무익하게(in vain); 까닭없이, 이유없이(without reason, needlessly, gratuitously, gratis)

- **for one thing … (, for another…)** 한 가지는, 첫째로는 … (, …또 거기에다, …또한)

- **for one's life** 목숨을 걸고, 필사적으로(for life, desperately)

- **for short** 단축·생략하여, 줄여서(by way of abbreviation or contraction)

- **for the first time** 처음으로

- **for the life of *someone*** (부정문에서) 목숨을 걸고라도, 아무리해도 (…아닌), 도저히(for ⟨all⟩ the world, try as *someone* may, however hard *someone* try)

- **for the most part** 대부분은(mostly), 주로, 대개, 대체로(generally, in general, by and large, on the whole)

- **for the present** 당분간, 현재로서는(for ⟨the⟩ time being, for the time, for a while, temporarily); 우선, 당장은(for the moment, at the moment, just now)

- **for the purpose of** ~할 목적으로(with a ⟨or the⟩ view to, in the interest of)

- **for the sake of** ~을 위하여(for one's sake, for the benefit of)

- **for the time being** 당분간, 일시적으로(for the present, temporarily)

- **free from** …을 하지 않는, …이 없는(lacking, without); (비판 등을) 면한, 받지 않는(released, removed from)

- **from hand to mouth** 그날 벌어 그날 먹어, 하루살이 생활로, 호구지책으로

- **from now on** 지금부터는, 앞으로는

- **from the beginning** 처음부터, 애초부터

- **from then on** 그 때부터 계속, 그때부터는(that time on)

- **from time to time** 때때로(occasionally, sometimes, at intervals, ⟨every⟩ now and then, at times)

- **gang up on(or against)** 집단으로 (협력하여) …에 대항하다(unite someone else in a fight or argument, get together against)

- **get a head start (on)** 보다 일찍 출발을 하다(start earlier)

- **get about** 여기저기 돌아다니다(move from place to place, get around); (여기저기에) 여행하다(go to many places); (소문 등을⟨이⟩) 퍼뜨리다(퍼지다)(circulate widely, get around); 열심히 일하다

- **get across** 건너다, 건네다; (말·뜻이) 통하다, 이해되다(be understood), 전하다, (취지 등을) 납득·이해시키다(clarify or explain convincingly, put across); 잘 돼가다, 성공하다(시키다)(succeed)

- **get ahead of** 보다 낫다, ~을 앞서다(surpass, come over), 추월하다; (빚에서) 벗어나다

- **get along** 나아가다, 잘 돼가다, 성공하다(succeed); 살아가다, 지내다; 잘 지내다

- **get along with** 사이좋게 지내다(get on with, have friendly relations with, be chummy with, be thick with, take up with, get off with, be⟨or get⟩ on good terms with)

- **get along without** …없이 살다·지내다, 그럭저럭 (잘) 지내다·해나가다(do without, dispense with)

- **get around** 돌아다니다(get about); (소문 등이) 퍼지다(get about, get round); 한 수 떠 뜨다(outwit, get wound), 교묘히 피하다(circumvent), 극복하다(overcome)

- **get at** …에 이르다, 다가가다(approach, reach, arrive at); 찾아내다(find out); 획득하다(obtain); (의미를) 파악하다, 이해하다(grasp); 뜻하다, 넌지시 나타내다(imply, suggest, intimate)

- **get away** 떠나다, 출발하다; (명령형) 꺼져!(beat it); (with) (~을 가지고 급히)달아나다, 도망치다, 떠나다(make off⟨or away⟩ ⟨with⟩, do away ⟨with⟩, abscond ⟨with⟩, depart or leave suddenly); (처벌을) 면하다, 벌받지 않고 해내다(get off, go unpunished, go scot-free ↔ be in for ⟨it⟩)

- **get back** 돌려보내다, 되돌아오다(come back, return); 되찾다(retrieve, redeem, recover); 보복하다(retaliate)

- **get better** 더 나아지다, 호전되다(turn for the better)

- **get by** 지나가다, 통과하다(pass); 용케 헤어나다, 그럭저럭 살아가다(manage), 벌을 모면하다

- **get down** 내리다(alight); 내려놓다(bring down); 삼키다(swallow); 적어두다(write down), 낙심시키다(depress)

- **get even with** 보복·복수하다, 앙갚음하다(take revenge on, pay back, give back, repay, get revenge)

- **get far** 멀리까지 가다; 성공하다, 출세하다(go far, get on in the world, get up, succeed ⟨in life⟩, be successful, come off, come off with flying colors, make good); 진척하다(get on, make progress)

- **get hold of** 붙잡다(grasp, grab, grip, grasp, take⟨/ catch/ seize/ lay⟩ hold of), 손에 넣다(acquire); 이해하다

- **get in** 도착하다(on)(arrive); 들어가다, 타다(enter); 당선하다; 넣다, 끼우다; (기부금 등을) 거둬들이다

- **get in with** …과 친해지다(become friendly with)

- **get it right** 제대로 보다

- **get married to …** …와 결혼하다

- **get off** 내리다(get out, alight ↔ get on, board); 놓아주다(loosen), 제거하다(remove), 처분하다(dispose of); (처벌을) 면하다(escape, go unpunished, get away with); 출발하다, 떠나다(start, leave, go away);

- **get on** 타다, 승차하다(↔ get off); 진척하다(시키다)(proceed, make progress); 성공하다(succeed); (시간 등이) 나아가다(advance), 서두르다(hurry); 지내다(get along)

- **get on with** ~이 …하게 되어 가다; 계속하다(continue, go on with), 진척시키다(make progress); 사이좋게 지내다(get along with)

- **get one's eye in** 눈을 기르다, ~할 줄 알게 되다

- **get out** 외출하다, 떠나다(leave), 내리다(get off); 발행하다(publish, issue); (비밀 등이) 새다, 알려지다(reveal)

- **get out of** ~을 벗어나다, 모면하다, 피하다(escape, evade, break out ⟨of⟩, break loose)

- **get out of(or beyond) control(or hand)** 통제할(걷잡을) 수 없게 되다(become uncontrollable, jump the track)

- **get over** 회복하다(recover from, pick up, get well); 극복하다(overcome, surmount); 눈감아주다(excuse, overlook, tolerate); 끝마치다(conclude, finish); 이해시키다(to)

- **get rid of** 제거하다(obviate, remove, eliminate); 그만두다(quit, let up)

- **get round** 극복하다, 이겨내다(surmount); 농락하다(coax, cajole); 한 수 떠 뜨다(get around, circumvent); 모면하다(evade); 돌아서 오다(가다); (소문 등이) 퍼지다(get around, get about)

- **get the better of** 이기다(win ⟨the day⟩, overcome), 꺾다(defeat); 앞지르다(outwit); 속이다(cheat)

- **get the point** 요점을 이해하다(get the picture, get it, understand)

- **get through** 빠져나가다, (의안 등이(을))통과하다(시키다), (시험에) 합격하다; 마치다, 끝내다, 마무리하다(with)(go through with, be through with, bring to an end, put an end to, cause to cease, complete, wrap up, finish conclude, end, round off, terminate, wind up, have done with); (돈·시간을) 써버리다(consume); (전화가) 통하다

- **get through to** (의도 등을) 이해시키다, …에게 알게 하다

- **get to** …에 도착하다, 닿다(reach, arrive at); (어떤 결과)에 이르다

- **get to bed** 잠자리에 들다(go to bed)

- **get together** 모으다(collect, bring together, accumulate); 모이다, 집회하다(come together, gather ⟨together⟩, meet ⟨together⟩, assemble, rally, congregate); (의견이) 일치하다(agree, reach an agreement); 협력·단결하다

- **get under** 굴복하다; (화재·소동 등을) 진압하다, 가라앉히다(subdue, suppress, quell, ⟨s⟩quash)

- **get under a person's skin** 화나게·초조하게 하다(anger or irritate one); 마음을 사로잡다(captivate)

- **get up** 일어서다(stand up), 일어나다(rise, be up); 일으키다(raise); 올라가다(ascend, mount), 출세하다; 시작·준비·마련·계획하다(inaugurate, organize, arrange, contrive, prepare); 차려입다(dress elaborately)

- **get used to** ~에 익숙해지다(get accustomed to)

- **get ~ out of one's mind** ~을 잊다(forget, lose sight of, lose track of)

- **get(/ put/ set) one's back up** 화내다(get ⟨or become⟩ angry, hit the ceiling); 완고해지다(become obstinate)

- **get(or be) in bad with someone** ~의 미움을 받다, 눈밖에 나다(be hated by someone, incur disfavor of)

- **get(or have) cold feet**　겁먹다, 두려워지다 syn. become(/ be) timid or fearful

- **get(or keep) in(to) touch with**　…와 연락·접촉하다(communicate with, come in〈to〉 contact with, come in touch with ↔ get out of touch with, lose contact with)

- **give away**　주다, 증여하다(make a gift of, donate, bestow); 버리다, 포기하다(sacrifice); 폭로하다(reveal, expose), 배신하다(betray): 양보하다, 무너지다(give way); (얼음 등이)꺼지다(crack)

- **give back**　돌려주다(render), 돌려보내다(restore); 보복하다(retribute); 물러나다(retreat)

- **give birth to**　…을 낳다, 생기게 하다(bring forth, bear; …의 기원·원인이 되다(give rise to, be the cause or origin of, originate, create, account for, be responsible for)

- **give in : 굴복·항복하다**(to)(yield 〈to〉, surrender 〈to〉, give way 〈to〉, get under, succumb 〈to〉, submit 〈to〉, capitulate, throw up one's hands, acknowledge defeat); 제출하다(submit, turn in, hand in)

- **get it over with**　~을 끝마치다

- **give off**　(증기·빛·냄새 등을) 방출하다, 내뿜다(emit, give out, send out, transpire, emanate, release)

- **give one a ring**　전화하다(telephone, call up, ring up)

- **give oneself over(or up) to**　~에 열중·몰두·골몰하다(devote oneself to, lose oneself)

- **give out**　배부·배포하다(distribute, hand out); 발표·공표하다(announce, put out, promulgate); (소리·냄새 등을) 발(산)하다(give off, send out, emit); (엔진 등이)멎다(run down); 고장나다(break down)

- **give over(or up)**　그치다(cease), 그만두다(stop), 포기하다(abandon); 넘겨주다(hand over, turn over, deliver)

- **give rise to**　…을 야기하다(cause, trigger), …의 원인이 되다(be the cause of)

- **give someone a rain check**　~에게 나중에 다시 초대하겠다고 약속하다 Cf. rain check : 우천 교환권(비로 경기가 중단될 경우 관람객에게 주는 다음 회의 유효표); (약속·초대·요구 등의) 연기

- **give someone a treat**　…에게 한턱내다(treat, serve, entertain)

- **give the back to**　~에게 등을 돌리다, 저버리다, 배반하다(go back on, betray)

- **give the test**　시험지를 주다

- **give up**　버리다, 포기·단념하다(abandon, relinquish), 넘겨주다(deliver); 항복하다(surrender); 그만두다, 중지하다(resign, stop, cease); 맡기다, 기울이다(devote),

빠지다(addict)

- **give way**　무너지다, 부러지다(give away, break down, collapse); 물러가다, 후퇴하다(retreat, withdraw); 양보하다(to)(yield 〈to〉)

- **give(/ show/ turn) the(or a) cold shoulder to someone**　…을 냉담하게 하다, 냉대하다, 푸대접하다(treat with disdain, snub); …을 (회)피하다(avoid, shun)

- **give way to**　…에 길을 내주다, 양도·양보·굴복하다, …에 굽히다, 못 이기다(무너지다)

- **glass ceiling**　(여성·소수파의) 승진의 최상한선(승진을 막는 보이지 않는 장벽)

- **go against**　…에게 불리하게 끝나다; …거스르다, 거역하다(act in opposition to, fly in the face 〈or teeth〉 of)

- **go (or swim) against the stream**　(풍조 등)에 역행하다, 시류를 역행하다, 시류를 따르지 않다(go or swim against the tide)

- **go ahead**　전진하다(시키다); (명령) (상대방이 하던 말이나 일을 재촉하여) 어서(해요) ! 계속해요 !

- **go along with**　…와 함께 가다, (결정 등에) 따르다(follow, accept, abide by)

- **go away**　떠나다(get off, leave), 가버리다(clear away)

- **go back**　되돌아가다, 거슬러 올라가다(trace, date back), 회고하다(look back on, retrospect)

- **go back on**　약속을 깨다·어기다, (主義 등을)버리다(renege on, break); 식언(食言)하다, 철회·취소하다(revoke, eat one's words, retract one's words); (남을) 속이다, 배반하다(betray)

- **go by**　(시간 등이) 지나다, 경과하다(pass 〈by〉); 간과되다; ~의 이름으로 통하다(go by the name of), 알려지다(be known or refereed to by); …에 따르다(follow), 의거하다(be guided or led by)

- **go down**　(배 등이) 침몰하다(sink, founder); (해·달이) 지다(set); 삼켜지다(be swallowed); 납득되다, 받아들여지다(be accepted); 기억되다(be remembered), 후세에 전해지다; (파도 등이)잔잔해지다; (가격·열 등이) 내려가다(go lower, recede)

- **go Dutch**　(비용을) 각자 지불하다 Cf. (계산을) 각자 합시다 : Let's go Dutch (treat). / Let's go fifty-fifty. / Dutch treat.

- **go far**　성공하다, 상당한 성과를 올리다(achieve much success, accomplish much); 오래 계속되다(last long); 멀리까지 가다(cover much extent, get far)

- **go for**　가지러(부르러) 가다(call for); …하러 가다(go and do); …을 얻고자 하다, 목표로 삼다(try to take, be out for);

…으로 간주·생각되다(be regarded or taken as), …으로 통하다(pass for, be accepted as); …에 적용되다(be applicable to, apply to, be true of); 공격하다(attack); …에 끌리다(be attracted by)

- **go from bad to worse** 악화되다, 더 나빠지다(get worse, worsen, aggravate)

- **go hand in hand** 협조하다, 나란히 가다, 병행하다

- **go in for** (시험 등을) 치르다(sit for, take); …에 열중·골몰하다, …을 특별히 좋아하다(like, have a strong interest in); …에 찬성·지지하다(side with); …에 참가하다(take part in); 입후보하다(run for)

- **go into** …에 들어가다, 가담·종사하다; 조사하다(investigate, inquire into), 검토하다(examine, review)

- **go off** 폭발하다, 발사되다(explode, detonate, discharge, blast off); 악화되다, (음식이) 썩다(go bad, become bad, become worse); 의식을 잃다, 까무러치다(lose consciousness, black out ↔ come to life); 도망치다, 도주하다, 떠나다(run away, flee, go away, leave)

- **go on** 일어나다(happen, take place); 계속하다 (with)(continue); (시간이)지나다(go by, pass by, lapse)

- **go on honeymoon** 신혼여행을 가다

- **go out** 외출하다; (불 등이)꺼지다(stop burning, be extinguished); 사직·하야하다(resign); 유행에 뒤지다(become outdated); 동맹 파업을 하다(strike, go on strike, walk out, stick out)

- **go out of business** 실직하다, 파산하다, 폐업하다(out of work, go under, give up business, wind up)

- **go out of one's way to v** ~하려고 특별한 노력을 하다(기울이다)(make a special effort)

- **go over** 건너다(cross); 조사·검토하다(examine, check); 복습하다(review); 전향·개종하다(be converted)

- **go round** 회전하다(rotate), 돌아가다(circulate); 유람하다, 우회하다; 잠깐 들러보고 가다

- **go through** 통과하다(get through), 뚫고 나가다(penetrate); (고난 등을) 겪다, 경험하다(undergo, experience, suffer), 견디다(endure); 전부 해내다(perform thoroughly); 검토·조사·검사하다(examine, search)

- **go through with** 끝까지 해내다, 끝마치다, 완성하다(complete, finish)

- **go to one's head** (취기 등이) 오르다, (술이) 취하게 하다, 흥분시키다(excite or intoxicate one); 만심(慢心)시키다(make one vain or overconfident)

- **go under** 가라앉다; 실패하다, 파산하다(go (or become) bankrupt, go into bankruptcy, go under, go bust, go belly-up, fold up, go belly up, go out of business, go up, go to the wall, fail)

- **go up** (가격 등이) 오르다(rise, be raised); 폭파하다 (explode); 파산하다; 대학에 가다(enter a university)

- **go with** 동행·동반하다(accompany, come along with, keep one's company, keep company with); 어울리다, 조화하다(match, become, suit, look well on, harmonize with)

- **go without** …없이 지내다(manage without), (식사를) 거르다(go to bed without); …이 없다(do not have)

- **go(or pass) out of mind** 잊혀지다

- **go wrong** 길을 잘못 들다; 옳은 길을 벗어나다; (시계 등이) 고장나다(with); 타락하다; 기분이 나빠지다; (음식물이) 썩다; (계획 등이) 실패하다

- **good and** 아주, 대단히, 매우(very); 완전히(thoroughly, completely)

- **good for nothing** 무익한, 쓸모없는(useless, worthless)

- **grow out of** …에서 일어나다·발달하다(develop from); (성장하여) …에서 벗어나다, 탈피하다(outgrow, become too old for)

- **grow up** 성인이 되다(become adult), 성숙하다(become mature); (습관 등이) 생기다, 일어나다(develop)

- **had better** ~하는 편이 좋다(had rather, would rather)

- **hammer out** 망치로 두들겨 ~을 만들다, 애써(고생하며) 생각해 내다, (문제를)풀다, 해결하다(work out, solve, unravel, disentangle, unwind)

- **hand (a)round** 차례로 돌리다(회람시키다), 나누어주다

- **hand and foot** 손발을 함께; 충실히, 정성껏, 바지런히(constantly and diligently)

- **hand down** (판결 등을)내리다; 유산으로 남기다 (~to)(bequeath~to, transmit~to, pass on⟨~⟩ ⟨to⟩)

- **hand in** 제출하다(turn in, submit, send in, put in)

- **hand in hand** 손에 손잡고(holding each other's hand), 협력·병행하여(in cooperation or correlation), 함께(together)

- **hand on** 다음으로 돌리다(pass along), 전달하다(transmit); =hand down

- **hand out** 나누어주다, 배포하다, 분배하다(distribute, dispense, give out, pass out)

- **hand over** 넘겨주다, 인도·양도하다(give up, surrender, make over, turn over, deliver)

- **hang around(or about)** (…의 부근을) 서성거리다, 배회하다(loiter), 드나들다(frequent)

- **hang back** (겁을 먹거나 낯을 가려서) 주춤하다, 머뭇거리다, 망설이다(be reluctant to advance)

- **hang on** 매달려 있다, 떨어지지 않다(cling to, keep hold, hold on); 견뎌내다, 버티다(persevere, go on doing), 전화를 끊지 않고 있다(hold on); ~에 따라 결정되다(depend on, be contingent on, hinge on)

- **hang up** 전화를 끊다(on)(finish telephoning); 지체시키다(delay, retard, hold back); 방해하다(upset, hinder)

- **happen to** 우연히 ~하다(be done or be the fate of, befall, chance to)

- **hard-up (for money)** (돈에) 쪼들리는, 곤궁에 처해있는, 궁색한(short of ⟨money⟩, having little ⟨money⟩)

- **have a falling out** 다투다, 사이가 틀어지다(안 좋다)(fall out, quarrel)

- **have a good time** 즐거운 시간을 보내다, 재미있는 시간을 갖다

- **have a mind to v** ~하고 싶어하다(feel inclined to, feel like ~ing)

- **have a nerve(/ nerves)** 뻔뻔스럽다, 배짱이 있다

- **have a shot at(or for)** 한 번 해보다, 시도해 보다(try ~ing)

- **have a strong dislike to (or for) + 명사** ~을 매우 싫어하다

- **have access to** …에게 접근(출입 · 이용)할 수 있다, …을 면회할 수 있다

- **have an ear for music** 음악을 알다(↔ have an ear for music)

- **have an eye for** …에 대한 안목 · 감식안이 있다

- **have an eye to** …에 눈을 돌리고 있다, 주의하다(keep an eye on, watch out for, attend to, pay attention to)

- **have come a long way (towards)** (완료형으로) 계속 출세하다; 먼 거리를 오다

- **have eyes for** …에 눈독을 들이고 있다, 탐내다(be very interested in and want)

- **have in mind** 마음에 간직하다, 명심하다, 기억하고 있다(bear (or keep) in mind, remember); 생각하다(think of); 계획하다, 작정하다(intend, purpose, drive at)

- **have it out (with)** (남과) 결판을 내다, 해결하다(solve)

- **have much to do with** …와 많은 관계가 있다(be greatly concerned with, be bound up with)

- **have no control over** 제어할 수가 없다(능력이 없다), 통제권(통제력)이 없다, 자제력이 없다

- **have no influence(or effect)** 영향을 미치지 못하다, 효과 · 효력이 없다, 쓸모없다(cut no ice, be good for nothing, be lost upon, be useless, be worthless)

- **have no *other* choice(/ alternative) *than* to v = have no choice(/ alternative) *but* to v :** …하는 것을 제외하고는 다른 선택(/ 대안)이 없다, 하지 않을 수 없다(cannot help ~ing)

- **have nothing to do with** …와 관계없다(be irrelevant to, be foreign to ↔ have much ⟨or something⟩ to do with, be concerned with, be related to)

- **have one's heart in one's mouth** 깜짝 놀라다 (feel very excited, worried, or frightened, be full of fear or nervous anticipation)

- **have one's heart set on** …에 희망을 걸고 있다, …을 몹시 원하다(set one's heart on, want very much)

- **have *something* by(/ from/ on) hearsay** …을 소문으로 듣고 있다

- **have something in common** (관심사 · 생각 등을) 공통적으로 지니다

- **have something on one's mind** 걱정하다, 염려하다, 근심거리가 있다(be worried about)

- **have something to do with** ~과 관계가 있다(be concerned with, be related to)

- **have trouble (/ difficulty/ a hard time) (in) ~ing** ~하는데 애를 먹다

- **have ~ at one's fingers'(or finger's) ends** ~에 정통하다(know~well, be versed in)

- **head off** 피해서 나아가다; 앞질러 방해하다, 가로막다(intercept, block, prevent)

- **head over heels(or heels over the head)** 공중제비로, 거꾸로(upside down, topsy-turvy); 쏜살같이, 무턱대고(hurriedly, impetuously); (빚 · 사랑 등에) 깊이 빠져서(deeply)

- **health nut** 건강 광(fitness nut)

- **hear about** 에 대해 듣다; 비판 · 벌을 듣다, 칭찬받다

- **hear from** ~으로부터 소식을 듣다(get a letter, telegram, etc, from); ~으로부터 꾸중듣다(get a criticism or reprimand from)

- **hear of** ~의 소식 · 기별을 듣다(know of); ~의 꾸중듣다; 들어주다, 허용하다(assent to, permit)

- **heart and soul** 심신을 다하여, 열심히(with one's all effort, enthusiasm, etc.) ardently); (문제 등의)핵심

- **help oneself to** 마음대로 집어먹다(들다)(serve or provide oneself with food, etc.); 마음대로 쓰다(취하다)(take without asking or being given); 착복 · 횡령하다(defalcate),

훔치다(steal)

- **help out**   도와서 나가게 하다(완성시키다)(help in getting or doing something), 구출하다; 보태주다(help)

- **here they are**   물건 등을 내 놓으며) 여기 있습니다.(= here you are, here it is)

- **hinge on**   …여하에 달려있다, …에 따라 정해지다(be contingent on, depend on, stand on, rest with, hang on)

- **hit** *someone* or *something* **for six**   대성공을 거두다(be very successful ⟨in⟩, succeed ⟨in⟩)

- **hit the ceiling**   화내다, 노발대발하다(become angry, lose one's temper, fly off the handle); 꾸짖다(scold)

- **hit the mark**   적중하다, 목적을 달성하다, 예상이 들어맞다

- **hit upon(or on)**   우연히 마주치다(happen to meet); 문득 떠오르다(come across, come upon, pop into, occur to)

- **hold (the / one's) attention**   …의 주의를 모으다

- **hold back**   거둬들이다, 취소하다(cancel); 감추다, 숨기다 (conceal, hide, keep back); 삼가다, 제지·자제·억제하다(withhold, restrain, check, suppress, control); 지체시키다(delay, retard, hang up)

- **hold by**   지키다, 따르다, 고수하다(stick to)

- **hold down**   꽉 누르다; (머리를) 숙이다; 억제하다; 가라앉히다; 지배하다, 복종시키다; (지위·직업 등을) 유지하다

- **hold good**   유효하다(hold, remain valid, remain effective)

- **hold in**   삼가다, 누르다, 억제하다(restrain, check, control)

- **hold off**   가까이 오지 못하게 하다(keep away at a distance); 뒤로 미루다, 연기하다(postpone, put off)

- **hold office**   재직하다, 직책을 맡고 있다(↔ resign office: 사직하다)

- **hold on**   계속하다(continue), 지속하다(persist, stand up); 매달리다(to)(hold firm to); (전화 등을) 끊지 않고 기다리다(hold the line, wait, hang on)

- **hold on to**   꼭 붙들다, 놓지 않다, 집착·고수하다(hold firm to, hold fast to)

- **hold one's nose**   (냄새가 고약해서) 코를 쥐다; 마지못해 받아들이다

- **hold out**   견디다, 버티다, 참다(resist, withstand, stand firm, not yield, endure); 제의·제공하다(offer); 지속하다, 계속하다(last, continue)

- **hold over**   계속하다, 유임하다(keep or stay for an additional period or term); 보류하다, 연기하다(postpone); (으름장 등을) 놓다(keep as a threat or advantage over), 드러내 보이다(display)

- **hold to**   붙들다, 매달리다, 고수하다(keep faithful to)

- **hold the line**   현상을 유지하다; 물가 따위를 안정시키다; 물러서지 않다, 고수하다; 전화를 끊지 않고 기다리다

- **hold up**   (들어) 올리다(uphold, lift, raise); 지탱하다 (sustain), 지지하다(uphold, support); 강도짓을 하다, 털다, 강탈하다(rob); 지연시키다, 막다, 방해하다(stop, delay, check); 버티다, 견디다(withstand, endure)

- **hold with**   일치하다(agree), 찬성하다(편들다)(approve of, be for)

- **hook up**   훅으로 잠그다(잠기다); 연결하다; 접속하다; (…와) 사귀다

- **hot air**   허풍(brag, boast, tall talk, exaggerated talk)

- **hot under the collar**   화를 내어, 흥분하여(angry)

- **How come**   어찌하여 그러는가, 왜 그런가(why)(이유, 사정, 경위)[How comes it that(How does it come that)의 단축형]

- **if** *someone* **had half an eye**   …가 좀더 영리하다면, 그다지 우둔하지만 않다면

- **if you insist** : 정 그렇다면

- **impose on(or upon)**   (참을성·친절함 등을) 이용하다, 틈타다, 편승하다(take advantage of); 교묘히 속이다, 기만하다(cheat, defraud)

- **impose ~ on**   (부담·세금 등을)지우다, (부)과하다 (exact, inflict, levy, tax, charge, toll, place, lay); 강요하다(force), 억지로 떠맡기다(obtrude), 속여 팔다(foist, palm off, pass off)

- **in (less than) no time**   바로, 곧(very quickly, at once, immediately, off hand, instantly, on the spot)

- **in a big way**   대규모로(on a large scale); 사치스럽게

- **in a rage**   화를 벌컥 내어

- **in accordance with**   ~에 따라서, ~에 일치해서(in agreement with, according to, pursuant to)

- **in addition to**   ~에 더하여, 부가하여, 부가하여(besides, as well as)

- **in case (that)**   ~의 경우에 (대비하여)(if)

- **in charge of**   ~에 책임이 있는(responsible for)

- **in common**   보통으로; 공통(共通)으로, 공동으로 Cf. have much in common with(~와 공통점이 많다)

- **in comparison with**   ~과 비교(비례)하여(as compared with, in proportion to)

- in connection with   ~와 관련하여(with reference to, in conjunction with); ~와 접속되어(together with)

- in consequence of   ~의 결과로, …때문에(as a result of, because of, on account of, in consideration of)

- in consideration of   ~을 고려하여, … 때문에(because of); …의 보답 · 답례 · 보수로(in return for)

- in detail   항목을 따라(item by item); 상세하게(with particulars, at length, at large)

- indulge (oneself) in   ~에 빠지다, 즐기다, 탐닉하다(give way to one's own desires, allow oneself to enjoy)

- in effect   사실상, 실제로는(virtually, in fact, de facto, in reality, as a matter of fact); 실시(시행)되어(valid, in force)

- in excess of   …을 초과하여, …이상으로

- in favor of   …에 찬성 · 지지하고(있는)(for, approving, supporting, endorsing, in support of ↔ against); …에 도움 · 이익이 되도록(in one's favor, to the advantage of); …에게 지불되도록(payable to)

- in force   유효한, 시행중인(valid, in effect, operative); (사람이) 힘을 다하여(in full strength)

- in general   대체로(generally, at large, as a whole, on the whole, by and large, as a rule)

- in hand   수중에(in possession); 제어 · 지배하여(in control); 연구 · 진행중인(being worked on, in process)

- in line with   …와 나란히; …에 따라서, …에 일치 (일맥상통)하여(in agreement with, in accordance with, according to, pursuant to)

- in light of   …에 비추어, …을 고려하여

- in need   어려움에 처한(in misfortune), 궁핍한, 빈곤한(in poverty)

- in no way   결코 …않다(by no 〈manner of〉 means, never, not ~ at all, not ~ in the least, on no account, anything but)

- in order   정리 · 정돈되어(in arrangement); 쓸 수 있는 상태로, 제대로; 건강한 상태로; 마땅 · 적절한(proper)

- in other words   바꾸어 말하면, 다른 말로 하면, 즉

- in person   몸소, 본인이(personally, oneself)

- in private   살짝, 은밀히(secretly, on the quiet); 비공식적으로, 비공개로(privately ↔ in public, in state)

- in profile   측면에서 보아, 옆모습으로(from the side)

- in proportion to   ~에 비례하여(commensurate with, in comparison with, relative to)

- in return for   ~의 대가로, ~의 보답으로(as repayment for, in consideration of)

- in search of   …을 찾아서, 추구하여(looking for, making a search for, searching for, in pursuit of)

- in spite of   ~에도 불구하고(despite, notwithstanding, for all, with all)

- in succession   연속하여, 연달아(one after another)

- in tandem with   (세로로) 나란히 (서서), 협력하여

- in terms of   …의 견지 · 관점에서(from the standpoint of, in the light of, in view of)

- in that   ~라는 점에서, ~하므로(since, because, for the reason that)

- in the air   떠돌아, 퍼져서(current, prevalent); 결정이 안되어(unsettled, undecided, pending)

- in the custody of   …에 보관 · 보호되어, …의 보호아래

- in the event of   ~할 경우에(in case of)

- in the face of   …과 직면하여, …의 면전에서(in the presence of); …에도 불구하고(in spite of)

- in the first place   우선 먼저, 첫째로(firstly, to begin with)

- in the hands of somebody   ~의 수중에, ~의 손에 들어가 있는(~의 관리/지배하에 있는)

- in the light of   ~의 견지에서(in terms of, in view of)

- in the long run   결국, 마침내(at last, in the end)

- in the meantime   이럭저럭 하는 동안에, 그 동안에, 그때까지; (이야기가 바뀌어) 한편(으로는); 그런데

- in the presence of   ~의 면전에서(in front of, in the face of)

- in the way   방해되는

- in the wind   바람 불어오는 쪽으로; 낌새가 있는, 일어날 듯한(happening or about to happen); 소문이 있는

- in time   장차, 조만간(soon enough), 때가 되면(eventually); 시간에 늦지 않게; 장단이 맞아서

- in token of   …의 표시 · 증거로(as a sign of, as evidence of)

- in torrent(s)   (비가) 억수같이, 폭포처럼(very hard, in buckets and barrels)

- in trouble   곤경에 빠져서, 난처하여, 말썽이 나서; 불운의, 재난의; 꾸지람 듣고, 검거되어

- in two minds   마음이 흔들려, 결단을 내릴 수 없어, 망설이는(unsure)

- in turn   차례차례; 결국(결과적으로)

- in(or on) behalf of   ~을 위하여(in the interest of, for the purpose of, with a view to), ~을 대표하여(in place of, as

a representative of, instead of)

- **in(or with) reference to** ~에 관(련)하여(with regard to, in connection with, in regard to〈or of〉)
- **in(to) the bargain** 게다가, 덤으로, 덧붙여서(besides, to boot, as well, over and above, apart from)
- **inasmuch as** …하는 한(to the extent that, insofar as, as far as, so far as); …이므로(seeing that, now that, since, because)
- **indulge in** ~에 빠지다, 즐기다(indulge oneself in, give way to one's own desires, allow oneself to enjoy)
- **inquire after** 안부를 묻다, 문안 · 문병하다
- **insight into** ~에 대한 통찰(력) · 안목
- **insist on** 주장 · 역설 · 고집하다; 우기다, 강요하다
- **interfere in** 끼어들다, 참견 · 간섭하다(break in on, meddle in)
- **interfere with** 훼방놓다, 방해하다(prevent, impede, hinder, disrupt)
- **intervene in** (사이에) 오다 · 있다 · 끼어들다(come between); 간섭 · 개입 · 중재하다(intercede in, meddle, arbitrate, mediate, interfere in, put one's nose into)
- **invest in** 투자하다(lay out), 돈을 쓰다(들이다)(put money in)
- **iron out** 다리미질하다, 다리미질하여 없애다, 원활하게 하다, 해결하다(solve)
- **It couldn't be better.** (주로 날씨 등이) 더 이상 좋을 수 없다, 더할 나위 없이 좋다
- **It's all Greek to me.** 그럼, 난 뭐가 뭔지 하나도 모르겠어.
- **It's none of your business.** 남의 일에 (쓸데없는) 상관 · 참견 마시오. 네가 알 바 아니다.(That's no business of yours / What business is that of yours?)
- **It doesn't matter.** 중요하지 않다(It is not important. / It doesn't make any difference.)
- **It slipped my mind!** 내 정신 좀 봐) 깜빡했네!
- **itch for** 열망하다, ~하고 싶다(long for, covet for, yearn for, crave for, have a craving for)

- **join up** 가입하다, 입대하다(join the army, enter the army)
- **jot down** ~을 간단히 적어 두다, 메모하다(make a brief, quick note of)

- **jump at** (초대 · 제공 · 일자리 등에) 승낙하다, 쾌히 응하다(accept hastily or eagerly)
- **jump on(or upon)** ~에 덤벼들다(attack); 맹렬히 비난 · 공격하다, ~를 호통치다(scold, censure severely)
- **jump(/ climb/ get) on the bandwagon** 시류에 편승(便乘)하다, 흐름을 타다, 우세한 쪽에 붙다
- **jump(leap) to a conclusion(conclusions)** 서둘러 (성급히) 결론을 내리다

- **keep after** (범인 등을) 끝까지 쫓다, (여자의 꽁무니를) 따라다니다(run after); 잔소리하다, 꾸짖다(scold)
- **keep abreast of** ~의 수준에 달해 있다, ~에 뒤(떨어)지지 않다, ~와 어깨를 나란히 하다(keep up with, keep pace with)
- **keep an eye on** 경계 · 감시 · 주시하다, 돌보다(keep 〈close〉 tabs on, keep watch, keep a lookout for, watch 〈out〉, guard against, be on guard against, be on the alert, be watchful)
- **keep away (from)** 접근하지 못하게 하다(hold off), 멀리하다, 피하다(avoid, shun, ward off)
- **keep back** 억제하다, 누르다(hold back, withhold); 막다, 방해하다(deter)
- **keep company with** 함께 가다, 동행하다(keep one's company, go with, go together, accompany); ~와 (애인으로) 사귀다, 데이트하다
- **keep down** 억누르다, 진압하다(suppress, repress, put down, 〈s〉quash); 앉아(누워) 있다
- **keep early hours** 일찍 자고 일찍 일어나다
- **keep from** 금하다, 억제하다, 삼가다(refrain from, abstain form); ~에서 떨어져 있다
- **keep house** 일가를 이루다; 살림을 차리다(꾸려 나가다)(manage a home)
- **keep in mind** 명심하다, 기억 다(bear〈or have〉 in mind, remember)
- **keep off** 접근시키지 않다, …의 출입을 금(지)하다(keep out); …에서 떼어놓다(떨어지다)(stay off)
- **keep on** (옷을) 입은 채로 있다(continue to wear); 계속 고용 · 소유하다; 계속 …하다(go ahead, continue)
- **keep one's chin up** 용기를 잃지 않다, 가운을 내다 (bear up bravely under trying circumstances)
- **keep one's nose clean** 예의바르게 행동하다(behave

well); 귀찮은 일을 피하다(keep out of trouble)

- keep one's shirt on   (성내지 않고) 침착성을 유지하다
- keep one's word   약속을 지키다(keep one's promise, be as good as one's word, make good, abide by)
- keep *someone* in the dark about   …을 비밀로 하다(keep something secret, keep ⟨it or a secret⟩ to oneself)
- keep *something* under lock and key   자물쇠를 채워두다, …을 안전한 장소에 보관하다
- keep to   (본론·화제 등에서) 이탈하지 않다; (규칙·신념 등을)고수하다(adhere to), (약속·계획 등을)지키다
- keep to oneself   남으로부터 떨어져서 초연하게 있다(stay away from others); 남에게 알리지 않다, 비밀에 부쳐두다(hide something, keep someone in the dark about)
- keep up   가라앉지 않게 하다; (가격·수준·체면·가정 등을) 유지하다; 계속·지탱하다(continue, sustain)
- keep up appearances   (불행·고난을 내색하지 않고) 체면을 유지하다(behave in one's usual way)
- keep up with   (사람·시대 추세 등)에 뒤떨어지지 않다, 보조를 맞추다, 따라 잡다(keep⟨/ hold/ maintain⟩ pace with, keep abreast with, go forward at an equal pace with, remain informed about); (신용·체면·용기·접촉 등을) 유지하다, 계속하다(continue, keep up appearances)
- keep(/get /be) in(to) touch with   …와 연락하고 지내다, 접촉하다(접촉을 유지하다)(continue in communication with, communicate with, come in⟨to⟩ contact with, come in touch with, establish contact with ↔ get⟨or be⟩ out of touch with, lose contact with)
- kind of   얼마간, 다소, 조금(sort of, somewhat)
- knock off   쳐서 떨어버리다; (일을) 척척 해치우다(do, accomplish); 파멸시키다(ruin), 죽이다(kill); 훔치다(steal); 할인하다, 에누리하다(deduct); 일을 그만두다(stop working, leave off ⟨work⟩)
- knock out   털어내다; 녹아웃시키다, 기절시키다(make unconscious, lay out); 지치게 하다(make exhausted, tire out, do up, do in); 패배시키다(defeat)
- know better than to v   …할 만큼 어리석지 않다(be wise enough to v, be not foolish ⟨or stupid⟩ as to v)

- lacking in   ~에 부족한(wanting in)
- larger than life   실물(실체)보다 큰, 실지보다 과장된; 허풍(호들갑)을 떠는; 영웅적인, 전설적인

- laugh at   비웃다, 조롱하다(make fun of, deride, jest at, disdain, mock, scoff, jeer at)
- lay aside   저장하다(lay away, lay up, save), 따로 제쳐두다; 버리다, 포기하다(abandon, relinquish)
- lay by   불행에 대비하다, 저축하다(lay aside, lay away, save)
- lay down   아래에 내려놓다(put down); 버리다, 그만두다(sacrifice, abandon, give up), 사임하다(resign, step down); 규정·제정하다(ordain, prescribe, enact, establish, set down); 주장·단언하다(assert or declare emphatically); 지불하다(pay), (내기를) 걸다(bet, wager); 저장하다(store away)
- lay in   …을 사들이다, 사재기하다, 저장하다(stock, get and store away, store up, lay down)
- lay off   (일시) 해고시키다(put ⟨an employee⟩ out of work ⟨temporarily⟩, pay off, dismiss); 따로 제쳐두다(put aside); 벗다(take off, remove); 구획·구분하다(mark off the boundaries of)
- lay out   (도시·정원 등을) 설계·계획하다(plan), 배열하다(arrange); 펼치다(spread out); (돈을) 쓰다(spend, expend), 투자하다(invest ⟨in⟩); 때려눕히다, 기절시키다(knock down or make unconscious)
- lay up   비축하다(lay aside, store, hoard, stock), (병이 사람을) 앓아 눕게 하다(disable, confine to bed)
- lay up against(or for) a rainy day   만약의 경우 (궁할 때)를 대비하여 저축하다(save money for unhappy days, put money aside against ⟨or for⟩ an emergency)
- lead a person by the nose   맹종시키다, 마음대로 부려먹다(dominate completely)
- lead to   ~에 이르다, (결과 등이) ~이 되다(go towards, result in)
- lead up to   결국 …에 도달하다(prepare the way for); 차츰 이끌어가다, (화제를) 노리는 쪽으로 차츰 돌리다(approach ⟨a subject⟩ in a subtle or indirect way)
- learn by heart   외다, 암기하다(memorize)
- leave behind   둔 채 잊고 가다(forget to take); (처자·명성·재산 등을) 남기고 죽다; 통과하다, 지나가다
- leave off   그만두다, 그치다(stop, cease); 입지 않다, 벗다(stop wearing, no longer wear, take off)
- leave out (of)   생략·제외하다(omit, exclude, eliminate), 무시하다(fail to consider, ignore, neglect)
- leave over   (음식 등을) 남기다; (일 등을) 미루다, 연기하다(postpone, put off)
- lend(or give) *someone* a hand   거들어 주다,

거들다(help, assist *someone* with, help *someone* out〈or with〉, be of service to)

- **let alone** ~은 말할 것도 없이(not to mention, to say nothing of, not to speak of)

- **let by** …을 지나가게 하다(allow to pass); (잘못 등을) 눈감아주다(overlook, get over, let go)

- **let down** 낮추다(lower); (노력 · 속력 등을) 늦추다(slow up, slacken); 낙심 · 실망시키다(disappoint); (위신 등을) 떨어뜨리다, 창피를 주다(humiliate, mortify)

- **let go of** 해방하다, (쥐었던 것을) 놓다(release)

- **let in** 들여보내다; 속이다

- **let off** 방면 · 석방하다, 면제하다(excuse); 쏘다, 발사하다(fire); 방출하다(give forth, emit, give off)

- **let on** 고자질하다, 진상을 폭로하다(reveal); ~인 체하다(pretend)

- **let others say what they will** 남이야 무어라 하든

- **let out** 밖으로 내보내다; 석방하다(release); (비밀을) 무심코 누설하다(reveal); (의복을) 늘리다(make large)

- **let up** 그치다, 멎다(stop, pause); (폭풍우 등이) 자다, 가라앉다(on)(slacken, relax)

- **lie in** ~에 놓여 있다(consist in)

- **like a shot** (총알처럼) 빠르게(quickly, rapidly); 곧, 즉시(at once), 기꺼이(willingly)

- **line up** 한 줄로 늘어서다, 줄지어 차례를 기다리다(form a line, queue up)

- **little by little** 조금씩, 점차적으로(bit by bit, piece by piece, gradually)

- **live between steps** 한 걸음 한 걸음 사이를(생사를 넘나들며) 살다

- **live from paycheck to paycheck** 그날 벌어 그날 먹고 살다(live from hand to mouth)

- **live in** 기숙하면서 근무하다(live at the place where one is in domestic service)

- **live on** …을 먹고 살다; …을 주식(主食) · 상식(尙食)으로 하다

- **live up to** (기대 · 명성에) 부응하다, (약속 등을) 지키다(come up to, equal, deliver on); …에 따라 생활 · 행동하다, 부끄럽지 않은 생활을 하다(act on, act according to, act up to, act in accordance with)

- **live within one's means** 수입 이내의 생활을 하다, 수지균형 · 수지타산을 맞추다, 빚 안지고(분수에 맞게) 살아가다(live within one's income, make (both) ends meet, have just enough money for one's needs)

- **lock out** 못 들어오게 하다, 들이지 않다; ~를 출근하지 못하게 하다, (고용주에 의해) 사무실(공장)을 폐쇄하다

- **lock up** 자물쇠로 채우다(do up, fasten), 감금하다(put in jail); 폐쇄하다(enclose); (자본을) 고정시키다

- **long for** 갈망하다, 갈구하다(yearn for〈or after〉, crave for〈or after〉, have a craving for)

- **long shots** 원거리 촬영; 거의 승산 없는 것

- **look around** : 주위를 살피다; 숙고하다

- **look after** ~의 뒤를 지켜보다; ~에 주의하다(pay heed to), ~을 돌보다(care for, take to, take care of, be careful about, look out for)

- **look ahead** 앞쪽을 바라보다, 앞일을 생각하다

- **look at** …을 보다 · 바라보다, 주목하다

- **look back upon(on)** 회상하다, 과거를 되돌아 보다(go back, retrospect, view in retrospect)

- **look down on** 낮추보다, 경멸 · 멸시하다(despise, regard with contempt)

- **look for** …을 찾다, 구하다(seek, search for); 기대하다(anticipate, expect)

- **look forward to ~ing** ~을 고대하다, ~을 기대 · 예기하다(anticipate ~ing, expect to v)

- **look in** 잠깐 들여다 보다, 잠깐 들르다(on)(come by, drop in〈or by〉)

- **look into** 조사하다, 연구 · 검토하다(investigate, look over, go over, examine, inspect); 들여다 보다(peep into)

- **look on** 방관하다, 옆에서 보다(be an observer or a spectator); …을 보다, 바라보다(face)

- **look on(or upon) ~as** ~을 …이라 보다, 간주 · 생각하다(regard~as, think of~as, see~as, consider~as)

- **lose one's shirt** 알거지가 되다

- **look out** 밖을 내다보다; 검열 · 조사하다; 경계 · 조심하다(for)(be careful of); 돌보다(for)

- **look out for** 경계 · 조심 · 감시하다(be on guard against, be wary about); 돌보다(take care of)

- **look over ~** 너머로 보다; 대충 훑어보다; 검열 · 조사하다(examine, inspect); 보아 넘기다, 눈감아 주다

- **look through** ~을 통하여 보다; 간파하다(see into); 샅샅이(충분히) 조사하다(scrutinize, examine closely)

- **look up** (사전 등에서 단어를) 찾다, 검색하다(refer to, consult, search for); 방문하다(call on, visit, pay a visit); (경기 등이) 좋아지다, 향상하다(get better, boom); 힘 · 기운을 내다(cheer up)

- **look up and down**　이리저리 뒤지다(look〈or search〉 everywhere); (비평적·경멸적으로) 훑어보다(examine with an appraising eye, scrutinize)

- **look up to**　존경하다(respect, admire, revere, venerate, pay respect to)

- **lose (one's) heart(or courage)**　용기를 잃다, 낙담하다, 실망하다(be〈/ get/ become〉 discouraged 〈or disappointed〉 ↔ take〈or collect〉 heart〈or courage〉, pluck up〈/ muster up〉 one's courage, have one's heart set on, keep one's chin up)

- **lose one's head**　분별·이성을 잃다(lose one's poise, self-control, become excited or frustrated)

- **lose one's mind**　미치다, 제정신을 잃다(go out of one's mind)

- **lose one's shirt**　(투기·장사 등으로) 무일푼이 되다, 빈털터리가 되다(lose everything)

- **lose one's temper**　화내다, 참을성·냉정을 잃다(get out of temper, get〈or become〉 angry, get sore, hit the ceiling, take exception to, boil over ↔ keep〈or control〉 one's temper: 화를 참다)

- **lose one's wits**　제정신을 잃다(↔ regain one's wits)

- **lose oneself**　길을 잃다(lose one's way, go astray), 당황하다(become bewildered); ~에 열중·몰두하다(become absorbed); 모습을 감추다(disappear from view or notice)

- **lose sight of**　시야에서 놓치다(fail to keep in sight, see no longer, lose track of); 잊어버리다(fail to keep in mind, get out of one's mind, forget); 소식이 끊기다(lose track of, lose contact with)

- **lose the day**　지다, 패(배)하다(be defeated, be beaten, come off second-best ↔ win the day, defeat)

- **lose track of**　(시야에서) 놓치다(lose sight of); 연락이 끊기다(lose contact with ↔ keep track of, keep contact with); 잊어버리다(forget, get out of one's mind, lose sight of)

- **main culprit**　주범(主犯)(major culprit)

- **make (both) ends meet**　수지균형·수지타산을 맞추다, 빚 안지고(분수에 맞게) 살아가다(live within one's means〈or income〉, earn sufficient money to live on, pay one's way, not to get into debt)

- **make a fool of**　바보로 만들다; 속이다; 놀리다,

조롱하다(make an ass of, laugh at, make fun of, jeer at)

- **make a fuss about(/ over) *something***　법석을 떨다, 큰 소동을 벌이다

- **make a fuss of *someone***　떠들썩하게 치켜세우다, 법석을 떨다, 극진히 대우하다(treat someone very well)

- **make a long story short**　간단히 말하자면, 요약해서 말하면(in brief, in short, in a word)

- **make a point of ~ing**　중요시하다, 강조하다(call special attention to); 반드시 …하다(make it a rule to v)

- **make a profit**　이익을 내다

- **make allowance(s) for**　~을 참작하다(allow for, take into account〈or consideration〉, take account of, consider)

- **make amends for**　보상하다(compensate for, make up for, atone for, recompense, make good)

- **make away with**　제거하다(get rid of, remove); 처분하다(dispose of); 음식을 다 먹어 치우다(eat 〈up〉); 갖고 달아나다(make off with), 훔치다(steal); 다 써버리다, 낭비하다; 죽이다(do away with, kill)

- **make believe**　~인 체하다(pretend, feign, make out)

- **make do (with)**　…으로 때우다, 임시 변통하다(manage with, make shift with, do with, improvise)

- **make enough to wake the dead**　아주 큰 소리로 떠들다(make a noise in a very loud manner)

- **make for**　~의 방향으로 나아가다(go towards); 덮치다, 공격하다(attack, seize); 기여하다(contribute)

- **make fun of**　비웃다(laugh at, sneer 〈at〉, ridicule, deride, jeer at, turn up one's nose at)

- **make good**　(손실 등을) 벌충·보상하다(repay, replace, compensate for); (약속·계획 등을)이행·달성하다, 지키다(fulfill, accomplish, keep); 입증·실증하다(prove); 성공하다(succeed 〈in〉, get far)

- **make it**　용케 해내다; 성공하다(succeed); (약속 시간 등의) 시간에 대다(arrive in time, make a train)

- **make light of**　대수롭지 않게 여기다(make〈or think〉 little of, neglect, treat of little importance)

- **make no difference (to)**　차이가 없다; 중요하지 않다(count for little, be not important, be of no importance)

- **make off**　급히 떠나다(달아나다)

- **make off (with)**　(~을 가지고 급히) 달아나다, 도망치다, 떠나다(make away 〈with〉, steal, abscond 〈with〉, get away 〈with〉, depart suddenly, leave secretly and hide, depart suddenly)

- **make oneself at home**　마음을 편히 하다(편하게

먹다)(feel comfortable)

- **make out** 이해하다(understand); 분별하다(descry), 겨우 알아보다, 판독하다(decipher); (표 등을) 만들다, 작성하다(write out); 분명히 밝히다, 입증하다(clarify, prove); (…과 같은) 얼굴을 하다(pretend, feign)

- **make over** (소유권 등을) 넘기다, 양도하다(hand over, turn over); (옷이나 집 등을) 고쳐 만들다, 고치다, 갱신하다(make anew〈or again〉, remake, redo, do again)

- **make room for** 자리를 마련하다(arrange space for), 자리를 양보하다(give room to)

- **make sense** 뜻이 통하다, 이치가 닿다(be sensible, be intelligible or logical, be reasonable, add up ↔ do not make sense, make no sense, be unreasonable: 뜻이〈이치가〉 안 통하다)

- **make sure** 확신하다(be certain); 확인하다, 꼭 …하다(cause to be certain, ascertain, make certain)

- **make the best of** …을 가장 잘〈최대한〉 이용·활용하다(do as well as one can with, make the most of)

- **make the most of** 최대한 이용하다(make the greatest use of, take the fullest advantage of)

- **make the point (that)** …라고(/ …을) 주장·강조 하다(make a point of ~ing, assert, maintain, suggest)

- **make up** 구성·형성하다(compose); (이야기 따위를) 날조하다, 꾸며내다(invent, fake); 조제하다(concoct); 화장·분장하다; 화해하다, 원만히 타결하다(with)(settle); 보상·벌충하다(for)(compensate for)

- **make up one's mind** 결심하다(decide〈on〉, determine, resolve)

- **make up to** 아첨하다, 환심을 사려하다(play up to, flatter, pay court to), …에게 보상·변상하다

- **make waves** 소동(문제)을 일으키다(create〈or raise〉a disturbance, stir up troubles)

- **make(/accumulate /build /amass) a fortune** (큰) 재산을 모으다·축적하다

- **make(or have) a scene** (울고불고하여)소란을 피우다, 야단법석 떨다, 큰 소동을 벌이다(have a violent argument, quarreled violently)

- **make(or think) much of** 중〈요〉시하다, 소중히 하다(set〈or lay〉store by, respect, make account of, have a high opinion, place value on ↔ make〈or think〉little〈or light〉of, neglect)

- **meet untimely ends** 요절하게 되다; 일찍 죽음을 맞이하다

- **melt away** 차츰 사라지다(사라지게 하다)

- **Mind your own business!** 네 걱정이나 해라! / 네 일에나 신경쓰다!

- **mindless of** 개의치 않고(paying no attention to)

- **miss out** 빼먹다, 빠뜨리다(fail to include, omit, leave out); 기회를 놓치다, 실패하다(on)(lose out)

- **mix up** 잘 섞다, 혼합하다(mix thoroughly, mingle together); 혼동하다, 뒤죽박죽을 만들다(mistake for another, confuse); 혼란시키다(confuse, confound); 끌어들이다, 관련시키다(involve)

- **more often than not** 빈번하게, 종종, 대개(as often as not,〈very〉frequently, every so often)

- **more than anything else** 무엇보다도(above all, among other things, first of all)

- **move in(to)** 이사하다, 전입하다(↔ move out〈of〉: 전출하다, 이사해 나가다)

- **neck and crop** 재빠르게, 다짜고짜로; 통째로, 깡그리, 완전히(completely, entirely)

- **neck and neck** (경마에서) 목을 나란히 하고, 막상 막하, 대접전으로

- **next to** …과 나란히, …의 옆에(adjacent); 거의(almost, nearly)

- **next to none** 최고의(second to none, the best)

- **next to nothing** 거의 …이 아닌(almost nothing); 알고 있는, 아는(acquainted)

- **no longer** 이미 ~이 아닌(not any longer)

- **no more than** ~에 지나지 않는(only) *Cf.* no less than : ~만큼이나(as much as) / not less than : 적어도(at〈the〉least, in the minimum) / not more than : 기껏해야(at〈the〉most, at〈the〉best)

- **no more~than…** …이 아닌 것처럼 ~이 아니다 (not~any more than)

- **no sooner ~ than** ~하자마자(as soon as, hardly〈or scarcely〉~ when〈before〉)

- **none the less** 그럼에도 불구하고, 역시, 그래도 (nevertheless)

- **not a bit** 전혀 ~이 아니다(not in the least, by no means, never, not at all)

- **not on your life** 결코 …은 아니다, 어림도 없다,

당치도 않다(by no means, certainly not, definitely not)

- Not that I know of. 내가 알기에는 그렇지 않아.

- not to mention ~은 말할 것도 없이(not to speak of, to say nothing of, let alone)

- not to say ···은 아니더라도, 이라고는 말할 수 없지만 (almost)

- nothing but ···에 지나지 않은, 단지 ···뿐(only)

- now that ~이므로(since, inasmuch as, seeing that, because)

- (every) once in a while(or a way) 이따금, 때때로 (occasionally, from time to time, now and than)

- occur to *someone* (생각·마음이) ···에게 일어나다 · 떠오르다(dawn on *someone*, strike *someone*, strike *one's* mind, cross *one's* mind)

- of consequence 중요한(of importance〈/ account/ moment〉, of much account, important, momentous)

- of course 물론, 당연히(naturally, certainly, without doubt)

- of late 최근에(lately, recently)

- of much account (매우) 중요한(of great importance, very important ↔ of small account, of little account, of no account, unimportant)

- of necessity 필연적으로(necessarily, inevitably)

- of no account 중요하지 않은(unimportant)

- of one's own accord 자진하여, 자발적으로(of one's own volition〈/ free will/ wish〉, voluntarily, willingly ↔ involuntarily, unwillingly); 자연히, 저절로(spontaneously, automatically, of oneself)

- of oneself 저절로(spontaneously, automatically, of one's own accord)

- off and on 가끔, 때때로, 단속적으로(on and off, now and then, intermittently, occasionally)

- off hand 준비 없이, 즉각, 즉석에서(extemporaneously, impromptu, immediately, on the spur of the moment, ad-lib, without previous thought, at once); 대수롭지 않게, 무뚝뚝하게

- old hand 노련자, 숙련자, 숙련공(skilled worker, craftsman, artisan, veteran)

- on a budget 한정된 예산으로, 예산을 세워

- on account of ~때문에(because of, owing to)

- on and on 계속해서(continuously, continually, on end)

- on behalf of ···을 대신하여; ···을 대표하여, (···을 위하여)(in place of, instead of; speaking for, acting for, representing, for the good of)

- on board ~을 탄(승선·승차한)(on a ship, an airplane, or a bus, etc.)

- on condition that ~의 조건으로(하에서)(provided that, if)

- on duty 근무 중에(의), 당번으로(의)(at one's assigned work, duty, etc., doing one's job ↔ off hand)

- on end 계속해서(continually, continuously, on and on); 똑바로 선(erect)

- on end 계속해서(continuously)

- on equal terms with 동등한 조건으로, 대등하게

- on foot 걸어서, 도보로(by walking or running); 진행중(going on, in progress, under way, in hand)

- on good terms with ~와 사이가 좋은

- on hand 수중에 있는, 마침 가지고 있어(available, ready, within reach); 임박하여(near); 출석하여(present)

- on leave 휴가를 얻어(absent with permission)

- on no account 결코 ~아닌(for no reason, in no case)

- on one's own 혼자서, 단독으로(alone); 자력으로, 자기 책임 아래; 독립해서

- on par with ~와 동등한, 같은

- on pins and needles (다리가) 몹시 저려서; 떨려서, 불안해서(very anxious)

- on purpose 고의적으로, 일부러(purposely, intentionally, deliberately, by design)

- on sale 특매 중인; 팔려고 내놓은(for sale)

- on schedule 시간표대로, 예정대로

- on the air 방송중인(broadcast ↔ off the air)

- on the basis of ···을 기반으로, ···에 근거하여

- on the beat 박자가 맞는(in tempo ↔ off 〈the〉 beat); 순찰중인(on the patrol)

- on the contrary 이와 반대로, 그것은 고사하고(as opposed to what has been said, contrariwise)

- on the go 끊임없이 활동하여, 줄곧 일하여(on one's toes); 아주 바쁜(very busy)

- on the heels of ~바로 뒤를 따라서, 에 이어(close behind, immediately following)

- on the other hand 다른 한편(으로는)

- **on the point of ~ing**   막 ~하려는 찰나에(on the verge〈or brink〉of ~ing)

- **on the spot**   현장에, 현지에서(there); 바로 그 자리에서, 즉석에서(at once, instantly, immediately)

- **on the spur of the moment**   갑자기, 앞뒤를 가리지 않고(suddenly, without previous thought)

- **on the strength of**   ~에 힘입어, ~을 의지하여, …을 방패 삼아

- **on the verge of**   바야흐로 …하려고 하여, …의(…하기) 직전에, 막 ~하려는 찰나에(on the brink of, on the point of)

- **on the whole**   대체로(at large, generally, in general, by and large)

- **on the(or an) average**   평균하여

- **on time**   시각에 맞추어, 정각(시)에(punctually, punctual); 분할 지불로(be paid for in installment)

- **on view**   전시(展示)하여, 전시중(on exhibition)

- **on(or in) the wane**   (달·힘·세력·인기…) 기울기·시들기·쇠퇴하기 시작하여(dwindling, declining)

- **once (and) for all**   이번만(으로), 한번만, 딱 잘라서, 단호히(firmly, in a final and definite manner); 마지막으로 한번 더(one more time)

- **once upon a time**   옛날 옛적에, 일찍이(옛날이야기의 첫머리 말)

- **one after another**   잇따라서; 차례로

- **one and all**   모두, 남김없이(everyone)

- **one thing ~ another**   ~와 ~은 별개인

- **only a few**   불과(극히) 소수만, 극소수의(just a few, very few ↔ quite a few)

- **open up**   열다, 펼치다; 개발하다; 개시하다(start, begin); 전개하다(disclose, reveal, unfold, spread out); 거리낌 없이 말하다(speak freely)

- **opt for**   …을 선택·채택하다(choose, select, pick out, pick up, single out)

- **other than**   …와 틀린, 다른(different from); …을 제외하고(but, except)

- **out of (/beyond /past /without) question**   의심의 여지없이(없는), 확실히(확실한)(certain〈ly〉, undoubted〈ly〉, no doubt, without〈a〉doubt, without fail, for certain, depend upon it, unquestionable)

- **out of breath**   숨이 차서, 숨을 헐떡이며(panting)

- **out of date**   구식의(old-fashioned)

- **out of hand**   즉석에서, 곧(immediately, without delay); 감당할(걷잡을) 수 없는(out of〈or beyond〉control); 손·지배에서 벗어나, 끝나서(over)

- **out of one's reach**   …의 손이 닿지 않는 곳에, …의 도달범위(능력) 밖에 있는

- **out of order**   고장난(broken, broken-down)

- **out of place**   어울리지 않는, 부적당한(uncomfortable, unsuitable, not suitable, not proper ↔. in place); 잘못 놓인, 제자리에 있지 않은

- **out of season(or time)**   제철이 지난, 적기가 지난, 시기를 놓친(unseasonable, inopportune, untimely, unseemly, poorly timed, at the wrong time ↔ in season, seasonable, opportune, right, fitting, suitable, well-timed, timely, appropriate)

- **out of sorts**   건강을 해친(run-down); 기운이 없는(feeling unwell, in low(bad, poor) spirits ↔ feeling well, in high〈/good/ great〉spirits, cheerful〈ly〉); 기분이 언짢은(cross); 어떤 종류가 갖추어지지 않은

- **out of the (/this) world**   월등히 좋은, 탁월한(remarkable, wonderful ↔ terrible)

- **out of the blue**   뜻밖에, 느닷없이, 예기치 않게(unexpectedly, suddenly, 〈all〉of a sudden, by surprise, on a sudden, abruptly, on the spur of the moment, all at once)

- **out of the question**   문제가 안 되는, 전혀 불가능한(impossible, not to be considered, unthinkable)

- **out of touch with**   …와 접촉이 없는(not in contact with ↔ in touch with)

- **out of work(or a job)**   실직 상태에 있는(unemployed)

- **out of(or beyond) one's depth**   이해할 수가 없는(beyond one's grasp, not able to understand)

- **outside of**   ~을 제외하고(except, except for, exclusive of, excluding)

- **over and over (again)**   반복하여, 거듭(repeatedly)

- **owing to**   ~때문에(on account of, because of)

- **part with**   …을 버리다, 포기하다(give up, surrender); (돈을) 쓰다(spend); (물건 등)을 팔다(sell); … 과 헤어지다(part from, take leave of)

- **pass away**   가버리다, 떠나다, 죽다(pass out, die, decease); (때가) 지나다, 쇠퇴하다

- **pass by**   (옆으로) 지나가다

- **pass for**   ~으로 통하다(be accepted as, go for)

- **pass out**　나누어주다, 배포하다(hand out, distribute); 정신·의식을 잃다(become unconscious, faint); 죽다(die)

- **pass out of existence**　사라지다, 없어지다(disappear ↔ come into existence)

- **pass over**　건너가다, 죽다(die); 지나다(pass away), 끝나다; 가로지르다(cross); 인도하다(deliver); 생략하다(omit); 눈감아주다(overlook, condone)

- **pass the time of day**　(가볍게) 인사 나누다, 잠깐 이야기를 하다(greet, exchange a few words of greeting)

- **pass through**　경험하다, 겪다(experience, undergo); 스며들다, 침투하다(permeate)

- **pave the way for**　~의 길을 열어주다, ~의 등장·출현을 용이하게 하다

- **pay(/ cost) an arm and a leg**　엄청난 금액이 들다

- **pay back**　돌려주다, 갚다(repay, return, reimburse) 되갚음·앙갚음하다(retaliate 〈upon〉, pay out)

- **pay lip service**　입에 발린 말을 하다(be in favor of an idea, etc. although really having no intention of supporting it properly)

- **pay off**　(빚을) 전부 갚다; 임금을 지불하고 해고하다; 돌려주다, 보복하다(take revenge on); 수지에 맞다; 좋은 결과를 내다(bring about a desired result); 효과·성과가 있다, 잘되다(be effective, succeed)

- **pay one's own way**　각자 자기의 경비를 지불하다 (pay one's own expenses, pay one's way)

- **pay one's way**　(빚을 지지 않고)생활하다, 수지를 맞추다(not to get into debt); = pay one's own way

- **pay out**　(빚을) 갚다(pay back), 복수하다(revenge, give back)

- **pay the price of**　값·대가를 지불하다(치르다)(suffer from)

- **pay up**　어김없이 지불하다(pay in full or on time)

- **pay(or give) attention(or heed) to**　주의를 기울이다, 주의하다, 마음에 두다(attend to, heed, have an 〈or one's〉 eye to, take notice of, mind, pore over, look after, take 〈or put〉 stock in)

- **pay(or make) (one's) court to**　비위를 맞추다, 구애하다, 구슬리다(play up to, court, carry on a courtship, woo, blandish, flatter, ingratiate, cajole, coax, talk into, make up to)

- **pay(or show) respect to**　…을 존경하다, 경의를 표하다(pay tribute to, be in honor of, honor)

- **pick on**　골라내다(choose, pick out); 괴롭히다, 들볶다(annoy, tease, nag)

- **pick out**　골라내다, 선택하다(select, choose); 꺼내다, 빼내다(take out); 구별하다, (뜻을) 알아차리다(make out, understand); 눈에 띄게 하다(distinguish)

- **pick over**　(고르기 위해) 일일이 검사하다(examine item by item, sort out)

- **pick up**　차에 태우다, (차로 사람을) 마중 나가다, 도중에서 태우다(take 〈a person on board〉, give a ride, take up); (물건을)집다, 집어 올리다(lift, take up); (집어)고르다, 선택하다(pick out, select, choose); (건강·기운을)되찾다, 회복하다, 향상·증진하다(regain, recuperate, get over, get well, pull through, recover from, improve); (우연히)입수하다, 몸에 익히다(get, gain, find, or learn by chance)

- **pick up the tab**　계산(셈)을 치르다, 값을 지불하다(pay 〈for〉, pay a check, pay a bill, settle the account, cover the cost, defray the expenses) •tab : 계산(서), 청구(서)

- **picture to oneself**　마음에 그려보다, 상상하다 (imagine, envisage, visualize, envision); (위험·문제에)직면하다, (문제를) 직시·정시(正視)하다(face, confront, deal with, stand up to)

- **pin one's faith on**　~에 신뢰를 두다

- **play a part**　역(할)을 (맡아) 하다(participate, share, play a role)

- **play back**　(테이프 등을) 재생시키다(reproduce)

- **play ball**　시합을 시작하다; 협력·협동하다(with) (cooperate, collaborate)

- **play up**　중요시하다, 강조하다; 잘 이용하다(exploit); 분투하다; 폐를 끼치다

- **plead for**　변호·항변하다; 탄원·간청하다(beg 〈for〉, entreat, implore, beseech, invoke)

- **point out**　지적하다, 가리키다(call attention to)

- **prior to**　…에 앞서, 전에(before, previously)

- **provide for**　준비·대비하다(provide against, prepare for, get 〈or make〉 ready, be poised for, fix up); 부양하다(support); 규정하다(ordain, set down, lay down); 고려하다(consider)

- **proximity to**　…에 근접(함), 가까움(nearness to, contiguity with 〈or of〉, vicinity to)

- **pull down**　(집 등을) 허물다(demolish, tear down, take down, raze, dismantle, flatten); 끌어내리다(degrade), 콧대를 꺾다(humble); 약해지게 하다(reduce); (급료를) 받다(get)

- **pull off**　이기다, 이겨서 획득하다(win); 잘 해내다; (옷을 급히) 벗다(tear away, take off)

- **pull(/ draw) one's leg**　…을 놀리다, 속이다(hoax, tease, deceive)

- **pull through** (병 등을) 헤쳐 나가다(나가게 하다)(get through or get over 〈an illness, difficulty, etc.〉)

- **pull up** 뽑다, 근절하다(eradicate, terminate); 끌어올리다; (말·차 등을〈등이〉)세우다(서다), 멈추다(let up, stop, pause)

- **put (down) in black and white** 인쇄의 형태로 (구두가 아닌 문서의 형식으로) 적다(express in written form)

- **put an end to** 끝나게 하다, 끝장내다, 종식시키다(bring to an end, cause to end or cease, stop)

- **put aside** 제쳐놓다(put away); 중지하다, 버리다(give up, discard); 저축하다(reserve for later use, put by)

- **put away** 치우다, 제쳐놓다(put aside, take away, set aside), 저축하다(save, put by); (음식물을) 먹어치우다(consume), (교도소 등에) 집어넣다(confine, consign); 버리다, 배신하다; 죽이다(kill)

- **put back** 제자리로 되돌리다(replace); (시계의) 바늘을 되돌리다(reset ↔ put forward); 방해하다, 늦추다(hinder, retard); 낙제시키다(demote)

- **put by** 간수하다, 저축하다(put aside, put away, set aside, save 〈up〉, lay by, lay aside, lay up, lay away); 피하다(evade, avert, look away from), 따돌리다(reject), 무시하다(neglect)

- **put down** 아래로 내려놓다(bring down, get down); (값 등을)내리다, 절감하다(reduce, cut down); 억제하다, 진정시키다, 진압하다(suppress); 기입·기록하다, 적어두다(write 〈down〉, take down, get down, record, make 〈a〉 note of, take notes of); 모욕하다(insult); 착륙하다(land)

- **put down to** ~의 탓으로 돌리다, ~의 원인으로 하다(attribute to)

- **put forward** 내세우다, 제출·제안하다(advance, present); 제창·주창하다(advocate); 입후보하다; (시계 바늘을) 빨리 가게 하다(↔ put back)

- **put in for** 신청하다(apply for, request)

- **put in mind** 생각나게 하다

- **put~into effect(practice)** ~을 실행·시행·실시 하다(put~into action, carry out)

- **put off** 늦추다, 연기하다(postpone, delay); 제거하다 (discard), (옷 등을) 벗다; (사람·요구 등을)피하다(evade), 발뺌하다(divert); 방해하다(hinder, dissuade); 난처하게 하다(disconcert, perturb, upset)

- **put on** (체중·비용을〈이〉) 늘리다(늘다)(gain, add, take on, increase); (어떤 태도·표정을) 취하다, …인(한)체하다(assume, feign, pretend, make believe); (옷·신을) 입다, 신다, 착용하다(clothe, wear, dress oneself in, get dressed in); (세금 등을) 부과하다(place, impose); (극을) 상연하다(stage 〈a play〉)

- **put on hold** ~을 보류하다, 중단하다

- **put one's heart and soul into(or throw oneself hear and soul)** 심혈을 기울이다(put forth all one's energy)

- **put one's life on the line** 목숨을 걸다, 죽음을 감수하다(risk one's life)

- **put out** 발행·출판하다(publish, bring out, issue); (불 등을) 끄다(extinguish, turn off, switch off); 괴롭히다, 성가시게 하다, 폐를 끼치다, 성가시게 하다(distress, take trouble, confuse, annoy, irritate); 다른 장소로 내놓다

- **put over** (연극 등의 가치를) 인정받게 하다(put across); 용케 해내다(put across); 연기하다(postpone, delay)

- **put through** 쏘아 꿰뚫다; 성취·완수하다(perform successfully, carry out), (시험·시련 등을) 받게 하다(cause to do or undergo); (전화를) 연결하다(connect)

- **put together** 모으다, 조립하다(assemble), 구성하다 (compose); 편집하다(compile, edit)

- **put up** (기·손 등을) 올리다(raise, hoist); 세우다, 건립하다(erect, build); (값을) 올리다(raise, increase); (연극을) 상연하다(put on), 보여주다(show, exhibit); (사냥감을) 몰아내다; 통조림하다(can); 숙박시키다(lodge), 숙박하다(at); (후보자로) 내세우다

- **put up with** ~을 참다, 견디다(bear, tolerate, stand for, endure); 숙박하다(put up at)

- **quite a few** 꽤 많은 수의, 적지 않은(not a few, a good few, no few, a fairly large number of, many ↔ only a few: 극히 소수의)

- **quite a little** 꽤 많은 양의(not a little, a good little, no little, much, a fair quantity of, a heavy diet of, a relatively large amount of ↔ only a little: 극히 소량의, 아주 적은)

- **rain cats and dogs** 억수같이 비가 쏟아지다(come down cats and dogs, pour, shower, come down in bucket and barrels)

- **raise a hue and cry** 고함 소리를 내다, 크게 외치다 (make a great deal of noise)

- **range from A to B** A로부터 B(까지)의 범위에 이르다, 미치다

- **reach out (/for / toward)** 손을 뻗다, (뻗어서) 잡으려고 하다(stretch out)

- **read between the lines** 말속에 담긴 뜻을 읽다, 행간의 뜻을 읽다(read or find a hidden meaning, look for meaning not actually expressed)

- **read over** 대충 읽다(read roughly)

- **read through** 통독하다(peruse, read 〈a book〉 from cover to cover)

- **read up** (학과 등을) 연구·복습하다(study about, review); 충분히 연구·공부하다, 읽어서 정통해지다(on)(become well informed 〈about〉 by reading)

- **red ink** 빨간 잉크; 손실, 적자(赤字)(deficit)

- **refer to (…as)** 가리키다, 언급·참조하다, 말하다 (mention, speak of, indicate, allude to, cite)

- **reflect on(upon)** 나쁜 영향을 미치다, 불명예를 초래하다; 숙고하다(consider, think over, contemplate, meditate); 비난·중상하다, 헐뜯다(blame, disparage, slander)

- **regard A as B** A를 B라고 여기다(간주하다)(look 〈up〉 on~as, see~as, consider~as, think of ~ as)

- **regardless of** ~에 상관없이, ~에 개의치 않고(without regard to〈for〉, irrespective of ↔ with regard to); ~에도 불구하고(in spite of, despite)

- **rely on** ~에 의존하다(depend on, count on, fall back on)

- **remove oneself from** ~에서 물러나다, 떠나가다 (withdraw from, recede from, quit)

- **resign oneself to** (몸을) 맡기다, 따르다, 단념하다, 체념하여 받아들이다(accept 〈without complaint〉, submit 〈oneself〉 to)

- **resort to** 자주 다니다, 뻔질나게 들르다(go often, frequent); (어떤 수단 따위를) 쓰다(adopt); …에 의지하다, (어떤 방법에) 호소하다(turn to, recourse to)

- **rest with (or on)** (책임 등이 …에)달려있다(be the responsibility of, depend on); (죄 등이 …에)있다(lie)

- **result from** …의 결과로서 일어나다(arise from, have one's roots in, come from, stem from)

- **result in** …으로 끝나다, 귀착하다(end in, end up, wind up, lead to)

- **rid ~ of** ~을 없애다, 제거하다(get rid of, do away with)

- **right away** 즉시(right off, right now, at once, immediately)

- **ring *someone* a bell** 생각나게 하다, 상기시키다 (remind 〈*someone* of~〉, put 〈*someone* in mind of〉)

- **rock the boat** 현상(現狀)을 뒤흔들다(도전하다), 평지 풍파를 일으키다(disturb or challenge the status quo)

- **root out** 근절시키다(eradicate, uproot, root up, pull up, get rid of, destroy)

- **round out(or off)** 완성·완결하다, 마무르다 (complete, finish)

- **round up** (가축을) 몰아 모으다(drive together); (흩어진 사람·물건을) 끌어 모으다(gather, collect, assemble); (범인·일당을) 검거·체포하다(arrest, capture, apprehend)

- **rub out** 지워 없애다(erase by rubbing, wipe off〈or out〉); 제거하다, 죽이다(do away with, kill)

- **rub up** 문지르다, 닦다; (기억 등을) 새롭게 하다; 접촉하다

- **rule out** 제외·배제하다, 제거하다, 기각하다(exclude, reject, dismiss)

- **run across** …을 우연히 만나다(찾아내다)(happen to meet, happen to find 〈or discover〉, meet(/ find or discover) unexpectedly 〈/ accidentally/ by accident/ by chance〉, run into, come across)

- **run after** 뒤를 쫓다, 추구하다, 따르다(pursue, follow, take after); ~의 꽁무니를 따라다니다(seek the company or companion of, keep after)

- **run against** 부딪치다; 우연히 만나다; …에게 불리하게 되다; 선거에서 맞붙다

- **run away with** ~을 가지고 도망가다(get away with, make away〈or off〉 with, abscond with); (경쟁자를) 압도하다, 이기다(outdo); (열성·노여움 등이 사람을) 사로잡다, 이끌다(carry out of control)

- **run backward** 되돌아가다, 거꾸로 가다, 소급해 가다

- **run down** (몸이〈을〉) 쇠약해지다(하게 하다); 황폐시키다(devastate); (시계가) 멈추다(stop, run out), (전지 등의) 약이 닳다, 떨어지다(give out); 헐뜯다, 비방하다, 비난하다(disparage, slander)

- **run for** ~을 부르러 (달려)가다; 입후보하다(stand for, go in for)

- **run into** (책의 판〈版〉·비용 등이 거듭해서) …에 도달하다; 우연히(뜻밖에) 만나다(meet unexpectedly 〈by chance〉); 충돌하다(collide with, strike, ram 〈into〉)

- **run off** 급히 도망치다(run away, flee); (물이) 흐르다(flow off), (물을) 유출시키다(drain); (이야기가) 갑자기 옆길로 새다(digress); 인쇄하다(print)

- **run on** (열차·선박 등의 운행〈운항〉이나 이야기 등을) 끊지 않고 계속하다(↔ curtail); 화내다(get angry)

- **run out** (물이) 흘러나오다; 다 써버리다; (시계 등이)

멈추어 서다(run down, stop); (계약 기간이) 다하다, 끝나다(come to an end, expire), 고갈되다(become used up or exhausted); 쫓아내다(expel, drive out)

- **run out(or short) of**   …이 바닥나다, …이 부족하다(모자라다), …을 다 써버리다(fall short of, come short of, run low, be out of, be insufficient, become used up, be out of stock)

- **run over**   치다(hit, knock down and pass over); 넘치다(overflow); 복습하다(review); …을 대충 훑어보다

- **run through**   (책을) 슬쩍 훑어보다; (단숨에) 조사하다(examine); 낭비하다, 탕진하다(use up or spend quickly or recklessly); 고루 미치다(pervade, spread through)

- **run up**   (깃발 등을) 올리다(raise, hoist); (값이) 뛰어오르다(raise rapidly); (빚 등이) 점점 불어나다;

- **run up against**   ~에 부딪치다; 마주치다(run into)

- **run(or take) the risk (of)**   …의 위험을 무릅쓰다(run⟨or take⟩ risks ⟨of⟩, take a chance ⟨or chances⟩)

- **save one's breath**   (쓸데없이 말참견 않고) 입다물고 있다(refrain from talking when talk would be useless)

- **save one's skin**   목숨을 건지다, 무사히 도망치다(avoid hard or injury; esp., to escape death)

- **scare away**   겁주어 쫓다

- **search for**   ~을 찾다(search, look for)

- **search into**   조사하다, 살피다(see into, look into, see about, examine, make inquiry, inquire into)

- **second to none**   누구에게도 뒤지지 않는, 최고의(next to none, the best, better than all others, better than anyone else)

- **see (to it) that**   잊지 않고 (꼭) ~하다, ~하도록 조처하다(make sure that)

- **see about**   …의 조치·일을 고려·유의하다(consider, attend to); 조사하다(investigate, inquire into); 구하다

- **see off**   전송하다

- **see out**   (연극 등을) 끝까지 보다(wait till the end of); 현관까지 배웅하다; 이기다(outdo)

- **see over**   너머로 보다; 잘 살피다(조사하다)

- **see service**   군에 복무하다(perform military duties); (옷 등이) 사용되다(be used)

- **see the back of**   떠나가는 것을 보다, 떠나보내고 혼자 남다; 쫓아버리다(be rid of)

- **see through**   통하여 보다; 꿰뚫어 보다, 간파하다(perceive the true meaning, character, or nature of); 일을 성취시키다, 완성하다(carry out to the end, finish)

- **see to**   유의하다(attend to); 조처·배려하다

- **sell off**   (할인하여) 팔아 치우다, 떨이로 팔아버리다(get rid of by selling, esp. at low prices)

- **sell out**   몽땅 팔아 치우다(get rid of completely by selling); 배반하다(sell or betray ⟨someone, one's trust⟩)

- **send for**   부르러 보내다(ask for the arrival of, send someone to fetch, summon); 구하다, 주문하다(place an order for, make a request for delivery of)

- **send forth**   발산·방출하다(send out, emit, give off)

- **send in**   ~에게 (들여) 보내다(let in); 제출하다(give in, hand in, submit)

- **serve(/ answer/ suit) the (/ one's) purpose**   (어떠한) 목적에 합치하다·소용되다(serve one's turn)

- **set about**   시작·착수하다(begin, start), 꾀하다(attempt); (소문 등을) 퍼뜨리다(spread, get about); 공격·습격하다(attack, fall on)

- **set against**   균형을 맞추다(balance), 비교하다(compare); 반대하게(적의를 갖게) 하다(make hostile toward, make an enemy of)

- **set apart**   따로 떼어두다, 저축하다(set aside, reserve, save); 돋보이게 하다

- **set foot in**   …에 발을 들여놓다, …에 들어가다(들르다)(enter)

- **set forth**   보이다, 진열하다(exhibit, set out); 진술·언명·제시하다, 밝히다(state, express in words, present); 발표·발행하다(make known, publish); 출발하다(start), 길을 떠나다(set off)

- **set free**   해방하다, 풀어 주다(free, liberate, extricate,, emancipate)

- **set in**   시작하다(begin), 일어나다(arise), 유행하다; 삽입하다(insert); (조류·바람 등이) 뭍으로 밀려오다

- **set off**   (여행 등을) 출발하다(시키다)(set out, set forth, start, depart, shove off, get started); 시작·개시하다(begin, kick off); 폭발하다(시키다)(cause to explode); …의 발단이 되다(cause, trigger)

- **set on**   부추기다, 충동질하다, 선동·교사하다(instigate); ~을 공격·습격하다(attack, set about)

- **set out**   (이론 등을 자세히) 설명·진술하다(explain, state); 진열하다(display), 장식하다(adorn); 착수·시작하다; 출발하다(start); 설계하다(lay out)

- **set the pace** 향도(嚮導)가 보조를 정하다; 모범을 보이다(do something for others to emulate)

- **set to** (일을) 착수 · 시작하다(get to work, begin); 논쟁하기(싸우기) 시작하다(begin fighting)

- **set up** 세우다, 똑바로 놓다(raise, stand, erect); 창설 · 설립 · 설치하다(establish, found, institute); (장사 등을) 개업 · 시작하다(start); 제의 · 발의 · 제시하다(advance, propose); 공급 · 준비 · 계획 · 주선하다(supply, arrange, prearrange); (신기록을) 수립하다; …인 체하다, 척하다, …이라고 공언하다(for)

- **set(or put) aside** 파기 · 취소하다, 무효로 하다(annul, declare void); 거부 · 무시하다(reject., dismiss, discard, disregard); 따로 제쳐두다(set apart, reserve)

- **settle down** (마음이) 안정 · 진정하다, 가라앉다(calm 〈down〉, become less nervous or restless); 정착 · 정주하다(lead a more routine, stable life)

- **settle up** 청산하다, 부채를 정리하다(liquidate)

- **share with** 나누어 갖다, 공동 분담하다, 공유하다(share or divide equally); 참가하다(take part in)

- **shed(or throw) light on** …을 분명히 하다, 밝히다(illuminate, elucidate, explain, clarify, offer information)

- **short of cash** 돈이 부족하여

- **shout down** 고함을 질러 남을 침묵시키다(silence or overwhelm by loud shouting, shout louder than)

- **show a clean pair of heels** 도망치다(run away, take to one's heels 〈or legs〉)

- **show a leg** 나타나다(show up); 일어나다, 기상하다(get up, be up, rise)

- **show off** 자랑하다, 과시하다(display, flaunt, boast 〈of〉, boast oneself, brag 〈of, about〉, conceit, put on airs, act in a conceited manner, try to get admiration for)

- **show one's teeth** 이를 드러내다, 분노 · 불쾌감을 나타내다, 성내다(look angry, get angry); 맹위를 떨치다

- **show** *someone* **the way** 길을 가르쳐주다(tell *someone* the way)

- **show up** 나타나다, 출석하다, 도착하다(turn up, appear, make an appearance, arrive, come); 뚜렷이 보이다, 두드러지다(be clearly seen, stand out, surpass); (정체를) 폭로하다(expose, bring to light)

- **shrink from** (책임 · 의무 등을) 피하려 하다, …하기를 꺼리다(hold back from taking action, hesitate or recoil); (몹시) 싫어하다(detest, abhor)

- **shut down** 닫다, 잠그다; 폐쇄하다(close down); 휴업하다

- **shut off** (물 · 전기 · 가스 · 라디오 등을) 끊다(prevent the passage of, cut off), 끄다(turn off); (도로의) 통행을 막다(prevent passage through), 잠그다; 차단하다(separate, isolate, seclude)

- **shut one's ears to** 들으려고 하지 않다, 듣고도 못 들은 체하다(refuse to hear about)

- **shut one's eyes to** 보려고 하지 않다, 보고도 못 본 체하다(refuse to see or think about)

- **shut out** 들이지 않다(exclude); (상대방에게) 점수를 내주지 않다, 완봉(完封)하다

- **sick for** 그리워하는

- **sick of** ~에 싫증난(tired of, sick and tired of); 신물이 나는(disgusted)

- **sink or swim** 흥하든 망하든, 성공할지 실패할지, 성패를 하늘에 맡기고(fail or succeed)

- **sit up** 정좌(正坐)하다(sit erect); 밤늦게까지 일어나 있다(stay out of bed, put off going to bed); 깜짝 놀라다(become suddenly alert)

- **skeleton in the closet** 남의 이목을 꺼리는 집안의 수치; 어마어마한 비밀; 자기자신에 관한 비밀(가끔 복수형으로. 반침 속에 시체를 숨겨두고 있는 것 같은)

- **skate over(or on) thin ice / be on thin ice** (살얼음판을 밟는 것처럼) 위험한 상태에 있다, 아슬아슬하다; 미묘한 문제를 다루다

- **slack (off)** 느슨하게 하다(loosen, slacken); 느슨해지다(be or become slack, slacken), (속도 등이)떨어지다(fall off, become slow-moving); 게으름을 부리다, 일손을 놓다(be idle or negligent)

- **slow down** 느긋해지다; (속도 · 진행)을 늦추다; (기력이) 쇠해지다; (노동자가) 태업하다

- **smack one's lips** 입맛을 다시다

- **so far** 지금(현재)까지(up to now, until now, up to the present)

- **so to speak** 말하자면(as it were, that is to say, in other words)

- **sooner or later** 조만간(eventually, inevitably)

- **sort of** 다소, 얼마간(kind of, somewhat, a bit 〈of a〉)

- **speak for** 대변 · 대표하다, 변호하다(speak up for, advocate, defend); 주문하다(맞추다), 예약하다(reserve)

- **speak for oneself** 스스로 증명하다, 자명(自明)하다(be self-evident)

- **speak ill of** 나쁘게 말하다, 욕하다(slander, abuse ↔ speak well of)

- **speak out (or up)** 솔직히(털어놓고) 의견을 말하다 (speak frankly, express one's opinions openly, declare one's opinion); 큰 소리로 말하다(speak audibly or clearly, speak loud)

- **speak well of** 좋게 말하다, 칭찬하다(praise ↔ speak ill of)

- **speed up** 속도를 더 내다(높이다), 가속화하다(accelerate, expedite, facilitate)

- **spell out** 한 자 한 자 철자하다(읽어가다)

- **stand a chance of** ⋯의 가망이 있다(have the possibility of, be likely to v ↔ stand little〈or no〉 chance of〉 ~의 가망이 거의〈or 전혀〉 없다, be out of the running)

- **stand by** 곁에 있다, 방관하다; 대기·준비하다(wait, be prepared); 돕다, 지지하다(aid, support, stand〈up〉for); (약속 등을)지키다, 고수하다(abide by, adhere to, remain faithful to)

- **stand for** 나타내다, 상징하다, 대리·대표하다(represent, symbolize, mean); 지지하다, 편들다(support, stand by, take sides, side with); 후보로 나서다(run for); 참다, 견디다(tolerate, endure)

- **stand in for** 대신하다, 대역(代役)하다(substitute for, fill in for, take the place of)

- **stand out** 돌출하다, 튀어나오다(stick out, project); 눈에 띄다, 두드러지다, 걸출하다(show up clearly, be outstanding 〈or prominent〉, be readily distinguishable, appear distinct, cut a fine figure)

- **stand up** 일어서다(get up); 지탱·지속하다(last, remain valid or sound), 반항·대항하다(withstand, resist) *Cf.* stand (*someone*) up / stand up (*someone*) : ⋯와 만날 약속을 어기다, ⋯를 바람맞히다(do not show up, make〈*someone*〉 wait, fail to keep an engagement with *someone*)

- **stand up for** 옹호·지지하다, 두둔하다, 편들다(support, defend, take the side of, stand for, stand with)

- **stand up to** 용감히(과감히) 대항하다, 맞서다(confront fearlessly, meet difficulty boldly, resist boldly, take the bull by the horns)

- **stand well with** ~에게 호감을 사다, 평판·인기가 좋다

- **stand ~ in good stead** ~에게 큰 도움이 되다(be much helpful to, be much instrumental in)

- **stand(or get) in the way (of)** 방해하다(obstruct, hinder, impede, interrupt, hamper)

- **stay up** (자지 않고) 깨어 있다, 늦도록 잠자지 않다

- **stem from** ⋯에서 생겨나다, 유래하다, 발생하다(come, originate from)

- **step aside** 옆으로 비키다; 남에게 양보하다; 탈선하다 (deviate)

- **step by step** 한 걸음 한 걸음(carefully or slowly); 단계적으로, 착실히(gradually, by degrees)

- **step up** 접근하다(approach); 나아가다, 빠르게 하다 (advance, progress); (속력 등을) 높이다, 촉진하다(increase, raise), 강화하다(reinforce)

- **stick out** 두드러지다(stand out); 튀어나오다(project, protrude; (stick it out의 형태로도 쓰임) 끝까지 버티다(endure); 파업하다(go out, go on strike, walk out)

- **stick to** ⋯에 달라붙다, 집착·고수·충실하다(stick fast, stick to one's gun, adhere to, cling to, cleave to, hold fast〈/firm/ on〉 to, hang on to, attach to, keep to, abide by, be faithful to, remain firm)

- **strike home** 유효타를 한방 먹이다(deliver an effective or crippling blow), 정곡을 찌르다(come to the point); 소기의 효과를 거두다(achieve a desired or significant effect), 감동시키다(move, impress)

- **strive for** ~하려고 노력하다(분투하다)

- **succeed in** 성공하다, 성과를 거두다, 출세하다(get somewhere, get up, get on in the world, come through)

- **succeed to** 후임자가 되다, 뒤를 잇다, 계승·상속하다 (take over, replace)

- **such as** ~와 같은(like or similar to), 예컨대, 가령(for example, for instance)

- **such as it is(/ they are)** 변변치는 않지만, 보잘것 없지만(though it is poor, poor though it is, poor as it is, though they are poor〈/ not excellent〉)

- **suffer from** ~으로 고생하다(be troubled by, pay the price of)

- **sum up** 요약하다(summarize, boil down to, review briefly); 합계하다(add up or collect into a whole total)

- **Suit yourself. (=Please yourself)** 원하는 대로 하세요. 마음대로 하세요.

- **sweep(or carry) a person off one's feet** (파도가) ⋯의 발을 휩쓸다; 남을 열중시켜 자기 자신을 잊게 하다(inspire strong and immediate enthusiasm, etc. in))

- **sympathize with** 동정하다(feel for, share or understand the sad feelings or ideas of another)

- **take (one's) leave of**　(…에게) 작별을 고하다, 헤어지다 (part from, bid farewell to, say good-bye to)

- **take a chance(or chances)**　되건 안되건(흥하든 망하든) 한번 해보다, 모험을 하다(run〈or take〉 the risk of)

- **take A for B**　A을 B로 생각·착각·오해하다(mistake for, confuse A with B)

- **take a hand in**　…에 참가·관여하다(take part in, participate in)

- **take advantage of**　약점을 이용하다, 속이다(impose on〈or upon〉); ~를 (잘) 이용하다(utilize, make〈good〉 use of, avail oneself of)

- **take after**　닮다(resemble, look like, bear〈or have〉〈a〉 resemblance to); 뒤를 쫓다(run after, pursue)

- **take away ~ (from)**　치우다, 가지고 가다, 빼앗아가다 (deprive ~〈of〉, remove, clear away)

- **take back**　철회·취소하다(withdraw, draw back, recant, revoke)

- **take care of**　…을 돌보다, 뒷바라지를 하다(look after, have a charge of, attend to, provide for); 대비·처리하다 (provide for〈against〉; 제거하다(get rid of), 처치하다(kill); 조심하다

- **take charge of**　떠맡다, 책임을 지다(take〈or assume〉 the responsibility of〈or for〉, take the blame for)

- **take down**　적다, 적어놓다, 기록하다(make〈a〉 note of, take notes of); 헐다, 무너뜨리다(demolish, dismantle); (끌어)내리다(lower, bring down)

- **take for granted**　…을 당연하게 생각하다·여기다, 당연시하다(consider as true, already settled, requiring no special attention / accept as a matter of course)
  Cf. Everyone take it for granted (that)~ (모든 사람은 that~를 당연시 여기다) = No one will dispute the fact (that)~ : 누구도 that~의 사실을 반박하지 않는다

- **take in**　(집 등에) (맞아) 들이다(admit, receive), 숙박시키다(put up), (집에서 하기 빨래·바느질감 등을) 맡다, (신문 등을 집에서) 대어 보다·구독하다(subscribe〈to〉); 속이다(deceive, cheat); 이해·납득하다(understand); 흡수하다(absorb); (마음속에) 받아들이다(accept); 포괄·포함하다(include, comprise)

- **take into account(or consideration)**　(사정 등을) 고려·참작하다, 계산에 넣다(take account of, consider, think over, reflect upon, make allowance(s) for, allow for ↔ discount, take no account〈or consideration〉 of, leave out of account, fail to consider, ignore, disregard, count out)

- **take issue with**　대립하다, …와 다투다, 논쟁하다 (debate with, dispute with, quarrel with, have a quarrel, bicker, argue, fall out with〈or over〉, have words with); …에 반대하다(object to, disapprove)

- **take it on the chins**　(실패·비난 등을) 묵묵히 참고 견디다, 호되게 당하다, 패배하다, 당당히 지다 Cf. chin : 아래턱, 턱 끝

- **take it out of *someone***　지치게 하다(make *someone* tired, exhaust); …에게 분풀이·앙갚음하다(retaliate)

- **take leave of one's senses**　정신 나가다, 미치다(go mad)

- **take notice of**　주목·주의하다(take note of, pay attention to); 호의적인·정중한 배려를 베풀다

- **take off**　이륙하다, 떠나다(leave the ground or water in flight, depart, go away, get off ↔ land, put down); (모자·옷 등을) 벗기다(벗다)(remove, leave off, detach, pull off); 공제·할인하다, 깎아주다(deduct, subtract); (휴일로) 쉬다(absent oneself)

- **take on(or upon)**　고용하다(engage, hire); (책임·일 등을) 떠맡다, 맡아서 경영하다(undertake); 가장하다, 흉내내다(feign, pretend, make believe); (성질·양상·중요성을) 드러내다, 띠다(assume); 인기를 얻다(catch on〈with〉, become popular)

- **take one's breath away(or take away one's breath)**　(놀라움·기쁨 등으로) 깜짝 놀라게 하다, 탄복케 하다, 형언할 수 없게 하다(be so beautiful, amazing, or exciting that one can hardly breathe of speak, be beyond all description to one)

- **take one's life**　목숨을 빼앗다, 죽이다(kill, carry off, do away with)

- **take one's own life**　자살·자결하다(commit suicide, kill oneself)

- **take one's time**　천천히 하다, 서두르지 않다(be slow or unhurried, delay)

- **take out**　꺼내다, 인출하다(withdraw); 발췌하다(extract); (얼룩 등을) 빼다(blot out, delete); (면허를) 따다, 받다(obtain); 계약하다(contract〈for〉); (함께) 나다니다(accompany)

- **take over**　(사업·직무 등을)이어받다, 인계받다, 양도받다(succeed to, assume, undertake ↔〈…to〉 hand over, deliver, make over, turn over, give over, transfer, give up, relinquish, convey)

- **take part in**　참가·참석·참여하다, 출석하다(participate in, sit in on, go in for, enter for, attend, be present at, join in, take a hand in)

- **take part with**　~를 편들다(side with, take one's side, take the part〈or side〉 of)

- take(have) pity on ~ ~을(를) 불쌍하게 여기다(take compassion on, feel pity for)

- take place 발생하다(come about, happen, occur); (예식 등을) 거행하다(be held)

- take precedence 우선권을 얻다, …의 상위(우위)에 서다, …에 우선하다

- take pride in ~을 자랑으로 여기다(be proud of, pride oneself on, have a good opinion of)

- take the lead (in) 선두에 서다(be at the head); 지도적 역할을 하다, 주도하다(take the initiative)

- take the place of ~를 대신하다(replace, supercede)

- take to …의 뒤를 보살피다, 에 전념하다(care for, look after, wait on, attend, attend 〈to, on〉, mind); …에 정들다, 이 마음에 들다, 을 좋아하다(하게 되다)(like, begin to like, be fond of, go 〈in〉 for, care for, be attracted to, take 〈or catch〉 one's fancy, appeal to, be in one's favor, have 〈or take〉 a liking 〈/fancy〉 for 〈to〉)

- take to heart 마음속 깊이 새기다, 명심하다(consider seriously, bear 〈or keep〉 in mind); 몹시 신경을 쓰다(be troubled or grieved by)

- take to one's heels 도망치다(show a clean pair of heels, run away)

- take turns (at/ about) ~ing 번갈아 하다, 교대하다 (alternate)

- take up 들어(집어) 올리다(raise); (차에·사람을) 태우다(pick up); 착수·시작하다(undertake, begin), 과제로 삼다, 전공하다(major in, specialize in), (화제로) 채택하다·삼다(adopt); 알아듣다(learn); (시간·장소 등을) 차지하다, 잡다(occupy); 빨아올리다, 흡수하다(absorb); (주식 등의 모집·주문에) 응하다(accept)

- take(or lay) hold of 붙잡다(seize, get 〈/ catch/ seize/ clutch〉 hold of, grab, drip, grasp); 파악·이해하다(grasp, understand); 손에 넣다(get control or possession of, get gold of, acquire)

- take(or put) stock in …의 주(식)를 사다, 에 관심을 가지다, 을 중히 여기다, 신용하다 ↔ take no stock in : 주의를 기울이지 않다, 믿지 않다(pay no attention to, disbelieve 〈in〉)

- taken altogether 대체로(on the whole, as a whole)

- talk around (핵심을 피하고) 쓸데없는 말을 하다, 진지하게 이야기하지 않다

- talk over(or into) 논의·상의하다(have a conversation about, discuss); 설득하다(persuade, prevail on)

- talk through one's hat 큰소리치다, 허풍치다, 헛소리하다(talk nonsense)

- tantamount to 동등한, …와 같은, 상응하는(equal to, equivalent to, the same)

- tear down (집 등을) 헐다, 해체하다(pull down, demolish); (명성·평판 등을) 손상시키다(defame); 논파(論破)하다(convert or disprove 〈an argument, etc.〉 point by point)

- teem with ~이 많다, 가득 있다, 충만하다(abound with, swarm with)

- tell apart(or from) 구별하다(distinguish 〈between, among, from〉, differentiate from, know from)

- tell on 영향을 미치다(have an effect on); 고자질하다, 뒤에서 험담하다(inform against or gossip about)

- tell tall tales 탕탕 큰소리치다

- ten to one 십중팔구(는), 거의 모두, 대개(certainly, almost, for the most part, odds-on)

- tend to ~하는 경향이 있다(be apt to, have a tendency to, be disposed 〈/ inclined/ likely〉 to)

- thanks to …의 덕택으로, …덕분에. …때문에(owing to, on account of, because of)

- that is to say 다시 말해서(즉)(that is, namely)

- the apple of the(or one's) eye 눈동자(pupil); 아주 소중한 것, 애지중지 하는 것

- the long face 우울한 얼굴, 시무룩한 얼굴

- the survival of the fittest 적자생존(適者生存)

- think over 숙고하다, 곰곰 생각하다(ponder, consider, contemplate, mediate, dwell on, turn over)

- think(make) nothing of 쉽게 생각하다, 대수롭지 않게 여기다(treat as of little importance, fail to understand)

- throw away 팽개치다, 버리다(discard, throw out, dispose of, do away with), 낭비하다(waste)

- throw off (고통스러운·짜증스러운 것 등을) 떨쳐 버리다; (옷 등을 급히) 벗어 던지다

- throw the book at …에게 가장 무거운 벌을 주다(deal out the maximum in punishment, penalty, etc. to)

- throw up 쳐들다(raise suddenly or rapidly); 버리다, 그만두다(abandon, give up); 토하다(vomit); (급히) 조립하다(construct rapidly)

- throw up one's hands 두 손을 쳐들다, 단념하다 굴복하다(surrender 〈to〉, yield 〈to〉)

- throw(or pour) cold water on …에 찬물을 끼얹다, 트집을 잡다(show that someone has a low opinion of someone else's idea or suggestion / be unenthusiastic about or toward / discourage)

- **tie up**   단단히 묶다; (파업·사고 등으로 교통 등을) 불통되게 하다, 정지시키다, 속박·방해하다(hinder, obstruct, stop); 바쁘게 만들다(keep busy)

- **tip off**   비밀 정보를 알려주다(제공하다)(give secret information to, reveal, divulge, tell, hint)

- **to (the best of) one's knowledge**   ~자기가 아는 한(for all one know)

- **to and fro**   이리저리로, 앞뒤로(first in one direction and then in the opposite, back and forth)

- **to be sure**   확실히, 과연(surely, certainly)

- **to begin with**   우선 첫째로, 무엇보다 먼저(initially, at first, firstly, in the first place)

- **to date**   이날까지, 지금(현재)까지

- **to one's heart's content**   흡족하게, 실컷(heartily)

- **to say nothing of**   ~은 말할 것도 없이(not to mention, not to speak of, let alone)

- **to some extent**   어느 정도까지는(to a certain extent〈or degree〉)

- **to the best of our knowledge**   우리가 아는 한에서는

- **to the contrary**   ~과는 반대로(의)(in reversal of what is stated), 그렇지 않다는(to the opposite effect)

- **to the detriment of**   …에 해가 될 만큼

- **to the effect (that)**   …라는 취지·의미로(의)(with the purport, meaning 〈that〉)

- **to the letter**   문자 그대로, 엄밀히, 충실히(just as written or directed, literally, precisely, exactly, faithfully)

- **to the minute**   1분도 어김없이(to the moment)

- **to the point**   (주로 be동사의 보어로서) 요령(요점)있는, 적절한(relevant, pertinent, proper, to 〈the〉 purpose); (주로 자동사를 후치 수식하여)요령(요점)있게, 적절하게(to 〈the〉 purpose, briefly or neatly)

- **to the quick**   골수에 사무치게, 절실히, 깊이(deeply)

- **trade in**   중고품에 웃돈을 주고 신품을 사다, 매매·장사하다(deal in, transact)

- **tread water**   서서 헤엄을 치다

- **try on**   (맞는지) 시험삼아 입어·신어·써보다, 가봉(假縫)하다; 시험해 보다

- **try out**   엄밀히 시험·심사하다(test, experiment with); (금속의) 순도를 측정하다

- **turn a deaf ear to**   …에 조금도 귀를 기울이지 않다, 들으려 하지 않다, …에 귀를 막다(turn a blind eye to, pretend not to notice, set at naught, ignore, disregard, pay no attention to)

- **turn aside**   옆으로 비키다(돌리다)(divert, deviate, deflect); (질문·공격 등을) 슬쩍 피하다(avert); 외면하다

- **turn away**   쫓아버리다(dispel); 해고하다(from)(turn out, dismiss); 외면하다(turn aside)

- **turn down**   거절하다(reject, refuse); (소리·빛 등을) 줄이다, 약하게 하다(lower, reduce〈/ decrease) (the flame/ the volume) ↔ turn up)

- **turn in**   (서류 등을) 제출하다(submit, hand in, send in); (발가락 등을) 안쪽으로 구부리다; 반환하다(give back, return); 몰아넣다; 잠자리에 들다(go to bed ↔ turn out: 〈잠자리에서〉 일어나다)

- **turn into**   …으로 변하다(convert into, change into); …으로 되다(become, develop into)

- **turn off**   생산하다(produce); 해고하다(dismiss); 잠그다, 끄다(disconnect, switch off, stop 〈the flow of〉); (주의·화제를) 돌리다(divert), 옆길로 새다, 벗어나다(deflect)

- **turn on(upon)**   켜다, (가스·물·라디오 등을) 틀다(switch on, connect, start the flow of ↔ turn off); 시작하게 하다; ~로 향하게 하다(direct); 공격하다(attack); ~따라 결정되다(depend on)

- **turn out**   (밖으로) 내쫓다, 해고하다(drive out, dismiss); 생산·제조하다(produce, manufacture); 결국 …임이 드러나다(prove 〈to be〉); (가스·불 등을) 끄다(turn off, put out, extinguish); 밖에 나가다, 떼 지어 모이다(come or go out to assemble, appear); (잠자리에서) 일어나다(↔turn in)

- **turn over**   전복하다(시키다), 뒤집다(뒹굴다, 뒤집히다)(reverse, turn upside down, invert, capsize, overturn, roll over, flip); 양도·인계하다(to)(hand over, deliver, transfer); (책장을) 넘기다: 곰곰이 생각하다, 숙고하다(think about carefully, ponder); 상품을 취급하다(buy and sell, do business)

- **turn over a new life**   새 출발하다(begin a new life)

- **turn to**   …쪽으로 향하다; …에 의존하다(recourse to, rely on); 착수하다; …으로 변하다(change to)

- **turn up**   나타나다, 도착하다(show up, appear, arrive); 일어나다, 생기다(happen); (소리·빛 등을)높이다(↔ turn down, reduce); (잊은 것이 우연히) 발견되다; 위를 향하다;

- **turn up one's nose at**   ~을 멸시하다, 코웃음치다(sneer at, scorn)

- **turn(or tumble) up one's heels**   사람을 죽이다(kill), 죽다(die)

- **under the heel of**(= under one's heel) 짓밟혀, 유린되어(tramped ⟨or trod⟩ under one's foot, crushed by)

- **under the weather** 몸이 불편한(sick, ill, ailing); 기분이 좋지 않은(uncomfortable)

- **under water** 수면 아래로 가라앉아, 홍수가 진(flooded); 생활에 실패하여

- **up in the air** 미결정의(으로), 불확실한(하게)(in the air, uncertain); 흥분한(하여), 화가 난(나서)(angry)

- **up to** ⋯에 (이르기)까지; (사람이)해야 할, ⋯나름인, ⋯의 의무인(dependent on, one's duty); ⋯에 종사하는(occupied with), ⋯을 계획하여(planning, plotting)

- **up to one's(/ the) eyes(/ ears) in** (일 등에) 몰두하여(in)(preoccupied with, busy in or with)

- **up-to-date**(↔ out-of-date) 최근의, 최신의(up-to-the-minute, latest); 현대적인(modern)

- **used to + v** ⋯을 하곤 했다(과거의 ⟨규칙적⟩ 습관); 한때 ⋯이었다(과거의 상태)

- **vault (over)** 뛰다, 도약하다(jump ⟨over⟩, leap, spring, bound)

- **vie (for, with, in)** (우열을) 다투다, 싸우다, 겨루다, 경쟁하다(compete ⟨for, with, in⟩, fight, contend ⟨for, with, against⟩, struggle ⟨for, with, against⟩, strive ⟨for, with, against⟩)

- **vital to** 필수적인, 긴요한(indispensable ⟨to⟩, essential ⟨to⟩, ⟨pre⟩requisite ⟨to, for⟩) life

- **vulnerable to** 상처·피해(영향을) 입기(받기) 쉬운, (취)약한, 공격받기 쉬운, 노출되어 있는(assailable, susceptible to, open to, liable to, prone to, exposed to, subjected to, easily affected by)

- **wake up** 정신을 차리다
- **wait for** 기다리다(await)

- **wait on(or upon)** 시중들다, 서비스하다(serve, attend ⟨on⟩)

- **walk away from** (힘든 상황·관계를 외면하고) 떠나 버리다

- **walk (all) over someone** 모질게 다루다, 좌지우지하다(treat in a domineering, unfeeling way); ⋯을 쉽게 이기다, 낙승하다(defeat overwhelmingly)

- **walk out** 파업하다(go on strike, go out, stick out); (남녀가) 친해지다; 갑자기 떠나버리다

- **walk(/ float/ tread) on air** 기뻐 날뛰다, 황홀하다(feel ⟨or be⟩ very happy ⟨/ lively/ exalted⟩, be in ecstasy)

- **wash out** ⋯을 물의 힘으로 파괴하다; 내부를 씻다; (비·폭풍우 등이) (경기 등을) 망치다, 중단시키다; (소망·계획 등을) 망쳐놓다; 실격시키다, 낙제시키다, 제명시키다

- **wash up** 손이나 얼굴을 씻다(clean one's hands or face); 설거지를 하다(wash); 속속들이 조사하다

- **watch out (for)** 조심·주의하다, 경계하다(be careful, have an eye to, look out ⟨for⟩)

- **wear away** 닳아 없애다(닳다), 마멸시키다(erode, deface, abrade); 시간이 흐르다, 경과하다(pass, elapse)

- **wear off** 닳게 하다(닳다)(wear away); 점차 없애다(없어지다), 소멸하다(pass away or diminish by degrees)

- **wear out** 써서 낡게 하다(되다), 닳게 하다(되다)(waste or consume by degrees, make or become useless from continued wear or use); 지치게 하다(exhaust, tire out, do up); 다 써버리다(exhaust)

- **well off** 유복한(well-to-do, rich, wealthy, prosperous)

- **What a coincidence!** 정말 우연도 다 있네요! / 이런 우연도 다 있네요!

- **what we(or you) call** 소위, 이른바(what is called)

- **when it comes to +** (동)명사 ~이라는 계제가 되면, ~에 관해서라면, ~의 점에서는(with respect to)

- **whisk off(or away)** 재빨리 숨다(사라지자, 가버리다)(move, carry, or brush with a quick, sweeping motion)

- **wide of the mark** 과녁·표적을 빗나간(beside the mark); 들어맞지 않는, 부정확한(inaccurate); 부적절한, 관계없는, 엉뚱한(irrelevant, extraneous)

- **wild goose** 기러기, 이상한 놈

- **wind up** (실·시계 등을) 감다; 긴장시키다(make very tense or excited); 결론짓다, 끝내다(conclude, finish, end, bring or come to an end); 폐업하다(go out of business)

- **wink at** 눈감아주다(close one's eyes to, overlook, wink at))

- **wipe out** 없애다(remove), 지우다(erase); 전멸시키다,

일소하다(exterminate, eradicate, destroy)

- **with a(the) view to ~ing** ~의(할) 목적으로(for the purpose of~ing, in the interest of, with an eye to)

- **with all** ~에도 불구하고(for all, in spite of, despite)

- **with an eye to** ~할 목적으로(with a view to, with a(the) view to)

- **with half an eye** 슬쩍, 쉽게(easily), 별 노력 없이 (without efforts)

- **with open arms** 두 팔을 벌려, 충심 · 진심으로 (cordially, heartily, sincerely)

- **with regard to** ~에 대하여 · 관하여(in this regard, in regard or respect to(or of), with regard to, as regards, regarding, in connection with, with reference to, as to, concerning, about ↔ without regard to)

- **without a let up(/ letup)** 중지 · 중단없이, 멈추지 않고(without stopping or a stop, without a pause, incessantly)

- **without a shadow of doubt** 티끌만큼의 의심도 없이, 확실히(most certainly)

- **without fail** 틀림없이, 확실히, 반드시(for certain, depend upon it)

- **word for word** 한 마디 한 마디, 문자 그대로(literally, to the letter)

- **work on** 일을 계속하다; 작용하다, 영향을 미치다 (influence); (사람 · 감정 등을) 움직이다, 설득하다(try to persuade)

- **work out** (해결책 등을) 찾아내다, 풀다(풀리다), (계획 등을) 세우다(잘되어 가다), (합계가) 나오다(produce, solve, resolve, formulate, devise)

- **write off** 아무렇게나 쓰다; 장부에서 지우다, 말소하다; (가옥 · 기계 · 기업가치 등을) 감가상각하다(reduce the ⟨estimated⟩ value of); 고려하지 않다(disregard)

- **written in water** (명성이) 덧없는, (업적이) 곧 잊혀지는

- **yield to** 굴복하다(give way to, give in to, surrender ⟨to⟩, succumb ⟨to⟩, submit ⟨to⟩,)

- **You are so dead!** 넌 이제 죽었어!, 정말 큰일이네!

- **You are telling me.** 정말 그래. (= You can say that again.)

- **you know** (문두 · 문미에서) …이니까 말이야(※ 보통 거의 뜻이 없고, 단지 다짐을 하기 위하여 씀); (삽입구로 써서)

그, 저, 그래(※ 일종의 완충어)

- **You said it** 자네 말대로야, 전적으로 동감해(You can say that again. / I quite agree with you. / I couldn't agree with you more. / I agree with you completely. / I see eye to eye with you.)

- **zealous for (or to v)** ~을 열망 · 열광하는, 열심인 (eager for⟨/ in/ to do⟩, enthusiastic ⟨about, over⟩, keen ⟨on, about⟩, to do), bent ⟨on⟩, crazy ⟨about⟩, mad ⟨about⟩)

빈출 주요 속담 & 명언

01 A bad workman blames(/ finds fault with) his tools. (무능한 직공이 연장을 나무란다.)

02 A bird in the hand is worth two in the bush.
(수중의 새 한 마리가 덤불 속의 두 마리만큼 값지다. / 남의 돈 천 냥이 내 돈 한 푼만 못하다.)

= A sparrow in the hand is better than a crane on the wing. (손안에 참새 한 마리는 날고 있는 학보다 낫다.)

03 A bold attempt is half success. (대담한 시도는 절반의 성공이다.)

04 A burnt child dreads the fire. (불에 덴 아이는 불을 무서워한다.)

05 A drowning man will catch at a straw. (물에 빠진 사람은 지푸라기라도 잡는다.)

06 A fish won't live in clean water. (물이 맑으면 고기가 아니 산다.)

07 A friend in need is a friend indeed. (어려울 때 돕는 친구가 진정한 친구다.)

08 A good beginning makes a good ending. (시작이 좋으면 끝도 좋다.)

09 A good name is better than gold. (훌륭한 명성은 황금보다 낫다.)

= A good name is better great riches. (훌륭한 명성은 큰 재산보다 낫다.)

≒ Credit is better than gold. (신용은 황금보다 낫다.)

10 A good neighbor is better than a brother far off. (가까운 이웃이 먼 사촌보다 낫다.)

11 A lie begets a lie. (거짓말은 거짓말을 낳는다.)

12 A man is known by the company he keeps. (사람은 그가 사귀는 친구를 보면 알 수 있다.)

= A man is known by his companions.

= A man may be known by his friends.

13 A man leaves his name when he dies while a tiger leaves its skin.
(사람은 죽어서 이름을 남기고, 호랑이는 죽어서 가죽을 남긴다.)

14 A man's will moves Heaven. (지성이면 감천이다.)

15 A rolling stone gathers no moss.
(구르는 돌에는 이끼가 끼지 않는다. / 직업을 자주 바꾸는 사람에게는 돈이 붙지 않는다. / 활동가는 녹슬지 않는다.)

16 A servant is only as honest as his master. (윗물이 맑아야, 아랫물이 맑다.)

17 A sound mind in a sound body. (건강한 육체에 건강한 정신이 깃든다.)

18 A stitch in time saves nine. (적시에 딴 한 바늘은 아홉 바늘을 절약한다.)
〈때를 놓치지 않고 신속하게 행동 해야 후에 생길 수 있는 문제를 예방할 수 있다는 의미〉

19 A thief feels a cramp in his leg. (도둑이 제 발 저린다.)

20 A willing burden is no burden. (자진해서 지는 짐은 무겁지 않다.)

= A willing mind makes a light foot. (마음이 내키면 발도 가볍다.)

21 A worm will turn. (지렁이도 밟으면 꿈틀 한다.)

22 Adding stars to the sky. (하늘에다가 별을 더하기 / 금상첨화(錦上添花))

23 An innocent bystanders gets hurt in a fight. (고래 싸움에 등 터진다.)

24 After death, to call the doctor. (죽고 난 후 의사부르기 / 소 잃고 외양간 고치기)

= After the visit of a burglar, one repairs the gate in the hedge. (소 잃고 외양간 고친다.)

25 After the rain comes the fine weather. (비가 온 다음에는 맑은 날씨가 된다.)

26 All happiness is in the mind. (행복은 다 마음속에 있다.)

27 All is well that ends well. (끝이 좋은 것은 모두가 좋은 것이다.)

〈중요한 것은 결과이고 결과만 좋으면 그때까지의 실패나 절망은 보상을 받는다.〉

28 All roads lead to Rome. (모든 길은 로마로 통한다. / 서로 방법은 달라도 상관이 없다.)

29 All that glitters is not gold. (번쩍이는 것이라고 해서 모두 금은 아니다.) 〈사람이나 사물의 외관만 보고 판단해서는 안 된다는 뜻〉

30 All work and no play makes Jack a dull boy. (공부만 하고 놀 줄 모르는 아이는 바보가 된다.)

31 An eye for an eye and a tooth for a tooth.

(눈에는 눈으로, 이는 이로 대한다. / 같은 수단, 같은 방법으로 보복한다는 뜻)

32 Anything is welcome to the needy. (시장이 반찬이다.)

= A good appetite is a good sauce.

= Hunger is the best sauce.

33 As you sow, so you reap. (콩 심은데 콩 나고 팥 심은데 팥 난다. / 자업자득(自業自得))

34 At the foot of the candle it is dark. (등잔 밑이 어둡다.)

= (You must) Go into the country to hear what news in town.

(도시 소식을 들으려면, 시골에 들어가라. / 등잔 밑이 어둡다.)

35 Better be the head of an ass than the tail of a horse.

(당나귀의 머리가 될지언정 말꼬리는 되지 말라. / 닭 벼슬이 될지언정 쇠꼬리는 되지 날라.)

36 Better late than never. (안하느니보다는 늦어도 하는 것이 낫다.)

37 Birds of a feather flock together. (깃털이 같은 새는 한데 모인다. / 유유상종(類類相從))

= Like draws to like. (같은 것끼리 좋아한다. / 유유상종(類類相從))

38 Blood is thicker than water. (피는 물보다 진하다.)

39 Burn not your house to frighten away the mice. (생쥐 잡으려다. 집 태우지 마라.)

40 By others' faults wise men correct their own.

(현명한 사람은 남의 결점을 보고 자기의 결점을 고친다. / 타산지석(他山之石))

41 Cast not your pearls before swine. (돼지에게 진주를 던져주지 말라.) 〈어리석은 자에게 가치있는 말은 부질없는 것〉

42 Come empty, return empty. (빈손으로 왔다가 빈손으로 돌아간다.)

43 Crows are never the whiter for washing themselves. (까마귀는 씻어도 희어지지 않는다.)

44 Custom rules the law. (관습은 법률을 다스린다.)

45 Do to others as you would be done by. (남에게 받고 싶은 바를 남에게 해주어라.)

46 Don't count your chickens before they are hatched.

(병아리가 부화되기 전까지는 그 마리수를 세지 마라. 떡 줄 놈은 생각도 않는데 김치국부터 마신다.)

47	Don't cry before you are hurt.	(아프기 전에는 울지 마라.) 〈일이 일어나기도 전에 미리 걱정하지는 말라는 뜻〉
48	Drawing water to one's own mill.	(자기네 물방아 간으로 물 끌어오기다. / 아전인수(我田引水))
49	Early to bed and early to rise makes a man healthy, wealthy, and wise.	

49 Early to bed and early to rise makes a man healthy, wealthy, and wise.
(일찍 자고 일찍 일어나는 사람에게는, 건강과, 부귀와, 지혜가 뒤따른다.)

50 (It is) Easier said than done. (말하기는 쉬우나 행하기는 어렵다.)

51 Easy come, easy go. (쉽게 얻은 것은 쉽게 없어진다.)

52 Empty vessels make the most sound. (빈 수레가 요란하다.)

53 Even a monkey can fall from a tree. (원숭이도 나무에서 떨어질 때가 있다.)
= Even Homer sometimes nods. (호머같은 대시인도 실수할 때가 있다.)

54 Every cloud has a silver lining. (어떤 구름이라도 그 뒤쪽은 은빛으로 빛난다. / 괴로움이 있는 반면에 즐거움도 있다.)

55 Every dog has his day (its ⟨own⟩ day). (견공들도 한때가 있다. / 쥐구멍에도 볕들 날이 있다.)
= Fortune knocks at our door by turns. (행운은 차례대로 대문을 두드린다.)

56 Every law has a loophole. (법에는 반드시 허점이 있다.)

57 Every sin brings its punishment with it. (죄를 지으면 반드시 처벌이 따른다.)

58 Examples teach more than precept. (본보기는 교훈보다 더 많은 것을 가르친다.)

59 Experience is the mother of wisdom. (경험은 지혜의 어머니이다.)

60 Failure teaches success. (실패는 성공의 어머니이다.)
= Failure is the way to success. (실패는 성공으로 가는 길이다.)

61 Fidelity gained by bribes is overcome by bribes. (뇌물로 얻은 충성은 뇌물로 정복된다.)

62 First come, first served. (먼저 온 사람이 먼저 대접 받는다. / 빠른 놈이 장땡. / 선착순.)

63 For age and want, save while you may. (늙고 가난할 때를 대비하여 할 수 있을 때 저축하라.)

64 Friends and wines improve with age.
(친구와 포도주는 나이를 먹어 감에 따라(오래 될수록) 개선된다〈더욱 좋아진다.〉)

65 Go to the sea, if you would fish well. (고기를 잘 잡으려거든 바다로 가거라.)

66 Good health is above wealth. (건강은 부보다 낫다.)

67 Good medicine tastes bitter. (좋은 약은 입에 쓰다. / 입에 쓴 약이 병에는 좋다.)

68 Habit is a second nature. (습관은 제2의 천성이다.)
Cf. Old habits die hard. (오래된 습관은 잘 죽지 않는다〈버리기 어렵다.〉)

69 He refuses the bribe, but puts forth his hand.
(뇌물은 거절하면서도 뒤로는 손을 내민다. / 뇌물 주는 것을 안 먹는 놈 없다.)

70 He who would catch fish must not mind getting wet.
(고기를 잡고자 하는 사람은, 물에 젖는 것을 꺼려서는 안 된다.)

71 Heaven helps those who help themselves. (하늘은 스스로 돕는 자를 돕는다.)

72 If you run after two hares, you will catch neither. (두 마리의 토끼를 쫓으면 한 마리도 못 잡는다.)

73 Ignorance is bliss. (모르는 게 약이다.)
= Ignorance is medicine.

74 It takes more than pearls to make a necklace. (구슬이 서 말이라도 꿰어야 보배다.)

75 Make hay while the sun shines. (해가 있을 때 건초를 만들어라.) 〈기회를 놓치지 말라는 뜻〉
= Gather the rosebuds while you may. (가능할 때 장미 꽃봉오리를 따라.)

	= Strike while the iron is hot.	(쇠는 달았을 때 두드려라.)
76	Man is Heaven's masterpiece.	(인간은 신의 걸작품이다.)
77	Hard work is the best avenue to success.	(노력은 성공으로 가는 가장 좋은 신작로이다.)
78	He laughs best who laughs last.	(최후에 웃는 자가 가장 잘〈신나게〉 웃는다. / 너무 성급하게 기뻐하지 말라.)
	=He who laughs last, laughs best.	
79	High winds blow on high hills.	(높은 곳에 바람 잘날 없다.)
	= A tall tree catches much wind.	(큰 나무는 바람을 많이 맞는다.)
90	Honesty is the best policy.	(정직이 최선의 방책이다.)
81	I mean business. (=I mean it.)	(진심으로 하는 말이야.)
82	In unity, there is strength.	(뭉치면 산다.)
	(=United we stand, divided we fall. 뭉치면 살고, 흩어지면 죽는다.)	
83	It is hard to fathom the minds and intention of men.	(열길 물 속은 알아도 한 길 사람 속은 모른다.)
84	It is no use crying over spilt milk.	(엎질러진 물은 다시 담지 못한다.)
85	It never rains but it pours. (= Whenever it rains, it pours.)	(비가 왔다하면 폭우다.)
	〈불행한 일은 겹치기 마련이라는 뜻. 때로는 좋은 일에 쓰이기도 하며 '두 번 있는 일은 세 번 있다'의 뜻으로 쓰임〉	
	= Misfortunes never come singly.	(불행은 혼자 오지 않는다.)
86	Jack of all trades is master of none.	(이것저것 손대는 사람은 아무 것도 제대로 하지 못한다.)
87	Kill two birds with one stone.	(돌 하나로 두 마리의 새를 잡는다. / 일석이조〈一石二鳥〉 / 일거양득〈一擧兩得〉)
88	Know yourself.	(너 자신을 알라.)
89	Knowledge is power.	(아는 것은 힘이다.)
90	Knowledge in youth is wisdom in age.	(젊어서 얻은 지식은 늙어서 지혜가 된다.)
91	Let bygones be bygones.	(지난 일을 허물하지 마라. / 과거지사는 잊어버리자.)
92	Life is but an empty dream.	(인생은 한갓 꿈에 지나지 않는다.)
93	Life is full of ups and downs.	(인생은 새옹지마〈塞翁之馬〉이다.)
94	Life is short and art is long.	(인생은 짧고 예술은 길다.)
95	Like father, like son.	(그 아버지에 그 아들이다. / 부전자전〈父傳子傳〉)
	= Transmission from father to son.	
	= Like mother, like daughter.	(그 어미에 그 딸)
96	Little strokes fell great oaks.	(조금씩 저며 들어가는 도끼질이 큰 떡갈나무를 쓰러뜨린다.)
	= Small drops make a shower.	(작은 물방울이 소낙비를 이룬다.)
	= Water will wear away stone.	(떨어지는 물이 바위를 닳게 한다〈뚫는다〉.)
97	Look before you leap.	(뛰기 전에 살펴봐라. / 실행하기 전에 잘 생각하라. / 돌다리도 두드려보고 건너라.)
98	Love is blind.	(사랑은 눈을 멀게 한다.)
99	Making a united effort helps a person.	(여러 사람이 힘을 합하면 한 사람을 구제하기가 쉽다. / 십시일반〈十匙一飯〉)
100	Man cannot live by bread alone.	(사람은 빵만으로는 살 수 없다. / 즉, 사랑도 필요하고 일도 필요하다.)
101	Many drops(/ gains) make a shower.	(티끌 모아 태산 된다.)
	= Little drops of water make the mighty ocean.	
	= Many a little makes a mickle. (= Every little makes a mickle.)	
	= Light gains make heavy purses.	

102	Mind your own business.	(자기 일이나 잘 해라. / 쓸데없는 참견 마라.)
103	Money changes hands.	(돈은 돌고 도는 것이다.)
104	More haste, less speed.	(급할수록 천천히.)
	= Haste makes waste.	(서두르면 일을 그르친다.)
105	Mountain over mountain.	(산 넘어 산이다. / 갈수록 태산이다.)
106	Necessity is the mother of invention.	(필요는 발명의 어머니)
107	Never judge by appearances.	(겉모습으로 판단하지 말라.)
	= A man is not judged by his exterior.	
	= Don't judge a book by its cover.	
108	Never put off till tomorrow what you can do today.	(오늘 할 수 있는 일을 내일까지 미루지 마라.)
109	Never too old to learn. (= No one is too old to learn.)	
		(배울 수 없을 만큼 늦은 경우는 없다.) 〈배움에는 나이가 문제되지 않는다는 뜻〉
110	Nice words for nice words.	(가는 말이 고와야 오는 말이 곱다.)
111	No crime has been without a precedent.	(전례가 없었던 범죄는 없다.)
112	No man but errs.	(실수 없는 사람은 없다.)
113	No news is good news.	(무소식이 희소식이다.)
114	No pains, no gains.	(수고 없이는 얻는 것도 없다.)
115	(There is) No smoke without fire.	(불이 없으면 연기도 없다. / 아니 땐 굴뚝에 연기 날까?)
	= (There is) No fire without smoke.	(연기가 없으면 불도 없다.)
	= It never smokes but there is a fire.	
116	None is so blind as those who won't see.	(보려고 하지 않는 사람처럼 눈 먼 사람은 없다.)
	= None is so deaf as those who won't hear	
117	Nothing better and nothing worse.	(더 낫고 더 못함이 없다. / 막상막하(莫上莫下))
118	Nothing ventured, nothing gained.	(모험을 하지 않으면 얻는 것도 없다. / 산에 가야 범을 잡는다.)
	= Nothing venture, noting have.	
119	Once bitten, twice shy.	(자라보고 놀란 가슴 솥뚜껑보고 놀란다.)
120	One cannot eat one's cake and have it. (과자를 먹고 동시에 소유할 수는 없다.) 〈이쪽저쪽 다 좋게 할 수는 없다는 뜻〉	
	= One cannot have one's cake and eat it.	
	= You cannot sell the cow and drink the milk.	(소를 팔고 동시에 우유를 마실 수는 없다.)
121	One cannot see the beam in one's own eye.	
		(제 눈에 든 대들보는 보지 못한다. / 자신의 큰 흉은 모르고 남의 작은 흉만 본다.)
122	One good turn deserves another.	(베풀면 돌아온다. / 가는 말이 고우면 오는 말도 곱다. /
		한 번의 선행 또는 친절이 또 다른 선행이나 친절을 낳는다. / 선의는 다른 선의를 낳는다.)
123	One man's fault is another man's lesson.	(한 사람의 실수는 다른 사람에게 교훈이 된다.)
124	One swallow doesn't make a summer.	(제비 한 마리가 왔다고 해서 여름이 온 것은 아니다. / 속단은 금물이다.)
		〈한 가지 징조를 보고 너무 성급히 결론을 내리지 말라는 뜻〉
125	Out of sight, out of mind.	(눈에서 멀어지면, 마음도 멀어진다.)
	= Far from the eye, far from the heart.	
126	Pain is gone and pleasure is come.	(고생이 다하면 즐거움이 온다. / 고진감래〈苦盡甘來〉)

127 Patience is bitter, but its fruit is sweet. (인내는 쓰나 그 열매는 달다.)

128 Poverty is no sin. (가난은 죄가 아니다.)

129 Poverty leads to thief. (가난은 도둑질을 낳는다.)

130 Preaching to the wind. (바람에게 설교를 한다. / 마이동풍〈馬耳東風〉, 우이독경〈牛耳讀經〉)

131 Prevention is better than cure. (예방은 치료보다 낫다.)

132 Punctuality is the politeness of princes. (시간엄수는 왕자의 예절이다.)

133 Quickly come, quickly go. (빨리 온 것은 빨리 간다. / 쉽게 얻은 것은 쉽게 간다.)

134 Rome was not built in a day. (로마는 하루만에 이루어지지 않았다.)

135 Scratch my back and I will scratch yours. (오는 정이 있어야 가는 정이 있다.)

136 Second thoughts are best. (재고〈再考〉〈숙고한 다음의 결정〉하는 것이 최고다.)

137 Self-trust is the first secret of success. (자기신뢰가 제1의 성공비결이다.)

138 Slow and steady wins the race. (천천히 그리고 꾸준한 것이 경주에 이긴다.)

139 So many men, so many minds. (= Several men several minds.) (각인각색. 십인십색)

= No two people think alike. (똑같이 생각하는 사람은 없다.)

= No two minds work alike. (마음이 꼭 맞는 두 사람은 없다.)

≒ There is no accounting for tastes. (취미도 가지가지. 각인각색)

= Tastes differ.

140 Spare the rod, and spoil the child. (매를 아끼면 아이를 망친다. / 귀여운 자식에게 매를 주어라.)

141 Speak of angels, and you will hear their wings. (호랑이도 제 말하면 온다.)

142 Speech is silver, but silence is gold. (웅변은 은이요, 침묵은 금이다.)

143 Spilt salt is never all gathered. (엎질러진 소금은 결코 모두 주워 모아지지 않는다.)

144 Still waters run deep. (잔잔한 물이 깊다. / 말없는 사람일수록 생각이 깊다.)

145 Teaching is learning. (가르치는 것은 배우는 것이다.)

146 Ten years is an epoch. (십년이면 강산도 변한다.)

147 The apples in the neighbor's garden are sweetest.
(이웃집 사과가 더 달다.) 〈같은 것이라도 남의 것이 더 좋아 보인다는 뜻〉

= The apples on the other side of the wall are the sweetest.

= The grass is greener on the other side of the fence. (이웃집 잔디가 더 푸르다.)

148 The boughs that bear most hang lowest. (벼는 익을수록 머리를 숙인다.)

149 The busy bee has no time for sorrow. (분주한 벌은 슬퍼할 시간이 없다.)

150 The child is the father of the man. (어린이는 어른의 아버지. / 세살 버릇이 여든까지 간다.)

151 The contagion of crime is like that of the plague. (범죄의 전염은 질병의 전염과 같다.)

152 The countenance is the portrait of the mind, the eyes are its informers.
(얼굴은 마음의 초상이요, 눈은 마음의 밀고자이다.)

153 The early bird catches the worm. (일찍 일어나는 새가 벌레를 잡는다.)

154 The end justifies the means. (목적은 수단을 정당화시킨다.)

155 The eye that sees all things else sees not itself. (다른 모든 것을 보는 눈으로도 제 눈은 보지 못한다.)

156 The frog in the well does not know the ocean. (우물 안에 개구리는 바다를 모른다.)

157 The higher the mountain, the deeper the valley. (산이 높아야 골이 깊다.)

158 The leopard cannot change its spots.
(제 버릇 개 못 주는 법 또는 세 살 버릇 여든까지 간다. / 본성은 고치지 못한다. / 세 살 버릇 여든까지 간다.)

159 The lone sheep is in danger of the wolf.
(혼자 있는 양은 늑대에게 먹힐 위험이 있다. / 독불장군〈獨不將軍〉)

160 The mad dog bites his master.
(미친개는 주인도 문다.)

161 The more, the better.
(많을수록 좋다 / 다다익선〈多多益善〉)

162 The more one has(/ gets), the more one wants(/ desires).
(가지면 가질수록 더 원한다. / 욕심에는 끝이 없다.)

163 The pen is mightier than the sword.
(붓〈文〉은 칼〈武〉보다 강하다.)

164 The pot calls the kettle black.
(냄비가 솥더러 검둥이라고 한다. / 똥 묻은 개가 겨 묻은 개 나무란다.)

165 The spoken word cannot be swallowed.
(한 번 뱉은 말은 도로 집어삼킬 수 없다.)

166 A tree is known by its fruit.
(그 실과〈實果〉로 나무를 아느니라. / 사람은 말보다 행동에 의해 판단된다.)

167 The word "impossible" is not in my dictionary.
(내 사전에는 "불가능" 이라는 말이 없다.)

168 There's a bone in the words.
(말 속에 뼈가 들어 있다.)

169 There is no forgiveness in nature.
(자연에는 용서가 없다.)

170 There is no royal road to learning.
(학문에는 왕도가 없다. / 배움에는 특별히 쉬운 것이 없다.)

171 It is no use crying over spilt milk.
(엎질러진 우유를 두고 울어봐야 소용없다.)
= Don't cry over spilt milk.
= What's done cannot be undone.
(한 번 저질러진 일은 돌이킬 수 없다.)

172 They can because they think they can.
(할 수 있는 것은 할 수 있다고 생각하기 때문이다.)

173 Time and tide wait(s) for no man.
(세월은 사람을 기다리지 않는다.)

174 Time cures all things.
(시간은 모든 것을 치유한다.)

175 Time is money.
(시간이 돈이다.)

176 Time is the healer of all.
(세월은 모든 것을 치료한다 / 세월이 약)

177 Time flies like an arrow.
(시간은 화살과 같다.)

178 Tomorrow is a new day.
(내일은 또 해가 뜬다.)

179 Too many cooks spoil the broth.
(요리사가 너무 많으면 국을 망친다. / 사공이 많으면 배가 산으로 올라간다.)
〈참견하는 사람이 많으면 일을 그르친다는 뜻〉

180 To keep early hours makes a man healthy.
(일찍 자고 일찍 일어나는 것은 사람을 건강하게 해준다.)

181 Too much humility is pride.
(지나친 겸손은 오만이다.)

182 To err is human, to forgive divine.
(잘못은 인간이 하고, 용서는 신이 한다.)

183 To lose is to win.
(지는 것이 이기는 것이다.)

184 To see(/ Seeing) is to believe(/ believing).
(보는 것이 믿는 것이다 / 백문이 불여일견)
= An eye finds more truth than two ears.
(한 번 보는 것이 두 번 듣는 것보다 낫다.)

185 To teach a fish how to swim.
(물고기에게 헤엄 가르치기. 공자 앞에서 문자 쓴다.)

186 To teach is to learn twice over.
(가르치는 것은 두 번 배우는 것이다.)

181 Two heads are better than one.
(두 사람의 지혜는 한 사람의 지혜보다 낫다. / 백지장도 맞들면 낫다.)
= Four eyes see more than two.
(네 눈이 두 눈보다 많이 본다.)

187 Two of a trade seldom agree.
(같은 장사를 하는 두 사람은 결코 의견이 일치하지 않는다. / 같은 업자끼리는 사이가 나쁘다.)

188 Violence begets(/ breeds) violence.   (폭력은 폭력을 부른다.)

189 Water cannot run backward.   (물은 거꾸로 흐르지 않는다.)

190 We cannot see the wood for the trees.   (나무에 가려서 숲을 보지 못한다.)

191 We must learn to walk before we can run.   (달릴 수 있기 전에 걷기부터 배워라.)

192 Walls have ears.   (벽에도 귀가 있다. / 말조심해라.)

    = Fields have eyes, and woods have ears.   (낮말은 새가 듣고 밤말은 쥐가 듣는다.)

193 Well begun is half done.   (시작이 좋으면 반은 성취된 셈)

194 What cannot be cured must be endured.   (고칠 수 없는 것은 참아야 한다.)

195 Where there is a will, there is a way.   (뜻이 있는 곳에 길이 있다. / 정신일도 하사불성)

196 When a man is reduced to want, the begger will come out.   (가난해지면 거지 습성이 나타난다.)

197 When angry, count ten, when very angry, hundred.   (화가 나면 10을 세고, 몹시 화가 나면 100을 세어라.)

198 When in Rome, do as the Romans do.   (다른 지방에 가면 그 지방의 풍습을 따르라. 입향순속(入鄕循俗))

    = Do in Rome as the Romans do.

199 While there is life, there is hope.   (살아있는 한 희망이 있다.)

200 Words cut more than swords.   (말은 칼보다 더 상처를 입힌다.)

201 Work while you work, play while you play.   (일할 때는 일하고, 놀 때는 놀라.)

202 You may lead a horse to the water, but you cannot make him drink.

    (말을 물가로 끌고 갈 수는 있어도 억지로 물을 마시게 할 수는 없다.)

    〈자발적으로 하려고 해야 할 수 있는 것이므로 억지로 시키지 말라는 뜻〉

203 You must learn to creep before you walk.   (걷기 전에 기는 것부터 배워라.)

204 You reap what you sow.   (뿌린 만큼 거둔다.)

    = The fewer seeds (we sow), the fewer plants (we will have).

205 Youth looks forward, and age backward.   (청년은 앞을 내다보고, 늙은이는 뒤를 돌아본다.)

저자 약력

심 상 대

- 중앙대 경영학 전공
- 한국외대 영어전공 / 同대학원 영어과 석사과정

- 전) 시사외국어 학원 TOEFL/TIME/영자신문 강의(1993~1995)
- 전) 건국대 · 세종대 · 한남대 대학 강의(1997~2001)
- 전) 한교(웅진) · 이그잼고시학원 강의(1995~2008)
- 전) (수능) 교연학원 강의(1997~1998)
- 전) 중앙데일리(JoongAng Daily) 해설위원(2008~2009)
- 전) 코리아타임스(The Korea Times) 객원논설위원(2005~2008) (2009~)
- 전) EBS '공무원 9급' 강의(2008)
- 전) Cable TV '타임즈리딩' 강의(2008)
- 전) 호원대학교 겸임교수(2007~2010)
- 전) 김영편입학원(동대문/교대) (2002 / 2012~2013)
- 현) 시사상식(박문각)(2010~)/한경 리쿠르트 시사영어칼럼(2010~12) 연재
- 현) 공무원저널(2016~2011), 법률저널(2012) 시사(영어)칼럼 연재
- 현) Times Reading 2280여회 10년 연속강의(2014년 1월 현재)
- 현) (노량진) 남부고시학원 강의(2008~)

주요저서
- Times Grammar (박문각)
- Times VOCA (박문각)
- Times ReadingPlus (박문각)
- Times Reading(월간)

- 기타 'Idiom, 생활영어' 등 다수

9급 공무원 영어 한 번에 끝장내기

초판1쇄 인쇄 2014년 1월 10일
초판1쇄 발행 2014년 1월 15일

지은이 심 상 대
펴낸이 임 순 재

펴낸곳 **에듀한올**
등 록 제11-403호
주 소 서울특별시 마포구 성산동 133-3 한올빌딩 3층
전 화 (02)376-4298(대표)
팩 스 (02)302-8073
홈페이지 www.hanol.co.kr
e-메일 hanol@hanol.co.kr

값 32,000원   ISBN 979-89-98636-76-0